U0934810

《國學》集刊學術委員會

GUO XUE

國學

第七集

四川師範大學中華傳統文化學院 主辦
四川省人民政府文史研究館

巴蜀書社

圖書在版編目（CIP）數據

國學．第七集/四川師範大學中華傳統文化學院，四川省人民政府文史研究館主辦．—成都：巴蜀書社，2019.4

ISBN 978-7-5531-1133-9

Ⅰ.①國…　Ⅱ.①四…②四…　Ⅲ.①社會科學－中國－叢刊　Ⅳ.①C55

中國版本圖書館 CIP 數據核字（2019）第 060208 號

GUOXUE

國　學(第七集)

四川師範大學中華傳統文化學院　主辦
四川省人民政府文史研究館　主辦

責任編輯　王　雷
封面設計　張迪茗
出　　版　巴蜀書社
　　　　　成都市槐樹街 2 號　郵編 610031
　　　　　總編室電話：（028）86259397
網　　址　www.bsbook.com
發　　行　巴蜀書社
　　　　　發行科電話：（028）86259422　86259423
經　　銷　新華書店
印　　刷　成都蜀通印務有限責任公司
　　　　　（電話：028－64715762）
版　　次　2019 年 5 月第 1 版
印　　次　2019 年 5 月第 1 次印刷
成品尺寸　260mm×185mm
插　　頁　2
印　　張　35.25
字　　數　750 千字
印　　數　1400 册
書　　號　ISBN 978-7-5531-1133-9
定　　價　76.00 圓

四川省詩書畫研究會會員楊秀瓊先生畫作《晋東古道小景》（132cm × 70cm ）

傳承國學　中華復興
求精務實　弘本開新

胡昭曦
年八十六

四川大學歷史文化學院教授胡昭曦先生題詞

目録

CONTENTS

關於中華古帝堯舜的討論

謝桃坊

本刊第三集曾發表兩篇關於中華始祖黄帝的討論，今此集再發表兩篇關於古帝堯舜的討論。20 世紀之初古史新派關於三皇五帝的古史討論在學術界引起重視，疑古派的觀點影響深遠，開創了重證以求真知的良好風氣，然而所涉及的諸多複雜的學術問題並未完全解决，尚待進一步探討。我們基本上贊同已故四川省社會科學院研究員袁珂先生的意見：古代典籍中關於“三皇五帝”的記載都屬神話傳説性質。關於堯帝，袁先生認為：“堯和其他天帝一樣，最初傳説也是天帝，後來纔歷史化而為人間的帝王，當他做人間帝王的時候，從現在有的少許的神話零片看，他也還是一個具有神性的英雄。”在中國古代典籍中關於堯舜的記載，最早的應是孔子的《論語》，而《尚書》之《堯典》的記載當在此後。孔子的記述應是有傳説的依據，但傳説卻非信史。當時孔子已承認三代的禮儀，因文獻之不足而不可考了，遑論此前之政治制度。然而自西漢司馬遷之《五帝本紀》以來所形成之歷史觀念甚為牢固，以至於使神話傳説與歷史混雜，或竟以神話傳説作為信史。顧頡剛先生於 1935 年談到史料的辨僞問題時説：“凡是没有史料基礎做基礎的歷史，當然衹得收容許多傳説。這種傳説有真的，也有假的，會自由流行，也會自由改變。改變的原因，有無意的，也有有意的。中國的歷史，就結集在這樣交互錯綜的狀態之中。你説它是假的罷，别人就會舉出真的來塞住你的嘴。你説它是某種主義家的宣傳罷，别人也會從這些話中找出不是宣傳的證據。你説它都是真的罷，衹要你有些理性，你就受不住良心的責備。你要逐事逐物去分析它們的真或假罷，古代的史料傳下來的太少了，不够做比較的工作。所以這是研究歷史者所不能不過的，而又極不易過的難關。”由此可見，關於古帝的討論是很困難的學術問題。我們希望在討論時對史料的真僞進行辨析，採取歷史唯物主義的科學方法，如顧先生所説："我們衹有盡自己的力量以求無愧於心而已。"我們甚盼對中國古史尚有興趣的師友們參加討論。

堯舜神話譾論：以《山海經》為中心*

賈雯鶴

堯舜作為聖主明君的觀念在我國可謂家喻户曉，深入人心。20 世紀 20 年代開始，“古史辨”派學者通過一系列的研究，證明這些所謂的人間帝王最初都是天神，關於他們的史實都源自神話。然而，近年來隨着“走出疑古時代”口號的提出，學者在實踐中又開始將這些被“古史辨”派學者判定為神話的資料當作歷史的資料，神話人物當作歷史人物，似乎又回到了信古的老路上去。而且，他們往往把神話資料和科學的考古資料結合在一起進行研究，骨幹是科學的，外衣是神話的，更具有迷惑性。本文擬以我國最重要的神話著作《山海經》為中心，對堯舜神話作一詳細考察，或許有助於我們重新認識“古史辨”派學者在古史研究中的貢獻。

一、從歷史到神話：顧頡剛關於堯舜的研究

司馬遷作《史記》，開篇就是《五帝本紀》，即以黄帝、帝顓頊、帝嚳、帝堯和帝舜五人作為夏商周三代之前的五帝。當然，《史記》的五帝系統並不是司馬遷的發明，他依據的是《大戴禮記・五帝德》的記載。《五帝德》在五帝之外又加上了禹，實為六帝。它藉宰我提問，孔子作答，描述了六帝的種種事迹。其中關於堯舜的描述寫道：

* 本文為西南民族大學中央高校基本科研業務費專項資金重點項目“《山海經》基本文獻集成與研究”（編號：2018SZD14）的階段性成果。

宰我曰："請問帝堯。"孔子曰："高辛之子也，曰放勳。其仁如天，其知如神，就之如日，望之如雲。富而不驕，貴而不豫。黄黼黻衣，丹車白馬，伯夷主禮，龍、夔教舞，舉舜、彭祖而任之，四時先民治之。流共工於幽州，以變北狄；放驩兜於崇山，以變南蠻；殺三苗於三危，以變西戎；殛鯀於羽山，以變東夷。其言不貳，其行不回，四海之内，舟輿所至，莫不説夷。"

宰我曰："請問帝舜。"孔子曰："蟜牛之孫，瞽瞍之子也，曰重華。好學孝友，聞於四海，陶家事親，寬裕温良，敦敏而知時，畏天而愛民，恤遠而親親。承受大命，依于倪皇。叡明通知，為天下王：使禹敷土，主名山川，以利於民；使后稷播種，務勤嘉穀，以作飲食；羲和掌厤，敬授民時；使益行火，以闢山萊；伯夷主禮，以節天下；夔作樂，以歌籥舞，和以鐘鼓；皋陶作士，忠信疏通，知民之情；契作司徒，教民孝友，敬政率經。其言不惑，其德不慝，舉賢而天下平。南撫交趾、大教、鮮支、渠廋、氐羌，北山戎、發、息慎，東長、鳥夷羽民。舜之少也，惡顇勞苦，二十以孝聞乎天下，三十在位，嗣帝所，五十乃死，葬於蒼梧之野。"

這些話真的是孔子説的嗎？我們知道，古人著書，藉重名人以立説，是他們慣常的伎倆。根據《論語》的記載，孔子是知道堯舜禹的，但對黄帝、顓頊、帝嚳卻未置一言。《論語·泰伯》云："子曰：'巍巍乎，舜禹之有天下也而不與焉。'"又云："子曰：'大哉堯之為君也！巍巍乎，唯天为大，唯堯則之。蕩蕩乎，民無能名焉。巍巍乎其有成功也，焕乎其有文章。'"可見在孔子的心目中，堯舜禹是擁有天下的君王，是無可挑剔的聖主明君，故對其贊美可謂不吝其詞，推崇備至。然而除了空洞的贊美之詞外，没有任何具體的事迹。其實孔子還説過這樣的話："夏禮，吾能言之，杞不足徵也；殷禮，吾能言之，宋不足徵也。文獻不足故也。足，則吾能言之。"① 孔子慨嘆夏殷的文獻尚不足徵，遑論其前的堯舜了，可見這些話非孔子所能道，是不辯自明的。

有了儒家老祖宗孔子的贊美，有了史家典範司馬遷的歌頌，堯舜是上古時代聖主明君的觀念逐漸深入人心，關於其紀載則成為國人心目中的正史。

然而這種正統的上古史觀在進入現代學術時期，遭遇了極大的挑戰。20 世紀 20 年代，顧頡剛通過對上古文獻典籍的深入細緻的考察，創立了"層累地造成的中國古史"觀。他在《與錢玄同先生論古史書》的前記中説：

我很想做一篇《層累地造成的中國古史》，把傳説中的古史的經歷詳細一説。這有

① 《論語·八佾》。

三個意思。第一，可以説明“時代愈後，傳説的古史期愈長”。如這封信裏説的，周代人心目中最古的人是禹，到孔子時有堯、舜，到戰國時有黄帝、神農，到秦有三皇，到漢以後有盤古等。第二，可以説明“時代愈後，傳説中的中心人物愈放愈大”。如舜，在孔子時祗是一個“無為而治”的聖君，到《堯典》就成了一個“家齊而後國治”的聖人，到孟子時就成了一個孝子的模範了。第三，我們在這上，即不能知道某一件事的真確狀況，但可以知道某一件事在傳説中的最早的狀況，我們即不能知道東周時的東周史，也至少能知道戰國時的東周史；我們即不能知道夏、商時的夏、商史，也至少能知道東周時的夏、商史①。

在信的正文，他進一步説道：“禹是上帝派下來的神，不是人。”“商族認禹為下凡的天神，周族認禹為最古的人王，可見他們對於禹的觀念，正與現在人對於盤古的觀念一樣。”“東周的初年祗有禹，是從《詩經》上可以推知的；東周的末年更有堯、舜，是從《論語》上可以看到的。”“在《論語》之後，堯、舜的事迹編造得完備了，於是有《堯典》《皋陶謨》《禹貢》等篇出現。有了這許多篇，於是堯與舜有翁婿的關係，舜與禹有君臣的關係了。”“從戰國到西漢，僞史充分的創造，在堯、舜之前更加上了多少古皇帝。於是春秋初年號為最古的禹，到這時真是近之又近了。”②

錢玄同在《答顧頡剛先生書》中回應道：

先生所説“層累地造成的中國古史”一個意見，真是精當絶倫。舉堯、舜、禹、稷及三皇、五帝、三代相承的傳説為證，我看了之後，惟有歡喜贊嘆，希望先生用這方法，常常考查，多多發明，廓清雲霧，斬盡葛藤，使後來學子不致再被一切僞史所蒙。我從前以為堯、舜二人一定是“無是公”“烏有先生”。堯，高也；舜，借為“俊”，大也（《山海經》的《大荒東經》作“帝俊”）：“堯”“舜”底意義，就和“聖人”“賢人”“英雄”“豪傑”一樣，祗是理想的人格之名稱而已③。

現在看來，顧頡剛關於堯舜是神非人、堯舜的事迹都是後人創造的僞史等看法不僅在當時即得到了錢玄同高度的認同，而且在當今的學術界尤其是神話學界還是有相當大的影響力的。

---

① 原載《讀書雜志》(《努力周報》增刊) 第9期，1923年5月6日；又載顧頡剛編著：《古史辨》第一册，上海：上海古籍出版社，1982年。此據《顧頡剛全集·古史論文集》卷一，北京：中華書局，2011年，第181頁。

② 《顧頡剛全集·古史論文集》卷一，第182—185頁。

③ 原載《讀書雜志》第10期，1923年6月10日；又載《古史辨》第一册。此據《顧頡剛全集·古史論文集》卷一，第187頁。

1926年，顧頡剛在為《古史辨》第一册所作的《自序》中寫道：

我很想俟孟姜女故事考明之後，再着手考舜的故事。這一件故事是戰國時的最大的故事（戰國以前以禹的故事為最大，可惜材料很少，無從詳考），許多古史上的故事都以它為中心而聯結起來了。後世儒者把其中的神話部分删去，把人事部分保存，就成了極盛的唐虞之治。這件故事又是古代最有趣味的故事。……這件故事如果能研究明白，一方面必可對於故事的性質更得許多瞭解，一方面也可以對於僞古史作一個大體的整理①。

然而由於學術興趣廣泛，顧頡剛衹是在堯舜神話研究的道路上指示了門徑，在之後的時間裏並没有繼續深入下去，殊為可惜。倒是楊寬、童書業等"古史辨"派健將踵武顧先生的足迹，做出了十分精彩的研究。

二、神人之際：神話與歷史的糾紛

顧頡剛將堯舜禹從人帝的寶座上拉下來，從正史系統的典册中剔除出來，把他們打入一嚮被國人視為"其文不雅馴，薦紳先生難言之"② 的神話中去。不幸的是，國人對神話嚮來是不待見的。孔子的學生子貢曾經説過："夫子之文章，可得而聞也；夫子之言性與天道，不可得而聞也。"③ 一言以蔽之，"子不語怪、力、亂、神"④。孔子的教導對國人影響巨大，因此堯舜禹從聖主明君一下變成了虚無縹緲的神話人物，打亂了人們固有的知識譜系，在當時就引起了争論。

王國維在《古史新證》第二章《禹》裏舉春秋時期秦國的銅器《秦公敦》⑤ 銘文"鼏宅禹絩"和齊國銅器《齊侯鎛鐘》⑥ 銘文"宩宩成唐……處禹之堵"，認為：

《秦敦》之"禹絩"，即《大雅》之"維禹之績"，《商頌》之"設都于禹之迹"。"禹絩"言"宅"，則"絩"當是"迹"之借字。《齊鎛》言："□□成唐（即成湯），

① 《顧頡剛全集·古史論文集》卷一，第61—62頁。
② 《史記·五帝本紀》。
③ 《論語·公冶長》。
④ 《論語·述而》。
⑤ 于省吾著録為"秦公"，見于省吾：《雙劍誃吉金文選》，北京：中華書局，1998年，第203頁。
⑥ 于省吾著録為"叔弓鎛"，見于省吾：《雙劍誃吉金文選》，北京：中華書局，1998年，第86頁。

有敢（即“嚴”字）在帝所，博受天命……咸有九州，處禹之堵。”“堵”，《博古圖》釋“都”。“處禹之堵”，亦猶《魯頌》言“纘禹之緒”也。夫自《堯典》《皋陶謨》《禹貢》皆紀禹事，下至《周書·吕刑》亦以禹為“三后”之一，《詩》言禹者尤不可勝數，固不待藉他證據。然近人乃復疑之。故舉此二器，知春秋之世，東西二大國無不信禹為古之帝王，且先湯而有天下也①。

王國維以春秋時期的金文與略為同時的《詩經》互證，除了證明當時人“無不信禹為古之帝王”外，實在不足以動摇顧頡剛的觀點。因此顧氏在將王國維《古史新證》第一、二章收入自己所編《古史辨》第一册後，愉快地寫下了一段《附跋》，云：

頡剛案，讀此，知道春秋時秦齊二國的器銘中都説到禹，而所説的正與宋魯二國的頌詩中所舉的詞意相同。他們都看禹為最古的人，都看自己所在的地方是禹的地方，都看古代的名人（成湯與后稷）是承接着禹的。他們都不言堯舜，髣髴不知道有堯舜似的。可見春秋時人對於禹的觀念，對於古史的觀念，東自齊，西至秦，中經魯宋，大部分很是一致。我前在《與錢玄同先生論古史書》中說：“那時（春秋）並没有黄帝堯舜，那時最古的人王祇有禹。”我很快樂，我這個假設又從王静安先生的著作裏得到了兩個有力的證據！②

當然，還有學者對顧頡剛的學術觀點予以全面否定，如金景芳、吕紹綱在《〈尚書·虞夏書〉新解》中就説：

《堯典》所記堯舜禹的史迹基本上是可信的。説堯舜禹是神話人物，《堯典》是戰國秦漢人精心編造的，古代中國的歷史是層累地造成的，這一觀點我們認為是錯誤的。《堯典》有重要的史料價值，研究中國古代史捨《堯典》不用，是極大的失誤③。

金、吕二先生認為“堯舜禹的史迹基本上是可信的”，和傳統的正統史觀殊無二致，可惜他們並没有給予證明。

那麽，堯舜禹究竟是神話人物還是歷史人物，這實在是一個難以證明的問題。之所以會出現這樣的情況，是因為神話與上古史中有文字記載之前的一段是重合的，神話學者和

---

① 王國維：《古史新證》，北京：清華大學出版社，1994年，第5—6頁。

② 《顧頡剛全集·古史論文集》卷一，第331頁。

③ 金景芳、吕紹綱：《〈尚書·虞夏書〉新解》，瀋陽：遼寧古籍出版社，1996年，第9頁。

歷史學者基於各自的學術立場，得出不同的結論，勢必陷入誰也説服不了誰的境地。

王國維在《古史新證》第一章《總論》中説道：

> 研究中國古史為最糾紛之問題。上古之事，傳説與史實混而不分：史實之中固不免有所緣飾，與傳説無異，而傳説之中亦往往有史實為之素地，二者不易區别。此世界各國之所同也。在中國古代已注意此事。孔子曰："信而好古。"又曰："君子於其不知，蓋闕如也。"故於夏殷之禮曰："吾能言之，杞宋不足徵也，文獻不足故也。"孟子於古事之可存疑者則曰"於傳有之"，於不足信者曰"好事者為之"。太史公作《五帝本紀》，取孔子所傳《五帝德》及《帝系姓》而斥不雅馴之百家言，於《三代世表》，取《世本》而斥黄帝以來皆有年數之《諜記》，其術至為謹慎。然好事之徒世多有之，故《尚書》於今古文外，在漢有張霸之《百兩篇》，在魏晉有僞孔安國之書。《百兩》雖斥於漢，而僞孔書則六朝以降行用迄於今日。又汲塚所出《竹書紀年》，自夏以來皆有年數，亦《諜記》之流亞。皇甫謐作《帝王世紀》，亦為五帝三王盡加年數。後人乃復取以補太史公書。此信古之過也。至於近世，乃知孔安國本《尚書》之僞，《紀年》之不可信。而疑古之過，乃並堯舜禹之人物而亦疑之。其於懷疑之態度及批評之精神不無可取，然惜於古史材料未嘗為充分之處理也。吾輩生於今日，幸於紙上之材料外，更得地下之新材料。由此種材料，我輩固得據以補正紙上之材料，亦得證明古書之某部分全為實録，即百家不雅馴之言亦不無表示一面之事實。此二重證據法惟在今日始得為之。雖古書之未得證明者不能加以否定，而其已得證明者不能不加以肯定，可斷言也①。

王國維認為"傳説與史實混而不分"，原本就是你中有我，我中有你，"二者不易區别"，須以"二重證據法"予以證明。王氏所論十分通達，已成為學界的共識。

因此，神話中包含有歷史，歷史中包含有神話，二者原本是密不可分的。不僅如此，神話人物和歷史人物還可以互相轉化。袁珂師將此稱為"神下地和人上天"，並且認為：中國神話的一個最突出的特徵，就是神話這條綫和歷史這條綫平行，而又往往糾纏在一起，攪混不清。神話可以轉化作歷史，即天上的諸神歷史化而為人間的聖主賢臣；歷史也可因人民世代的口耳相傳而轉化為神話，即人間的聖主賢臣神話化為天上的諸神②。

然而，讓人遺憾的是，拿神話作歷史的情況在學界比比皆是。因為我國的古史學者喜歡將地下的考古材料與神話結合起來進行研究。表面上看，這體現了運用王國維"二重證

① 王國維：《古史新證》，第1—3頁。

② 袁珂：《袁珂神話論集》，第154頁。

據法”的方法。但實際上看，將神話記載與考古材料隨意牽附的現象屢見不鮮，導致隨處堯迹，遍地禹蹤，讓人無所適從。這不是王國維所提倡的“二重證據法”，而是神話與考古的簡單相加。

如有學者在關於炎黄二帝的研究中寫道：

> 一些學者把有關炎黄的文獻記載看作傳説、神話，很少有視作信史者。如果絶對地以這樣的觀點看問題，我國的歷史就會出現很長一段時間的空白。但從另外一個角度看，有關炎黄的傳説都可以看作口述歷史，原本是世代口耳相傳，後來文字形成纔加以記録。世界上許多民族在使用文字以前都曾經經歷過口述歷史時期，炎黄的傳説也是如此①。

作者以歷史會出現空白來作為神話可以視作信史的理由，實在有點勉强。而且傳説和口述歷史並不能畫等號，口述歷史其本質還是歷史，與神話傳説有着根本的區别。作者或許想表達的是炎黄的傳説在炎黄時代就已經産生，經過口耳相傳，直到被文字加以記録，因此可以算作炎黄時代的口述歷史。神話、傳説和民間故事在被文字記載之前，大都有一段口耳相傳的時期，這是没有問題的。但神話傳説再怎樣口耳相傳，終究還是神話傳説。如果前提是有關炎黄的傳説在炎黄時代就已經産生，能够多多少少反映炎黄時代的史實，是有一定道理的，但這個前提卻是永遠無法證實的。

其實，將神話視作歷史，並非我國學者獨有的愛好，在西方同樣是古已有之。朱狄的《原始文化研究》在論述“歷史派的神話理論”一節中説道：

> 古希臘哲學家歐赫麥洛斯（Euhemerus）像寓意派一樣，認為神話的文字上的意義並不是它的真正意義，但是和寓意派不同，他認為必須把神話中的英雄看作是歷史上真正存在過的英雄，把神話中的事件看作是歷史上真正發生過的事件。即使某些神話在我們看來十分費解，也僅僅是因為在神話的傳遞過程中被無意地進行了歪曲，或是因為遠古時代的人們把英雄人物奉為神明，對他的功績作了誇大的描述，因此帶有神奇的色彩。總之，在歐赫麥洛斯看來，神話不是一種秘傳的哲學（esoteric philosophy），而是一種篩選了的歷史（garbled history）。因此對神話的解釋首先要採用的是以歷史事實作為其根據，並從神話中抽引出歷史事件的核心成分。對歷史派的神話理論作完全否定和作完全肯定同樣困難，因為許多神話的確包含有真實的歷史成分，但同樣可以

① 何崝：《炎黄新考》，收入四川省社會科學院、四川省人民政府文史研究館主辦：《國學》第三集，成都：四川人民出版社，2016 年，第 2 頁。

肯定，也有許多神話並不包含有真實的歷史成分。這兩方面都有明顯的實例可以作出説明①。

如此看來，神話與歷史的糾紛還將持續下去。俗話説："畫鬼容易，畫犬馬難。"如孔子的傳説，因為我們知道孔子的歷史，自然可以輕而易舉地區分何為傳説，何為歷史。然而史前時期的堯舜，神話和歷史渾然一體，對它們的區分顯然就不是一件容易的事情。

胡適在看了顧頡剛《與錢玄同先生論古史書》以後，認為顧氏所闡發的三層意思都是治古史的重要工具，並説明用這個觀念來考辨古史傳説，其方法可以總括成下列公式：

(1) 把每一件史事的種種傳説，依先後出現的次序，排列起來；

(2) 研究這件史事在每一個時代有什麼樣子的傳説；

(3) 研究這件史事的漸漸演進：由簡單變為複雜，由陋野變為雅馴，由地方的(局部的)變為全國的，由神變為人，由神話變為史事，由寓言變為事實；

(4) 遇可能時，解釋每一次演變的原因②。

我們認為，顧頡剛、胡適所指示的路徑仍然是研究神話的不二法門，下面我們將就堯舜的神話談談個人的看法。

三、《山海經》中的"帝"

《山海經》是我國保存神話最多的一部典籍③，已成為大家的共識。雖然該書成書於戰國時期④，時代較晚，但卻保留了較為原始的神話，或者説更多的神話原貌。因此，《山海經》關於堯舜的記載，相較於同時期其他典籍而言，可能更加接近堯舜神話產生之初的面貌。

堯舜在《山海經》中，多稱為"帝堯"和"帝舜"，這裏的"帝"是人帝還是天神呢？要回答這個問題，讓我們先看《山海經》中的"帝"。《西次三經》云：

---

① 朱狄：《原始文化研究》，北京：生活·讀書·新知三聯書店，1988年，第657—658頁。

② 胡適：《古史討論的讀後感》，《古史辨》第一册，第192—193頁。

③ 茅盾在《中國神話研究初探》中即説《山海經》"是一部包含神話最多的書"（茅盾：《神話研究》，天津：百花文藝出版社，1981年，第144頁）；袁珂師在《山海經校注》的自序中亦稱《山海經》為"神話之淵府"（袁珂：《山海經校注》，成都：巴蜀書社，1993年，第1頁）。

④ 賈雯鶴：《〈山海經〉兩考》，《中華文化論壇》2006年第4期。

西南四百里，曰昆侖之丘，是實惟帝之下都。

郭璞注：

天帝都邑之在下者也。《穆天子傳》曰："吉日辛酉，天子升于昆侖之丘，以觀黃帝之宫，而封豐隆之葬，以詔後世。"言增封于昆侖山之上。

畢沅《山海經新校正》云：

郭云"帝，天帝"，非也。帝者，黄帝。《竹書》《穆天子傳》〔卷二〕云"天子升于昆侖之丘，以觀黃帝之宫"，《莊子〔·天地〕》云"黄帝遊于赤水之北，昆侖之丘"是也①。

郝懿行《山海經箋疏》云：

今本《穆天子傳》作"而豐□隆之葬"，闕誤不復可讀。或據《穆天子傳》"昆侖丘有黄帝之宫"，以此經所説即黄帝之下都，非也。《五臧山經》五篇内凡單言"帝"，即皆天皇五帝之神，竝無人帝之例。"帝之平圃""帝之囿時"，經皆不謂黄帝，審矣②。

《中次三經》云："又東十里，曰青要之山，實惟帝之密都。"郭璞注亦云："天帝曲密之邑。"與此注同。我們認為郭璞以帝為天帝的理解是正確的，而畢氏以"帝"為黃帝則是，以為非天帝則非；郝氏以"帝"為天帝則是，以為非黃帝則非。黃帝在《山海經》中實為天神而非人帝，畢、郝蓋以黄帝為人帝，故云。

黄伯思《東觀餘論》卷上"論黄陵碑二女"條云："《山海經》凡言'帝'者皆謂天帝，如所謂'帝之密都''帝之下都''帝之平圃'與'帝之二女'皆謂天帝也。"③ 所言甚是。

《海外東經》云："有神人二八，連臂，為帝司夜于此野。"袁珂師《山海經校注》云：

---

① ［晉］郭璞注，［清］畢沅校：《山海經》，上海：上海古籍出版社，1989年，第27頁。

② ［清］郝懿行：《山海經箋疏》，臺北：藝文印書館，2009年，第72頁。

③ ［宋］黄伯思：《東觀餘論》卷上，第六十葉。明毛氏汲古閣津逮秘書本。

“帝，天帝。《山海經》中凡言帝，均指天帝。”①

可見《山海經》中的“帝”都是指天神。“帝”既然是天神，那麼“帝某”順理成章地應該同樣是天神。顧頡剛、劉起釪《尚書校釋譯論》在注釋《堯典》“帝堯”時就説：

> 其實古代“帝”字指上帝。“帝某”總是指某一天神。……神話全書《山海經》中許多“帝某”，都是指各種天神或各種氏族神。因古代每一氏族都以為自己的族起源於一個神，所以“帝某”往往就是某氏族的宗族神。氏族部落多，這樣的帝某也就多。所以《山海經》記載了那麽多。“帝堯”已見於《山海經》中，帝舜和禹也見於此書中，但在該書的幾個顯赫的群神古帝世系中，没有帝堯，可見他地位並不高②。

我們認為顧、劉二氏的説法是對的。對這一問題，考古學家徐旭生也發表了看法，他説：

> 我們用帝顓頊、帝堯、帝嚳、帝舜、帝丹朱等名詞，固然因為古代人相沿着這樣稱呼他們，而最主要的，卻是因為當日處在原始公社時代的末期，專名前面加一“帝”字，很恰切地表明他們那半神半人的性質。帝就是神，單稱“帝”或加一字作“皇帝”，而下面不繫專名的，均指天神，並無真實的人格。如《尚書·吕刑篇》所説“皇帝請（清）問下民”的“皇帝”，就是這樣。可是帝下帶着專名的卻是指的人神，他們雖説“神”氣十足，而人格卻並非子虛。必須兼這兩種性質來看，纔近真實③。

徐氏認為“帝顓頊、帝堯、帝嚳、帝舜、帝丹朱等名詞”是古人相沿所稱。那麽這些稱呼真的就是原始公社時代末期就已經産生了嗎？這是一個永遠難以證明的問題。如果這些稱呼遲到春秋甚至戰國時代纔産生，那麽他們還能反映多少原始公社時代末期的情況，同樣是一個無法證明的問題。徐氏又認為“帝”與“帝某”代表的是天神與人神的區别，徵之於《山海經》，難以成立。《大荒西經》云：“大荒之中，有山名曰日月山，天樞也。吴姖天門，日月所入。有神，人面無臂，兩足反屬于頭上，名曰嘘。顓頊生老童，老童生重及黎。帝令重獻上天，令黎邛下地，下地是生噎，處于西極，以行日月星辰之行次。”前面言“顓頊”，後面言“帝”，所指的是同一人。“重獻上天，黎邛下地”就是著名的“絶地天通”故事，而同樣的故事在《尚書·吕刑》中亦有記載，云：“上帝監民，罔有馨香德，刑發聞惟腥。皇帝哀矜庶戮之不辜，報虐以威，遏絶苗民，無世在下。乃命重、黎，絶地

① 袁珂：《山海經校注》，第229頁。
② 顧頡剛、劉起釪：《尚書校釋譯論》，北京：中華書局，2005年，第7頁。
③ 徐旭生：《中國古史的傳説時代》，北京：科學出版社，1960年，第75—76頁。

天通，罔有降格。”上言“上帝”，下言“皇帝”，所指的是同一人。兩相比較，《山海經》中的“顓頊”就是《吕刑》中的“上帝”，根本就没有天神與人神的分别。因此，徐氏之説難以成立。

四、《山海經》中的堯及其相關問題

《山海經》中有帝號的天神很多，關於帝堯的記載不多：

> 狄山，帝堯葬于陽，帝嚳葬于陰。爰有熊、羆、文虎、蜼、豹、離朱、視肉、吁咽。文王皆葬其所。一曰湯山。一曰爰有熊、羆、文虎、蜼、豹、離朱、鴟久、視肉、虖交。(《海外南經》)
>
> 帝堯、帝嚳、帝舜葬于岳山。爰有文貝、離俞、鴟久、鷹賈、延維、視肉、熊、羆、虎、豹；朱木，赤枝青華玄實。(《大荒南經》)

熟悉《山海經》體例者都知道，《海外四經》與《大荒四經》往往對同一個事件分别予以記載，因此内容大同小異。因此“岳山”，郭璞注云：“即狄山也。”

《海内北經》云：“帝堯臺、帝嚳臺、帝丹朱臺、帝舜臺，各二臺，臺四方，在昆侖東北。”郭璞注：“此蓋天子巡狩所經過，夷狄慕聖人恩德，輒共為築立臺觀，以標顯其遺迹也。一本云：所殺相柳，地腥臊，不可種五穀，以為衆帝之臺。”郭璞所謂一本云云，即《海外北經》所云：“共工之臣曰相柳氏，九首，以食于九山。相柳之所抵厥，為澤谿。禹殺相柳，其血腥，不可以樹五穀種。禹厥之，三仞三沮，乃以為衆帝之臺。在昆侖之北。”

《山海經》關於帝堯的寥寥幾條記載，幾無事迹可言，但從帝堯臺位於神話色彩濃厚的昆侖東北來看，多少透露出其天神的本色來。此外，在《山海經》中，帝堯、帝舜、帝丹朱都是獨立的神，除了他們的葬所（帝堯、帝舜）和帝臺（帝堯、帝丹朱、帝舜）在一地外，絲毫看不出他們還有任何關係。

後世典籍關於堯的記載中，他和羿發生了關聯。《淮南子·本經訓》云：

> 逮至堯之時，十日並出，焦禾稼，殺草木，而民無所食。猰貐、鑿齒、九嬰、大風、封豨、脩蛇皆為民害。堯乃使羿誅鑿齒於疇華之野，殺九嬰於凶水之上，繳大風於青丘之澤，上射十日而下殺猰貐，斷脩蛇於洞庭，禽封豨於桑林。萬民皆喜，置堯以為天子。於是天下廣狹險易遠近始有道里。

堯命羿為民除害，羿不負所望，取得了成功。堯憑藉此功勞，被萬民奉為天子。羿射十日，成功地解除了“堯之時，十日並出”的危險狀態，使自然重新恢復正常狀態。因此羿所除的民害中，自然以“十日”為最。

《楚辭·天問》云：“羿焉彃日？烏焉解羽？”王逸注：“《淮南》言堯時十日並出，草木焦枯，堯命羿仰射十日，中其九日，日中九烏皆死，墮其羽翼，故留其一日也。”

十日神話見於《山海經·海外東經》，云：

> 下有湯谷。湯谷上有扶桑，十日所浴，在黑齒北。居水中，有大木，九日居下枝，一日居上枝。

郭璞注：

> 《莊周》云：“昔者十日並出，草木焦枯。”《淮南子》亦云：“堯乃令羿射十日，中其九日，日中烏盡死。”《離騷》所謂“羿焉畢日，烏焉落羽？”者也。《歸藏·鄭母經》云：“昔者羿善射，畢十日，果畢之。”《汲郡竹書》曰：“胤甲即位，居西河，有妖孽，十日並出。”明此自然之異，有自來矣。《傳》曰：“天有十日，日之數十。”此云“九日居下枝，一日居上枝。”《大荒經》又云：“一日方至，一日方出。”明天地雖有十日，自使以次第迭出運照，而今俱見，為天下妖災，故羿稟堯之命，洞其靈誠，仰天控弦，而九日潛退也。

可見古人對“羿射十日”的神話是十分熟悉的。然而在《論衡》一書中，“羿射十日”卻變成了“堯射十日”。對此，袁珂《山海經校注》解釋說：

> 郭引《淮南子》“羿射九日，日中烏盡死”云云，今本無之。而《論衡》各篇所引，尤與今本違異。《對作篇》云：“《淮南書》言：堯時十日並出，堯上射十日。”《説日篇》云：“《淮南書》又言：燭十日。堯時十日並出，萬物焦枯。堯上射十日，以故不並一日出也。”《感虛篇》云：“儒者傳書言：堯之時，十日並出，萬物焦枯。堯上射十日，九日去，一日常出。”均以射十日者為堯而非羿。所謂“儒者傳書”，蓋亦《淮南書》也。尋繹今本《淮南子》文義，下文既云“萬民皆喜，置堯以為天子”，固《禮運》所謂“選賢與能”之意，則以射日除害事逕屬之堯似較屬之堯所使羿更近情理，或《論衡》作者所見乃真古本《淮南子》歟？疑關於射日除害神話，初本有兩種民間傳説，一屬之堯，一屬之羿。屬之羿者更佔優勢，後人乃於古本《淮南子》

"堯乃"下增"使羿"二字，以為今本狀態，於是堯射日之神話遂泯，羿射日之神話獨昌焉①。

袁先生以"堯射十日"之説更為古老，而今本《淮南子》"堯乃使羿"之"使羿"二字為後人妄添，實在難以成立。且不説《論衡》成書晚於《淮南子》，其記載的可靠性並不比後者强，僅就《淮南子》本身來説，亦很難得出"使羿"二字為後人添加的結論。《淮南子·本經訓》云："逮至堯之時，十日並出……堯乃使羿……上射十日而下殺猰貐。"又云："舜之時，共工振滔洪水，以薄空桑。……舜乃使禹疏三江五湖。"《本經訓》這兩段關於堯和舜的文字，明顯可以看出是對舉成文的。堯遭的是"十日並出"之害，是旱災，舜遭的是水災，故堯使羿射日，舜使禹治水，都是假手於人，無勞親自上陣。因此，《淮南子》"堯乃使羿"之"使羿"二字不可能是後人添加的。

然而在《山海經》中，使羿為民除害的不是堯，而是帝俊。《海内經》云："帝俊賜羿彤弓素矰，以扶下國，羿是始去恤下地之百艱。""下地之百艱"可能就包括《本經訓》所説"猰貐、鑿齒、九嬰、大風、封豨、脩蛇皆為民害"，故郭璞注："言射殺鑿齒、封豕之屬也。"《山海經》就記載了羿與鑿齒之戰，《海外南經》云："羿與鑿齒戰于壽華之野，羿射殺之。在昆侖虚東。羿持弓矢，鑿齒持盾。"前文我們已經指出，《山海經》保存的是更為古老的神話，因此帝俊命羿除害的神話可能更接近於真相。

屈原《天問》亦云："帝降夷羿，革孽夏民。"夏民之"夏"，學者據王逸注，多以為指夏商之"夏"。實則"夏"與"下"通，《左傳·僖公二年》"虞師晉師滅夏陽"，《公羊傳》《穀梁傳》俱作"下陽"。因此，"夏民"即"下民"，也就是"下地之民"。《詩·小雅·十月之交》云："下民之孽，匪降自天。"與此句式相近，亦可為證。可知"革孽夏民"就是《山海經》所謂"恤下地之百艱"。"帝降夷羿"之"帝"，王逸注："帝，天帝也。"顯然就是《山海經》的"帝俊"。

帝俊在《山海經》中是最顯赫的天神，神迹十分豐富，為其他諸神所不及，無怪乎徐旭生感嘆道："帝俊這個人物，在《山海經》裏面，可以説是第一煊赫的了。"② 然而，儘管《山海經》對帝俊的記載頗多，但衆多的記載反而讓人們對他身份的判定陷入了歧異不定之中。章太炎先生《檢論·尊史》云："帝俊，一名也。帝俊生中容，則高陽也。帝俊生帝鴻，則少典也。帝俊生黑齒，姜姓，則神農也。帝俊妻娥皇，則虞舜也。帝俊生季釐、后稷，則高辛也。及言帝俊竹林與妃羲和、常羲者，其名實尚不可知。"③ 其身份的複雜亦

---

① 袁珂：《山海經校注》，第310頁。
② 徐旭生：《中國古史的傳説時代》，第67頁。
③ 劉凌等編校：《章太炎學術論著》，杭州：浙江人民出版社，1998年，第59頁。

為他神所不及。我們認為帝俊作為一位神迹豐富的天神，其神話事迹在傳播過程中，往往為其他部族所吸收。其他部族在吸收神話的同時，往往將主神改為自己的部族神。這種現象在神話傳播中是經常出現的，不足為怪。因此，《淮南子》所記載的堯使羿為民除害的神話實際上來源於《山海經》中的帝俊神話。

其他典籍關於堯的記載中，他還和丹朱發生了關聯，成了父子。《尚書·堯典》云："帝曰：'疇咨若時登庸？'放齊曰：'胤子朱啓明。'"僞孔傳云："胤，國。子，爵。朱，名。"孔穎達疏云："有胤國子爵之君，名曰朱。"不以"朱"為堯之子。然而"胤子朱啓明"一句，《史記·五帝本紀》作"嗣子丹朱開明"，張守節《正義》引鄭玄云："帝堯胤嗣之子，名曰丹朱，開明也。"後世大都採納《史記》的意見，以"朱"即"丹朱"，為堯之子。《淮南子·泰族訓》云："堯治天下……以為雖有法度而絑弗能統也。"高誘注云："絑，堯子也。"陳直云："《説文》：'絑，《虞書》丹朱如此。'與本文同。"[①] 亦稱堯子單名"絑"，與《堯典》合。

有《尚書》研究學者認為："'朱'，在神話中原是一種神鳥……又叫'鴸'。"[②]"鴸"見於《山海經》，《南次二經》云："《南次二經》之首，曰柜山……有鳥焉，其狀如鴟而人手，其音如痺，其名曰鴸，其鳴自號也，見則其縣多放士。"

前文已經指出，帝堯與帝丹朱除了臺同處一地之外（《海内北經》云："帝堯臺、帝嚳臺、帝丹朱臺、帝舜臺，各二臺，臺四方，在昆侖東北。"），没有其他聯繫。《海内南經》又云："蒼梧之山，帝舜葬于陽，帝丹朱葬于陰。"和帝堯更没有聯繫了。他們的父子關係似乎是在作《堯典》的時代纔確立的。至於《堯典》的作時，顧頡剛《中國上古史研究講義》把它置於《孟子》之後，《荀子》之前[③]，大概以其為戰國時的作品。徐旭生《中國古史的傳説時代》云："由於《孟子·萬章上篇》所載四凶名字已經與現在《堯典》完全相同，它所載《帝典》中幾句話也同現在《堯典》的大致相同，就可以推斷當戰國前期，修正的《堯典》本已經同現行本相差不遠。它定型現在的樣子約在戰國後期。"[④] 裘錫圭亦認為"《山海經》的主要部分和《堯典》大概都是在戰國時代成書的"[⑤]。雖然《山海經》和《堯典》大致都成書於戰國時代，但從堯與丹朱的記載來看，《山海經》保存了更為原始的材料進一步得到了證明。

根據《山海經》的記載，我們知道帝堯、帝丹朱都是古代的天神，二者之間本無關係。在《堯典》中，二者已由神變為人，並成了父子。因此，"古史辨"學者認為："《堯典》

---

① 何寧：《淮南子集釋》，北京：中華書局，1998 年，第1389 頁。
② 顧頡剛、劉起釪：《尚書校釋譯論》，第67 頁。
③ 顧頡剛：《中國上古史研究講義》，北京：中華書局，1988 年，第9—13 頁。
④ 徐旭生：《中國古史的傳説時代》，第30 頁。
⑤ 裘錫圭：《中國出土古文獻十講》，上海：復旦大學出版社，2004 年，第143 頁。

作者把這些來源不同混糅交錯在一起的不同時期不同行輩神話人物資料，除炎帝外，都扯到一起，成了並列於堯舜朝廷的歷史人物。”① 但古史學者的看法卻完全相反，他們認為“《堯典》所載當是歷史的實録，它書所記是由史實衍生出來的神話”②。後者顯然將神話與歷史發展的次序顛倒了，因此不能成立。

五、《山海經》中的舜及其相關問題

相較堯而言，無論是《山海經》還是其他典籍的記載，關於舜的故事都更加豐富，同時更為複雜。

學者經過研究，發現舜與《山海經》的第一天神帝俊實為一名之分化。《大荒東經》云：“有中容之國，帝俊生中容。中容人食獸、木實，使四鳥：豹、虎、熊、羆。”郭璞注：“‘俊’亦‘舜’字假借音也。”郝懿行《山海經箋疏》云：

> 《初學記》九卷引《帝王世紀》云：“帝嚳生而神異，自言其名曰夋。”疑夋即俊也，古字通用。郭云俊亦舜字，未審何據。《南荒經》云：“帝俊妻娥皇。”郭蓋本此為說。然《西荒經》又云：“帝俊生后稷。”《大戴禮·帝系篇》以后稷為帝嚳所産，是帝俊即帝嚳矣。但經内帝俊疊見，似非專指一人。此云帝俊生中容，據《左傳·文十八年》云，高陽氏才子八人，内有中容，然則此經帝俊又當為顓頊矣。經文踳駁，當在闕疑③。

袁珂《山海經校注》云：

> 郝説帝俊即帝嚳，是也；然謂“郭云俊亦舜字，未審何據”，則尚有説也。《大荒南經》“帝俊妻娥皇”同於舜妻娥皇，其據一也。《海内經》“帝俊生三身，三身生義均”，義均即舜子商均（《路史·後紀十一》：“女罃（女英）生義均，義均封於商，是為商均。”説雖晚出，要當亦有所本），其據二也。《大荒北經》云：“（衛）丘方圓三百里，丘南帝俊竹林在焉，大可為舟。”而舜二妃亦有關於竹之神話傳説，其據三也。

① 顧頡剛、劉起釪：《尚書校釋譯論》，第79頁。

② 金景芳、吕紹綱：《〈尚書·虞夏書〉新解》，第72頁。

③ ［清］郝懿行：《山海經箋疏》，第398頁。

餘尚有數細節足證帝俊之即舜處，此不多贅。是郭所云實無可非議也[①]。

段玉裁《説文解字注》於“舜”字下亦云：“舜者，俊之同音假借字。《山海經》作帝俊。”[②] 於“俊”字下則云：“《山海經》以俊為舜。”[③] 章太炎先生《文始》二云：“舜可讀如俊。”[④] 實則俊、舜古韻並屬文部，故得通用。可知帝俊即舜。

舜與帝俊既為一名之分化，而帝俊從典籍記載來看，應該是光明神。《大荒南經》云：“羲和者，帝俊之妻，生十日。”《大荒西經》又云：“帝俊妻常羲，生月十有二。”長沙子彈庫戰國楚帛書乙篇則有“帝夋乃為日月之行”的記載[⑤]。日、月既然都是帝俊的兒女，那麼帝俊是日月大神，亦即光明神，則毫無疑義了。因此，舜亦當是光明神。

明白了舜是光明神，舜的含義就好理解了。舜，我認為是取義於太陽的朝升暮落，這可從取義與此相似的一種植物“蕣”來推知。《説文・草部》：“蕣，木堇，朝華暮落者。《詩》曰：颜如蕣華。”桂馥《説文解字義證》云：“‘木堇朝華暮落’者，《廣雅》：‘日及，木槿也。’《玉篇》：‘槿，木槿，朝生夕陨，可食。’《月令》：‘仲春之月，木槿榮。’鄭云：‘木槿，王蒸也。’《秦策》：‘君危于累卵，而不壽于朝生。’高云：‘朝生，木堇也，朝榮夕落。’《吕氏春秋・仲夏紀》：‘木堇榮’，注云：‘木堇朝榮暮落。’”[⑥] 蕣，今本《詩・鄭風・有女同車》則作“舜”。由此可見舜義，於太陽而言是朝升暮落，於草木而言是朝榮暮落。

舜又名重華或重明，其含義同樣與其東方太陽神格有關。重，在《邢侯作周公毁》中作从人从東之形，所以丁山先生認為“東、重古本一字”[⑦]。《韓非子・説疑》“董不識”，《漢書・古今人表》則作“東不訾”，亦可證東、重古字相通。而華、明最通常的含義就是光明、光華之義，如《淮南子・地形訓》：“若木在建木西，末有十日，其華照下地。”高誘注：“華猶光也。”因此，所謂重華、重明實際上就是東華、東明，也就是東方太陽神的意思。作為東方太陽神的舜，經過歷史化後，在《孟子・離婁下》中則成了“生于諸馮，遷于負夏，卒于鳴條，東夷之人也”。

章太炎先生《文始》二云：“然虞舜曰重華……疑舜本蕣字。木堇朝華莫落曰蕣，《詩》言‘颜如舜華’，舜即蕣也。以華美故為衆華表。”[⑧] 認為重華之“華”為“花”，以

① 袁珂：《山海經校注》，第398頁。
② ［清］段玉裁：《説文解字注》，上海：上海古籍出版社，1981年，第234頁。
③ 同上，第366頁。
④ 章太炎：《章太炎全集》（七），上海：上海人民出版社，1999年，第230頁。
⑤ 李零：《長沙子彈庫戰國楚帛書研究》，北京：中華書局，1985年，第69頁。
⑥ ［清］桂馥：《説文解字義證》，濟南：齊魯書社，1987年，第82頁。
⑦ 丁山：《中國古代宗教與神話考》，北京：龍門聯合書局，1961年，第51頁。
⑧ 章太炎：《章太炎全集》（七），第230頁。

與"蕣"字相符，可能並不正確。因為重華就是重明，如果重華是花，那麽重明又當作何解釋呢？

對於重華、重明，在典籍記載中，卻是另外一種解釋。《帝王世紀》云："帝有虞氏，姚姓也，目重瞳，故名重華。"① 《淮南子·脩務訓》云："舜二瞳子，是謂重明。"汪繼培《尸子輯本》卷下亦云："昔者舜兩眸子，是謂重明。"② 我認為這完全是一種"語言疾病"造成的得名臆說。

茅盾先生《中國神話研究初探》云："西洋解釋神話的一派名為文字學派者，説'神話是語言有病的結果，猶之珍珠是蚌有病的結果'。什麽叫做'語言有病'呢？據文字學派的意見，原是古人一句平常的話語，但因口耳相傳，發音上有了一點小錯誤，後人不知真義，反而曲解，又添了一些注釋——藻飾，於是一句平常簡單的話竟變成一則故事了：這便叫做'因了語言有病，反產生神話'。"③ 這一理論由德裔英國學者馬克斯·穆勒所提出，W·施密特《原始宗教與神話》云："馬克斯·穆勒以為神話的起源，是由於'語言的訛傳'（disease of language），就是語言'過多'的現象。"④ 章太炎先生《檢論》卷五所附《正名雜義》云："馬格斯牟拉以神話為言語之瘿疣，是則然矣。"⑤

實際上，重、童古字通用，《禮記·檀弓下》："與其鄰重汪踦往。"鄭注："重皆當為童。《春秋傳》曰'童汪踦'。"《楚辭·九章·涉沙》："固將重昏而終身"，聞一多謂重昏即童昏⑥。又董字，《説文·草部》作"蕫"，段注："古童、重通用。"⑦ 其實，童从重省聲⑧，重从東聲⑨，三字故得通用。因此，重華、重明也可讀作童華、童明，而童、瞳為古今字，亦即眸子之義。這樣，由童華、童明就很容易敷衍出舜有"二瞳子"或"兩眸子"的傳説。

這種經過"曲解"所產生的傳説一旦固定化後，就自然對其本來含義產生了遮蔽作用。這樣，習非成是，所以《論語比考讖》就徑以"重瞳"來指稱舜了⑩。通過以上的分析，我們知道典籍解釋重華、重明得名的原因，是一種典型的誤讀。

此上，我們對重華、重明的原義應為東華、東明，亦即東方太陽神進行了抉發。雖然

---

① ［晉］皇甫謐著，徐宗元輯：《帝王世紀輯存》，北京：中華書局，1964 年，第 40 頁。
② 《二十二子》，上海：上海古籍出版社，1986 年，第 376 頁。
③ 茅盾：《神話研究》，第 162 頁。
④ （德）W·施密特著，蕭師毅、陳祥春譯：《原始宗教與神話》，上海：上海文藝出版社，1987 年，第 51 頁。
⑤ 劉凌等編校：《章太炎學術論著》，第 137 頁。
⑥ 聞一多：《九章解詁》，上海：上海古籍出版社，1985 年，第 54 頁。
⑦ ［清］段玉裁：《説文解字注》，第 32 頁。
⑧ ［漢］許慎撰，［宋］徐炫校定：《説文解字》（大徐本），北京：中華書局，1963 年，第 58 頁。
⑨ 同上，第 169 頁。
⑩ ［明］孫瑴：《古微書》第二十五卷，第 1 頁 b，見［清］錢熙祚輯：《守山閣叢書·經部》，清道光二十四年刊本。

其正確含義已久不為後人所知曉，但《後漢書·東夷列傳》記載的東夷人中的夫余國的始祖名叫“東明”，從他的神迹看，他應該是太陽神①。令人驚奇的是，他竟然與東夷人的始祖神舜名遥相契合，可見重明為東方太陽神的觀念早已成為東夷人的集體無意識了，這也為我們前面的推論提供了一個難得的例證。

舜的神話中，舜二妃娥皇、女英的故事佔據着重要地位。《堯典》云：

> 帝曰：“咨！四岳。朕在位七十載，汝能庸命巽朕位。”岳曰：“否德，忝帝位。”曰：“明明揚側陋。”師錫帝曰：“有鰥在下，曰虞舜。”帝曰：“俞！予聞，如何？”岳曰：“瞽子，父頑，母嚚，象傲；克諧以孝，烝烝乂。不格奸。”帝曰：“我其試哉！”女于時，觀厥刑於二女。釐降二女于嬀汭，嬪于虞。

首次提到堯以二女妻舜，但没有出現二女的名字。《孟子·萬章上》云：“帝使其子九男二女，百官牛羊倉廩備，以事舜於畎畝之中。”屈原《天問》云：“舜閔在家，父何以鱞？堯不姚告，二女何親？”《荀子·成相》云：“堯不德，舜不慈，妻以二女任以事。”同樣没有出現二女的名字。直到漢代劉嚮《列女傳》纔出現娥皇、女英的名字，《列女傳》卷一“有虞二妃”條云：“有虞二妃者，帝堯之二女也，長娥皇，次女英。”

實際上，在《山海經》裏，娥皇就已經出現了，《大荒南經》云：

> 大荒之中，有不庭之山，滎水窮焉。有人三身，帝俊妻娥皇，生此三身之國，姚姓，黍食，使四鳥。有淵四方，四隅皆達，北屬黑水，南屬大荒，北旁名曰少和之淵，南旁名曰從淵，舜之所浴也。

娥皇雖然是帝俊之妻，但考慮到帝俊與舜的事迹重合之處甚多，且此文云三身國姚姓，與舜姓相合，下文亦云“舜之所浴”，似此處帝俊實際上就是舜。後人在傳述舜的事迹時，有意删落其不雅馴的成分，如生三身國之類即是。

《太平御覽》卷八十一引《尸子》云：

> 舜一徙成邑，再徙成都，三徙成國，其致四方之士。堯聞其賢，〔徵之〕草茅之中，與之語政，至簡而易行；與之語道，廣大而不窮。於是妻之以皇，媵之以娥，九子事之，而托天下焉。

---

① 蕭兵：《中國文化的精英——太陽英雄神話比較研究》，上海：上海文藝出版社，1989年，第94—113頁。

又將“娥皇”一名析為“娥”與“皇”，作為二女的名字。《御覽》卷一三五引《尸子》又云：“堯妻舜以娥，媵之以皇。娥皇，衆之女英。”後一句似以娥皇為女中之英，女英一名可能就是由此衍化而來。

總之，娥皇一名見於《山海經》，來源甚古。女英一名，《史記·五帝本紀》《索隱》引《世本》作“女瑩”，《大戴禮記·帝系》作“女匽”，英、瑩、匽一聲之轉，其産生時代肯定晚於娥皇。

舜二妃之外，又有“三妃”之説。《禮記·檀弓上》云：“舜葬於蒼梧之野，蓋三妃未之從也。”鄭玄注：“舜不告而取，不立正妃，但三妃而已，謂之三夫人。”孔疏云：“云‘但三妃而已’者，案《帝王世紀》云：‘長妃娥皇無子，次妃女英生商均，次妃癸比生二女，宵明、燭光是也。’”孔疏引《帝王世紀》作“癸比”，《太平御覽》卷八十一引《帝王世紀》作“登北”，即《山海經》的“登比”。《海内北經》云：

> 舜妻登比氏，生宵明、燭光，處河大澤。二女之靈能照此所方百里。一曰登北氏。

宵明、燭光又見於《淮南子》，《墬形訓》云：“宵明、燭光在河洲，所照方千里。”頗具神話色彩。相較娥皇、女英而言，舜妻登北氏在後來的典籍中很少被提及，或許就是因為其具有神話色彩的原因。

如同堯有不肖之子丹朱，舜亦有不肖之子商均。《孟子·萬章上》云：“丹朱之不肖，舜之子亦不肖。”没有提及舜子之名。《國語·楚語上》云：“莊王使士亹傅大子葴，辭曰：‘臣不才，無能益焉。’王曰：‘賴子之善善之也。’對曰：‘夫善在大子，大子欲善，善人將至，若不欲善，善則不用。故堯有丹朱，舜有商均，啓有五觀，湯有大甲，文王有管、蔡。是五王者，皆元德也，而有奸子。’”首次言及舜的不肖子名叫商均。

《山海經·大荒南經》云：

> 有阿山者。南海之中，有氾天之山，赤水窮焉。赤水之東，有蒼梧之野，舜與叔均之所葬也。爰有文貝、離俞、鴟久、鷹賈、委維、熊、羆、象、虎、豹、狼、視肉。

郭璞注：“叔均，商均也。舜巡狩，死於蒼梧而葬之。商均因留，死亦葬焉。墓今在九疑之中。”王念孫《山海經》手校云：“《〔大荒〕西經》云：‘稷之弟曰台璽，生叔均。’則叔均非商均也。《海内經》云：‘稷之孫曰叔均。’”郝懿行《山海經箋疏》云：“《海内南經》既云‘蒼梧之山，帝舜葬于陽，帝丹朱葬于陰’，此又云‘舜與叔均之所葬’，將朱、均二人皆於此焉堋邪？又郭云‘叔均，商均’，蓋以為舜之子也。然舜子名義鈞，封於商，見

《竹書紀年》，不名叔均。而《大荒西經》有叔均，為稷弟台壐之子；《海内經》又有叔均，為稷之孫，準斯以言，此經叔均，蓋未審為何人也。”袁珂《山海經校注》云：“是王、郝俱不以郭注叔均即商均為然。然此叔均，實是商均，叔、商一聲之轉。能與舜同葬，非舜子商均不足當之。舜與商均同葬蒼梧，並無礙於《海内南經》所云‘蒼梧之山，帝舜葬於陽，帝丹朱葬於陰’之不同傳説之流播。郝云‘將朱、均二人皆於此焉堋’，未免失之拘矣。至叔均又謂是稷弟台壐之子或謂是稷之孫者，尤見神話傳説之錯綜紛歧無定，是書非出自一手，蓋各記其所傳聞，不足異也。”①

《山海經》還記載了兩個舜的後裔國：

> 有困民國，勾姓，而食。有人曰王亥，兩手操鳥，方食其頭。王亥托于有易、河伯僕牛。有易殺王亥，取僕牛。河念有易，有易潛出，為國于獸，方食之，名曰摇民。帝舜生戲，戲生摇民。（《大荒東經》）
>
> 有臷民之國。帝舜生無淫，降臷處，是謂巫臷民。巫臷民朌姓，食穀，不績不經，服也；不稼不穡，食也。爰有歌舞之鳥，鸞鳥自歌，鳳鳥自舞。爰有百獸，相群爰處，百穀所聚。（《大荒南經》）

從描寫兩國的文字來看，具有一定的神話色彩，所以後來關於舜的故事中，與這兩國有關的内容再也没有出現。這或許是帝舜人君的觀念逐漸深入人心，儒家學者對這些怪力亂神的不經之談有意加以刊落的結果。

六、結　語

通過上文的研究，可以看出“古史辨”派學者關於堯舜研究的結論是正確的、可信的。“古史辨”派學者對古史傳説的研究在今天仍然具有很强的示範意義，他們所提倡的研究方法是科學的。

最後，我們以常玉芝《讀顧頡剛〈黄帝〉文談商周之“帝”》中的一段話來結束本文：

> “古史辨”派學者論證“三皇”“五帝”不是真實的歷史人物，是由神話傳説演變來的，這是科學地研究歷史的態度，是對古史研究作出的巨大貢獻。但近二十年來，

---

① 袁珂：《山海經校注》，第420—421頁。

有學者卻極力抬高《五帝本紀》的歷史價值，認定五帝（甚至三皇）都是實有的歷史人物，其提出的理由竟然是因為“各種古書都記有基本相合的傳説”①，注意，這裏他也説五帝是“傳説”，既然是“傳説”，為何不加考證就認定其必是真實的信史呢？顧頡剛先生説：“學術是非，不在乎異同而在真僞。”② 是至理名言。崇信五帝為真實歷史人物者還告誡人們，不要懷疑古書的記載，號召大家“走出疑古時代”。這種對古書記載不加甄别、考證，盲目相信的做法，絶不是科學地研究歷史的態度③。

可見學界對時下過於盲目信古的傾嚮還是有嚴厲的批評。雖然批評的聲音還很微弱，但應該引起大家足够的重視。

作者單位：西南民族大學文學與新聞傳播學院

① 李學勤：《古史、考古學與炎黄二帝》，收入李學勤：《走出疑古時代》，瀋陽：遼寧大學出版社，1997 年，第 38、44 頁。（原注）

② 見俞國林編：《顧頡剛舊藏簽名本圖録・編纂説明》，北京：中華書局，2013 年，第 5 頁。（原注）

③ 常玉芝：《讀顧頡剛〈黄帝〉文談商周之“帝”》，載宋鎮豪主編：《甲骨文與殷商史》（新五輯），上海：上海古籍出版社，2015 年，第 36—37 頁。

試論堯舜聯盟

何　峭

關於堯舜，最常見的文獻是《尚書》中的《堯典》《舜典》《皋陶謨》《益稷》《禹貢》等篇。這些文獻把堯、舜這兩位不同氏族的首領描繪成雍穆、睿智、謙讓、敬業的形象，把堯舜時代描繪成已經是具有高度政治文明的時代。而近代學者大都認為堯舜時代尚處在文明的前夜，或剛剛邁進文明的門檻。因此《尚書》中有關堯舜的記載不會是信史，而是對古代傳説的一種高度理想化的描述。實際上，堯舜之間並非文獻所説那樣謙恭禮讓，而是在聯合之後發生了衝突。要還原這段歷史，就應當瞭解堯舜這兩個部落建立聯盟和發生的衝突。然而，正是堯舜的聯合和衝突（當然還包括和禹的衝突），把古代的中國推進了文明的門檻。

同時，要瞭解堯舜的聯合與衝突，有必要瞭解他們所屬的部落是否具有血緣關係，這對認識堯舜的聯合與衝突的性質具有重要意義。要瞭解堯舜部落是否具有血緣關係，有必要對堯舜原來的居地進行一番考證，本文在這方面做了一些工作。

我們還應當看到，在《史記》和其他文獻中記載的炎帝和黃帝，並非兩個人，而是兩個時代，是部落首領系列的集合體①。但文獻記載的堯舜加上禹則應是三個人，堯、舜、禹時代是在龍山文化晚期，他們的事迹多有交集，因此，把堯、舜以及禹看作是同一時代的三位部落首領，是比較接近實際的。

---

① 參見拙文《炎黃新考》，收入四川省社會科學院、四川省人民政府文史研究館主辦：《國學》第三集，成都：四川人民出版社，2016 年。

一、堯

（一）堯之生地及所居都邑

今所知堯的生地，出於緯書，皆不可信。《路史・後紀十》云："母陳豐氏，曰慶都。嘗觀三河之首，赤帝顯圖，奄然風雨。慶都遇而萌之。黃雲覆之，震十有四月而生於丹陵。"羅蘋注："見《遁甲開山圖》及《世紀》。"相似的說法亦見於《春秋合誠圖》，而不云生於丹陵。這一說法出自緯書，詭異怪誕，顯然是靠不住的。謂堯生於丹陵，丹陵地名不見於典籍，其地不可考。而有人將丹陵坐實為中山曲陽縣的丹丘[①]，也無有力佐證。

堯所居都邑，有陶、唐、涿鹿等說。而關於唐之地望，有不同的說法。下面試對這些說法加以辨析。

直接提出堯居陶，最早見於《續漢書・郡國三》："濟陰郡定陶，本曹國，古陶，堯所居。"《今本竹書紀年》亦謂堯"游居於陶"。《路史・後紀十》謂堯"年有十三佐摯封植，受封於陶"。注云："陶，今廣濟，治定陶。故范曄謂定陶為陶，堯所居。"（按：《續漢書・郡國志》乃晉司馬彪所撰，《路史注》謂為范曄，誤。）這些說法的依據，實來自《史記・貨殖列傳》，其云："堯作游成陽，舜漁於雷澤。"《集解》引如淳曰："成陽在定陶。"值得注意的是"堯作游成陽"不載入《五帝本紀》堯的事迹中，卻衹在《貨殖列傳》中隨文提及，可見這很可能是司馬遷兼收異聞，衹把它作為一個傳聞而非信史，如果他認為這是信史，他應將這一說法寫入《五帝本紀》中。

"堯作游成陽"的傳聞可能起於戰國末，但這個傳聞似乎未曾見於當時的著作中。《左傳》襄公二十四年孔穎達《正義》云"歷檢書傳，未聞帝堯居陶"就說明了這個問題。當時為什麼會産生這個傳説，我的看法是這可能與《世本》所載"堯為陶唐氏"有關。通常認為陶唐氏的稱號是根據所居地而得名，人們要解釋堯為何號陶唐，便附會出堯曾游居成陽（即陶）的傳說。陶唐氏的稱號中有唐，而堯居唐是沒有問題的，但其中的陶也要加以落實。文獻中有不少舜居陶的記載，而堯、舜之間有禪讓關係，加上舜又娶堯二女，故堯游陶或居陶的說法就順勢提出來了。

把唐與堯聯繫起來，最早見於《論語》。《論語・泰伯》："孔子曰：唐虞之際，於斯為盛。"《孟子・萬章上》："孔子曰：唐虞禪，夏後殷周繼，其義一也。"又《尚書大傳》對

---

① 何光岳：《炎黃源流史》，南昌：江西教育出版社，1992 年，第 599 頁。

《堯典》的解説稱為《唐傳》。故唐顯然就是指堯。堯之所以稱唐，是由於居唐之故。這是自古以來大多數學者所同意的。

堯所居唐之地望，歷代學者有不同看法，大致可以分為三種。第一種看法以堯所居唐在河汾之東，或具體指為平陽，或指為永安。此説最早見於《史記・晉世家》，謂唐“在河、汾之東，方百里”。此一地區又稱大夏。《左傳》昭公元年：“遷實沈于大夏，唐人是因。”故《史記・鄭世家》引服虔云：“大夏在汾澮之間。”《史記・五帝本紀正義》引《括地志》謂唐即“今晉州所理平陽故城是也。平陽河水一名晉水也”。又《外戚世家》引《括地志》云：“平陽故城即晉州城西面，今平陽故城東面也。《城記》云堯築也。”平陽即今山西臨汾。顧炎武也主張其在平陽[①]。而《漢書・地理志上》太原郡晉陽下注：“臣瓚曰：所謂唐，今河東永安是也。”永安即今山西霍縣。

第二種看法以堯所居唐在太原晉陽。晉陽在今太原市晉源區。此説最早見於鄭玄《詩・唐譜》：“唐者帝堯舊都之地，今日太原晉陽是，堯始居此，後乃遷河東平陽。”

第三種看法以堯所居之唐在中山國唐，其地即今河北省保定市唐縣。此説最早見於《漢書・地理志下》：“中山國唐，堯山在南。”注引應劭曰：“故堯國也，唐水在西。”張晏曰：“堯為唐侯，國於此。堯山在唐東北望都界。”《帝王世紀》從其説。《太平御覽》一五五引《帝王世紀》云：“帝堯氏始封於唐，今中山唐縣是也，堯山在焉。唐山在西，北入唐河。南有望都縣山，即堯母慶都之所居也。相去五十里。都山，一名豆山。南望都山，故名其縣曰望都。”

以上三種説法中，以第一種説法中堯所居唐在平陽較可靠。首先，先秦文獻的有關材料支持第一種説法。《莊子・逍遥遊》：“堯治天下之民，平海内之政。往見四子藐姑射之山，汾水之陽。”此雖為莊子寓言，但説堯所至之處，應有所依據。藐姑射之山在汾水之陽，距堯之居地較近，故堯得往見四子。《廣弘明集》卷十一法琳《對傅奕廢僧事》引《汲塚竹書》云：“舜囚堯於平陽，取之帝位。”《史通・疑古》引《汲塚竹書》云：“舜放堯於平陽。”舜是否囚堯，暫且勿論，但這一條材料可以説明堯的活動地區與平陽相去不遠。其次，顧炎武説：“霍山以北，自悼公以後始開縣邑，而此前不見於傳。又《史記・晉世家》曰：‘……唐在河汾之東，方百里。’……而晉陽在汾水之西，又不相合。”[②] 亦説明唐地不會在太原。並且據鄒衡所説：“1949 年以來，山西省文物考古部門在太原市附近做過不少考古調查或發掘，至今没有找到大片西周遺址，雖偶亦發現相當於西周時期的瓦片，但其作風與西周晉物迥異，顯然屬於其他文化系統。據此可以推測：當時居住在太原地區

① ［清］顧炎武：《日知録》卷三十一《唐》。

② 同上。

的人們，甚至可能不屬中原的華民。"[①] 西周時期尚且如此，堯的時代更不大可能有中原文化系統的居民居住其地了。更重要的是，自1978年以來，在襄汾陶寺發現龍山文化遺址達三百多萬平方米，其中有墓葬、大型建築，出土大量器物。墓葬中有“王級大墓”，建築中有“王都級聚落應具備的標志性建築”[②]。2017年，陶寺遺址考古又有新的發現，“考古工作者發現宫城的兩處門址，確認了陶寺遺址宫城的存在，這是迄今考古發現的我國最早的宫城”[③]。襄汾距臨汾不遠。有學者據此提出陶寺文化為陶唐氏文化説和有虞氏文化遺存説[④]。這些情況都説明堯居平陽是可靠的。而堯所居唐在永安之説不大可能。永安在汾澮地區的北部，靠近太嶽山脈，發展農業的地理條件不及臨汾一帶，正如顧炎武所説，“霍山以北，自悼公以後始開縣邑”，而永安在霍山以北，並且堯居永安也没有考古材料的證明。

第三種説法，以堯所居唐在中山國唐。而《漢書·地理志》之説，可能得之傳聞，而無可靠的依據。中山國之唐不見於春秋時期。按春秋時有五唐地，一為見於《左傳》昭公元年之唐，就是《史記》所謂在河汾之東之唐；一為見於《左傳》定公五年之唐，在今湖北棗陽市東南唐縣鎮[⑤]；一為見於《左傳》昭公二十三年之唐，杜注，“周地”，在今河南洛陽市東[⑥]；一為見於《春秋》隱公二年之唐，為魯地，在今山東魚台舊治東北[⑦]；一為見於《春秋》昭公十二年之陽，即《左傳》昭公十二年之唐，為齊高偃納北燕伯之地。杜注：“陽即唐，燕别邑中山有唐縣。”以此唐為中山之唐。而王夫之《春秋稗疏》卷二云：“按中山之唐在燕之飛狐口倒馬關之左，絶燕而過之，孤懸西隅，高偃不能懸軍深入，北燕伯亦不能恃齊以為援。且又鮮虞國都，非燕地也，足知杜説之非。按《漢書》涿郡有陽鄉縣是燕地。蓋在文安大城之間，為燕齊之孔道。正不當從《傳》作唐，而以中山之唐當之。”由上述可知春秋時期五唐地中並無中山國之唐，則中山國之唐不見於春秋。中山國之唐在春秋時期可能稱中人而不稱唐。《漢書·地理志下》中山國唐師古注引孟康曰：“晉荀吴伐鮮虞及中人，今中人亭是。”《續漢書·郡國二》：“中山國唐有中人亭，有左人鄉。”劉昭注：“《左傳》晉伐鮮虞及中人，杜預曰縣西北有中人城。”又引《博物記》云：“中人在縣西四十里。”晉伐中人見於《左傳》昭公十三年，杜注云：“中山望都西北有中人城。”

---

① 鄒衡：《夏商周考古學論文集（續集）》，北京：科學出版社，1998年，第309頁。

② 見《考古》1980年第1期，1986年第9期，2003年第3期、第9期，2004年第2期、第7期有關山西襄汾陶寺遺址的發掘報告。

③ 王學濤：《山西陶寺遺址考古發現早期宫城》，《中國文物報》2017年6月27日第1版。

④ 見王文清：《陶寺遺存可能是陶唐氏文化遺存》，鄒衡：《關於探討夏文化的條件問題》，收入田昌五主编：《華夏文明》第一集，北京：北京大學出版社，1987年；李民：《堯舜時代與陶寺遺址》，《史前研究》1985年第4期；許宏、安也致《陶寺類型為有虞氏遺存論》，《考古與文物》1991年第6期。

⑤ 楊伯峻：《春秋左傳注》，北京：中華書局，1981年，第1551頁。

⑥ 同上，第1444頁。

⑦ 同上，第20頁。

中人既有城，應是此地的中心所在，故推測春秋時期此地稱中人，後來改稱為唐，大致是由於此地出現了有關堯的傳説。總之，中山國唐應是後起的地名，與堯没有關係。

中山國唐，即今河北唐縣，在河北省中部。傅斯年説：“在東平原區中，其北端的一段，當今河北省中部偏東者，本所謂九河故道，即是黄河近海處無定沖積地。這樣地勢，在早期社會中是很難發達的，所以不特這一段（故天津府、河間府深冀兩直隸州一帶）在夏殷無聞，就是春秋時也還聽不到有何大事在此地發生。”① 傅氏所説的這一地帶，大致在今天津市、河北省的滄州地區、衡水地區，河北唐縣東接這一地帶，相距並不太遠，在早期社會恐怕也難發達。河北平原龍山文化遺存在冀南地區較多、冀中地區較少②，這似乎也説明堯不大可能居中山國唐。

《帝王世紀》又以堯居涿鹿。《太平御覽》卷一五五引《帝王世紀》云：“《地理志》堯之以後徙涿鹿。《世本》云在彭城南。（按，《續漢書·郡國志》引《世本》云：“涿鹿在鼓城南。”）今上谷郡北自有彭城，非宋彭城也。後又徙晉陽，今太原縣也。於《周禮》在并州之域。及為天子，都平陽。於《詩·風》為唐國。武王子叔虞封焉，更名唐。故吴季札聞唐之歌曰：“思深哉，其有陶唐氏之遺乎！”其謂：“《地理志》堯之以後徙涿鹿。”則其所據是《漢書·地理志》。而《漢書·地理志下》上谷郡涿鹿無此文。而《後漢書·郡國五》上谷郡涿鹿下劉昭注云：“《世本》云在彭城南，張晏曰在上谷。”《帝王世紀》引《世本》謂涿鹿在彭城南（或作鼓城）。《帝王世紀》又謂上谷郡北自有一彭城，與張晏所説同。而彭城春秋時為宋邑，歷代地志皆不載上谷郡有彭城，不知皇甫謐與張晏何所據。《史記·五帝本紀正義》引《括地志》謂涿鹿故城“在嬀州東南五十里，本黄帝所都”。此僅謂涿鹿為黄帝所都，而不謂為堯所都。《帝王世紀》以堯徙涿鹿，或許是因訛傳黄帝都涿鹿所致。涿鹿在今河北涿鹿縣礬山鎮三堡村，嬀州在今河北涿鹿縣保岱鎮，其實本應是一地。

王國維指出，我國古代，環中國而北，至太行常山間，主要是戎狄等外族活動的地區③。上谷郡涿鹿應屬戎狄活動地區。一般認為堯屬中國之人，似不能至戎狄地區建立城邑。但堯為黄帝之後，黄帝興自昆侖，與戎狄有密切聯繫，曾活動於涿鹿一帶，故堯所屬部落曾活動於上谷郡的涿鹿，或太原晉陽、永安等處，也不無可能，但至堯之時代，已不在這些地區活動了，最終遷至平陽一帶定居。

---

① 傅斯年：《夷夏東西説》，見傅斯年：《民族與中國古代史》，石家莊：河北教育出版社，2002 年，第 58 頁。

② 《新中國考古五十年》，北京：文物出版社，1999 年，第 44 頁。

③ 見王國維：《鬼方昆夷玁狁考》，收入王國維：《觀堂集林》卷十三，北京：中華書局，2004 年。

（二）堯之族屬

關於堯的族屬，《大戴禮·帝系》云："黄帝産玄囂，玄囂産蟜極，蟜極産高辛，是為帝嚳。帝嚳産放勳，是為帝堯。"《尚書·堯典正義》引《世本》："堯是黄帝曾孫。" 又云："黄帝生元囂，元囂生僑極，僑極生帝嚳，帝嚳生堯。"《史記·五帝本紀》："帝嚳娶陳鋒氏女，生放勳……是為帝堯。"從文獻記載看，堯應屬於華夏族。

堯居汾、澮之間，從考古學上看，這一地區是陶寺文化分佈的範圍。關於陶寺文化的來源，"發掘者把陶寺文化分為早、中、晚三期，並認為早期是從廟底溝二期文化直接發展而來"①。廟底溝二期文化是從仰韶文化到龍山文化過渡階段的遺存。許順湛指出："黄帝族與仰韶文化存在着密切的關係。"② 由此看來，堯族與黄帝族應有文化乃至血緣聯繫，可與文獻記載堯為黄帝之後相印證。

二、舜

（一）舜之生地及族屬

《孟子·離婁下》："舜生於諸馮，遷於負夏，卒於鳴條。東夷之人也。"

《風俗通》卷十："謹按《尚書》：'舜生姚墟。'" 陳壽祺《尚書大傳》輯校按云："《尚書》無此文，此蓋《尚書傳》文。"

以上兩條是關於舜的出生地的最早材料，説舜的生地不一致，一為諸馮，一為姚墟。

較晚的材料如：

《太平御覽》卷一三五引《河圖秘徵》云："握登見大虹，意感生舜於姚墟。"

《史記·五帝本紀〈正義〉》引《括地志》云："《孝經援神契》云：舜生於姚墟。"

《史記·五帝本紀〈正義〉》引《括地志》云："《會稽舊記》云：舜上虞人，去虞三十里有姚丘，即舜所生也。周處《風土記》云：舜東夷之人，生姚丘。"

---

① 中國社會科學院考古研究所編著：《中國考古學·夏商卷》，北京：中國社會科學出版社，2003年，第59頁。

② 許順湛：《中原遠古文化》，鄭州：河南人民出版社，1983年，第222頁。

以上較晚的材料以舜生於姚墟或姚丘。

關於諸馮的地望，趙岐《孟子注·離婁下》云：“諸馮、負夏、鳴條皆地名，負海也。在東方夷服之地。”孫奭《孟子注疏·離婁下》云：“今云舜生於諸馮，則諸馮在冀州之分。”《路史·發揮五〈辨帝舜塚〉》羅蘋注：“即春秋之諸浮，冀州之地。”王先謙《孟子正義·離婁下》云：“諸馮不可考。”又引趙佑《温故録》云：“趙氏（岐）蓋略聞諸馮之地之負海而未得其實，故渾而言之。今青州府有諸城縣，大海環其東北，説者以為即《春秋》書城諸者，其地有所謂馮山馮村，蓋相傳自古，就疑近是。”我認為諸馮即諸風，是泛指風姓氏族散居之地，而非確指某一地點，猶如中原各族稱諸夏一樣。馮古音屬蒸韻并部，風古音屬侵韻幫部[①]，蒸韻在段玉裁《六書音均表》的第六部，侵韻在七部。段玉裁《説文解字注》鳳字下注云：“六部七部，音最相近。”故《説文》以屬於六部的朋作為屬於七部的鳳的古文，段注認為這是假借。

由此觀之，馮可通風。風為東夷族重要的姓之一。《左傳》昭公十七年：“大皞氏以龍紀。”杜注：“大皞，伏犧氏，風姓之祖也。”《傳》又云：“陳，大皞之虛也。”陳，在今河南淮陽縣境内。《左傳》僖公二十一年：“任、宿、須句、顓臾，風姓也。實司大皞與有濟之祀。”杜注：“任，今任城縣。”在今山東濟寧境内；“顓臾，在泰山南武陽縣東北”，在今山東費縣境内；“須句，在東平須昌縣西北”，在今山東東平縣境内。《左傳》隱公元年“九月及宋人盟于宿”杜注：“宿，東平無鹽縣。”在今山東東平縣境内。以上地區在今山東西南和河南東北一帶，這一片地區是風姓諸氏族分佈地區，孟子所説的舜的出生地，應該在這一片地區。

《尚書大傳》説舜生於姚墟，而未明言姚墟在何地。《風俗通》卷十云：“姚墟在濟陰城陽縣，帝顓頊之墟、閼伯之墟是也。”《史記·五帝本紀正義》引《括地志》云：“姚墟在濮州雷澤縣東十三里。”濟陰城陽即《漢書·地理志》的濟陰郡成陽：“濟陰郡成陽，《禹貢》雷澤在西北。”《史記·五帝本紀正義》引《括地志》云：“雷澤縣本漢城陽縣也。”故《風俗通》與《括地志》所説是一致的[②]。濟陰成陽在今山東曹縣東北。但《風俗通》以姚墟在濟陰城陽，不知其何所據，可能根據《墨子》等先秦文獻所載舜“耕厝山，陶河濱，漁雷澤”之説而附會。濟陰成陽在諸馮地區之内，故《風俗通》所説雖是附會，但言之成理，祇不過查無實據罷了。而《會稽先賢記》等謂舜生於距上虞三十里的姚丘，也没有任何根據，大概由於舜為東夷人，而這一帶也是東夷人分佈的區域而附會。

上引《孟子》謂舜為東夷之人，而《史記·五帝本紀》謂舜為“冀州之人也”。《孟

① 見唐作藩編著：《上古音手册》，南京：江蘇人民出版社，1982年，第36頁。

② 按：《漢書·地理志上》載：“濟陰郡成陽，有堯塚靈臺，《禹貢》雷澤在西南。”《地理志下》載：“城陽國，故齊，文帝二年别為國，屬兗州。”故《風俗通》所謂之濟陰城陽應為成陽之誤。

子》與《史記》所説不同，但各有所據。《孟子》謂舜生於諸馮，上節已説明諸馮是東夷分佈的地區，並且舜生於諸馮，下文還要談到，其早期的活動中心在雷澤、定陶一帶，這些都説明舜的確是東夷人。但《史記》為何又説舜是冀州之人呢？這是由於舜後來率領部族進入了冀州。舜後來定居的地方是冀州，故《史記》説舜為冀州之人也是可以的。《孟子》説舜為東夷之人，這是指他的"原籍"，《史記》所説是根據他後來的居地。

《尚書・堯典》孔穎達正義引《世本》謂堯是黄帝曾孫，舜是黄帝八代之孫，《大戴禮記・帝系》大致相同。這一説法為《史記》所採用，但也有不同看法。《路史・後紀十一〈論舜不出黄帝〉》謂舜"五帝之中，獨不出於黄帝"。羅泌列舉了幾條理由，其最重要的一條理由是："男女辨姓，禮之大司，而綴食之禮，雖百世而婚姻不通。舜既堯之從玄孫，豈得御堯之女？況以玄孫尚高祖姑，昭穆失當，無是若者。"① 這是用後起的禮來否定舜為黄帝後裔，並不合適。而舜生於東夷地區，與堯所居冀州不同，這已經説明舜與堯不是同一族氏。

舜稱虞舜，先秦文獻中見於《堯典》（"師錫帝曰：'有鰥在下，曰虞舜。'"）、《韓非子・十過》。（"堯禪天下，虞舜受之。"）又稱虞帝，見於《左傳》昭公八年。（"舜重之以明德，寘德于遂。遂世守之，及胡公不淫，故周賜之姓，使祀虞帝。"）《國語》中的有虞，一般認為是指舜之時代。（《周語下》："其在有虞，有崇伯鮌，播其淫心。"）《國語》中的有虞氏一般認為是指舜之後裔（《魯語上》："故有虞氏禘黄帝而祖顓頊……幕，能帥顓頊者也，有虞氏報焉。"）《路史・後紀十一》引《世本》："帝舜有虞氏。"這纔把舜與有虞氏直接聯繫起來了。從這些材料看，舜的族屬為有虞氏是沒有什麽問題的。但舜族為何稱有虞氏呢？《尚書・堯典》："有鰥在下，曰虞舜。"孔穎達《正義》云："舜有天下，號有虞氏，是地名也。王肅云：'虞，地名也。'"這是説有虞氏是因地名而得名。虞的地望，孔穎達《正義》引皇甫謐云："堯以二女妻舜，封之於虞，今河東大陽山西虞地是也。"《史記・五帝本紀〈索隱〉》云："虞，國名，在河東大陽縣。"這顯然是據皇甫謐所説。河東大陽縣在今山西平陸縣東北十五里。《五帝本紀〈正義〉》引《括地志》云："故虞城在陝州河北縣東北五十里虞山之上。酈道元注《水經》云：'幹橋（今本《水經・河水注》作軨橋）東北有虞城，堯以女嬪於虞之地也。'又宋州虞城，古虞國，舜後所封之邑②，杜預云舜後諸侯也。"按陝州河北縣在今山西芮城，宋州虞城，即今河南虞城。有虞氏的稱號，當是因其氏族所在地而得名，不會等到堯封舜纔有有虞氏的稱號。並且堯的時代是否有了封建諸侯的制度，不得而知。看來，皇甫謐以堯封舜於河東大陽虞地的説法是不可靠的。

---

① ［南宋］羅泌撰：《路史・發揮五》"論舜不出黄帝"條，文淵閣《四庫全書》本。

② "宋州虞城，古虞國，舜後所封之邑"一句，原作"宋州虞城大襄國所封之邑"，據《元和郡縣志》《路史國名紀丁》補正。

《水經注》以堯封舜於陝州河北縣，同樣也是靠不住的。而宋州虞城在陳之東北數百里，正在風姓氏族散居地區之內，故有虞氏稱號當由此虞城而得。但杜預及《括地志》皆謂虞城是舜後所封之邑。其所據當為《左傳》哀公元年載夏時虞思為有虞國君。此有虞即宋州虞城。其實虞思所居之有虞是有虞氏故地，並非受封而得。

綜上所述，可以認為，舜生於諸馮，即風姓氏族散居之地。風姓為東夷，故孟子説舜為東夷之人是可信的。司馬遷以舜為冀州之人，這是據舜後來進入冀州而言，並無大錯。有虞氏之稱號，是由於該部族居於虞城一帶而得，舜屬於這個部族，故亦號有虞氏。又，舜為嬀姓，其得姓之由來，據徐中舒先生所説："史稱陳為舜後，嬀姓，嬀字從為，顯為服象之民族。"①

舜的時代是在龍山文化時代，這是没有什麽問題的。據上述，舜所屬的有虞氏主要分佈在河南東北部和山東西南部一帶，從考古學看，應屬山東龍山文化。蔡鳳書指出，山東龍山文化和河南龍山文化"在山東西部和河南東部有一大片彼此犬牙交錯的地帶。其間某些遺址簡直難以分清楚它究竟是屬河南龍山文化還是山東龍山文化"②。可以認為，舜族本身屬山東龍山文化，因與河南龍山文化相鄰，故相互影響較多。因此，舜族與中原文化關係較為密切。

（二）舜早期活動之地區

先秦及漢代文獻對舜早期的活動有基本一致的記載：

《墨子・尚賢中》："古者舜耕歷山，陶河濱，漁雷澤。堯得之服澤之陽。"《尚賢下》："故昔者舜耕於歷山，陶於河濱，漁於雷澤，灰於常陽。"③

《管子・版法解》："舜耕歷山，陶河濱，漁雷澤，不取其利，以教百姓。"

《太平御覽》卷八十一引《尸子》："舜兼愛百姓，務利天下。其田歷山也，荷彼耒耜，耕彼南畝，與四海俱有其利。其漁雷澤也，旱則為耕者鑿瀆，儉則為獵者表虎，故有光若日月，天下歸之若父母。"

《吕氏春秋・慎人》："舜耕於歷山，陶於河濱，釣於雷澤。"

《毛詩・魏譜正義》引《尚書大傳》："昔舜耕於歷山，陶於河濱。"

---

① 徐中舒：《殷人服象及象之南遷》，載徐中舒：《徐中舒歷史論文選輯》，北京：中華書局，1998年，第58頁。

② 蔡鳳書：《山東龍山文化與其周圍同時期諸文化的關係》，載蔡鳳書、欒豐實主編：《山東龍山文化研究文集》，濟南：齊魯書社，1992年，第224頁。

③ ［清］孫詒讓：《墨子間詁・尚賢下》："洪云：'灰'當是'販'字之譌。"

《史記·五帝本紀》引《尚書大傳》云："舜漁於雷澤之中。"

《史記·五帝本紀》："舜耕歷山，漁雷澤，陶河濱，作什器於壽丘，就時於負夏。"

以上材料以《墨子》為最早。而孫詒讓《墨子閒詁》認為"雷澤"諸書引《墨子》並作"濩澤"，故今本《墨子》作"雷澤"乃後人所改①。其實上引《墨子》之外其他諸書皆作"雷澤"，難道都為後人所改？應是有人改《墨子》之"雷澤"為"濩澤"，以牽合舜都蒲阪之説。這是由於"濩澤"（今山西陽城）距舜都蒲阪較近，有人便認為舜漁之地應靠近他的都城纔合適，故有這樣的臆改。其實從文獻看，舜有一個成長過程，不是一下子就到蒲阪建都了。舜既生於諸馮，當他長成之後，他要進行耕、陶、漁、作等生産活動，應是在他生長的地方，即諸馮地區。雷澤屬諸馮地區。因此，以舜漁於雷澤，比漁於濩澤更具合理性。雷澤即雷夏澤，見於《禹貢》："雷夏既澤。"《史記·五帝本紀〈集解〉》引鄭玄曰："雷夏，兗州澤，今屬濟陰。"《正義》引《括地志》曰："雷夏澤在濮州雷澤縣郭外西北。"《漢書·地理志》師古注："雷夏，澤名，在濟陰城陽西北。"雷澤縣因雷夏澤而得名，在今山東鄄城境内。舜所耕的歷山的地望，據《括地志》，有蒲州河東縣（漢河東郡蒲阪，故城在今山西永濟）、越州餘姚縣（今浙江餘姚）、濮州雷澤縣（在今山東鄄城縣境内）、嬀州（在今河北懷來縣境）②，《水經·㶟水注》引《魏土地記》謂下洛城潘城有歷山（在今河北涿鹿縣西南），《濟水注》及《淮南子·原道訓》高誘注謂歷城有歷山（在今山東濟南市），其他尚有多處歷山，不一一備舉。歷山的地望似難以確定，但雷澤的地望卻可以確定。以常理推之，舜耕之歷山距雷澤應不遠。故以上關於歷山地望諸説中，當以濮州雷澤縣較合理。舜所陶之河濱，皇甫謐謂在濟陰定陶西南陶丘亭（在今山東定陶境），張守節謂在曹州濱河處；《括地志》謂舜作陶之地陶城在蒲州河東縣北三十里③。定陶漢屬濟陰郡，《史記·殷本紀〈正義〉》引《括地志》云："曹州濟陰縣即古定陶也。"由此知皇甫謐與張守節所説實同。定陶與雷澤都相距很近，故皇甫謐與張守節説頗具合理性。而蒲州河東縣不是舜早期活動的地區，因而以舜作陶之地在河東縣是不合適的。此外，《史記·五帝本紀》又謂舜"作什器於壽丘"，《集解》引皇甫謐謂在"魯東門之北"，魯即曲阜。曲阜距雷澤、定陶一帶僅數百里，屬風姓氏族散居地區，故舜在此活動是有可能的。

根據以上討論，可以確定舜早期活動的地域為歷山、雷澤、定陶。此歷山和雷澤，在

---

① 《墨子》所載"漁雷澤"，《太平御覽》卷一六三、《水經·沁水注》《元和郡縣志·河東道下》《太平寰宇記》《路史·疏仡紀》等引《墨子》皆作"濩澤"。

② 見《史記·五帝本紀〈正義〉》引《括地志》。

③ 見《史記·五帝本紀〈集解〉》引皇甫謐及《正義》。

今山東鄄城境内，定陶即今山東定陶。鄄城與定陶相距僅百餘里，舜早期活動在這一範圍内，應是符合情理的。舜的活動地域，距有虞氏的活動中心虞城亦不過百餘里，故舜屬有虞氏並且其有虞氏稱號的來歷就可以得到合理的解釋。

舜在歷山、雷澤和定陶的活動主要是耕、陶、漁。在遠古時代，這樣的勞作是生活所必需，並非舜所特有。有些事物，若某人做得特別出色，古代文獻便往往把發明權歸於他的名下。如《世本》謂伯益作井、垂作耒耜、鯀作城郭、禹作宫室等。《一切經四分律一音義》引《世本》云："舜始陶，夏臣昆吾更增加也。"考古材料證明，陶器在舜時代之前很早的時期就出現了，決不是由舜發明的。但《世本》的這一説法正好説明舜精於製陶。《韓非子·難一》："歷山之農侵畔，舜往耕焉，朞年，甽畝正。河濱之漁者争坻，舜往漁焉，朞年，而讓長。東夷之陶者器苦窳，舜往陶焉，朞年而器牢。"舜調解侵畔争坻的糾紛，表現了他作為氏族首領的能力。而舜使陶器堅牢，説明他製陶工藝甚精。《左傳》襄公二十五年："昔虞閼父為周陶正，以服事我先王，我先王賴其器用也。"《漢書·古今人表》謂虞閼父為舜後，在武王之時。《周禮·考工記》亦云："有虞氏上陶。"可見有虞氏擅長製陶，直到周代還很著名。而舜製陶又是一代聖手，甚至被尊為始作陶者，則他製陶的地方就被稱作陶也是可以理解的了。《後漢書·郡國三》云："濟陰郡定陶本曹國，古陶。"劉昭注引郭璞云："城中有陶丘。"陶丘見於《禹貢》。這正是説定陶古代的名稱就是陶。從考古材料看，黄河下游龍山文化陶器，以磨光和胎薄如蛋殼的黑陶最為著名，數量多而且造型秀麗。這也是有虞氏擅長製陶的一個證明，因而舜早期活動的地方被稱為陶決非偶然。

（三）舜之西進

先秦及漢代文獻有舜遷徙的記載，如上引《孟子》謂舜"遷於負夏"，《史記·五帝本紀》云："就時於負夏。"《索隱》引《尚書大傳》云："販於頓丘，就時負夏。"負夏之地望，《五帝本紀〈集解〉》云："鄭玄曰：衛地。"《禮記·檀弓》："曾子弔於負夏。"鄭注同。而《孟子·離婁下》趙岐注："負夏、鳴條皆地名，負海也，在東方夷服之地。"不知其何所據。《禮記·檀弓》記曾子弔於負夏，主人禮數略有不周，從者感到奇怪，問曾子，曾子起初認為主人的禮數没有錯。後來從者又問子游，子游指出主人禮數欠妥之處，曾子感到子游所説比自己更正確，表示佩服①。這段記載説明負夏的主人大體上是知禮的，否則

① 《禮記·檀弓》："曾子弔於負夏，主人既主填池，推柩而反之，降婦人而後行禮。從者曰：'禮與？'曾子曰：'夫祖者，且也。且胡為其不可以反宿也？'從者又問諸子游曰：'禮與？'子游曰：'飯於牖下，小斂於户内，大斂於阼，殯於客位，祖於庭，葬於墓，所以即遠也。故喪事有進而無退。'曾子聞之曰：'多矣乎！予出祖者。'"

曾子可以馬上指出其違禮之處。對禮的瞭解達到這種程度的主人，一般應是在中國之地纔會有，而負海的東夷之地對禮的講究恐怕達不到這樣的程度。因此，鄭玄以負夏為衛地是可信的。《詩譜·邶鄘衛譜》："邶、鄘、衛者，商紂畿内方千里之地，其封在《禹貢》冀州大行之東。北逾衡漳，東及兖州桑土之野。自紂城而北謂之邶，南謂之鄘，東謂之衛。"衛地在定陶、雷澤之西，土地鄰接，故舜要遷徙發展，衛地是其首選之地，所以要到負夏與頓丘。頓丘見於《衛風·氓》，在今河南浚縣，其為衛地是無疑的了。

《墨子·節葬下》："昔者堯北教乎八狄……舜西教乎七戎……禹東教乎九夷。"所謂"教"實際上是擴張、征伐的文飾之辭。舜西征七戎之事已不可考，可能是指與鯀禹族同姓的衝突。但這條材料至少告訴我們，舜是在西進。舜初期活動的地區是定陶、雷澤一帶，其西進首先就來到最近的負夏和頓丘，他繼續西進就來到現在的晉西南靠近黄河的地帶。

舜遷負夏之後繼續西進的情況先秦文獻很少有記載，但他後來與堯結為同盟，在先秦文獻中有記載，這段記載也得到學者的承認。而舜與堯結為同盟，必須以舜的西進為前提。漢及以後的文獻記載了舜在晉西南的遺迹，這些記載雖然較晚，但有其合理性。根據這些記載，我們可以大致勾畫出舜西進的路綫。

舜自其早期活動的陶及雷澤一帶西進，先至負夏、頓丘，繼續西進至河東大陽縣。由負夏、頓丘至大陽縣，中間距離約千餘里，是否留有據點，大多已不可考（可能在孟津停留過，見下文）。《水經·河水注》："河水又東，逕大陽縣故城南……河水又東，沙澗水注之。水北出虞山，東南逕傅岩……傅岩東北十餘里，即巔軨阪也。……有東西絶澗，左右幽空，中則築以成道，指南北之路，謂之為軨橋也。……橋之東北有虞原，原上道東有虞城，堯妻舜以嬪於虞者也。"《史記·秦本紀〈正義〉》引《括地志》："虞城故城在陝州河北縣東北五十里虞山之上，亦名吴山。"《史記·伯夷列傳〈正義〉》引《括地志》："河北縣本漢大陽縣也。"楊守敬謂漢大陽縣在今平陸縣東北十五里①。楊守敬《水經·河水注疏》云："全（祖望）云：'釐降媯汭在蒲阪，道元明載二水於前，與虞何預？張冠李戴，不亦傎乎？'守敬按：此趙氏（一清）所載全語，乃初校本。又七校本云：'嬪虞之城，自在蒲阪，不在大陽。今因仲雍後人之封而捀撦之，其謬由皇甫士安《帝王世紀》，而《續漢志注》《水經注》並仍之。'是明知酈氏有本，而終護前説。不思釐降二女於媯汭，嬪於虞，是媯芮（汭?）與虞雖為兩地，媯在蒲阪，虞在虞鄉，地本相近，何謂無預?"② 全、趙、楊等皆以堯降二女於媯汭在蒲阪，不在大陽，唯全祖望認為釐降二女之地與虞地無關，而楊守敬認為在虞鄉。總之，三家皆以釐降二女之地不在大陽，甚是。舜西進至大陽，這大致可以認為是他進入冀州之初，也就是開始進入到堯的勢力範圍。可以想象，當一個外

① ［北魏］酈道元撰，楊守敬纂疏：《水經注疏》，南京：江蘇古籍出版社，1999年，第350頁。

② 同上，第352頁。

來的勢力進入時，原住民必然會有所反應。是抵抗、驅逐，還是表示接納、友好，其最初的情況不得而知，我們衹知道後來堯與舜是聯合起來了，堯將二女嫁給舜，就是堯接納舜的一個標志。舜進至大陽到堯接納舜前這一段情況我們並不清楚，但以情理推之，這期間應有一個過程。我們可以瞭解的情況是，舜進入冀州之初，在大陽建立了一個據點，這個據點就是軨橋東北虞原道東的虞城。根據文獻資料，大陽的虞城應是舜進入冀州的第一個據點。而虞鄉在大陽之西，按照楊守敬的說法，應是舜西進建立的又一個據點。

《墨子·尚賢上》又謂“古者堯舉舜於服澤之陽”。《文選·曲水詩序》李注引《帝王世紀》云：“堯求賢而四岳薦舜，堯乃命於順澤之陽。”“順澤”當是“服澤”之誤。孫詒讓《墨子閒詁·尚賢上》引畢沅云：“未詳其地。服與蒲，音之緩急，或即蒲澤，今蒲州府。”《墨子》既謂為“服澤之陽”，則“服澤”當為澤。而蒲阪附近並無澤。但蒲阪南數十里處有湖縣，即唐之陝州桃林縣，楊守敬謂在閿鄉縣西南（按閿鄉縣今併入河南靈寶市）①。《水經·河水注》謂湖縣有湖水，“廣圓三百里”，“北流注於河”，則此湖水應為澤，但早已湮塞無迹。由此觀之，此湖水可能就是服澤。舜在服澤之陽，實際上就是在黃河的北岸，距蒲阪與虞鄉都不遠。故據《墨子》所載，舜在服澤之陽與堯族有了初次接觸。堯釐降二女於嬀汭應在此次接觸之後，則舜居蒲阪，還應在居服澤之後。

舜繼續西進，最後來到蒲阪，即唐之蒲州河東縣，在今山西永濟。《史記·五帝本紀〈正義〉》引《括地志》：“河東縣南二里故蒲阪城，舜所都也。”先秦文獻無舜都蒲阪的記載，但《堯典》有堯“釐降二女於嬀汭，嬪於虞”的記載。關於嬀汭，說法不一。《水經·河水注》謂蒲阪南有歷山，“嬀、汭二水出焉。南曰嬀水，北曰汭水”。《史記·五帝本紀〈正義〉》引《括地志》：“嬀汭水源出蒲州河東縣南雷首山。許慎云：‘水涯曰汭。’按《地記》云：‘河東郡首山中有二泉，下南流者為嬀水，北流者汭水，二水異源合流，出谷西注河。’”而《水經·河水注》又云：“《尚書》所謂釐降二女於嬀汭也。孔安國曰：‘居嬀水之內。’王肅曰：‘嬀汭，虞地名。’皇甫謐曰：‘納二女於嬀水之汭。’馬季長曰：‘水所入曰汭。’然則汭似非水名。”諸家分歧，主要是嬀汭是一水還是二水，這一點其實並不重要，至少以嬀水在河東縣是没有多大異議的。王肅以嬀汭為虞地名，這可以理解為嬀汭為舜所據，故為虞地。楊守敬以堯之二女所嬪之虞即虞鄉，嬀虞相近，楊氏的說法是合理的。《史記·五帝本紀〈正義〉》引《括地志》云：“嬀州有嬀水，源出城中，《耆舊傳》云即舜釐二女於嬀汭之所。”嬀州即今河北懷來，按王國維的說法，嬀州在古代應為戎狄活動的地區，舜不至於來到這裏。嬀州可能是舜後嬀姓支系遷於彼而得名，然已無可考，與舜並無直接的聯繫。

---

① ［北魏］酈道元撰，楊守敬纂疏：《水經注疏》，南京：江蘇古籍出版社，1999年，第326頁。

《水經·河水注》："河水又南逕陶城西，舜陶河濱。皇甫士安以為定陶，不在此也。然陶城在蒲阪城北，城即舜所都也，南去歷山不遠。或耕或陶，所在則可，何必定陶方得陶也？舜之陶也，斯或一焉。孟津有陶河之稱，蓋從此始之。"《史記·五帝本紀〈正義〉》引《括地志》："陶城在蒲州河東縣北三十里。"酈道元認為陶城是舜製陶處之一。這是很有可能的。因為舜在蒲阪建立了中心都邑，對陶器的需要量必然很大，在中心都邑附近設置一個較大規模的製陶處，是完全有可能的。孟津又有陶河之稱，而孟津正在舜西進的路綫上，故可以推測舜西進時在孟津停留過一段時間。

《管子·治國》："舜一徙成邑，二徙成都，三徙成國。"《吕氏春秋·貴因》亦云："舜一徙成邑，再徙成都，三徙成國。而堯授之禪位，因人之心也。"《韓非子·難三》云："舜一徙而成邑，而堯無天下矣。"由此可見舜因遷徙而建立都邑，是先秦時期的共同看法。而《史記·五帝本紀》謂舜"一年而所居成聚，十年成邑，三年成都"，把舜遷徙這一重要事實去掉了，應是司馬遷處理材料的一個不當之處。

綜上所述，舜自陶、雷澤西進，來到後來的衛地負夏、頓丘一帶，又西行一千餘里（其間過程已不可考，可能在孟津停留過），來到黄河北岸的大陽縣，進入堯的勢力範圍，在此建立了據點。後又西進至服澤，在此與堯族初次接觸。最後進至虞鄉、蒲阪，在蒲阪建立中心都邑，並在此與堯族聯姻。

這裏要推測一下舜西進的原因。前引《墨子》謂舜西教七戎，這可能是由於西方的戎羌族人的東進對東夷人的安全形成了威脅。學者認為，馬家窯文化的居民是戎羌族系的祖先①。戎羌族東嚮擴張的事例史不絕書。如夏禹族、殷商卜辭中常見的羌，西周時期的犬戎等，春秋時期的陸渾之戎、揚拒、泉皋、伊洛之戎等甚至與華夏諸國相鄰而處。而東夷人西嚮擴張的動機，可能也是舜西進的原因之一。上古時期一個民族要求得發展，總是要尋找生存條件更為優越的地方。舜原居地雷澤一帶處黄河下游，易遭水患；晉西南地區，地勢較高，水源充沛，氣候適宜，土地肥沃，故能吸引舜率部來此建立都邑。

三、堯舜聯盟

（一）堯舜聯盟後的行動及聯盟的原因

舜與堯結為聯盟，這是學者承認的史實。蔣善國認為今本《堯典》是經過數次整編的

① 《中國大百科全書·考古學》"馬家窯文化"條（嚴文明撰寫），北京：中國大百科全書出版社，1986年。

結果,《堯典》裏面的制度都是以周秦間的社會作背景①。《堯典》裏所載四岳對舜的推舉、堯對舜的考察、舜施政的情況以及官制等等,應是後來整編的結果。我們不必拘泥於具體的細節,但堯舜結盟是可以相信的。

堯舜結盟在先秦文獻中的一些記載為《尚書》所無,或與《尚書》有所不同,但可信度更高。例如《莊子·齊物論》說:故昔者堯問於舜曰:"我欲伐宗、膾、胥敖,南面而不釋然。其何故也?"舜曰:"夫三子者,猶存乎蓬蒿之間,若不釋然何哉!昔者十日並出,萬物皆照,而況德之進乎日者乎!"

又,《莊子·人間世》載:"昔者堯攻叢、枝、胥敖,禹攻有扈,國為虛厲。"宗、膾、胥敖又作叢、枝、胥敖②,這是三個小國,其位置已不可考。估計距堯的中心地區不會太遠,因為勞師以襲遠,去攻打三個"蓬蒿"小國,不是明智的做法。堯的中心地區是在汾、膾之間,膾、澮音同可通,故疑膾在澮水附近。據上引《莊子》所載,堯與舜商量攻打這三個小國,舜認為没有必要,但堯没有聽從舜的建議,還是去攻打了,並且把這三國破壞得很厲害。這是堯舜結盟後聯合採取的軍事行動,但二人意見並不完全一致。

堯舜結盟後發生了殛鯀事件,先秦文獻中有大同小異的記載:

《左傳》僖公三十三年:"舜之罪也殛鯀,其舉也興禹。"昭公七年:"昔堯殛鯀於羽山,其神化為黄熊,以入於羽淵。"

《尚書·堯典》:"九載績用弗成……殛鯀於羽山。"

《離騷》:"鯀婞直以亡身兮,終然殀乎羽之野。"

《天問》:"鴟龜曳銜,鯀何聽焉?順欲成功,帝何刑焉?永遏在羽山,夫何三年不施?"

《山海經·海内經》:"洪水滔天。鯀竊帝之息壤以堙洪水,不待帝命。帝令祝融殺鯀於羽郊。"

《韓非子·外儲説右上》:"堯欲傳天下於舜,鯀諫曰:'不祥哉!孰以天下而傳之於匹夫乎?'堯不聽,舉兵而誅殺鯀於羽山之郊。"

《吕氏春秋·行論》:"堯以天下讓舜,鯀為諸侯,怒於堯曰:'得天之道者為帝,得地之道者為三公。今我得地之道,而不以我為三公。'以堯為失論,欲得三公。怒甚猛獸,欲以為亂。……舜於是殛之於羽山,副之以吴刀。"

《吕氏春秋·開春》:"故堯之刑也,殛鯀於虞而用禹。"

① 蔣善國:《尚書綜述》,上海:上海古籍出版社,1988年,第142—146頁。

② [清]王先謙:《莊子集解·齊物論第二》:"崔云:'宗一膾二胥敖三國。'按:《人間世》篇:'堯攻叢、枝、胥敖,國為虛厲。'是未從舜言矣。"

以上記載，涉及殛鯀之人、誅鯀的原因及殛鯀的地點。殛鯀之人，或為堯，或為舜，或記執行者為祝融。殛鯀之人為堯為舜，並無抵牾，這是由於堯舜結盟，後人追述，以堯或舜殛鯀，均無不可。或記執行者為祝融，是否可信，因與本文主旨無多大關係，不必深論。

殛鯀的原因，《尚書·堯典》記為鯀治水九年不成，但《天問》卻説鯀"順欲成功"，二説迥然不同。關於鯀禹治水，歷來傳説很多，通常認為鯀用堙而禹用疏，故鯀失敗而禹成功。但顧頡剛和聞一多指出，鯀禹治水的方法都是堙①。治水需要相當長的時間，鯀治水九年不成就被殛，而禹治水的時間一説是用了十三年②。由此看來，鯀是否真的因治水失敗而被殛，實屬可疑。《離騷》謂鯀因婞直以亡身，排除這種説法的感情色彩，可以看出鯀是與堯舜發生了衝突。《山海經》謂鯀竊息壤，不待帝命；《吕氏春秋》記鯀因堯以天下讓舜而不滿，因而被殛。説法不一，但可以看出鯀之被殛不是因治水不成功，而是由於他與堯舜集團的尖鋭的利害衝突所致。

殛鯀的地點，各書的記載大體一致，謂在羽山、羽郊或羽之野，唯《吕氏春秋·開春》謂在虞。羽山之名見於《禹貢》："蒙羽其藝。"羽即羽山。但羽山之地望，各家説法歧出。《漢書·地理志上》："東海郡祝其，《禹貢》羽山在南，鯀所殛。"《左傳》昭公七年："昔堯殛鯀于羽山。"杜注："在東海祝其縣西南。"漢東海郡之祝其，在今江蘇贛榆。《隋書·地理志下》謂："東海郡朐山有朐山、羽山。"《元和郡縣志》卷十三："海州朐山縣，羽山在縣西北一百里。《書》曰：'殛鯀於羽山。'即此也。"又："琅琊郡沂州臨沂縣，羽山在縣東南一百一十里，與海州朐山縣分界。"《史記·五帝本紀〈正義〉》引《括地志》："羽山在沂州臨沂縣界。"江永《春秋地理考實》卷三："近志郯城縣東北亦有羽山。"江永在同書中謂："要之，此山在沂州（今山東臨沂縣）之東南，海州（在今江蘇東海縣境）之西北，贛榆之西南，郯城（今山東郯城縣）之東北，實一山跨四州縣之境也。"又《太平寰宇記》卷二十："蓬萊縣，羽山在縣南十五里。《尚書》云：'殛鯀於羽山。'孔安國傳云：'其山在東齊海中。'即此也。"綜上，羽山在山東南部與江蘇北部交界處，或謂在山東蓬萊。這些地方都屬東夷之地，《吕氏春秋·開春》謂殛鯀之地在虞，與在羽山並不矛盾，因為虞是東夷之地，故謂在虞亦無不可。

關於殛之意義，《説文》："殛，殊也。"段注："《堯典》殛鯀，則為極之假借，非殊殺也。《左傳》曰：'流四凶族，投諸四裔。'劉嚮曰：'舜有四放之罰。'屈原曰：'永遏在羽山，夫何三年不施？'王注：'言堯長放鯀於羽山，絶在不毛之地，三年不捨其罪也。'《鄭

① 見顧頡剛：《鯀禹的傳説》，載《顧頡剛古史論文集》，北京：中華書局，1998年；聞一多：《天問疏證》，上海：上海古籍出版社，1985年。

② 見《禹貢》《史記·夏本紀》。

志》答趙商云：‘鯀非誅死，鯀放居東裔，至死不得反其朝。’”也有學者認為殛為誅殺之義。但以情理推之，若誅殺鯀，在近處自有合適之處，何必送至遥遠之處執行？故段玉裁讀殛為極，以為流放之義，甚是。

根據文獻記載分析，由於鯀與堯舜聯盟産生了利害衝突，於是堯舜聯合將鯀流放至東夷之地。具體在哪一個地點，並不十分重要，問題在於為何將鯀流放到東夷之地。《史記·五帝本紀》對殛鯀於羽山的解釋是為了“以變東夷”。這一解釋較為模糊，我們不清楚殛鯀於東夷，為何能變東夷。我認為，一方面應該注意到東夷是舜的“根據地”；同時應該看到，將鯀流放到東夷之地，很有可能是對鯀禹族之一支的强制遷移行為，而非僅遷移鯀一人。把鯀禹族之一支遷移到東夷地區，不僅削弱了鯀禹族的力量，也有可能供東夷人役使。《墨子·節葬下》：“禹東教乎東夷。”前面已説過，“教”是攻伐的文飾的説法。現在我們可以認為，禹之所以要攻伐東夷，是由於以舜為代表的東夷人嚴重地威脅着鯀禹族的利益。

舜西進至晉西南沿黄河一帶，已進入堯的勢力範圍，按理説已對堯的利益形成很大的威脅，而堯卻不以武力驅趕舜，反而與之聯合，這是什麽原因呢？我認為這是由於堯覺得鯀禹族近在咫尺，勢力强大，是其心腹之患，而舜遠徙自東夷地區，勢力還不够强大，尚可駕御，故聯舜以防鯀禹。其具體的做法是舉舜於服澤——這應是承認其居住權；釐降二女於嬀汭——與舜聯姻以加深關係。堯舜聯合後的共同行動見於文獻的有兩個，就是上述的攻打宗、膾、胥敖三個小國（舜有不同意見）和殛鯀於羽山（堯舜一致行動）。

而舜相應的做法可能是對堯表示服從，甚至將自己的陶地也歸於堯的名下（此陶地應是上節所引《括地志》所説在蒲州河東縣北三十里的陶城），以表示自己的誠意。堯在領有陶地之後，便號稱陶唐氏。根據文獻，堯衹據有唐地，卻没有據有陶的記載，但堯何以稱陶唐氏，這使歷代學者為之困惑。我認為合理的解釋是舜嚮堯獻上自己的陶地，滿足了堯擴張土地的願望（但堯很可能衹是名義上領有陶），堯本有唐，又領有陶，故號陶唐氏。而舜通過名義上的獻納土地取得了堯的信任，與堯結成聯盟，在晉西南黄河沿岸立住了脚。

從考古材料看，堯舜結盟可能還有更深刻的原因，這就是堯族對東夷文化的需要。堯族可能很早就與東夷族有了文化交流，並且這種交流一直在進行。例如，襄汾陶寺遺址出土的石器，“早期的巨型犁狀石器，以及早晚兩期共出的大小不一的∟形石器除在江、浙、滬的某些遺址中曾有相似的器形發現之外，衹在附近的曲沃方城遺址發現過”①。陶寺遺址“晚期所見的盉、鬶數量極少，其風格均非陶寺文化所有，可能是來源於山東龍山文化的”②。在陶寺城址墓葬中，“ⅡM22 隨葬品反映出中期大貴族的喪葬理念大為改觀，早期

① 中國社會科學院考古研究所山西工作隊等：《山西襄汾縣陶寺遺址發掘簡報》，《考古》1980 年第 1 期，第 30 頁。

② 中國社會科學院考古研究所山西工作隊等：《山西襄汾陶寺遺址Ⅱ區居住址 1999—2000 年發掘簡報》，《考古》2003 年第 3 期，第 15 頁。

大墓習見的世俗陶器群和木、陶、石禮器群不見於ⅡM22。ⅡM22 改而崇尚玉器、漆器和彩繪陶器，它們都有可能扮演着新禮器的角色”。更令人矚目的是“ⅡM22 棺是由一根整木挖鑿出來的船形棺”①。衆所周知，玉器以紅山文化、大汶口文化、河姆渡文化、良渚文化發達較早，漆器也較早出現在河姆渡文化②，塗朱紅彩的彩繪陶器也出現在良渚文化的墓葬和遺址中③；在南方古越族地區流行用整木（主要是楠木）鑿成的船棺或獨木棺④，青海樂都柳灣馬家窯文化馬廠類型和齊家文化墓葬也發現了用松柏類材質製成的獨木棺⑤，而ⅡM22 棺也是用整木鑿成，年代也比前二者早。ⅡM22 棺與古越族地區的船棺或獨木棺、青海樂都柳灣馬家窯文化馬廠類型和齊家文化的獨木棺有無聯繫，還有待進一步研究，但我傾嚮於與古越族地區的船棺或獨木棺有聯繫，因為古越族地區的船棺或獨木棺在棺外髹黑漆，與ⅡM22 棺内外施紅彩有相似之處。由此看來，陶寺文化與大汶口文化、良渚文化很早就有密切的文化聯繫。因此，堯族與舜族結為聯盟，自有其深刻的文化背景。而堯族和舜族本為不同的族屬，堯舜代表的是各自族屬的利益。當兩族的利益發生衝突時，這種聯盟就會趨於破裂。《史記·五帝本紀〈正義〉》引《括地志》云：“《竹書》云：昔堯德衰，為舜所囚也。”《廣弘明集》卷十一法琳《對傅奕廢佛僧事》引《汲塚竹書》云：“舜囚堯於平陽，取之帝位。”劉知幾《史通疑古》引《汲塚書》云：“舜放堯於平陽。”《韓非子·難三》：“夫堯之賢，六王之冠也。舜一徙而成邑，而堯無天下矣。”《説疑》又云：“舜偪堯。”這些説法與流行的堯舜禪讓的説法迥然不同。從考古材料看，堯舜聯盟最終破裂，舜將堯的盟主地位取而代之可能是事實。陶寺城址發現的陶寺文化中期墓葬中，“ⅡM22 被ⅡH16 打破”，“ⅡM22 被ⅡH16 所搗毁不是個别現象，中期小城内的貴族墓葬在陶寺文化晚期遭到了全面的搗毁和揚屍。這種毁墓行為，與晚期在陶寺遺址上所發生的毁宫殿、扒城牆等破壞行為遥相呼應，表明陶寺文化的社會矛盾嚴重激化，正經歷着一個社會轉型的陣痛階段”⑥。這些情況能否與堯舜發生衝突聯繫起來，有待進一步研究，但至少可以説明《尚書》等文獻中描繪的類似現代政治文明的堯舜聯盟是不曾存在過的。

① 中國社會科學院考古研究所山西工作隊等：《陶寺城址發現陶寺文化中期墓葬》，《考古》2003 年第 9 期，第 3、6 頁。

② 《中國大百科全書·考古學》，第 670 頁。

③ 浙江省文物考古研究所反山考古隊：《浙江餘杭反山良渚墓地發掘簡報》，《文物》1988 年第 1 期；浙江省文物考古研究所：《餘杭瑶山良渚文化祭壇遺址發掘簡報》，《文物》1988 年第 1 期。

④ 福建省博物館、崇安縣文化館：《福建崇安武夷山白崖洞墓清理簡報》，《文物》1980 年第 6 期；劉詩中、許智范、程應林：《貴溪崖墓所反映的武夷山地區古越族的族俗及文化特徵》，《文物》1980 年第 11 期。

⑤ 青海省文物管理處考古隊、中國社科院考古研究所：《青海柳灣》，北京：文物出版社，1984 年，第 53、170 頁。

⑥ 中國社會科學院考古研究所山西工作隊等：《陶寺城址發現陶寺文化中期墓葬》，《考古》2003 年第 9 期，第 3、6 頁。

（二）堯舜聯盟的性質

前面已經說明，堯為華夏族，舜為東夷人。不同的族屬結成了聯盟，這是很值得注意的現象。有學者認為，堯、舜部落“原來是親屬部落，在這個歷史階段又從分散的狀態中形成了部落聯盟”，與美洲易洛魁人的親屬部落結為永久聯盟有相同之處①。這一說法是值得商榷的。通過以上論述，我們已經看到，堯舜並非屬於親屬部落，但他們結成了聯盟，並且這一聯盟也並非是永久性的，僅僅是一個短暫的聯盟。可見堯舜聯盟與摩爾根研究過的易洛魁人的聯盟有很大的不同。

摩爾根指出：“人類的經驗衹產生兩種政治方式……第一種，也就是最古的一種，我們稱之為社會組織，其基礎為氏族、胞族和部落。第二種也就是最晚近的一種，我們稱之為政治組織，其基礎為地域和財產。”② 總之，摩爾根認為，人類社會組織形態始於以性為基礎的婚級，然後發展為氏族、胞族和部落。“氏族組織給我們顯示了人類的一種時代最古、流行最廣的制度，無論亞洲、歐洲、非洲、美洲、澳洲，其古代社會幾乎一律採取這種政治方式。”③ 而堯部族與舜部族没有血緣關係，因此兩個部族的短暫聯盟，不是易洛魁人式的親屬部落聯盟。

那麼堯舜聯盟是什麼性質的聯盟呢？

在我看來，堯舜聯盟是非血緣關係的兩大部落集團在相互爭鬥的過程中，由於共同利益而暫時實行的聯合。我們看到，非血緣關係的兩大部落的聯合不可能發展成為長期的、穩定的聯合，而衹能是强大者壓倒較弱者，前者逐步對後者進行統治、融化，使之成為本部落内的組成部分（供奴役的下層成員），而這樣的過程在實際上為原始社會進入文明時代準備了條件。

中國文獻也不乏氏族、胞族、部落這些原始組織的記載。《左傳》昭公十七年：

> 秋，郯子來朝，公與之宴，昭子問焉，曰：“少皞氏鳥名官，何故也？”郯子曰：“吾祖也，我知之。昔者黄帝氏以雲紀，故為雲師而雲名；炎帝氏以火紀，故為火師而火名；共工氏以水紀，故為水師而水名；大皞氏以龍紀，故為龍師而龍名。我高祖少皞之立也，鳳鳥適至，故紀于鳥，為鳥師而鳥名：鳳鳥氏，曆正也；玄鳥氏，司分也；伯趙氏，司至者也；青鳥氏，司啓者也；丹鳥氏，司閉者也；祝鳩氏，司徒也；鴡鳩

① 李民：《堯舜時代與陶寺遺址》，《史前研究》1985 年第 4 期，第 36 頁。
② ［美］路易斯·亨利·摩爾根：《古代社會》，北京：商務印書館，1983 年，第 61 頁。
③ 同上，第 62 頁。

氏，司馬也；鳲鳩氏，司空也；爽鳩氏，司寇也；鶻鳩氏，司事也；五鳩，鳩民者也；五雉為五工正，利器用，正度量，夷民者也；九扈為九農正，扈民無淫者也。自顓頊以來，不能紀遠，乃紀于近，為民師而命以民事，則不能故也。”

黃帝的雲紀、炎帝的火紀、共工的水紀、大皞的龍紀、少皞的鳥紀，與易洛魁人部落的氏族擁有各自的名稱是類似的，如這些氏族的名稱有狼氏、熊氏、龜氏、海狸氏、鹿氏、鷸氏、鰻氏、球氏等[①]，摩爾根還談到印第安人加諾萬尼亞系其他部落中氏族的名稱有黃熊氏、多民氏、野牛氏、蛇氏、巫氏、冰氏、雷氏、天幕氏、好刀氏、扁頭氏、高村氏、藍氏、長髮氏、煙草氏、蘆草氏等[②]。

由此可見摩爾根談到的原始社會的血緣組織，在中國也是存在的。但是，摩爾根卻没有談到堯舜這樣的非血緣關係的聯盟。在筆者看來，非血緣關係的部落聯盟從炎黃時期就已出現，這種聯盟雖然是短暫的，但正是這種往往是短暫的部落聯盟的多次出現，促進了中國原始社會組織的進步，最終把中國引入文明社會。

例如炎帝和黃帝，就是没有血緣關係的兩個部落，這兩個部落曾有短暫的聯盟，後來卻發生了爭鬥。《國語·晉語四》云："昔少典氏娶於有蟜氏，生黃帝、炎帝，黃帝以姬水成，炎帝以姜水成，成而異德，故黃帝為姬，炎帝為姜。”這段説炎黃具有血緣關係的記載，有可能是因為兩族曾有短暫的聯合而導致的誤解。更多的文獻可以説明炎帝部落最早活動於渭水流域，黃帝部落原居於于闐附近的昆侖丘一帶[③]，故兩族不可能有血緣關係。黃帝部落嚮東遷移時，炎黃部落可能有短暫的聯合，後來卻發生了爭鬥，黃帝“以與炎帝戰於阪泉之野，三戰，然後得其志”[④]。炎黃兩族没有血緣關係，故不能形成長期的、穩固的聯盟，而往往是互相對立、競爭，甚至發生衝突、爭鬥。但衝突和爭鬥不能隔斷兩族的交流和融合，兩族所代表的文化會發生涵化（acculturation）作用，從而形成新的文化因素[⑤]。同時，衝突、爭鬥的結果，必然會俘虜對方的人員，這些被俘人員通常不會成為本部落內享有平等地位的成員，而是成為役使的對象，這就促使部落內部等級制度的形成，這是我們應當注意的。

堯舜聯盟也與此相似。上文談到，堯部落和舜部落是兩個非血緣關係的部落，為了一時的共同利益而結成聯盟，但後來又發生利益衝突，導致聯盟破裂，有文獻記載舜甚至囚禁了堯。陶寺文化中期墓葬和晚期宮殿、城牆被毀，有可能是舜部落所為，因為堯部落的

---

① ［美］路易斯·亨利·摩爾根：《古代社會》，北京：商務印書館，第68—69頁。
② 同上，第151—173頁。
③ 參見拙稿《炎黃新考》，收入四川省社會科學院、四川省人民政府文史研究館主辦：《國學》第三集。
④ 同上。
⑤ 同上。

成員通常不會毀壞本族的祖墓和宫殿、城牆。這樣的暴力衝突，導致的結果可能是舜部落奴役了堯部落的成員，這就促使舜部落内部的等級制度的形成。

其實，在堯部落和舜部落建立聯盟後不久，鯀禹部落也加入了這個聯盟，而這樣的聯盟也是短暫的，不穩固的。堯舜因故把鯀流放到東夷地區，卻讓禹去治水。在本部落利益受到嚴重侵害的情況下，禹在舜打敗了堯部落之後，與舜發生了激烈衝突，又把舜也打敗了，佔據了舜的勢力範圍（關於這個問題，筆者將另有專文論述），勢必對舜部落的成員進行奴役，使得其部落的等級制度發展到一個新的高度，達到了形成酋邦的程度。

摩爾根的原始社會組織在於血緣關係，其根本的特徵在於平等。他認為，“易洛魁人的聯盟基本上是民主制的”，“每一個氏族都是按照共同的民主原則組織起來的”①。但這樣的原始社會組織是如何進入到文明社會的呢？摩爾根説：“當社會的發展趨於文明之域時，舊的氏族制度已不復能適應社會的需要。在希臘人和羅馬人的頭腦中，遽然出現了一個以地域和財產為基礎的國家觀念，在這種觀念面前，氏族和部落行將消滅。在實現第二種政治方式之時，必須以鄉區和市區來代替氏族——以地域制代替氏族制。”②

摩爾根認為，由於希臘和羅馬人的頭腦中遽然出現了一個“國家觀念”，於是人類由原始社會組織進入到以地域和財產為基礎的文明政治。但是，這種在頭腦中形成的“國家觀念”顯然不能對所有的原始社會進入到文明之域作出合理解釋，例如對我們在前面談到的非血緣關係的堯舜以及禹的聯盟，如何可能進入文明之域，就難以作出合理解釋。

鑒於摩爾根的學説不能解釋許多原始社會的一些現象，塞維斯引進了一個過渡社會階段，叫做酋邦。塞維斯的酋邦理論並不否認摩爾根的具有血緣關係的原始社會組織，但在摩爾根的原始社會組織與政治社會之間，引入了一個等級制的發展階段，這個發展階段是原始社會到政治社會之間的一個過渡階段。塞維斯説：“如果我們認為，等級氏族社會不同於平等氏族社會，而且晚於平等氏族社會，處於平等氏族社會和政治文明社會的中間階段，那麼，許多懸而未決的事情將得到解決。”③

文獻記載，黄帝時代非血緣關係的部落之間有衝突、爭鬥的情況，必然會促使部落内部等級制的形成，但由於當時的生産力還不高，私有財産還不多，因此等級制尚處於萌芽階段。但到了堯舜時代，社會生産力已有很大提高，如陶寺遺址“飼養的家畜有豬、狗、牛、羊等，以豬為多，盛行用豬下頜骨隨葬便是例證。製陶、製石、製骨等傳統手工業已從農業中分離出來，還産生了木工，彩繪髹飾，玉、石器鑲嵌和冶金等新的手工業門類。生産的多樣化和專業化，使社會産品空前豐富”。同時，“陶寺墓地各類墓‘金字塔式’的

① ［美］路易斯·亨利·摩爾根：《古代社會》，第143頁。

② 同上，第145頁。

③ Elman R. Sevice *A Century of controversy Ethnological Issues from* 1860 *to* 1960. p131. Orland Academic Press. 1985.

比例關係，應是當時社會結構的反映。早期大、中、小型墓在規模和隨葬品有無、多寡、品類、優劣等方面，差别已經十分顯著，顯示出氏族成員間的平等關係已被破壞，高下依序的等級制度已經存在”①。顯然，堯舜時代已具備了酋邦的基本特徵。作為等級制氏族社會的酋邦，其等級制不是憑空産生的，而非血緣關係的部落之間的衝突、争鬥，是促使等級制形成的重要原因。

摩爾根指出，“在易洛魁人中，每個氏族成員在人身方面都是自由的，都有互相保衛自由的義務；在個人權利方面平等，首領和酋帥都不能要求任何特權；他們是靠血緣關係結合起來的同胞”②。但是，易洛魁人也收養外人為本氏族的新成員。“從戰争中捉來的俘虜或者被殺死，或者被某外氏族收養。……一個人如果收養了一個俘虜，就把這個俘虜視為自己的兄弟或姊妹，如果一個母親收養了一個外人，就把他或她視為自己的子女。”③ 這是尚處於低級野蠻社會階段。“在高級野蠻社會裏，俘虜開始遭到被奴役的命運，但處於低級野蠻社會初期的部落中是不知道有奴隸的。”④ 俘虜遭到被奴役的命運，氏族内的等級制度就迅疾地發展了。

可以斷定，堯舜時代非血緣關係的部落之間在衝突、争鬥中俘虜的異族人，不會像易洛魁人那樣收養為自己氏族内的成員，其原因首先是對血緣關係的重視，“非我族類，其心必異”，戰争中俘虜的異族人有時數量較大，要是給這些異族人以本氏族成員同樣的權利，有可能對本部落的安全造成威脅。上文談到，文獻記載堯攻叢、枝、胥敖，禹攻有扈，“國為虚厲”，通過如此慘烈的攻伐俘獲的異族人，處理他們最安全的辦法是不給他們部落成員的權利，而是讓他們成為奴隸。同時，這些奴隸可以為本部落服勞役，從事生産，創造財富，這也是把俘獲的異族人作為奴隸的又一重要原因。

在摩爾根的《古代社會》裏，我們没有見到非血緣關係部落之間的大規模衝突、争鬥，故易洛魁人等印第安人部落没有形成奴役異族人為奴隸的制度，而是一直保持氏族成員人人平等的制度，這就使得易洛魁人等印第安部落未能發展為酋邦。而中國古代的堯舜時代，堯部落和舜部落這兩個非血緣關係部落的短暫聯盟，並未讓兩個部落平等地融合在一起，反而引起了他們的衝突和争鬥，促使部落内部等級制的形成和發展，形成了酋邦，並嚮政治文明社會發展。在堯舜聯盟之後，鯀禹族也加入聯盟，這樣的非血緣關係部落的短暫聯盟破裂後，終於促成了夏王朝的誕生，使中國古代社會由原始社會進入文明社會。

在摩爾根、塞維斯等西方學者的著作中，有大量關於具有血緣關係的氏族、部落的論

① 《中國大百科全書·考古學》，第521頁。

② ［美］路易斯·亨利·摩爾根：《古代社會》，第82頁。

③ 同上，第78頁。

④ 同上。

述，卻很少看到非血緣關係部落之間關係的論述。但在古代中國，原始部落在遼闊的土地上的遷徙，必然會遭遇非血緣關係部落。我們看到，非血緣關係部落之間會建立聯盟，這樣的聯盟往往是短暫的，不穩固的，非血緣關係部落最終會發生衝突、爭鬥。但是，正是這樣的衝突、爭鬥，促使部落内部等級制的發展，從而使古代中國進入文明社會。這一看法，也許可以説是對西方學者關於國家起源理論的一點補充。

四、結 語

從文獻看，堯族與黄帝族有淵源關係。堯族可能就是黄帝族東進時留在山西汾澮之間的一支，在那裏與土著民族結合，創造了陶寺文化。堯所居的唐是在汾澮之間，堯號陶唐氏，陶唐氏中的陶是地名，但並不是由於堯曾居陶而得陶唐氏的稱號，此陶是舜西進時帶到晉南的地名，舜將此地名歸於堯的名下，故堯號陶唐氏，這個稱號是堯舜建立聯盟的標志和象徵。

而舜屬東夷族，原居地在雷澤一帶，地處華北平原東部，黄河下游。舜之所以西進，是由於遠古時代，黄河下游河道不固定，舜族原居地易遭水患。舜要使自己的氏族得到更適宜的生存環境，選擇了西嚮擴展。他率部落來到晉南地區，建立了據點。舜族來到晉南地區，堯族可能感到一些威脅，但後來兩族建立聯盟，一個原因是要共同對付正在伊洛地區崛起的鯀禹族，另一個原因是堯族與東夷族有較多的文化聯繫。

堯舜聯盟是非血緣關係部落的短暫聯盟，與美洲易洛魁人具有血緣關係的部落的永久性聯盟是不同的。非血緣關係部落不可能結成永久性的聯盟，更容易發生衝突和爭鬥。非血緣關係的部落在相互衝突、爭鬥的過程中促進了氏族内部的等級制度的形成，而氏族内部等級制度的形成，是形成酋邦的重要條件之一。因此，堯舜聯盟及其衝突，是促進中國古代社會從原始社會進入到文明社會的一個重要因素。

作者單位：四川大學歷史文化學院
四川省人民政府文史研究館

論堯舜存在性與斯時體制

馮廣宏

堯舜時已有文字檔案，《堯典》即為其一，可證其人存在性。當時實行二頭政制，共主有軍事助手，共同管理國計，共主老則讓位於助手，是為禪讓。堯舜如此，堯禹也如此。舜推動一系列變革，造成社會進步，物質生活改善，於是有世襲制萌芽，原始婚制也走嚮進步。

文字檔案記述堯舜

漢字何時產生？人言各殊。舊説黄帝時倉頡即已造字，今人多不據信，但近年出土文物説明漢字起源很早。遠早於黄帝的河南舞陽賈湖文化遺址，曾發現龜甲和陶器上刻有文字符號，距今約 8000 年；與堯舜時代相當的山東鄒平丁公遺址出土陶片上，刻有兩行 11 字，距今約 4500 年；江蘇高郵龍虬莊遺址陶片上則刻有兩行 8 字，距今約 4200 年；文字有不同書體，南方如良渚等遺址也有類似發現，文字足迹實已遍於大江南北，並非一人所創。不過，堯舜時期既已有了文字，就應該有文字檔案；衹是年深歲久，湮失無存，無法實證而已。

今人勇於疑古，多認為堯舜事迹皆屬口頭傳説，疑為虚無縹緲的天神，後世寫成文獻使之正規化，均不可信；古人盛傳的堯舜禪讓諸事，乃是儒家為實現其政治理想而故意編造。因此在疑古思潮下，歷史舞臺上的堯舜都被掃地出門。及至近年西漢和先秦簡牘出土，文化界便重新審視，如上海博物館從香港購回的大批戰國楚簡中，有一篇《訟城氏》（李零釋為《容成氏》)，就講到堯舜禪讓；1993年湖北荊門郭店楚墓出土竹簡，亦有“唐虞之道，禪而不専”，“禪，義之至也”的話，因此不能再認為其事皆屬儒家編造，而且堯舜也不是神而是人。

春秋時的孔子，能够見到今人無從得見的上古文檔，他諮詢過的柱下史老子就管理着西周大量文檔，因此對古史肯定有發言權，他道德極其高尚，不可能信口胡謅。《大戴禮記・五帝德》載有孔子對弟子宰我講述的古帝來歷，即有堯舜在内，書中《帝系》還述及堯舜家族淵源，與出土簡牘基本吻合。

司馬遷《五帝本紀》後記説：“學者多稱五帝，尚矣，然《尚書》獨載堯以來”，意為堯時纔有檔案可查。“孔子所傳宰予問‘五帝德’及‘帝系姓’，儒者或不傳”，“總之，不離古文者近是。予觀《春秋》《國語》，其發明《五帝德》《帝系姓》章矣，顧弟弗深考，其所表見皆不虚。書缺有間矣，其佚乃時時見於他説，非好學深思、心知其意，固難為淺見寡聞道也。”這番話表達了幾層意思：首先肯定孔子稱述堯舜的正確性，埋怨儒生没有多做傳播，但先秦文獻還是補充了不少史料，卻又没有深入考證，最後遺憾文檔缺失太多，需要徵集。時至今日，這些話依然鮮活。今人比較幸運，有不少出土簡牘來作補充，直接面對孔子的弟子一代。

中國人最忌數典忘祖，常口頭記誦家族譜牒，當然不會隨意虚構。《大戴禮記・五帝德》記堯為“高辛之子也，曰放勳”；高辛就是嚳，為“蟜極之子”；舜是“蟜牛之孫，瞽叟之子也，曰重華”；“舜之少也，惡悴勞苦，二十以孝聞乎天下；三十在位，嗣帝所；五十乃死，葬於蒼梧之野”。堯是蟜極之孫，舜是蟜牛之孫，都沾了一個“蟜”字。孔子説不清堯的年歲，但説清了舜30歲登位，享年50歲，雖是約數，也該八九不離十。

書中《帝系》説嚳是黄帝之子玄囂族後裔，娶有四位夫人——有邰氏姜原、有娀氏簡狄、陳隆氏、陬訾氏，其中陳隆（或作鋒）氏便是堯的母親，由於嚳曾擔任過部族共主，所以堯的身份比較高貴。堯的夫人是“散宜氏之子，謂之女皇氏”，從這個名稱也能看出身份不低。舜的世系是：

顓頊—窮蟬—敬康—句芒（句望）—蟜牛（橋牛）—瞽瞍—重華（舜）

舜的夫人是“堯之子，謂之女匽氏”。漢代所傳《世本》逸文，説僑極生嚳，嚳生堯，堯稱陶唐氏，娶散宜氏生子丹朱。舜為姚姓，居嬀汭（或作饒内，姚與嬀疑為一字)，娶堯女名為女罃。《漢書・律曆志》引《世經》説，嚳妃陳豐氏生堯，號陶唐氏，即位七十載，“讓天下於虞，使子朱處於丹淵”；窮蟬五世而生瞽叟，瞽叟生舜，處虞之嬀汭，號有虞氏，即位五十載，“讓天下於禹，使子商均為諸侯”。這些史料與孔子所述基本一致，堯的年壽比舜約長20歲，也合乎客觀事實。其中同音假借，是上古文獻的常態，這些文字檔案完全足以證明堯舜的存在性。

禪讓出自二頭體制

文化人類學研究指出①，在母系氏族制時期，女君管理行政，男君負責軍事，財物分配採取民主方式，是為“二頭君長制”。過渡到父系社會，初期也實行這種制度，郭沫若《中國古代社會研究》② 舉堯舜禹禪讓為例，“在堯未退位以前是堯舜二頭，在堯退位以後是舜禹二頭”。

翦伯贊《堯舜禹的禪讓與二頭軍長制》③ 說：

> 母系氏族社會之最主要的特徵，第一是氏族共有財産掌握在女子手中，其次是婚姻以女子為中心，最後是氏族評議會掌握在女子的姊妹手中。但為了公共事務的處理，尤其對敵人的防禦，男子可以被選為軍務酋長，這在稜羅門諸島的土人中，蘇門答臘的米蘭巴人中，還是如此。
>
> 因為婚姻以母系為中心，男子皆來自外族，這些男子的兒子，也同樣要嫁到外族，所以軍務酋長，不能父子相傳。郭沫若氏首先指出傳説中的堯舜、舜禹為二頭軍務酋長，這對於中國母系氏族之説明，是最有力的一個發見。

他認為：

> 帝嚳與帝摯二頭，帝摯與帝堯二頭，帝堯與帝舜二頭，帝舜與帝禹二頭。至帝禹，曾與皋陶為二頭，《史記》云“帝禹立，而舉皋陶，且授政焉”，因“皋陶卒……而後舉益任之政”，故帝禹又曾與益為二頭。

情況確實如此，《尚書 · 堯典》裏的“四岳”，就是四方部族聯盟的代表性長老，有議事權、推舉權，甚至還有否決權。那時職能部門還未正式建立，任用幹部靠臨時推舉。《堯

---

① 摩爾根《古代社會》（楊東純等譯，商務印書館1977年版）指出，古希臘荷馬時代（英雄時代）部落及其聯盟的組織，包括議事會、民衆會，軍事首領由部落内成員公舉。議事會由氏族長老組成，對重大事件有先議權。民衆會由成年男子組成，對作戰、媾和、遷徙、選舉等大事，通過簡單方式表決。原始社會嚮階級社會過渡的階段，氏族的民衆會演變成軍事民主制，古羅馬人、日耳曼人、西徐亞人（斯基泰人）等都經歷過。

② 人民出版社，1977年版。

③ 《中國史論集》，《民國叢書》第二編第72册，上海書店據文風書局1947年版影印。

典》記有評議會上的一番討論，這一文獻已有實證並非虛構①：

帝曰："疇咨若時登庸?"
放齊曰："胤子朱啓明。"
帝曰："吁！嚚訟，可乎?"

"帝"有"上"和"天"的含義，表示堯為部族共主。"疇"即誰，"時"即是，"登庸"即任用。會上有人推薦堯的兒子丹朱，但堯不同意，決定權仍然在堯手裏。後來徵詢治理水患的人選：

帝曰："疇咨若予采?"
驩兜曰："都！共工方鳩僝功。"
帝曰："吁！静言庸違，象恭滔天。"

"采"即辦，可見共工已經着手治水，衹是成績不大，後來四岳又推舉鯀來治水：

帝曰："咨！四岳，湯湯洪水方割，蕩蕩懷山襄陵，浩瀁滔天。下民其咨，有能俾乂?"
僉曰："於！鯀哉。"
帝曰："吁！咈哉，方命圮族。"
岳曰："异哉！試可，乃已。"

① 疑古史家武斷《堯典》為後人僞作，作僞年代或説早在孔子時期，或説晚到漢武帝以後，將其中樸實記述視為小説式的虛構，不顧部落聯盟民主制有着社會學依據，對話也充滿了原始性。《堯典》觀星製曆記載，英國科技史家李約瑟評為"中國官方天文學的基本憲章"，可證《堯典》不僞。四個被觀測的恒星以"星昴"最為確定，天文學界一致認為是指昴星團（Pleiades）。竺可楨《論以歲差定〈尚書·堯典〉四仲中星之年代》言，按白晝最短（冬至）期間昴星黄昏時南中天，當為唐堯以前之天象。中國科學院國家天文臺武家璧《堯典的真實性及其星象的年代》認為，《堯典》所載四時星象是"昏中星"，按赤道方法計算並不適宜，如用地平綫方法復原昏星赤經，依歲差原理求解，可以得知觀測年代是距今4200餘年。今人利用SkyMap天象軟件，查出公元前2200年至公元前2300年間春分點與昴星團最密近，若以冬至為中氣，則月初可見昴星昏中，因此"日短星昴"與春分在昴實際上是同時代的天象，此種天象與二分二至的日出方位相配合，成為早期曆法的校正標準。鳥、火、虛三星應該是星、房、虛三宿，其赤經與分至點的對應關係，也説明是4000多年前的天象。《堯典》也記録了對應於東南西北的民風"析、因、夷、隩"，胡厚宣1944年發表了《甲骨文四方風名考》一文，注意到《山海經》裏也有與之對應的内容，其中折（與"析"形近）、因、夷三者與《堯典》相合。同時，甲骨文裏也發現有東析、南因字樣，與《堯典》、《山海經》相同，而彝與夷則音同，在北的□當為宛字。上述兩條鋼鞭材料，已將《堯典》説成後人編造的讕言碾得粉碎。

“僉”即皆，四方代表都推舉鯀，但堯反對。四岳的口氣很强硬，提出讓鯀試一試，堯被迫同意了。這些字詞非常古奥，但語氣詞都顯示出來，帶有商量口吻，説明彼此地位平等，顯示民主政治非常原始，可證郭、翦諸公論斷正確。屈原《天問》復述為“不任汩鴻，師何以尚之？僉曰何憂，何不課而行之？”結果鯀“九載，績用弗成”，這一工作就交給舜來完成。

堯的主要行政事迹，《堯典》記有“曆象日月星辰，敬授民時”，農業社會要按節氣進行耕殖，頭等大事是嚮民衆宣告節令，當時製曆定時由羲和世家擔任，前往東南西北四方，觀測鳥、火、虚、昴四星以確定春分、夏至、秋分、冬至，“期三百有六旬有六日，以閏月定四時，成歲”，製成一種陰陽合曆。舜繼位後“在璿璣玉衡，以齊七政”，進一步設置了天文儀器。

楚簡《容成氏》[①]描述那時“治而不賞，官而不爵，無勵於民，而治亂不共”，十分質樸。“不勸而民力，不刑殺而無盗賊，甚緩而民服”，並没有賞罰制度，更談不上法治，政治機器非常粗疏。

母系氏族社會中，因女性體力難以勝任用武之事，必須有男性酋長來配合，過渡到父系社會，這種制度便延續下來，“帝”聘任年輕力壯的軍事酋長做助手，形成“二頭”，成為常規：當“帝”年老體衰時，一般要讓位給軍事酋長，這就是史稱“禪讓”的由來。不過當“帝”建立了權威之後，往往戀棧不去，有時繼承人需加以脅迫，纔能讓位。

二頭制延續到堯，堯曾是摯的軍事助手，《六韜》云“堯伐有扈，戰於丹水之浦”；《莊子·人間世》載“昔者堯攻叢技、胥敖”，“國為虚厲，身為刑戮”；《齊物論》作“伐宗膾、胥敖”，可見堯經歷過南征北戰，後來執循例禪讓於堯。堯中年時物色到舜作為助手，形成二頭，但舜没有征戰記録，多取懷柔政策，比如三苗不服，禹建議征伐，舜都不允許，《吕氏春秋·尚德》《淮南子·齊俗訓》皆記有其事，但舜行政能力卻非常强。

雖然儒家歌頌堯為聖王，但他晚年對天灾人禍難以應付。《孟子·滕文公》説“當堯之時，天下猶未平，洪水横流，泛濫於天下，草木暢茂，禽獸繁殖，五穀不登，禽獸逼人”；《莊子·齊物論》載言“十日並出，萬物皆照”，《論衡·感虚》“堯之時十日並出，萬物焦枯”，表明洪旱交替十分嚴重；《禮記·郊特牲》所説“伊耆氏始為蠟”屬於一種祭蟲儀式，可見當時又有蟲害。但堯舜並立多年，七旬的堯仍然不想禪讓，舜衹好動手改變局勢。《荀子·成相》説“堯不德，舜不辭”，《韓非子·説疑》認為“舜逼堯，禹逼舜”，出現逼宫之事。《論語》：“堯曰：“咨！爾舜！天之曆數在爾躬，允執其中，四海困窮，天禄永終。”最後兩句道出實情。古本《竹書紀年》説堯末年德衰，“舜囚堯，復偃塞丹朱，

① 2002年出版的《上海博物館藏戰國楚竹書》（二）有《容成氏》，記有容成氏到帝堯共21個古帝王名號：“［尊］盧氏、赫胥氏、喬結氏、倉頡氏、軒轅氏、神農氏、□□氏、□□氏之有天下也，皆不授其子而授賢。”

使不與父相見"，"后稷放帝朱於丹水"。

可是丹朱並非平庸之輩，有一定政治基礎，《山海經・海内北經》說"帝堯臺、帝嚳臺、帝丹朱臺、帝舜臺，各二臺，臺四方，在昆侖東北"，可見丹朱也稱為"帝"，與前輩平起平坐，由此可見禪讓制到了堯舜時期，已有世襲制的萌芽，祇是民主議政習俗加以抑制而已。

《孟子》的說法是"堯崩，三年之喪畢，舜避堯之子於南河之南，天下諸侯朝覲者不之堯之子而之舜"，並未逼宮。今本《竹書紀年》"帝子丹朱避舜於房陵，舜讓不克，朱遂封於房，為虞賓"，但《蘇鶚演義》引古本《竹書》"舜篡堯位，立丹朱城，俄又奪之"，這些說法綜合起來，應該就是歷史的真實。孟子的弟子萬章是有頭腦的人，問古書上"舜南面而立，堯帥諸侯北面而朝之，瞽瞍亦北面而朝之，舜見瞽瞍，其容有蹙。孔子曰：於斯時也，天下殆哉，岌岌乎！"是這樣的嗎？孟子說那是齊東野人之語，引《書》曰："祇載見瞽瞍，夔夔齊栗，瞽瞍亦允若"，認為"舜相堯二十有八載，非人之所能為也，天也"，覺得舜當助手28年，真不容易！

舜仍然遵循二頭制，以禹為軍事助手。禹的征伐事迹不少，《山海經・大荒西經》有"禹攻共工國山"，《海外北經》還說禹殺了共工之臣"相柳氏"。《墨子・兼愛下》說禹征有苗，還録有《禹誓》一段，《非攻下》亦云。《莊子・人間世》云"禹攻有扈"，《吕氏春秋・召類》云"禹攻曹、魏、屈驁、有邑（當作扈），以行其教"。曹位於山東，魏位於晉豫一帶，屈驁與有扈地域相近，但禹的職責主要是治水。

禹登"帝"位，並未經過禪讓，因為舜在巡狩南方時病故。《墨子・節葬下》載"舜西教乎七戎，道死，葬南己之市"，《吕氏春秋・安死》作"舜葬於紀市"。《山海經》中舜葬資料很多，《大荒南經》說"赤水之東有蒼梧之野，舜與叔均之所葬也"，又說堯、嚳、舜都"葬於岳山"，但《海外南經》說堯、嚳葬於狄山，《海内南經》說"蒼梧之山，帝舜葬於陽，帝丹朱葬於陰"，《海内經》說"南方蒼梧之丘、蒼梧之淵，其中有九嶷山，舜之所葬"，位於長沙、零陵界中，與《五帝德》所言一致，可見舜確實卒於南方。禹治水時間很長，輔政期間較短，舜死後循例由他繼承"帝"位，《史記》言舜子商均不肖，没有什麼糾紛。《孟子》言後來"禹薦益於天"，則是貫徹二頭制，以益為軍事助手，但洪水治平以後，没有什麼戰事，文獻中並無益的征伐記載。

直到禹病故於會稽，來不及對益禪讓，循例由益繼承"帝"位，可是禹子啓能力很强，《孟子》說"益避禹之子於箕山之陰，朝覲訟獄者不之益而之啓，曰吾君之子也；謳歌者不謳歌益而謳歌啓，曰吾君之子也"，益實際上未能繼位。《孟子》分析其中原因："禹之相舜也，歷年多，施澤於民久；啓賢，能敬承繼禹之道。益之相禹也，歷年少，施澤於民未久。"不過《戰國策・燕語》有不同說法："禹授益而以啓為吏。及老，而以啓為不足任天下，傳之益也。啓與友黨攻益而奪之天下，是禹名傳天下於益，其實令啓自取之。”《韓非子・外儲説右下》引潘壽語也是這個意見，《越絶書・吴内傳》言“益死之後，啓歲善犧牲以祠之”，這時歷史潮流已趨嚮世襲政體，上古的二頭制便自然而然退出了歷史舞臺。

舜造成體制轉變

舜的身份不高，《堯典》記“四岳”推薦説“有鰥在下，曰虞舜”，鰥指單身漢，下指出身低，他是“瞽子，父頑，母嚚，(弟) 象傲。克諧以孝，烝烝，乂不格姦”，提供的信息是舜家居“虞”，字又通“吴”。《水經注》歷山，“嬀汭二水出焉，南曰嬀水，北曰汭水”，“其水西南流，歷蒲坂西，西流注於河”，當指今發源於絳縣的涑水河，其東有歷山之名，蒲坂在今永濟一帶。《史記》謂舜為冀州人，嬀汭是黄河支流，應位於晋南，古稱河東。《漢書・地理志》説“河東土地平易，有鹽鐵之饒，本唐堯所居”，《古文尚書・五子之歌》亦言“惟彼陶唐，有此冀方”。《隋書・地理志》謂河東縣舊稱蒲坂，“有嬀、汭水”，夏縣有虞坂。《新唐書・地理志》稱河東縣“有歷山”。關於“虞”的地望，《後漢書・郡國志》載大陽縣“有吴山，上有虞城”，“有顛軨阪”，杜預注為虞國所在。《博物記》説阪在“縣鹽池東，吴城之北”，《元和郡縣圖志》《太平寰宇記》都説“故虞城在(平陸) 縣東北”，因此上古“虞”地當在晋南運城盆地區。

《墨子・尚賢上》説：“昔者舜耕於歷山，陶於河濱，漁於雷澤，灰於常陽，堯得之服澤之陽。”晋南的西南兩方有黄河環繞，運城地區為寬谷緩丘，黄土覆蓋在石灰岩上。舜在黄河之濱種田打魚，燒窯製陶和燒石灰，都有地質條件可證，附近又有鹽池，非常適合人居。今人地名考證衆説紛紜，如歷山即有山西、河南、山東、安徽、湖南諸説，由於舜時已是農業社會，遠離狩獵遊牧生産，居地與業地不會遠離，而且山西襄汾陶寺考古遺址與堯有關，夏縣東下馮遺址文化與之承續，再結合堯與其結親來判斷，將舜家定於晋南比較合乎事實。

《孟子・離婁下》云：“舜生於諸馮，遷於負夏，卒於鳴條，東夷之人也”，提出了新的問題，即晋南位於中原，不得稱為東夷。“諸馮”這一地名，今人有山東菏澤與濟南、河南濮陽、山西運城、湖南永州諸説，符合東夷條件的衹有山東。由於堯時政治中心在冀州，如果舜在兖州，堯從何得知舜的家庭信息？因此古人解釋舜的家族屬於東夷，後來遷居中原，就像禹生於西蜀，來到中原治水一樣。晋南有“夏”的古名，所遷“負夏”義為背靠夏地，與嬀汭没有矛盾。至於“鳴條”的位置，據楚簡《容成氏》所記成湯伐桀，桀逃跑時“降自鳴攸 (條) 之述 (遂)”，“逃之南巢是 (氏)”，“去之桑 (蒼) 梧之野”，故鳴條距舜葬“蒼梧之野”不遠，没有必要再作地名的繁瑣考證。

《史記》説“舜父瞽叟盲”，上古盲叟常為職業巫師，能彈琴背誦經文，熟悉口頭歷史，對舜應有啓發教育。舜少時勞動非常辛苦，居家飽受迫害。《孟子·萬章》言“舜往於田，號泣於旻天”，“父母使舜完廩，捐階，瞽叟焚廩。使浚井，出，從而揜之”。因堯考驗他時“納於大麓，烈風雷雨不迷”，故舜的避難求生能力很强。《孟子》裏有一段古奥的文字，應出自上古文檔：“象曰：‘謨蓋都君咸我績。牛羊，父母；倉廩，父母。干戈，朕；琴，朕；弤，朕。二嫂使治朕棲。’”象往入舜宫，舜在床琴。象曰：“鬱陶，思君爾。忸怩。”象以為舜遇難了，聲稱牛羊和糧倉歸父母，武器和樂器歸他，兩個嫂嫂也歸他，可是他走進舜的住房時，發現舜坐在床下彈琴，便羞愧地説：“心裏鬱悶，想念你，所以來了。”故事表明當時私有財産有贈予制，有繼承權，家庭内部糾紛外人也不能干涉。這種特徵與父系體制的鞏固有關，説明堯舜時代處於社會變革的關鍵時期。

舜是政制變革的推動者，他正式登上帝位便建立起一些制度，意在集權。第一項是班瑞制，頒發瑞玉給各部落酋長，確定其歸附地位，《堯典》言其“輯五瑞，既月乃日，覲四岳群牧，班瑞於群后”。第二項是巡狩制，“帝”要分期分批視察各個部落，“五載一巡狩，群后四朝，敷奏以言，明試以功，車服以庸”。第三項是建立職官，下文再述。第四項是統一度量衡和計時單位，“協時月正日，同律度量衡。修五禮、五玉、三帛、二生、一死贄”。第五項是規定刑法，“象以典刑：流宥五刑，鞭作官刑，撲作教刑，金作贖刑。眚災肆赦，怙終賊刑”，用圖像宣示法規，懲罰方式包括流、鞭、撲、贖、赦五種，典型的案例是“流共工於幽州，放驩兜於崇山，竄三苗於三危，殛鯀於羽山”，共工、驩兜和鯀的罪責是治水無功，三苗是策劃叛亂，懲罰僅限於流放。

《堯典》述舜“咨十有二牧”，因與禹共同“肇十有二州，封十有二山，浚川”，有了按地理條件劃分的“州”區，便於管理萬國部落，使之納貢。主管其事的人稱“牧”，進一步建立中央政權的職官制度，但幹部任命仍須通過評議會由四岳推薦。這一步跨得很大，但這是不是真正的史實？筆者根據大禹全局性治水論證過，全流域治水必須統一指揮，統一調度。打破邦國界綫，從而形成大統思維，便有政治體制跨步的條件，僅因當時萬國林立，不可能徹底統一而已。

《堯典》載有舜依靠議事會推舉職官的過程，如舉禹為司空：

> 舜曰：“咨，四岳！有能奮庸熙帝之載，使宅百揆亮采，惠疇？”
> 僉曰：“伯禹作司空。”
> 帝曰：“俞，咨！禹，汝平水土，惟時懋哉！”禹拜稽首，讓於稷、契暨皋陶。
> 帝曰：“俞，汝往哉！”

禹謙讓的三人，舜都做了安排，棄為后稷，契為司徒，皋陶為士。根據衆人推舉，又以垂為共工，益為虞，伯夷為秩宗；但“垂拜稽首，讓於殳斨暨伯與”，“益拜稽首，讓於朱虎、熊羆”，“伯拜稽首，讓於夔、龍”。所讓的人舜都没有同意，僅任命夔為典樂，龍為納言。舜最後説“咨汝二十有二人”，會上任命9人，加上12牧和方伯的代表四岳。中央職官設置，有司空（管工程）、司徒（管政教）、士（管刑法）、后稷（管農業）、共工（管手工業）、虞（管生態）、秩宗（管禮儀）、典樂（管歌舞）、納言（管文秘）9職，以往世家承襲制改變為職官任命制，專業技術再不為家族所壟斷，實為社會之一大進步。

不過，上古文獻傳鈔過程中，内容會有所出入，歷史主綫雖然可靠，細節則可能不同，如《禹貢》劃分的是九州，而不是十二州；但貢道終端是冀州，與政治中心合拍。《尚書·吕刑》周穆王言：“伯夷降典，折民惟刑；禹平水土，主名山川；稷降播種，農殖嘉穀；三后成功，惟殷於民。”禹稷的職責與《堯典》相合，但《堯典》伯夷的職責是“秩宗”，皋陶纔是管司法的“士”。

堯舜時婚演變

堯舜時已有家庭形式，但遠古婚制的痕迹仍然存在。母系氏族社會以女性為核心，有氏族而無家庭，婚制鬆散，或以族外群婚為主，造成子女如《白虎通義·三皇》所説“知其母而不知其父”，因而古代聖王常傳説其母意感而孕，如《詩經·大雅·生民》説后稷之母姜嫄“履帝武敏歆，攸介攸止，載震載夙，載生載育”，因踏天帝脚印而懷孕。過渡到父系社會，仍然存在一種走訪婚，如《天問》説：“禹之力獻功，降省下土方，焉得彼塗山女，而通之於臺桑？”禹因治水到了塗山地域，與塗山氏女偶然結合，後因生下兒子啓，纔肯定了夫婦關係。但禹父鯀就比較曖昧，《大荒南經》云“鯀妻士敬，士敬子曰炎融”，不説鯀生炎融，因炎融不一定是鯀的親子，那時盛行走婚制，士敬祇是一個女友。《中次三經》載萯山系統青要之山“實惟帝之密都”，位於黄河河曲之南，“南望墠渚，禹父之所化”，這裏祇提“禹父”而不説鯀，顯然不是指鯀，而是“衆父”，若“禹父”為鯀，何不直書鯀之所化？

中原的對偶婚制，有“姊妹共夫、兄弟同妻”習俗，或稱“亞血族群婚”。堯以二女嫁舜，《堯典》謂“釐降二女於嬀汭，嬪於虞”，就是這種婚制。《孟子》述舜弟象聲稱“二嫂使治朕棲”，實際上當時二嫂也屬象妻。《尸子》逸文言堯“妻之以女皇，媵之以娥”，比擬為殷周媵娣制，是將原始婚制進步化了。

《天問》説：“舜閔在家，父何以鱞（鰥）？堯不姚告，二女何親？”屈原按春秋時禮制提問：舜已是成人，其父為何還讓他打光棍？堯未到姚家説媒，怎麼就把二女送來結親？可見古代婚制三代變化之巨大。

可是對偶婚制到夏代仍然存在。《左傳·哀公元年》載伍員講了過澆殺夏后相的故事①：相妻懷孕，逃往有仍，生了少康。長大後被澆緝拿，被迫逃奔有虞，擔任庖正。“虞思於是妻之以二姚，而邑諸綸。有田一成，有衆一旅，能佈其德，而兆其謀，以收夏衆，撫其官職。”少康之妻“二姚”，就是姊妹共夫。《天問》中的“眩弟並淫，危害厥兄”，指夏代殷先王亥和其弟恒在有易之地馴牛，有易之君拉攏其弟，殺其兄而奪牛群②，亥恒則為兄弟共妻。相當於那個時代的山西夏縣東下馮遺址，發現有一男二女同穴合葬現象（M527）；同時，既發現母子合葬墓（M510），又發現父子合葬墓（M528），顯示當時處於過渡時期，各種婚制並存。

從舜的情況得知，婚姻制度逐漸嚮一夫多妻轉變。《山海經》上没有堯的配偶和子息記録，但對舜有不少記載，如《海内北經》説“舜妻登比氏生宵明、燭光，處河大澤，二女之靈能照此所方百里。一曰登北氏”，《路史餘論》引《竹書紀年》作“癸北氏”，説是舜之第三妃。

順便指出，堯與舜的時代有明顯差異，堯時物質條件較差，到舜時纔有改善。《墨子·節用中》説堯時“黍稷不二，羹胾不重，飯於土塯，啜於土形，斗以酌，俯仰周旋”，用具是簡陋的土陶。《韓非子·五蠹》補充説：“堯之王天下也，茅茨不翦，采椽不斫；糲粢之食，藜藿之羹；冬日麑裘，夏日葛衣；雖監門之服養，不虧於此矣。”但《世本》載水井、耒耜、宫室、城郭、鼓磬全是堯時的發明，有了這些基礎，纔決定了舜時的進步。《韓非子·十過》進行前後對比：“堯禪天下，虞舜受之，作為食器，斬山木而財子，削鋸修其迹，流漆墨其上，輸之於宫以為食器，諸侯以為益侈，國之不服者十三。”反映出社會生産的發展，物質條件的改善。《世本》記載舜時的發明有準繩、規矩、銚耨、漆器、簫鐘，並由土木器具趨嚮青銅，更加輕便化、科學化。

由此可見，堯舜時期是經濟社會從落後走嚮進步的演變階段，政治體制、婚姻家庭如

① 《左傳·哀公元年》伍員云：“昔有過澆殺斟灌以伐斟鄩，滅夏后相。後婚方娠，逃出自竇，歸於有仍，生少康焉，為仍牧正。惎澆，能戒之。澆使椒求之，逃奔有虞，為之庖正，以除其害。虞思於是妻之以二姚，而邑諸綸。有田一成，有衆一旅，能佈其德，而兆其謀，以收夏衆，撫其官職。使女艾諜澆，使季杼誘豷，遂滅過、戈，復禹之績。”《天問》云：“帝降夷羿，革孽夏民。胡射夫河伯，而妻彼雒嬪？馮珧利決，封豨是射。何獻蒸肉之膏，而後帝不若？浞娶純狐，眩妻爰謀。何羿之射革，而交吞揆之？”“惟澆在户，何求於嫂？何少康逐犬，而顛隕厥首？女歧縫裳，而館同爰止。何顛易厥首，而親以逢殆？”也是這一段故事。

② 《天問》：“該秉季德，厥父是臧。胡終弊於有扈，牧夫牛羊？”“恒秉季德，焉得夫朴牛？何往營班禄，不但還來？”“昏微遵迹，有狄不寧。何繁鳥萃棘，負子肆情？眩弟並淫，危害厥兄。何變化以作詐，而後嗣逢長？”該即商之先王亥。《山海經·大荒東經》：“有人曰王亥，托於有易河伯僕牛。有易殺王亥，取僕牛。河伯念有易，有易潛出為國，名曰摇民。”郭璞注引《竹書紀年》：“殷王子亥賓於有易而淫焉，有易之君綿臣殺而放之。是故殷主甲微假師於河伯以伐有易，滅之，遂殺其君綿臣也。”《天問》：“何往營班禄，不但還來？”應指恒受有易誘惑而害兄。

此，物質生活也是如此。遠古技藝父子傳承的世家化，逐步演變為師徒傳承的行業化；人才推薦的圈子擴大，不再局限於氏族部落的小範圍，可以在基層人群中去尋覓。這些風習，使生產力為之解放，促進社會經濟的飛躍。如果没有自然灾害的影響，堯舜時期會是又一個黃金時代。

作者單位：四川省文史研究館

廟底溝文化早期關洛三圖騰和三神話初探
——試論黄帝初期“古國治理”觀念的“原型”

胡義成

在中國“五四”後，“疑古派”往往把遠古神話視為虛無縹緲的迷信思想，一概否定。王國維先生、徐旭生先生等早就提出，中國遠古神話中，往往包含着歷史的“素地”，未可全否。近年，葉舒憲等諸位先生，傾力於中國遠古神話研究，包括葉著《中國神話哲學》等，在遠古神話中，發現了許多中國哲學、史前歷史學奥秘。由此出發，葉先生還針對既有的“二重證據法”（即王國維認為重建中國史前史，既要有考古證據，又要有文獻證據），提出了重建中國史前歷史的“三重證據法”，在“二重證據法”之上又加進神話學證據①。本文正是依此而展開對黄帝初期關洛歷史觀察的。

三圖騰解

（一）魚圖騰

作為仰韶文化早期遺址，西安半坡出土了一批彩陶魚紋，石興邦先生鑒別出半坡魚紋

① 葉舒憲：《詩經的文化闡釋 · 自序》，石家莊：河北人民出版社，1994 年。

共有 12 種①。蘇秉琦先生仔細研究後提出，“半坡遺址包含魚形彩陶盆完整序列（從近似寫實到完全分解），跨越時間當距今六千年上下到距今五六千年間”②，這證明半坡即魚圖騰誕生地。學界一般認為，這些魚紋，均是作為漁獵經濟者的半坡及其他中原地區仰韶文化早期先民們各群體的圖騰③。對其準確的表意，學界至今見仁見智，還在争鳴，據説至少有 20 多種理解，但大都首先着眼於魚係當時先民主食之一，其繁殖能力極强，象徵着多子、豐收等④。張光直先生重建關中“祈魚大祭”現場【張紅書 123—124】，最突出地展示了魚圖騰的這種表意。

曾有論者認為，半坡的魚是炎帝族群早期的圖騰⑤，似可再議。因為，最早的文獻顯示，炎帝族的圖騰為火，黃炎二帝並無所謂“阪泉大戰”發生，且最早的炎帝都邑即關中鳳翔縣水溝遺址，屬西王村類型⑥，故半坡遺址不可能是炎帝時期的考古對應物，文獻中以“火”為主圖騰的炎帝族，不可能又以魚為主圖騰。魚圖騰衹能屬於關中早於廟底溝文化的部分先民，其後裔在廟底溝時期仍然使用着魚圖騰。對此，筆者已有一些論述，此不贅。

1. 楊址裏也有魚圖騰

本文在此專論魚圖騰，並非僅注目廟底溝時期之前的半坡圖騰，而是因為直至廟底溝時期，楊址裏仍然出土了彩陶上的魚圖騰，這纔是本文注目之所在。“對於廟底溝文化中的魚紋彩陶，關注的人卻很少。”⑦“魚紋確是廟底溝文化彩陶一個不可忽略的要素，過去以為它是半坡文化彩陶獨有元素的認識需要修正。”⑧ 從圖騰表徵族群的角度看，楊址出土了廟底溝時期的魚圖騰，暗示新進入關中的黃帝族群，與當地原住民最終融洽地和平相處。《國語・魯語》説，黃帝兒子中有一人名“夷鼓”，他是“彤魚氏”的外甥⑨，説明信奉魚圖騰的當地原住民，已與黃帝族群喜結良緣。《漢書・古今人表》亦載，黃帝有一妃子為“彤魚氏”⑩，顯示黃帝族群確與信奉魚圖騰的當地原住民親為一家。蘇秉琦先生還通過類型學分析發現，關中泉護遺址中的花、鳥、魚三個圖騰，長期和平共處，始終平行發展⑪。在三個圖騰應分别對應當時當地三個族群的前提下，這種情況衹能説明，信奉花圖騰的黃

---

① 石興邦：《石興邦考古論文集》，西安：陝西師範大學出版社，2015 年，第 417、257 頁。
② 蘇秉琦：《中國文明起源新探》，瀋陽：遼寧人民出版社，2009 年，第 22—24 頁。
③ 石興邦：《叩訪遠古的村莊——石興邦口述考古》，西安：陝西師範大學出版社，2013 年，第 139 頁。
④ 吴汝祚：《中原地區中華古代文明發展史》，北京：社會科學文獻出版社，2012 年，第 179 頁。
⑤ 同上。
⑥ 石興邦、胡義成等：《搶救鳳翔水溝“炎帝都邑”遺址》，刊於陝西省委省政府決策諮詢委編：《決策諮詢建議》2016 年第 14 期。
⑦ 王仁湘：《半窗意象——圖像與考古研究自選集》，北京：文物出版社，2016 年，第 384 頁。
⑧ 同上，第 391 頁。
⑨ 陝西省地方志編纂委員會編：《黃帝陵志》，西安：陝西人民出版社，2005 年，第 333 頁。
⑩ 同上，第 364 頁。
⑪ 蘇秉琦：《中國文明起源新探》，瀋陽：遼寧人民出版社，2009 年，第 22—24 頁。

帝族，確實對其他族群實施了兼容並包、和平相處的治國大政。對此，再破譯一個神話加以説明。

2.“千年花百年魚”神話

晉王嘉《拾遺記》謂，“帝使風后負書，常伯荷劍，旦遊洹流，夕歸陰浦，行萬里而一息。洹流如沙塵，足踐則陷，其深難測。大風吹沙如霧，中多神龍鼉，皆能飛翔。有石蕖青色，堅而甚輕，從風靡靡，覆其波上，一莖百葉，千年一華。其地一名沙瀾，言沙湧起而成波瀾也。仙人甯封食飛魚而死，二百年更生，故甯先生《游沙海》七言頌云：‘青蕖灼爍千載舒，百齡暫死餌飛魚’，則此花此魚也”。宋《軒轅黄帝傳》亦記，黄帝“時有甯子為陶正，有神人至，教火法，出五色煙，能隨之上下，道成仙去，往流沙之所食飛魚，暫死二百歲更生，作《沙頭頌》曰：‘青蕖灼爍千載舒，萬齡暫死餌飛魚。’”①。

對《拾遺記》中的“千年花百年魚”神話，可作多種解讀，但解讀的前提之一，是需認定“花圖騰”係廟底溝時期黄帝族群的最高圖騰（見下），而魚圖騰則是半坡先民後裔的圖騰。於是，“千年花”和“百年魚”共呈於洹流，顯然象徵着黄帝族群與半坡先民後裔，能和平相處，其樂融融。這證明，黄帝當年治國觀念之一，即團結一切能團結的人，包括對傳統民族及其文化也要保護繼承，新舊彼此吸納，大家共同幸福。試看神話中對“花圖騰”的描述，“一莖百葉，千年一華”，“青蕖灼爍千載舒”，色豔而永，挺樹洹流，充滿着對黄帝族群發展勢頭的贊美祈祝。“千年一華”還暗示，“黄帝時期”已超過千年。“一莖百葉”暗示，超過千年的“黄帝時期”已經形成一個强大的家國一體的黄帝部落聯盟。神話對“百年魚”的稱許也令人難忘，“百齡暫死餌飛魚”，把魚具有旺盛生命力的特徵表露無遺，其實是在歌頌半坡先民後裔們能與時俱進，接納黄帝族群，兩者彼此依偎，形成了新的命運共同體。《史記·五帝本紀》載，黄帝“撫萬民，度四方，教熊、羆、貔、貅、豹、虎”，“黄帝二十五子”等等，以及《史記·三代世表》對黄帝後裔衆多的記載，大都是黄帝族實施這種兼容並包理念，團結了各地廣大先民氏族和部落的結果。

《軒轅黄帝傳》則在歌頌黄帝族和半坡先民後裔時，加進了“陶正”這個形象，十分貼切。陶正象徵製陶，恰好花圖騰和魚圖騰都是繪製在彩陶之上的，“教火法，出五色煙”，“道成仙去，往流沙之所食飛魚”，顯示出對花魚圖騰在美麗彩陶上傳之久遠的驚嘆，詩情畫意，至今難掩。

至於神話裏的“洹流”或“流沙”，當是對廟底溝文化當時已傳播到極遠西北的表意。瀚海戈壁，已是黄帝意象；風捲狂沙，早成“廟底”豪情，此圖此情，感人何止萬年！

---

① 陝西省地方志編纂委員會編：《黄帝陵志》，西安：陝西人民出版社，2005年，第450頁。

（二）花圖騰

楊址裏的花圖騰，是“中華民族”之“華”字的原型①。它也曾是涿鹿大戰中廟底溝文化部落聯盟戰勝蚩尤的戰旗標識。涿鹿大戰中與花圖騰並現戰場的“華蓋”，作為花圖騰的一種更高階的神聖化形態，後來則成為歷代中國皇帝的標志②，顯示出信奉花圖騰的黄帝族即中華民族最早先祖的主體成分。對此，筆者已有一系列敘述，此不再贅。本文敘述，僅注目楊址花圖騰作用及其也是“黃帝”稱謂之源，後者也確證了楊址即最早黃帝都邑。

1. 廟底溝文化的花圖騰係黃帝族獨創性繼承關中古老文化意象的結果

楊址尚未出世時，蘇秉琦先生就最早從類型學角度研究了關中花圖騰，其他考古學家也屢有論述，一再指出，一是花圖騰“衹在西起寶雞，東到潼關、陝縣一帶的八百里秦川範圍内的仰韶文化遺址裏發展得最充分，顯現出從無到有的全過程”，而它在“八百里秦川之外的相當大的地區内都能看到，但都不成系列，有的有頭無尾，有的有尾無頭，或衹具有某種形式的中間發展環節”③，這證明黃帝族花圖騰即誕生於關中，關中是花圖騰傳播的核心區域。二是“魚也不會變成花卉”④，即誕生於關中的花圖騰，不會是從半坡魚圖騰變來的，而是新生的廟底溝文化創新的結果。這也與廟底溝時期動物意象的圖騰減少、植物意象的圖騰增加相關，因為，漁獵時期先民主食為動物，而農業定居時期先民主食為植物。作為農業定居時期的廟底溝文化時期，以植物之花為獨創圖騰，順理成章。三是花圖騰首先代表廟底溝文化時期先民的主食。西安當地最早圖騰為魚，然後是花，這本身就顯示了史前圖騰設定依先民主食為據的史實。“民以食為天”，此之謂也。石興邦先生稱之為“記事的符號”，也為“思想意識形態”之體現⑤，“法眼”獨備。中華民族自古即遵奉“民以食為天”，關中實即唯物史觀原産地，五六千年花魚圖騰出土，堪為確證（針對中國古代以鼎作為王權象徵，王仁湘先生認為，鼎最早就是吃飯的鍋，故以鼎作為王權象徵，也是“吃出來的政治觀”⑥）。由此，石興邦先生説，“廟底溝時期，是彩陶藝術之花芳香四散之時，長江流域、東方沿海的大汶口文化、大溪文化，西北的石嶺下文化，東北的紅山文化等彩陶藝術中，皆祖源於仰韶文化的彩陶藝術，而沿襲其彩繪風格，形成了彩陶文化的波

---

① 章太炎：《“中華民國”解》，收入張楠等編：《辛亥革命前十年間時論選集》第二卷下，北京：生活·讀書·新知三聯書店，1963 年，第 734—743 頁。

② 倪墨炎：《魯迅舊詩淺説》，上海：上海教育出版社，1977 年，第 140—142 頁。參見魯迅：《華蓋集·題記》，《魯迅全集》（3），北京：人民文學出版社，1973 年，第 12 頁。

③ 蘇秉琦：《中國文明起源新探》，瀋陽：遼寧人民出版社，2009 年，第 23—24 頁。

④ 同上，第 23—24 頁。

⑤ 石興邦：《石興邦考古論文集》，西安：陝西師範大學出版社，2015 年，第 154 頁。

⑥ 王仁湘：《半窗意象——圖像與考古研究自選集》，北京：文物出版社，2016 年，第 185—189 頁。

浪圈，成為中華原始文化共同體融合特點之一”，“這種社會文化現象，是中華原始文化共同體構成的巨大動力和因素之一”①。從文化學角度看，石先生的這種關於“花一四海”的揭示也證明了，面對此前原始薩滿教衹重敬神通天而不重民間衣食，廟底溝文化開創者勇敢亮出作為主食的花圖騰，並在實踐中貫徹“民以食為天”的原則，其效果當然會傳播出去，花圖騰就會傳遍四海。其實，這就是對黃帝何以成為中國“人文始祖”根本原因的揭示，也是對中華民族何以融為一體根本原因的揭示。四是花圖騰已經“進入了美的境界”，包括它“從意象到抽象”均如此②。對此，何炳棣先生謂，仰韶彩陶“圖案之美及其精神意境之超脱，實為世界史前文化所僅見”③。“僅見”二字，字字千鈞。這就把中華先民在農業定居主食意象中何以選取花為圖騰的道理講透徹了：因為花美，而中華民族是個最愛美的民族。

現在已知，黃帝族亮出的這個花圖騰，並非其完全獨創，也是他們繼承關中古老文化意象的結果。因為，在關中臨潼白家村、渭南北劉和甘肅秦安大地灣前仰韶文化遺址出土陶器上，均發現了距今七八千年的花瓣紋，它們就是中國最早的花圖騰④。黃帝族的花圖騰，也是繼承關中古老文化傳統的結果。

中國史前花圖騰“這一藝術母題幾千年内始終是土生土長，在華北遼闊的不同地區傳播演化的”。其實，細察美術史，世界各地彩陶上有花紋者不少，如意大利即如此⑤，但中國花圖騰表現的全是中國土産花卉⑥，而且它最後還成為中華民族族名之源⑦，成為“早期中國”框架的標志⑧，這在全球確是“僅見”。

2. “黄帝”和後世“皇帝”之“帝”號，均源於花圖騰

這個結論，導自古文字學研究。其大致思路是，首先判定“花蒂”之“蒂”字來自古人對花蒂的象形，然後得出“蒂”字最終演化或簡化成“帝”字，並逐漸成為“黄帝”和後世“皇帝”之“帝”號。説完這套思路不容易，須仔細静心。

(1) 關於“花蒂”之“蒂”字，來自古人對花蒂的象形。這裏先舉出三條古文字學證據。

其一，吴大澂《字説》提出，根據許慎《説文解字》所列該字字形，“蒂”字“象華

---

① 石興邦：《石興邦考古論文集》，西安：陝西師範大學出版社，2015 年，第 153—154 頁。

② 同上，第 155 頁。

③ 何柄棣：《讀史閱世六十年》，桂林：廣西師範大學出版社，2009 年第 2 版，第 420 頁。

④ 曹定雲：《華胥氏的歷史傳説與考古文化史實》，《寶雞文理學院學報》2009 年第 1 期。

⑤ 徐風：《西方美術史》，西安：陝西人民教育出版社，1994 年，第 17 頁。

⑥ 蘇秉琦：《滿天星斗》，北京：中信出版集團，2016 年，第 148 頁。

⑦ 章太炎：《“中華民國”解》，收入張楠等編：《辛亥革命前十年間時論選集》第二卷下，北京：生活·讀書·新知三聯書店，1963 年，第 734—743 頁。

⑧ 韓建業：《早期中國》，上海：上海古籍出版社，2015 年，第 91 頁。

(花) 蒂之形”。為證此見，吴氏引《吴都賦》注“蒂，花本也”、《西京賦》注“蒂，果鼻也，音帝”。此外，吴氏還引《釋文》“‘柢’亦作‘蒂’”，認為成語“根深柢固”之“柢”字，與此處所講“蒂”字意同，為同字異寫。對此見解，丁山先生稱為“極精闢”[①]，堪為定論。因為，對象形漢字“蒂”稍加留意照描揣摩，把九十度的“硬拐彎”磨平滑，人們就會發現，它確是對“花蒂”的完全象形：其下部“帝”字係對雙層花朵及其中花蕊的象形，其上部草頭係對花朵根部花蒂（俗稱“花把兒”）的象形。此見解影響較大，因為其説理透徹清晰，足以服人。

其二，有的甲骨文研究者，也大體認同“‘蒂’字即花的梗和根莖”等[②]。

其三，郭沫若先生《釋祖妣》一文，也認為“蒂”字“帝”字，均為花朵之象形[③]。

(2) 關於“蒂”字最終演化或簡化成“帝”字，並逐漸成為“黄帝”和後世“皇帝”之“帝”號，現引兩例説明。

其一，丁山先生引《韓詩外傳》説，由於中國人信奉“美者在上”，故“帝”字就被用以指稱“黄帝”[④]，這個分析思路是符合中國人審美特質的，正如丁山自己所説，“蒂落而成果，即草木之所由生，枝葉之所由發，生物之始，與天地合德，故‘帝’足以配天”[⑤]。因為，花是最美的，象形它的“帝”字就應代指最美而能“配天”的人，故“帝”字就慢慢變成了對最尊貴之人的代稱，如史前就有所謂“巫帝”，指“巫覡之神”[⑥]。最後，這個“帝”字就被用以指稱贊頌人間王者。“黄帝”之“帝”由此而來。

其二，臺灣學者李子弋先生也簡略地説，“從文字學的觀點，‘帝’與‘蒂’同義，‘蒂’從現代語來翻譯，應屬系統（指花朵——引者）的核心”[⑦]。用象徵系統核心者象徵人類群體核心人物，也無大礙。

“黄帝”和後世“皇帝”之“帝”號，均源於花圖騰，進一步顯示出楊址及其花圖騰與黄帝的不解之緣。

(3) 至於“外國學者如鮑爾主張‘帝’字是由巴比倫的古字變來”[⑧]，則已由廟底溝文化花圖騰本身作了駁斥，此不再贅。

(4) 以“帝”字指稱人間王者來由如上，那麽，“黄帝”的“黄”又自何而來？簡單

---

① 丁山：《中國古代宗教與神話考》，上海：上海世紀出版集團，2011 年，第 191—192 頁。

② （意）安東尼奥·阿馬薩里著，劉儒庭、王天清等譯：《中國古代文明——從商朝甲骨刻辭看中國史前史》，北京：社會科學文獻出版社，1990 年，第 15 頁。

③ 趙國華：《生殖崇拜文化論》，北京：中國社會科學出版社，1990 年，第 215 頁。

④ 顧頡剛：《中國上古史研究講義》，北京：中華書局，1988 年，第 300 頁。

⑤ 丁山：《中國古代宗教與神話考》，上海：上海世紀出版集團，2011 年，第 191 頁。

⑥ 同上，第 194—185 頁。

⑦ 李子弋：《談炎帝與姜炎文化》，收入寶雞市社科聯編：《炎帝論》，西安：陝西人民出版社，1996 年，第 15 頁。

⑧ 丁山：《中國古代宗教與神話考》，上海：上海世紀出版集團，2011 年，第 192 頁。

直言，它應來自五行學説與五色之匹配。“昔在上古，生為明王，没則配五行，故……黄帝配土”①，而五行學説與五色匹配後，形成“土氣盛，故其色尚黄”之見②，於是“中央土也，其帝黄帝”之説産生③，“黄帝”之稱得以最後完成。按李學勤先生見解，司馬遷讀過的《帝紀》，就有“黄帝以來，皆有年數”的記載，至春秋時期的《左傳》《國語》，黄帝已成中國共祖，故“黄帝”之稱至少源自春秋，還可能源自西周初年④。《史記·三代世表》説，“五帝”之記，“周以來乃頗可著”，應當可信。丁山先生對此撰有《五帝系統説三元》，認為先是儒派荀子確定了“五帝聖王觀”，然後是漢代“讖緯家紛起發揚‘五色帝’新教”⑤，看來還是把它的出現移後了，且冠之以“新教”之稱，不妥。因為，黄帝之稱謂也許後起，也許還存有不少疑問，可以再探，但黄帝及其時期並非虚構，也非宗教行為所致。

（三）鳥圖騰

從西伯利亞原始薩滿教遺址出土物看，鳥應是原始薩滿教信奉者最古老的崇拜物件之一⑥。人類最早崇拜鳥，其原因值得深思。

1. 鳥圖騰和太陽崇拜

《山海經·大荒東經》説：“湯谷上有扶木，一日方至，一日方出，皆載於烏。”何新先生《諸神的起源》提出：“在中國神話中，太陽與鳥一嚮具有不解之緣。早在距今七千年左右的南方河姆渡文化和中原仰韶文化中，即已出現了以太陽和鳥為母題的藝術品。”“關於太陽與鳥的傳説，又可分為二系，一謂太陽本身就是鳥，一謂日中有烏（黑烏，金烏），或三足烏”，前者“對太陽的運動作出了這樣一種解釋：太陽負載於風神（鳥）身上而運行”⑦。由此可知，人類最早且持續崇拜鳥，實際主要是崇拜太陽的一種曲折表現。

2. 鳥圖騰是史前“中國—瑪雅文化連續區”獨特的文化現象

俯觀全球，史前崇拜鳥或以鳥為圖騰的地區，主要集中於“我國東方沿海和東南地區，直至更遠些説，環太平洋地區的西北部”⑧，而這個範圍，與張光直先生所講史前“中國—

① 陝西省地方志編纂委員會編：《炎帝志》，西安：三秦出版社，2009 年，第 539 頁。

② 陝西省地方志編纂委員會編：《黄帝陵志》，西安：陝西人民出版社，2005 年，第 346 頁。

③ 同上，第 350 頁。

④ 李學勤：《黄帝傳説一定有歷史的“素地”》，《光明日報》2005 年 4 月 19 日第 10 版。

⑤ 丁山：《中國古代宗教與神話考》，上海：上海世紀出版集團，2011 年，第 466—475 頁。

⑥ 張光直：《中國考古學論文集》，北京：生活·讀書·新知三聯書店，2013 年，第 362 頁。

⑦ 何新：《諸神的起源》，北京：生活·讀書·新知三聯書店，1986 年，第 73—74 頁。

⑧ 石興邦：《石興邦考古論文集》，西安：陝西師範大學出版社，2015 年，第 263 頁。

瑪雅文化連續區”[①] 範圍，以及與史前流佈於中國—瑪雅文化區中的“人面岩畫”範圍[②]，大面積重合。由於“人面岩畫”實際是史前“中國—瑪雅文化連續區”的一個藝術側面[③]，由此可以設想，鳥崇拜或鳥圖騰，可能是史前“中國—瑪雅文化連續區”中薩滿教太陽崇拜的獨特呈現。石興邦先生認為，史前這種跨國式鳥崇拜或鳥圖騰，具有三重含義：一是“有關社會制度的圖騰崇拜”，二是“意識形態方面的巫術活動的靈物”，三是“與生産活動有關的祭禮犧牲或精靈”[④]。在這個宏觀背景下思考關洛史前鳥圖騰，可知它衹是“中國—瑪雅文化連續區”中的一個很小的内陸片斷，比起關洛魚和花圖騰，其個性和獨創性都頗有限。另一方面，鑒於要説清廟底溝文化主體的治理觀念原型，又不能離開它及它代表的人群，故略論之。

3. 關洛鳥圖騰

楊址曾出土一件彩陶，其上有一個具象的大鳥，大鳥頭部靠近一輪紅日[⑤]，泉護遺址也有這種圖案[⑥]，顯示着“鳥—日”主題。曾有論者認為，西安半坡時期主要是魚圖騰，而廟底溝時期主要是鳥圖騰，看來至少不準確。且勿論史前很早的“中國—瑪雅文化連續區”就有鳥圖騰[⑦]，僅在楊址存世之前的西安姜寨、半坡遺址中，也都出土了鳥圖騰。據李學勤先生研究，作為殷人之祖的王亥，也與鳥圖騰相關[⑧]。因此，無論從泉護遺址鳥圖騰呈現出從無到有全過程而斷定其誕生於廟底溝時期的關中[⑨]，或者是從鳥圖騰等最早出現在晉南史家遺址而斷定廟底溝文化源自史家[⑩]，等等，都顯然未顧及上述鳥圖騰十分久遠的起源和十分廣泛的流佈，尚需再議。有鑒於此教訓，本文僅注目史前關洛地域中，“華山以西以魚為主，華山以東以鳥為主，華山周圍出現魚鳥結合的圖案”[⑪]；“在泉護村、西關堡和臨潼鄧家莊，還發現有一種側視的寫實鳥紋”，“這種鳥紋衹見於陜東區”，可見“在陜東地區也當存在着（與晉南豫西地區不同的）另一處部落或部落聯盟組織”[⑫]。一些神話顯示，這個鳥圖騰（含鳳凰）群體，與黄帝族從關中嚮東發展大有關係，本文將予注目。至於該群體

---

① 張光直：《中國考古學論文集》，北京：生活·讀書·新知三聯書店，2013年，第353—365頁。

② 胡義成等：《周文化和黄帝文化管窺》，西安：陜西人民出版社，2015年，第350—370頁。

③ 同上。

④ 石興邦：《石興邦考古論文集》，西安：陜西師範大學出版社，2015年，第263頁。

⑤ 王煒林等：《陜西高陵楊官寨遺址考古報告》，收入胡義成等主編：《黄帝鑄鼎郊雍考辨與賦象——西安古都史新探》，西安：西安出版社，2011年，第18頁，圖14—2。

⑥ 吴汝祚：《中原地區中華古代文明發展史》，北京：社會科學文獻出版社，2012年，第146—148頁。

⑦ 張光直：《中國考古學論文集》，北京：生活·讀書·新知三聯書店，2013年，第362頁。

⑧ 李學勤：《周易經傳溯源》，長春：長春出版社，1992年，第4頁。

⑨ 蘇秉琦：《中國文明起源新探》，瀋陽：遼寧人民出版社，2009年，第23—24頁。

⑩ 張之恒主編：《中國考古通論》，南京：南京大學出版社，2009年，第128頁。

⑪ 陜西省黄帝祭陵辦公室編：《黄帝祭祀大典圖志·序》，北京：中國文史出版社，2008年，第4頁。

⑫ 戴嚮明：《廟底溝文化的聚落與社會》，收入北京大學中國考古學研究中心等編：《古代文明》，北京：文物出版社，2004年，第35頁。

鳥圖騰最早是否源自東部，其去嚮如何等，本文不論。另一方面，本文所論鳥圖騰或關於鳥的神話，也必然牽連到遠古中國東部和東南沿海一帶的鳥圖騰氏族或部落，因為，目前還很難完全區分陝東鳥圖騰氏族或部落與東部和東南沿海一帶的鳥圖騰氏族或部落，其鳥圖騰和神話很可能彼此融通，攪在一起，本文衹能先就其文本呈現出的地域區别而論之。

陝東、晉南、豫西一帶，一方面存在着陝東與豫西之間的沿河（渭河入黄河）交通綫，華山於其間横空出世，成為黄帝文化的地勢標志。這條交通綫，是廟底溝文化核心區嚮東擴張的必經之路，從西往東依次存在楊址、泉護遺址、靈寶鑄鼎原遺址等廟底溝時期大型聚落；另一方面，由於地形地貌和經濟活動聯繫較多，在這個地區，還存在着晉南垣曲盆地與豫西靈寶盆地、陝縣盆地等形成的一個較大的基本取南北方嚮的地理單元，即汾、涑、伊、洛之間的黄河兩側地區①，這裏的文化有自己的特色，包括其圖騰以鳥為主。從出土遺址及聚落可知，此地有史前土著群體，並接受着來自西方和東部的文化影響。它的南北走嚮，與關中—豫西交通綫的東西走嚮，形成了垂直關係，也形成了史前中原兩股主要文化：一是出發自關中的以花、魚圖騰為主的文化，二是晉南豫西以鳥圖騰為主的文化，兩者在此地形成了大激蕩、大交流、大融合的關係。而黄帝族群東嚮發展，正是在這個東西方嚮與南北方嚮文化交叉地帶推進的。於是，這裏就成了孕育中的“早期中國”的政治—文化焦點所在，這裏也留下了一些史前黄帝治理的重大事件，以神話形式流傳至今。

4. 關洛“鳳凰朝黄帝”神話

這個神話可被拆分為四個層次：一是關於“鳥”與“鳳凰”關係的説明；二是關於“鳳凰朝黄帝”的描述，其中含鳳凰與蛇、魚、龜等的關係以及它們與黄帝關係的表述；三是對“鳳凰朝黄帝”原因的説明；四是關於作為鳳凰圖騰人格化者即“風后”與黄帝關係的描述。該神話出現在大量文獻中，現依層次分組舉例解析如下。

（1）“鳥”與“鳳凰”關係

其一，許慎《説文》謂“鳳，神鳥也”②，“鳳飛，群鳥從以萬計”③。這顯示鳳凰圖騰群體，是此地鳥圖騰群體中的首領；暗示華山之東鳥圖騰諸氏族或部落，已出現了自己的領袖。很可能，它意味着晉南豫西南北走廊文化區，在與黄帝勢力接觸前，已具有自己獨特的信仰和文化稟賦。

其二，緯書《河圖録運法》曰：“夫鳳象，鴻前而鱗後，蛇頸而魚尾，龍文而龜身，燕頷而雞喙，首戴德，頸揭義，背負仁，心入信，翼挾義，足履正，尾繫武。”此段記載，後世造作痕迹明顯，但也暗示，華山之東鳥圖騰諸氏族或部落首領的誕生，是該首領以鳥

① 蘇秉琦：《滿天星斗》，北京：中信出版集團，2016 年，第 193 頁。

② 何新：《諸神的起源》，北京：生活·讀書·新知三聯書店，1986 年，第 69 頁。

③ 同上，第 71 頁。

圖騰諸群為主，吸納綜合其他圖騰氏族群體智慧和力量的結果，其勢力未可小覷。

《軒轅黄帝傳》在基本複述以上鳳凰合成圖像後，引黄帝之話説，此鳥“出於東方君子之國”，“遇亂則去”①。這表明，華山之東的這股未可小覷的力量，最早源自東方海岸，與黄帝族並非始終一心，如有風吹草動，他們會離心離形。故黄帝須用心團結，用心收攏，纔可為己所使。聯繫前述全球史前鳥圖騰分佈狀況，顯然，關洛地域當年的政治舞臺，特别是“對鳥策略”，不能不旁及全國乃至全球政治背景。

其三，《山海經·南山經》曰：“丹穴之山有鳥焉，其狀如雞，五彩而文，名曰鳳凰。是鳥也，飲食自然，自歌自舞，見則天下安寧。”這段記載除表明拜鳥圖騰者即拜太陽者外，還顯示華山之東諸氏族，曾經“飲食自然，自歌自舞”，“天下安寧”。可以悟出，華山之東，當年經濟、社會、宗教發展水平均不低。

（2）對“鳳凰朝黄帝”的描述

其一，《古本竹書紀年》載：“黄帝坐於玄扈洛水之上，有鳳凰集，不食生蟲，不履生草，或止帝之東園，或巢於阿閣，或鳴於庭。其雄自歌，其雌自舞。麒麟在囿，神鳥來儀。有大螻如羊，大蚓如虹。帝以土氣勝，遂以土德王。”緯書《春秋元命苞》《春秋運斗樞》《春秋合誠圖》《春秋保乾圖》《春秋緯》《河圖録運法》等，均有相近記載。這是典型的“鳳凰朝黄帝”畫面，地點在“洛水”，顯示洛水一帶鳥圖騰勢力最終歸順了黄帝族。歸順儀式現場很熱鬧，在現場者，還有“麒麟”“大螻”“大蚓”等圖騰群體，暗示當年歸順者真不少。最後兩句話意味着，黄帝族有能力收攏華山之東的這些勢力，所以他纔能成為黄土高坡上的佼佼者。據此可推知，當年黄帝族東進過程中，最關鍵的戰略之一，是對華山東部鳥圖騰部落實施懷柔政策，從而掃清了東進最大障礙。

其二，《韓詩外傳》載，天老對黄帝説：“惟鳳為能通天祉，應地靈，律五音，覽九德。天下有道，得鳳象之一，則鳳過之；得鳳象之二，則鳳翔之；得鳳象之三，則鳳集之；得鳳象之四，則鳳春秋下之；得鳳象之五，則鳳没身居之。”黄帝聽後表示願見鳳凰：“鳳乃蔽日而至，黄帝降於東階，西面再拜稽首曰：‘皇天降祉，敢不承命。’鳳乃止帝東園，集帝梧桐，食帝竹實，没身不去。詩曰：‘鳳凰于飛，翽翽其羽，亦集爰止。’”② 在這裏，鳥圖騰族群的歸順態度，還被分成五級。在進一步描述中，顯示黄帝急於獲得鳥圖騰群體的歸順，而後者果然以第五級最虔誠態度歸順，“没身不去”。其中，黄帝態度極為謙恭，不像受降者，倒像投降者，對鳳凰説，“皇天降祉，敢不承命”，顯示當年黄帝已有較為高明的統治技巧。這段神話還顯露出，周朝崇拜鳳凰，其遠源在黄帝團結鳥圖騰族群的國策。

其三，《軒轅黄帝傳》在複述以上“鳳凰拜黄帝”儀式時，還加了一個情節：當時在

① 陝西省地方志編纂委員會編：《黄帝陵志》，西安：陝西人民出版社，2005 年，第 446 頁。

② 同上，第 349—350 頁。

場者還“有臣沮誦、蒼頡，觀鳥獸以作文字，此文字之始也”[①]。這也可能暗示着，當時華山之東的鳥圖騰氏族，由於源自東方，其文字水準頗高，關中黃帝族也把他們的文字創新成果納入了本族蒼頡文字體系中。

其四，《韓非子·十過》載：“黃帝合鬼神於泰山之上，駕象車而六蛟龍、畢方並轄，蚩尤居前，風伯進掃，雨師灑道，虎狼在前，鬼神在後，騰蛇伏地，鳳皇覆上，大合鬼神，作為清角。”在這幅黃帝勢力推進到泰山的大團結畫面中，鳳凰作為黃帝臣子已成定局。這個鳳凰，不僅表徵着關洛地區華山之東的鳥圖騰崇拜者，還表徵着中國東部沿海一帶直至東南、渤海的鳥圖騰崇拜者。此時可能為涿鹿大戰後，作為“古國”的廟底溝文化部落聯盟正式形成。

其五，《列仙傳》記，黃帝“次制十二管，以昆侖之下聽鳳之鳴，以別十二律，其雄鳴為六，雌鳴亦六，以比黃鐘之宮”[②]。可能，黃帝族所立“古國”音樂中，吸收了鳥圖騰部落的許多音樂元素。

(3）對“鳳凰朝黃帝”原因的説明

緯書對此記載較多，在我看，其可信度不低，因為至少楊址“少玉器”現象已顯示，黃帝族確對原始薩滿教義有所改革，引致民間頌聲完全可能。

其一，《尚書中候》載：“黃帝時，天地休通，五行期化，鳳凰巢於阿閣，歡於樹。”此所謂“天地休通”，是指黃帝改革原始薩滿教義，禁絶普通人藉“天地相通”所獲“神言”而謀私禍亂，把“天地相通”的權力收歸少數大巫國首；同時設“五官”為民謀福，使“民神異業”，迅速提升了廟底溝文化區生活水準[③]。顯然，設“五官”為民謀福是黃帝族擴張發展的底氣所在。本段神話即表明，華山之東鳥圖騰氏族能“朝拜黃帝”，根本原因是黃帝治國政策好。

其二，《禮含文嘉》還説，“黃帝修兵革，以德行，則黃龍至，鳳凰來儀”[④]，其意略同上述。

(4）對“風后”與黃帝關係的描述

郭沫若先生《卜辭通纂》卷二説，“古人蓋以‘鳳’為‘風神’”[⑤]。丁山先生持同見[⑥]，故《史記·五帝本紀》及其他文獻中常見的黃帝大臣“風后”，其實就是鳥圖騰的人格化表徵。我還懷疑，《史記·五帝本紀》中的黃帝大臣“大鴻”（《史記·孝武本紀》説

---

① 陝西省地方志編纂委員會編：《黃帝陵志》，西安：陝西人民出版社，2005年，第446頁。
② 同上，第355頁。
③ 同上，第357頁。
④ 同上。
⑤ 何新：《諸神的起源》，北京：生活·讀書·新知三聯書店，1986年，第69頁。
⑥ 丁山：《中國古代宗教與神話考》，上海：上海世紀出版集團，2011年，第110頁。

他的號叫“鬼臾區”，似為“鴻”字古拼音。果爾如此，則這暗示了當時華山東西語言尚不一致），其象為巨鳥，也如此。《五帝本紀》點了四位大臣的名字，其中兩人出自華山之東的鳥圖騰部落，可見此部落當時勢力多麼顯赫。

其一，緯書《春秋内事》記：“黄帝師於風后，風后善於伏羲之道，故推衍陰陽之事。”《漢書・藝文志・兵書略》記，有黄帝大臣“風后兵法十三篇”。《漢志・數術略・五行家》又記，風后著“《孤虚》二十卷”。這些均表明，由於風后智力高超，故黄帝對於風后也很敬重，言聽計從。

其二，《史記》的《孝武本紀》和《封禪書》均記，“黄帝郊雍上帝，宿三月。鬼臾區號大鴻，死葬雍，故鴻塚是也。其後黄帝接萬靈明廷”。關於大鴻的這段記載很費解，但加上楊址出土狀況，有助於破解這段記載。一是在楊址“西門”門洞中，出土物“十分豐富”，包括我曾戲稱為“倒扣花盆”且斷為祭器的“鏤空人面覆盆狀陶器”①，它是全國僅有的一件“倒扣花盆”祭器。按《史記・五帝本紀》關於黄帝“迎日推策”的記載，以及遲至商代卜辭仍存關於“賓日”“出日”“餞日”“入日”儀式的記載②，估計出土於西門的“倒扣花盆”，應是當時黄帝族“巫王一體”者專門迎送日出日落的宗教專用品，也是廟底溝文化族群崇拜太陽且迎送日出日落習俗的有效物證。二是據《史記・五帝本紀》記載，當時黄帝確曾“順天地之紀，幽明之佔”。按《禮記》對“郊之祭”的説明，“别幽明”即通過在“郊天主日”（或“大報天日”）的“郊祭”，確定冬至夏至等節令，指導農業③。换句話説，黄帝當時在楊址使用“倒扣花盆”，迎送日出日落，其主要目的之一，即確定冬至夏至等重大節令。須知，中國在北半球，冬至日即太陽開始回歸北半球之日，亦即春天即將來臨之際（中國古俗語有“冬至一陽生”之説，六十四卦中的“復卦”也表此意）；夏至日即太陽開始從北半球南移之日，亦即秋天即將來臨之際，而確定冬至夏至，對農業生産和民生福祉之提升，功莫大焉。三是《史記・曆書》在敘述黄帝實施“民神異業”的宗教改革時，曰黄帝在“考定星曆”“正閏餘”中，設置“五官”以利百姓生業。從中也可推知，楊址中黄帝迎送日出日落，其“迎日推策”即含謀劃宗教改革，並通過任命相關技術官員，以確保制定節令的準確性和持續性。四是“黄帝郊雍上帝”時，忽然插進“大鴻死”，什麼意思？看來司馬遷在此把話未説盡，或者由於時間太遠，他已經説不清楚了。從近世對《禮記・郊特牲》的研究可推知，史前中國存在“郊天主日”或“大報天日”的“報祭”儀式，即先民為表達感謝上天之意，於“郊天主日”或“大報天日”祭祀

① 胡義成等：《周文化和黄帝文化管窺》，西安：陝西人民出版社，2015 年，第 320—349 頁。

② 丁山：《中國古代宗教與神話考》，上海：上海世紀出版集團，2011 年，第 81—83 頁。

③ 同上，第 380—381 頁。

時，特别要置“犧牲”（豬牛羊雞等）[①]。《禮記》前兩千多年，所置“犧牲”可能就是人。五是聯繫前述《孝武本紀》上下文，可以推想，所謂大鴻為“黄帝郊雍”而獻身，暗含着當時在“報天主日”祭天時，會使用來自鳥圖騰部落的“人牲”。“鬼臾區”也許是對主持“人牲”儀式者的另一稱呼。六是《孝武本紀》轉述公孫卿“劄書”謂：“黄帝得寶鼎宛眴，問於鬼臾區。鬼臾區對曰：‘黄帝得寶鼎神策，是歲己酉朔旦冬至，得天之紀，終而復始。’於是黄帝迎日推策，後率二十歲復朔旦冬至，凡二十推，三百八十年，黄帝仙登於天。”這個充滿神囈的仙話，可能暗示的史實是，有一段時間，黄帝每隔二十年（除去每次的虛計，其實為十九年）進行一次“迎日推策”，校準冬至；楊址裏的黄帝共舉行了二十次“迎日推策”，總計三百八十年。從當時並無可靠有效的曆法而言，此兩事應大體可信，即黄帝“考定星曆”“正閏餘”為真，楊址各代黄帝“在位”共約380年為真。後者為真的原因，是因為楊址環壕 C^{14} 測年距今約6000—5500年，共存世約500年，除去前面修建環壕需120年左右時間外，其中黄帝“在位”380年左右，約經歷十幾二十代黄帝（從2000餘座墓葬情況看，楊址先民一般壽短，平均40歲上下，加上黄帝在位應於成年，故如此設想），其中某一位（不一定是最早者）由於功高威重而被葬在陝北黄陵，大體可信。果爾楊址黄帝共“在位”380年左右成立，那麼，可以推算，楊址最早一位黄帝距今時間應在5880年左右。

至於上述神話中鬼臾區的其他説法，如黄帝每一次的“迎日推策”，都有寶鼎現世；黄帝作為一個人共活了三百八十歲，然後“仙登於天”，等等，全不可信。

三神話解

（一）“河圖洛書”

《論語》記孔子自嘆曰：“鳳鳥不至，河不出圖，吾已矣夫！”中國著名數學家華羅庚先生曾説，如果存在外星人，那麼，地球人類嚮他們展示智慧的最佳選項，就是拿出“河圖洛書”[②]。這反映出“河圖洛書”神話的複雜神秘。的確，這個神話應被視為史前關洛最重要的傳説之一，因為它不僅被衆多文獻反覆記載，情節較複雜，古今解者衆説紛紜，有

① 丁山：《中國古代宗教與神話考》，上海：上海世紀出版集團，2011年，第507頁。

② 李學勤：《古文獻叢論》，上海：上海遠東出版社，1996年，第225頁。

的説法把它與八卦六十四卦掛鉤，理學大家朱熹則直接把它與三階“幻方”聯繫，有點神秘莫測，令人驚嘆；而且，這個神話也直接涉及黄帝“受命”的儀式和前提問題，對本文尤顯重要。本文以下論述，僅限思考該神話最早所含黄帝治理觀念，不擬涉及後來形成的“易學象數學”或“易學圖書學”相關内容。

1. 緯書和“河圖洛書”

清人崔述謂，“河圖洛書”神話最早出自《春秋緯》一書①。《今本竹書紀年》也有相關記載【陵志334】，但由於該書現世頗晚，估計仍源自緯書。孔子自嘆，“易傳”所記，皆可能為後人所增②。據統計，緯書中相關“河圖洛書”神話的書目，竟佔全部緯書總數的22.8%③，可見“河圖洛書”神話不僅出自緯書，而且其闡發頗系統完整，是緯書“君權神授”理論的骨架構件。筆者對緯書某些因素可用的道理已見於前，此不贅。

不可否認，緯書最早就與漢代政治鬥争中利用隱語謀權奪權的風氣難解難分，其後來的發展更摻入大量五行象徵和符瑞迷信，隋後遭禁。《隋書·經籍志·六藝·緯類序》就説，緯書“起王莽符命，光武以圖讖興”，其“河圖洛書”故事，旨在“紀易代之徵，其理幽昧”，“不類聖人之旨”。劉小楓先生説作為“政治神話”④，緯書思路源自戰國鄒衍⑤，顧頡剛先生説緯書把“所有的神話都歸納到《六經》的旗幟之下”⑥，看來均大體可信。楊址出土文物即顯示出，作為方士，戰國時稷下學派主將鄒衍關於黄帝事迹的所思所著，並非全係編造。其徒其裔即秦漢方士，所傳黄帝事迹或有史據，且與大量編造並呈於世。緯書所現“河圖洛書”神話，是其敘述黄帝事迹的重心，文字反反覆覆，表述層次豐富，應藉其所可藉者。

2. 近世的兩極理解

由於“河圖洛書”神話的神秘性，歷史上對它的理解就五花八門。延至近世，出現了理解上的兩極。一極是把它的神秘性解讀為科學，華羅庚先生的“幻方説”即為一例。另一極則完全否定之，顧頡剛先生就説“河圖洛書”神話“毫無實物，祇要你會得海闊天空般瞎講，不論什麼都可以算作《河圖》《洛書》範圍内的東西”⑦，堪為其代表。現已知，“幻方説”後來竟發展為朱熹數位易學⑧。顯然，此非緯書“河圖洛書”神話本身蘊含，故未可為憑。至於顧先生的全否取嚮，也被證明應再議。本文以下分析，僅就緯書文字本身

---

① 顧頡剛：《中國上古史研究講義》，北京：中華書局，1988年，第295頁。
② 同上，第277頁。
③ 同上，第252頁。
④ 劉小楓：《儒教與民族國家》，北京：華夏出版社，2007年，第16頁。
⑤ 同上，第23頁。
⑥ 同上，第18頁。
⑦ 顧頡剛：《中國上古史研究講義》，北京：中華書局，1988年，第253頁。
⑧ 李學勤：《古文獻叢論》，上海：上海遠東出版社，1996年，第234頁。

立言，不取兩極端思路。

3. 主要文字

顧頡剛先生曾列出了緯書中講“河圖洛書”神話的書名，是很長的一串，總共有三四十本，且與“春秋緯”“尚書緯”“詩緯”等著作中複出“河圖洛書”神話内容並呈①。現將緯書中相關的部分主要文字分組例説於下。

(1) 第一組

其一，《河圖挺佐輔》：“黄帝修德立義，天下大治。乃召天老而問焉：‘余夢見兩龍挺白圖，即帝以授余於河之都。覺昧素喜，不知其理，敢問於子。’天老曰：‘河出龍圖，洛出龜書，紀帝録州聖人。所紀姓號，典謀治平，然後鳳凰處之。今鳳凰以下三百六十日矣，合之圖紀，天其授帝圖乎！’黄帝乃祓齋七日，衣黄衣，黄冠，黄冕，駕黄龍之乘，戴蛟龍之旗，天老五聖皆從，以遊河洛之間，求所夢見者之處，弗得。至於翠嬀之淵，大盧魚溯流而至。乃問天老曰：‘子見天中河流者乎？’曰：‘見之。’顧問五聖，皆曰莫見。乃辭左右，獨與天老跪而迎之。五色俱備，天老以授黄帝，帝舒視之，名曰‘録圖’。”②

其二，《河圖括地象》記：“黄帝云：予夢見兩龍挺白圖，即帝以授予於河之都。天老曰：其天授帝圖乎？試齋以往視之。黄帝乃齋河洛之間，求象見者至於翠嬀，前有大魚折溜而至，乃問天老：子見中河折溜者乎？見之與？天老跪而受之。魚泛白圖，蘭采朱文，以授黄帝。舒視之，名曰‘録圖’。”③

其三，《河圖挺佐輔》又記：“黄帝告天老曰：‘昔夢兩龍以白圖授予。’天老曰：‘河有河圖，洛有洛書。天其授帝圖乎！’帝乃齋，往河洛，有大魚溯流而泛白圖，帝跪受。”

在緯書中，以上一組是記載“天帝授命”論題最細密者。地點均在河洛。意象除天老傳達天意以及隨行“五聖”外，一是黄帝，一是魚圖騰。前兩段記魚所授黄帝之物為“録圖”。本文最注目其中魚圖騰及其動作藴含。顯然，這些神話説明，河洛一帶信奉魚圖騰的群體，擁戴黄帝作為最高領袖。這一擁戴，不是下屬對上級的擁戴，而首先是代表上天意志的擁戴。於是，河洛一帶信奉魚圖騰群體的身份、地位，一下子就與黄帝的其他下屬大大不同了。我還注意到，本組“其一”的神話現場，還有鳥圖騰，它似乎是作為魚圖騰獻出“河圖洛書”的先導者或通報消息者出面的。這樣，我們可悟出，本組“其一”的神話，還給出了鳥、魚圖騰聯合嚮黄帝獻出“河圖洛書”的寓意，指嚮關洛三個主要部落—氏族大團結於黄帝周圍的狀況出現。鑒於半坡、楊址考古證明，在河洛一帶，信奉魚圖騰的群體不僅是原住民（歷史久遠，經驗豐富），而且他們又能與楊址黄帝族群長期和平相

① 顧頡剛：《中國上古史研究講義》，北京：中華書局，1988年，第243—244頁。
② 陝西省地方志編纂委員會編：《黄帝陵志》，西安：陝西人民出版社，2005年，第360頁。
③ 同上。

處，所以，可以把這組“河圖洛書”神話理解為：它顯示了黄帝族能在河洛一帶，首先牢牢團結住信奉魚圖騰的原住民群體，得到他們的擁戴，同時又能得到鳥圖騰族群的擁戴，這纔是黄帝族治理觀念最高明之處。其中蘊含的“黄帝治理精義”包括：一定要團結好一切能團結的鄰居民族，一定要尊重别族的歷史經驗，力争和平相處，纔能達致天下太平。

(2) 第二組

其一，《春秋元命苞》記：“鳳凰銜圖置帝前，黄帝再拜受。”

其二，《春秋運斗樞》載：“黄帝與大司馬容光臨觀，鳳凰銜圖置黄帝前。”

其三，《春秋合誠圖》曰：“黄帝游玄扈洛水上，與大司馬容光等臨觀，鳳凰銜圖置帝前，帝再拜受圖。”

在以上三段神話中，前述的魚圖騰被換成了鳳凰圖騰，授黄帝者仍是“河圖”，暗示華山以東的鳥圖騰信奉者，也像關中魚圖騰原住民一樣，擁戴黄帝當領袖。這反映出黄帝族東進政治策略正確無誤。但是，從其對黄帝的態度較冷淡看，他們擁戴的虔誠遠遠不如關中原住民群體。正是神話中的這些細節，展示了史前關洛地區黄帝族與其他各民族關係的遠近各異。本來，華山之東的氏族，衹是黄帝族東進中新認識接納的夥伴，他們與黄帝族的關係，當然比不過在關中與黄帝族同命運共患難的鐵哥們兒。

當然，緯書中還有魚、鳥圖騰之外的其他圖騰出場嚮黄帝獻上“河圖洛書”。如《龍魚河圖》載：“帝伐蚩尤，乃睡夢西王母遣道人，被玄狐之裘，以符授之曰：‘太乙在前，天乙備後。河出符信，戰則尅矣。’黄帝寐，思其符，不能悉憶，以告風后、力牧。曰：‘此兵應也，戰必自勝。’力牧與黄帝俱到盛水之側，立壇，祭乙太牢。有玄龜銜符出水中，置壇中而去。黄帝再拜稽首，受符。視之，乃夢中所得符也。廣三寸，袤一尺。於是黄帝佩之以征，即日擒蚩尤。”① 這段神話表示，龜圖騰信奉者也通過貢獻“河圖洛書”，積極參與討伐蚩尤的大戰，顯示黄帝動員各氏族取得涿鹿大戰勝利的策略，確是成功的。

(3) 第三組

緯書中還有大量篇幅記載，黄帝之後的堯、舜、禹、湯、周文、周武等，皆有接受魚、鳥等各種圖騰信奉者獻上“河圖洛書”的情節。仔細比照，可發現這些神話中獻上“河圖洛書”的儀式環節、目的大致一樣。對此，顧頡剛先生説：緯書所載獻上“河圖洛書”，已經變成了歷代帝王“受命”即接受天命的“必要條件”；凡是“一個新天子”，“一定要”如此接受“河圖洛書”，其標準的儀式可分成若干步“手續”，一一照辦即可②。於是，這些神話也真實地展示了黄帝族東進中正確的治理觀念，如何在後來慢慢變成了一種華而不實的政治儀式。不過，緯書的這種儀式化敘事，也同時揭示着黄帝最早的國家治理觀念，即積極團結各族人

---

① 陝西省地方志編纂委員會編：《黄帝陵志》，西安：陝西人民出版社，2005 年，第 361 頁。

② 顧頡剛：《中國上古史研究講義》，北京：中華書局，1988 年，第 275—276 頁。

民和平共處，是萬世不磨的國家治理定則，任何國家治理者均須遵奉。

（二）“魚鳥相争”神話

1981 年，河南臨汝縣文化館公佈了該縣一座墓葬出土的彩陶“鸛魚石斧圖”①。此畫上有一隻鸛鳥叼着一條魚，鸛鳥通體白彩，而魚則為鰱魚。在畫面右側，則畫着一把大石斧②【圖，韓書 91】。與此畫面相近，在關中寶雞北首嶺遺址一把陶壺上，也用黑彩繪着一隻水鳥叼住一條大魚尾巴，大魚作掙扎狀③。嚴格地說，“魚鳥相争”僅是繪在關洛彩陶上的遠古圖畫，還説不上是完整的史前神話。不過，蘇秉琦先生認為，魚、鳥圖案各自繪製，與兩者合繪，“意義有所不同”④。從圖騰藴義角度析之，“魚鳥相争”也算關洛史前史的某個神話片斷。

這兩個圖畫的圖騰，均屬具象表達者，説明它們應是該圖騰使用初期的作品，尚未嚮抽象化發展，故其對應的時間，應屬半坡晚期或廟底溝早期（其中北首嶺“魚鳥相争”圖，肯定屬半坡晚期）。這個時段，廟底溝文化勢力剛在關洛立定脚跟，關洛原住民魚氏族部落，久據此地，盤根錯節，勢大力强，但新出鳥氏族部落，“初生牛犢不怕虎”，雙方因搶奪生存資源而彼此結仇，甚至動武，應屬正常。這兩幅圖畫，以圖騰形式，站在鳥氏族部落立場，表敘的就是這種結仇或動武局面。嚴文明先生從其圖騰藴義出發，撰有《〈鸛魚石斧圖〉跋》一文，認為圖中白鸛為墓主所在氏族的圖騰，魚則為其敵對聯盟中支配氏族的圖騰；墓主即白鸛氏族酋長，其圖表徵此酋長曾揮舞着石斧（或即為鉞，象徵軍權），領導本族同鰱魚氏族進行過英勇戰鬥，取得了勝利⑤。另有論者謂，應結合古史傳説，把該圖中的鸛鳥，具體視為中原“鸛兜氏”部落的圖騰，“鸛兜氏”部落曾是逮魚高手⑥。我注意到，《鸛魚石斧圖》出土地臨汝，曾出土龜紋⑦，而當時龜紋是與黄帝文化對立的“拜玉文化”的另一表現⑧，故估計臨汝曾是黄帝文化與“拜玉文化”激烈鬥争的一個地區，在這裏出現《鸛魚石斧圖》，藉以表達外來“拜玉文化”力量對本地土著勢力的壓制，並不奇怪。韓建業先生在半坡遺址對應炎帝文化的背景下，認為《鸛魚石斧圖》反映了黄帝族群

---

① 吴汝祚：《中原地區中華古代文明發展史》，北京：社會科學文獻出版社，2012 年，第 153 頁。

② 韓建業：《早期中國》，上海：上海古籍出版社，2015 年，第 91 頁。

③ 吴汝祚：《中原地區中華古代文明發展史》，北京：社會科學文獻出版社，2012 年，第 180 頁。

④ 蘇秉琦：《中國文明起源新探》，瀋陽：遼寧人民出版社，2009 年，第 22 頁。

⑤ 嚴文明：《〈鸛魚石斧圖〉跋》，《文物》1981 年第 12 期。

⑥ 吴汝祚：《中原地區中華古代文明發展史》，北京：社會科學文獻出版社，2012 年，第 179—180 頁。

⑦ 同上，第 147 頁。

⑧ 李零：《中國方術續考》，北京：中華書局，2006 年，第 227 頁。

對炎帝族群的壓制①，可再議，因為，現在已知與炎帝族群對應的史前遺址是關中鳳翔水溝②，同時最早記載炎黄關係的《周書・嘗麥》及其他文獻顯示，炎黄之間並無争鬥乃至阪泉大戰，不可能存在“鳥吃魚”史實。至於北首嶺之鳥銜魚圖，從圖騰蘊義看，雖無石斧意象，但寓意應當同前，即反映出鳥圖騰氏族部落力圖戰勝魚部落的努力。事實上，和西安半坡相似，地處關中西部的寶雞一帶，也曾是史前魚圖騰部落聚居地③。北首嶺鳥魚相争圖，反映的也可能是廟底溝文化初期，新進鳥部落對關中原住民魚部落的進逼。

從前述“河圖洛書”神話看，這些鳥魚争鬥，後來都消融在鳥、魚團結在黄帝周圍的歷史歸宿裏。

（三）“華胥之夢”

史前關中“華胥”族的真假是一個至今存在争議的問題。對其論説，不能僅限於文獻疏理，還應結合考古成果展開。

1. 關中最早的花圖騰及華胥族

中國社科院考古所研究員曹定雲先生提出，關中臨潼白家村、渭南北劉、蘭天泄湖和甘肅天水大地灣等遺址出土陶器上，均發現了中國最早的花瓣紋，其中有的圖案對花瓣的花蕊部分表現得頗清楚突出，距今時間均在七八千年，至少遠早於廟底溝時期，它們應即史前關中或天水“華胥族”的考古對應物，“華胥”實即這些圖案特重的“花鬚”或“花蕊”④。此論持有者在西北史前考古上屢有創見，引人注目，此文又憑依多處考古證據，難以駁倒。

此前，國内考古—歷史界關於中國彩陶起源，一般都提到甘肅天水大地灣遺址。這並無錯誤，但中國彩陶起源不應被解釋成“大地灣一元論”。因為，在陝甘沿渭河流域，與大地灣大體同時的關中臨潼白家村、渭南北劉、蘭天泄湖等遺址，也均有中國最早彩陶出土。因此，把渭河流域西安—天水一帶，視為中國彩陶及其花瓣紋起源地，就頗精準全面。在這種“‘花’源渭河論”背景下，理解關於華胥、伏羲、女媧的神話傳説，重視西安早在距今七八千年前已經有文明因素萌芽，可能更符合歷史真實。

2.《莊子》、緯書的表述和關中“諸華”

在我看來，不是儒家經書，而是道家緯書，最早表述了“華胥族”的起源。《河圖・稽命徵》載：“華胥於雷澤履大人迹，而生伏犧於成紀。”⑤《詩緯・含神霧》也謂：“大迹

① 韓建業：《早期中國》，上海：上海古籍出版社，2015年，第237頁。

② 胡義成：《陝西鳳翔水溝遺址應即最早的炎帝都邑》，《寶雞文理學院學報》2017年第3期。

③ 石興邦：《石興邦考古論文集》，西安：陝西師範大學出版社，2015年，第274頁。

④ 曹定雲：《華胥氏的歷史傳説與考古文化史實》，《寶雞文理學院學報》2009年第1期。

⑤ 霍彦儒：《孺子文集》（下），西安：三秦出版社，2007年，第414頁。

出雷澤，華胥履之，生宓犧。”此後文獻關於華胥的記載，皆由此出，包括今本《竹書紀年》相關記録實際也由此出。其中的“華胥”，被視為伏羲的母親，伏羲不知其父，與上述遺址先民尚處於母系社會的情況吻合。至於“華胥”之名，與上述遺址先民崇奉花蕊圖騰狀況也一致①。顧頡剛先生以“履大人迹而生”不可信為由，認為緯書這一記載並不可靠，看來也是“疑古”過頭。

與緯書大體同時，東漢高誘在注《吕氏春秋》時，有“中國諸華”一説。此“中國”一詞，按當時俗成，應指京師所在的關中②。“諸華”當然應指中原地區諸多華胥後裔，或即諸多以花為圖騰的族群。看來，高誘“中國諸華”之説，不僅與前述關中遺址考古成果大體吻合，而且也説清楚何以關中以“華”為名的地方特别多，如“華山”“華陽”“華陰”“華縣”，以及藍田“華胥”、西安“翠華山”等等，這些地名都是花圖騰的地名化呈現。藍田華胥鎮有華胥陵等古迹，應是楊址黄帝族群裏的“老一輩”氏族駐地，它也是楊址作為首個“黄帝都邑”的旁證。

《莊子·胠篋》可能是道家最早敘説遠古“華胥”氏族曾經存在的文獻：“昔者容成氏……軒轅氏、赫胥氏、尊盧氏……神農氏，當是時也，民結繩而用之。甘其食，美其服，樂其俗，安其居，鄰國相望，民至老死不相往來。”③ 其中“赫胥”即“華胥”古語轉音。如此把“赫胥氏”與“軒轅氏”並列，應是準確地表現了華胥氏族係當地古老住民，最初並不低於黄帝族之意。

至於道家《莊子》審美地描述遠古社會，基於對戰國社會的不滿，可以理解。

3.《列子》中黄帝的“華胥之夢”

《列子》相當細緻地描述了黄帝的“華胥之夢”，對本文而言是極其珍貴的文字：

> 黄帝即位十有五年，喜天下戴己，娱耳目，供鼻口，焦然肌色皮顣，昏然五情爽惑。又十有五年，憂天下之不治，竭聰明，進智力，營百姓，焦然肌色皮顣，昏然五情爽惑。黄帝乃喟然贊曰：朕之過淫矣。養一己其患如此，治萬物其患如此。於是放萬機，捨宫寢，去直侍，撤鐘懸，減廚膳，退而閑居大庭之館，齋心服行，三月不親政事。晝寢而夢，游於華胥氏之國。華胥氏之國在弇州之西，台州之北，不知斯齊國幾千萬里，蓋非舟車足力之所及，神遊而已。其國無師長，自然而已。其民無嗜欲，自然而已。不知樂生，不知惡死，故無夭傷，不知親己，不知疏物，故無愛憎；不知背逆，不知嚮順，故無利害，都無所愛惜，都無所畏忌。入水不溺，入火不熱。斫撻

---

① 曹定雲：《華胥氏的歷史傳説與考古文化史實》，《寶雞文理學院學報》2009年第1期。

② 何新：《諸神的起源》，北京：生活·讀書·新知三聯書店，1986年，第311—312頁。

③ 陝西省地方志編纂委員會編：《黄帝陵志》，西安：陝西人民出版社，2005年，第340頁。

無傷痛，指擿無痟癢。乘空如履實，寢虛若處床。雲霧不亥其視，雷霆不亂其聽，美惡不滑其心，山谷不躓其步，神行而已。黃帝既寤，怡然自得，召天老、力牧、太山稽，告之曰：“朕閑居三月，齋心服形，思有以養身治物之道，弗獲其術。疲而睡，所夢若此。今知至道不可以情求矣。朕知之矣！朕知之矣！而不能以告若矣。”又二十有八年，天下大治，幾若華胥氏之國，而帝登假。百姓號之，二百餘年不輟①。

這個夢中的理想國，實際是對原始社會無欲、無情、無智、無覺狀態的謳歌。如果聯繫到《列子》產生時代的社會長期動蕩和戰亂，那麼，可以説它也是對和平狀態下自給、自足、自娛、自樂的温飽生活的祈盼，因而，可以被理解成“中華第一夢”。從中國思想史角度看，這個“中華第一夢”，也是儒家《禮記·禮運》中“大同—小康”社會理想的某種前奏或預演。在本神話中，作者特别描述了黃帝對“天下大治”理想的精心思考和不懈追求，以及老百姓對這位治國高手關心民瘼的無限熱愛。其中的華胥國，僅被作為理想寄托處處理，但也透露出作為關中古老文化載體，華胥氏族文化傳統在當時智者心中的分量。

面對“中華第一夢”，詞人辛棄疾高聲唱道：“華胥夢，願年年，人似舊遊。”詩人陸游更嘆曰：“世言黃帝華胥夢”，“不須富貴慕蚍蜉！”

4. 黃帝“華胥之夢”解析

讓我們借用“戰略—戰術”概念來解析。從“戰術”上看，黃帝“華胥之夢”顯然為假，因為，進入文明社會門檻的黃帝時期，中原根本不可能存在這麼一個無欲、無情、無智、無覺的社會狀態，包括其中人人能够自給、自足、自娛、自樂而且温飽。這的確太理想化，太浪漫。

但是，放眼社會發展大尺度，從宏觀戰略上看，黃帝“華胥之夢”應被視為一種歷史的真實。因為，當時中華文明初建，如何進行社會治理，建立怎樣的理想社會，是黃帝們應當深思的重大治理問題。對理想社會的朦朧嚮往，是當時廟底溝文化已經邁進文明門檻的一個精神標志。在此背景下，中國初級文明對理想社會的祈盼，通過黃帝“華胥之夢”朦朧地展現出來；中國先民對社會治理的要求，也作為黃帝初期國家治理觀念的“原型”，通過本文剖析的圖騰和神話朦朧地表達出來，屬於必然，並非虛構。須知，中華民族自始就是一個充滿理想和治理智慧的偉大民族。

作者單位：陝西省社會科學院

① 楊伯峻：《〈列子〉集釋》，北京：中華書局，1979年，第39—43頁。

清代考據學的理論與方法檢討

謝桃坊

中國在20世紀之初興起的國學運動以1905年《國粹學報》的創刊為標志，自1919年新文化的代表人物胡適號召以科學方法整理國故，得到學術界的響應，使國學運動出現新的傾嚮。此年傅斯年也認為“研究國故必須用科學的主義和方法”。1926年顧頡剛在回答某些學者對用科學方法整理國故的質疑時説：“國學是科學中的一部分（如其是用了科學的方法而做研究），而不是與科學對立的東西。”① 新文化思潮的學者們所提倡的科學方法是西方近代的自然科學研究的實證主義方法。實證主義注重在研究工作中採用一般的自然科學研究程式，特别是胡適引入美國杜威的實用主義和傅斯年引入德國蘭克的實證主義史學對國學運動新傾嚮産生了重大的影響②。然而西方近代科學重證求真的精神與中國清代乾嘉的考據學是有相通之處的，國學運動新傾嚮的代表人物即認為清代考據學是採用的科學方法。梁啓超談到清代考據學時説：

> 凡欲一種學術之發達，其第一要件，在先有精良之研究方法。清代考證學，顧（炎武）、閻（若璩）、胡（渭）、惠（棟）、戴（震）諸師，實闢出一種新途徑，俾人人共循，賢者識大，不賢識小，皆可勉焉③。

---

① 胡適：《新思潮的意義》，《胡適文集》（2），北京：北京大學出版社，1998年，第57—81頁；傅斯年：《毛子水〈國故和科學的精神〉識語》，《傅斯年全集》（1），長沙：湖南教育出版社，2003年，第262頁；顧頡剛：《北京大學國學門周刊發刊詞》，《中國新文學大系·史料索引》，上海：上海良友圖書公司，1936年，第169頁。

② 謝桃坊：《國學研究與科學方法》，《國學史研究》，臺北：花木蘭文化出版社，2017年，第69—88頁。

③ 梁啓超：《清代學術概論》，上海：商務印書館，1924年，第18頁。

中國的考據學興起於北宋，盛於清代乾嘉時期。胡適説：“這種考證方法，不用來自西洋，實係地道的國貨。三百年來的考據學，可以追溯至宋，説是西洋天主教耶穌會士的影響，不能相信。我的説法是由宋漸漸地演變進步，到了十六七世紀有了天才出現，學問發達，書籍便利，考據學就特別發達了。”① 考據學也稱為實學。傅斯年說：“近千年來之實學，一炎於兩宋，一炎於明清之際。兩宋且不論，明中世後焦竑、朱謀㙔、方密之實開實學之風氣。開風氣者為博而不能精……（清代）亭林（顧炎武）、百詩（閻若璩）謹嚴了許多。然此時問題仍是大問題，此時材料仍不分門户也，至乾嘉而大成。”② 顧頡剛則從先秦古籍的辨僞工作而肯定清代考據學的意義。他説：“清代辨僞的主流，無疑是要把從戰國到三國的許多古籍的真僞和它們的著作時代考辨清楚，還給它們一個本來面目。他們的優點是不受傳統的束縛，敢於能觸犯當時的‘離經叛道，非聖無法’的禁條，來打破封建統治階級為了自己的利益而歪曲造成的歷史，所用的方法也是接近於科學的。”③ 國學運動的新傾嚮逐漸在國學運動中居於主流的地位，這些學者們在國學研究中繼承和發展了清代的考據學，同時吸收了西方近代的實證主義的科學方法而形成科學考證方法，所以學術界往往將國學等同於考據學，將國學家等同於考據家。近二十餘年來，國學思潮再度在我國興起，我們在考察20世紀國學運動的歷史和近年的國學熱潮時，實有必要探討國學與西方科學方法及清代考據學的内在的學術淵源。玆謹對清代考據學的理論與方法試作檢討。

一

考據是中國傳統學術的一種治學方法，它在對中國文獻與歷史上存在的若干狹小的學術問題進行考索研究時，以客觀的態度，注重證據，以求真知。自北宋以來興起了疑經疑古的思潮，開創了學術的求真時代；以後經明代的發展，至清代終於形成了一門學問——考據學。清代初年學者們在研究經學時採取考據的方法取得突出的成就，至乾隆和嘉慶時期考據學蔚然成風，由經學嚮史學、諸子學、小學、音韻學、地理學、金石學、圖譜學、天文、數學等學術發展。雖然在清代中期以後今文經學復興，但考據學仍然綿延，並為國學新傾嚮的學者們所承傳。清代著名的考據學家有顧炎武、閻若璩、胡渭、盧見曾、朱筠、萬斯年、惠棟、江永、戴震、段玉裁、王念孫、王引之、錢大昕、王鳴盛、趙翼、俞正燮、

① 胡適：《考證方法之來歷》，《胡適文集》（12），第112頁。

② 傅斯年：《致王獻唐》，《傅斯年全集》（7），第100—101頁。

③ 顧頡剛：《崔東壁遺書序》，［清］崔述撰，顧頡剛編訂：《崔東壁遺書》，上海：上海古籍出版社，1983年，第60頁。

翁方綱、畢沅、阮元、孫星衍、盧文弨、武億、洪亮吉、淩廷堪、孔廣森、焦循、陳澧、王昶、江藩、郝懿行、崔述、全祖望、孫貽讓、俞樾，等等。他們的努力使考據學成為清代諸種文化中最有成就和最富時代特色的學術。考據學在傳統學術中屬於義理之學、經濟之學、詞章之學後的新興之學。關於它與其他學術的關係，王鳴盛説：

> 夫天下有義理之學，有考據之學，有經濟之學，有詞章之學。譬諸木然，義理其根也，考據其幹也，經濟則其枝條，而詞章乃其葩葉也。譬諸水然，義理其原也，經濟則疏引灌溉，其利足以澤物，而詞章則波瀾淪漪，瀠洄演漾，足以供人玩賞也。四者皆天下所不可少，而能兼之者則古今未之有也。……是故義理與考據，常兩相須也；若夫經濟者事為之末，詞章者潤色之資，此則學之緒餘焉已爾①。

這合理地説明了考據學在諸種學術中的意義，並説明了它與諸種學術的關係。然而我們回顧清代學術史時，考據學的意義確是特別突出的。

考據學在清代有多種別稱，或稱之為“樸學”，因其以樸實學風見長，而與虛談義理者相區別。如翁方綱説：“今日經學昌明，學者皆知奉朱子為正路之導，其承姚江（王陽明）之説者固當化去門户之見，平心虛衷以適於經傳之訓義，而又有由荀（爽）、虞（翻）、馬（融）、鄭（玄）博涉群言以為樸學：此則考證之學又往往與朱子異者。”② 考據學又名“實學”，以其重證求實之故。黃承吉説：“自漢晉以來，經學集成於本朝，而邃學者尤以徽、蘇兩郡為衆盛，即吾揚（州）諸儒亦皆後出。徽（安徽）自婺源江氏（永）首倡，戴氏（震）出於休寧繼之，歙金氏（榜）、歙程氏（瑶田）等又繼之。蘇（江蘇）則惠氏（周惕）研溪猶出顧氏（炎武）之後，而顧更遠出於徽衆氏之前，然則論實學者，莫或顧之先矣。”③ 考據學又在清代稱為“漢學”。梁啓超談到清代正統的考據派時説：“正統派則為考證而考證……其研究範圍以經學為中心，而衍及小學、音韻、史學、天算、水地、典章制度、金石、校勘、輯佚，等等；而引證取材多極於兩漢，故亦有漢學之目。”④ 此外考據學常等同於考證學，或考訂學，名稱雖異，其實相同，而通稱為考據學。

清代考據學繁榮興盛的社會文化原因梁啓超概括為：因明代學術極空疏之後，學者治學趨於沉實；清初以來社會比較安定，學者有餘裕自厲於學術；漢族學者在清代耻立乎其

① ［清］王鳴盛：《王戇思先生文集序》，《西莊始存稿》卷三十五，《續修四庫全書》第 1434 册，上海：上海古籍出版社，2003 年。

② ［清］翁方綱：《姚江學致良知論上》，《復初齋文集》卷七，《續修四庫全書》第 1455 册。

③ ［清］黃承吉：《字詁義府合按後序》，《字詁義府合按》附録，北京：中華書局，1984 年。

④ 梁啓超：《清代學術概論》，第 3—4 頁。

朝，專致於樸學；理學的權威被破壞，學者們自由研究的精神特盛[①]。近世學者對於清代考據學興盛的外部社會歷史條件，清代的文化政策，以及學術發展的內在原因均做了充分的論述[②]。此外，乾嘉時期的學術風尚應當引起我們關注。梁啓超已經見到此種社會風尚：

> 乾嘉間之考證學，幾乎獨佔學界勢力，雖以素崇宋學之清室帝王，尚且從風而靡，其他更不必説了。所以稍為時望一點的闊官乃至富商大賈，都要附庸風雅，跟着這些大學者學幾句考據的内行話。這些學者得這種有力的外護，對於他們工作的進行，所得利便也不少。總而言之，乾嘉間考證學，可以説是清代三百年文化的結晶體，合全國人的力量所構成[③]。

清代諸帝王都是崇尚宋明理學的，理學成為統治思想，科舉考試沿襲明代以八股文取士，而考據學是一種純學術，它與統治思想無關，也與科舉考試無關，乃是無社會現實效益的學問。清代統治者們實際上並不支持，亦不反對，讓它自由發展。然而漢族學者卻不計現實的功名利禄而從事這種純學術的研究工作，固然由此可以遠離政治，亦可滿足真正的學術興趣。考據風尚得到漢族某些貴幸官員以及富商大賈的支持，他們贊助考據著作的刊行，這應是他們為保存中華傳統文化而作出的努力，祇要漢民族文化存在，漢民族便有復興的希望。漢代的經師、南宋後期至明代的理學家們受到朝廷的重視，在社會上有尊榮的地位，李慈銘將考據學與明代以來的理學相比較，以為“若我朝諸儒之為漢學也，則違忤時好，見棄衆議，學校不以是為講，科舉不以是為取”。這樣考據學既違背清王朝諸帝王之好尚，不為朝廷議論，不為學校講授，不為科舉考試所取，實為無社會實效的無用的東西。因此李慈銘考察了數十位考據學者在清代的社會命運後嘆息説：“諸君子之抱殘守闕，齗齗縑素，不為利疚，不為勢詘，是真先聖之功臣，晚世之志士，夫豈操戈樹幟，挾策踞坐，號召門徒，鼓動聲色，呶呶陸王之異辭，津津程朱之棄唾者所不同年語哉！”[④] 考據學者們孜孜以求的學術不會給他們帶來財富利禄，不能通嚮科舉入仕之路，但他們憑着學術的使命所產生的信念，以畢生的精力致力於學術的事業。衆多的學者在師生、朋友、同僚、親戚、同年和同學之間，以學術互通聲氣，互相討論，互相支持，形成良好的學術風氣。例如朱筠的門人有陸錫熊、程晉芳、任大椿、戴震、汪中、孫星衍、洪亮吉、江藩。戴震

---

① 梁啓超：《清代學術概論》，第17頁。

② 參見侯外廬：《中國思想通史》，北京：人民出版社，1957年，第410—411頁；陳祖武、朱彤窗：《乾嘉學派研究》，石家莊：河北人民出版社，2007年，第1—68頁；林慶彰：《實證精神的尋求——明清考據學的發展》，《中國文化新論》，北京：生活·讀書·新知三聯書店，1991年，第295—342頁。

③ 梁啓超：《中國近三百年學術史》，北京：中國書店，1985年，第24頁。

④ ［清］李慈銘：《越縵堂讀書記》，北京：中華書局，1963年，第761頁。

師事江永，其同年及友人有程瑶田、金榜、惠棟、紀昀、王昶、錢大昕、姚鼐、秦蕙田、王鳴盛、盧文弨、是仲明、盧見曾、任大椿，其弟子則有王念孫、段玉裁、孔廣森、朱珪、孔繼涵、畢沅。錢大昕的交遊更廣，友人戴震、段玉裁、孫星衍、盧文弨、王鳴盛、朱筠、梁玉繩、洪亮吉等時常書信往來，討論學術問題，並為閻若璩、胡渭、萬斯同、陳祖范、惠士奇、王懋竑、惠棟、江永、戴震等作傳。這些學者之間破除師生界限、尊卑地位、年齡差異，没有門户之見，在學術面前平等，形成真正的學派：此應是清代考據學繁榮興盛的一個不可忽視的原因。

二

清代考據學涉及中國各種傳統學術，致力於對文獻與歷史上存在的若干狹小學術問題進行考證，其形式可概括為五類：

（一）疏證，對古代典籍之字、音、義作細緻的考辨訓釋，例如江聲《尚書集注音疏》、洪亮吉《春秋左傳詁》、焦循《左傳補疏》、段玉裁《説文解字注》、桂馥《説文義證》、王念孫《廣雅疏證》、郝懿行《爾雅義疏》。

（二）校訂，對典籍文字進行校勘訂正，例如戴望《管子校正》、俞樾《群經平議》、戴震《水經考次》、嚴可均《唐石經校文》。

（三）史考，對史籍進行考訂，並對史事進行辨正，例如王鳴盛《十七史商榷》、錢大昕《廿二史考異》、趙翼《廿二史劄記》。

（四）筆記，作者讀書時對發現之各種細小學術問題進行考辨而寫下的學術心得，例如顧炎武《日知録》、錢大昕《十駕齋養新録》、俞正燮《癸巳類稿》。

（五）專題考證，對學術問題作專文考證，如戴震《河間獻王傳經考》《尚書今文古文考》《明堂考》《樂器考》，錢大昕《秦三十六郡考》《漢百三郡國考》《華嚴四十二字母考》《古嘉量考》《兩漢佚史别史考》，沈垚《後魏六鎮考》《葱嶺南北河考》《漳北滱南諸水考》，等等。此外，清代學者許多專題的考證專著體現了考據學的最高的學術水準，例如段玉裁《周禮漢讀考》、沈彤《周官禄田考》、張金吾《兩漢五經博士考》、徐松《兩京教坊考》、李光廷《漢西域圖考》、阮元《三江考》、沈濤《説文古本考》、紀容舒《唐韻考》、陳澧《切韻考》、淩廷堪《燕樂考原》、李超孫《詩氏族考》、孔廣牧《先聖生卒年月考》、崔述《洙泗考信録》，等等。

學者們在考據工作的實踐中總結出的考據學理論，是我們研究乾嘉學術應特别關注的。翁方綱生於雍正十一年（1733），乾隆十七年（1752）進士，卒於嘉慶二十三年（1818），他歷主學政，時值考據學興盛，負海内清望數十年。他的《考訂論》乃是一篇總結考據學理論的長文，以為“考訂者，考證之訂，非斷定之定也。考訂者，考據、考證之謂，非斷定之謂”①。考訂即是考據或考證，乃依證據以訂正文獻及史事，但通稱為考據學。考據的根本出發點在於“考”，而不在於“定”。翁方綱理解的“定”乃是製作，例如聖哲之製作禮制或樂制，而“考”則是比較經典所載之制的沿革與異同，以此證彼，求得一個正確的結論；當然這是判斷，它與自我立論製作有性質上的不同。如果從主觀的意見以某事或某制應當是怎樣的，誰又能相信此事或此制為真實呢？此隱含的意義是可以通過考據而否定儒家某些經典的。為什麼學者必須進行考據呢？翁方綱認為：

> 凡考訂之學，蓋出於不得已：事有歧出而後考訂之，説有互難而後考訂之，義有隱僻而後考訂之；途有塞而後通之，人有病而後藥之也。乃名義之隱僻者，或實無可闡之原，或碎無可檢之來處，則虛以俟之可矣。事有兩歧，説之互出，而皆不得其根據，則待其後而已矣。此亦莊生所謂緣督為經也②。但如未有窾郤，而何以批之導之哉！若其立意以考訂見長者，則先自設心以逆之，而可言考訂乎！若其事之兩歧，説之互出，義之險賾，苟間以私意出入，而軒輕焉者，其為考訂也，必偏執而愈增其擾矣，又奚以為考訂哉！訂者懲棼絲而理之也，未有益之以棼絲者也③。

當學者發現文獻記載中事實分歧，意見互異，義理深奥隱僻，這就需要進行考證，以求真實，達於真知。考據工作有如道路阻塞而使之通暢，人們患病而給以治療。學者對義理之探討不得其本原，未查尋到出處，於事實、意見之考察未獲得證據，這衹有闕疑。如果從以上三項中發現問題，獲得大量證據，設立假説，這樣便可從事考據工作。但若憑主觀並挾私意而輕率斷定，這樣的考據必然因偏執而使問題變得愈加複雜了。考據工作有如治絲，將紛亂之絲理順，而不是使之愈益紊亂。因而考據並非與義理無關，而是以義理為指導的，所以翁方綱主張“考訂之學以義理為主”。關於義理與考訂的關係，在古代的訓詁、辯難、校勘、鑒賞的學術中都存在考訂，但是古代學者立言主要是闡明義理，尚不知考據之學。考據之學是中國學術的發展到了求真的時代纔興起的新的學問。考據家治學的目的不是探求義理，卻必須具有高度的理性判斷，否則其考證是難以達到高度學術水準的。

梁啓超論及清代考據學派時認為：“其治學根本方法，在‘實事求是’‘無徵不信’。”④

---

① ［清］翁方綱：《考訂論》下之三，《復初齋文集》卷七。

② 緣督：緣，順也；督，中也。順守道中以為常。《莊子·養生主》：“緣督以為經，可以全身，可以養親，可以盡年。”

③ ［清］翁方綱：《考訂論》下之一，《復初齋文集》卷七。

④ 梁啓超：《清代學術概論》，第4頁。

這是就方法論而言的，但確切地説它們不是方法，而是考據學的原則，由此以指導具體的方法。我們可以把考據學家們崇尚的原則概括為“實事求是”“無徵不信”和“條理精密”。《漢書》卷五十三《河間獻王劉德傳》：“修學好古，實事求是。”注：“務得事實，每求真是也。”這是指通過對實事的考察以求得符合事實真相的正確結論。淩廷堪解釋説：“昔河間獻王實事求是。夫實事在前，吾所謂是者，人不能强辭而非之，吾所謂非者，人不能强辭而是之也，如六書（六種造字條例）、九數（九九演算法）及典章制度之學是也。虛理在前，吾所謂是者，人既可别持一説以為非，吾所謂非者，人亦可别持以為是也，如義理之學是也。”① 考據學主張的實事求是乃探討事實的，故又稱為實學，它所認定的事實不可能强辭論辯而被否定，因正確的事實是客觀存在。義理之學是以思辨的方式談虛理的，它所樹立的理，衹要持一種理論便可被否定、動摇或懷疑。因此考據與義理之學在治學原則和思維方式上均是相反的，所以淩廷堪認為戴震所治的是“實學”，而與義理之學有别。阮元從治經學的角度論及怎樣做到實事求是，他説：

> 余以為儒者之於經，但求其是而已矣。是之所在從注，可違注，亦可不必，定如孔（安國）、賈（逵）義疏之例也。歙程易田孝廉，近之善説經者也，其説《考工》戈戟鍾磬等篇，率皆與鄭（玄）相違，而證之於古器之僅存者，無有不合，通儒碩學咸以為不刊之説，未聞有違注見譏者。蓋株守傳注，曲為附會其弊與不從傳注、憑臆空談者等。夫不從傳注，憑臆空談之弊，近人類能言之，而株守傳注，曲為附會之弊，非心知其意者未必能言之也②。

考據學在清代又稱為漢學，某些學者解經堅信漢代經古文學派之傳注，以為是絶對應守的，其所謂“是”即是合於漢人之傳注。阮元認為漢儒之傳注有是有非，若要真正做到實事求是，則既可依從漢儒之傳注，亦可否定，這纔是真正的實事求是。在某些考據學者迷信漢儒傳注時，學者們易於見到捨棄傳注憑臆空談之錯誤傾嚮，難以見到墨守漢儒傳注之弊，所以阮元為糾正考據學中的一種偏嚮而堅持主張實證精神。實事求是要求學者們服從真理，尋求真知，以此作為學術價值判斷的最高標準。萬斯同説：“事而真，即一二人亦足信；果非真，即百十人亦可疑。此論真僞，不論衆寡也。”③ 堅持實事求是即堅持學術的真理。真理很可能在某些時期不為大多數人所理解，但它終會取得勝利的。這是考據學者

---

① ［清］淩廷堪：《戴東原先生事略狀》，見［清］戴震撰，張岱年主編：《戴震全書》第七册，合肥：黄山書社，1995年，第23頁。

② ［清］阮元：《焦理堂群宫室圖序》，《研經室集》一集卷十一，《續修四庫全書》第1478册。

③ ［清］萬斯同：《石鼓文辨》，《石園文集》卷六，《續修四庫全書》第1415册。

的信念。考據學的第二個原則是無徵不信。孔子談到夏殷二代古禮説："夏禮吾能言之，杞不足徵也；殷禮吾能言之，宋不足徵也。文獻不足故也，足則吾能徵之矣。"（《論語·八佾》）文，是有關典章制度的文字資料；獻，是指多聞且熟悉掌故的人；徵，即證據。孔子在春秋時對於夏殷的古禮已因文獻的不足而無法證實，由此可得出無徵不信的結論，這成為考據學家的重要原則。龔自珍對孔子之言解釋説："聖人神悟，不恃文獻而知千載以上之事，此之謂聖不可知，此之謂先覺。但著作之體，必信而有徵，無徵不信。"① 他認為聖人是生而知之的，固有神悟；聖人之言無徵不信是先覺的智慧，它為學術著作必須遵奉的原則。段玉裁記述戴震十歲時於私塾"授《大學章句》至'右經一章'以下，問塾師：'此何以知為孔子之言，而曾子述之？又何以知為曾子之意而門人記之？'師應曰：'此朱文公所說。'即問：'朱文公何時人？'曰：'宋朝人'。'孔子、曾子何時人？'曰：'周朝人'。'周朝、宋朝相去幾何時矣？'曰：'幾二千年矣。''然則朱文公何以知然？'師無以應。"② 宋代理學家以為《禮記》中《大學》一篇乃孔子之遺書為曾子所記述，但並無證據。戴震幼時對此的質疑即表現了無徵不信，體現了考據學家的求實精神。按照無徵不信的原則，學者在進行考證時因而特別重視搜集證據。王鳴盛為友人秦惠田的《五禮通考》作序稱贊説："公每豎一義，必檢數書為佐證，復與同志往復討論，然後筆之。故少辨析異同，鋪陳本來，文繁理富，繩貫絲聯，信可謂博極群書者矣。"③ 盧文弨批評宋代理學家治學的空疏作風説："其病皆由於讕讕拘拘，不能廣搜博考，以求其佐證，而且專以自用，不師古人。"④ 李慈銘讀趙新又的《左傳質疑》說："其言皆實事求是，不務為攻擊辯駁之辭。每樹一義，必有堅據，每設難，必有數證。"⑤ 考據學家們堅持無徵不信原則，不僅廣搜證據，還注重史料的辨偽，以求所用證據之堅實。崔述説："是知偽證於古人者，未有不自呈露者也。考古者但準是以推之，莫有能遁矣。然而世之學者往往惑焉，何也？一則心粗氣浮，不知考其真偽；一則意在記賢，以為詩賦時文之用，不肯考其真偽；一則尊信太過，先有成見在心，即有可疑，亦必為之解，而斷不信其有偽也。"⑥ 這已指出怎樣辨偽的方法。考據學的第三个原則是條理精密，這是要求考據著作應當有謹嚴的邏輯，而使條理清晰，並在實證推理時達於精密的程度。戴震自述治學經驗："凡僕所以求遺經，懼聖人之緒言闇没於後世也。然尋求而獲，有十分之見，有未至十分之見。所謂十分之見，必徵之古而靡不條貫，合諸道而不留餘議，鉅細必究，本末兼察。若夫依於傳聞以擬其是，擇於衆説而裁

---

① ［清］龔自珍：《龔自珍全集》第八輯語録，上海：上海人民出版社，1975 年。

② ［清］段玉裁：《東原年譜》，《戴震全書》第六册附録。

③ ［清］王鳴盛：《五禮通考序》，《西莊始存稿》卷二十四，《續修四庫全書》第 1434 册。

④ ［清］盧文弨：《錢晦之後漢書補表序》，《抱經堂文集》卷四，《續修四庫全書》第 1432 册。

⑤ ［清］李慈銘：《趙新又同年左傳質疑序》，《越縵堂文集》卷二，《續修四庫全書》第 1559 册。

⑥ ［清］崔述：《考信録提要》卷下，［清］崔述撰，顧頡剛編訂：《崔東壁遺書》，第 15 頁。

其優，出於空言以定其論，據於孤證以信其通，雖溯流可以知源，不目睹淵泉所導，尋根可以達梢，不手披枝肄之歧，皆未至十分之見也。"[①] 他所謂十分之見，即是考據的成熟的結論，它是有條貫的，確鑿而不可能有異議的，它不是從傳聞、衆說、空言、孤證而得出的，而是有極精密的推理的。戴震治學力求專精，其弟子段玉裁說："東原師之學，不務博而務精，故博覽非所事，其識斷審定，蓋國朝之學者未能或過之也。"[②] 在考據的專精方面，戴震確可為典範。陳澧的《切韻考》是極精密的考據著作，他批評自宋代興起的等韻學在分析聲韻方面尚"不能精密"，"至國朝嘉定錢氏（大昕）、休甯戴氏起而辨之，以為字母即雙聲，等字即疊韻，實齊梁以來之舊法也，二君之論既得之矣。澧謂切語之舊法，當求之陸氏（法言）《切韻》，韻雖亡而存於《廣韻》。乃取《廣韻》切語上字繫聯之為雙聲四十類，又取切下字繫聯之，每韻或一類，或二類，或三類四類，是為陸氏舊法。隋以前之音異於唐季以後，又錢、戴二君所未及詳也。於是分別聲韻，編排為表，循其軌迹，順其條理，惟以考據為準，不以口耳為憑，必使信而有徵"[③]。陳澧在乾嘉學者研究的基礎上，對《切韻》音系的考證達於條理而精密的程度，其《切韻考》在方法上是很科學的。

考據學家們没有門户之見，對學術問題以客觀的實事求是的態度進行研究，形成良好的學風。考據學是實學，乃相對於空談義理之學而言的，但義理又與考據有關。翁方綱說："考訂之學，以衷於義理為主，其嗜博、嗜瑣者非也，其嗜異者非也，其矜於己者非也。不矜己、不嗜異、不嗜博、不嗜瑣而專力於考訂，斯可以言考訂矣。"[④] 考據者必須博學，證據必須充實，考證之專題每涉瑣細深奥，考據的結果應是創獲，這極易流於矜己、求異、炫博、繁瑣的弊病。翁方綱指出此類弊病應當避免纔可能是真正的學者態度。為此，他希望學者"多聞""闕疑""慎言"，以為"三者備而考訂之道盡於是矣"[⑤]，這即是"知之為知之，不知為不知"的態度。戴震則强調治學不苟且、不留遺憾，他說："其得於學，不以人蔽己，不以己自蔽，不為一世之名，亦不期於後世之名。有名之見其蔽二：非抨擊前人以自表襮，即依傍昔儒以附驥尾。二者不同，而鄙漏之心同，是以君子務在聞道也。"[⑥] 學者為求真知，應客觀地對待研究對象，克服主觀私意，不圖虚名，既不妄自攻擊前人，也不盲目依附成見，做到不自欺欺人。王鳴盛考史主張將事實考證清楚，不隨意評論褒貶。他說："大抵史家所記典制有得有失，讀史者不必横生意見，馳騁議論，以明法戒也，但當考其典制之實，俾數千百年建置沿革，瞭如指掌，而或宜法，或宜戒，待人自擇焉可矣。

---

① ［清］戴震：《與姚孝廉姬傳書》，《戴震全書》第六册，第 372 頁。
② ［清］段玉裁：《與胡孝廉世琦書》，《韻經樓集》卷五，《續修四庫全書》第 1435 册。
③ ［清］陳澧：《切韻考序》，《切韻考》卷一，北京：中國書店影印，1984 年。
④ ［清］翁方綱：《考訂論》上之一，《復初齋文集》卷七。
⑤ ［清］翁方綱：《考訂論》下之二，《復初齋文集》卷七。
⑥ ［清］戴震：《答鄭丈用牧書》，《戴震全集》第六册。

其事迹則有美惡，讀史者亦不必强立文法，擅加與奪，以為褒貶也；但當考其事迹之實，俾年經事緯，部居州次，記載之異同，見聞之離合，一一條析無疑；而若者可褒，若者可貶，聽之天下之公論焉可矣。書生胸臆，每患迂愚，使考之已詳，而議論褒貶猶恐不當，況考之未確者哉！蓋學問之道，求於虚，不如求於實。”① 考據僅提供史事真相，而不作評論，衹求實證。學者們若發現前人之錯誤，或與當代學者辯論，尤應有真正學術商榷的態度。錢大昕説：“愚以為學問乃千秋事，證偽規過，非以訾毁前人，實以嘉惠後學。但議論須平允，詞氣須謙和，一事之失，無妨全體之善。”② 學者們因有平心静氣討論學術問題的態度，所以我們見到他們師友之間互相尖鋭地批評辯論，都互相敬重，十分友好。翁方綱曾指責清初閻若璩在其《古文尚書疏證》裏存在謾駡的情況，他認為“説經宜平心易氣，擇言而出之，和平審慎而道之”③，如果謾駡，便不是“疏證”了。閻若璩的這種態度在乾嘉學者中已經罕見了，學術的風氣已經很不正常了。

三

清代考據學的方法，我們從學者們的著述中可歸納為辯證、訓詁、校勘、參驗、博證、探原、實測七種。兹舉例分述如下。

（一）辯證　以充分的證據辨别文獻或歷史記載之是非真偽。清初的大學者錢謙益長期留心於明史，旁稽博詢，纂成一百卷的著述，惜乎毁於絳雲樓失火，但今存《太祖實録辯證》五卷應是清代考據學之第一名著。例如《太祖實録》記載：“洪武十三年正月左丞相胡惟庸、御史大夫陳寧謀反，詞連李善長等。賜惟庸、寧死，善長勿問。二十三年五月御史劾奏善長大逆罪狀，廷訊得實，善長遂自經，賜陸亨等死。”錢謙益辯證此條記載用七千四百餘字，以明代《開國功臣録》、《昭示奸黨録》以及詔令和審訊供詞等第一手資料辨析記載之誤。他認為：“永樂初史局諸臣何不細究，爰書而誤，於記載若此。窺其大旨，不過欲以保全勳舊，揄揚高皇帝之深厚仁德，而不顧當時之事實，抑没顛倒，反貽千古不決之疑，豈不謬哉！國初《昭示奸黨》凡三録，冠以手詔數千言，命刑部條例亂臣情辭，榜示天下，至今藏貯内閣，余得以次第考之，而厘正如左。”④ 關於李善長由明太祖撫慰遣歸，善長自殺，錢謙益證實李善長曾下獄：1. 刑部備條亂臣情辭，首列李善長招供辭，若未下

---

① ［清］王鳴盛：《十七史商榷序》，《十七史商榷》，北京：中國書店，1987 年。

② ［清］錢大昕：《答王西莊書》，《潛研堂集》，上海：上海古籍出版社，1989 年，第 636 頁。

③ ［清］翁方綱：《古文尚書條辨序》，《復初齋文集》卷一。

④ ［清］錢謙益：《太祖實録辯證》卷四，《續修四庫全書》第 1390 册。

獄，何得招辭；2. 訾陽家人小馬招：二十三年閏四月聞知李善長被捕；3. 據《皇明本紀》記載：太師李善長因叛逆伏誅，妻女子弟並家人七十餘口悉斬之。因此可證李善長並非在家自經。錢謙益的辯證極為鑿確，還原了歷史真相，所以李慈銘以為《太祖實録辯證》乃“奇作也”①。清初閻若璩的《古文尚書疏證》亦是考據學的極重要的專著，他辯證《古文尚書》之僞列義例數十條，例如：書有古人纔引，忽隔以它語豆，千載莫能知，而妄入古文中賡續者；傳注家有錯解之辭，要久而後錯始見，論始定；作僞書譬如説謊，雖極意彌縫信人之聽聞，然苟精心察之，亦未有不露出破綻處；事之真者無往而不得其貫通，事之贋者無往而不復多所抵牾②。他根據所定之義例詳辨《古文尚書》之著録與流傳情況，各篇之訛誤，文字、曆法、山川、制度等記述之誤，宋以來各家辨僞的情況，由此證實《古文尚書》乃後人僞作，否定了唐代以來將它奉為儒家神聖經典的做法。

（二）訓詁　考釋古代典籍的字義。戴震批評空談義理者與習時文者説：“夫今人讀書，尚未識字，輒目故訓之字不足為。其究也，文字之鮮能通，妄謂通其語言；語言之鮮能通，妄謂通其心意。”③ 其意在强調治學於典籍之文字意義應有切實的理解，方可通其語言及義理，這必須進行訓詁的工作。每個文字的形、音、義是有關聯的，清代考據學家們主張訓詁以聲為主，由聲及義。王念孫説：“以詁訓主旨本於聲音，故有聲同字異，聲近義同，雖或類聚群分，實亦同條共貫，譬如振裘必提其領，舉網必挈其綱，故曰本立而道生，知天下之至嘖，而不可亂也。此之不悟，則有字别為音，音别為義，或望文虚造而違古義，或墨守成訓而鮮會通，易簡之理既失，而大道多歧矣。今則就古音以求古義，引申觸類，不限形體，苟可以發明前訓，斯淩亂之譏，亦所不辭。”④ 他在其訓詁名著《廣雅疏證》裏具體地貫徹了其主張。《廣雅》為三國魏人張揖著，乃增廣《爾雅》之未備。王念孫的疏證是就古音以求古義，整理疏解，凡原書錯亂者皆為補正考釋，如釋“聆聽自言仍從也循”云：“聆，古通作令，《吕氏春秋・為欲篇》‘古經王，審順其天，而以行欲則民無不令矣，功無不立矣。’令，謂聽從也。仍者，《楚辭・九章》‘觀炎氣之相仍兮’王逸注云：‘相仍者，相從也。’循者，《爾雅》‘循、從，自也’，《文選・陸雲答張士然詩》注引《廣雅》‘循，從也’，今本脱‘循’字。”⑤ 漢字存在一字多義的現象，它在某典籍中之具體意義，祇有通過訓詁纔能確解，而訓詁則意味着以證據進行考釋。李慈銘從學者治經的角度談訓詁的意義説：“經之須訓詁，其事甚嘖（争論、紛歧），其功甚勞，其效甚微，昔人亦何好焉，而必孜孜於拾遺掇墜，抱殘守闕，若甚於性命，身心不得已者，蓋章句不明，即經旨

① ［清］李慈銘：《越縵堂讀書記》，北京：中華書局，1963 年，第 720 頁。
② ［清］閻若璩：《古文尚書疏證》卷首，《四庫全書》，上海：上海古籍出版社，1987 年。
③ ［清］戴震：《爾雅注疏箋補序》，《戴震全書》第六册。
④ ［清］王念孫：《廣雅疏證序》，《王石臞先生遺文》卷二，《續修四庫全書》第 1466 册。
⑤ ［清］王念孫：《廣雅疏證》卷一，上海：上海古籍出版社，1983 年。

晦，文字不審，則聖學疏，節文度數形器之不詳，則禮樂兵刑食貨輿圖均不得其要。”① 訓詁不僅是研治儒家經典必需的工作，而且是研治中國古代典籍必需的工作。

（三）校勘 是將典籍的各種版本和有關資料加以比較，審定原文的正誤真偽。戴震對《水經注》的校勘整理堪稱典範。段玉裁説：“然東原氏之功，細大互辨，據古本，搜群籍，審地望，尋文理；一字之奪必補之，一字之羨必删之，一字之誤必更之；東原氏之能事也。”②《水經注》之經文常有錯簡，文字多訛誤，而且經文與注文時有混雜，因而它是校勘的難題，但卻引起幾位著名考據學家的興趣。戴震確定的校例是：“經文注語諸本率多混淆，今考驗舊文得其端緒。凡水道所經之地，經則云過，注則云逕。經則統舉都會，注則兼及繁碎地名。凡一水之名，經則首句標明，後不重舉，注則文多旁涉，凡重舉其名以更端。凡書内郡縣，經則但舉當時之名，注則兼考故城之迹。”③ 戴震的校本最精善，被收入《四庫全書》。晚清俞樾的《群經平議》與《諸子平議》實為校勘劄記，從典籍中發現訛誤之處，則從文字訓詁並參證有關資料以校正原文。《老子》第六十八章“是謂配天古之極”，俞樾校云：“按此文，王弼無注。河上公以‘是謂配天’四字為句，注云：‘能行此者，德配天也’；‘古之極’三字為句，注云：‘是乃古之極要道也’。然此章每句有韻，前四句以‘武怒’與下為韻，後三句以‘德’‘力’‘極’為韻，若以‘是謂配天’為句，則不韻矣。疑‘古’字衍文也。‘是謂配天之極’六字為句，與上文‘是謂不争之德’‘是謂用人之力’文法一律。其衍‘古’字者，‘古’即天也。《周書·周祝篇》曰‘天為古’，《尚書·堯典篇》曰‘若稽古帝堯’，鄭注曰‘古，天也’，是‘古’與‘天’同義。此經‘配天之極’，它本或有‘配古之極’者，後人傳寫誤合之耳。”④ 我們由此可見凡校一字之正訛是必須要進行繁瑣考證的。

（四）參驗 即以文獻相互比較，參稽、驗證、考核，求得某一細小問題之正確的結論。錢大昕談到戴震治學經驗時説：“其學長於考辨，每立一義，初若創獲，及參互考之，果不可易。”⑤ 王引之承傳家學，在闡釋儒家經義時以參互驗證見長。錢熙祚總結王引之在《經傳釋詞》裏所用參互驗證之法計有六種：“有舉同文以互證者，如據隱六年《左傳》‘晉、鄭焉依’，《周語》作‘晉、鄭是依’證‘焉’之猶‘是’；據莊二十八年《左傳》‘則可以威民而懼戎’，《晉語》作‘乃可以威民而懼戎’，證‘乃’之猶‘則’。有舉兩文以比例者，如據《趙策》‘與秦城何如不與’以證《齊策》‘救趙孰與勿救’，‘孰與’之猶‘何如’。有因互文而知其同訓者，如據《檀弓》‘古者冠縮縫，今也衡縫’，《孟子》

① ［清］李慈銘：《書沈光禄起元題水西書屋藏書目録後》，《越縵堂文集》卷六，《續修四庫全書》第1559册。
② ［清］段玉裁：《與畢糴北書論戴趙二家水經注》，《韻經樓集》卷七，《續修四庫全書》第1435册。
③ ［清］戴震：《校書提要·水經注》，《戴震全書》第六册。
④ 俞樾：《諸子平議》，北京：中華書局，1954年，第159頁。
⑤ ［清］錢大昕：《戴先生震傳》，《潛研堂集》第712頁。

‘無不知愛其親者，無不知敬其兄也’，證‘也’之猶‘者’。有即別本以見例者，如《莊子》‘莫然有間’，《釋文》本亦作‘為間’，證‘為’之猶‘有’。有因古注以互推者，如據晉六年《公羊傳》何注‘焉者於也’，證《孟子》‘人莫大焉無親戚君臣上下’之‘焉’亦為訓‘於’；據《孟子》‘將為君子焉，將為小人焉’趙注‘為，有也’，據《左傳》‘何福之為’‘何臣之為’‘何國之為’‘何免之為’，諸‘為’字皆當訓‘有’。有採後人所引以相證者，如據《莊子》引《老子》‘故貴以身於天下，則可以托天下，爱以身於天下，則可以寄天下’，證‘於’猶‘為’；據顔師古引‘鄙夫可以事君也與哉’，李善注引‘鄙夫不可以事君’，證《論語》‘與’之當訓‘以’。”① 趙翼從事歷史的考證也採用參驗的方法，他自述撰著《廿二史劄記》的方法云：“此編多就正史紀、傳、表、志中參互勘校，其有抵牾處，自見輒摘出，以俟博雅君子訂正焉。”② 例如他在《宋史多國史原本》《宋史各傳回護處》《宋史各傳附會處》等條皆引用《宋史》之紀、表、傳、志之有關記載以相互參驗③。

（五）博證 為證實某事、某義或某問題之是非正誤而搜集極為衆多的證據，以做到信而有徵。此方法為清初顧炎武所創，他研究音韻學即採用博證。他說：“列本證、旁證二條：本證者，詩自相證也；旁證者，採之他書也。二者俱無，則宛轉以審其音，參伍以諧其韻。”④ 例如中古音之“四江”，“古通陽”，古雙切。顧炎武為證唐代開元、大曆時“江”讀為“工”，考證之文一千五百餘字，引用《楚辭》、《荀子》、《淮南子》、《白虎通》、《史記》、《易林》、《越絶書》、揚雄《蜀都賦》、黄香《九宫賦》、楊修《五湖賦》、曹植《九愁賦》、《晉書・五行志》、石崇《思婦嘆》、《山海經》、陶潛《停雲詩》、《後漢書》、張説《鄧國夫人墓銘》、柳宗元《湘沅二妃廟碑》等衆多文獻⑤。郝懿行釋《爾雅》“冥，幼也”，計四百餘字，其義為：1. 幼為窈之叚音，《説文》“深遠也”；《詩・關雎傳》“窈窕，幽閑也”。2. 窈作窅，又通作杳，引《文選・西都賦》李善注，又《詩・斯干》釋文。3. 幼、幽同聲為義，《説文》：“冥者，幽也。” 4. 冥、窈連文，引用《莊子・在宥》《史記・項籍傳》《文選・魏都賦》《文選・舞賦》《莊子・逍遥遊》《史記・司馬相如傳》《楚辭・湘君》。5. 要眇即杳渺，意態深遠之貌。杳渺又即窈冥、冥窈，一聲之轉⑥。這樣的博證是否會導致以繁瑣為病呢？段玉裁以數十年的精力完成的《説文解字注》雖博證而似繁瑣，但盧文弨認為：“吾友金壇段若膺明府於周秦兩漢之書無所不讀，於諸家小學之書

① ［清］錢熙祚：《經傳釋詞跋》，《經傳釋詞》，北京：中華書局，1956 年，第 243 頁。
② ［清］趙翼：《廿二史劄記小引》，見［清］趙翼撰，王樹民校證：《廿二史劄記校證》，北京：中華書局，1984 年。
③ ［清］趙翼撰，王樹民校證：《廿二史劄記校證》卷二十三。
④ ［清］顧炎武：《音論》，《音學五書》，北京：中華書局，1982 年。
⑤ ［清］顧炎武：《唐韻正》卷一，《音學五書》。
⑥ ［清］郝懿行：《爾雅義疏》上之二“釋言”，北京：中國書店，1982 年。

靡不博覽，而別擇其是非，於是積數十年之精力專説《説文》。以鼎臣（徐鉉）之本頗有更易，不若楚金（徐鍇）之本為不失許氏（慎）之舊，顧其中尚有為後人竄改者、漏落者、失其次第者，一一考而復之，悉有佐證，不同臆説，詳稽博辨，則其文不得不繁。然如楚金二書以繁為病，而若膺之書則不以繁為病也，何也？一虛辭，一實證也。”① 《説文解字》博證而不以繁瑣有病，因其為實證，乃考辨之必要。

（六）探原　是一種歷史研究方法，注重考察探究每一事實源流本末，而辨析其是非正誤。顧炎武的讀書筆記《日知録》採用探原竟委的方法，開啓了考據學良好風氣。《四庫全書》的編者認為“炎武學有本原，博贍而能通貫，每一事必詳其始末，參以證佐，而後筆之於書，故引據浩繁而抵牾者少”②。《日知録》中例如“卜筮”“九族”“估法之多”“三年之喪”“周室班爵禄”“州縣賦税”“輔郡”“漕程”等條皆是探原竟委之作。崔述的《考信録》以辨古史之僞著稱。他自述：“故今為《考信録》，不敢以載於戰國、秦漢之書者悉信以為實事，不敢以東漢魏晉諸儒所注釋者悉信以為實言，務皆究其本末，辨其同異，分别其事之虛實而去取之。”③ 他的長文《古文尚書真僞源流通考》是探原竟委的集大成之作。他關於辨《古文尚書》之僞提出六證：1. 孔安國於壁中得《古文尚書》，《史記》《漢書》之文甚明，但於二十九篇之外，復得多十六篇，並無得此二十五篇之事。2. 自東漢以後傳《古文尚書》者杜林、賈逵、馬融、鄭康成諸儒，歷歷可指，皆此二十九篇，並無今書二十五篇。3. 僞書所增二十五篇，較之馬、鄭舊傳三十一篇文體迥異，顯為後人所撰。4. 二十九篇之文《史記》所引甚多，並無今書二十五篇之一語。5. 十六篇之文《漢書·律曆志》嘗引之，與今書二十五篇不同。6. 自東漢至於吴晉數百餘年，注書之儒未有一人見此二十五篇者④。這以歷史考察的方法可足證《古文尚書》之僞了。

（七）實測　自北宋以來學者們在研究金石學時已用地下所發掘的金石實物，參以文獻的二重考據方法，清代學者在天文、算學、金石、地理等的研究中還嘗試採用實地考察的方法。西方的自然科學在明代逐漸引入中國學術界，但很多學者盲目加以嘲諷與否定。凌廷堪肯定了西方實測之學的意義，他與孫星衍辯論云：

蓋西學淵微，不入其中則不知，故貴古賤今，不妨自成其學，然未有不信歲差者也。歲差自是古法，西法但以恒星東移，推明其故耳，不可以漢儒所未言遂並斥之也。再審來劄所云天文與演算法截然兩途，則似足下尚取西人之演算法者。夫西人演算法，

① ［清］盧文弨：《段若膺説文解字讀序》，《抱經堂文集》卷三，《續修四庫全書》第1432册。
② 《四庫全書日知録提要》，［清］黄汝成：《日知録集釋》卷首，上海：上海古籍出版社，1984年。
③ ［清］崔述：《考信録提要》卷上，［清］崔述撰，顧頡剛編訂：《崔東壁遺書》，第8頁。
④ ［清］崔述撰，顧頡剛編訂：《崔東壁遺書》，第582—594頁。

與天文相為表裏，是則俱是，非則俱非，非若中學有估驗推步之殊也。苟不信其地圜之説，則八綫弧三角，亦無由施其用矣。西人言天，皆得諸實測，猶之漢儒注經，本諸目驗。若棄實側而舉陳言以駁之，則去嚮壁虛造者幾希，何以關其口乎？中西書俱在，願足下降心一尋繹之也①。

學者們引入西方實測之方法應是清代考據學的一個重大進步。清初學者萬斯同的《崑崙河源考》因僅據古文獻所載地理情況，而未實地考察，以致得出的結論是錯誤的。李慈銘批評説："荒外之功，聖人所不事，故荒外之地，聖人所不言。禹治水，江河致力最大，而導江僅於岷山，導河僅於積石，不欲窮徼外之原也。自《山海經》有河出崑崙一語，於是張騫鑿空，而漢武求之於蔥嶺矣。李靖遠征吐谷渾，而實以星宿川柏海矣。聖元世祖勤遠略，而都實（今作篤什）逐之吐蕃朶幹思矣。道里不一，名號日歧，季野（萬斯同）堅主崑崙，力申漢説，謂河必不出於星宿海，朶甘思之雪山必非崑崙。書闕難稽，事非目驗，終不得而詳也。"② 黃河之源的問題，若衹憑古代文獻的記載，而不實地考察，是決不可能弄清楚的，所以萬斯同雖然博學，也不免作出錯誤的結論。古代關於三江説亦甚為紛歧，清代學者全祖望、汪中、王鳴盛、錢大昕、洪亮吉、孫星衍、段玉裁等皆主《水經注》引郭璞語，以為是岷江、松江、浙江，阮元經過實測目驗肯定此説是正確的，特著《三江考》以詳述，由此可見實測方法已為學者們所採用了。

以上清代考據學的方法在學者們的具體研究工作中根據對象而採用，亦不限於一二種方法。我們如果將這些方法加以綜合比較，則它們的共同特點是與西方近代自然科學的歸納法相通。梁啓超論及清代考據學即以為：

清儒之治學純用歸納法，純用科學精神。此法此精神，果用何種程式始能表現耶？第一步，必須留心觀察事物，覷出某點某點有應特别注意之價值；第二步，既注意於一事項，則凡與此事項同類者，或相關係者，皆羅列比較以研究之；第三步，比較研究的結果，立出自己一種意見；第四步，根據此種意見，更從正面旁面反面博求證據，證據備則泐為定説，遇有力之反證則棄之。凡今世一切科學成立，皆同此步驟，而清考據家之每立一説，亦必循此步驟也③。

此概括是很確切的，表明清代考據學方法與西方科學研究的歸納法的精神是一致的，

---

① ［清］凌廷堪：《復孫淵如觀察書》，《校禮堂文集》卷二十四，《續修四庫全書》第1480冊。

② ［清］李慈銘：《越縵堂讀書記》，第489頁。

③ 梁啓超：《清代學術概論》，第37頁。

但考據學的方法尤其有中國學術的特色。

四

漢代學者治經學在理解經學的意義和解釋經典的方法上存在兩派：一是經今文學派，盛行於西漢；一是經古文學派，盛行於東漢。清代考據學家們崇尚古文學派以客觀的態度治學，重視他們對經典字句的訓詁和名物制度的疏解，因而被稱為漢學；但考據學實不同於漢學，而有自己的理論與方法。學者們為認定考據學的性質而存在不同的意見，遂有關於漢學之争。清代最早提倡漢學的是乾隆初年甚有名望的盧見曾，他以為漢儒解經因其近古，故最可信："竊謂通經當以近古者為信，譬如秦人談幽冀事，比吳越間稍稍得真。"① 他又説："學《易》數十年，於唐宋元明四代之《易》，無不博綜玄覽，而求其得聖人之遺意者，惟漢為長，以其去古未遠，家法猶存故也。"② 同時的惠棟治學深受盧氏的影響，著有《易説》六卷。他以為："《六經》定於孔子，毀於秦，傳於漢。漢學之亡久矣，獨《詩》、《禮》、《公羊》猶存毛、鄭、何三家。《春秋》為杜氏（預）所亂，《尚書》為僞孔氏（安國）所亂，《易經》為王氏（弼）所亂。杜氏雖有更定，大校同於賈（逵）、服（虔），僞孔氏則雜採馬（融）、王（朗）之説，漢學雖亡而未盡也。惟王輔嗣（弼）以假象説《易》，根本黄老，而漢經師之義蕩然無復有存者矣……以四子之學，上承於漢，存十一於千百，庶後之思漢學者猶之取證。"③ 他治經專宗漢儒之義，堅持漢儒之訓詁不可改動，經師不可廢除。當時詩人袁枚即指出漢學之弊："漢偏於形而下者，故箋注之説多附會，雖捨器不足以明道，《易》不通，《詩》不歌，無悟入處，而畢竟樂師辨乎聲詩，則北面而弦矣；商祝辨乎喪禮，則後主人而立矣。藝成者貴乎，德成者貴乎？而況其援引妖讖，臆造典故，張其私説，顯悖聖人，箋注中尤難僂指。"④ 漢學在解經方面是很有成就的，但不可盲目遵從，有待認真檢討。嘉慶二十三年（1818）江藩著《國朝漢學師承記》八卷，敘述考據學在清代承傳的歷史，自此欲以漢學取代考據學。他認為："經術一壞於東西晉之清淡，再壞於南北宋之道學，元明以來，此道益晦。至本朝三惠（惠周惕、惠士奇、惠棟）之學盛於吳中，江永、戴震諸君繼起於歙，從此漢學昌明，千載沉霾，一朝復旦。"⑤ 這裏

---

① ［清］盧見曾：《經義考序》，《雅雨堂文集》卷一，《續修四庫全書》第1423册。
② ［清］盧見曾：《刻李氏易傳序》，《雅雨堂文集》卷一。
③ ［清］惠棟：《易漢學自序》，《松崖文鈔》卷一，《續修四庫全書》第1427册。
④ ［清］袁枚：《答惠定宇書》，《小倉山房文集》卷十八，《續修四庫全書》第1432册。
⑤ ［清］江藩《國朝漢學師承記》卷一，北京：中華書局，1983年。

以漢學為考據學，而且從治經的範圍而言，皆是片面而於義不確的，故立即遭到龔自珍的嚴厲指責。他在與江藩的書簡裏提出十條批評意見，例如："夫讀書者，實事求是，千古同之，此雖漢人語，非漢人所專"；"本朝自有學，非漢學，有漢人稍開門徑而近加邃密者，有漢人未開之門徑，謂之漢學，不甚甘心"；"瑣碎餖飣，不可謂非學，不得為漢學"；"漢人與漢人不同，家各一經，經各一師，孰為漢學乎"；"若以漢與宋（學）為對峙，尤非大方之言，漢人何嘗不談性道"①。這些指責切中要害，是江藩難於辯解的。桐城古文家方東樹研治義理之學，藉此撰著《漢學商兑》三卷以攻擊考據學，他說："近世有為漢學考證者，著書以闢宋儒，攻朱子為本，首以言心、言性、言理為厲禁。海內名公鉅卿、高才碩學數十家遞相祖述，膏唇拭舌，造作飛條，競欲咀嚼……如東吳惠氏（棟）、武進臧氏（琳），則為闇於是非。自是以來，漢學大盛，新編林立，聲氣扇和，專與宋儒為水火，而其人類皆以鴻名博學，為士林所重，馳騁篋舌，串穿百家，遂使數十年間，承學之士，耳目心思為之大障。"② 方東樹指責的是古文家的習氣缺乏學理，故顯得無力，但開啓了漢學與宋學之争。淩廷堪從學術的發展變化來看待關於漢學與宋學之争，他說："且宋以前，學術屢變，非漢一語遂可盡其源流，即如今所存《十三經注疏》亦不皆漢學也。蓋嘗論之，學術之在天下也，閲數百年而必變。其將變也，必有一二人開其端，而千百人譁然而攻之。其既變也，又必有一二人集其成，而千百人靡然從之。夫譁然而攻之，天下見學術之異，其弊未形也。靡然而從之，天下不見學術之異，其弊始生矣。當其時，亦必有一二人矯其弊，毅然而持之。"③ 清代考據學的遠源始於北宋由疑古思潮而興起的求真求實的學風，其近源則出自明代中期以後的實學。因此從學術史而言，清代的考據絶非出於漢學，亦絶非漢學所能體現其實質，因此將漢學以名考據學是極不恰當的。我們從漢學之争可見到當時考據學之盛，但如淩廷堪所預見，考據學在極盛之後是必然存在弊病的，故乾嘉之後義理之學——今文經學得以復興。

五

考據學在清代諸種學術中成就最大。當其在乾嘉時期成為學術主流風尚時，亦有辭章家對它批評指責，而考據學家們作了充分的辯護，由此突出考據學的意義。

（一）關於袁枚的批評。袁枚是性靈派的詩人，看重詩文的價值，而否定考據學的意

① ［清］龔自珍：《與江子屏箋》，《龔自珍全集》第五輯，上海：上海人民出版社，1975 年。

② ［清］方東樹：《漢學商兑序》，《考盤集文録》卷四，《續修四庫全書》第 1497 册。

③ ［清］淩廷堪：《與胡敬仲書》，《校禮堂文集》卷二十三，《續修四庫全書》第 1480 册。

義。他曾比喻説："考據家似火，非附麗於物不能有所表現；極其所至，燎於原矣，焚大槐矣，卒其所得者皆灰燼也。"① 他見到晚輩孫星衍之詩，嘆以為奇才，後來得知孫星衍專致於考據學，特以書簡責備説："近日見足下之詩之文，才竟不奇矣，不得不歸咎於考據。蓋晝長則夜短，天且不能兼也，而況於人乎！故敢陳其穴管。足下既不以為然，則語言而不知捨之可也，又何必費足下援儒入墨之心，必欲拉八十翁披膩顏帢、抱《左傳》逐康成車後哉！今而後僕仍以二十年前之奇才視足下，足下亦以二十年前之知己待僕可也，如再有一字争考據者，請罰酒三升，飛遞於三千里之外，何如？"② 孫星衍答書云："來書惜侍以驚采絶豔之才為考據學，因言形而上謂之道，作者是也；形而下謂之器，考據是也……侍因器以求道，由下而上達之學，閣下奈何分道與器為二也。來書又以聖作為考據，明述為著作，侍未以為然。古人重考據甚於重著作，又不分為二……是古人之著作即其考據，奈何閣下欲分而二之……考據之學，今人必當勝於古，而反以為列代考據如林，不必從而附益之，非通論矣。"③ 袁枚將考據學視為形下之學，以考據為著作，在概念上並不確切，孫星衍的解説亦隨之而未將考據的意義闡述清楚，所以焦循致書以補充。他歷述考據學在清代的發展後説："其自名一學，著書授受者不下數十家，均異乎補苴掇拾之所為，是直當以經學名之，烏得以不典之稱之所考據混目於其間乎！……考據之稱或為此類而設，不得竊附於經學，亦不得誣經學為此，概以考據目之也。……又無端以著作歸諸抒寫性靈之空文，此不獨考據之稱有未明，即著作之名亦未深考也。袁氏之説不足辨，而考據之名不可除。"④ 焦循以為袁枚之説因概念混亂不足以辨，但他特别强調考據學是獨立之學，不是經學的附庸，而且不同於辭章之空文。

（二）關於蔣士銓的嘲諷。著名詩人蔣士銓曾在《題焦山瘞鶴銘》詩中云："注疏流弊事考訂，鼷鼠入角成蹊徑。"此詩未見於其《忠雅堂文集》，可能因翁方綱的斥責而未收入。翁方綱記述詩人錢載與戴震在朝廷相遇，二人持議不同，但錢載不敢公開表示反對考據學，當時祇有蔣士銓作詩以諷。翁氏引述了此詩句後説："考訂瘞鶴銘特金石中一事耳，與注疏何涉？而以考訂之為弊，歸咎於注疏，是特俗塾三家村中授蒙童者，第知有范翔《四書體注》，語以《十三經注疏》則茫然未嘗開卷者，蔣（士銓）或即其人耶？吾所識如諸城劉閣老墉之於金石碑板，及錢侍郎載之於詩文，皆不善於考訂，而不敢公然斥考訂為非。惟一蔣君出此言之違失若此者。蔣之詩近頗為人傳誦，此豈得阿私好而諱匿之。凡人各有所長，豈其人必考訂而後成家乎，要在平心而勿涉矜氣，考訂與不考訂皆無弊矣。"⑤

① ［清］袁枚：《答程蕺園書》，《小倉山房文集》卷三十，《續修四庫全書》第1432册。
② 此書簡不見袁枚文集，見存於孫星衍《問學堂集》卷四附録。
③ ［清］孫星衍：《答袁簡齋前輩書》，《孫淵如先生全集·問學堂集》卷四，《續修四庫全書》，第1477册。
④ ［清］焦循：《與孫淵如觀察論考據著作書》，《雕菰集》卷十三，《續修四庫全書》第1489册。
⑤ ［清］翁方綱：《考訂論》中之二，《復初齋文集》卷七。

蔣士銓嘲諷考據家似老鼠鑽入牛角尖，翁方綱以為此不值一駁，因其如鄉村塾師見識之狹隘，學者應以自己治學所長而選擇研究對象，而考據僅是一種選擇而已。史論家章學誠不喜考據，但他說："高明者多獨斷之學，沉潛者尚考索之功。天下之學術不能不具此二途，譬猶日晝而月夜，暑夏而冬寒，以之推代而成事功，則有相需之益；以之自封而立畛域，則有兩傷之弊。"① 學者的治學對象與方法不同，應當互相尊重，以共同推動整個學術的發展。

（三）關於王芑孫的攻擊。詩人王芑孫在《蓮花寺讀書圖記》裏斥責考據學説："自近五百年，士用時文之術決科取名，無事讀書。比者考證之學興，學者多尊信鄭康成、許叔重，又旁獵漢人雜説，雖其不能讀書者，亦必撰述斷爛，東鈔西撮，以具攻宋儒之資，而不能無事於書矣。然其所讀書之意，則猶乎決科取名者也。"② 他將考據學與時文相比，以為都是獵取功名利禄的工具，而且以為考據家僅是東鈔西撮並未認真讀書。這實屬不懂考據者之見解，因為時文為朝廷科舉考試之目，可以獵取功名，而考據學僅是學者一種純學術的追求，與利禄無關。翁方綱在與陳石士的書簡裏説："昨見尊集有王芑孫紅字識語，因言義理斥考訂，遂比之邪説，此不特不知考訂，抑且不知義理。夫考訂之學何為而必欲考訂乎？欲以明義理而已矣。其捨義理而泛言考訂者乃近名者耳，嗜異者耳。然若以其矜言博涉目為邪説，則言義理者獨無涉偏涉空者，亦得目之為邪説乎……甚有臆逞才筆者視考訂為畏途，如吾同年蔣心餘（士銓）有詩筆者也，而亦有云'注疏流弊事考奇'，此轉以考訂為流弊，且歸咎於讀注疏，適以自白其未嘗讀注疏而已。今見王芑孫之言，至於比考訂於邪説，則其害理傷道，視心餘為尤甚。"③ 陳石士為王芑孫友人，他們俱是反對考據學的，翁方綱在書信中辨析邪説對考據學的攻擊，重申義理與考據的關係。王芑孫見到此書信回答説："芑孫憎學，無所知曉。生平讀書，略取大意，頗不欲留連風月，為詞人以没世，並不欲屑屑為訓詁考訂家，言以幽窘於名物象數，斷爛無用之中。妄謂三代後士之所可就者，其事業不過如唐之姚（崇）宋（璟）、宋之范（仲淹）韓（琦），不幸而遇；其文章之可傳者，不過如韓（愈）、柳（宗元）、歐（陽修）、蘇（軾）苟能是亦足矣。捨此而高談，皆謂之自欺以欺人，其誤又不止於學術而已矣。"④ 他以為考據是無用的，更看重文章的意義，這是極其片面的看法。翁方綱似乎以為没有再辯論的必要，没有覆書了。

以上三位詩人對考據學的批評、嘲諷和攻擊，因他們並不願深入認識考據學，所指責皆無真正的學理依據，而且他們也不可能真正見到考據家的某些錯誤，僅流於門户之偏見

---

① ［清］章學誠：《文史通義》内篇四，《續修四庫全書》第448册。

② ［清］王芑孫：《惕甫未定稿》卷六，《續修四庫全書》第1481册。

③ ［清］翁方綱：《與陳石士論考訂書》，《復初齋文集》卷十一。

④ ［清］王芑孫：《答翁覃溪先生書》，《惕甫未定稿》卷八。

而已。當考據學全盛之時，這些無足輕重的指責對考據學的發展並未产生什麼影響，許多考據學家亦不屑於同他們無理糾纏。

六

中國傳統學術有義理之學、經濟之學和辭章之學，自北宋以來興起的考據學經明代中期以後的發展，至清代乾嘉時期達於繁榮興盛，體現一個時代的最高學術成就和中國古代學術達到的高度水準，為傳統學術增添了一門新的學問。清代的考據由經學而嚮史學、諸子學、文字學、音韻學、天文、算數、地理、圖譜、金石等等廣泛發展，它所關注的是這些學問中的狹小的學術問題，實即中國文獻與歷史存在的狹小的學術問題，這些問題衹能用考據的方法纔可解決。考據家們崇尚的原則是實事求是、無徵不信和條理精密。他們使用的方法有辯證、訓詁、校勘、參驗、博證、探原、實測，皆屬於歸納的實證的方法。因此考據學是具有獨特學術性質的，有特定對象，有理論原則，有細密的方法，在乾嘉時期已是有系統的獨立的成熟的一門學科了。如果將它僅視為一種方法，這是不符合歷史事實的，因為它完全具備了作為一門學科的條件，有如西方近代的實證主義哲學一樣。

清王朝以儒家政治倫理學説為統治思想，特別大力提倡宋代的程朱理學，加强思想與文化的專制。在這樣的文化背景下，考據學看似是無關社會現實的無用的東西，但學者們巧妙地通過考據在動摇着儒學的理論基礎。他們證實自古相傳的三皇屬於神話傳説，並非真正的中華始祖；自唐代以來流行的儒家政治經典《古文尚書》乃出自後人的偽造；儒者堅信的古帝堯舜相傳授的統治經驗“人心惟危，道心惟微，惟精惟一，允執厥中”，它實為出自道家之語，而非出自儒家；宋儒以為《禮記》中《大學》一篇乃孔氏遺書，此論斷並無依據；理學創始人周敦頤所傳的太極圖並非出自儒家而是出自道家。他們還公開反對宋明理學的游談無根、空言義理的不良學風；他們通過辯證揭露了歷代正史的不實或歪曲的記載，還原歷史真相，尤其揭露許多帝王的殘暴行為；他們考察古代禮制與風俗，使漢族人民不忘漢民族的傳統；他們校勘、疏證、輯佚、整理中國古代典籍，以使中華文化傳統得以承傳……凡此，我們可見考據並非無用的東西，它的實證的力量是巨大而堅實的。考據家們重證求知的執著的學術精神，對真理的追求，對學術信念的堅持，最能體現中華民族優良的學風和崇高的思想境界，因而他們留下的大量著作是我們民族珍貴的學術遺産，值得我們學習與承傳。

我們縱觀考據家們的治學，其中有的學者是存在某些錯誤觀念的，例如迷信漢人的注疏，不敢否定孔子删述六經之説，重視考證古音而忽視今音，不願接受聲韻的音素分析出自印度的事實，衹重視文獻的記載而忽視實地的驗證，特别注重儒家經典的箋注疏證而具拜經、詁經、韻經、抱經等觀念，把大量的精力投之於難以確考的古代禮制，許多的考證極其繁瑣而毫無學術意義，等等。這些直接影響他們成果的學術價值，留下了不少的遺憾。雖然如此，但清代考據學的主要成就仍是應予充分肯定的。梁啓超總結乾嘉考據學的意義説：

> 其直接之效果：一、吾輩嚮覺難讀難解之古籍，自此可以讀，可以解；二、許多僞書及書中竄亂荒穢者，吾輩可以知所别擇，不復虚靡精力；三、有久墜之哲學，或前人嚮不注意之學，自此得卓然成一專門學科，使吾輩學問之内容日益豐富。其間接之效果：一、諸大師之傳記及著述，見其"為學問而學問"，治一業終身以之，銖積寸累，先難後獲，無形中受一種人格的觀感，使吾輩奮興嚮學；二、用此種研究方法以治學，能使吾輩心細，讀書得間；能使吾輩忠實，不虚飾；能使吾輩獨立，不雷同；能使吾輩虚受，不敢執一自是①。

這是從我們承傳與接受乾嘉考據學的積極意義而言的，對我們現在治國學仍有啓發的作用。國學運動新傾嚮的代表者胡適、傅斯年和顧頡剛等非常重視乾嘉之學，以為考據家們的方法是合於西方近代的科學方法的。國學運動新傾嚮是國學運動的主流，新傾嚮的學者們直接繼承了清代的考據學並引入西方的科學方法，從而形成了科學考證方法，在治國學時取得空前的學術成就。我們若考察國學運動的歷史，顯然易見到國學運動主流與清代考據學之間的密切的内在聯繫。

作者單位：四川省社會科學院

① 梁啓超：《清代學術概論》，第29頁。

四川國學院的學術活動考略

魏紅翎

辛亥革命後，1912年6月，四川都督尹昌衡將之前成立的樞密院改建為國學院作為全省國學機關，其宗旨在於“提倡國學，發揚國粹”①。聘請吴之英任院正，劉師培、謝无量為院副，下設院員7人②，分别為浙江諸暨樓黎然（□庵，原任名山知縣，參與辛亥革命者）、温江曾學傳、井研廖平、郫縣曾瀛（海敖，尊經高才生，丁酉舉人，新由雲南講武堂教習歸蜀）、資陽李堯勳（冀臣，京師大學堂畢業，參與辛亥革命者）、天全楊贊襄、成都大慈寺住持釋圓乘③。自國學運動興起後，這是中國第一所以“國學”命名的大型學術機構。由於各種原因，之前對它的研究非常欠缺，本文將藉助檔案、報刊等資料，重點論述其在學術研究方面的活動與成果。

國學院成立時，確定了六項主要工作，包括：一、編輯雜志；二、審定鄉土志；三、續修通志；四、搜輯鄉賢遺書；五、校訂國學參考書；六、編纂本省光復史④。內容涵蓋史志修訂、文獻收集整理、雜志編輯等多方面，範圍還是較為廣泛的，由此可見國學院實質為一所文史研究機構，是四川省政府成立的國學研究基地，負責領導全省的相關工作。下面將對上述工作的開展情況展開討論。

---

① 《四川國學院簡章》（時間不詳），國學檔，第7卷—10，第31頁。

② 《諮報本院預算並請都督府發交省議會議決及預算一覽表》（1912.8），國學檔，第38卷—6，第18頁。《諮送財政司元年下半年概算表暨員司册及概算一覽表》（1912.8），國學檔，第38卷—7，第25頁。

③ 何域凡：《存古學堂嬗變記》，收入四川省政協文史資料委員會編：《四川文史資料集粹》第4卷，成都：四川人民出版社，1996年，第421頁。該文記曾瀛為新繁人，李堯勳為資中人。另據《四川省國學學校一覽表》（1914.8，國學檔，第1卷—15，第43—44頁）記載曾瀛為郫縣人，李堯勳為資陽縣人。

④ 《四川國學院簡章》（時間不詳），國學檔，第7卷—10，第31頁。

一、《四川國學雜志》

四川國學院確定的第一項工作便是編輯雜志，即《四川國學雜志》。9月20日，這份雜志第一期出版，之後每月一期[①]。該刊為32開，第一至四期為鉛印，之後改為木刻印刷[②]。在每期的首頁都刊載有《中華民國四川國學雜志簡章》，即：一、本報由四川國學院刊刻發行，故名曰“四川國學雜志”。二、本報以發揮精深國粹、考徵文獻為宗旨。三、本報代登各種廣告，酌量收費。四、本報月出一册，每月二十日發行。五、本報每册暫定二角。六、中學以上各校及各屬教育分會皆有購閲本報之義務。其有具文請領者照九折徵費，學校學生聯名請領者，十份以上九折，三十份以上八折[③]。第二期又刊出價目表，稱雜志分為國産紙、外國紙兩種印刷，國産紙本零售二角，外國紙本為二角五仙。也可以長期訂閲，全年十二册價格為二元一角，半年六册價格為一元一角[④]。

該刊末頁還附編輯、發行資訊。其中編輯曾培，為尊經書院畢業生、進士、國學院院員。位於成都青石橋的存古書局為發行點，發行人為張子梁，成都各書肆及各地勸學所、教育會為代銷點。第1、2期刊有四川官印刷局印刷字樣，之後不再標注印刷地點，不知是否已改為由存古書局負責。此頁還附廣告價目表，云：所載廣告需在發行前十日交來，不滿一行者按一行算。一期一行為一角，半頁為二元四角，一頁為四元，長期者酌減[⑤]。

因為國學院是“全省國學機關”，負責四川的國學工作，它所辦的這份雜志也就帶上了一定的官辦性質，要求各學校及各教育分會訂閲即為一表徵。其内容則主要為國學的考訂文章。

創刊號第一頁刊載院員曾學傳撰寫的《國學雜志義例》，文章闡述了創辦該刊的目的：“中華民國元年秋，蜀政府設國學院，為全省國學倡，以發揚國粹為宗旨。首編輯國學雜志，以資闡發弘義，鼓吹群倫，事綦重也。”[⑥] 在對國學的認識上，曾學傳與國粹派是一致的，他視國學為民族精神文化之根基，認為如不維繫，則“不惟不足争勝東西列强”，反而

① 據《四川國學雜志》1912年第1期，卷末。

② 何域凡：《存古學堂嬗變記》，收入四川省政協文史資料委員會編：《四川文史資料集粹》第4卷，第423頁。

③ 《中華民國〈四川國學雜志〉簡章》，《四川國學雜志》1912年第1期，卷首。按：從第2期開始簡章第五條增加為：“每册暫定二角，省外另加郵費三分。”

④ 《本雜志預定價目表》，《四川國學雜志》1912年第2期，卷首。

⑤ 《廣告價目表》，《四川國學雜志》1912年第3期，卷末。

⑥ 曾學傳：《〈國學雜志〉義例》，《四川國學雜志》1912年第1期，第1頁。按：弘義原文為“私義”，據文義改。

會加速“中國之亡也”①。這應該也代表了國學院諸君的共識，因此他們辦雜志實際上還包含着對民族、國家的一份責任。

這篇《義例》還具體介紹了雜志的欄目設置情況，共十一種，分别為：

一、通論。凡發揚國粹，推闡至理，總括弘義者，皆入此門。

二、經術。中華國粹，蓄於群經，微言大義，務觸類引申，以為匡世之本。惟經學必通音訓，而以小學附焉。

三、理學。孔道失真，由忽躬行，有宋理學，功在實踐，欲正人心，莫切於此。

四、子評。國粹以孔學為正宗，能旁考諸子得失，觀其會通，益足以彰孔學之博大。

五、史學。孔作春秋，其文則史，往迹雖陳，其義自富，是在學者推陳出新而史例考證附焉。

六、政鑒。歷代政制，亦得失之林，折衷古今，足資考鏡，推核中外，尤關時用。

七、校録。徵文考獻，搜殘補闕，校讎目録，稽古君子，在所不廢。

八、技術。孔門立教，不廢遊藝，下及小道，亦有可觀，醫卜雜技古書，及新有發明，併入此類。

九、文苑。蜀士弘著，或同人私稿，根於性情，有關風教者，均可採録，不涉浮濫。

十、雜記。筆記叢談，均以辨析事理切□（原文字迹不清）社會為主要。

十一、蜀略。凡關蜀故，足以發揮文獻，闡揚風教者，併入此門，以備懷舊之士覽焉②。

其欄目設置還是比較廣泛的，涵蓋經史子集各方面，同時呈現出較為鮮明的現實關注性，“尤關時用”“切□社會”等話語都是這種思想的流露。另外專闢“蜀略”一欄，體現了對本土文化的重視，也與國學院搜輯鄉賢遺書等相關工作是互相配合的。

該雜志的撰稿人基本為國學院院員，如劉師培、廖平、曾學傳、吴之英、謝无量、曾瀛、楊贊襄、李堯勳等，都有多篇文章發表於此。其中經學、史學、子學類的文章最多，如：劉師培的《〈白虎通義〉源流考》《西漢〈周官〉師説考》《古本字考》《〈月令〉論》，廖平的《〈周禮〉凡例》《〈尚書〉〈周禮〉皇帝疆域圖表》《天人論》，楊贊襄的《龍門吉羽》，吴之英的《〈儀禮〉訓故敘》，曾學傳的《經書傳記敘目》《〈宋儒學案約編〉敘目並論》，曾瀛的《渡瀘考》《〈易〉漢學舉略》《〈華陽國志〉證誤》，李堯勳的《中國文字問題》等。也有校録類文章，如劉師培的《〈春秋繁露・爵國篇〉校補》《〈荀子〉佚文輯補》等。還有關於四川學術文化的，如劉師培的《蜀中金石見聞録》、謝无量的《蜀學原始論》《蜀〈易〉系傳》等。另外刊載了不少詩文作品，如吴之英的《哭楊鋭》《蒙茶

① 本段引用均來自曾學傳：《〈國學雜志〉義例》，《四川國學雜志》1912 年第 1 期，第 1 頁。

② 曾學傳：《〈國學雜志〉義例》，《四川國學雜志》1912 年第 1 期，第 1—2 頁。

歌》《東湖》，劉師培的《陰氛篇》《詠史》《大象篇》，樓黎然的《峨眉紀遊》等。還有學術爭鳴性的文章，如楊贊襄的《書劉申叔〈南北考證學不同論〉後》；教科書性質的作品，如樓黎然的《修身教科書》、李堯勳的《國學學校教育學弁言》等①。

在雜志卷首往往刊登蜀中著名人物畫像，如李白、蘇軾、諸葛亮、揚雄等，以及收集到的碑刻拓本，如《宋昌州六經圖碑〈周易〉圖》《宋昌州六經圖碑〈春秋〉圖》《周武成經幢殘石》《漢上庸長司馬孟台神道碑殘石》《綿州古造像》《資州唐造像》《簡州後唐造像》、《北宋新浦縣印》《北宋新浦縣印牌》《灌縣唐人寫經殘石》《梓潼賈公闕殘碑》等。這是它的一大特色，體現出國學院當時搜集金石文獻工作的成果。

同時，雜志還刊載捐助圖書金石的人員名單以資感謝，如第三期便載有劉申叔捐洋五十九元七角一仙九星，並一一羅列使用該款購置的二十部書籍與之相連，刊有《國學院徵集圖書碑拓啓》，云：國學院各項事務，“非廣集圖書碑拓無由着手”，尤其需要“川碑拓本”“川賢遺著”，因而呼籲各界能給予幫助，並表示既歡迎“慨然捐贈”，也接受“暫假皮存”，且無論採用何種方式，院方都將登報致謝②。

當時國學院每月有200元的專項撥款用於雜志辦理，月刊千份③，除省城各公署外，還發行至全省各縣140多處④，影響範圍還是比較廣的。

1914年初，國學院停辦時⑤，《四川國學雜志》已出版12期。此後雜志“改附”國學學校繼續辦理，改名《國學薈編》，採用木刻印刷⑥，從第1期開始編序，並計劃“改良”，準備增加刊印蜀中先賢遺著以及院生課藝有心得者⑦。年終，學校在《周年概況報告書》中總結稱：“校中由存古書局月刊《國學薈編》一册，專以尊孔為主，崇尚道德，期養成高尚之學風，其他蜀中先正著述及近人論説精粹者悉採入焉。古籍中有專為蜀事而作或世所稀有之本，亦附卷末以資學人研究。”⑧

應該説，更名後，無論内容還是風格，其與《四川國學雜志》實為一脈相承，仍然每月一期。但這時確實新增了大量古籍資料，如第1期便有宋代史堪（字載之）的《史載之方》，並附這位蜀人的小傳。這期還載有漢代陳壽的《益部耆舊傳》。以後又先後刊載《黄

① 本段材料根據《四川國學雜志》1912—1913年第1—12期編寫。

② 《國學院徵集圖書碑拓啓》，《四川國學雜志》1912年第3期，第78頁。

③ 《諮送民國二年上半年預算表一本及預算表》（1912.12），國學檔，第38卷—13，第59頁。

④ 《國學雜志》發行所：《〈四川國學雜志〉發行所廣告》，《四川國學雜志》1913年第10期，卷首。

⑤ 1912年11月，經省議會決議國學院與由存古學堂更名而來的國學館合併，由國學院負責辦理所有事務，並增加教學功能。1914年，由於經費緊張，祇能廢院存校，壓縮了大部分學術工作，重點辦學，不過人員、地點等並無變化，因此可視作國學院的延續。

⑥ 何域凡：《存古學堂嬗變記》，收入四川省政協文史資料委員會編：《四川文史資料集粹》第4卷，第423頁。

⑦ 據《國學雜志》發行所：《〈四川國學雜志〉發行所廣告》以及《〈國學雜志〉發行所改良廣告》，《四川國學雜志》1913年第10期，卷首以及第1頁。

⑧ 《四川國學學校中華民國二年八月到三年七月周年概況報告書》（1914.11.6），國學檔，第1卷—17，第51頁。

帝内經·明堂卷第一》(隋楊上善注本，此篇中國久佚)、元代丘處機《攝生消息論》、明代費密《宏道書》等。除古籍外，刊載的文章主要為廖平所撰，其他作者還有王闓運、吴之英、謝无量、劉師培、張祥齡、羅元黼、黄鎔、簡桑、簡伯璋、蔣智由等。代表性文章有王闓運的《閲〈後漢書〉隨筆》，廖平的《王制集説》《四益詩説》，吴之英的《西蒙漁父詩鈔》，謝无量的《〈匡謬正俗〉校正》，劉師培的《〈廖氏學案〉序》《左庵長律》，羅元黼的《益部耆舊雜記》《蜀畫史稿》，黄鎔的《皇帝疆域圖》《命理支中藏幹釋例》，簡桑的《〈水經注〉穎》，簡伯璋的《漢事别録》，蔣智由的《修身教科書》等。此時亦刊廣告，如載《〈脈學輯要〉評》的廣告，《脈學輯要》為日本人丹波元簡著，廖平為之加評語，輯成一卷，由存古書局印刷發行①。同期還有《四益館醫學叢書出版》廣告，分别列出書名以及價格。另外，從這時開始每期一般附有下期擬刊書目的預告。雜志編輯所就設在國學學校，發行地點則改為成都卧龍橋街的存古書局②。目前所見最晚一期是民國八年（1919）出版的第4期，存於四川省圖書館，前後共有63期③。

從全國而言，《四川國學雜志》是當時國内有數的幾種國學學術刊物之一，是國學興起的重要標志。據統計，此前，上海有《國粹學報》(1905)、《國粹叢編》(1907)，北京有《國學萃編》(1908)、《國學叢刊》(1911) 出版發行，《四川國學雜志》則是唯一在京滬之外刊印的國學刊物，體現了四川學界於此領域在國内的領先性。作為一本有影響力的學術刊物，該雜志的特色及意義集中體現在如下方面。

首先，《四川國學雜志》(以下簡稱《四川》) 以及《國學薈編》(以下簡稱《薈編》) 是國學院及其學校主辦的刊物，其撰稿人多為院員以及教員，也有少量學生的優秀作品，實代表着該院校學術發展的水準，從某種程度而言，也代表着四川國學研究的發展狀況。其中不乏頗具價值及影響力的論述，如謝无量的《蜀學原始論》(《四川》第6期)、《蜀易系傳 (蜀學系傳之一)》(《四川》第1—5期) 對於四川學術以及蜀中《周易》研究的發展情況進行了較為全面的論述，是開啓近代“蜀學”研究的代表作之一④。其次，劉師培的《〈校讎通義〉箴言》(《四川》第8期) 對章學誠的校讎學進行了批評，被認為是民國時期較早對章學誠進行研究的重要論述，“有利於引起人們對章學誠校讎學的重視”⑤。此外，

---

① 《〈脈學輯要評〉廣告》，《國學薈編》1914年第3期，第1頁。

② 《預定價目表》，《國學薈編》1914年第1期，卷末。

③ 何域凡：《存古學堂嬗變記》，收入四川省政協文史資料委員會編：《四川文史資料集粹》第4卷，第423—424頁；以及王緑萍編著：《四川報刊五十年集成 (1897—1949)》，成都：四川大學出版社，2011年，第45頁。

④ 胡昭曦先生認為19世紀80年代至20世紀30年代為蜀學研究的開始復興和初步發展階段，著名學者有謝无量、劉咸炘、蒙文通等。他指出謝无量的《蜀學原始論》對蜀學進行了較全面的宏觀論述，提出了“蜀有學先於中國”的觀點，並從儒、道、釋、文章四個方面加以梳理歸納。見胡昭曦：《淺議蜀學與巴蜀哲學》，收入胡昭曦：《旭水齋存稿》，成都：四川大學出版社，2012年，第177頁。

⑤ 周余姣：《鄭樵與章學誠的校讎學研究》，濟南：齊魯書社，2015年第1版，第281頁。

廖平的《論〈詩〉序》(《四川》第7期)認為《詩》有《序》,起於漢代,是當時今文學派對《詩經》研究的一篇代表作①。其《〈周禮〉凡例》(《四川》第1—2期)也是"三禮"研究的重要成果②。而蒙文通的《孔氏古文説》(《薈編》1915年第8期)為其發表的第一篇文章,此文辨析舊史與六經之别,探究今古文之源流,深得廖平贊許,由此開啓蒙氏的學術歷程。還有龔道耕輯録中國第一部農家月令書與代表作《四民月令》,刊於《國學薈編》1917年第10期,是民國時期該項研究較早的一項成果③。

其次,還應注意到該雜志對於新的學術潮流的關注。19世紀末20世紀初,西方倫理學開始傳入中國。關於倫理學的研究隨之成為學界關注的熱點,國内學人一方面積極譯介西方學説,一方面立足傳統倫理思想,探討其意義與價值,並最終建構起這門新興社會學科。當這波學術思潮出現伊始,《四川國學雜志》便投身其中,推動相關研究的發展,先後刊載了樓黎然的《修身教科書》(第1—4、6—9期)、廖平的《倫理約編》(第5期),後《國學薈編》又刊載蔣智由的《修身教科書》(1914年第3、6—8期)等,體現出預流學術前沿的敏感度。

除了在文章内容上具有新穎性及相當的學術價值外,《四川國學雜志》還在其他方面也體現出一定的新意。一是以半文半白文體,代替了過去純文言文的寫作。其次,雜志在卷首刊印多幅插圖,並且當一篇文章結束,該頁還留有較多空白時,也配以圖案加以裝飾。這種做法在那時還是較為出彩的。第三,雜志推出廣告業務,並收取相應的費用,體現出主辦方在運作方式上所具有的一種商業理念,是近代雜志辦理進程中的新現象。同時,他們建立了較為强大的發行渠道,以成都各書肆及各地勸學所、教育會為代銷點④,在官方的派送之外,進行銷售。當時雜志每月刊印千份,寄贈衙署學堂後,所餘約200册,悉數出售,月入40元,用作辦理經費的補充⑤。這些都讓該雜志呈現出真正意義的現代刊物的特徵。

此外,雜志密切配合國學院的工作,及時刊載收集到的鄉賢遺書、碑刻拓本等,成為展現國學院工作成果的平臺,有效推動了相關活動的開展。而且它立足四川,刊發了大量鄉邦文獻,以及蜀中人物畫像、描摹四川景物的詩文、討論四川學術的文章,體現出對鄉土文化的高度重視,是近代推動"蜀學"發展的重要陣地和力量。同時,它既刊發一些古

---

① 參見楊世文:《近百年儒學文獻研究史》,福州:福建人民出版社,2015年,上册,第442頁。

② 同上,下册,第1182頁。

③ 秦進才:《崔寔著述的輯録與流傳》,收入崔嚮東主編:《歷史與社會論叢》第3輯,長春:吉林大學出版社,2010年,第37頁。

④ 《國學雜志》發行所嚮各縣勸學所寄送的徵收訂款的啓事,所涉及的勸學所包括德陽、江津、華陽、雙流、温江、新繁、金堂、新都等140個縣。參見《民國三年三月至四年七月函件牌告通録》(時間不詳),國學檔,第23卷—1,第15—17頁。

⑤ 《諮送民國二年上半年預算表一本及預算表》(1912.12),國學檔,第38卷—13,第59頁。

籍的稀見本、善本資料，也有不少古籍補遺、校訂方面的文章，對於古籍保存、整理作出的貢獻是值得肯定的。

另外，雜志還體現出對不同學術觀點的包容性。1905 年，劉師培曾在《國粹學報》發表著名的《南北學派不同論》，而《四川國學雜志》第 3 期則刊載楊贊襄的《書劉申叔〈南北考證學不同論〉後》，提出“地氣自西徂東，則鍾於吴越；自東至西，則鍾於楚蜀”，認為“學”“有東西，無南北”，表示“願以質之劉子”[①]。如果説楊贊襄此文還較為委婉，那麽劉師培對廖平的批評就非常直接了。廖平 1913 年完成《孔經哲學發微》，為其天人學説的代表作。劉師培隨即發表《與廖季平書》（《薈編》1914 年第 7 期），對其穿鑿附會提出嚴肅批評，認為這不僅無助於儒學之發展，反而會造成“括囊空寂，轉蠹孔真”[②]。如考慮到此時劉師培已經離開四川，雜志由國學學校負責編輯，廖平則居校長之職的背景，雜志所體現的那種兼容並包的氣度就更為明顯。

當然，該雜志從思想上依然抱持尊孔的立場，也依然看重經學研究，但並不能因此就否定其積極進步之處，也不宜以之後國學研究新思潮的出現倒推此期的工作都是落後的。那樣的結論一方面是無視客觀事實，另一方面也忽略了思想文化的發展變化都有一個繼承的問題，都有一個從量變到質變的過程。

總之，作為近代四川第一份由高等教育機構出版的真正意義的學術刊物——《四川國學雜志》，它在報刊出版史、國學研究發展史上是有一定進步意義的，應佔有一席之地。同時，它存續的時間較長，而且能按時出刊，這在當時也是非常不容易的[③]。

二、整理鄉土文獻及其他

四川國學院及其學校還承擔了整理鄉土文獻及其他的一些工作。

（一）設立四川國學會

當初，四川存古學堂改辦國學館時便設立了三大機構，其中之一就是“雜志及講會之

① 楊贊襄：《書劉申叔〈南北考證學不同論〉後》，《四川國學雜志》通論二，1912 年第 3 期，第 1—2 頁。

② 劉師培：《與廖季平書》，《國學薈編》1914 年第 7 期，第 69 頁。該文收入《劉申叔先生遺書》時命名為《與廖季平論天人書》。

③ 據《四川省志・教育志》整理而成，該志指出民國時期，四川的教育報刊維持久遠者較少，能按時出刊者更少。以《四川教育》月刊為例，在 1925—1934 年的 120 個月裏，僅出 37 期。省教育廳機關刊物尚且如此，其他就更可想而知。參見四川省地方志編纂委員會編：《四川省志・教育志》，北京：方志出版社，2000 年，上册，第 611 頁；下册，第 270 頁。

部”。而該部的一項任務即為成立國學會，意在“約集通材，實地研究古禮、古樂，並示期講論，仿白虎觀法辦明各經大綱巨案”，開會時允許在館學生及校外學者旁聽，最後再將所有講義載入雜志①。由此可見，國學會的性質類似於現在的學會，主要工作在於彙集各方學者，共同研討交流國學方面的重要問題。

國學會成立後，每周開會一次，學者圍繞命題展開討論，各抒己見，“辦理數月，成效昭然”。因此，當國學館併入國學院後，國學會依然保留，祇是改稱“講演會”，辦會經費照領。辦理方法則“略遵舊制”，先將討論題目登報，使院外熱心國學者均得知曉且可入場旁聽。同時在院員中推舉一位熟悉情況且擅長語言表達者負責學會事務，首位負責人為樓藜然，胡忠淵、陸蓍那為幹事，協助其工作②。院方對該學會極為看重，認為可收一舉兩得之效：“一則館內學生得資傳習，以儲臨時講演員之材；一則廣樹風聲，俾國學漸臻普及。”③ 顯然，國學院認識到了學會的意義：一方面可以訓練後備人才，另一方面可以擴大社會影響，這是很有見識的。

劉師培曾撰《四川國學會序》，發表於《四川國學雜志》第一期。文中指出：“探册研機，比物討類，學之始也”，而當時“窮變趣時”，人多熱衷於“遠國異人”之說，而謑詬研究國故者。同人於是“創國學會於蜀都”，以期“術主徧晐，朅棱圻眕，周疏相濟，曲成弗遺”④，從中亦可見國學會設立的背景及期許。作為國學院下屬機構，該會在聯繫院內外學者進行學術交流，傳播、普及國學方面確實發揮了積極作用。

（二）整理鄉土文獻

四川國學院在收集整理鄉土志、地方文獻方面開展了大量卓有成效的工作。他們首先求助於省府各機構。1912 年 8 月 6 日，國學院成立伊始，便致函四川民政司，請求移交存放於藩庫的各地舊志。該套志書原為前清四川總督丁寶楨為續修省志而準備的，後修志局撤銷，志書便存入庫中。國學院稱：“審定鄉土志、續修通志之屬，均為專職。”而“徵文考獻，首賴專書”，各鄉土志雖然“體例弗齊，瑕瑜互見”，但卻是考察各地風俗的不二之選。他們估計省內新舊志書約有數百種，而刻版皆存於地方，收集的工作量將是非常大的，並且隨後的審定以及纂修都是尤為繁重的事務，但是“舊志弗備，奚所折衷”，因此懇請能

① 《國學館辦法簡明章程》（1912），國學檔，第 3 卷—1，第 2—3 頁。以及《國學館簡章》（1912），國學檔，第 3 卷—2，第 7 頁。

② 《諮送財政司國學館併入我院後現員名册及人員一覽册》（1912. 10），國學檔，第 35 卷—3，第 16、18 頁。

③ 本段引用除單獨標注外均來自《四川國學院國學館合併條件》（1912. 9），國學檔，第 5 卷—2，第 6—7 頁。

④ 劉師培：《四川國學會序》，《四川國學雜志 · 文苑》1912 年第 1 期，第 51 頁。

將舊存各志悉數移交①。

緊接着，8月16日，國學院又嚮省教育司發送諮文，請予協助，稱：前清末年，各州縣曾將“所有新編鄉土志”送省備案，希“貴司”清點後全部移交，以便“審定應用”②。除此之外，他們還直接嚮地方徵集。

10月24日，他們致函省府，該函提出兩件事情。首先按照院章，國學院各項工作均需安排“採訪人”，除院方聘任的專職人員外，各府廳州縣法定團體（如教育分會、地方自治會等）應安排當地熟悉情況的人員接洽配合。其次，上述機構還應負責將“境内遺書、碑刻暨鄉賢傳狀、名人舊稿”詳加彙集寄送國學院，其中碑刻需是拓本，傳狀需署名撰寫人。若遇重要之件，院方會再進行專項訪問，也需對方給予支援③。

之後，國學院又與臨時省議會商議由“各議員分任採訪”。次年，四川省議會正式成立，國學院立即去函，稱“川省舊志漏舛滋多”，雖然專職採訪員已經有所調查，但是“省疆遼闊，搜集難周”，而“各議員均由各縣票選，桑梓故實，尤所熟諳”，因而諮請各縣通志的資料仍繼續由“各議員隨時採訪”，以求“徵材詳核，文獻有徵”④。如此，各地的採訪員也就落實下來。

而院内的專職訪員則早已確定，其中採訪全省人物古迹及遺書金石為沈峻清（浙江仁和），採訪全川遺書並光復事實是黄子箴（永川），又有五道遺書金石特派員蕭清波（秀山）、王有光（鹽源）、周國光（奉節）、李象山（新津）、武大德（彰明）、趙維德（巴州）、賀維新（岳池）、錢大瀾（大竹）、熊峻（筠連）、韓運昌（滎經）、吴德儉（威遠）、蕭倬唐（懋功）⑤。館院合併後，由於經費緊張，人員壓縮為沈峻清（採訪全省遺書金石）、張學波（灌縣人，《川西道志稿》採訪員）、黄子箴（《川東道志稿》採訪員）、蒙裁成（鹽亭人，《川北道志稿》採訪員）、趙維德（《上川南道志稿》採訪員）、羅時憲（彭縣人，《下川南道志稿》採訪員）⑥、余根雲（隆昌人，《光復史》採訪員）⑦。由此建構了一套覆蓋全省的網絡，從組織以及方式上保障了相關工作的有效開展。

經過國學院的多方籌措，各地的鄉土志等資料也就源源不斷彙集到院中。1912年9月，省教育司移送41種鄉土志。1923年，四川公立國學專門學校時，收藏的各縣志書已達121種，約為初期的3倍。

---

① 本段引用均來自《關於要求民政司移交舊志的諮文》（1912.8.6），國學檔，第8卷—2，第9—10頁。

② 《關於請求教育司移交鄉土志的諮文》（1912.8.16），國學檔，第8卷—4，第14—15頁。

③ 本段引用均來自《關於編制鄉志搜集材料的通知》（1912.10.24），國學檔，第8卷—17，第76—77頁。

④ 《關於議員呈送本區鄉志的函文》（1913.7.22），國學檔，第9卷—5，第14—15頁。

⑤ 《員司一覽表》（時間不詳），國學檔，第35卷—2，第10—11頁。按：該名册在刻印名單之外，還有一些字迹不清的手寫名録，本書未收録。

⑥ 檔案中附説明稱：“本院創辦伊始，延聘採訪員十二人，分駐各道。嗣以經費不敷，改章。暫聘五人。”

⑦ 《諮送財政司國學館併入我院後現員名册及人員一覽册》（1912.10），國學檔，第35卷—3，第18頁。

由上可見，當時搜集鄉土志的工作還是極富成效的。因為國學院所藏志書較為齊全，又聚集了衆多知名學者，因而還衍生出一些其他的事務。1912 年，國學院收到移交的舊志嚮四川教育司報告時，教育司便提出：“民國成立學校，宗旨以教人愛國為第一要義。欲人人愛國，必自愛其鄉始；欲人人愛鄉，必自知其山川人物始。”並表示：“四川雖屬邊陲，而物産豐富，不遜南省”，因而希望國學院可以編訂供小學授課所用“淺近易明”“親切有味”的鄉土教材，以啓發愛國之心①。又，11 月，璧山縣陳維新等 10 位鄉紳聯名請求重修縣志，並擬召集同人在省城同鄉會所在地開展工作，他們給國學院的呈文稱由此可以“就近諮稟貴院”，以便志書“體例一律，成書以後即以供通志採擇”②，顯然是希望得到國學院的指導與幫助，院方對此也極為贊成。這些都從一個側面展現了國學院服務地方、支援四川文化建設的面相。

除了鄉土志以外，國學院還對省内各種古籍文物進行了廣泛收集。之前，四川存古學堂時便訂有詳細的募捐啓事，云募捐者三：一募錢，二募圖書金石器物，三募借圖書器物。最後一種謂藏家以暫借、寄存的方式給予説明，如某書僅存孤本，允許借抄之類，並表示凡捐助者“皆敬記姓名，播諸新聞，以告國中，並鐫刻貞石，垂於無窮”③。國學院延續了這種做法，《四川國學雜志》第三期開始便刊載《國學院徵集圖書碑拓廣告》，稱院中事務“非廣集圖書碑拓無由着手”，藏家若能“慨然捐贈”或“暫假皮存”，院方都將發給收條，並登報致謝，又特别强調如為“川碑拓本”“川賢遺著”則尤為感激④。同期便載有捐贈名録：樓薔庵先生捐宋趙公碩《南龕詩》拓本一張，《水調歌頭》拓本一張，嚴公《南山詩》拓本一張，《鐵鐘》拓本一張，《義門規範》一部，《歷代都江堰功小傳略》一部。廖季平先生捐《春秋左氏古經説》一部，《經説初程》一部，《釋範》一部，《群經總義講録》一部，《大同百目》一部，《古今學考》一部，《知聖篇》一部，《雅言翻古》一部，《起起穀梁廢疾》一部。劉申叔先生捐《劍閣詩碣》拓本一張，《飛鸞圖》拓本一張，《瞻禮紀名石刻》拓本一張，《越國夫人裝佛碑》拓本一張，《記訪水利碑》拓本一張，《清明前一日紀遊碑》拓本一張，《稱意石碣》拓本一張，《瑞象頌碑》拓本一張，《烏奴詩碣》拓本一張，《造佛碑》拓本一張，《大雲寺題名碑》拓本一張，《訪龍湫題名碑》拓本一張，《嘉定詩碣》拓本一份，《裝佛殘碣》拓本二張，《龍藏寺》拓本一張，《剪鐙餘話》一部。鄭肖仙先生捐《梓潼石像》拓本四張。舒鷺斌先生捐《讀史兵略》一部，《説文經考證》一部。曾習之先生捐《宋儒學約編》二部。林山腴先生捐《賈公闕》拓本一張，《干禄字書》拓

① 《關於呈送縣志的通知》(1912. 9. 18)，國學檔，第 8 卷—15，第 67—68 頁。
② 《關於璧山縣四紳士情況的報告》(1912. 11. 11)，國學檔，第 9 卷—2，第 4—5 頁。
③ 《四川存古學堂募捐啓事》(1909. 7)，國學檔，第 2 卷—4，第 12 頁。
④ 《國學院徵集圖書碑拓廣告》，《四川國學雜志》1912 年第 3 期，附件二，第 1 頁。

本一張，《趙隱君墓志》拓本一張。郭小汾先生捐《江津縣全境地圖》一軸，《順保潼綏綿全圖》一軸。又有寄存者名録：梓潼宮存明《道藏》全部，謝无量先生存洋板《十三經注疏》一部，《山海經》三本，《抱朴子》六本，《商子》一本，《鶡冠子》一本，《太玄》二本，《靈樞》八本，《淮南子》四本①。這次便接受捐贈書籍、拓本 40 種，寄存書籍 9 種，還是非常可觀的。

之後還有多次捐贈，從捐贈人員看則既有院員，又有院外人士；既有普通民衆，也有方外之人；既有個人，還有機構，從中也可看出當時國學院的影響確實是比較大的。

另外據何域凡記載，國學院還收到各地文獻約二十部，皆上述所無者，如富順米梅君詩文二册，資中魏天春《賦簫樓集》五册，綿竹楊鋭、富順劉光第手劄約十件，富順陳崇哲《八代文章志》四册，華陽曾彦（女）《婦典》六册三十卷，此係曾氏手書，字迹娟秀，頗為難得②。

這項收集工作到國學學校時也並未完全停止。1915 年，校方還承擔了收集張之洞在蜀中遺著的工作，除已經"刊播都中"的《送吴勤惠》五古一首、《三蘇祠集》七古一首外，他們又收録了《左氏長編三十六題目》《尊經書院記》③。

國學學校還接收了四川省文廟遺留的大量祭器、樂器，其品種之全、數量之多堪稱少有，可以作為瞭解清末民初省級機構祭祀活動相關用具的參考。

此外，他們對於新發現的文物也格外熱心。1912 年 12 月，國學院聞知保寧府在疏通城河時獲得大量刻有字迹的白鉛方磚，立即致函該府要求"派妥人悉數送省，檢交本院保存，以為考獻徵文之助"④。這批白鉛磚分為長、方兩種，長者刊有"甘肅採鉛"四字，方者僅刊一"鉛"字，據估計約為清嘉慶年間遺物。與國學院這種積極保護的態度形成鮮明對比的是，當時保寧府認為"並非古物"，擬將它們變賣以補貼警費開支，從這件事情上也可看出國學院在保護文物的態度上是具有一定超前意識的⑤。

同時，他們還負責搜集辛亥革命期間蜀中事迹資料。從四川民政長給國學院的諮文可知：這實為應"湖北革命實録館編纂"之請，以備將來"中央國史館"取材之用。"實録館"要求收集的湖北革命史材料包括：1. 舊籍：湖北通志、各府州縣方志、湖北輿地記以及圖册、中外編譯的各國革命史等；2. 近著：各省新編革命聞見記載、筆記之類；3. 公私文牘：官署文牘、電文、奏折以及與各界各省往來公私事牘、函電等；4. 官民報章：各地

---

① 《國學院捐助圖書金石題名》，《四川國學雜志》1912 年第 3 期，附件一，第 1 頁。

② 何域凡：《存古學堂嬗變記》，收入四川省政協文史資料委員會編：《四川文史資料集粹》第 4 卷，第 421—422 頁。

③ 《關於搜集張文襄遺書的通知》（1915. 10. 30），國學檔，第 9 卷—14，第 37—38 頁。

④ 《關於國學院設立川省國學機構保護古物的報告》（1912. 12. 26），國學檔，第 9 卷—3，第 9 頁。

⑤ 本段引用除單獨標注外均來自《關於我府已將撈獲白鉛方磚全部運赴巡警總廳請代為變價，若你院欲撿取可諮明總廳酌取一二方收資考證的諮文》（1913. 1），國學檔，第 81 卷—10，第 15—16 頁。

獨立後的報章等；5. 新調查：本省光復之始末、民軍與清軍戰鬥之實情、本省歷次平定内訌等事件始末、本省派出越境各軍之事狀、外省派來助本省各軍之事狀、諸革命家之歷史、本省首義前各次運動失敗之歷史、光復後的改革事宜、首義前後與外國之交涉、人物及各項可為紀念之照片。並且要求所調查事項均需詳細報告，年月日、人名、職官名等都應詳實，不可混淆。雖然“實録館”衹是請求四川方面提供四川起義與湖北有關係事件，四川在人物、軍力、糧餉方面與湖北互有資助之事實①，但國學院似乎並不滿足於此，他們表示將“按照湖北革命實録館通告調查條内，擇有連帶相關各事實，明稿搜輯，條列開送”②，已隱含拓寬搜尋範圍之意。但鑒於目前相關資料不足，衹能推測也許他們的工作並未局限於川鄂之間的故事，而很可能是參照上述五類項目對蜀中辛亥革命史料進行了較為廣泛的徵集。

另外，還應看到，國學院在進行相關文獻資料收集整理時，其實抱有相當强烈的鄉土情結。這一方面體現在他們特別看重蜀中的典籍、碑刻等材料；另一方面也體現在他們希望通過這樣的收集、編纂達到表彰鄉賢、弘揚正氣的目的，並進而激發民衆的愛鄉之情。前者已在文中有所論及，此處不再贅述，後者則可通過一件典型事例得到説明，那就是對黄綬事迹的彰顯。黄綬為自貢知名紳士，平日開辦工廠，樂善好施，口碑甚佳。然而在辛亥革命中，由於同志軍不瞭解情況，燒毁其家産、破壞其祖墳，導致黄氏遭到沉重打擊，蒙受不白之冤，因而衆鄉紳聯名上書請求給予安撫。此事經宣慰使調查後認定屬實，呈請省府登報表彰其善舉，並記入史志。國學院獲悉後當即報告省府表示：“當今……人懵扶救之義，世鮮任俠之風”，如黄綬之慷慨實屬難得，因而審定鄉土志、續修通志時，都將詳細採録此事迹，“以增志乘之光，而為疏財樂善者勸”③。其熱心情形可見一斑。

可以説，正是這種强烈的鄉土情結促使國學院在經費非常艱難的情況下，依然執著於這些繁瑣而艱巨的文獻收集整理工作，他們的這些工作實際上也成為20世紀蜀學研究開始復興和初步發展階段最重要的貢獻之一，而這在過去卻是長期被人忽視的。

因此，應該指出，四川國學院在收集本土文獻文物方面所做的工作是值得大力肯定的，其工作呈現出收集範圍廣、成果較豐富的特點，由此也開啓了近代系統收集整理蜀地文獻的序幕，其成果的取得是非常不容易的。如果再考慮到這個時期川内軍閥混戰的現實，他們能取得這樣的成績就更顯難能可貴。

---

① 本段引用除單獨標注外均來自《關於搜集辛亥革命事件中的通知》（1912.9.14），國學檔，第8卷—9，第33—34、37—38頁。

② 《關於湖北革命實録館調查一事的報告》（1912.9.18），國學檔，第8卷—12，第54頁。

③ 本段引用均來自《關於要求把黄綬事績列入志乘的報告》（1912.9.7），國學檔，第8卷—10，第39—45頁。

三、刻　書

國學館併入國學院後，其附設的存古書局也一同併入，由國學院負責繼續辦理。該書局的設立原為整理印行存放於存古學堂的錦江、尊經兩書院所刊書板。正如書局負責人羅元黼所言："成都錦江、尊經兩院板刻夙稱精美，歸官印刷，漫漶滋多，雨濕鬱蒸，尤嗟蠹朽。前清宣統三年始由存古學堂監督謝无量商諸護川督王人文，提歸存古，醵金設局，冀重保存，流通古籍。"① 合併後，書局原有功能不變，另外還承擔《四川國學雜志》的發行工作。其地點有兩處：一處在成都青石橋，另一處位於卧龍橋街②。

由於所存書板不少已經損壞，因此書局首要的任務便是補刻各板。他們選出"朽腐難印者"，依照舊本進行刊刻。其次還要補刻過去尚未完工的書板。兩項工作相加，民國元年(1912）五月至次年十二月末，共補刻完成"經類七種、史類十一種、子類五種、集類四種"，共1717000多字，零散補刻還未統計在内，其成果還是非常豐碩的。此外他們還購買了"私家精刻十六種"③。在此基礎上，大量書籍得以印刷出版。同期，存古書局刊印銷售圖書情況見下表④。

書名	作者（版本）	册數	紙張	定價（錢）	補刊字數⑤
相台五經	岳珂本	32	化連	2640	
十一經讀本	萬氏本	20	化連	1430	
今文尚書	王湘綺寫本	2	化連	240	
尚書大傳	王湘綺補注	1	化連	110	
毛詩鄭箋	唐寫本	1	化連	90	
儀禮鄭注		6	二連	660	

① 羅元黼：《四川國學院附存古書局設張緣起暨補板記（附價目）》，《四川國學雜志》1913年第10期，第71頁。

② 存古書局的地點應有兩處，《四川國學雜志》每期末頁記發行點為成都青石橋的存古書局，《國學薈編》發行地點則改為成都卧龍橋街的存古書局。另外《四川國學院附設存古書局呈造民國元年八月起十二月止收支各款匯造四柱清册》中記載書局薪資開支有總局司事一人、分局司事一人、學徒一人，可見有總局、分局兩處。參見《呈造存古書局元年八月至十二月末日止收支各款四柱清册一本、決算表一本（附清册及表）》(1913.4)，國學檔，第76卷—1，第6頁。

③ 本段引用均來自羅元黼：《四川國學院附存古書局設張緣起暨補板記（附價目）》，《四川國學雜志》1913年第10期，第71頁。

④ 羅元黼：《四川國學院附存古書局設張緣起暨補板記（附價目）》，《四川國學雜志》1913年第10期，第72—78頁。

⑤ 羅元黼《補板記》"補刊字數"欄各項數字後均記"有奇"，即零頭未統計，故實際補刊字數應略多於表中數量。

書名	作者（版本）	册數	紙張	定價（錢）	補刊字數⑤
禮經箋	王湘綺	6	化連	420	
禮記箋	王湘綺	6	化連	880	8820
周禮鄭注		6	二連	990	46460
春秋經	王湘綺寫本	1	化連	110	
公羊傳	何休注	4	二連	420	16900
公羊箋	王湘綺		化連	500	
穀梁傳	范寧注	4	二連	400	30070
左傳杜注校勘	黎庶昌	1	二連	25	
春秋例表	王湘綺	1	二連	200	
春秋比	郝懿行	1	化連	110	
爾雅	郭璞注	3	化連	330	860
孝經	唐玄宗注	1	化連	30	
石經彙函			長連	1430	37000
孟子外書	劉攽注	1	化連	30	
論語偶記	方觀旭	1	化連		待補
五經小學述	莊述祖	1	化連	80	
經傳沿革例	岳珂本	1	化連	50	600
經典釋文	盧校本	12	二連 化連	1600 1400	332670
孟子音義	孫奭	1	化連	80	
小爾雅疏證	葛其仁	1	化連	120	
孟子弟子考	陳矩補	1	化連	40	
説文段注		16	二連	2970	
六書音均表		1	二連	160	

書名	作者（版本）	册數	紙張	定價（錢）	補刊字數⑤
説文句讀	王筠	14	二連	1760	
説文提要		1	化連	100	零星不計數
佩文詩韻		1	化連	110	零星不計數
古韻通説	龍啓瑞	3	化連	280	
急就篇注	王應麟	2	化連	240	2000
急就篇讀本	史游	1	化連	30	
駢雅訓纂	朱謀㙔	8	二連		75800
樂石文述	劉心源	2	長連	400	
四益館叢書	廖平		化連	1320	
王制集説	廖平	1	化連		
白虎通義定本	劉師培	2	化連	70	
左盦雜著	劉師培	2	化連	180	
國語國策	天聖明道本 黄校姚氏本	10	長連	1430	
國語補音	宋庠	1	化連	110	2090
史記	仿殿本	26	長連	3700	17260
前漢書	仿殿本	32	長連	4100	
後漢書	仿殿本	26	長連	3400	16210
三國志	仿殿本	16	長連	2300	2540
晉書	成都本	24	化連		762110
南史	成都本	16	化連	1540	
南史考證	成都本	1	化連	80	
北史	成都本	24	化連	2310	零星不計數
五代史	仿殿本	10	長連	1320	

書名	作者（版本）	册數	紙張	定價（錢）	補刊字數⑤
遼史	成都本	10	化連	1100	640
金史	成都本	24	化連		待補
漢官六種	孫星衍	2	化連	280	37000
蜀典	張澍	4	化連	310	2300
唐鑒	范祖禹	4	化連	380	
黔語	吴振棫	1	化連	80	
紹運圖	宋本	1	二連	70	
讀史及幼篇	鄭德暉	1	化連	40	
光緒會典		3	化連	250	27560
陶靖節年譜		1	二連	50	
采風記	宋育仁	3	化連	180	
都江堰功小傳		1	化連	80	
天全石録	陳矩	1	化連	50	
孫子	魏武帝注	1	化連	50	
夏小正	王湘綺校本	1	化連	50	
神農本草	王湘綺校本	1	化連	90	
太玄集注	仿宋本	4	二連	900	40180
北學編		1	化連	130	
蜀學編		1	化連	160	
三略、陰符經、握奇經、素書、文王官人篇合刻		1	化連	40	
錦里新編	張邦伸	8	化連	500	70680
朱子全書		32	化連	2310	

書名	作者（版本）	册數	紙張	定價（錢）	補刊字數⑤
書目答問	張之洞	1	二連	120	1090
輶軒語	張之洞	1	二連	80	
身世金箴		1	化連	80	
日知録之餘	顧炎武	1	化連	110	
菰中隨筆	顧炎武	1	化連	80	
小學集解		2	化連	220	
測圜海鏡	劉岳雲	1	化連	66	
旅舍備要方	董汲	1	化連	50	
藥治通義輯要	丹波元堅	2	化連	140	28510（與上書合計）
診皮篇	廖平	1	化連		
楚辭章句	王逸	2	化連	200	待補
楚辭釋	王湘綺	2	化連	220	
昭明文選	李善注	10	長連	1430	6030
駢體文鈔	李兆洛	10	化連	1100	
鶴山文鈔	魏了翁	12	化連	1100	
古文選本		1	化連	110	
八代詩選	王湘綺	6	化連	570	880
唐詩選	王湘綺	6	化連	600	780
唐詩紀事	宋王禧本	24	二連		新刻未成
唐萬首絶句選	王士禎	2	化連	150	零星不計數
聲調三譜	王刻本	2	化連	240	1680
翰林學士集	唐寫本	1	長連	120	
洪度集	薛濤	1	化連	50	

書名	作者（版本）	册數	紙張	定價（錢）	補刊字數⑤
林和靖集	林逋	2	化連	120	
虞道園集	虞集	16	二連	2000	136450
掣鯨堂集	費錫璜	1	化連	110	
明蜀詩	費經虞	1	化連	270	
夜雪集	王湘綺	1	化連	50	
七星山人集	岳淩雲	1	化連	110	
四種詞（花外集、白石道人歌曲、日湖漁唱、蘋洲漁笛譜）		4	化連	160	
陶情樂府	楊升庵	1	化連	110	
唐文選殘葉 落水本蘭亭		1	長連	40	
蜀秀集		8	化連	900	
尊經初集		10	化連	880	
尊經二集		6	化連	750	零星不計數
國學課蓺		3	化連	240	
弘明集	釋藏本寄售		二連		
天台四教六即圖			方紙	12	1810

這批刊印的圖書共112種，包括經史子集各部的内容，其中既有傳統經典作品，也不乏一些新作，如光緒二十五年（1899）編纂完成的《光緒會典》、日本醫學家丹波元堅的醫書、劉師培的《左盦雜著》、廖平的《四益館叢書》等，具有一定的新意。若論作者則以王闓運為最，由他撰寫或者校注的書籍達13種，考慮到這些圖書主要用於銷售的目的，則王氏當時在四川的影響不容小覷。同時，書局非常注重對四川本土文化的傳播，出版了《蜀典》《都江堰功小傳》《天全石録》《蜀學編》《錦里新編》《明蜀詩》等不少鄉邦文獻，還大量刊印薛濤、魏了翁、楊慎、費錫璜、岳淩雲、宋育仁、廖平等蜀中人士的文集著述。

書局還刊印了《代豐例表》《容齋隨筆》《湘綺樓詩鈔》《古曆經徵》《以意録》《蜀語》《長短經》《修身教科》《四種合刊》《鬼董》《益部耆舊傳》《内經明堂》《左庵長律》

《字林考逸》《倉頡篇》《蜀檮杌》《蜀畫史稿》《益州名畫録》《傷寒平議》《四川國學雜志》《國學薈編》等書刊①。作為當時四川非常重要的學術出版機構，存古書局出版物的種類和數量都極為可觀。

而書局傳播文化的方式，也不僅銷售一種，他們曾多次嚮省内外圖書館贈送書籍。公共圖書館的設立是中國近代社會的新鮮事。民國元年（1912）八月，四川教育司按照教育部要求興辦社會教育，任務之一便是籌建圖書館，“以增長人民知識”。圖書館書籍除購買外，還以調取各省各種局板官書的方式進行籌集。存古書局遂奉上《鶴山文鈔》《蜀典》《明蜀詩》《錦里新編》《蜀學編》各一部②。1914 年 4 月，書局又贈送《經典釋文》《太玄集注》《白虎通義定本》《漢官六種》《四益館叢書》③。

存古書局還應其他各省要求進行了捐贈，如 1912 年贈送山西圖書館《鶴山文鈔》《蜀典》《明蜀詩》《錦里新編》《蜀學編》各一部④，之後還嚮貴州、河南、廣西、湖南等省進行了捐贈。

此外，國學院還將存古書局刊印的書籍作為獎品頒發給優秀學生，這也是一種傳播的途徑。民國元年（1912）八月一日至十二月三十一日，用於獎勵學生的書籍達 51 種 162 部，涵蓋了其出版書籍的大部分⑤。

從銷售看，民國元年（1912）八月至十二月，出售書籍 482 部，價值銀一百八十八元一角四仙四星。加上贈送、獎勵書籍 437 部，共有 919 部進入流通環節，約為這段時期出版書籍 1886 部的一半⑥。正是通過這些途徑，書局刊印的書籍源源不斷流嚮社會，促進了學術文化的交流與傳播。

在藏書方面，他們接收了尊經、錦江兩大書院以及存古學堂時期的巨量收藏，同時廣開門路，多方徵集，彙聚了極為豐富的圖書文獻，這一方面為教學研究提供了充足的物質保障，另一方面也較好地保護了這批典籍。在書籍刊刻出版方面，他們以存古書局為依托，修繕了尊經、錦江書院遺留下來已經損壞嚴重的書板，又新刻了不少書板，每年出版書籍

---

① 《民國六年一月一日起至六月末日止售提獎存一覽表》（時間不詳），國學檔，第 42 卷—11，第 125—134 頁。

② 《照得學生成績最為重要學校考核尤貴嚴明使第憑年暑假考試以定優劣，貴校長請煩查照辦理此諮》（1912. 8），國學檔，第 12 卷—16，第 64—69 頁。

③ 《關於移交學校圖書及存古學堂用書的諮文》（1914. 4. 20），國學檔，第 9 卷—6，第 18 頁。

④ 《照得學生成績最為重要學校考核尤貴嚴明使第憑年暑假考試以定優劣，貴校長請煩查照辦理此諮》（1912. 8），國學檔，第 12 卷—16，第 74 頁。

⑤ 《呈造存古書局元年八月至十二月末日止收支各款四柱清册一本，決算表一本（附清册及表）》（1913. 4），國學檔，第 76 卷—1，第 11—14 頁。

⑥ 同上，第 9 頁。

2000 餘部①，蔚為大觀，對學術文化的交流傳播作出了較大貢獻。他們修繕保存的書板後來為四川大學繼承，在 20 世紀 30—40 年代還曾多次印書銷售，幫助川大渡過難關②。

作者單位：成都大學文學與新聞傳播學院

① 民國五年上半年出版書籍 1460 部，下半年出版 1100 部，共 2560 部。參見《民國五年一月一日起六月末日止售提獎存一覽表》（時間不詳），國學檔，第 42 卷—6，第 86—95 頁。《民國五年七月一日起十二月末日止售提獎存一覽表》（時間不詳），國學檔，第 42 卷—9，第 110—119 頁。

② 據四川大學吴天墀教授回憶，20 世紀 30—40 年代，存古書局書板收藏在成都皇城的城門洞中，四川大學每當經費緊張，便取出印售，以解燃眉之急。見郭書愚：《四川存古學堂的興辦進程》，《近代史研究》2008 年第 2 期，第 95 頁。又，30—40 年代，川大重印的書板有：《尚書孔氏傳》13 卷、《讀書鈔説》4 卷、《公羊箋》11 卷、《禮經箋》17 卷、《公羊補正》11 卷、《金史》135 卷、《遼史》160 卷、《都江堰工（筆者按，應為“功”）小傳》2 卷、《靈峰草堂叢書》6 册、《駢體鈔》31 卷、《唐詩選》6 册、《八代詩選》6 册、《唐詩萬句絶句選》2 册等。見四川大學校史編寫組：《四川大學史稿》，成都：四川大學出版社，1985 年版，第 299 頁。另外，1942 年，四川大學時任校長程天放曾組織刻印這批書板 25 種，並作序詳細介紹了這批書板的歷史：“蜀之刊人以善刻書著。清季王湘綺先生主講尊經書院，伍肇齡先生主講錦江書院，先後擇國學書籍若干種，付之剞劂，以惠學子。及存古學堂成立，兩書院及官書局之書板均歸焉，並加鐫若干種，精印行世，一時稱盛。其後存古學堂遞嬗而為國學院、國學專門學校，公立四川大學，復與成都大學、成都師範大學合併而為國立四川大學，此項書板遂為川大校産。民國二十七年冬，余奉命長川大，公餘檢視，見書板凡四萬餘塊，經史子集均有。惜庋置一室，多年未加整理，或就殘缺，或遭蟲蛀，怒焉傷之。擬招工補刻重印，以廣流傳。因校款支絀，有志未逮，僅移置舊皇城門樓下以防空襲，施行煮曬，以去蟲害而已。抗戰既歷數載，海岸綫悉遭敵寇封鎖，西洋科學書籍幾不復能輸入，東南各都會淪陷敵手，官書局及印書業均受摧殘，故雖國學書籍亦感缺乏。川大有此版本，而棄置不加利用，實至為可惜。余乃就集會中樞之便，言於總裁兼行政院院長蔣公，副院長兼財政部長孔庸之先生，教育部部長陳立夫先生，請撥款整理印刷，以救坊間書籍之窮。蔣公及孔陳二先生慨然允諾，遂於民國三十年冬撥十六萬元以辦理此事。惟以工價物價之高昂，未能悉行整理，爰擇學子需用最切之書，若五經四史之類，凡二十五種先行付印。其餘則稍緩時日，期能一一重印也。補刻工作始於二月，隨刻隨印。至七月，而書成。余乃志其經過於簡端，世之學子瀏覽諸書時，對蔣公及孔陳二先生闡揚國學，提倡文化之至意，當永矢勿忘也。”見党躍武主編：《鳳鳴鏘鏘——四川大學遊覽筆記》，武漢：湖北美術出版社，2016 年，第 14—15 頁。

叢林儒院之始與末

——馬一浮與樂山復性書院

文天行

1939年秋，在日寇的飛機轟炸中，復性書院在四川樂山大佛聖地烏尤寺誕生了。它既不同於陸象山、朱子古之精舍，也不同於現行體制内之高等學府。它擬仿寺院清修育“通情醇儒”之人才。然，避之叢林卻免不了日機轟炸，既在體制之外又要政府“護法”，擬新書院舊制又受現行學制困擾，鄙嗟來之食又渴四方粥薪……在如此矛盾、糾結、艱難之中，馬一浮以責任和堅毅頑强地撐持着，直至抗戰勝利東還。這是企圖以民間書院形式復興儒學從而振興民族自信、自强精神的辦學嘗試，讓人回味與齟嚼，給人留下了無盡的思考。

一

復性書院的創辦，與陳立夫關係密切。

1938年1月，陳立夫擔任了國民政府教育部長。馬一浮在其書信中一再説“書院由公創議”① “書院實公首創”② “書院創議，實由於公”③。陳立夫怎麼會有如此之創議呢？

陳立夫是民族文化本位的堅定論者。全面抗戰前，他就屢發文章為復興民族文化張目。

① 《致陳立夫》，丁敬涵校點：《馬一浮集》第2册，杭州：浙江古籍出版社、浙江教育出版社，1996年，第583頁。
② 同上，第584頁。
③ 同上，第585頁。

在他看來，我們的民族文化不僅歷史悠久、在世界文化領域中璀璨奪目，還因為它是三民主義的根。擔任教育部長後，他除了從一般文化的角度外，還從文化教育的角度來審視中國傳統文化的作用和地位。他將教育、文化、侵略聯繫起來進行思考。讓他"恍然大悟"的是，"文化侵略者對於所侵略的國家，首先要毀滅其歷史文化"。我們歷史文化的情形如何？堪憂。"許多大學受外國教育影響甚巨，形同外國租界絲毫也不為過，不但學制模仿國外，所學課程内容更是五花八門，究竟不知為研究中國之西洋學生而設，抑或為研究西洋之中國學生而設，其中有關中國歷史的課程最為缺乏，國文則是最不注重的一門課了。"有鑒於此，他痛下決心，要把中國人應知的中國歷史列入必修科，收回"文化租界"[①]。如何收回？陳立夫認為，中國不僅有一個好的道統，還有一個好的學統。好的學統指的就是民間書院。孔子是其首創者，有教無類，弟子3000賢人72，可以用書院式教育來補正規教育之不足。正如葉聖陶所言："當局感於新式教育之偏，擬辦一書院以劑之。"誰來領頭？"論人選，或推馬先生。"[②]

馬一浮確是最佳人選。他是國學界聲望頗高的通儒大才，儒雅、自尊而執傲。民國初，他曾異"廢止讀經"而辭教育部秘書長之職，又曾以"古聞來學，未聞往教"卻北大之請。退研儒佛，聲名大震。全面抗戰爆發，與其同行者凡十五口，居無定所，顛沛流離。他希望有一個能安静立錐之地，他想到四川。其致竺可楨書謂："浮雖浙人，生長於蜀，蜀中尚有丘墓，親故不乏。故入蜀之志，懷之已久。"[③] 入蜀也利於為學。其致謝无量書謂："念今之鄒魯，唯在於蜀，弦誦未輟，猶為儒生所歸。矧有吾子知我，不虞後生見拒，或容有講論之地。"[④] 陳立夫知馬一浮其人自不必説，政府内還有相知者推薦，中央宣傳部指導處處長劉百閔就是其一。難怪馬一浮説："書院之議，仁者與立夫先生發之，諸賢和之於後。"[⑤]"發之"之後，就到了蔣介石那裏了。馬一浮不離詩書禮易春秋，蔣介石不離忠孝仁愛禮義廉耻，心有靈犀自一點即通。蔣介石表示支持，就到四川來吧。馬一浮還在江西泰和浙大，即1938年8月2日，就致謝陳立夫："久欽作育，兼仰訏謨。方在流離，過蒙齒録。辱電承問，深感殷拳。入川固所素願，但迂陋無補，恐孤雅望。寇氛猶熾，行旅惟艱。未敢自必，謹電致謝。"[⑥]

陳立夫之"訏謨"也正是馬一浮多年之望，馬一浮十分振奮。他致熊十力書曰："教部之意，有'名義章制，俱候尊裁'語。禮無不答，故臨行倉猝草一簡章與之。"同時，

---

① 陳秀惠：《陳立夫訪談録》，北京：新華出版社，2002年，第181、182頁。
② 《嘉滬通信》1939年4月5日第八號，葉聖陶《我與四川》，成都：四川人民出版社，1984年，第110頁。
③ 丁敬涵校點：《馬一浮集》第2册，杭州：浙江古籍出版社、浙江教育出版社，1996年，第580頁。
④ 同上，第360頁。
⑤ 《致劉百閔》，虞萬里校點：《馬一浮集》第1册，杭州：浙江古籍出版社、浙江教育出版社，1995年，第760頁。
⑥ 丁敬涵校點：《馬一浮集》第2册，杭州：浙江古籍出版社、浙江教育出版社，1986年，第582頁。

他“並請吾兄為創議人，草緣起書即送教部，並屬早日赴渝”。但是，他覺得事發突然，自己都有點不敢相信：“逆料此時斷無實現可能，事後亦遂置之。”①

馬一浮“臨行倉猝”，“謹費一小時許匆匆寫出”之《簡章》共十七條。雖説“匆匆”，目的、内容、方法、要求、構成等述之也甚詳。謂：“書院之設，專為明吾國學術本原，使學者得自由研究，養成通儒，不隸屬於現行學制系統之内”；“書院以綜貫經術，講明義理為教，一切學術該攝於六藝，凡諸子、史部、文學之研究皆以諸經統之”；“六藝之教分通治、别治二門，通治明群經大義，别治可專主一經”；“書院確立六藝之教，昌明聖學。始於讀書窮理，反身修德，終於窮神知化，踐行盡性。其教學方法，體驗重於思索，涵養重於察識，踐履重於知解，悟證重於講説”；“書院為純粹研究學術團體，不參加政治運動”；“書院宜置禮器、樂器，每年舉行釋奠先師典禮一次，其他通常所用儀式，概不舉行”：“書院廣蓄故書”，亦須“備置外國文主要書籍，使學生兼明外學”；“住院肄業生一律不納學費”，“由書院酌予貼膏火，使得專心於學”；“來學者須遵守三戒：一不仕宦，二不營貨利，三不起争鬥，絶貪躁矜妄之習，方能收斂内嚮，自拔於流俗，其不能遵守三戒者遣去之”；現代科學不為書院所治，但書院宜奬勵譯才，指定翻譯古籍，流播國外；“書院宜附設編纂館及印書部，編定《群經統類》《儒林典要》《諸子會歸》，並得修訂通史，漸次印行，以明文化淵源、學術流派”；書院立主講一人，總持教事，統攝學衆……

相繼問世的還有《復性書院緣起》。緣起簡述了書院之前世今生。稱：“古之為教者，不盡出於學官。”學官有學官之所守，“逸在布衣之‘明道之備’卻‘窮居講習，或為之置學田、立精舍’”。來的是些什麽人？“士之不務進取者亦趨之，志在淑其身以善天下，學以至於聖賢，此書院所由起。”慢慢就有了演變：“其事本不攝於有司，後乃有官立之書院，專重課試，寖失初恉，然博洽者猶出於是。自晚清改學制，書院久廢。民國肇興，教育制度數有更定。大抵取法歐美，斠若劃一，亦既慮之至詳，行之甚力，無所事於書院矣。”然而，“今委員長蔣先生，行政院長孔先生，教育部長陳先生，感於學校師儒所治，唯重器能，其於德行道藝之本，猶若或有所遺。將欲濟蹇持危，開物成務，贊復興之大業，體先聖之微言，必賴深明經術，精研義理，養成知類通達之才，以為振民育德之助。是以緬懷舊俗，而有創設復性書院之議”。正是在這樣的情形之下，“士友之在蜀中者和之，不以浮為迂陋，欲使之誦説舊聞，牖啓初學。所以繼絶學，廣教化之道，將有在於是者。浮雖不敏，其敢自逸”。書院重六經之教。“中土聖賢道要，盡在六經。唯六經可統攝一切學術，一切學術莫能外之。故必確立六經為道本，而後中土學術之統類可得而明，文化之源流可得而數，即近世異域新知，亦可範圍不過。若捨己而徇物，逐末而遺本，是今日學者之大

① 丁敬涵校點：《馬一浮集》第2册，杭州：浙江古籍出版社、浙江教育出版社，1986年，第520頁。

患也。六經者，聖人之權度，將以明倫察物，彰往知來。別是非，辨義利，正人心，厚風俗。”而就危國之當前而言，也應視倡六經以為要。“國之根本，繫於人心；人心之存亡，繫於義理之明晦；義理之明晦，繫於學術之盛衰。”六經“盛”，義理明，人心聚，民族强。所謂復性者，復道之性也。六經者，道之本也。這是一條拓新書院之路：“今之所立，不唯與時賢異撰，抑或與舊説殊科。幸值自由之世，各言爾志，無所庸隱。然淵微之旨，既俗所罕聞；談泊之門，尤衆所難附。法不孤起，待緣而興；德必有鄰，須友以輔。所望海内閎達，氣類相感，引而教之，扶而翼之，斯道之幸也。”

《書院之名稱旨趣及簡要辦法》也應運而生，共十四條。該旨趣與辦法開始就述復性書院名稱的來由。稱，取名可以地名也可以“義名”而謂，取義能“使人一望而知其宗旨”。“今若取義，鄙意可名為‘復性書院’。”接着闡釋道：“學術人心所以分歧，皆由溺於為所習而失之，復其性則同然矣。復則无妄，无妄即誠也。又堯舜性之，所謂‘元亨，誠之通’；湯武反之，所謂‘利貞，誠之復’。‘自誠明謂之性，自明誠謂之教。’教之為道，在復其性而已矣。今所以為教者，皆囿於習而不知有性。故今揭明復性之義以為宗趣。”如何復性？“依六藝為教，而治六藝之學，必以義理為主。六藝該攝一切學術，不分立諸科。”至於外國語文、現代科學，自有大學、研究院主之，不在書院所治。“書院為純粹研究學術團體，不涉任何政治意味。凡在書院師生，不參加任何政治運動。”“每年舉行釋奠於先師典禮一次，其餘任何儀式，不隨俗舉行。”學生肄業不立年限，不納學費，一律酌予生活費，使得專心於學。滿三年後自請出院者，聽之；其未及三年者，不得無故輟學。書院經費暫由倡議人籌集，以開蓽路藍縷之功。為久遠計，宜設基金會。“基金來源由個人志願捐輸，略如佛氏叢林及基督教會之制，不由政府支給。但政府為扶持文化，意主宏獎，量予資助，義同檀施。其經濟須完全屬於社會性，不為國立、省立，不關審計，由書院自設主計委員會掌之。”

每個文件都强調了不隸屬於現行學制、一切學術攝於六藝、不參加政治活動、學生不以出路為謀，以圖走禪林寺院生存之路。無疑，這是創新之舉，但是否創得了還得讓時間來回答。蜀道難矣！噫吁嚱，危乎高哉。

二

馬一浮對“蜀道難”是有心理準備的，他不懼，願傾力而為。他不為己，正如他在浙大引北宋理學家張載所言：“為天地立心，為生民立命，為往聖繼絶學，為萬世開太平。”他希望儘快實現書院之志，重慶方面也冀其早日來川主講。時不我待。浙大遷至廣西宜興不久，馬一浮就告别了。1939年1月17日，竺可楨約二十餘人為其餞行。2月8日，偕同僚送别馬一浮。馬一浮《留别浙江大學諸講友》詩謂："故國經年半草萊，瘴鄉千里歷崔嵬。地因有礙成高下，雲自無心任往來。丈室能容師子坐，蠶叢力遣五丁開。苞桑若繫安危計，綿蕞應培禹稷才。"

國府對馬一浮既有尊崇也有厚望，派車迎之。葉聖陶述曰：當局"以大汽車二乘迎馬先生於宜山，意殆如古之所謂'安車蒲輪'也"①。

他很快就到了重慶。馬一浮曾在給丰子愷的信中説過："重慶過而不留，擬即取水道至嘉定，覓屋暫憩。"但他没有做到，他過而留了，因為蔣介石要見他。也就是在這段時間，任繼愈在重慶，並見了馬一浮。任繼愈説馬一浮"舉止雍容，白髯垂胸，語音洪亮，出口成文，用詞典雅，給我留下深刻印象"。談到蔣介石約見，"馬先生説，他勸蔣'虚以接人，誠以成務，以國家復興為懷，以生民優樂為念……'像這樣文詞典麗的駢偶句有一二十句，當時我也記不全。我又問馬先生對蔣介石這個人的印象如何？在他身上可看得出一些中興氣象？馬先生沉思了一兩分鐘，説：'此人英武過人，而器宇偏狹，乏博大氣象。舉止莊重，雜有矯揉，乃偏霸之才，偏安有餘，中興不足。方之古人，屬劉裕、陳霸先一流人物。''偏霸之才'四個字連説了兩遍，故印象頗深。在座的熊十力先生接着説，此人心術不正。馬先生笑笑，没有和熊十力先生争辯。事後我問賀麟先生，馬先生對蔣介石的評論，您以為如何？賀先生説，這是馬先生的看法，他有他的依據。賀先生又説，馬先生學者氣太重，對蔣説的那些話，一則蔣聽不懂，二則聽不進，講'虚'，講'誠'，怕是格格不入。"②

1939年剛届4月，馬一浮到了樂山，即訪葉聖陶。葉聖陶在4月5日至友書中談到對馬一浮的印象："因昌群之介，到即來看弟，弟與欣安陪同出遊數回。其人爽直可親，言道學而無道學氣，風格與一般所謂文人學者不同，至足欽敬。"③ 在同月底的信中又説："馬湛翁人極好，除説些他的本行話未免迂闊外，餘均通達。"④

書院事緊鑼籌備中。是月中旬，馬一浮先後致書蔣介石、陳布雷、陳立夫、孔祥熙。致陳布雷書謂："書院之事，曾謀垂詢，今擬具緣起及草案，謹因左右代為陳達。行旅倉卒，未及精思，其間事義如有未協，並希諒其戇直，不以為罪。蔣公若弗嫌有損尊嚴，竊願以此事為天下倡，顒顒印印，令聞令望，豈唯士林之福，實斯道無疆之休也。"致陳立夫書謂："舉世以西洋哲學相詫，公獨能援引經術，觀象玩辭，為今之君子所未有，此可為模

① 《嘉滬通信》1939年4月5日第八號，葉聖陶《我與四川》，成都：四川人民出版社，1984年，第110頁。
② 敏澤：《念田企新——任繼愈自述》，太原：山西人民出版社，1997年，第131—132頁。
③ 《嘉滬通信》1939年4月5日第八號，葉聖陶《我與四川》，成都：四川人民出版社，1984年，第10頁。
④ 同上，第16頁。

楷群倫矣。”稱：“書院之義，自公發之，此非私於某而然也。”他“約有三義，須先陳明：一、書院本現行學制所無，不當有所隸屬，願政府視為例外，始終以賓禮處之。二、確立六經為一切學術之原，泯舊日理學門户之見，亦不用近人依似之説，冀造成通儒醇儒。三、願政府提倡此事，如舊時佛寺叢林之有護法、檀越，使得自比方外而不繩以世法”。如果“三義若荷納，不斥其非，則某亦願盡其知之所及，冀可仰裨無為之化，否則不如放之林薄，以鳥養養之之為愈也”。接着説：“到嘉半月，稍祓塵襟，輒擬書院緣起叙及草案數條，闕略未具，先以呈覽。幸逢有道之世，人皆得盡其情，故言之無隱如此，其間辭義如有未協，並希諒其愚直。鄙意若蒙見採，似宜先成立籌備會。草創規模，不求完備，取足以待四方之學者而止。”① 在致孔院長書中説：“前承以講學見招，特蒙遣車相速至渝，復荷賓禮有加，誠非山野迂陋之所期也。旋來樂山……”公“既體蔣公崇儒重道之心，兼徇立夫部長觀民設教之意，別於學校教育之外，議設書院，提倡講學，是誠正人心、端士習之當務，亦所以固國本、禦外侮之一端”。接着表自己之心迹，述與教會、佛門相較儒門書院之難，冀其實撥基金以支持。“某雖愚，其敢忘匹夫之責，使得與二三學子横經論道，為盛世之逸民，維先儒之素業，亦庶幾默贊復興之化，不為無用之言。竊謂風之積也不厚，則其負大翼也無力，既以此為民族精神所托，似當為久遠之圖，而不為一時之計。在中土如佛氏叢林，在西洋如基督教會，率皆堂宇精嚴，規模閎達，容千百衆而不為多，歷千餘年而不為久。此何因而致然，蓋佛氏以檀施為功德，歐俗以公益為美談，故能争委鉅資，成就勝緣，潤色鴻業，垂範後世有如斯也。儒門淡泊，守約寡營，昔時精舍、書院，往往規制隘陋，資用不充，雖有其人，難為之繼，比之外教，物力不如，是以相形見絀。此則願公有以矯之，信如前次賜電，准撥基金為天下倡，則國内嚮風慕義者或不乏人，百年之謀亦可一日而定。雖曰軍旅之日未遑俎豆，然以禮義為干櫓，用春秋致太平，亦所以立夷夏之大防，振生民於水火，將使淳風被於萬國，令聞垂於無窮，是在諸公一念之間耳。”②

三

馬一浮得到了當局的理解與支持，但這並不意味着具體操作起來就那麽順當。還有，馬一浮的辦院主張是否與同仁看法相一致，還是個問題。

首先，書院體制問題就意見不一。馬一浮堅持書院為“現行學制所無”，也就是不進入

---

① 虞萬里校點《馬一浮集》第1册，杭州：浙江古籍出版社、浙江教育出版社，1996年，第754—758頁。

② 同上，第759—760頁。

現行學制之内。何為？進入了有什麽好處？照章辦事，學校有什麽它就有什麽。最為重要的，自然是經費。體制内支持辦書院之部中同仁深諳於此，故當馬一浮簡章送達教育部“俱候尊裁”，張立民即致書讓其嚮教育部提出文字申請。稱，經彼司准駁，補助經費列入預算，且有權可以削減或停止。馬一浮卻否之，他認為“其所示辦法與弟簡章所擬，頗有不符”，“此則明係隸屬教育部”，決不能贊同。他還寄望於熊十力：“毅成諸弟子慮所未及者，望兄有以釋之。”[①] 還説，“立民及毅成輩持己之見，來教引墨子、蘇格拉底為喻，勸弟勿堅卧。謂部中一切聽弟自主，在今日固也難能”。馬一浮責曰：“未喻吾意，以為冷水噀面，不堪受此鉗錘。”“此等處正不得放過，非拂人之情也。”[②] 教部作了退讓。雖馬一浮未申請，開辦費並未無着。但，這並不是説以後也不需要什麽手續就隨便劃撥經費了。客觀來講，既要離體制又要從體制内得到支持，矛盾頗不好解決，的確也是“固也難能”。從體制來説，要求被給予者主動提出申請，上報各種基本資料、經費的預支情形等等，以有案可查。一定時間之後，又要上報變化情形，以為下一次劃撥經費之依據。這對於體制内的學校來説，是當然的事，無以為怪。復性書院卻不認同。1940年6月18日，教部電各院校，要求填報教授人履歷及所用教材情形，並囑分别造報，送部備核。得電後，馬一浮頗為憤憤。他致書陳立夫：“書院由公創議，本在現行學制之外”，電之要求不能施於書院。“夫誦詩讀書，非同課吏，明倫察物，亦異分工。既荷含弘處以方外，似不在呈報之列。”要報也没法報：“今若數及學衆，則不乏四方諮訪之賢，不定限於住院諸生也。舉及教材，則一以群經義説為主，未暇及於時人之論也。以云考核，當以俟之程朱。若有懷疑，惟是折中孔孟。”“儻部中視同學校，以工作報告見繩，不如罷之之為愈。”申言：“若物議以某所講論為非，不當見容於有道之世，則請明白宣示，撤去皋比，别延名德主持講事。”重申：“公既持本位文化之説，又懷尊師重道之心，請以書院為例外，聊存中土先儒自由講學之遺風，是亦民國之美談，無損於大體，而有造於將來，凡屬士林，孰不仰公之德化。”[③]

書院未按要求上報，也未見陳立夫回函。8月30日，馬一浮致書屈文六，詢問“致立夫部長一函，亦置而未覆，何也？”還説：“陳部長如於鄙言有不悦者，亦宜明白見斥，不可以不答為答也”[④]。9月11日，又致書劉百閔，催問給陳立夫函事。劉百閔稱陳立夫有病兩月未到部視事。馬一浮不快，12月1日又致書陳立夫，稱七月致書“至今未蒙賜答，似山野之言不足省録，誠不宜更事喋喋，仰煩聽覽。然書院實公首創，特於現行學制之外，存此一脈，欲使後生略聞先聖墜緒”。還説，一年半以來，以群經大義為説，夙夜忘劬，年

① 《致熊十力》，丁敬涵校點：《馬一浮集》第2册，杭州：浙江古籍出版社、浙江教育出版社，1996年，第532頁。
② 同上，第533頁。
③ 丁敬涵校點：《馬一浮集》第2册，杭州：浙江古籍出版社、浙江教育出版社，1996年，第582、583頁。
④ 丁敬涵：《馬一浮交往録》，杭州：浙江大學出版社，2013年，第112頁。

衰力絀，實難為繼。“竊為自省，分當及時引去，以免咎戾”，請“別延名德來主講事”。特告：“蔣公幾務勤勞，孔公亦鞅掌鮮暇，俱不瀆聞。”① 然而讓人没有想到的是，12 月 22 日，陳立夫到樂山來了。他與馬一浮見了面，申言：“書院一切聽憑自主，不加干涉，始終以禮相待。”② 之後，馬一浮在致陳立夫書中曾提及此事：“去冬臺從涖嘉，曾蒙枉駕山中，借為時過促，未及從容相款，良以為歉。”

熊十力也有自己的看法。他明確地説，“吾與馬先生大端上無甚異同，唯書院應採何種辦法始堪達吾儕期願”有所不一③。

一、為學術而學術還是以學用為學術。這還不是一個孤立的問題，牽連到體制之内與外。問題集中在是否與為學者謀出路。體制内要以學者為謀，體制外無以為慮。這就不難理解議之時會説彼即此、此即彼了。熊十力主學以為用，要以學者出路為謀。馬一浮異議：“學生出路，書院無權規定，此政府之事。書院既在現行學制體系之外，亦不能援大學文科研究院為例。弟意學生若為出路而來，則不是為學問而學問，乃與一般學校無別，仍是利禄之途，何必有此書院。若使其人於學能略有成就，所謂‘不患無位，患所以立’，‘雖欲無用，山川其捨諸’，以不必預為之計，啓其干進之心，且非書院所能謀也。必如兄言，則弟前此主張，一概用不着，無異全盤推翻矣。”④ 未及十日，馬一浮又致書曰：“關於學生出路一事，弟亦非有成見，必令其與世絶緣。但無論古制時制，凡規定一種資格，比於銓選，此乃當官之事，書院實無此權。若令有之，則必須政府授與，如中正以之九品論人而後可，否則為侵越。”而且，“弟意學者若不自拔於流俗，終不可以入德，不可以聞道。書院宗旨本為謀道，不為謀食。若必懸一出路以為之招，則其來時已志趣卑陋，所嚮既乖，安望有所詣邪？君子之道，出處語默一也。弟非欲教人作枯僧高士，但欲使立其大者。必須將利欲染汙習氣净除一番，方可還其廓然虛明之體。若入手便夾雜，非所以示教之方也”，認為“利欲染汙習氣”正是“今時人病痛”，“習於陋，安於小”。“欲使決去凡近，所謂以此清波，濯彼穢心，知天下復有勝遠，令心術正大，見處不謬。”彼之時，“出而涉世，庶幾有以立，不致隨波逐流，與之俱靡”，還愁什麽“體無患無用”。而且，為學也非一世，“祇養得此一段意味，亦不孤負伊一生”。又謂：“兄謂生平不為過高之論，國家教育明定出路，世法不得不爾。若無出路，學子失業，將詭遇以求活。今書院雖受國家資給，然非現行學制所有。即欲要求政府明定出路，亦須俟辦有成效，從書院出來人物成就如何，政府自動予以出路，然後可，不能由書院徑自規定。若慮學生失業將為詭遇，則書院無寧

---

① 丁敬涵校點：《馬一浮集》第 2 册，杭州：浙江古籍出版社、浙江教育出版社，1996 年，第 584 頁。
② 丁敬涵：《馬一浮交往録》，杭州：浙江大學出版社，2013 年，第 112 頁。
③ 《與賀昌群》，《十力語要》，上海：上海書店出版社，2007 年，第 179 頁。
④ 《致熊十力》，丁敬涵校點：《馬一浮集》第 2 册，杭州：浙江古籍出版社、浙江教育出版社，1996 年，第 535 頁。

不辦之為愈。且今取得大學、研究院資格亦如麻似粟，誰能保其不失業、不詭遇乎？弟之不談出路，實是事義合如此，不是過高。”他直截了當地説：“弟所以未能苟同者，一則不能自語相違，二則亦非今日書院地位所許。料兄必能深察此意，知弟非固執己見，好與兄持異議也。”還不止此，他甚至説：“學熙之去，實是可惜，各有因緣，亦不能强，兄以是減興，殊令人繫懷。今日實無處可安居，兄暑假前既不欲動，弟亦不敢促，但兄若不來，在書院便空虚無精彩。”前意未盡，又曰：“兄謂對書院少興趣，誠少興也。然不可以少興而不為，是亦知其不可而為之一端耳。”① 熊十力並不認同，認為馬一浮偏重内嚮，將致遺棄事物，同於寺僧，謂雖聖人復生，亦不能不採現行學校制，因有資格出路之議，不如此將不足以得人。馬一浮回曰：“弟愚，所以未能盡同於兄弟，良以本末始終，自有先後，不可陵節而施。若必用今之所以為教之道，又何敢事於學校之外增設此書院。先立乎其大者，而後小者從之，精義入神，所以致用，未有義理不明，而可以言功業者。若其有之，彎度是管仲器小之類，非所貴也。”“古德言，但患自心不作佛，不患佛不會作法。今亦可言，但患人不能成德之儒，不患儒不能致用。”“若專談用，而以義理為玄虚，則必失之於卑陋無疑也。”又曰：“兄嘗揭窮神知化、盡性命二語為宗旨，今所言何其與前者不類也。且兄固言‘人而不仁，其於科學何’，弟於此言曾深贊嘆。”②

二、書院“為廣為狹”。熊十力以為，要以博大之精神辦之。他理解“草創之初，不能多聚生徒”，但“總不宜以寺院道規為是，必務順時之宜，得羅高下大小之材，使一般人不以是為畏途而皆願至”。而且，他認為“材之下與小者多至，而較高較大者，行將出於其間。天道不遺靡草薄物，化育所以宏也”。當然，“此時不及拓開”，但“具個萌芽”。“作始簡也，將畢斯巨。始之簡者，造端也，而所以造端之心，未始簡也，故畢也巨焉。始其始之心也簡，則欲求將巨之效而不可得矣，是以舉事貴謀始也。夫精神所注，為廣為狹，影響便自天淵。”古之賢者也有此楷模，何不仿而效之：“今之書院，宜上追孔門之規，一切兼容並蓄。是在吾儕造端時，有此博大精神，方免後來流蔽。”③

馬一浮以為現就“博大”未可。他説：“擴大計之，第一要經濟條件，泥多佛大，水漲船高，俚語有之。”但“目前經濟毫無基礎，欲言擴大，其道末由”。“欲求擴大，須得社會助力而後可，此豈望空析告所能致者？或者能支持數年之後，漸為人所信，亦須時局不發生轉變，庶幾以及之，此時焉能驟幾？若遽大吹大擂，所持者寡而所望者奢，豈非近誇而少實耶？兄謂弟始意即不欲擴大，不唯無此理，亦無此情，但此是事實所限，非空言

① 丁敬涵校點：《馬一浮集》第2册，杭州：浙江古籍出版社、浙江教育出版社，1996年，第535—538頁。
② 同上，第539—540頁。
③ 《與賀昌群》，《十力語要》，上海：上海書店出版社，2007年，第17—179頁。

願力所能濟。"① 廣狹之議與招生密切相關。熊十力主張多生徒，馬一浮回曰："弟意初不欲限資格，但恁知友介紹"，但"今書院設為徵選及津貼之法，本是衰世之事，隨順劣機。衡古人風概，已如天壤懸隔。來書謂如全不養無用漢，烏可盡得人才；世法還他世法，豈可盡得天上人"。得"人才固難"，但"養得一群無用漢，又何取義"②。熊十力無以為可，視馬一浮視物不甚開闊，用馬一浮自己的話來説，就是熊十力以為"狹隘為弟之意志"，其頗為不愉。既然説弟"狹隘"，那擴大之法又將如何？他自答曰："海若忘大，所以能成其大。今兄似猶有大之見存，必曰擴大，亦在此心能充擴得去耳。"時不與也，人不與也，況"行權之時，亦不宜大張旗鼓，遭人側目，況空言邪。此其志亦不能不隱。故擴大之事，祇可待時，此乃切於事情，非安陋也"③。他對熊十力"必期擴大而後肯至，以弟為安於狹隘"不悦："弟雖陋，或不自知其陷於狹窄，然謂自始即以狹窄為心，此言乃非知我。謂吾智小不可以謀大，力小不可以勝任，弟當自承其短。若謂弟以狹窄之心量距人，兄此言或稍過矣。各執其理，距離漸增。馬一浮不願與熊十力擴大分歧。他説："書院充擴之議，弟意志決無與兄不同之處。但目前為事實所限，不能驟幾，此亦當為兄之所諒。"並"知兄之決不吾棄也"。論争未果，招生不待。馬一浮徵選學生偏嚴。以文字來求審查者七百餘人，僅選得二十餘人，及格者纔百分之三。馬一浮致董事會謂："務取真切為學之士，亦不在多收。"又與熊十力語曰："弟以為教人若能由其誠，庶可使人能盡其才，雖成就千萬人亦不為多，即使祇成就得一二人亦不為少，擴大到極處，亦絲毫無足矜異。"在給董事會的信中他説，他並不反對酌量增收學生，比如添設預備班若干人，但那就要增加經費④。

三、講授內容。馬一浮主張書院不為西學，祇要求將書經譯為外文以廣影響。熊十力卻未以為可。其將西學納之於書院，並擬薦教者至。馬一浮回曰："兄前書欲召周淦卿講英文，招牟宗三為都講，若能多加延攬，豈非佳事，豈患人多。無如蹄涔之水易竭，不能供養十方羅漢僧何！且書院力不能購西方參考書，學生並未注重外國文字，使聽黑格爾哲學，亦毫無憑藉，無受教之資，則講者必乏興。"也不是要排外，"書院所講當自有先後輕重，並非拒西洋哲學，學生當以餘力治之，亦非所亟也"⑤。自然而然，就涉及熊十力本人在書院之執教與安排了。馬一浮説："彼於西洋哲學，已自名家，且身任教授，在大學地位已優。書院淡泊，或非所好，將來自當請其居講友之列，但使延居講席，則戔戔之帛，恐無以待之。且書院講習重在經術義理，又非西洋哲學也。兄意以為如何？"⑥ 列居"講友"，

① 丁敬涵校點：《馬一浮集》第2册，杭州：浙江古籍出版社、浙江教育出版社，1996年，第542—544頁。
② 同上，第540頁。
③ 同上，第542—544頁。
④ 同上，第1178頁。
⑤ 同上，第542—544頁。
⑥ 《致熊十力》，丁敬涵校點：《馬一浮集》第2册，杭州：浙江古籍出版社、浙江教育出版社，1996年，第535頁。

稱西洋哲學非書院之重，還説帛之戔戔也，熊十力會同意嗎？

四、對前景的估計。熊十力不看好，以為馬一浮不更張規制，人將去之。他以般若言種種不可得，馬一浮回稱其“戲謂用人不可得，克實言之，安有一法可得那？書院方萌，能否引蔓抽枝，不被摧折，殊難逆料”。馬一浮不以般若言種種不可得為意，可不幸又被言中。摯友賀昌群隨馬一浮而來，卻隨熊十力而去。葉聖陶《嘉滬通信》曰：“復性書院尚未籌備完畢，而賀昌群兄已有厭倦之意，原因是意識到底與馬翁不一致。昌群兄贊同熊十力之意見，以為書院中不妨衆説並陳，由學者擇善而從，多方吸收，並謂宜為學者謀出路，令習用世之術。而馬翁不以為然，謂書院所修習為本體之學，體深則用自至，外此以求，皆小道也，近來他們二位談話已不如在泰和、宜山時之融洽。馬翁似頗不喜熊十力來，而事實上又不得不延熊來，將來兩賢相厄，亦未可知。弟固早言馬先生於其他皆通達，惟於‘此學’則拘執（理學家本質上是拘執的），今果然見於事實矣。”① 很快，馬一浮也感到因大雁南飛而孤獨了。他在致屈映光書中道：“諸公謬採芻蕘，責以講論。”“若以拙野之言為不合時宜，不饜人望，亦當有以處之，未可於開講甫及兩月之間，而遂棄之若遺也。”具體到人：“熊逸翁以主張不同，形神躁擾，賀藏雲以義理非要，意趣參差，先後決然言去，留之不可，此誠始意所不及者。蓋二君於書院之所以為教，皆意主更張，以浮言為空疏無用。浮再三申譬：關於論學，未嘗自專，但簡章所定，二君當時並無異議。今即亟欲更張，當俟百兄來山，從容討論，浮既無能為役，亦當去就分明，非不肯徇二君之志。而二君怫然遽行，將謂浮迂拘不能容納。”② 葉聖陶也質疑馬一浮事業的前景。他説：“馬先生之言曰：‘我不講經學，而在於講明經術。’然則意在養成‘儒家’可知。今日之世是否需要‘儒家’，大是疑問。”③

四

六藝統一切學術，是馬一浮思想之重，復性書院章程、緣起及其他相關文獻中都有明確説明。他説：“六藝不唯統攝中土一切學術，亦可統攝現在西來一切學術。”六藝又起於何？馬一浮認為：“六藝皆孔氏之遺書，七十子後學所傳。欲明其微言大義，當先求之《論語》，以其皆孔門問答之詞也。據《論語》以説六藝，庶幾能得其旨。”④ 熊十力頗為贊肯：

① 《嘉滬通信》1939年6月19日第十三號，葉聖陶：《我與四川》，成都：四川人民出版社，1984年，第129頁。
② 丁敬涵校點：《馬一浮集》第2册，杭州：浙江古籍出版社、浙江教育出版社，1996年，第678、679頁。
③ 《嘉滬通信》1939年4月5日第八號，葉聖陶：《我與四川》，成都：四川人民出版社，1984年，第111頁。
④ 虞萬里校點：《馬一浮集》第1册，杭州：浙江古籍出版社、浙江教育出版社，1996年，第137頁。

“前見所擬書院草案，歸本六藝。吾國諸子百氏之學，其源皆出於六藝，馬先生所見甚諦。今後如欲新哲學及文化啓發，雖不得不吸取歐化，要當滋植固有根荄，方可取精用物。”① 當然，六藝統諸學術並不始於書院，祇是在書院更加强調。在浙大講授儒學時他就提出了這個觀點。他還特别作過《論西來學術亦統於六藝》的講演。他説：“自然科學可統於《易》，社會科學可統於《春秋》。”“物生後而有象，象生後而有滋，滋而後有數。今人以數學、物理為基本科學，是皆《易》之支與流裔，以其言皆於象數而其用在於製器。”而“西方哲人所説的真、善、美，皆包含於六藝之中，《詩》《書》至善，《禮》《樂》至美，《易》《春秋》至真。“他如此評估：“六藝之道是前進的，绝不是倒退的”，“是日新的，绝不是腐舊的”，“是平民的，绝不是獨裁的”，“要説解放，這纔是真正的解放；要説自由，這纔是真正的自由；要説平等，這纔是真正的平等”。他有些激動了：“吾敢斷言。天地一日不毁，則六藝之道炳然常存。世界人類一切文化最後之歸宿歸於六藝，而有資格為此文化之領導者，則中國也。今人捨棄自己無上之家珍，而拾人之土苴緒餘以為寶，自居下於下劣，而奉西洋人為神聖，豈非至愚而可哀？諸生勉之，慎勿安於卑陋……” 在擬浙大校歌的附言中他又説：“今人人皆知科學所以求真理，其實先儒所謂事物當然之則。《易》多言貞，貞者正也。以事言，則謂之正義；以理言，則謂之真理。或曰誠，或曰无妄，皆真義也。以西洋哲學真善美言之，禮是善，樂是美，兼善與美，斯真矣。”②

竺可楨率師生聽其講，並有日記記其事，有曰：自然科學以數學為依歸，其所量者不外乎數目、數量、時間與空間，故自然科學之不能逃於象數之外，其利益甚明顯。弘揚六藝之道，欲使“此種文化普遍及於全人類，革新全人類習氣上之流失，百復其本然之善，全其性德之真”。葉聖陶的看法有些不同：馬一浮“重體驗，崇踐履，記通知解雖非不重要，但視為手段而非目的。此義甚是，大家無不贊同。然謂六藝可以統攝一切學術，乃至異域新知與尚未發現之學藝亦可包羅無遺，則殊難令人置信”。又曰：“最難通者，謂此六藝可以統攝一切學藝，如文學、藝術統攝於詩、樂，自然科學統攝於易，法制、政治統攝於禮。其實此亦自大之病，仍是一切東西皆備於我，我皆早已有之之觀念。試問一切學藝被六藝統攝了，於進德修業、利用厚生又何裨益，恐馬先生亦無以對也。”③ 陳立夫是馬氏論的贊同者。晚年，就《易經》熱的問題他答採訪者曰：“有四位受易經之啓示而得諸貝爾奬”，不過，他説這還是“《易經》之皮毛，未及深入研究”。“易學是一門極高深的學問”，“有人説它是一部天書，不無道理”④。在强烈的責任感與執著的驅使之下，在支持、

① 《與賀昌群》，《十力語要》，上海：上海書店出版社，2007 年，第 179 頁。
② 虞萬里校點：《馬一浮集》第 1 册，杭州：浙江古籍出版社、浙江教育出版社，1995 年，第 99 頁。
③ 《嘉滬通信》1939 年 5 月 9 日第十號，葉聖陶《我與四川》，成都：四川人民出版社，1984 年，第 118 頁。
④ 陳秀惠：《陳立夫訪談録》，北京：新華出版社，2002 年，第 151 頁。

質疑、異議、反對聲之中，馬一浮堅持己見，竭全力而為之。終於，由未濟而既濟了。1939年9月17日，樂山復性書院開講了。

首先，馬一浮率衆生祭拜大成至聖先師孔子之神位。曰："竊惟道在人弘，禮由義起。既有感而斯應，亦居巽以行權。是以際此蹇難之辰，粗立講習之事。始學示敬，曾釋菜之未能，在困思亨，庶貞明之不息。實秉遺教，以與斯人；將竭微誠，俟諸百世。念陟降之不遠，困憂患以陳詞。溥荷鑒臨，尚其來格，謹告。"

當日，馬一浮又致書陳立夫並請轉蔣介石、孔祥熙："書院已於本日開講。敬念締造之勤，兼荷諈諉之重，將率諸生砥行力學，觸副所期。理合電聞，並謝嘉惠。"①

開講日，馬一浮有《開講日示諸生》，還有《學規》《讀書法》《通治群經必讀諸書舉要》示學者。《開講日示諸生》起首就是天道常變。唯知常而後能應變，語變乃所以顯常。接着，以易之恒卦而證之，應"處變之時，不換其常道"。聯繫現實："今中國遭夷狄侵陵，事之至變也；力戰不屈，理之至常也。"後又將書院納到變與常中來闡釋。"當此蹇難之時，而有書院之設置，非今學制所攝，此亦是變。書院所講求者在經術義理，此乃是常。""常也，本也；變也，迹也。"最後要求諸生"進德修業，欲及時也"，"敬之哉，毋怠，毋忽"。《學規》有四：一曰主敬為涵養之要者，二曰窮理為致知之要者，三曰博文為立事之要者，四曰篤行為進德之要者。書院的《讀書法》强調"先須調心"。"以定心讀書，事半功倍。隨時察識，語語銷歸自信，然後讀得一書，自有一書之用，不是泛泛讀過，須知讀書即是窮理博文之一事，然必資於主敬，必賴於篤行。不然，則袛是自欺欺人而已。"如何始得？"約而言之，亦有四門：一曰通而不局。二曰精而不雜。三曰密而不煩。四曰專而不周。"《通治群經必讀諸書舉要》列出的"舉要"閱讀書目從先秦至明清有數百種之多。明知和行後即正式講授群經大義、詩教緒論、禮教緒論、觀象卮言。由總而分，娓娓道來。

熊十力也有《復性書院開講示諸生》。他從哲學入手，索及其他。他説，哲學是一切學問之歸墟，一切知識之總彙。他稱書院為"研究哲學與文史諸學之機關。但研究的旨趣，自當以本國學術思想為基本，而尤貴吸收西洋學術思想，以為自己改造與發揮之資。主講草定書院簡章，以六藝為宗主。其於印度及西洋諸學，亦任學者自由參究。"書院"不隸屬於現行學制系統之内者"，熊十力解釋説。此有二意："一欲保存過去民間自由研學之風，二則鑒於現行學校制度之弊。""豈惟書院新制得以完成，不負創議與備諸公之盛心，而發揚學術，作育人才，保固吾國家民族，以化被全人類者，皆於是乎造端矣。"他告學者：士先器識而後文藝，進德修業莫要於親師，為學以窮理為事，努力以為通材，六藝中以一藝

① 丁敬涵校點：《馬一浮集》第2册，杭州：浙江古籍出版社、浙江教育出版社。1996年，第582頁。

為主，由淺入深，由博返約，讀書須做到手到、目到、心到。曰："諸生來學於此，願辦一個信心，毋輕自用也。"

學期將終，馬一浮告學人，來院已經三月餘了，應有所獲了。《告書院學人書》謂：士別三日，當刮目相待。"欲使試為文辭，擇下列諸題，就其思學所及者形之於言，吾將覽焉。諸君日就月將之功，將於是乎在。"這種要求既不同於"昔時書院課經解、制舉文者"，也迥異於"今時學校重記問、計分數者"。具體者何？"設題任自擇，不求備，不為苟難，亦不為苟易，深淺隨人，所以盡其才。寬其時日，使可從容操翰。不限篇幅長短，所以紓其力。不明定甲乙，所以泯其爭。各言爾志，所以觀其趣。"特告"修辭乃居業所必資，進學為切己之當務"。概言之，就是要求將三月餘所學所思形之於言，成之於文。僅僅衹有三天，馬一浮不僅盡閱自擇題所為之文，還諄諄告誡諸生應予求進。他並不滿意。總的來看，"觀諸生所為課試文字，間有過於率易、不中繩墨、未知修辭之道者"，且文義亦"尚欠理會"。當然，"就文評騭，亦是各如其分，於可者冀其加勉，於未可者亦望其求益"。馬一浮説，出現這種情況是能理解的，因為學亦非久，"或有來院差後者，熏習日淺，又前此未嘗治經"，再説，"人之資稟既有不齊，其用力亦有勤馳，固未能必其進之速也"。可有的學生卻有了怨言，"以課卷評語有貶辭而意不能平者"，這是個問題了，"此非有志於學者所宜出"。他諄諄言之：要知不足然後能自反也，知所用力何患不能入理，切不可"無為自沮"。望諸生在寒假期内勿令身心放逸，正好趁此時"自己勘驗"。

第二期，1940 年春。3 月 10 日，馬一浮開講前示諸生。强調學規，身體力行，如與學規相違，聽其自退。同舍相益，勿存勝心，也不得因細故起諍。忿恚於辭色者，輕則告誡，重則遣歸。要求讀書有劄記，且半月呈覽一次。聽講要有别記，所記貴要不貴多，一並呈覽。聲稱書院講習，時人排議可置而勿辯。體究義理，留意訓詁及説理論事文字。6 月 20 日，馬一浮《告書院學人書》謂，"早至者將及期矣"，皆各有至力，"必有進於初時"。"今暑假將屆，例有課試，發題既簡，立限甚寬，使可從容盡思，將以覘其所造。"課試與"昔制舉之業，但益謏聞；晚近學校所授，唯務記問"全殊，"貴在考其行履，以為進退，察言辨志，特其一端。故無取於鎖閣置監，亦不明定甲乙，庶以消其勝心，發其本智。然諸生須念嚮上提持之旨，勿為馳騁膚廓之言。言之無苟，乃以見其中之所存。信有佳文，當為遴選，一長可録，皆無擯棄。如或聞言不領，玩愒自安，無所取材，亦難姑息。尚慎旃哉！毋自欺毋自誤也"。未隔數日，也就是 6 月 27 日，馬一浮將"此屆試文"閱畢，又撰《告書院學人書》，稱其不滿，"泛泛尋求者多，真實體究者尚少"，出之未能沛然，從而"知平日講論所益實鮮"。他説："義理之學，所以不同於俗學者，正在不從人得，須是自家着實體究，方有入處。講論衹與作緣，實不濟事也。諸君若體究有得，自知受用，於一切境界能作得主，於一切事理更無所疑，方知此言不繆。否則雖朝夕相語，衹是一場鈍置，都無饒益。”如不“着實體究”，諸君可為之事甚多，“何必來此共甘枯淡邪”？他希望暑中休假，無論還家或留院，都“勿徑自廢書，令心馳散”。同日的傳示稱：“查此次課試，肄業諸生成績平常。”且有志氣昏惰、聞言不省、臨試請假規避者，精神短少、不能用功、未完卷者，此之外還有根柢缺乏、文字蹇澀、出語膚淺者。處理辦法：遣歸、薄譴、誥誡、退學、訓勉。

第三期，1940年秋。1940年9月11日，馬一浮謹率學衆，昭告大成至聖先師孔子：“竊惟書院初立，期月以來，實稟六藝之教，敬詔學人，罔敢暇逸。日月尚淺，未有興起，是浮之愆。屬寇虐未遏，伏處岩野，堂宇不立，釋奠之禮，猶未克舉。及兹始學，敬薦香華，以代芹藻。伏惟鑒臨在上，無棄顓蒙，當竭微誠，益勤脩習。冀與學人共昭明德，庶不遠於顛沛，獲濟於艱難。朝夕惕厲，以俟來者，敢忘在兹之訓。謹告。”他告諸學者要有憂患意識，不要虛度光陰。1940年9月15日《傳示》稱：“世俗有賀節之舉，此在承平安樂時猶可，今方行乎患難，憂之不遑，而暇賀乎。日月忽其不淹，春與秋其代序。亂離瘼矣，竊獨悲此凜秋，而猶作此無謂之周旋，甚非義理。自兹以後，勿隨俗賀節，並告諸生知之。”至於諸生“膏火”，每月增加十元，但對於那些講期遲延未到者在未到期間停予“膏火”，開講三月未到又未經許可者不再允其入院。12月16日馬一浮《傳示》：三十一日放寒假。明春開學“在董事會辦理增加預算未決以前，未能預定時日”。留院諸生照常自修，周三接見談話，假期傳示：物價騰踴，人患其苦。頃接董事會電，來年預算有目，諸史加薪，學增“膏火”。1941年3月1日《傳示》：在院諸生不多，個別談話改為每旬一次，人數不拘。寒假前離院未與課試者，離院及寒假期内停發“膏火”。

第四期，1941年春。從初創之日起，“傳道、授業、解惑”已經一年多，為學現實與其所望差距太大，馬一浮頗為不悦，也有些泄氣。加上其他的原因，他打算輟講。3月5日《告書院學人書》開始就説：“往昔講論，於諸君皆無甚深益，自惟衰朽，無所發明，不可久屈諸君，反成相誤。夫義理無盡，緣會不常，必以日月為期，亦是順俗之見。今勉徇董事會之屬，繼續半年，便當輟講。”原因是諸君“既未能捨除舊習，彼此迭相鈍置”。他責道：“今四海騷然，舉國皇皇，並力以拒敵，而吾儕幸得從容於岩穴之間，受餼廩之供。名為求先聖之道，是必朝乾夕惕，思所以盡其在己，日進於高明，不淪於弱喪，方不違於自性，可告於國人。若乃冒讀書窮理之名，而無進德修業之實，徒以增長習氣，其能安乎？”他有些憤怒了：“夫切於求己者，必不暇於責人，勇於為道者，必不安於徇俗，此驗之於四事而不可掩，察之於一心而不容僞者也。今諸君於日用動静之間，亦能自信其有合邪？其或猶不免於氣質之偏，習俗之蔽邪？置此不察，雖日誦萬言，夕書千版，不出記問之陋。縱有文辭，其失則誇。不可以入於德，而欲以立身行道、化民成俗，不亦遠乎！”“若不求諸道，不知其失，譽之則喜，非之則戚，不受鉗錘，不識痛癢，不知講習，將為何事？又安用之？”為何如此？他説，為學者“心外有他道”，如此則“人之與道，卻無干涉”。若言等待，等待何人與何時？“知此則知學道是自己性分内事，是不能從人得的。”吾言既不契機，諸君亦未契理，故而“忘生知解，增長習氣。本欲明六藝之道，反成流失，復有何益？況此緣甚促，不可以久。故今舉無待之説，願諸君勿執此有待者，以為道乃是”。何謂流失？他説，六藝本用以顯德，“若變而為助長一種習氣，何則謂之流失。醍醐亦可變毒藥，此所以識法者句者也”。“儒者之道，亦在解蔽去惑，反情合性，使人自得之耳。不可瞎人眼目，增人縈縛。平日所舉，未嘗不兢兢於此。其有聞而悟入者，是諸君自性所顯，於吾無與也。其或不能相發而轉增執礙，則是言語之過，吾懼其有咎焉。自量不足為諸君依止，是以決然求退，而以董事會見留，不容驟已。”尚有數月之隙，“其款款所望於諸君者，在有會於言語之外而致謹於踐履之真。勿徒守其知解將謂為得，使先聖之道自我而墜，世之以儒為詬病者將益以滋甚，而在己一無受用可言，何以異於流俗！若是則諸君朝夕之勤，實為虛擲，而浮與諸君一日之雅，適成孤負，此浮之所甚懼也！願諸君深念之，勿徒以講説為重”。謂諸生：書院對待諸生，無論“入院先後不同”還是“所學之不齊”，都無“待遇之厚薄”。寬而厚之待彼，還將如何？“中間有牽於生計而求去者，悉皆聽之。過此以往，其或有不堪枯淡，思别有以潤其生者，盡可早自為計。”再忠告：“今諸君猶屈在共學之時，則宜各人專意致力於學，勿生閑計較，勿説閑言語，勿起諍論，勿存嫉怨，忠以律己，恕以接人。能知物我之無間者，庶於此理有相應分。若貢高我慢，揚己抑人，以放言為通達，以徑行為真率，有一於此，不唯入德難期，亦為物之所忌。”5 月 25 日他又撰《告書院學人書》，其意與前同，衹是再次强調。他將心有外道比之為翳，説人之患翳者不自知，翳者以藥除之則可，“諸君之屈於此者，其讀書未嘗不勤，獨吾所以告之，實未有少裨於諸君之所業”。“虛勞諸君遠辱，共此枯淡，至於再期，其亦久矣，不可更以相屈。”6 月 25 日，馬一浮《傳示》：“書院規制將有更改，此次講期結束，雖不與學校畢業試驗同科，諸生中讀書孟晉及文理較優者，亦宜分别予以獎勵。”議之結果，三人各得獎二百元，二人各得獎一百元。“膏火制，本年六月底度止。”諸生散歸，不論途之遠近，每人饋贐百元。未能歸者延至本年十二月，離院欲來請益者也止於十二月。

1941 年 7 月 16 日，馬一浮致書陳立夫，述書院之成立、現狀與困窘，以及自己努力。他説，他“雖欲稍竭愚慮，略示初機，實愧未能。其言每與時俗與違，此學亦非時用所亟”，實在是“力難為繼”，要求辭去主講，“更定規制”。他説：“兩年以來在院師友、學人名録，往歲曾荷部垂詢，因書院本屬例外，似不在呈報之列。”故未上交，“今既將求去，不可不奉聞”，故别册附呈①。1941 年 12 月 31 日，馬一浮撰《告書院學人書》，這是最後

① 丁敬涵校點：《馬一浮集》第 2 册，杭州：浙江古籍出版社、浙江教育出版社，1996 年，第 585 頁。

一次告諸生了。他的心緒頗為複雜，有不滿、有戀惜、有懷念、有失落、有企望、有寄托。他“力辭主講”了。他說：“世變方亟，資糧不具，不特書院無以待四方之士，四方之士亦鮮有於此亂離之際捨其事蓄而甘趨此枯淡之業者，故徵選學生住院肄業之制不得不暫行停止。”“今學者既寥落如斯，審書院所當務，唯有寓講習於刻書一途，既病接物未弘，宜令種智不斷。”自三十一年一月起，將以刻書為職志。但他說，如“偶來參扣者，亦可量宜容接”，衹是由於院中粥米不足，“不得住院，不予津貼”。不過，他聲明：“書院以義理為宗，當思接續聖賢血脈，既絶祿利之途，亦非要譽之地。若浮慕虛聲，不知切己用力，則在難與共學之列。”①

五

從1942年開始，復性書院就以刻書為業了。此志並非偶發，始創之初就有了。1938年10月，馬一浮在復性書院簡章中就明確提出了。1938年12月1日，他在《提議從速成立董事會增廣師生及刻書與講學並重兩種辦法》中又説：刻書與講學並重。他還有具體之設想，如先刻《群經統類》等，但“此非經費充足不能舉辦，然不妨籌集專款，量力先行擇要刊刻”。刻書不特為書院必辦之事，“亦稍存廣書院於天下之意”②。

其詩《神助篇》將刻書更推至一個更玄乎、更讓人感到神聖的境界。詩曰：“結繩易書契，古謂天雨粟。斯言或為誕，吾亦思反朴。所遇多饑人，不敢棄菽麥。以兹廢談論，尚欲事剞劂。奈何梨棗空，況乃無寸鐵。”他頗有些憂慮：“窮年抱孤願，此志鬱不發。”終於：“忽然感神明，告我頗惻怛：‘汝行欲誰與？為計良已拙。節湊久而盡，文質久而滅。弦理乃固然，胡為自拘束。棄子之所存，與我游寥廓。’再拜謝神告：‘無乃未終極。亢龍行有悔，甘井自願竭。無為無不為，此物非他物。種智不可斷，浮生有時畢。古來達道人，孰敢愛其力？吾當罄形壽，收此煨燼籍。任取覆醬瓿，或作糞上擲。旦暮苟不盡，萬一猶可接。’”神聞為咨嗟，反問：“子謂我為誰？”即自答曰：“羲之吾精魄。”而且，還不止我，還有衆多“精魄”“與子為一身”。將何為？“吾今為子助，沛若江河決。子縱為俗僧，吾猶令人癖。子欲治鉛槧，以我易繒帛。”何等感人啊！“舌撟不能説”“使我淚沾臆”。於是，信心與決心大增：“荷此殷重言”“神詔其莫逆”。結曰：“作詩告友朋，願請從兹役。”還有《戲題鬻書啓》：“恨無勾漏丹砂訣，幸有羲之筆陣圖。聊與人間留鳥印，任伊流落滿

---

① 虞萬里校點：《馬一浮集》第1册，杭州：浙江古籍出版社、浙江教育出版社，1996年，第705頁。

② 丁敬涵校點：《馬一浮集》第2册，杭州：浙江古籍出版社、浙江教育出版社，1996年，第1177頁。

江湖。”[①]

光有“精魄”與“願從兹役”還不行，還得有經費。基金十萬，經常費月四千，基金會生息，經常費也是撥付了的。當然，撥付有時未準時。書院的經濟來源還不僅限於此，還有捐助者。1942 年 11 月 26 日，馬一浮致書敬仲：“將捐刻書款至。”[②] 1943 年 1 月 18 日，馬一浮致書文六：“蔣公捐助三萬元”，他還希望“經常補助是否稍能增益”[③]。不久又在致敬仲書中說：“董會諸公辦到將公特捐及經費加三成，新近始有米貼六個月，已是勞苦功高，仁至義盡。”[④] 董事會之金未到，可“蔣款已來，據董事會來函云，係陳布雷轉，亦衹好由書院用短簡托陳布雷代謝了事。”馬一浮覺得董事會欠作為積極，頗有些耿耿，趁此將其一軍：“部院尊嚴已不可當，何況九五。匯單上寫明特給字樣，真是燕許大手筆，高文典册，非草野所敢當。故弟從來衹請董會收場，不欲有所干。”1944 年 6 月 23 日，馬一浮致書敬仲：“星賢見示董會十六日來書，云將饋贈弟節禮油一缸，幣四萬元。”[⑤] 1943 年 4 月，豐子愷至復性書院看望馬一浮，見其窘迫清苦，臨走送一千元“香烟供養”。馬一浮諧曰：“香烟供養”如何敢當，擬作刻書特捐。1943 年 6 月 6 日，在致謝无量書中說，劉自乾公雅意，“捐贈刻貲二萬元”。1944 年 1 月，馬一浮致書嗇庵道長：“荷兄與尹默同損翰墨之資，合致六萬元，以紓書院之困。”“已謹為致之書院，留作專刻經籍之用。”[⑥]

資金來得不易，去卻不難。支出大着呢，而且越來越驚人。刻書人不好找不説，刻價還高，馬一浮焦頭爛額。1943 年 4 月，他在致敬仲書中說：“書院刻工今年已加價每萬字七百元，尚未饜其望。囑招足六人，現在僅有三人，寫工則至今未得。”[⑦] 一月之後，又説“今物價又通增”，刻萬字“再加一二百元亦不為過”。11 月 13 日又致書敬仲謂，工價累加無已，現已達每萬字二千元，伙食在外。而刻工，雖有六人答應來，並未至。1943 年 10 月 26 日，致書敬仲：“近兩年來，刻書將成空言，固由物價影響，工價隨之累進，叫屢次增價，而刻工仍觀望不來，坐待再漲，故致如此。”[⑧]

刻書經費欠缺，馬一浮想自謀收入以補。有何法？思之再三，可以用來换錢的，就是鬻字。他説鬻字以濟“或哂其計拙”，並戲作詩自我解嘲。曰：“未能袖手説無為，縱使攢眉不斷悲。賣卜何心非棄世，學書有道在臨池。五升且置先生飯，三反猶勝十倍師。休怪

① 馬鏡泉等點校：《馬一浮集》第 3 册，杭州：浙江古籍出版社，浙江教有出版社，1996 年，第 178 頁。
② 丁敬涵校點：《馬一浮集》第 2 册，杭州：浙江古籍出版社、浙江教育出版社，1996 年，第 633 頁。
③ 同上，第 689 頁。
④ 同上，第 645 頁。
⑤ 同上，第 651 頁。
⑥ 同上，第 391 頁。
⑦ 同上，第 684 頁。
⑧ 同上，第 640—642 頁。

老夫多謬誤，袛因病廢始求醫。"① 1943年1月，馬一浮為《蠲戲齋老人鬻字刻書啓》，謂："今僕之願在刻書，患其不能舉，諸公之願在得吾翰墨，病其或不應。計莫如兩遂之。自今以往，請稍取潤筆之資，移作刻書之費。其有欲得吾書者，不吝一縑之贈，而僕之為是，亦免於為役之嫌。可藉以求梨棗、任剞劂，是不啻諸公助我刻書也。"很快他就發現，所求之"醫"治不了他的"病"——並非購者潮涌，賣出去都頗有些難。1943年5月，又如此致書文六："弟不得已，思以鬻字濟之，不惜自貶，以謀涓滴，亦罕有過而問者。""山中近況，益復寥落。講習既空言無益，刻書亦事實維艱。""智計之拙，亦何敢更以為言。"在致敬仲書中說"鬻字亦是逼上梁山，徒自貶損，於事無濟"②。1944年1月，在致庵道長書中說："往者鬻字無補於刻書，近乃資以自活。其不欲仰食書院，亦自懲其失。"③ 既"罕有過而問者"還鬻什麽字，刻什麽書？有人勸他罷手。罷就罷吧，可"書院已寢罷刻書"，卻"有人勸復之"，然事又"不能舉"。矛盾中，他作詩以解嘲："稻麻竹葦事多歧，獨立蒼茫賴有詩。將謂憂虞關損益，敢因瑣尾惜流離。春秋絶筆通三世，易象從心示兩儀。古聖空言猶無用，捐書還我百無知。"④

煩心事還没完呢，體制之幽靈總要來光顧。抗戰時期，糧食非常緊張，特别是進入了四十年代以後。莫説平民了，軍隊都多營養不良。戰爭迫使當局實行戰時經濟政策，控制糧食的分配。書院也面臨這個問題。糧食要有保障，那就得嚮上面伸手。受糧者應該有個主體，這個主體就是復性書院。復性書院要糧，按程序就是先要由復性書院提交一個申請。馬一浮不僅不接受還非常反感："若如此，則賓禮之義何存？若此可遷就，更説甚義理。諸公不但看文字不仔細，似於事理亦太疏。袛知狃於習慣，不知更有義理。浮誠不足道，但不可因為同人要米貼故，遂將書院根本意義取消。諸公若尚欲為儒者留一綫地步，寧可廢止書院，不可使書院變為隸屬性質，仰面求政府與下吏同等看待。餓死事小，非特弟不可因此廢義，亦不願同人受此嗟來之食。若如兄來時言，由董事會致函教部，説明書院本為例外，應由糧食部按月饋米若干，折價交董事會轉匯書院，事尚可行。今仍要用書院名義請求，不過由董事會代辦請求文件，事實上無異書院已自居於隸屬地位。如此，必待浮去而後可也。"⑤ 也許是由於疏忽，也可能是感到馬一浮太執傲，董事會不但没有不要糧貼，在上報復性書院領糧名册時竟然將馬一浮的大名也寫上了。"罪證"確鑿，他看了董事會嚮教育部請發實米所列員工人數表之底表。馬一浮深為"詫意"，氣不打一處來。鑒於現實確也窘困，也袛好壓着。他在致敬仲書中説："去年兄來嘉見告，董事會初有為書院同人請米

① 馬鏡泉等校點：《馬一浮集》第3册，杭州：浙江古籍出版社、浙江教育出版社，1996年，第17頁。
② 丁敬涵校點：《馬一浮集》第2册，杭州：浙江古籍出版社、浙江教育出版社，1996年，第634頁。
③ 同上，第391頁。
④ 馬鏡泉等校點：《馬一浮集》第3册，杭州：浙江古籍出版社、浙江教育出版社，1996年，第143、144頁。
⑤ 丁敬涵校點：《馬一浮集》第2册，杭州：浙江古籍出版社、浙江教育出版社，1996年，第632頁。

貼之議，此自董事會好意，為書院諸友生活太苦，思有以安之，弟何能加以梗沮。但在托兄所交董事會之手寫備忘録中，鄭重聲明，將弟除外。猶冀董事會為書院稍稍保留賓禮之遺意，庶教部不純以隸屬機關見待也。當時董事會諸公對此雖未置答，似尚默認，及今年發生請發實米問題，亦是事勢所趨，不能不爾。若董事會猶以弟前言為念，自不合將名列入，今若是，是非見留，乃是逐也。”“昨見教部來文，責令要實造表，並聲明公糧不能移用之法令，雖是普通印刷公文，實已將書院視同隸司機關。舊例，書院對於此種公文，一概置之不理，其應轉送董事會者，即寄董事會，聽其應付。唯此次正值董事會為書院請發實米未定以前，不能不加以注意。”他實在是壓不住了：“從前以始終用賓禮見待之為約者，非是個人自高身份，乃是欲為先儒保留此一綫立場。在位諸公若猶知尊師重道，弟雖不足言，創議諸公對書院不當失信，而以隸屬於機關待之。董事會諸公當為書院保此立場，亦須避免使書院以隸屬機關自待，如此方可繼續。今董事會似已萬分盡力，而教部傲然不顧。書院不堪受此嗟來之食，以自喪其立場。政府若知重儒，不忘賓禮之意，不論多少，衹改發給為饋送，而不責以造報種種表册之手續。董事會若嚮政府有所申請，必將此點先行説明，如此於義方合。今此意無人能解，此事亦不可復行，書院立場完全推翻，弟豈有留理！唯有請董事會廢除主講，或另聘高賢……①

在嚴峻的現實面前，馬一浮態度還是有了鬆動。他在幾天後致敬仲的書中，重申：無論教部、糧部索要種種表册，“書院不能以隸屬機關自居，奉令唯謹”。一步不退嗎？也不。他説：“若謂此係一時權宜，似當先嚮教部聲明，衹報人數，不造名册。人數即或稍有出入，乃是預為隨時增加之地，請部中須待以例外，不能責令更造種種表册，如此方立於無過之地。”他有些急了：“若部中不肯通融，不如作罷，另籌别法，方是正當。籌不出别法，老實關門，絶無妨礙。變書院為隸屬固屬不可，使書院為欺罔尤不可之甚。此弟之所以不能不堅辭也。”② 後來，又有了一種説法。1944 年 6 月 8 日，他在致敬仲書中説：“改變米糧方式一事，今寇患甚急，恐無從説起。弟有一意見，今亦不妨姑妄言之。如欲改變，切忌再用請求方式（如用簽呈等），衹可當面説妥，由當軸自動簡單下一條子，但云：復性書院食米，以後照額改為按月致送，免其造報，以示優禮之意。如此便足。此乃政府體面之事，惜乎無人見到，無人敢説。若不如此，不如永遠低首下心，自居隸屬。倘用文字請求，即令見允，亦早已不合於義，因政府所以處書院，書院所以自處，皆兩失之也。”馬一浮如了願③。糾結是糾結，争辯是争辯，復性書院的人不可能等到這個過程完了纔喫飯。他們的米糧得到了嗎？答案應該是肯定的。

---

① 丁敬涵校點：《馬一浮集》第 2 册，杭州：浙江古籍出版社、浙江教育出版社，1996 年，第 637、638 頁。

② 同上，第 640—642 頁。

③ 同上，第 649、650 頁。

説不刻又刻，説刻又不刻，如此這般反反覆覆，從 1942 年綿延到抗戰勝利後的 1946 年離開樂山，都刻了些什麼書呢？答案是《秦和宜山會語合刻》《復性書院講録》《爾雅臺答問》《爾雅臺答問續編》《濠上雜著》《蠲戲齋詩前集》《蠲戲齋雜著》《避寇集》《繫辭精義》《春秋胡氏傳》《蘇氏詩集傳》《嚴氏詩輯》《大學纂疏》《中庸纂疏》《論語黎琉》《孟子纂疏》《易學濫筋》《春秋師説》等等，也頗為大觀。

六

抗戰時期，馬一浮對六經、對國學、對中國傳統文化的整理和研究達到了一個新的高度。在强烈的民族感和深厚的中外文化根底的基礎上，他提出了六經統率一切學術之説：不僅統率中國學術，還統率外國學術；既含社會科學，也含自然科學。他明確地説西來學術亦統於六藝，《易》與自然科學有密切的關係。無論有多少異議，作為一種有創見的學術觀點，有它存在的理由；特别是出現在孔孟之道日漸被斜視的情勢中，更應該得到尊重。

辦復性書院，是馬一浮的事業。研究和事業畢竟是兩個不同的領域，儘管有聯繫。應該説，當局對馬一浮還是禮賓相待了的。他多次要辭主講，多次要罷刻書，當局不僅未責其咎，還禮讓、寬容了。有政要的支持，書院之路應該走得很順當吧？可事實並非如此，不僅走得非常艱難，還難得無以為繼。開辦之初，馬一浮也疑难有所成，但他没有想到困難如此之大，曲折如此之多，道路如此之難行。

首先，是生源不濟。戰火紛飛，國土淪喪，屍横遍野，流離失所。一寸山河一寸血，十萬青年十萬兵。而書院卻教導學子於叢林，潛心六藝，醉於修身，復歸於道。違勢違時，不言而喻。復性書院招生，有六七百人筆墨應選，録取者二十人。然而，到者並未齊聚。1939 年 8 月 20 日，馬一浮致屈映光書謂：“書院徵選學生，已得二十餘人，到者尚屬寥寥。”在給陳立夫的信中，他也説“來學無多”。就是“無多”的“來學”者，也未見得安心為學。1939 年 10 月 31 日，馬一浮《告荔枝樓諸上舍》就説，開講未及一月，去者就四人。他有些氣悶：“諸君如有志趣不合，於書院所講有觖望者，不妨各從所好，去留一任自擇。在書院，期諸君之心則一也。諸君當時默然未置一詞，故復遣都講詢之。所謂表示者，欲使諸君自言其留或去耳。願去者聽，願留者則安心力學矣。”更讓人不能容的，有的為學者為學望天，不予動手，馬一浮嚮他們提出了記筆記的硬性要求：“明日講期，諸君試各記所聞，不拘文言白話，記多記少，即僅記一二語，亦可以覘諸君諦聽之時所領解者，是否能得其要。隔日呈閲。”稱：“先一日預告，使諸君知悉。”既無奈，也有請之意味。當然，也有潛心於六經者，不然輟講後怎會有願留下繼續為學而馬一浮也願繼教授之生？葉聖陶對此很有遠見。當時復性書院還在籌辦中，1939 年 5 月 9 日，葉聖陶在《嘉滬通信》中就說：復性書院“所憑藉之教材為古籍，為心性之玄理，則所體驗所踐履者，至少有一半不當於今之世矣。好在學生決不會多，有一二十青年趨此一途，未嘗不可為一種静修事業，像有些人信佛信耶一般，此所以弟前信有‘以備一格未嘗不可’之説也。大約理學家講學，將以馬先生為收場角色，此後不會再有矣”①。

再者，糾結而失去信心。申請開辦，報告要錢，填表造册，米糧補貼……綜綜件件，都離不開體制的魔影；而且，一件事都還没有搞清楚，下一件又來了，讓馬一浮焦頭爛額，大光其火。儘管如此，還不得不不停地述説。這還不是短時間就打得住，可以説從復性書院動議到結束，幾乎和全面抗戰八年畫等號了。如此長時間的糾結，誰受得了？友人間的分歧不能調和也讓馬一浮非常不快。在浙大就共事而且隨他到樂山的賀昌群因與其意見相左離開了，相交十年的摯友熊十力也因分歧太大而離去還把聘書都退了，還有其他的人呢。客講者也多請而未至。離去者與未至者的身影常縈繞在馬一浮腦海之中，能不沉悶與糾結？他真有點古調獨彈了。古調獨彈就獨彈吧，如果有虔誠的學者也應該有所安慰。可是，在馬一浮看來，來學之人多心有外道，性難以得復也。來者少就不説了，還在不知不覺中減員；没減的總應傾心復性吧？纔不是呢，總有些人講授時手都懶得動。講六經望天，性復得了嗎？一而再、再而三地規勸，改了倒好，改了嗎？改得了嗎？這是他開講僅四期就打住不可或缺的重要原因。四期是一年多，一年多的糾結還是難受的。信心不消退者，妄也。

三是經濟困乏。書院創設之初，馬一浮還有一個愜意的計劃。不是有十萬基金嗎？不是還有經常費嗎？1939 年 9 月 18 日，他致書陳其采談到他的設想：“酌量移購不動産，如學田之類”，以期“蔚成大樹，覆蔭天下”②，致文六書稱：“此本古之遺風。”很快，他就感到别説“蔚成大樹”，就是養育小樹都艱難。經費給了，也在增加，可物價一浪高過一浪，且許多時候經費都没有按時到位。馬一浮許多書信都談及這個問題。書院開講不久的 11 月，他就致書屈映光：“弟日在水邊林下，為後生饒舌，一無所補，而二時粥飯，將成問題。書院基金及十月、十一月經常補助費，迄未撥下。”③ 致熊十力書也謂：談書院緊促，“日日飛書乞米”，可上方“猶充耳未聞”④。致陳立夫書也説，“一年半以來”，殫精竭慮，“予手拮據，未有尺寸之補，而老病侵尋，疲於講説，不能有所興起”。1941 年 2 月 10 日，他致書香宋：“書院藜羹不糝，幾經中輟。本同掛搭，未為誅茅之計。”年底致書敬仲：“書院除刻書外，其餘各項開支，照目前狀況，不加薪、不增學生津貼，已超過七千元。若

---

① 《嘉滬通信》1939 年 5 月 9 日第十號，葉聖陶《我與四川》，成都：四川人民出版社，1984 年，第 118—119 頁。
② 丁敬涵校點：《馬一浮集》第 2 册，杭州：浙江古籍出版社、浙江教育出版社，1996 年，第 699、700 頁。
③ 同上，第 678 頁。
④ 同上，第 550 頁。

以舊額為限，實在辦不了。”“董事會若無辦法，不如乾脆停罷之為愈也。”輟講轉為專意刻書了，窘情依舊。1942 年 8 月 25 日，他再致書敬仲：“書院目前粥飯與剞劂尚不得要領”，至函董事會，兩月無一覆字，“書院畢竟衹有停罷一途，弟唯恨其不早”①。1943 年 5 月，他致書文六：“四月份書院經費，至今國庫支付書尚未寄到”，“若再愆期，勢將立涸”。米貼“本年例有續發”，是按月仰俟半年一發，問而未覆。復院諸人，能忍長饑，“待半年後而食”乎！還有另外的開支呢。書院 1938 年 5 月借屋山寺，為期五年。今已滿四年，書院既未停罷又無計可遷，衹有與訂延期續借之約。“但目今情勢迥異前時，屋價地租俱成倍蓰，若仍舊貫，決不能行。”② 他非常憤怒：“唯有今日，何必當初。”“弟自眼瞎，争怪得人。”③ 復性書院上面有基金會，基金會上面有教育部，再上面還有當軸。它是當局為彌補現行學校國學教育的缺失而採取的一種措施，企望通過古之學統恢復本位文化在現行教育、現代青年思想領域裏的尊嚴和地位，進而復興我國民族文化。它是一個點，是一種嘗試。他們不是不知道既違時又違勢，或許因為覺得事不宜遲以及已有了這個條件，於是樂山大佛也就有了復性書院這個近鄰。這種想法有多少弊、多少利姑且勿論，事實的回答是馬一浮無以為繼、輟講了。刻書雖未停步，走得也不順當。

在艱難、糾結與求索中，抗戰勝利的鑼鼓響了。翌年，馬一浮離開了大佛復性。回顧樂山漫長的復性之路，有收穫、有失望、有苦惱、有不屈、有執著、有堅強，有一點馬一浮没有，那就是忘掉復性。

作者單位：四川省社會科學院文學所

① 丁敬涵校點：《馬一浮集》第 2 册，杭州：浙江古籍出版社、浙江教育出版社，1996 年，第 631 項。
② 同上，第 690、691 頁。
③ 同上，第 631 頁。

粟特佛典寫本學與粟特佛教概述

張文玲

一、粟特文寫本簡介

（一）德國吐魯番收藏及其研究成果

絲路北道所發現的寫本主要分藏於以下四處：巴黎國家圖書館、聖彼得堡東方科學研究院、柏林吐魯番收藏部（分貯於柏林亞洲藝術博物館，以及所有權屬柏林布蘭登堡研究院而收藏於柏林國家圖書館東方部門）以及大英圖書館東方及印度收藏部。其中收藏數量最豐者，為德國1902—1914年間，由當時柏林民族學博物館（Museum für Völkerkunde）所主導的普魯士吐魯番考察團四次考察所帶回柏林的寫本共計約四萬件寫本殘片，其中保留了二十多種語言和文字。

德國普魯士吐魯番考察所帶回柏林的寫本，主要是以梵文、漢文、吐火羅文和古突厥文所書寫。此外，尚有約四千五百件以多種中古伊朗語所書寫的寫本殘片，這些寫本殘片大多出自摩尼教、佛教和基督教的經典，故其內容大多與宗教有關。用以書寫這些寫本殘片的語言有中古波斯語、安息語和粟特語，而這些語言是以以下不同的文字所書寫：（1）

所謂的摩尼文字、粟特文字、敘利亞文字（祆教文字）或白匈奴文字（一種書寫大夏語言的希臘斜體字）。這些中亞古文字和語言與宗教經典之間存在一些複雜的關係，經過百年來學者的研究，已厘清了一些不易厘清理解的關係。例如：摩尼文字衹用來書寫摩尼教經典，而摩尼教經典有以中古波斯語、安息語和粟特語甚至大夏語書寫的。粟特文字可用來書寫以粟特語、中古波斯語和安息語書寫的摩尼教經典，也可用來書寫粟特文佛典以及基督教經典。此外，粟特文字還可用來書寫與醫藥、幻術有關的文書，還有書信。這些以各種中古伊朗語所書寫的手稿殘片，其定年衹能粗略定在公元 8—11 世紀之間。而手稿的內容，特别是以安息語和中古波斯語所書寫的文本，可能創作編輯於公元 3—4 世紀之間，在此之後，傳抄於吐魯番地區①。

由於柏林吐魯番部所藏的中亞寫本幾乎全為殘片，因此，首要之整理研究工作便是辨識殘片的內容，找尋原屬同一件寫本的小殘片，將之拼湊成一個完整開本或一篇完整的文章。接着便是確認殘片的經文內容是屬於哪一教派或部派的經典。此外，復原整理寫本的工作，還包括與現存相關的各種語言文本進行比對，同時還需與四散於其他收藏中的寫本進行校勘比對②。

德國東方寫本編目計劃對一片寫本的編目，其著録的內容包括：

1. 對寫本出土歷史方面的記録：寫本發掘處的編號縮寫；
2. 對寫本的行政管理記録：寫本所在處的編號；
3. 對寫本的制式描述記録；
4. 寫本內容分類編排；
5. 相關出版品及研究註記③。

柏林所藏所有以中古伊朗語書寫的寫本殘片都已數位化，其影像皆可見於吐魯番研究數位網站④。

新疆古代寫本為多國所收藏，然而對這些寫本數十年來投注最多心力，且有系統地研究、辨識、編目、出版，成果最為豐碩者，應屬德國吐魯番研究⑤。

---

① 本章節以上之所有內容參考自 Reck Ch.，"The middle iranian manuscripts from the Berl in Turfan Collection：diversity, origin and reused"：in Eurasian Studies Vol. XⅡ/1—2, 2014, pp. 541—542.

② Sander L.，"Early Pakrit and Sanskrit Manuscripts from Xinjiang（second to fifth/sixth centuries CE）：Paleography, Literary evidence, and their relation to Buddhist schools", in *Buddhism Across Boundaries*：Sino-Platonic Papers, 222（March, 2012）, p. 26.

③ Reck Ch.，"Kurz oder lang, hoch oder quer- Über die Buchformate der Sogder", Juni 2009, online-Publikation, URL：http：//orient. ruf. uni-freiburg. de/dotpub/reck. pdf, ISSN 1866—2943.

④ Reck Ch. 2014, pp. 541—542. 柏林吐魯番研究數位網站：http：//www. bbaw. de/bbaw/Forschung/Forschungsprojekte/turfanforschung/de/DigitalesTurfanArchiv

⑤ 上述之觀點，為印度古文字學專家同時也是參與吐魯番收藏寫本編輯出版的 Lore Sander 女士在 2013—2014 年間的一次會面中，對筆者所言。

（二）粟特寫本相關之文化背景

現存粟特文寫本的使用者——粟特人，其家鄉 Sogdiana 地處中亞兩大河流（Amu-Darya，Syr-Darya）之間，粟特是由許多位於 Zarafshan 和 Kashka-Darya 河沿岸的綠洲國所組成的，其中最負盛名者為康國（位於今烏兹別克境内 Samarkand 一帶）和安國（位於今烏兹別克境内 Bukhara 一帶），即所謂的昭武九姓中的康與安二姓。隋唐之際，粟特人在連接中國到西方的絲路國際貿易上居領導地位，粟特語言應流通於當時的絲路道上。致使在此期間，許多粟特人移居至中国新疆及内地。由於阿拉伯勢力進入中亞，約在 10 世紀末粟特滅亡，操持粟特語者移居至新波斯及後來的烏兹别克[①]。

粟特文字是一種發展自敘利亞—阿拉米語（Syrisch-aramäisch）的文字。現存最早的物證，見於出自敦煌附近長城烽燧遺址公元 4 世紀的古代書信，從中可見古代粟特文與阿拉米語文字的相似性，及其横嚮書寫的書寫方式。現今出自撒馬爾干附近 Mug 山公元 8 世紀初的粟特文信件是出自粟特本地的古代粟特文的物證，同樣是以横嚮的書寫方式書寫。但直嚮書寫的書寫方式，在 7 世紀時也同時出現在粟特地區。玄奘《大唐西域記》卷第一對粟特文有如下的記載：

> 自素葉水城，至羯霜那國，地名窣利，人亦謂焉。文字語言，即隨稱矣。字源簡略，本二十餘言，轉而相生，其流浸廣，粗有書記，竪讀其文，遞相傳授，師資無替。

其中的“竪讀其文”便是指出現在粟特本地的直嚮書寫方式。除了玄奘的《大唐西域記》記載粟特文的直嚮書寫外，直接的物證見於公元 8 世紀出自撒馬爾干附近 Afrasiab 的一件壁畫上的題銘，以及 10 世紀 Ladakh 的一段銘文。

用以書寫粟特文以及古突厥文的文字，基本上是一樣的，粟特文的文字比古突厥文的書寫文字要古老些。現存古代粟特文的物證大部分出自敦煌藏經洞與吐魯番地區約公元 8 至 10 世紀的文書以及出自 Bugut 和 Karabalgasun 寫在石頭上的文字。古代維吾爾人承襲了粟特文字，加上一些特殊符號而將粟特文字進行了一些修改，並對書寫方法作了進一步的發展。之後，蒙古人沿用了這樣的文字，並直嚮書寫。現在的伊朗人一直是横嚮閱讀，而出自今塔吉克斯坦的 Penjikent 的一件銘文被證明是直嚮書寫的。因此，粟特文手稿是直書、横書兩種書寫方式都存在。因此，基本上，如果一件粟特文殘件，其原本是書寫在歐洲式

① 吉豐田（Yutaka Yoshida），“A handlist of Buddhist Sogdian texts” in “京都大學文學部研究紀要” 第 54 號，2015a，p. 167.

的書籍（Kodex）裝訂形式上，那就應該是橫嚮書寫與橫嚮被閱讀；但如果殘片原先是書寫在手卷或梵筴裝形式上，那就應該是直嚮書寫與直嚮被閱讀①。

二、粟特文佛經寫本學概述②

（一）寫本的出土、收藏與數量

現存的粟特文佛經寫本，大多發現自敦煌藏經洞與吐魯番綠洲地區。出自吐魯番綠洲地區的粟特文佛經寫本，主要出自高昌古城；有些文本殘卷出土於吐魯番附近地區，如吐峪溝、交河（Yarchoto）以及碩爾楚克（Šorčuq）（位於焉耆（Karašahr）附近）；其餘的寫本殘卷則出土地不詳，或没有著録。這些寫本在20世紀初被帶到歐洲及日本，主要分藏於以下五處：巴黎國家圖書館、大英圖書館、柏林吐魯番收藏部（分貯於柏林亞洲藝術博物館以及柏林國家圖書館東方部門）、蘇俄聖彼得堡科學院 Vostočnych Rukopisej 研究所，以及日本京都的龍谷大學。新近的發現則收藏於北京國家圖書館等其他中國境内的博物館及圖書館。發現自敦煌藏經洞的佛經寫本，在質量與研究編輯上，都優於出自吐魯番綠洲地區的寫本，因為後者大多為斷簡殘編，使得文本内容在研究推斷上大受限制，也因此衹有部分的粟特文佛經寫本出版③。

柏林吐魯番收藏的粟特文寫本，其現狀大多為斷簡殘編，其數量與内容大致可歸納如下：

1. 約五百件以摩尼教文字書寫的摩尼教寫本殘片④，以及約五百件以粟特文字書寫的

① 本章節有關粟特文字之内容，參考自2017年12月21日 Reck 女士以郵件回覆筆者所提有關粟特文字書寫及發展之相關問題的答覆。此外，亦參考自 Reck Ch.，2009，online-Publikation，URL：http：//orient. ruf. uni-freiburg. de/dotpub/reck. pdf，ISSN 1866—2943.

② 本章節之内容，主要參考依據如下資料來源：（1）德國粟特文寫本專家 Dr. Christiane Reck 女士於2017年在《伊朗語言文化研究手册》（Handbuch der Iranistik）第二册第七章“寫本學”中所發表的一篇《佛教粟特寫本學》（Buddhistisch-sogdische Manuskriptologie）專論。文中她綜合了近百年來歐美及日本學者對粟特文佛經寫本的研究成果，並提出此領域最新的研究方嚮。（2）Reck 女士提供給筆者的當今最新的粟特文佛經寫本研究資料。（3）近一年來，筆者通過書信往返請教 Reck 女士有關粟特文、粟特寫本的收藏與研究所得的知識。另外，本文有關柏林吐魯番所藏粟特文佛典的數量與内容及相關之圖片，皆承蒙 Reck 女士慷慨提供，在此表達由衷之謝意。

③ Reck Ch.，2017，p. 385.

④ 有關柏林所藏約五百件以摩尼教文字書寫的摩尼教寫本殘片的研究請詳 Enrico Morano，“A Working Catalogue of the Berlin Sogdian Fragments in Manichaean Script”，in M. Macuch，M. Maggi and W. Sundermann（eds），“Iranian Languages and Texts from Iran and Turan”：Ronald E. Emmerick Memorial Volume，Wiesbaden，2007，pp. 239—271.

摩尼教寫本殘片[①]，亦即共計約一千件的摩尼教寫本殘片；

2. 約五百件以粟特文字書寫的佛教寫本殘片[②]；

3. 約五百件以敘利亞文字書寫的基督教寫本殘片[③]，以及約五百件以粟特文字書寫的基督教寫本殘片[④]，亦即共計約一千件的基督教寫本殘片；

4. 除此之外，還有約一百件不明其出處的寫本殘片，以及約五十件以婆羅迷（Brāhmī）文書寫的很小的寫本殘片。

以數量而言，柏林吐魯番所藏粟特文佛典的數量冠於全球；而巴黎與倫敦所藏文書，雖然數量上較少，但在内容上卻豐富許多[⑤]。

（二）粟特文佛經寫本的定年及其文本依據

幾件敦煌出土的粟特文寫本，根據其紙張特徵以及末頁提署（版本記録），可定年為公元7世紀後半葉以及公元8世紀前半葉[⑥]。這樣的定年，符合對部分的吐魯番殘卷特别是手卷殘件的定年。然而，大部分的粟特文寫本很可能是在9或10世紀間完成的[⑦]。在有些粟特文寫本中，來自維吾爾佛經書寫者的影響是有證可循的。在定年為10—11世紀的粟特文寫本中，可見古突厥書寫者的名字及其語言影響[⑧]。

粟特文佛典的遺存證明了以下兩點有關古代粟特人的佛教信仰狀況：

1. 中國境内的粟特人，自公元7世紀開始，便有信奉佛教者，而其使用的重要佛經早先是譯自漢文佛典，但也有些是譯自梵文及吐火羅語文本[⑨]；

2. 在粟特本地，佛教並未紮根[⑩]，也因此粟特佛教徒未能從其母國獲得任何的贊助，

---

① 有關柏林所藏約五百件以粟特文字書寫的摩尼教寫本殘片的編目研究請詳 Reck Ch., *Verzeichnis der Orientalischen Handschriften in Deutschland*（《德國所藏東方寫本目録册》）：Band XⅧ, 1（第18册，第1部分）。

② 同上，第2部分。

③ 同上，第4部分。

④ 同上，第3部分。

⑤ 上述有關柏林吐魯番所藏粟特文佛典的數量與内容相關資料，為德國粟特文專家 Reck Ch. 女士所整理與提供，謹此由衷感謝她對筆者的熱忱協助。

⑥ Yoshida, "Buddhist literature in Sogdian", in *The Literature of Pre-Islamic Iran*, edited by Ronald E. Emmerick, Maria Macuch, 2009a, p. 288; MacKenzie, D. N., "The Buddhist Sogdian Texts of the British Library", Acta Iranica 10, Téhéran/Liège, 1976, p. 10f; Reck, 2017, p. 385.

⑦ Henning W. B., Mitteliranisch, in Handbuch der Orientalistik, 1. Abt., 4. Bd.: Iranistik, 1. Abschnitt: Linguistik, Leiden; Köln, 1958, p. 55.

⑧ Sundermann W., "A Fragment of the Buddhist Kāñcanasāra Legend in Sogdian and its Manuscript", in *Ancient & Middle Iranian Studies I*, 2006, p. 717.

⑨ Reck Ch., 2017, S. 385.

⑩ Yoshida, 2009a, pp. 288—292.

而使得粟特文佛典和印度、古突厥文和漢譯經典比起來相對較少，但也因而顯得更加珍貴。

（三）粟特佛經寫本研究回顧概述

粟特文佛經寫本的研究，在寫本被發現之後便立即展開，出自敦煌的寫本很快地便被辨識、出版及評論。這些出版品的內容主要關注點在粟特文寫本的內容闡明以及與之相對應的漢譯佛典的比對上；而與文本相關的語言學以及佛學的分析研究，自始至今都還持續着。然而有系統地對敦煌手稿寫本的研究，至今尚未開始。柏林吐魯番部所藏粟特文寫本的出版，是從內容豐富、可快速辨識的殘片開始出版。德國學者 Sundermann 與日本學者 Yoshida 在其出版品中貢獻了他們對寫本學（Manuskriptologie）與時俱進的觀點，然而至今尚無全面性地對粟特文佛典寫本學的研究①。

Henning W. B. 對粟特文及其書寫方嚮做了基礎性的研究，而關於粟特文、書寫方嚮以及書籍開本的繼續討論，則見於其他論著的相關段落中②。有關中亞佛教文學基本特點的研究，可從 A. V. Gabains 女士於 1964 年所發表的著作③中對於古突厥的書寫文化和印刷術的討論探其梗概。

（四）寫本的紙張

粟特文佛經是寫在紙張上的。出自敦煌藏經洞中的粟特文寫本手卷，其高品質的書寫紙張，被認為是中國所製，其製作年代應在藏族進入敦煌（公元 786／787 年）之前。其尺寸大小高約 26 厘米，寬約 46—50 厘米。而部分出自吐魯番的粟特文佛經手卷殘片紙張，也應屬於這個時期所製的同類紙張。在此時期之後，所製造的紙張品質較差，尺寸也較大④。

20 世紀初以來，在研究中亞出土的寫本上，特別是對以中文及古突厥文書寫的手稿，通常使用日益精準細緻的自然科學研究方法來探討⑤。1980 年代西歐地區的學者提出“寫本的物質性”探討研究，使用自然科學的材料分析方法對古代寫本進行材料分析研究，進

---

① Macuch M.，“Iranische Literaturen in vorislamischer Zeit”，in HdI，2013，pp. 294—296. Reck，2017，p. 386.

② 例如 Reck Ch. 於 2007 年九月的第三屆德國東方學家日（XXX. Deutscher Orientalistentag）所發表的一篇有關粟特文的書寫方嚮及其書籍形式的研究（Kurz oder lang，hoch oder quer- Über die Buchformate der Sogder）。

③ Gabain，A. v.，Alttürkische Schreibkultur und Druckerei“ 刊載於 Philologiaae Turcicae Fundamenta，Teil 2，hg. p. N. Boratav et al.，Wiesbaden，1064，pp. 171—191.

④ Kudara K&Sundermann W.，Fragmente einer soghdischen Handschrift des Viśe acinti-brahma-parip cchā-sūtra，1991，p. 249；Yoshida 2009a，p. 291.

⑤ Colditz，I.，“Die Manuskriptologie der iranisch-manichäischen Turfantexte”. HdI，2013，p. 353.

而出現所謂的“新文字學”（New philology）以及“物質文字學”（Material philology）。古代寫本的材料分析研究，主要是指對紙張纖維和書寫的黑色及其他顔色墨水的分析①。德國柏林布蘭登堡研究院吐魯番研究部，在一項和德國聯邦材料研究局（Bundesamt für Material-forschung）共同合作的研究計劃中，便針對幾件從敦煌和吐魯番寫本中挑選出的紙張進行研究②。由於這些古代紙張當時生産時，使用了差異性很大的製造原料，亦即不同的植物纖維以及再度回收使用的織品纖維，以至於這些古代紙張在分析的結果上，出現了非常不同的結構組織。這種現象也可能出現在製作於 10—11 世紀的粟特文佛經寫本殘片之中③。

而在墨水的材料分析上，柏林布蘭登堡研究院吐魯番研究部、漢堡大學寫本研究中心、德國材料研究測試研究院以及哥廷恩科學研究院共同合作，針對十件以粟特文書寫的伊朗文寫本上的墨水進行分析研究，結果顯示：黑色墨水的成分有銅和鉛，而紅色墨水主要是以硃砂為顔料（有些紅色墨水以純硃砂為顔料；有些則為硃砂和鉛相混合，或硃砂和紅鉛相混合；有些則為硃砂和鉛與鐵相混合）。紅色墨水中所加的紅鉛導致寫本上的紅色墨水褪色或變色，而墨水中的砷則有抑制顔料的腐蝕及變色的作用④。通過寫本材料研究發現：這些粟特文寫本有着不同的紙張與不同成分的墨水。據此可知，這些粟特文寫本可能使用了不同的技術和材料來製作，因此，很可能是出自不同的生産地區。寫本的材料分析為研究寫本的專家提供了哪兩張或多張的斷簡殘編寫本原先可能同出於一本書的可能性⑤。

出自吐魯番的粟特文手卷寫本，原先是單面書寫，後來被裁切成許多段而用以書寫古突厥文不同性質的文本，爾後這些殘片有些又被用作其他用途。這種紙張再利用的情形亦見於敦煌寫本上，例如伯希和從敦煌帶回的寫本（編號：Pelliot chinois 2020，Pelliot chinois 2021，Pelliot chinois 3515），其背面便用以書寫次要的漢文文稿⑥。

幾件出自吐魯番的印度形式書籍（Pustakabuch）殘片，在紙張的表層出現了一層白色的石膏層，文字便書寫在此石膏層之上。這種現象主要出現在内容為講述故事的寫本殘片上，其用意是否為藉以提高寫本的價值並用以保存文本，或是有其他未知的作用，對此，尚未能確定。像這樣在紙張的表層塗上一層白色的石膏層的現象，同樣見於其他語言例如

① D. Durkin-Meisterernst et al., Journal of Cultural Heritage 17（2016）7—13, Berlin, pp. 7—8.

② Rischel A. G., “Old Turkish Fragments from the Berlin Turfan Collection. Paper analysis of 62 manuscripts and block prints”, Alttürkische Handschriften Teil 8: Buddhica aus der Berliner Turfan-sammlung, Teil 1: Das apokryphe Sutra Säkiz yükmäk yaruk, beschr. v. S. -Ch. Raschmann, Stuttgart 2012, pp. 265—311.

③ Reck, Ch., 2017, pp. 386—387.

④ D. Durkin-Meisterernst et al., 2016, p. 11.

⑤ D. Durkin-Meisterernst et al., 2016, pp. 12—13.

⑥ Reck, Ch., 2017, p. 391.

梵文寫本殘片上①。

（五）現存寫本原先呈現的書籍形式

出自吐魯番與敦煌的粟特文寫本，其書籍形式大致上可分為兩種：一種為仿效中國的手卷形式，另一種為仿效印度所謂的 Poṭhī 或 Pustaka，亦即類似一般熟悉的貝葉裝或梵筴裝。

在敦煌所藏寫本中的手卷，有一部分是模仿中國手卷形式製作而成。在伯希和收藏中，有一個保存完整的手卷，寬 25.5 厘米，長 770.5 厘米，内容為《因果業報經》。在卷首及卷尾皆書有經名，以及《三歸依文》。在手卷背面開端書有經名，此外，在經文末端書有經名，並且在捲雲狀花紋邊框裝飾下，以中文書寫了所有者之名（曹景泰?），根據其姓氏（曹），可知此手卷應為一位粟特人所有②。

柏林吐魯番部收藏的寫本殘片，絶大多數為非常小的殘片，這些殘片有些顯示出黑色或灰色的邊綫以及行綫，一如中國式文書常見的情形。粟特文寫本中的每一行文字並不填寫於既定的欄内，而是每行之間僅留存很小的間距。

在吐魯番廣為流傳的書籍形式為仿效印度的梵筴裝，通常在書頁的三分之一處，會有一個供穿繩用的圓孔，但有些書頁則無，而是衹留一個呈圓形或四方形的空白處。粟特文寫本在梵筴裝的文字書寫上，有短行與長行之分。在短行寫本中，每一行是平行於書頁較短的一邊；在長行寫本中，每一行是平行於書頁較長的一邊。短行的梵筴裝寫本有不同的大小尺寸，如有 14.7 厘米 ×48.5 厘米，最小的尺寸至少也有 12.5 厘米 ×40 厘米。大尺寸短行的粟特文梵筴裝寫本，如柏林所藏的大乘《大涅槃經》，其修復還原後的尺寸為 27 厘米 ×59 厘米③。長行寫本的尺寸大多較小，約 20—30 厘米 ×10 厘米，例如 30.9 厘米 ×8.3 厘米或 28.0 厘米 ×10.0 厘米。值得注意的是，這類在吐魯番地區廣為流行的梵筴裝形式，在敦煌衹出現一例④。

（六）寫本的頁碼與標題

手卷形式的粟特文寫本並沒有頁碼，衹有梵筴裝的寫本纔有編碼的需要。粟特文寫本

---

① Reck Ch., Mitteliranische Handschriften, Teil 2: Berliner Turfanfragmente buddhistischen Inhalts in soghdischerSchrift, beschrieben von Ch. Reck. Stuttgart 2016.（VOHD XVIII, 2）, p. 453.

② Gauthiot R., Le Sûtra des Causes et des Effets du bien et du mal. Paris 1926, v; Reck, 2017, 387.

③ Sundermann W., "A Sogdian Maha¯ya¯namaha¯parinirva¯ṇasu¯tra manuscript", "The Way of Buddha" 2003: The 100th Anniversary of the Otani Mission and the 50th of the Research Society for Central Asian Cultures, hg. T. Irisawa, Kyoto 2010, p. 76f.

④ Reck Ch., 2017, p. 388.

的頁碼有時單獨出現，有時則為書頁標題的一部分。梵筴裝的標題並没有醒目的裝飾紋飾，其作用在於協助内容的閲讀。所謂的頁碼標題，在短行寫本中，其所放置的位置是標示於經文之前；而在長行寫本中，則横置於經文上方。標題通常都以小寫書寫，其内容大多包括一部作品、書或是章節的簡要名稱以及頁數標示（數字＋頁）。粟特文寫本上的頁碼標題通常出現在寫本的正面，這種情形與大多數的古突厥語以及其他的梵筴裝寫本是相反的[①]。然而部分粟特文寫本上的頁碼標題也有出現在寫本反面的，例如一件粟特文長行書寫的梵筴裝《金剛般若論》(Vajraprajñā-sāstra）寫本[②]。

（七）版本記録或末頁題署

有些手稿存有版本記録或至少有部分記録。各種版本記録内容不一，但共通之處在於，這些版本記録都以明顯的符號標示出三皈依用語：Namo Buddha（南無佛)、Namo dharma（南無法)、Namo saṅgha（南無僧)，並以此為版本記録的開端。版本記録通常會用比正文字體大一些或小一些或不同於正文的字體書寫，藉此與正文做一區别。内容最為豐富的版本記録，其内容在三皈依文之後，為：委托製作者的所在地、日期、名字與出身，以及詳細記録功德回嚮給家人的題記。其他的版本記録除了記録經名之外，還寫上所有者或書寫者之名（大部分是僧人之名或是古突厥人名)，以及對讀經者的祈願。有些粟特文佛經寫本是以古突厥文的版本記録作結尾的。類似的情況見於敦煌所藏的一個漢文佛經手卷，其背面以粟特文書寫經名[③]。

（八）寫本上的插畫

有關華麗的手稿插圖，最重要的一個例子為粟特文本《阿離念彌長者本生》（Araṇemi-jātaka）的梵筴裝插畫[④]。其經頁的正面為經文，背面整頁是與經文内容相對應的插畫。基於經文是以垂直方嚮書寫的長行梵筴裝形式，推測此手稿可能為直立式的書籍形式（Vertikales Buchformat)。在吐魯番文書中，還有其他的插圖碎片，其插圖没有佔滿一整頁，這

---

① Sundermann W., 2006, 717; Sundermann, 2010, p. 77.

② Sundermann W., Rez. V. D. N. MacKenzie (Hg.), "The Buddhist Sogdian texts of the British Library", BSOAS 40, 1977, pp. 634—635.

③ Reck Ch., 2017, p. 388.; Yoshida, 2009a, p. 326.

④ Sundermann W., "Eine soghdische Version der Araṇemi-Legende". De Dunhuang à Istanbul: Hommage à James Russell Hamilton, hg. M. Bazin, p. Zieme, Turnhout 2001, pp. 339—348, Taf. XXIV—XXXII.; Ebert, J. "Sogdische Bildfragmente der Araṇemi-Legende aus Qočo in Turfan". De Dunhuang à Istanbul: Hommage à James Russell Hamilton, hg. M. Bazin, p. Zieme, Turnhout 2001, pp. 25—41, Taf. I—XIX.

些插圖碎片至今尚未辨識，也未找到與之相對應的經文[①]。

（九）書寫的文字及書寫方式

粟特文佛經寫本是以粟特當地的文字書寫。粟特文字是一種發展自敘利亞—阿拉米語（Syrisch-aramäisch）的文字，其常見的書寫方式是以斜體字書寫，其中許多字母之間很難區分，甚至無法區別。許多粟特文佛經寫本，特別是以手卷形式書寫的佛經，是以較標準的字體書寫；雖然也是以斜體字書寫，且每個字之間相連在一起，但每個字母之間的區別都標示得很清楚。過去將這樣的書寫文字稱為“經書文字”（Sūtra-Schrift）[②]，後來 Sims-Williams 於 1976 年將之改為“正式形式文字”（Formale Schrift），因為這樣的書寫文字並非衹出現在佛經的書寫上[③]。許多出自吐魯番的粟特文寫本殘片是以不同方式的斜體字來書寫的。對於粟特文字，特別是考量到其與維吾爾文之間的關聯性，與之相關的詳細古文字學，目前尚無研究出現。

在柏林所藏吐魯番寫本中，有幾件粟特文寫本殘片是以婆羅謎文書寫的，這類殘片的內容大都與醫學有關[④]。有一件寫本殘片被確定是以梵文與粟特文雙語書寫的，其內容為《天譬喻》（Divyāvadāna）中的一句偈頌。粟特文手卷及梵筴裝寫本上，由左嚮右閱讀的文字書寫方式，被證明於公元 5 世紀下半葉時，便已出現在粟特本土以及印度河上游地區的銘文上了[⑤]。粟特文梵筴裝寫本應該就是普遍依據這樣的傳統書寫形式而書寫。

（十）內容更正的標記與雙語書寫

若抄寫之文句有遺漏而需增補之時，將欲增補之字，以小一點的字體寫在要加入之行的旁邊；而在增補之字插入之處，在此行的另一邊，標示以一個小“十”字。有一個增補之例，是將遺漏之文句寫在一張紙條上，並黏貼於手稿上。而當已經書寫上之文句需刪除時，則在欲刪除的文句下方，點示其邊綫。

除了上述有一部粟特文佛經寫本是以古突厥文書寫其版權題署，以及書寫者的姓名是古突厥文書寫外，粟特文佛經寫本並没有明顯的以粟特文與古突厥文同時雙語併行書寫的

① Reck Ch.，2017，p. 389.

② Henning W. B.，Mitteliranisch，Leiden；Köln，1958，p. 55.

③ Sims-Williams，N. “The Sogdian Fragments of the British Libery”，in：Indo-Iranian Journal，1974，p. 44.

④ Reck Ch.，2017，p. 389.

⑤ Yoshida Y.，“When Did Sogdians Begin to Write Vertically?”. Tokyo University Linguistic Papers 33，2013，pp. 375—394.

情形①。

（十一）寫經學派與書寫工具

關於出自敦煌與吐魯番的粟特文以及古突厥文寫本的共通性和特徵的研究，至今尚未啓動。基於上述古突厥寫本上出現的書寫者之名，以及其他與粟特文寫本所共通的特徵，今人推測當時從事兩種文字寫本的書寫者，可能存在於共同的書寫學校及書寫工作坊。可能有些粟特文的書寫者已經突厥化到可以書寫兩種字體，而古突厥文的書寫者也能製作粟特文手稿②。

一般而言，寫本都是用黑色墨汁以及分叉的管狀羽毛所書寫，但是少數的佛教經典可能是用毛筆寫的。衹有極少數的粟特文佛經手稿，其部分章節是以紅墨書寫③。

小　結

由於出自敦煌與吐魯番的粟特文與古突厥文寫本在時空上有非常緊密的共通性，因此，未來對於粟特文佛經寫本的繼續研究，應該不僅止於將粟特文佛經寫本與漢譯以及其他語言佛典進行比對研究，同時也應朝着探討粟特文與古突厥文寫本的共通性與相異性方面去深入瞭解。

三、粟特文佛經概述

由於玄奘在公元630年左右到達粟特地區時，並没有記載當地的粟特人有信仰佛教，且由於很少的佛教遺迹在粟特地區被發現，因此學界認為：佛教並未傳入粟特地區④。由於粟特佛典大多發現自敦煌與吐魯番緑洲地區以及碩爾楚克（Šorčuq），且根據幾件留存下來的粟特佛典上的版權頁或題署，可知這些粟特佛典是翻譯於敦煌、洛陽和長安，因此學界認為：粟特人由於經商而來到中國新疆與内地，在移居到這些佛教興盛之地後，受到影響

① Reck Ch., 2017, pp. 390-391.

② Yoshida Y., "Die buddhistischen sogdischen Texte in der Berliner Turfansammlung und die Herkunft des buddhistischen sogdischen Wortes für Bodhisattva: Zum Gedenken an Prof. Kōgi Kudaras Arbeiten an den sogdischen Texten". Übers. V. Y., Kasai in Zusammenarbeit mit Ch. Reck, AOH 61, 2008b, pp. 340-344.; Yoshida, 2009a, pp. 288—329.

③ Reck Ch., 2017, p. 390.

④ Compareti M., Traces of Buddhist Art, Sino-Platonic Papers, 2008, p. 181.

而皈依佛教，並翻譯製作佛典。大多數粟特佛典的定年在 7 世紀下半葉和 8 世紀上半葉，且大多數粟特佛典是譯自漢譯佛典，小部分可能譯自梵文或吐火羅文。有一件出自吐魯番的粟特佛典殘片寫道：此經譯自庫車語，亦即吐火羅語 B。而一件出自敦煌的粟特佛典版權頁記載：一位住在洛陽名為 Chatfārātsrān 的粟特人，出資請粟特僧人 Jñānacinta 將一件印度佛經翻譯成粟特文。但由於相關的梵文或吐火羅文原典已不存在，因此無法比對證明其出處①。

早在一百年前，在伯希和從敦煌帶回保存完好的粟特文佛典回到巴黎不久，R. Gauthiot 比對漢文與粟特文佛經，而開始了粟特文佛典的解讀。百年來，在法、英、德、日等國學者的努力下，現今已有五十多部粟特文佛經被確認與研究，有些已出版，有些尚未出版。日本粟特文學者吉田豐將之分為以下四類②：

1. 從漢譯佛典中，可找到相對應經句的粟特文佛典。由漢譯佛典翻譯而成的粟特文佛典，在現存的五十多部粟特文佛典中佔多數，有 38 部之多；

2. 雖不明其直接來源出處，但其中部分經文內容已被辨識的佛典；

3. 混雜的經文；

4. 以粟特文字轉寫漢譯經文而成的佛經。由於這類經文基本上與漢語、維吾爾語經文相同，因此可視為維吾爾佛教的經文，例如《梁朝傅大士頌金剛經》。

（一）從現存粟特文佛經內容管窺粟特人的佛教信仰

雖然現存的粟特文佛典祇是原先的一小部分，但或許還是可據此管窺當時粟特人的佛教信仰內容。根據現存五十多部粟特文佛經，筆者對粟特佛教做了如下的分析與探討。

1. 主要信奉之神：觀世音菩薩與藥師琉璃光佛

現存的五十多部粟特文佛經中，包括直至今日還廣為流通的幾部大乘經典，如《金剛般若波羅蜜經》《般若波羅蜜多心經》《大方廣佛華嚴經》《佛説無量壽經》《大般涅槃經》《藥師琉璃光如來本願功德經》《維摩詰所説經》以及《大悲咒》（全稱《千手千眼觀世音菩薩廣大圓滿無礙大悲心陀羅尼經大悲神咒》）等。此外，尚有多部密教經典，如《佛説灌頂七萬二千神王護比丘咒經》《佛説大輪金剛總持陀羅尼經》《地藏菩薩陀羅尼經》《觀世音菩薩秘密藏如意輪陀羅尼神咒經》《觀自在菩薩如意輪念誦儀軌》《不空羂索咒經》，

---

① Tremblay, X., "The spread of Buddhism in Serindia: Buddhism among Iranians, Tocharians and Turks before the 13 Century", in A. Heirman and S. p. Bumbacher (eds.), *The Spread of Buddhism*, Leiden/Boston, 2007, pp. 75—129. 上述有關粟特佛教背景筆者主要參考自：吉豐田（Yutaka Yoshida），2015a，168 以及 Yutaka Yoshida（吉豐田），2009a，pp. 288—290.

② 吉豐田（Yutaka Yoshida），2015a，pp. 169—176.

從中可見密教觀世音菩薩信仰的盛行。

上述粟特文手稿佛典，之所以被認定是依據漢譯佛典翻譯而成，在於比對粟特文與漢譯佛典後，找到了相對應的經句。例如在 E. Benveniste 於 1940 年出版的《粟特語文本編輯、翻譯和評論》（*Textes sogdiens, édités, traduits et commentés*）一書中第 14 號文本第 26—35 行的內容：

> 結此手印於心……必須清晰思慮如來的三十二相、八十種好現於眼前，必須真誠唸誦此咒語：Oṃtathāgato bhavāya svāhā 七遍。由於結此手印及持咒語，所有如來當留意到你，他們將守護你並放光於你。任何你所犯的重罪及不該有的行為將全數消失殆盡①。

特別是後半段的內容："由於結此手印及持咒語，所有如來當留意到你，他們將守護你並放光於你。任何你所犯的重罪及不該有的行為將全數消失殆盡。"其與以下之漢譯相近似：《觀自在菩薩如意輪念誦儀軌》："由結此印及誦真言故。即警覺一切如來，悉當護念加持行者，以光明照觸。所有罪障皆得消滅。"

除了觀世音菩薩外，藥師琉璃光佛在粟特佛教徒中，也是很受歡迎的一位。因為四件不同的粟特文寫本，其內容皆與《藥師琉璃光如來本願功德經》有關，一件出自敦煌，另外三件出自吐魯番。這四件之中，除了一件出自吐魯番的寫本外，其他三件是譯自玄奘的譯本《藥師琉璃光如來本願功德經》。現存粟特文寫本中，有一段描述若要去除病痛，應禮拜藥師琉璃光如來的方法，如：念誦此經四十九遍，憶念於心，造藥師琉璃光如來佛像七尊，並點燈四十九盞，放生四十九個衆生等②。

由於許多粟特文佛典製作於唐代都城長安與洛陽，或唐代西域督護府勢力範圍內的敦煌和吐魯番，所以現存粟特文佛典的內容，也在某種程度上反映了唐代佛教的內容，或可說是反映了唐帝國之內外族的佛教信仰。

2. 經、律、論三藏具足

雖然現存粟特文佛典以經為大宗，有關律與論內容的粟特文佛典為數不多，僅見《四分律》《四分律刪繁補闕行事鈔》《四分僧戒本》以及《阿毗達磨俱舍論》，但據此可說粟特佛典內容是經、律、論三藏具足。上述一件出自敦煌的粟特佛典，記載了一位住在洛陽名為 Chatfārātsrān 的粟特人，出資請粟特僧人 Jñānacinta 將一件印度佛經翻譯成粟特文。這

① 上述經文內容為筆者根據 Yutaka Yoshida（吉豐田），2009a，p. 296 中的英譯翻譯而成。

② 相關經句文本請詳 Benveniste E.，*Textes sogdiens, édités, traduits et commentés*（《粟特語文本編輯、翻譯和評論》）1940 年出版的第 6 號文本第 125—43 行。另詳 Yutaka Yoshida（吉豐田），2009a，p. 293.

顯示在洛陽有粟特僧人，因此也可推論：在洛陽地區很可能曾經存有粟特人所建之佛寺。在有僧有寺的情況下，律藏的存在便屬必要，因此現存寫本中有《四分律》《四分律删繁補闕行事鈔》《四分僧戒本》等粟特文律藏的遺存。前後有五部律自印度傳至中土，何以粟特文的律書目前衹見《四分律》殘片的遺存？這應與《四分律》在唐代的興起有關。《四分律》（Dharmagupta-vinaya）原為印度上座部系統法藏部（Dharmagupta）所傳之戒律，是自印度傳來的五部律之中，在中土最為發揚光大並傳佈於後的一部律藏。《四分律》於唐代初年興起，這與中國律宗長安終南山南山宗的創立者道宣（596—667）不無關係。他著作等身，其中號稱為“南山三大部”中的《四分律删繁补阙行事钞》便有粟特本傳世，可見粟特佛教與唐代佛教的密切關聯性。

3. 在家衆的信仰内容

從現存的粟特文佛典可以推測，在粟特佛教徒之間所流傳的佛教信仰，有强調因果關係與不應食肉等内容。講述因果關係的相關經典有《佛為首迦長者説業報差别經》《佛説善惡因果經》以及《佛説灌頂七萬二千神王護比丘咒經》。例如，粟特文殘件編號 SCE 6—12、60—67、67—70、82—83、90—91、217—218、252—255、496—500 的内容與《佛説善惡因果經》有關，其中編號 SCE6—12、60—67 的内容為阿難嚮佛請問善惡因果的關係，最後佛告阿難：“你所問的問題，全部與前世所行有關。由於過去世中，每位衆生之心行不同且互不相等，所以其報應也就有千萬種不相同的類别。”① 對於因果報應果真不爽的懷疑，見於一件出土於吐魯番的粟特文殘件，其内容如下：“我父母受苦如是，且一直忍受着地獄（般）的折磨，雖然他們行善無數，他們依舊生活艱困。我真不知何以至此。所以，我問佛陀（緣由何在）。”② 很可惜，粟特文本中有關佛陀對此一問題回答的部分已佚失了。

而禁止喝酒吃肉也是粟特佛教所强調的内容。有一部尚未辨識其出處的粟特佛典 D: BSTBL: 7—11，其版權頁指出，此經翻譯自印度原典③。此經列舉飲酒的禍害如下：

> 酒醉令原先亮麗的身體變得卑劣，令統治者失去權力，令智者失去智慧，令有名望者因而變得默默無聞，令富人變窮，並且為衆生所厭惡。因此之故，不應喝醉人之飲。

---

① 這些粟特文殘件的内容請詳 MacKenzie D. N. “The Sūtra of the Causes and Effects of Actions” in Sogdian, London, 1970, pp. 2—5、4—7、12—15、28—29，以及 Yutaka Yoshida（吉豐田），2009a，pp. 301—302.

② Yutaka Yoshida（吉豐田），2009a，p. 302.

③ 吉豐田（Yutaka Yoshida），2015a，p. 175.

此經的結尾寫道："飲酒的禍害與罪過罄竹難書，在此謹簡述一二。"①

在現存佛典中，篇幅最長者為《須達拏本生》（請詳後述），其次便為一部內容講述不應食肉之經，經中用了1200行告知衆生不應食肉的道理。這部經衹有前段22張經頁不存，其餘皆完整保存。其中最主要講述不應食肉的理由如下：

> 不殺與不吃肉者，不受（所有）許多的疾病之苦。任何祈願不再世世輪迴受疾病之苦的人，就必須絶對節制而不吃肉。那是因為一顆佛（性）種子存在於（所有的）五種衆生以及四大（構成萬物的四大元素）之中，且因為每個衆生皆當成佛②。

此經有一段佛陀對阿難講説不應食肉的道理如下：

> 諦聽！不論我過去世以任何生命形式出現，我一直都是慈悲而不殺生……由於我不吃肉喝酒，因此我得正覺……深思以下事實真相：肉不生長於樹上，也非從草叢中所生出。肉並不由大地所生，肉的取得，僅來自於殺生，將頭砍下，把身體剁成塊③。

在柏林的吐魯番收藏中，有三件粟特文小殘片與此經有關，但分屬不同的翻譯經典④。可見有關不食肉的經典在吐魯番地區的粟特佛教徒中，應是相當流行的。

（二）粟特文佛經故事

1. 粟特文佛經故事集的來源

自早期印度佛教以來，講授佛經故事是傳達佛教義理的一種善巧方便。早在佛教教義仍以口誦方式流傳，尚未被刻寫下來之時，幾則屬於公元前3世紀或公元前2世紀所流傳的佛本生故事，便已被刻成浮雕，裝飾在印度巴爾戶（Bhārhut）和桑奇（Sanchi）佛塔的石欄上了。由此可見，最遲在公元前2世紀後半葉時，許多本生故事在印度已廣為流傳，

---

① 寫本編號Or. 8212.191，第7—11行，相關經文翻譯請詳MacKenzie D. N.，1976，pp. 8—11；Yutaka Yoshida（吉豐田），2009a，p. 297.

② 此經文文本請詳E. Benveniste，*Textes sogdiens，édités，traduits et commentés*（《粟特語文本編輯、翻譯和評論》）1940年出版的第2號文本中的第39—46行。另詳Yutaka Yoshida（吉豐田）Buddist literature in Sogdian，2009，p. 297.

③ 此經文文本請詳E. Benveniste，*Textes sogdiens，édités，traduits et commentés*（《粟特語文本編輯、翻譯和評論》）1940年出版的第2號文本中的第1198—1213行。另詳Yutaka Yoshida（吉豐田）2009，p. 298.

④ Yoshida，Y.（tr. Bz Y. Kasai and Ch. Reck）"Die buddistischen sogdischen Texte in der Berliner Turfansammlung und die Herkunft des buddhistischen sogdischen Wortes für Bodhisattva"，Acta Orientalia Hungarica 61/3，2008，pp. 335—337.

且被視為是神聖重要的，故被用來裝飾圍繞於埋葬佛骨舍利或象徵佛陀的佛塔四周①。這個傳統隨着“説一切有部”傳到新疆絲路一帶，有部譬喻師以譬喻手法傳授佛經義理，使得本生與譬喻成為絲路緑洲洞窟寺院壁畫上很受歡迎的主題。

在佛教經典為數不多的故事譬喻集當中，《天譬喻》(*Divyāvadana*) 與“根本説一切有部”關係密切。學界一致的看法是：《天譬喻》是由“根本説一切有部”在大約公元200—350年間所完成的②。有一件粟特文殘件被D. Maue辨識出與《天譬喻》有關，且其中有一句梵文偈頌旁邊有以婆羅謎文書寫的粟特語翻譯③。雖然研究證實：現存的粟特文佛教經典與漢譯佛典有密切關係，但這件粟特文《天譬喻》殘件，應作如是理解：來自中亞的粟特人，在其從家鄉經絲路來到中國内地的過程中，應有很多機會接觸到北印度、犍陀羅及中亞絲路所流通的佛教經典。因此，雖然《天譬喻》(*Divyāvadana*) 不見有漢譯本，但這件粟特文《天譬喻》殘件證明了《天譬喻》已流通於粟特佛教徒之間了。

佛經故事的流傳有一大部分是以中亞語言書寫的，然而由於大部分中亞佛經故事寫本的保存狀況不佳，大多為斷簡殘編，衹有非常少數的故事結集，其内容不足以提供故事的原典出處、編輯完成的時間或其流傳過程的訊息。漢譯《賢愚經》算是一個例外。除此之外，回鶻文《十業道譬喻鬘》(*Daśakarmapathāvadānamālā*) 雖為殘卷，但也算是難得傳留至今的一部中亞佛經譬喻集④。《十業道譬喻鬘》已被證實有多種中亞語言文本：吐火羅文A (焉耆語)、吐火羅文B (庫車語)、粟特文與回鶻文，其中衹有回鶻文的《十業道譬喻鬘》保存情況較佳，其餘吐火羅文A、吐火羅文B及粟特文的《十業道譬喻鬘》都衹是殘卷⑤。

根據回鶻文《十業道譬喻鬘》的版權頁，回鶻文本是翻譯自吐火羅文A (焉耆語)，而此焉耆語文本又是翻譯自吐火羅文B (庫車語)⑥。而以現存粟特文《十業道譬喻鬘》的殘片與回鶻文本相比對，德國粟特文學者Sundermann認為粟特文的《十業道譬喻鬘》很可能同樣翻譯自吐火羅文文本⑦。現已辨識的粟特文《十業道譬喻鬘》中的故事為《虔闍尼婆梨王本生》(Kāñcanasāra-Jātaka)。

---

① Rhys Davids, Buddhist Birth-stories, London, George routledge and sons, pp. liv-lv.

② Rotman, Andy, *Divine Stories. Divyāvadāna-Part* 1, Boston, 2008, p. 6.

③ Sims-Williams, N. „ The Sogdian in Brāhmī script", in : R. E. Emmerick et al. (eds.), Turfan, Khotan und Dunhuang, Berlin, 1996, p. 307; 吉豐田 (Yutaka Yoshida), 2015a, p. 174.

④ Ehlers, G. , " Kurzfassungen buddhistischer Legenden im Alttürkischen ", in: *Buddhistische Erzählliteratur und Hagiographie in türkischer Überlierung*, ed. J. p. Laut, K. Röhrborn, Woesbaden 1990, p. 3.

⑤ Peyrot, M.; Wilkens, J. , "Two Tocharian B Fragments Parallel to the Hariścandra-Avadāna of the Old Uyghur Daśakarmapathāvadānamālā", in *Acta Orientalia Academiae scientiarum Hung.* Volume 67 (3). 319—335 (2014), p. 319.

⑥ Jens Wilkens-Georges-Jran Pinault- Michaël Peyrot, A Tocharian B parallel tot he legend of Kalmāsapāda and Sutasoma of the old Uyghur Daśakarmapathāvadānamālā, in *Acta Orientalia Academiae Scientiarum Hung.* Volume 67 (1), 1—18 (2014). S. 1.

⑦ Sundermann W., 2006, p. 719.

目前已辨識的粟特文佛經故事有：《須大拏太子本生》（相當於巴利語《本生經》編號第547的Vessantara-Jātaka）、《虔闍尼婆梨王本生》（Kāñcanasāra-Jātaka）、《阿離念彌長者本生》（Araṇemi-Jātaka），另有一則故事相當於《賢愚經》卷九的《善事太子入海品》或《大方便佛報恩經》卷四的《惡友品》，其中保存内容最多的是《須大拏太子本生》。

2. 粟特文《須大拏太子本生》研究概述

《須大拏太子本生》可説是印度佛教故事中傳播的時間最久遠、地域也最廣闊的一個故事，很可能是粟特文佛典中最古老的佛典之一。其現存粟特文《須大拏太子本生》寫本的年代可能為公元649年。經中故事主角名為Suδāšn（Sudāšan），這很可能是由梵文su（意指好，善）和伊朗文δāšn（dāšan）（意指：禮物）[①]構成的。有趣的是，漢譯本中故事主角名為須大拏，似乎與粟特文《須大拏太子本生》中故事主角之名Suδāšn較為接近，而比起梵文文本中的Viśvantara以及巴利文本中的Vessantara就差更多了。

粟特文寫本《須大拏太子本生》的研究早在20世紀初期便已開始。第一位研究者為R. Gauthiot，為了找出粟特文《須大拏太子本生》經文是根據哪一部經翻譯而成，他曾比對巴利文、藏文與漢譯文本[②]。接着，英、法、德、日各國學者也分别比對其他語言的《須大拏太子本生》文本，例如犍陀羅文本、梵文文本[③]，以及古代中亞語言文本，其中有和闐文本Jātakastava《佛本生贊》中第45個本生（141—143句贊頌）、吐火羅語A及吐火羅語B（各有一個殘片被辨識是依據*Jātakamālā*《本生鬘》）、維吾爾語及蒙語本[④]。

在比對粟特文與其他語言的《須大拏太子本生》文本後發現，粟特文《須大拏太子本生》文本不是譯本，因為上述各種語言的《須大拏太子本生》故事的内容没有任何一個文本和粟特文本完全相同，粟特文本中没有借自漢譯的用語，而也没有證據證明是譯自梵本[⑤]，因此認為粟特文《須大拏太子本生》的劇情内容應是自創的文學作品。粟特文本中有些故事情節是特有的，例如有關須大拏太子出生前，皇后夢中所見之瑞相，不見於巴利

---

① Sims-Williams N., Indian Elements in Parthian and Sogdian, K. Röhrborn and W. Veenker (eds.), Sprachen des Buddhismus in Zentralasien. Wiesbaden, p. 139; Yutaka Yoshida（吉豐田），2009a, p. 307.

② 須大拏太子本生的巴利文見《本生經》第547號本生，藏譯本，例如：菩薩蔓（丹珠爾，卷一二九）、《根本説一切有部毗奈耶藥事》（甘珠爾，卷四十一）、《根本説一切有部毗奈耶破僧事》（甘珠爾，卷四十二）、翻譯自漢文《太子須大拏經》的藏譯本……等。漢譯文本，例如：《六度集經》卷二、《菩薩本緣經》卷三、《太子須大拏經》、《根本説一切有部毗奈耶藥事》卷十四、《根本説一切有部毗奈耶破僧事》卷十六等。請詳Yutaka Yoshida, What has happened to Suδāšn's Legs? ~ Comparison of Sogdian, Uigur and Mongolian versions of the Vessantara Jātaka, in: Commentationes Iranicae, 2013, pp. 399, 401—403; Yutaka Yoshida（吉豐田），2009, p. 304.

③ 相關梵文文本例如：出自吉爾吉特（Gilgit）的*Mūlasarvāstivāda-Vinay*（《根本説一切有部毗奈耶》）、Ārya Sūra, *Jātakamālā*（聖勇《本生鬘》）以及*Kṣemendra*, *Bodhisattvāvadānakalpalatā*中的須大拏太子本生

④ 有關須大拏太子本生各種語文文本以及粟特文本與維吾爾、蒙文本的比對請詳：Yoshida, Y., 2013, pp. 401—412.

⑤ Durkin-Meisterernst, D. The Literary Form of the Vessantarajātaka in Sogdian. With an Appendix by E. Provasi // Ch. Reck, and D. Weber (eds.), Literarische Stoffe und ihre Gestaltung in mitteliranischer Yeit. Wiesbaden, 2009, pp. 65—89.

文、藏文與漢譯文本中，其内容為："陛下，我感覺到似乎七顆摩尼如意寶珠從太陽神那邊出發，而進入到我右脇。"（粟特文須大拏太子本生 VJ6—8）另外，粟特文《須大拏太子本生》中出現了很多粟特人本土宗教所信奉的神名，例如 Azrua 和 Weshparkar①。

雖然整篇粟特文《須大拏太子本生》故事没有和任何其他文本完全相同，但在某些故事情節上又分别和其他不同語言文本有相同之處。例如：衹有漢譯本西秦沙門聖堅所譯《太子須大拏經》卷一有如下之情節："至滿十月便生太子。宫中二萬夫人聞太子生，悉皆歡喜踊躍，乳湩自然而出。"其内容與粟特文《須大拏太子本生》寫本 a4—7 行的内容相近："當太子出生那天，乳從六萬婦女胸部流出。"② 差異衹在於漢譯本中為"二萬"，粟特文本是"六萬"。

比對粟特文《須大拏太子本生》故事，與年代上比之要早一些的文本（梵文、巴利文以及漢譯經典），則粟特文《須大拏太子本生》故事迥異於其他文本的是：故事情節增加了一段很戲劇性的内容，亦即太子一家在到達指定的放逐地點之前所經歷的磨難。對此，漢譯《太子須大拏經》卷一僅僅輕描淡寫地寫道："檀特山，去葉波國六千餘里，去國遂遠，行在澤中，大苦飢渴。"而粟特文本則增加了須大拏太子在飢渴中，捨身割自己腿上之肉煮給妻兒吃，並繼續前進的故事情節。粟特文《須大拏太子本生》寫本中，第 20—23 張寫本内容為描述太子一家在到達指定的放逐地點（檀特山）之前所遇到的困境，其中的第 21—22 張寫本已佚失。第 20 張寫本描述太子一家遇到一條大河，難以前進。第 23 張寫本描述太子妃 Mandrīy 痛不欲生，並寫了一段須大拏太子對太子妃所説的話，其中有一句是："皇后！你是否願意看一下我的腳變成什麽樣子？"在這之後，文本上寫道："當太子妃 Mandrīy 看到須大拏太子腳上的肉都不見了，而以骨頭步行時，她自身的疼痛停止了。"此外，這張寫本也描述了太子妃當時絶望的心情，她説道："今日，我對宗教功德、善行（的善報）以及所有神明已絶望，因為今日我們將因飢渴而在沙漠中死去。"③

須大拏太子腳上的肉為何不見了？這段情節内容的描述很可能出現在已佚失了的第 22 張寫本上，比對與粟特文佛教寫本關係密切的維吾爾文以及蒙文文本可知，粟特文佛教第 22 張寫本的内容應為：須大拏太子割自己大腿上的肉，在一塊平坦的石頭上煮了後，拿給妻兒吃④。

"本生"，梵文 jātaka，意指（佛陀）過去世之事。本生雖屬佛所説教法的九大類（九分教⑤）之一，但比起戒律以及其他講述義理的經文，在傳譯流傳過程中，應屬較可自由闡

① Yoshida Y.，（吉豐田），2009a，pp. 304—305.
② Yoshida Y.，2013，p. 403.
③ Yoshida Y.，2013，p. 408.
④ Yoshida Y.，2013，pp. 409—410.
⑤ 部派佛教時代，大衆部將佛所説教法的類型，分出九大類，稱九分教。

述發揮的一種佛教文學。因為，其目的是以譬喻講故事的方式，因時因地，隨衆應化，將佛教的義理用通俗易懂的方式講説給信衆聽。因此，不同時代、不同地區所流傳的同一則本生故事，在局部情節的描述上，難免産生因時因地制宜的增減删補，也正因如此，各地所傳的本生故事内容，常能將一時一地的民情與特色表露出來。粟特文本異於梵文、巴利文以及漢譯經典，而增加了須大拏太子捨身割肉喂食妻兒的戲劇性的情節，以及加入家鄉地區所信奉的神祇之名等故事内容，從中或可管窺粟特佛經故事的特色。

作者單位：臺北“故宫”博物院

關於佛經漢譯史的幾個關鍵問題

楊德春

佛經漢譯史是中國佛教史研究的重要方面，而關於漢譯佛經語言性質的研究是佛教研究和佛經漢譯史研究的重要問題，關係到佛教一系列重大問題的研究以及相關問題的研究，故關於漢譯佛經語言性質的研究絶不可等閑視之。這就必然要涉及佛教早期語言策略的研究。關於佛教早期語言策略的研究最直接的影響首先是佛經的形成時間問題，包括所謂的佛經編輯、佛經編輯次數、佛經編輯所使用的語言等等一系列重大問題。其次是佛教早期語言策略在佛教傳入中國之後對於中國的傳教的方式的影響問題，包括早期漢譯佛經的來源、早期漢譯佛經的語言、漢譯佛經的語言趨嚮、漢譯佛經的翻譯思想、漢譯佛經的分期等等一系列重大問題。另外，還影響到漢語的分期等等一系列重大相關問題。

佛教早期語言策略絶對沒有排斥梵文，即以梵文為母語者也在佛的傳教範圍之内，這就為梵文成為佛教的主要語言載體奠定了基礎。在梵文成為佛教的主要語言載體之後，早期漢譯佛經的來源衹能是梵文佛經，而且在佛教傳入中國的整個過程中，梵文佛經都是起着主導性作用和決定性作用的佛經來源。

一、對於佛經漢譯具有垂範意義的佛教早期的語言策略和傳教語言的性質

關於佛教早期的語言問題，國内學術界長期受到季羡林（1911—2009）的影響，季羡

林的《原始佛教的語言問題》①（寫於 1956 年 12 月 17 日）、《再論原始佛教的語言問題》②（寫於 1958 年 4 月 4 日，最初發表於《語言研究》1958 年第 1 期）、《三論原始佛教的語言問題》③（寫於 1984 年 2 月 12 日，最初發表於《原始佛教的語言問題》，中國社會科學出版社 1985 年 1 月第 1 版）比較系統地闡述了季羨林關於該問題的觀點。對於這些問題不進行進一步的考察，就無法比較全面地認識漢譯佛經的語言性質問題。

季羨林由巴厘文《小品》（Cullavagga）V. 33. 1 敘述了一個故事得出佛堅決反對使用婆羅門教的語言——梵文傳教。季羨林此論有可商榷之處：此兄弟倆原來生在婆羅門家中，聲音良好，此兄弟倆的母語就是梵文；此兄弟倆不會方言，季羨林解說佛最後的一句話為佛允許比丘們用自己的方言俗語來學習佛所說的話，就會産生矛盾；季羨林又說佛最後的一句話衹能譯為“我允許你們，比丘呀，用（你們）自己的語言來學習佛所說的話”④。如此則此兄弟倆的母語就是梵文，則佛傳教並不有意排斥梵文。季羨林認為佛允許比丘們用自己的方言俗語來學習佛所說的話⑤，如此則會把母語為梵文者排除在佛教徒之外，故佛絶不會如是說。

兩個比丘嚮世尊說：“大德！現在的比丘，不同姓，不同名，不同門閥，不同家室，都來出家。他們用自己的方言俗語毀壞了佛所說的話。請允許我們用梵文表達佛語。”⑥ 佛所說的話為方言俗語時，則佛所說的話以方言俗語傳之不存在毀壞了佛所說的問題；當佛所說的話是梵文之時，則佛所說的話以方言俗語傳之就存在毀壞了佛所說的問題。這說明佛用梵文傳過法，否則，談不上用自己的方言俗語毀壞佛說的問題。兩個比丘之意是要以梵文統一佛所說，所謂的“請允許我們用梵文表達佛語”的“佛語”實際上指一切佛語，即用梵文統一一切佛語，這纔是佛所堅決反對的，因為這不利於佛争取廣大下層民衆。

《十誦律》卷第二十六：

> 即時四大天王與無數百千眷屬後夜來。見佛頭面禮佛足一面立。佛以聖語說四諦法苦集盡道。二天王解得道，二天王不解。佛更為二天王。以駄婆羅語說法。伊寗（苦諦）、彌寗（習諦）、多咃陀譬（盡諦）、陀羅辟支（道諦）、佛闍陀（知也）、薩婆休（一切）、蠰舍摩遮（滅求）、薩婆多羅（一切離）、毗樓利多咃欲（遠離）、薩婆休（一切）、鞞羅地（不作）、波跋（惡也）、頭吃想姤（苦邊盡也）、涅樓遮諦（如

① 《北京大學學報（人文科學）》1957 年第 1 期，第 65—70 頁。

② 季羨林：《季羨林學術著作自選集》，北京師範學院出版社，1991 年，第 43—72 頁。

③ 同上，第 362—415 頁。

④ 《北京大學學報（人文科學）》1957 年第 1 期，第 70 頁。

⑤ 季羨林：《原始佛教的語言問題》，《北京大學學報（人文科學）》1957 年第 1 期，第 68 頁。

⑥ 同上，第 65 頁。

是説也)。是二天王一解一不解。佛復作彌梨車語：摩舍兜舍那舍婆薩婆多羅毗比諦伊數安兜頭卻婆阿地婆地。四天王盡解。示教利喜已，禮佛足而去①。

我認為“佛以聖語説四諦法苦集盡道”之“聖語”就是指梵文，佛先用具有統治地位的通用語——梵文傳教，四大天王中的一半——二位理解了教義，另外一半——二位由聖語以外的兩種語言理解了教義。

《根本薩婆多部律攝》卷第九：

不應讀誦外書典籍。若為降伏異道，自知有力，日作三時，兩分勝時，應學佛法。一分下時，應習外典。不計年月以為三分。夜亦三時。初後習定誦經，中間圈子内心寢息。若作婆羅門誦書節段音韻，而讀誦者，得越法罪。若方言若國法隨時吟詠為唱導者，斯亦無犯②。

佛言不應讀誦外書典籍，但是這不是絶對的，若為降伏異道，可以三分之一日研習外典。佛教講究相對性，同理，若為降伏異道，擊敗婆羅門教，當然可以用梵文傳播佛教。國法與方言對言，此國法當指梵文，婆羅門誦書節段音韻當然是以梵文的節段音韻誦書，佛言以此讀誦者得越法罪。但是，若方言若梵文隨時吟詠為唱導者，斯亦無犯。為什麼用婆羅門的節奏和聲音誦書得越法罪而用國法隨時吟詠為唱導者無犯呢？因為國法就是梵文，所以不是用梵文越法，此其一也；佛教講究相對性，此其二也；關鍵是用婆羅門的節奏和聲音誦書是一種帶有宗教儀式性質的行為，所以越法，而若方言若國法隨時吟詠為唱導是具有非儀式性質的私下行為，所以無犯，此其三也。尤其值得注意者乃是誦經，既然説誦經，則必然有經方可言誦，否則，誦經無從談起。可見，佛在世時已經有佛經存在，這一點非常重要。佛經必然是文字的記録，佛在世時不僅口頭傳教弘法，也利用文字佛經傳教弘法。

《十誦律》卷第二十五：

中夜過至後夜。佛語：億耳汝比丘唄，億耳發細聲。誦《波羅延》、《薩遮陀舍》、《修妬路》竟。佛讚言善哉比丘，汝善贊法。汝能以阿槃地語聲贊誦，了了清淨盡易解，比丘汝好學好誦③。

---

① 大正一切經刊行會：《大正新修大藏經》第23冊，大正一切經刊行會大正十一年至昭和九年出版，第193頁上欄。

② 同上，第575頁中欄。

③ 同上，第181頁中欄。

阿槃地語是當時印度西南部的一種地方語言。“了了清淨”說明其具有藝術性，清幽優美。“盡易解”說明其具有通俗性。波羅延，梵文 Pārāyāa 之音譯，或譯為“波羅耶那”“波羅衍拏”，或意譯為“過道”“彼岸到”（即“到彼岸”），是早期集成的問答偈頌集。“修妬路”，梵文 sūtra 是絲或綫之意，一譯脩多羅，此云契經，即佛經。

《摩訶僧祇律》卷第二十三：

> 如來初夜為諸聲聞説法，中夜還房圓光常明。佛問比丘：汝誦經不。答言誦。誦何等經。誦八跋只經。佛言：汝可誦之。即細聲誦已。問於句義。一一能答。佛言：善哉，比丘。汝所誦者文字句義，如我先説①。

《大般若波羅蜜多經》卷第三百八十一：“世尊一音演説正法，隨有情類各令得解。是七十三。”②

《維摩詰所説經》卷上：“佛以一音演説法，衆生隨類各得解，皆謂世尊同其語，斯則神力不共法。佛以一音演説法，衆生各各隨所解，普得受行獲其利，斯則神力不共法。佛以一音演説法，或有恐畏或歡喜，或生厭離或斷疑，斯則神力不共法。”③

《阿毗達磨大毗婆沙論》卷第七十九：“佛以一音演説法，衆生隨類各得解，皆謂世尊同其語，獨為我説種種義，一音者謂梵音。”④

佛以一音演説正法，一音者何謂？《阿毗達磨大毗婆沙論》卷第七十九明確記載一音即是梵音，但是，此不可絶對化，佛也以方言傳法。《維摩詰所説經》言入不二法門，一音即多音，多音即一音，一切音都是弘揚佛法之音，弘揚佛法之音可以通一切音。無論如何，梵文在佛弘法時發揮過重要作用，這是客觀事實。

《大般涅槃經》卷第八《文字品第十三》：“佛復告迦葉，所有種種異論咒術言語文字，皆是佛説，非外道説。”⑤ 以不二法門論，外道以及外道之語言文字皆可為佛法所用，佛斷不會排斥梵文，更不會排斥文字在傳教弘法中的作用。佛不僅在語言上採取放任策略，就是在佛教教義上也是採取放任策略，這不僅可以争取更多信衆，而且可以真切反映出佛教的博大精深。

既然談到佛有意要争取廣大下層民衆，佛就是有意傳教，以最終戰勝婆羅門教而成為佔有統治地位的宗教，如此則利用一切方言俗語傳教衹不過是傳教過程中的暫時的權宜之

---

① 大正一切經刊行會：《大正新修大藏經》第22册，大正一切經刊行會大正十一年至昭和九年出版，第416頁上欄。
② 同上，第6册，第968頁下欄。
③ 同上，第14册，第538頁上欄。
④ 同上，第27册，第410頁上欄。
⑤ 同上，第12册，第653頁下欄。

計。所謂的放任的語言政策，實際上是語言策略，從理論和實踐上看，所謂的佛的放任的語言政策不可能排斥梵文，以梵文為母語者也在佛的傳教範圍之内，實際上以梵文為母語者是佛的重要傳教對象。

早期佛教的發展歷程也充分證明所謂佛的放任的語言政策實際上是語言策略，該語言策略不可能排斥梵文，而是最終以梵文為佛教的最權威的語言載體。所謂的混合梵文，衹是通嚮梵文的一個暫時的過渡，即混合梵文不具有語言學意義，混合梵文不是一種獨立的語言，而是一個以梵文為主體的雜燴，其意義和使命就是通嚮梵文的一個暫時的過渡。

二、早期漢譯佛經的來源不是西域佛經而是印度梵文佛經

梁啓超（1873—1929）《佛學研究十八篇·佛教與西域》："佛教既徧被西域，乃由西域間接輸入中國。"① "讀此表可知我國佛教輸入，實分三期：第一，西域期，則東漢三國也。第二，罽賓期，則兩晉劉宋也。第三，天竺期，則蕭梁魏隋也。"②

梁啓超此論影響深遠，致使佛教由西域間接輸入中國之謬説流傳很廣。由於關山阻隔，當時中土尚不能直達印度，需途經西域，當時天竺僧人傳法西域，西域人亦求法天竺，西域既有天竺高僧，也有精通梵文的西域高僧，不能僅僅注意入華傳法者的國籍或原籍，也不能以入華傳法者的國籍或原籍劃分佛教輸入中土的時期。因為入華傳法者的國籍或原籍衹是問題的表面現象，問題的實質是佛教傳入中國是文化傳入，文化是以語言為載體而不是以傳播者的國籍或原籍為載體。如果西域之語言文字在佛教傳入中國之過程中起到決定性作用，則可言佛教由西域間接傳入中國。佛教傳入中國之早期過程中，天竺高僧所漢譯之佛經必是翻譯自梵文佛經，而西域高僧也是以天竺梵文佛經為最根本最可靠之依據。梁釋慧皎《高僧傳》所記載之絶大多數西域譯經高僧所依據之漢譯底本基本上皆是梵文佛經。

梁釋慧皎（497—554）《高僧傳》卷第一：

> 安清，字世高，安息國王正后之太子也。……天竺國自稱書為天書，語為天語，言訓詭蹇，與漢殊異，先後傳譯，多致謬濫，唯高所出，為群譯之首③。

梁釋慧皎《高僧傳》卷第一：

---

① 梁啓超：《佛學研究十八篇》上册，中華書局民國二十五年印刷，《佛教與西域》第5頁。

② 同上，第8頁。

③ 釋慧皎撰，湯用彤校注：《高僧傳》，北京：中華書局，1992年，第4—6頁。

支樓迦讖，亦直云支讖，本月支人。操行純深，性度開敏，禀持法戒，以精勤著稱。諷誦群經，志存宣法。漢靈帝時，遊於雒陽，以光和、中平之間傳譯梵文，出《般若道行》《般舟》《首楞嚴》等三經……①

梁釋慧皎《高僧傳》卷第一：

竺曇摩羅刹，此云法護，其先月支人，本姓支氏，世居燉煌郡。……護乃慨然發憤，志弘大道。遂隨師至西域，遊歷諸國，外國異言三十六種，書亦如之，護皆遍學。貫綜詁訓，音義字體，無不備識。遂大齎梵經，還歸中夏。自燉煌至長安，沿路傳譯，寫為晉文。所獲《賢劫》《正法華》《光贊》等一百六十五部②。

法護世居燉煌郡，實際上是半個中國人，其傳法並不以其祖先之西域文字為本，而是以梵文為本。法護遊歷諸國，外國異言三十六種，書亦如之，護皆遍學，然其還歸中夏，卻大齎梵經，没有齎西域文字的佛經，這非常能够説明問題：梵文佛經是弘法之最可靠、最根本之依據，中土絶不會以二手材料弘法，中土佛經基本上直接翻譯自梵文佛經是完全可以下定論的。

梁釋慧皎《高僧傳》卷第一：

帛屍梨密多羅，此云吉友，西域人……俄而顗遇害，密往省其孤，對坐作胡唄三契，梵響淩雲；次誦咒數千言，聲音高暢，顔容不變……初江東未有咒法，密譯出《孔雀王經》，明諸神咒，又授弟子覓曆，高聲梵唄，傳響於今③。

僧伽跋澄，此云衆現，罽賓人。……苻堅秘書郎趙正崇仰大法，嘗聞外國宗習《阿毗曇毗婆沙》，而跋澄諷誦，乃四事禮供，請譯梵文。遂共名德法師釋道安等，集僧宣譯。跋澄口誦經本，外國沙門曇摩難提筆受為梵文，佛圖羅刹宣譯，秦沙門敏智筆受為晉本……初跋澄又齎婆須蜜梵本自隨，明年趙正復請出之，跋澄乃與曇摩難提及僧伽提婆三人共執梵本。秦沙門佛念宣譯，慧嵩筆受，安公、法和對共校定，故二經流布傳學迄今。……

佛圖羅刹，（楊德春案：此處宜加逗號，否則易産生歧義，湯用彤失誤。）不知何

① 釋慧皎撰，湯用彤校注：《高僧傳》，北京：中華書局，1992年，第10頁。
② 同上，第23頁。
③ 同上，第29—30頁。

國人，德業純粹，該覽經典。久遊中土，善閑漢言，其宣譯梵文，見重苻世①。

趙正崇仰大法，也崇尚梵文文本，僧伽跋澄是罽賓人，趙正請其譯梵文。初跋澄又齎婆須蜜梵本自隨，可見西域人也以梵文文本為根本傳法依據。

梁釋慧皎《高僧傳》卷第一：

曇摩難提，此云法喜，兜佉勒人。……少而觀方，遍歷諸國……先是中土群經，未有四含，堅臣武威太守趙正，欲請出經。……乃請安公等，於長安城中，集義學僧。請難提譯出中、增一二阿含，並先所出《毗曇心》《三法度》等，凡一百六卷②。

兜佉勒今譯為吐火羅，法喜為西域人，慧皎未明確記載法喜譯經是否以梵文為源語言，但是，趙正所崇仰的是梵文佛經，安世高是安息人，其漢譯譯自天竺國之天書，語言為天竺梵文，可以推斷法喜所據必為梵文佛經。

梁釋慧皎《高僧傳》卷第一：

僧伽提婆，此言衆天，或云提和，音訛故也。本姓瞿曇氏，罽賓人。……提婆乃於般若臺手執梵文，口宣晉語，去華存實，務盡義本，今之所傳，蓋其文也③。

曇摩耶舍，此云法明，罽賓人。……會有天竺沙門曇摩掘多，來入關中，同氣相求，宛然若舊。因共耶舍譯《舍利弗阿毗曇》，以偽秦弘始九年初書梵書文，至十六年翻譯方竟。④

梁釋慧皎《高僧傳》卷第二：

弗若多羅，此云功德華，罽賓人也。……以偽秦弘始六年十月十七日，集義學僧數百餘人，於長安中寺，延請多羅誦出十誦梵本，羅什譯為晉文，三分獲二⑤。

曇摩流支，此云法樂，西域人也。……頃西域道士弗若多羅，是罽賓人，甚諷《十誦》梵本。有羅什法師，通才博見，為之傳譯。《十誦》之中，文始過半，多羅早喪，中途而寢，不得究竟大業，慨恨良深。……流支既得遠書，及姚興敦請，乃與什

---

① 釋慧皎撰，湯用彤校注：《高僧傳》，北京：中華書局，1992 年，第 33 頁。
② 同上，第 34—35 頁。
③ 同上，第 37—38 頁。
④ 同上，第 41—42 頁。
⑤ 同上，第 60—61 頁。

共譯《十誦》都畢①。

卑摩羅叉，此云無垢眼，罽賓人。……羅什所譯《十誦》本，五十八卷，最後一誦，謂明受戒法，及諸成善法事，逐其義要，名為善誦。叉後齎往石澗，開為六十一卷……②

佛陀耶舍，此云覺明，罽賓人也，婆羅門種，世事外道。……羅什後至，復從舍受學，甚相尊敬。……什曰："夫弘宣法教，宜令文義圓通，貧道雖誦其文，未善其理，唯佛陀耶舍深達幽致，今在姑臧。願下詔徵之，一言三詳，然後著筆，使微言不墜，取信千載也。"興從之……於時羅什出《十住經》，一月餘日，疑難猶豫，尚未操筆。耶舍既至，共相徵決，辭理方定。道俗三千餘人，皆嘆其當要。……即以弘始十二年譯出《四分律》，凡四十四卷，並長阿含等。涼州沙門竺佛念譯為秦言，道含筆受③。

梁釋慧皎《高僧傳》卷第三：

佛馱什，此云覺壽，罽賓人……先沙門法顯，於師子國得《彌沙塞律》梵本，未被翻譯，而法顯僊化，京邑諸僧聞什既善此學，於是請令出焉。以其年冬十一月集於龍光寺，譯為三十四卷，稱為《五分律》。什執梵文，於闐沙門智勝為譯……④

浮陀跋摩，此云覺鎧，西域人也。……先有沙門道泰，志用强果，少遊蔥右，遍歷諸國。得《毗婆沙》梵本十有萬偈，還至姑臧，側席虛衿，企待明匠，聞跋摩遊心此論，請為翻譯。……即宋元嘉十四年於涼州城内閑豫宫中，請跋摩譯焉⑤。

求那跋摩，此云功德鎧，本刹利種，累世為王，治在罽賓國。……初元嘉三年徐州刺史王仲德，於彭城請外國伊葉波羅譯出《雜心》，至擇品而緣礙，遂輟。至是更請跋摩譯出後品，足成十三卷，並先所出《四分羯磨》《優婆塞五戒略論》《優婆塞二十二戒》等，凡二十六卷，並文義詳允，梵漢弗差⑥。

梁釋慧皎《高僧傳》卷第三論曰：

---

① 釋慧皎撰，湯用彤校注：《高僧傳》，北京：中華書局，1992 年，第 61—62 頁。
② 同上，第 63—64 頁。
③ 同上，第 65—67 頁。
④ 同上，第 96 頁。
⑤ 同上，第 97 頁。
⑥ 同上，第 105—109 頁。

> 然夷夏不同，音韻殊隔，自非精括詁訓，領會良難。屬有支謙、聶承遠、竺佛念、釋寶雲、竺叔蘭、無羅叉等，並妙善梵漢之音，故能盡翻譯之致。一言三複，詞旨分明，然後更用此土宮商，飾以成制。論云：“隨方俗語，能示正義，於正義中，置隨義語。”蓋斯謂也。其後鳩摩羅什，碩學鉤深，神鑒奧遠，歷遊中土，備悉方言。復恨支、竺所譯，文制古質，未盡善美，乃更臨梵本，重為宣譯，故致今古二經，言殊義一。時有生、融、影、叡、嚴、觀、恒、肇，皆領悟言前，詞潤珠玉，執筆承旨，任在伊人，故長安所譯，鬱為稱首①。

可見，梁釋慧皎《高僧傳》所記載之絕大多數西域譯經高僧所依據之漢譯底本基本上皆是梵文佛經。極個別之西域譯經高僧所據之底本梁釋慧皎《高僧傳》未明確記載其是否為梵文佛經，但是，可以從中土崇尚梵文原本的角度推斷其也必為梵文佛經。

《高僧傳》屬於中國最基本的佛教典籍，《高僧傳》的記載可能有錯誤，但是，《高僧傳》多處一系列的明確記載出現錯誤的可能性幾乎没有。《高僧傳》多處明確記載絕大多數西域譯經高僧所依據之漢譯底本皆為梵文佛經，故應是真實可信的。如果國外的以所謂的科學方法研究出來的所謂結果與《高僧傳》的多處一系列明確記載相矛盾，那麽，首先就要反思所謂的科學方法及其研究結果必然有問題，而絕不能盲目認為屬於中國最基本的佛教典籍的《高僧傳》的記載有問題，這是基於文獻學的基本原則。國外的否定《高僧傳》記載的所謂研究不僅僅是否定《高僧傳》的文獻價值，而且是貶低中國文化和否定中國文化的產物，是歷史虛無主義的，我們對此一定要有清醒的認識。如果北京大學的所謂研究結果與國外的否定《高僧傳》記載的所謂研究結果相一致或相關聯，那麽，北京大學的研究人員是不是應該反思一下？如果北京大學的研究人員連最起碼的學術反思都没有了，那麽，北京大學的所謂研究結果究竟還有什麽學術意義呢？

梁釋僧祐（445—518）《出三藏記集》卷第七《阿維越致遮經記第十四》（晉言《不退轉法輪經》，四卷）出經後記：

> 太康五年十月十四日，菩薩沙門法護於燉煌從龜兹副使羌子侯得此梵書《不退轉法輪經》，口敷晉言，授沙門法乘使流佈，一切咸悉聞知②。

法護世居燉煌郡，實際上是半個中國人，其傳法並不以其祖先之西域文字為本，而是以梵文為本。龜兹副使羌子侯也是崇尚梵文佛經，説明不僅中土崇尚梵文原本，就是西域

① 釋慧皎撰，湯用彤校注：《高僧傳》，北京：中華書局，1992 年，第 141—142 頁。
② 釋僧祐：《出三藏記集》，北京：中華書局，1995 年，第 274 頁。

也是崇尚梵文原本。

南朝宋范曄（398—445）《後漢書》卷八十八《西域傳》：

天竺國一名身毒，在月氏之東南數千里。俗與月氏同，而卑濕暑熱。其國臨大水。乘象而戰。其人弱於月氏，脩浮圖道，不殺伐，遂以成俗①。

范曄《後漢書》卷八十八《西域傳》序："今撰建武以後其事異於先者，以為《西域傳》，皆安帝末班勇所記云。"② 范曄《後漢書》卷八十八《西域傳》的主要內容出於班超少子班勇所記，班勇主要活動於漢安帝時期，其時班勇記載天竺修浮圖道而不殺伐，則月氏於此時尚未修浮圖道，此時上距永平求法已六十年。在佛教傳入中國之早期西域不過僅僅是一條通路而已，西域絶不是佛教傳入中國之早期的中轉站，西域語言文字亦絶不是佛教傳入中國之早期的語言文字中轉站。

綜上所述，在佛教傳入中國之早期西域不過僅僅是一條通路而已，即在佛教傳入中國之早期西域祇不過是一個地理概念，絶不是文化概念；所起之作用也祇不過是一個地理通道之作用，絶不是文化作用；西域絶不是佛教傳入中國之早期的地理或交通中轉站。因為佛教傳入中國之早期僅僅是通過或路過西域，而不是在西域停頓或轉運，就更談不上西域是佛教傳入中國之早期的文化或語言文字中轉站了。

關於西域絶不是佛教傳入中國之早期的文化或語言文字之中轉站還可以通過模擬研究或類比研究得到證實。佛教傳入中國之早期並非僅僅通過西域一途，尚有南傳和海路二途，佛教南傳進入中國和佛教海路傳入中國所經過之國家、地區、海島等等祇不過是一些地理概念，絶不是文化概念，所起作用也祇不過是地理通道之作用，根本不存在文化作用或語言文字作用。以此例彼，佛教北傳傳入中國所經過之西域絶不是佛教傳入中國之早期的文化或語言文字之中轉站。

梁啓超出於嚮倭國學習之陰暗心理，罔顧事實，造出佛教由西域間接傳入中國之謬論，此論不僅荒謬，而且危害很大，其危害之一就是對於中華民族民族自信心之傷害。中國與印度同為世界文明古國，中國與印度之間的文化交流是文化巨人之間的高水準和高層次的文化交流，所謂求其友聲，這是正常的，也是必然和必要的。因為不同的人類群體獨立發展，必然産生不同的文化，人類通過社會實踐所創造出來的不同文化經過自然選擇而優勝劣汰，逐漸形成世界幾大主要文明。世界幾大主要文明是人類發展和進化過程中經過自然選擇而優勝劣汰之結果，是不以人的意志為轉移之結果，人類社會不可能倒退，也不可能

① 范曄：《後漢書》，北京：中華書局，1965年，第2921頁。

② 同上，第2913頁。

優學劣或劣勝優汰。《詩・小雅・伐木》："伐木丁丁，鳥鳴嚶嚶。出自幽谷，遷于喬木。嚶其鳴矣，求其友聲。"① 《孟子・滕文公上》："吾聞出於幽谷，遷於喬木者，未聞下喬木而入於幽谷者。"② 俗話所謂人往高處走水往低處流云云。季羨林所學為西域語言、梵文和巴利文，利用梁啓超佛教由西域間接傳入中國之謬論以自重，絶不可迷信和盲從。

又及，梁啓超《佛典之翻譯》説："吾撰本章已，忽起一大疑問。曰'當時梵文何故不普及耶？'吾竟不能解答此問題。"③ 為什麽中國人始終依靠漢譯佛經吸收佛教而不普及梵文？因為漢譯佛經是用漢語和漢字書寫的。中國人翻譯佛典説明中國文化是消化吸收印度文化，而不是被印度文化所同化，也表明中國文化是高度發達的文化，所以纔需要翻譯；反觀西域，由於西域文化比較落後，全盤接受印度文化，西域高僧均是以梵文接受佛教，西域語言基本上皆梵文化了，佛經根本就不需要翻譯為西域文字了，極少數當時語言没有梵文化的，後來由中土傳入漢譯佛經。這就是為什麽經過西域而來的佛經都是梵文佛經的原因，也是為什麽西域絶不是佛教傳入中國之早期的文化或語言文字之中轉站的原因，也是為什麽中國絶不能搞"全盤西化"的原因，更是為什麽我們應該像珍惜生命一樣珍惜漢語言文字的原因。

三、梵漢對音不能用於考求漢譯佛典的源語言

劉廣和《關於梵漢對音》："拿漢字音去對譯梵文音叫梵漢對音。習慣上把利用梵漢對音資料，通過相傳的梵文讀音來研究漢語古音，也叫作梵漢對音，它是漢語音韻學的一個分支學科。"④ 劉廣和此説為誤。

所謂對音就是 Transliteration 或（Phonetic）Transcription，這是在拼音文字與拼音文字之間纔能够實現的轉寫，漢語文字不是拼音文字，漢語的漢字不可能實現拼音文字語音的轉寫或轉録，此其一。Transliteration 或（Phonetic）Transcription 要求對轉的字母與字母之間或字母組合與字母組合之間具有唯一性關係，如果不具備唯一性關係，也要具備確定性和穩定性關係。而漢譯佛典的音譯漢字不是字母，也不是字母組合，且漢譯佛典的音譯漢字與梵文字母或字母組合之間不具有唯一性關係，也不具備確定性和穩定性關係。所以，

① 阮元校刻：《十三經注疏》，北京：中華書局，1980 年，第 410 頁。

② 同上，第 2706 頁。

③ 梁啓超：《佛學研究十八篇》下册，上海：中華書局，1936 年，《佛典之翻譯》第 67 頁。

④ 陳新雄教授八秩誕辰紀念論文集編輯委員會：《陳新雄教授八秩誕辰紀念論文集》，臺北：萬卷樓，2015 年，第 297 頁。

拿漢字音去對譯梵文音不是嚴格意義上的對音，而是對於梵文音的漢字音譯，即所謂的梵漢對音實際上是對於梵文音的漢字音譯，是（Phonetic）Translation，不是 Transliteration 或（Phonetic）Transcription。不同種類的拼音文字之間語音的轉寫或轉録是對寫或對録，所以稱為對音。由於源語言為梵文的佛典在漢譯過程中出現的對於梵文音的漢字音譯不是嚴格意義上語音的轉寫或轉録，或曰語音的對寫或對録，所以，對於梵文音的漢字音譯嚴格意義上不能够稱為梵漢對音，而是梵漢譯音。

鑒於梵漢對音的使用已經相當廣泛，我主張梵漢對音可以有條件地繼續使用，條件就是在使用梵漢對音時要明確梵漢對音之對不是嚴格意義上語音的轉寫或轉録，或曰語音的對寫或對録，而是語音的相對的對譯。我主張在有條件地繼續使用梵漢對音的同時提倡使用梵漢譯音以替代梵漢對音。

梵漢譯音或所謂的梵漢對音首先是一種翻譯現象。其次，利用對於梵文音的漢字音譯與相傳的所謂梵文讀音來研究古漢語音韻，叫作梵漢譯音研究或所謂的梵漢對音研究，簡稱為梵漢譯音或所謂的梵漢對音。梵漢譯音或所謂的梵漢對音是漢語音韻學的參考，即使是把梵漢譯音或所謂的梵漢對音作為漢語音韻學的一個分支學科，梵漢譯音或所謂的梵漢對音也是漢語音韻學的參考或一個參考部分。由於漢譯佛典的音譯漢字在記録語音上的非唯一性、不確定性和不穩定性，加之梵漢語音的發展變化，翻譯者對於梵漢語音的個性化讀音和方音、口音等等，利用梵文音的漢字音譯與相傳的梵文讀音來研究古漢語音韻衹能是漢語音韻學的參考。此點至為重要。

劉廣和、儲泰松、張福平《音韻學梵漢對音學科的形成和發展》認為："用漢語音對譯梵語音叫梵漢對音。利用梵漢對音材料，通過梵文相傳的讀音研究漢語古音，也叫梵漢對音，它是漢語音韻學的一個分支學科。"① 不僅此處所引與上文所引劉廣和《關於梵漢對音》相同，其錯誤不再復述，而且此二文全部内容雷同。

鋼和泰（Alexander von Stael—Holstein，德裔愛沙尼亞人，1877—1937）《音譯梵書和中國古音》：

> 在那些外國字的漢文譯音之中，最應該特别注意的是梵文的密咒（Mantras）一類。這些梵咒（亦稱"陀羅尼"Dhāranī，譯言"總持"）曾經用漢字譯音，使那些不懂印度文的人也可以依漢字念誦……因為咒語的功效不在他的意義，而在他的音讀，所以譯咒的要點在於嚴格地選擇最相當的字音。況且這兩三千年以來，梵文的音讀不曾經過變遷。衹要我們能尋出梵文原文來和音譯的咒語對照，便可以知道那些漢字在

① 《博覽群書》2017 年第 4 期，第 95 頁。

當時的音讀了①。

鋼和泰此論是錯誤的，梵文的密咒絶不是不懂印度文的人也可以依漢字隨便念誦的，如果真是那樣，就不叫密咒了。梵文的密咒，即使是經過巨大努力的漢譯也衹是參考，因為密咒必須密傳親授，這就決定了密咒漢譯的相對性甚至是不可靠性。另外，即使是翻譯者主觀上嚴格地選擇最恰當的字音，其譯文客觀上也要受到語言本身、時代和地域以及翻譯者的水準和口音的限制，這也決定了密咒漢譯的相對性甚至是不可靠性。

汪衮父（1878—1933）《歌戈魚虞模古讀考》：

> 夫古之聲音既不可得而聞，而文字又不足以相印證。則欲解此疑問者，惟有從他國之記音文字中，求其與中國古語有關者而取為旁證而已。其法有二。一則就外國古來傳述之中國語而觀其切音之如何，一則就中國古來音譯之外國語而反求原語之發音是也②。

汪衮父提出就中國古來音譯之外國語而反求原語之發音，這與以外國語原語之發音考求中國古音同樣危險和不可靠。以今之翻譯觀之，今之德文 Hitler，英文、法文均作 Hitler，漢文據德文 Hitler 漢譯為希特勒，希與 Hi 發音豈止是不同，而是迴異。中國新疆數種少數民族語言據漢譯希特勒而音譯之，現在以中國音譯之外國語而反求原語之發音，怎麼能够考求出來？希特勒到底是譯自德文還是英文？還是譯自所謂的歐洲方言？還是譯自新疆數種少數民族語言？季希逋的觀點與此性質一樣。今之英文 Gas，漢譯為瓦斯，瓦與 Ga 發音也不同，同樣無法反求。今天外國語原語之發音有録音材料，其音值具有確定性尚且如此，古代之梵漢發音無有録音材料，其音值難以確定。以中國古來音譯之外國語而反求原語之發音與以外國語原語之發音考求中國古音同樣危險和不可靠，至多衹能作為參考而已。

章炳麟（1869—1936）《與汪旭初論阿字長短音書》：

> 内典譯音，自隋以上，皆略取相似，不求諧切。玄奘、窺基、義淨之書，譯音漸密。然亦尚有疏者，如宋明人書，譯金元音不能正確，蓋不足為典要矣。……今以不甚剀切之譯音，倒論此土古音聲勢③。

① 《國學季刊》1923 年第 1 卷第 1 期，第 49—50 頁。

② 《華國月刊》1923 年第 1 卷第 2 期，第 2 頁。

③ 《華國月刊》1924 年第 1 卷第 5 期，第 1—2 頁。

徐哲東（1898—1967）《〈歌戈魚虞模古讀考〉質疑》：

聲音之變不獨隨時代而殊，亦復因方域而異，故有一字可讀數音者。……今汪先生所取證者，外國譯音也。然西人文字，雖以聲為主，亦決無經久不變之理。……若乃梵英字彙所譯印度之音與中國所譯之內典，其時相去已遠，梵音豈一無變遷耶？……夫聲音至於重譯，勢難毫厘不爽。即以華文同出一本，一經音轉，其韻斯異①。

高本漢（Klas Bernhard Johannes Karlgren，瑞典人，1889—1978）《中國音韻學研究》：

不過我們對於這一類材料得要當心一點，因為各民族要遷就自己語言的讀音習慣，對於外來的借字都有曲改讀音的傾嚮，甚至改得認都認不出來了，所以有時簡直連相近的音值都不一定找得到了。例如蒙古書中把漢語爆發音裏的清音寫作濁音，濁音寫作清音。所以從這些對音材料上所擬出的音系決不能就算是古代漢語的音系，至多衹能算是中國古音最粗的一個輪廓罷了。對音的材料固然很重要，不過最好是先從本國的材料得了結果，然後再拿對音當一種試金石對一對②。

高本漢《中國音韻學研究》對梵漢對音持非常謹慎的態度。從本國的材料得了結果，然後再拿對音當一種試金石對一對，至多衹能作為參考而已。高本漢的觀點值得重視。以外國語原語之發音考求中國古音是危險的和不可靠的，至多衹能作為參考而已；而以中國古來音譯之外國語而反求原語之發音則更加危險和不可靠，連參考價值也没有。

四、漢譯佛經的語言趨嚮與漢譯佛經的語言性質

《四十二章經序》：

昔漢孝明皇帝夜夢見神人，身體有金色，頂有日光，飛在殿前。意中欣然甚悦之。明日問群臣，此為何神也？有通人傅毅曰："臣聞天竺有得道者，號曰佛，輕舉能飛，殆將其神也。"於是上悟，即遣使者張騫、羽林中郎將秦景、博士弟子王遵等十二人至

① 《華國月刊》1924年第1卷第6期，第1—2頁。

② 高本漢著，趙元任、羅常培、李方桂譯：《中國音韻學研究》，香港：商務印書館，1940年，第15頁。

大月支國寫取佛經四十二章，在第十四石函中，登起立塔寺。於是道法流佈，處處修立佛寺，遠人伏化，願為臣妾者不可稱數。國內清寧，含識之類，蒙恩受賴，於今不絕也①。

梁釋僧祐《出三藏記集》卷第二載：

逮孝明感夢，張騫遠使，西於月支寫經四十二章，韜藏蘭臺，帝王所印。於是妙像麗於城闉，金剎曜乎京洛，慧教發揮，震照區寓矣②。

張騫鑿空西域，時為西漢武帝之世。東漢明帝之時，何來張騫？南朝梁陶弘景《真誥》注曰："按張騫非前漢者，或姓名同耳。"③ 中國歷史姓名相同者所在多多，但兩漢各有一張騫同出使西域的可能性不大。至北宋蜀版藏本和高麗藏本已改張騫為中郎蔡愔。我認為，由於張騫鑿空西域名聲很大，一般不會出錯，張騫使西域有威信，後來漢所遣使者多稱博望侯以取信於西域諸國，此張騫當是代指或尊稱出使西域者。立塔寺當指白馬寺。夜夢見神人、身體有金色、頂有日光、飛在殿前等等都如同漢譯佛經之口氣。故《四十二章經序》應該是翻譯《四十二章經》之翻譯者所作。

梁釋慧皎《高僧傳》卷第一：

攝摩騰，本中天竺人。善風儀，解大小乘經。常遊化為任。昔經往天竺附庸小國，講《金光明經》。會敵國侵境，騰惟曰："經云：'能説此經法，為地神所護，使所居安樂。'今鋒鏑方始，曾是為益乎？"乃誓以忘身，躬往和勸，遂二國交歡，由是顯達。

漢永平中，明皇帝夜夢金人飛空而至，乃大集群臣以佔所夢。通人傅毅奉答："臣聞西域有神，其名曰'佛'，陛下所夢，將必是乎。"帝以為然，即遣郎中蔡愔、博士弟子秦景等，使往天竺，尋訪佛法。愔等於彼遇見摩騰，乃要還漢地。騰誓志弘通，不憚疲苦，冒涉流沙，至乎雒邑。明帝甚加賞接，於城西門外立精舍以處之，漢地有沙門之始也。但大法初傳，未有歸信，故蘊其深解，無所宣述，後少時卒於雒陽。有記云：騰譯《四十二章經》一卷，初緘在蘭臺石室第十四間中④。

---

① 釋僧祐：《出三藏記集》，北京：中華書局，1995年，第242頁。

② 同上，第22頁。

③ 陶弘景著，［日本］吉川忠夫、麥穀邦夫編，朱越利譯《真誥校注》，北京：中國社會科學出版社，2006年，第298頁。

④ 釋慧皎撰，湯用彤校注：《高僧傳》，北京：中華書局，1992年，第1—2頁。

攝摩騰為中天竺人，其所據之佛經當然是梵文佛經。攝摩騰譯《四十二章經》一卷當有誤。梁僧祐《出三藏記集》卷二載西於月支寫經《四十二章》，韜藏蘭臺，則攝摩騰是寫《四十二章經》，而非翻譯《四十二章經》，此點至關重要。湯用彤認為寫是譯寫[①]，即翻譯為漢語，湯用彤此説實誤。蔡愔等使往天竺尋訪佛法，然路途遥遠，關山阻隔，未至天竺，至西域，於月支遇見攝摩騰。及要還漢地，攝摩騰當於行前摘録抄寫其所存梵文佛經而成《四十二章經》。《四十二章經》形成後仍然為梵文，此時攝摩騰不具備漢譯之條件和能力，衹是不憚疲苦冒涉流沙，赴漢之時可以減少行李負擔，而至漢後見官可以有一個見面禮。攝摩騰於行前摘録抄寫其所存梵文佛經而成之《四十二章經》，於其入雒邑後，成為獻給皇帝之禮物而緘藏在蘭臺石室第十四間中，未翻譯為漢語。後少時攝摩騰卒於雒陽。

梁釋慧皎《高僧傳》卷第一：

> 竺法蘭，亦中天竺人，自言誦經論數萬章，為天竺學者之師。時蔡愔既至彼國，蘭與摩騰共契遊化，遂相隨而來。會彼學徒留礙，蘭乃間行而至。既達雒陽，與騰同止，少時便善漢言。愔於西域獲經，即為翻譯《十地斷結》《佛本生》《法海藏》《佛本行》《四十二章》等五部。移都寇亂，四部失本，不傳江左。唯四十二章經，今見在，可二千餘言。漢地見存諸經，唯此為始也[②]。

竺法蘭亦中天竺人，其所據之佛經當然是梵文佛經。竺法蘭達雒陽後不久便善漢言。蔡愔於西域所獲經當不多，且必為梵文佛經，否則，竺法蘭亦中天竺人，其不識西域文字，又焉能够翻譯。竺法蘭所翻譯之佛經有《十地斷結》《佛本生》《法海藏》《佛本行》《四十二章》等五部，梁釋慧皎《高僧傳》記載因為移都寇亂而四部失本，不傳江左，唯《四十二章經》今見在。梁釋慧皎此論是有缺陷的，移都寇亂對於佛經的危害是一樣的，為何唯獨《四十二章經》今見在，這是值得深思的。我認為，雖然竺法蘭達雒陽後不久便善漢言，但是其漢語水準終究極為有限，加之佛法高深，初入中土，曲高和寡，關鍵是不能够用中國的語言準確表達佛法，直譯滿篇，如同天書，這是竺法蘭所譯四部佛經失傳之主因；而攝摩騰於赴漢行前摘録抄寫其所存梵文佛經而成之《四十二章經》，本來即是摘録抄寫梵文佛經而成，短小精悍，要言不煩，符合中國人之口味和文化習慣，易於被接受和吸收，雖然竺法蘭之漢語水準終究不高，然大意尚可譯出，其可資利用，故經移都寇亂而猶存。正是因為竺法蘭之漢語水準終究不高，所譯之《四十二章經》不過大意而已，且錯漏所在多多，故後人不得不加以潤飾修改，經過後人之潤飾修改，則流傳於江左之《四十二章經》

① 湯用彤：《漢魏兩晉南北朝佛教史》，北京：北京大學出版社，2011 年第 2 版，第 13 頁。

② 釋慧皎撰，湯用彤校注：《高僧傳》，北京：中華書局，1992 年，第 3 頁。

已絶非竺法蘭譯文之原貌。

梁釋慧皎《高僧傳》以竺法蘭所譯之《四十二章經》為漢地見存諸經之始是可以接受的，畢竟是漢譯佛經之始，其缺陷和由此引起之潤飾修改是完全可以理解的，絶不足以動摇其漢譯佛經之祖之歷史地位。梁釋慧皎《高僧傳》雖然記載竺法蘭所翻譯之佛經有五部，而以《四十二章經》殿後，然揣情度理，《四十二章經》為摘録之經抄，短小簡易，加之竺法蘭入漢不久，漢語水準有限，當首先翻譯《四十二章經》，《四十二章經》殿後當與其獨存有關。湯用彤（1893—1964）認為《十地斷結》之十地在鳩摩羅什之前"通譯'十住'，此曰'十地'，其僞可知"①。湯用彤此説有問題。佛教名詞之翻譯，由於對原文的理解、目標語言的局限、翻譯者的習慣等等原因導致譯名的變化，譯名在使用過程中也在接受着優勝劣汰的考驗。在印刷術發明之前，篇籍以手抄流傳，經常發生以新易舊之情況，故不能以十地判其僞也。湯用彤又云："但舊日典籍，唯藉鈔傳。浮屠等名，或嫌失真，或含貶辭。後世輾轉相録，漸易舊名為新語。"② 湯用彤自相矛盾，或其所限定的易舊名為新語的範圍過於狹窄，以至於衹許州官放火而不許百姓點燈。

最早入漢弘揚流通佛法者皆為天竺人，所據佛經皆為梵文佛經，漢人已知佛法源於天竺，在中土弘揚流通佛法首先面臨的即是真僞問題，直接傳自天竺比間接傳自西域要可靠得多，直接翻譯自梵文比間接翻譯自西域文字要可靠得多，這是常識性質的問題，漢人當不至於愚蠢到違反常識。由此揣情度理，漢人及其後人由西域文字翻譯引進佛法概念和思想的可能性幾乎没有。如此則佛字絶不可能是翻譯自吐火羅文，此其一也。吐火羅語言有東西兩種方言，習稱吐火羅文 A（焉耆語）、吐火羅文 B（龜兹語）。不論焉耆語還是龜兹語，其使用範圍均非常小，焉耆和龜兹之文化均比較落後，吐火羅文 A（焉耆語）、吐火羅文 B（龜兹語）之字母均源於印度之婆羅米字母斜體，中國人不可能間接自如此落後且影響範圍非常小之文化中引進佛法概念和思想，此其二也。一般認為吐火羅語言的使用時間可能在公元 6 世紀至公元 8 世紀之間，没有公元 6 世紀之前存在吐火羅語言的可靠證據，而中國的佛字早在此前即已經存在，此其三也。吐火羅文 A（焉耆語）Ptkt 有多種寫法，但是均為兩部分所合成，Pt 相當於梵文 Buddha，意為佛，kt 相當於梵文 deva，意為神或天神，吐火羅文 A（焉耆語）Ptkt 意為"佛天""佛日"，這是在梵文 Buddha 之基礎上對於佛之尊稱，晚出後起，且使用範圍非常有限，絶不能取代通用的梵文 Buddha 之意義，即佛絶不可能來源於佛陀天神這個後起之複合詞，此其四也。

梵文 Buddha 在中文裏有以下不同之譯名：步陀、步他、酻陀、部多、勃陀、勃馱、都陀、毋馱、毋陀、没陀、没馱、物他，浮屠、浮陀、浮圖、浮頭、複豆、複立、佛馱、佛

① 湯用彤：《漢魏兩晉南北朝佛教史》，北京：北京大學出版社，2011 年第 2 版，第 17 頁。

② 同上，第 22 頁。

圖、佛陀，等等，都是音譯雙音節詞。古代漢語是以單音節詞為主的語言，即古代漢語在表達梵文 Buddha 之意義時需要一個單音節詞，一種文化從外來文化中吸收本文化所沒有之概念時一般都是先音譯而後意譯。佛是單音節詞，其音近於梵文 Buddha。《説文解字》："佛，見不審也，從人弗聲。"① 佛字表示看不清楚，模糊而有神秘感，且是人而非人，因而被用來表示梵文 Buddha 之意義。在這個過程中，佛馱、佛圖、佛陀等等音譯雙音節詞起到過中介作用，因為在衆多之漢字中去選擇一個字以表達梵文 Buddha 之意義是相當困難的，而從佛馱、佛圖、佛陀等等音譯雙音節詞中選擇一個字以表達梵文 Buddha 之意義就相對比較容易。從這個意義上來説，可以説佛是佛馱、佛圖、佛陀等等音譯雙音節詞之簡稱。但是，關鍵是單音節詞佛之音近於梵文 Buddha，而意為看不清楚，模糊而有神秘感，且是人而非人，即佛是由音譯發展而來的意譯詞彙。假設佛不是由音譯發展而來的意譯詞彙，即假設佛僅僅是音譯單音節詞或音譯雙音節詞之簡稱，那麽，為什麽不直接音譯為步、部、毋、没、物、浮、複等等音譯單音節詞或作為音譯雙音節詞之簡稱？因為步、部、毋、没、物、浮、複等等容易産生歧義，没有神秘性，不可作為表達梵文 Buddha 之意義之單音節詞，這就以反證法證明衹有佛字具備步、部、毋、没、物、浮、複等等所不具備的語義優勢，即佛不是一個音譯詞彙或一個音譯詞彙的簡稱，而是一個由音譯發展而來的意譯詞彙。

佛塔起源於印度，在佛教傳入中土以前，中土無塔，也無"塔"字。當梵文的 stupa 與巴厘文的 Thupo 傳入中土時，曾被音譯為"塔婆""佛圖""浮圖""浮屠"等。其實"浮屠"本是梵文 buddha 的音譯，意思即是"佛陀"，梵文 buddhastupa 音譯後的略稱或簡稱也是"浮屠"。所以，"浮屠"既可解作佛陀，亦可解作佛塔。由於古印度的 stupa 主要用於珍藏舍利子、佛像、佛經等，故亦被意譯為"方墳""圓塚"，直至大約隋唐之時，佛經翻譯者纔創造出"塔"字，作為統一之譯名，淘汰了其他雙音節詞語而沿用至今。

通用的禪是梵文音譯詞禪那的簡稱，曾意譯作静慮、棄惡、思維修、功德叢林等。

朱慶之《佛典與中古漢語詞彙研究》認為中古時期的漢語"詞彙雙音化真正成為一種歷史的必然，並迅速得以實現"②。看問題不能够僅僅注意表面現象，要看本質。佛經漢譯過程中確實産生了一些所謂的雙音節新詞，這衹是表面現象，佛、塔、禪等等最常用的佛教詞語都是由雙（多）音節詞嚮單音節詞發展，總的趨勢是嚮單音節詞回歸。白話不可能從文言中發展出來，衹能從口語中發展出來。朱慶之抱着白話可以從文言中發展出來的偏見，看到中古時期漢語的所謂雙音節詞比上古時期多，但是，没有看到這是因為漢譯佛經無法準確用單音節詞翻譯而産生或形成的翻譯現象或翻譯試驗，這些所謂的雙音節新詞衹是曇花一現的翻譯現象或翻譯試驗而已。當漢語找到或創造出恰當的單音節詞，這些所謂

① 許慎：《説文解字》，北京：中華書局，1963 年，第 163 頁。

② 朱慶之：《佛典與中古漢語辭彙研究》，北京：文津出版社，1992 年，前言第 1 頁。

的雙音節新詞就被替代了。

五、漢語分期與漢譯佛經的語言性質

梁釋僧祐《出三藏記集》卷第一《胡漢譯經音義同異記第四》云：

祐竊尋經言，異論咒術，言語文字，皆是佛說。然則言本是一，而胡漢分音；義本不二，則質文殊體。雖傳譯得失，運通隨緣。而尊經妙理，湛然常照矣。既仰集始緣，故次述末譯。始緣興於西方，末譯行於東國，故原始要終，寓之記末云爾①。

僧祐亦是以不二法門理解佛所謂“所有種種異論咒術言語文字皆是佛說”的。尤其值得注意者為：僧祐總結漢譯佛經的語言追求是質文殊體而義本不二，其來源於早期佛經漢譯的語言實踐之經驗。質文殊體而義本不二實際上是信、達、雅三位一體，這一語言目標的追求必然導致譯文的文言化、典範化、神聖化。所謂的譯經體，所謂的佛教混合漢語祇能是達到信、達、雅三位一體目標的過渡性、暫時性的翻譯現象或翻譯試驗而已。

梁釋僧祐《出三藏記集》卷第七《法句經序第十三》云：

又諸佛興，皆在天竺。天竺言語與漢異音，云其書為天書，語為天語，名物不同，傳實不易。唯昔藍調、安侯世高、都尉、弗調，譯胡為漢，審得其體，斯以難繼。後之傳者，雖不能密，猶尚貴其實，粗得大趣。始者維祇難出自天竺，以黄武三年來適武昌，僕從受此五百偈本，請其同道竺將炎為譯。將炎雖善天竺語，未備曉漢，其所傳言，或得胡語，或以義出音，近於質直。僕初嫌其辭不雅。維祇難曰：“佛言‘依其義不用飾，取其法不以嚴’。其傳經者，當令易曉，勿失厥義，是則為善。”座中咸曰：“老氏稱‘美言不信，信言不美’，仲尼亦云‘書不盡言，言不盡意’。明聖人意深邃無極。今傳胡義，實宜徑達。”②

美言不信，信言不美，這是刻意追求質直，以確保譯文的可靠性和真實性，這是比較低的要求和層次，僅僅是追求信，達和雅直接無暇顧及了。這樣的譯文距離信、達、雅三

---

① 釋僧祐：《出三藏記集》，北京：中華書局，1995 年，第 15 頁。
② 同上，第 273 頁。

位一體的目標較遠，祇能是過渡性、暫時性的翻譯現象或翻譯試驗而已。

贊寧（919—1001）《宋高僧傳》卷第三：

> 懿乎東漢，始譯《四十二章經》，復加之為翻也。翻也者，如翻錦綺，背面俱花，但其花有左右不同耳。由是翻譯二名行焉。初則梵客華僧，聽言揣意，方圓共鑿，金石難和，椀配世間，擺名三昧，咫尺千里，覿面難通。次則彼曉漢談，我知梵説，十得八九。時有差違，至若怒目看世尊、彼岸度無極矣。後則猛、顯親往，奘、空兩通，器請師子之膏，鵝得水中之乳，内豎對文王之問，揚雄得絶代之文，印印皆同，聲聲不别，斯謂之大備矣①。

贊寧《宋高僧傳》將漢譯佛經分為三個階段，這三個階段是以梵華語言的融通程度來劃分的。第一個階段，梵客華僧語言不通，反映在佛經漢譯上，就是譯文的語言異化現象，方圓共鑿，金石難和，譯文中出現大量梵文直譯。似乎梵漢混合，其實不然，這祇是梵客華僧語言不通所導致的翻譯現象和翻譯試驗而已，如同聽言揣意，具有試探性或試驗性。對於尚可理解（即不必直譯和音譯）但漢語書面語中又暫時没有或找不到合適的詞語加以翻譯的梵文詞語，則祇能够從口語或俗語中找詞暫時勉强應付，這比直譯和音譯要好一些，在翻譯上是一個進步。但是，譯文畢竟不是規範的漢語書面語。第二個階段，彼曉漢談，我知梵説，十得八九，時有差違。這時的譯文就比較流暢規範，基本上達到比較規範的漢語書面語的水準。第三個階段，達到梵華語言的融通，譯文與原文印印皆同、聲聲不别，達到規範的漢語書面語的水準。可見，漢譯佛經的語言性質是中古時期的漢語書面語——中古時期的文言文。佛經漢譯是一個整體性和系統性的過程。在整個佛經漢譯過程中，梵文不僅僅是工作語言，而且也是最根本的語言標準和語言依據。梵文佛經不僅僅是佛經漢譯的工作底本，而且也是最根本的佛經漢譯的標準和佛經漢譯的依據。即佛經漢譯是以典範性或經典性為目標的，佛經漢譯首先考慮的是漢譯的可靠性和正統性，漢語中没有的觀念和詞語，祇能够直譯或音譯，祇有如此纔能够體現翻譯的可靠性和正統性。但是，梵文和中文畢竟是兩種不同的語言，直譯或音譯的結果必然導致譯文異化於目標語言，這種暫時的異化現象是一種僅僅存在於翻譯作品中的翻譯現象，在本質上不是語言現象，更不是一種新的語言。經過一定時間之後，來自源語言的直譯或音譯逐漸被目標語言所消化和吸收，最後形成意譯或以意譯為主體的翻譯，基本上消除了暫時的異化現象，同化於目標語言。

---

① 贊寧《宋高僧傳》，北京：中華書局，1987 年，第 52—53 頁。

梵文佛經的形成也具有上述特點。由於佛教的語言放任策略，佛傳法時使用不同的語言，逐步形成不同語言記録的文字篇章。為了傳教之需要，佛關於某一問題或相同內容對應之不同的語言所記録的文字篇章需要彙集在一起，這就形成了最早的佛教單部佛經。此過程很複雜，由於傳教地域不同，某一地域之佛教信徒要想知道佛在其他地域關於同一問題的説法，不同方言所記録的文字篇章就可能彙集；而為了便於該地域信徒之理解，就不得不翻譯。對於該地域方言中没有的觀念和詞語，衹能够直譯或音譯，衹有如此纔能够體現翻譯的可靠性和正統性。但是，畢竟是兩種不同的方言，直譯或音譯的結果必然導致譯文異化於目標語言，這種暫時的異化現象是一種僅僅存在於翻譯作品中的翻譯現象或翻譯試驗，在本質上不是語言現象，更不是一種新的方言或語言。

一般認為，佛滅後有四次結集。第一次結集、第二次結集（上座部結集和大衆部結集）、第四次結集的語言尚不十分清楚，但是，第三次結集在阿育王時期，其語言為梵文無疑。這就需要把不同的已經經過方言翻譯的方言本佛經翻譯為梵文本佛經，梵文中没有的觀念和詞語，衹能够直譯或音譯。經過一定時間之後，來自源語言的直譯或音譯逐漸被目標語言所消化和吸收，最後形成意譯或以意譯為主體的翻譯，基本上消除了暫時的異化現象而同化於目標語言。所以，所謂的混合梵文或混合梵語實際上是不存在的，所謂的混合梵文或混合梵語實際上衹是一種僅僅存在於翻譯作品中的翻譯現象或翻譯試驗，在本質上不是語言現象，更不是一種新的語言。不同地域的信徒在傳教時仍然使用各自原來的方言，使用梵文者還是在使用標準的梵文。但是，來自方言的直譯或音譯逐漸被梵文所消化和吸收，最後形成意譯或以意譯為主體的翻譯，基本上消除了暫時的異化現象而最後同化於梵文。

漢語分期在學術界分歧很大，其中一個主要影響因素即是漢譯佛經的語言性質問題。我主張，漢語分為古代漢語、近代漢語、現代漢語；古代漢語與現代漢語以新文化運動提倡使用白話文為分界綫，其後為現代漢語，其前為古代漢語；古代漢語分為三期，從夏代文字産生到商代滅亡為第一期——太古漢語，自西周建立至秦滅亡為第二期——上古漢語，自西漢建立至後周滅亡為第三期——中古漢語，自北宋建立至新文化運動提倡使用白話文之前為第三期——近古漢語。近代漢語是比較特殊的，近代漢語是指近代白話和白話文，自北宋建立至新文化運動提倡使用白話文之前為近代漢語，其與近古漢語同時並存；近古漢語由中古漢語發展而來，在語音、語法、詞彙上與中古漢語均有不同，逐漸走嚮衰落。而近代漢語不是由中古漢語發展而來，因為由中古的文言是發展不出來白話的。近代漢語是由宋代的口語發展起來的，它是現代漢語的直接上源；宋的俗講、變文、話本和小説是宋代的口語的書面記録，是白話文的直接上源。近代漢語分為三階段：從北宋建立至南宋滅亡為近代漢語第一階段；從元建立至 1840 年之前為近代漢語第二階段；從 1840 年至新文化運動提倡使用白話文之前為近代漢語第三階段。近代漢語第二階段有兩點值得注意，其一為由東京口語嚮北京口語轉化，其二為受到蒙古語和滿洲語影響。近代漢語第三階段受到西洋語言和東洋語言影響。

六朝和唐代的佛教講經反證了漢譯佛經不是嚮着白話發展，而是嚮着文言發展，否則就不會出現南北朝和唐代的講經。即因為漢譯佛經的語言性質是文言，所以纔需要用白話講經，否則講經絶對無法産生和存在。從這個角度再反觀從東漢到北宋的佛經漢譯，就可以更加清晰地看到佛經漢譯的語言趨嚮。屬於中古漢語的漢譯佛經之典範語言（不包括過渡性的翻譯現象和翻譯試驗）是中古文言書面語而非白話書面語，屬於中古漢語的漢譯佛經之典範語言（不包括過渡性的翻譯現象和翻譯試驗）也不是所謂的佛教混合漢語。所謂的佛教混合漢語衹是暫時的過渡性的翻譯現象和翻譯試驗，根本就不是一種語言。

作者單位：邯鄲學院中文系

《詩经·豳風·七月》雜用“陽曆”“陰曆”説

尹榮方

一、關於《七月》曆法的已知解釋

《詩經·豳風·七月》中“一之日”“二之日”“三之日”“四之日”之“日”，古代學者多以“月”解之，與詩中“七月”“九月”等月名同義。但何以一詩之中，或用月，或用日，《毛傳》《鄭箋》以下，大抵以為是夏、周二正互用，也有以為兼用殷曆者。而唐人孔穎達又用陰、陽之説解之：

此篇設文，自立一體。從夏之十一月，至夏之二月，皆以數配日而言之。從夏之四月，至於十月，皆以數配月而稱之。……而或日或月，不以數配，參差不同者，蓋以日月相對，日陽月陰，陽則生物，陰則成物。建子之月，純陰已過，陽氣初動，物以牙蘖將生，故以日稱之。建巳之月，純陽用事，陰氣已萌，物有秀實成者，故以月稱之①。

王安石《詩説》云：

彼曰“七月”“九月”，此曰“一之日”“二之日”，何也？陽生矣，則言日。陰生矣，則言月。與《易·臨》“至於八月有凶”、《復》“七日來復”同意。四月，正陽

① 李學勤主编：《十三經注疏·毛詩正義》，北京：北京大學出版社，1999 年，第 492—493 頁。

也，秀葽言月，何也？以言陰生也。陰始於四月，生於五月，而於四月言陰生者，氣之先至者也①。

王引之《經義述聞》則以“一之日”“二之日”為“一月之日”“二月之日”之簡寫，無關乎陰陽。所以他駁斥王安石之説云：

> 介甫可謂不善讀《易》，又不善讀《詩》者矣。若云“四月秀葽”因陰始於是月而稱月，則十月亦當為陽所自始，經之“十月隕籜”，何以不稱日而稱月乎？“蠶月條桑”，三月事也，是月五陽決一陰，非陰氣先至之月矣，經又何以稱月乎？反復求之，無一可者也。蓋介甫臆造“陽生言日，陰生言月”之説，而礙於“四月秀葽”之文，故彌縫其説如此，而不知其終不可通也。乃惠氏《周易述》尚取之以解“七日來復”，無乃惑於曲説邪②。

以陰、陽之別來説明《七月》中“日”“月”之義，確如王引之所説“終不可通”，也即無法作出合理解釋。

今人陳久金、盧央、劉堯漢則根據新發現的彝族十月太陽曆，認為《七月》所用曆法為十月太陽曆，詩中没有出現十一月、十二月，而詩中有“卒歲”“改歲”之語，是以十月為歲末。《七月》的“一之日”，《毛傳》解釋道：“一之日，十之餘也。”或相傳之古訓，其意為一年過完十個太陽月之後的餘日，即一年為三百六十五日，每月三十六日，十個月為三百六十日，餘下的五至六日就是餘日。《七月》中的“一之日”“二之日”等，便是這樣的餘日。這幾日的餘日，是重要的年節，主要安排宗教祭祀活動，如第一天為狩獵祭，第二天為武備祭，第三天為農具祭，第四天為農事祭等③。

此説新奇可喜，但並不能成立，因為《七月》所敘之物候、農事與“十月曆”不能相應，如詩中“十月蟋蟀入我床下”，照《七月》十月曆之説，詩中“十月”相當於夏曆十二月，則十二月蟋蟀方入屋，無疑與事實不符。“十月獲稻”，以十二月收穫稻子，亦不合農事節律。又第七章“九月築場圃，十月納禾稼。”若謂夏曆十一月方築場圃，十二月纔將莊稼收藏入庫，顯然也太晚了。而謂“一之日”“二之日”等“餘日”為年節，主要安排祭祀活動，則如此密集的祭祀活動根本不可能在四五日之内完成，如“一之日于貉”的“田猎之祭”，祭祀儀式還伴隨軍事訓練及狩田等活動，需要相當長的時間；而“二之日鑿

① ［宋］王應麟：《困學紀聞》卷一，瀋陽：遼寧教育出版社，1998年，第9、59頁。
② ［清］王引之：《經義述聞》卷五，南京：鳳凰出版社，2000年，第140頁。
③ 劉毓慶：《詩義稽考》第5册，北京：學苑出版社，2006年，第1516頁。

冰沖沖，三之日納于凌陰。四之日其蚤，獻羔祭韭。"所陳述者為鑿冰、藏冰、取冰等儀式，時間跨度相當長，再説《七月》還有三之日"于耜"、四之日"舉趾，同我婦子，饁彼南畝"之舉，若謂這些事與上述藏冰、取冰等儀式發生在二三日之内，更絶無可能。

二、上古有陽曆月、陰曆月兩種曆法，《七月》一詩雜用之。陽曆月用於天事，陰曆月用於人間之事，主要是農事

（一）上古的陽曆月與陰曆月

上古曆法分為陽曆月與陰曆月兩種，陽曆月稱為月陽，也稱月雄；陰曆月又稱月陰、朔望月、月雌等。這兩種曆法，在《爾雅·釋天》中有明確記載。《爾雅·釋天》的十二月（月陰）名為：正月為陬，二月為如，三月為寎，四月為余，五月為皋，六月為且，七月為相，八月為壯，九月為玄，十月為陽，十一月為辜，十二月為涂。《釋天》十月"月陽"名為：月在甲曰畢，在乙曰橘，在丙曰修，在丁曰圉，在戊曰厲，在己曰則，在庚曰室，在辛曰塞，在壬曰終，在癸曰極①。

"月陽""月陰"之名，郭璞、邢昺等注家，皆不明其義，故闕而不論。今天我們大致明白古人月分陰陽，月陽就是將一年分為十個月，即通過樹立圭表測太陽之影所確定之一年之季節月。月陽以冬至為一年之始，第二年冬至前為年末。初始之月為冬至後的約三十六日，依次類推，一年得三百六十日，一年實際三百六十五日或三百六十六日，餘下數日作為年節。此所謂十月太陽曆，除上古時代，還曾行於彝族等少數民族。

而"月陰"的十二月，則以月亮的陰晴圓缺為周期所確定，從《尚書·堯典》堯時"以閏月定四時"，及舜"五年一巡狩"的描述看，舜所使用的是陰曆月。陰曆月要制閏，所謂五年二閏，天道大備。陰曆月又稱朔望月，便於民間掌握與使用。《爾雅·釋天》十二月名與陰曆月相配，則主要着眼人事。當然人事須順應天時展開，把握天時，依月令天時行事，有利於獲得預期目標，這大約就是古人既名"月陽"又名"月陰"的緣由了。

《逸周書·周月解》："周正歲道，數起於時一而成於十，次一為首，其義則然。凡四時成歲，有春夏秋冬，各有孟、仲、季，以名十有二月，中氣以著時應"。這裏説到"時一而成於十"的"歲道"和"十有二月"的"四時成歲。"朱右曾注云："朔數三百五十四日

① 李學勤主編：《十三經注疏·尔雅注疏》，第170頁。

有奇為一年，中數三百六十五日有奇成一歲。”①

上古年和歲有區别，顧炎武《日知録》之《集釋》卷三十二云：“天之行謂之歲。《書》以閏月定四時成歲。‘歲二月，東巡狩’是也。人之行謂之年。《書》：‘維吕命王，享國百年。’……《周禮》‘太史’注：‘中數曰歲。朔數曰年。自今年冬至至明年冬至，歲也（三百六十五日，實際即陽曆年）。自今年正月朔至明年正月朔，年也（三百五十四日多，實即陰曆年）。’”② 孫詒讓《周禮正義》卷五十一：“《玉海·天文》引《三禮義宗》云：“歲者，依中氣一周以為一歲。年者，依日月十二會以為一年。中朔大小不齊，故有歲年之異。”③ 這種區别，反映的也是上述兩種不同曆法的存在。陽曆月與陰曆月兩種曆法，始見於《山海經》，可見其古老。《山海經·大荒南經》：“有女子名曰羲和，方浴日於甘淵。羲和者，帝俊之妻，生十日。”又《大荒西經》云：“有女子方浴月，帝俊妻常羲，生月十有二，此始浴之。”生月十有二，指創造了分一年為十二個月的曆法；而生十日，則是指創造了分一年為十個月的曆法。正如陳久金先生指出的：“十日是與十二月相對應的，中國遠古不但使用一歲十二個月的農曆，同時還使用過一歲分為十日（月）的太陽曆。所謂羲和生十日，應當理解為羲和創造並使用了十月太陽曆，别的解釋是没有的。”④

上古時代，陽月與陰月這兩種曆法是同時存在的，同時應用的。陽月主要應用於指示節气、祭祀等國之大事；陰月則用於指示物候、農事，是一種人事生産曆。《七月》中的“一之日”“二之日”“三之日”“四之日”等用的是陽曆月，“五月”“六月”等用的是陰曆月。

“日”字本有“節”義，《廣雅》：“日、類，節也。”王念孫《廣雅疏證》卷三云：

> 日為節度之節，纇為絲節之節。《開元佔經·日佔篇》引《春秋元命苞》云：“日之為言節也，開度立節，使物咸别。”《白虎通義》：“日之為言實也，節也，常滿有節也。”

“日”可以解釋為“節”，則十“月陽”也就是十個時節的意思，節的功能為“開度立節，使物咸别”。十日之名，有利於對天時的把握，有利於進行所謂的“天事”。“一之日”

---

① 黄懷信、张懋鎔、田旭東：《逸周書彙校集注》，北京：中華書局，2007 年，第 578 頁。

② 顧炎武又曰：“古人但曰年幾何，不言歲也，自太史公始變之。《秦始皇本紀》曰：‘年十三歲矣。’”《集釋》引錢廣伯云：“《孟子》：‘鄉人長於伯兄一歲。’《趙策》：‘太后曰：年幾何矣？’對曰：‘十五歲矣。’則言歲不始於太史公。”見［清］顧炎武著，［清］黄汝成集释，秦克誠点校：《日知録集釋》，長沙：嶽麓書社，1996 年，第 1137—1138 頁。

③ ［清］孫詒讓：《周禮正義》，北京：中華書局，1987 年，第 2083 頁。

④ 陳久金等：《中國天文大發現》，濟南：山東畫報出版社，2008 年，第 37 頁。又很多學者指出，中國干支的“十干”與“十二子”，“十干”對應的是十月曆，而“十二子”對應的則是十二月曆。

也就是陽曆月的一月，“二之日”就是陽曆月的二月，依次類推。“一之日”指示的日子是冬至日起始的三十六天，略等同於夏曆的十一月，所以前人每以夏之十一月當之，但“一之日”即陽曆月的一月與夏曆的十一月是不能完全對應的。“二之日”指的是一月三十六天之後的第二個三十六天，其餘可以依次類推。

（二）《七月》“一之日”“二之日”等用的是陽曆月，所陳述的大體是“天事”，與詩中用“月”陳述人事生產者有明顯的區别

且讓我們先看《七月》的有關陳述。首章“一之日觱發，二之日栗烈”描寫的是冬至後的節候，强調其寒冷，且不説。第四章云：“一之日于貉，取彼狐狸，為公子裳。二之日其同，載纘武功。言私其豵，獻豜于公。”“于貉”《毛傳》云：“于貉，謂取狐狸皮也。狐貉之厚以居，孟冬天子始裘。”我們細揆詩意，知“于貉”與“取彼狐狸”是兩事，《毛傳》“于貉”之解非為確解。“貉”是祭名，宋人羅願《爾雅翼》卷二十一：“‘于貉’者，周人將獵，則先祭貉，故謂獵為貉。”① 可見“于貉”的意思就是行獵祭。又貉讀為禡，清人馬瑞辰説：

> 貉與禡古通用。鄭司農注《周禮·大司馬職》“有司表貉”曰：“貉讀為禡。書亦或為禡。”是禡即貉之或體字也。鄭康成注《甸祝》“表貉”云：“田者，習兵之禮，故亦禡祭，禱氣勢之十百而多獲。”是田有貉祭也。此詩“于貉”，當謂往貉，即《周禮·甸祝》表貉之祭，《傳》《箋》均讀貉為狐貉之貉，失之②。

上古田獵，特别是冬狩，是確定時節、墾殖土地、軍事訓練、祭祀神靈等結合進行的大事，絶非單純為獵取野獸。田獵前往往先要祭社，狩獵結束又要用獵獲的野獸祭祀神靈。所以《爾雅》將“春獵為蒐，夏獵為苗，秋獵為獮，冬獵為狩”這四時“狩獵”歸入《釋天》，視為天事。冬狩是大事，聚衆出發前，先有所謂的“宜”祭。《爾雅·釋天》：“起大事，動大衆，必先有事乎社，而後出謂之宜。”郭璞注：“有事祭也。”③《七月》詩的“于貉”，指的顯然是冬狩前的祭祀。

而“二之日其同”之“其同”，《鄭箋》：“其同者，君臣及民因習兵俱出田也。”其同就是行“會同”之禮，以狩獵、訓練也。而陳奂用《詩·小雅·車攻》“我馬既同”之同

① ［宋］羅願：《爾雅翼》卷二十一，合肥：黄山書社，2013 年，第 263 頁。

② ［清］馬瑞辰：《毛詩傳箋通釋》，北京：中華書局，2004 年，第 459 頁。

③ 李學勤主編：《十三經注疏·尔雅注疏》，第 183 頁。

解釋“其同”：“同讀如我馬既同之同。《車攻》傳云：‘同，齊也，田獵齊足。’”① 强調的都是會獵之舉。當然鄭玄、陳奂都有以後代禮制釋“其同”之嫌。《七月》時代，大約尚處於氏族社會，未必如後代周王出行那樣等級森嚴、軍容壯盛，但他們之以“田獵”解“其同”，應該没有什麽問題。

第八章“二之日鑿冰沖沖”，所説乃祭事甚明顯，因為下面接着就説：“三之日納于淩陰。四之日其早，獻羔祭韭。”淩陰指冰室，陽月的三月藏冰於室。獻羔祭韭，説的是出冰的儀式。藏冰、出冰之禮一直傳於後世，《左傳·昭公四年》載申豐之言曰：“古者，日在北陸而藏冰，西陸朝覿而出之。……其藏之也，黑牡、秬黍，以享司寒。其出之也，桃弧、棘矢，以除其災。其出入也時。……《七月》之卒章，藏冰之道也。”②《七月》於“納于淩陰”的藏冰儀式言之甚簡，據《左傳》，有用“黑牡”“秬黍”以祭享“司寒”之神的儀式。詩不妨一筆帶過，散文則可以從容敘述也。

再看第一章“三之日于耜，四之日舉趾，同我婦子，饁彼南畝，田畯至喜”。《毛傳》解“三之日于耜”云：“三之日，夏正月也。豳土晚寒，于耜，始修耒耜也。”我以為《毛傳》此解必誤，此句當同於《夏小正》正月之“農緯厥耒。初歲祭耒，始用暢”。什麽叫“農緯厥耒。初歲祭耒，始用暢”？盧辨注：“緯，束也。束其耒云爾者，用是見君之亦有耒也。初歲祭耒，始用暢也。暢也者，終歲之用祭也。其曰初云爾者，言是月始用之也。初者，始也。或曰：‘祭韭也。’”③

則“于耜”乃初歲農事開始之際所行之祭祀禮儀。方嚮東引元人金履祥之言曰：“祭始為耒耜之人也。古者先立春王將耜藉，則鬱人薦鬯。鬯之為言暢也。祭耒而用鬯也。”④歲初祈農，上古所重，《七月》詩鄭重記載，當屬自然。

“四之日舉趾，同我婦子，饁彼南畝，田畯至喜。”此句之主人公，《毛傳》：“四之日，周四月也。民無不舉足而耕矣。饁，饋也。田畯，田大夫也。”然而我們揆諸《詩經》的其他篇目，可知此句所陳述者，仍關乎祭事，此句之主人，非泛指農夫，而是特指主祭之人，也即所謂的“周王”也。如范文瀾所言：“周先公居豳時，始耕舉行饁禮。”⑤《小雅·甫田》：“曾孫來止，以其婦子，饁彼南畝，田畯至喜。攘其左右，嘗其旨否。”又《小雅·大田》：“曾孫來止，以其婦子，饁彼南畝，田畯至喜。來方禋祀，以其騂黑，與其黍稷，以享以祀，以介景福。”兩詩的句式字句同於《七月》，其所及之人、意亦必相同。鄭玄箋《小雅·甫田》：“曾孫，謂成王也。……成王來止，謂出觀農事也。親與后、世子

① ［清］陈奂：《詩毛氏傳疏》卷十五，北京：中國書店1984年影印本。
② ［晉］杜預：《春秋左傳集解》，南京：鳳凰出版社，2010年，第606頁。
③ 方嚮東：《大戴禮記彙校集解》，北京：中華書局，2008年，第155頁。
④ 同上，第155頁。
⑤ 范文瀾：《中國通史簡編》（修訂本）第一編，北京：人民出版社，1965年，第145頁。

行，使知稼穡之艱難也。"① 雖有用後世之事繩上古事之嫌，然以此句之主人非指農夫，而指周王，卻是無可懷疑的。然則《七月》"四之日舉趾"者，周王也，也即主祭者也，他偕同婦子，以酒食祭祀"田畯"。田畯，上古主要有二義，一指農神，一指農官。這裏的田畯，非農官田大夫之謂，當如鄭司農注《周禮·春官·籥章》"以樂田畯"时所説"田畯，古之先教田者"② 即農神。"田畯至喜"，喜同饎，應讀為"至喜田畯"，即饗"先農"之類的神靈祭獻，祭畢則衆人共嘗其肴也。

後世論者亦有懷疑《甫田》《大田》之"以其婦子，饁彼南畝"應繫於曾孫（周王）者，以為王后衹有親蠶之事，王后從行勸農，不合上古禮制。此亦為以後世禮制繩上古禮俗。一年農業生産開始之際，《七月》行祀"田畯"之禮，後世則演為所謂"藉田"之禮。上古質樸，禮俗自然較為簡單，而從上古典籍記載看，"藉田"之禮，亦有王后參與之徵。周悦讓《倦遊庵槧記·經隱·毛詩》云：

> 據《周禮·内宰》："王后帥六宫之人而生穜稑之種。"《穀梁春秋·桓公十四年傳》："甸粟而内之三宫，三宫而藏之御廩。"是甸籍之事，后與有勞，故勸農報賽，後必從行，此亦可據以補《禮》經之缺也③。

至周代，王后及宫人猶有力田勸農之事，上古質樸，《七月》時代或尚屬氏族社會，君民之等級意識遠遜後世，則"周王"攜其妻兒"饁彼南畝"，祭神祈農為必有之事也。

（三）《七月》詩中用"月"陳述者為物候與人事（農事）

由於"一之日""二之日"等所陳述者皆為"天事"（含戎事），《七月》詩中用"月"（陰曆月）陳述者則大抵為物候與人事（農事），現將《七月》詩各月的物候與人事（農事）排列如下：

月份	物候	人事（農事）
三、四月	有鳴倉庚	采蘩　爰求柔桑　條桑
四月	秀葽	

① 李學勤主編：《十三經注疏·毛詩正義》，第842頁。

②［漢］鄭玄注，［唐］賈公彦疏，彭林整理：《周禮注疏·春官·籥章》，上海：上海古籍出版社，2010年，第908頁。

③ 劉毓慶等撰：《詩義稽考》，北京：學苑出版社，2006年，第2500頁。

五月　　嗚蜩　斯螽動股

六月　　莎雞振羽　　　　　　　　食鬱及薁

七月　　流火　嗚鵙（蟋蟀）在野　　亨葵及菽　食瓜

八月　　萑葦（蟋蟀）在宇　　　　載績　其獲　剥棗　斷壺

九月　　肅霜（蟋蟀）在户　　　　授衣　叔苴　采荼薪樗　築場圃

十月　　滌場　隕籜　（蟋蟀）入我床下穫稻　納禾稼　塞嚮墐户　于茅　索綯　乘屋

可見，繫於“月”下的，無非物候與人事（農事），《七月》詩明顯地表現為用“一之日”等陽曆月記載天事，用某“月”（陰曆月）記載人事（主要是農事）的形式。

這裏我們聯想到上古所謂的“三正”問題。傳統有一個説法，謂夏、商、周曆元不同為“三正”，即夏建寅，以正月為正；商建丑，以十二月為正；周建子，以十一月為正。《書・甘誓》有“有扈氏威侮五行、怠棄三正”之語，馬融注：“三正，建子建丑建寅之三正也。”①《甘誓》照一般的理解説的是夏代之事，此時尚無商，不要説周了，哪裏會有三正之説！張汝舟先生曾指出：在四分曆産生之前，還衹是觀象授時，不存在完整的行用於夏代的夏曆、行用於商代的殷曆、行用於兩周的周曆，所謂夏殷曆、周曆，純係後人的概念。郭沫若及日人新城新藏也否定上古實行過所謂三正②。《毛傳》以下的解詩者，多有以為《七月》雜用三正者。我以為此必古人誤解，所謂三正，本義當指“天”“地”“人”也，鄭玄所謂“天、地、人之正道”。《漢書・律曆志》以“三統”同於三正：“三統者，天施、地化、人事之紀也。其於三正也，黄鐘子為天正，林鐘丑為地正，太簇寅為人正，三正之始。”

以三正為天地人之説，實際上與夏商周三代之三正的説法有所不同。三正之説後來被説得神乎其神，其實多有不通之處，它傳承的或許是上古存在分别用於“天”及用於“人”的不同曆法而已。

從《爾雅・釋天》《書・堯典》等上古典籍所載之上古曆法看，所謂“三正”之説，或源於《爾雅・釋天》的“月陽”“月陰”所揭示的曆法之不同，《堯典》雖無“月陽”

---

① ［清］孙星衍：《尚书今古文注疏》，北京：中華書局，1986年，第210頁。

② 新城新藏説：“關於三正論之文獻，由來頗古。然由研究春秋長曆之結果，可知其斷非春秋以前之歷史上之事實。余以為，蓋在戰國中葉以降，將所行之冬至正月曆（建子）撥遲兩個月，改為立春正月曆（建寅）時，因須示一般民衆以改曆之理由，遂倡三正論而篤宣傳耳。其後，因秦代施行十月歲首曆（建亥），更加以漢代之宣傳，遂至認三正交替為上古歷史上之事實。時至今日，信者尚不乏人，此於中國上古天文曆法發展史之闡明，繫累非淺，誠可謂憾事。”郭沫若引新城氏之説後申論道：“所謂三正論係出於後人捏造，毫無疑問，唯造此説之時代不當在戰國中葉，而當在春秋末年。”見郭沫若：《青銅時代》，北京：中國人民大學出版社，2009年，第85—86頁。

“月陰”之名，但所載為兩種曆法則甚明。從所謂的堯、舜時代開始，就存在兩種曆法並存的局面。“陽曆月”主要用於對一年時節的把握，即分至啓閉等節氣的測定。統治者通過對時節的確定與相應的祭祀活動，强化其對“天”的尊重，以顯示自己統治的合法性。但對一年時節的把握並不能直接應用於人事活動，所以古人又創“陰曆月”這樣的人事曆法，便於民間的生產、生活。《國語·楚語下》觀射父答昭王問，有“顓頊受之，乃命南正重司天以屬神，命火正黎司地以屬民”[①]之説，包含了分别運用“屬神”與“屬民”兩種不同曆法的意蘊。而“屬民”之曆法為“火正”黎所掌，火正就是以觀測大火星出没沉降來判定時節，以指導人們從事農業生産活動的專職人員[②]。而《七月》開首便言“七月流火”，所反映的正是民事活動對“火曆”的應用。“南正”以下，照韋昭注：“南，陽位。正，長也。司，主也。屬，會也。所以會群神，使各有分序，不相干亂也。”[③]“南正”是觀測太陽及星辰的運行以定季節，確定祭祀神靈日子的專職人員。“火正”與“南正”各有職司，不相干擾。

古代史家有所謂民事與天事之分，認為上古時代人們更重天事，天事指對天象、天文的觀測及曆法的制定及相應的祭祀、佔卜等禮儀事項。虞夏以後，轉嚮以生産及衣食住行等人事為急。鄭樵《通志》卷二《五帝紀二》：“上古之時，民淳俗熙。為君者，惟以奉天事神為務，故其治略於人而詳於天。……唐虞之後，以民事為急，故其治詳於人而略於天。”從《七月》詩反映的情况看，《七月》時代無疑早進入“詳於人而略於天”的時代，但晚周之人猶云：“國之大事，在祀與戎”，則《七月》時代，“奉天事神”必仍在氏族或國家事務中佔有舉足輕重的地位。當然無論“奉天事神”還是以“民事為急”，在上古農業社會，治曆明時都是必須面對的絶大之事。在所謂的虞夏以後出現嚮民事的轉嚮後，形成奉天地分司的歷史，可追溯到《山海經》時代。《大荒西經》：“顓頊生老童，老童生重及黎，帝令重獻上天，令黎邛下地，下地是生噎，處於西極，以行日月星辰之行次。”即《國語·楚語》所謂重、黎“絶地天通”也。“事神”之曆與“民事”之曆並舉的情况，是並不奇怪的。

（四）《七月》“曰為改歲”原意解

《七月》五章：“十月蟋蟀入我床下。穹窒熏鼠，塞嚮墐户。嗟我婦子，曰為改歲，入

---

① 《國語》卷十八，上海：上海古籍出版社，1978年，第562、563頁。

② 龐朴指出：“火正的職稱，標明其職務是觀察大火。‘司地’即‘司土’，也就是後世的‘司徒’，同農事民事有關，故‘屬民’。”見龐朴：《火曆鈎沉——一個遺失已久的古曆之發現》，《中國文化》1989年第1期。

③ 《國語》卷十八，上海：上海古籍出版社，1978年，第562、563頁。

此室處。”此章所云“改歲”，前人解者紛紜，或謂此證明彼時民間通行“三正”。《朱子語類》卷八十一：

> 問：“東萊曰：‘十月而曰改歲，三正之通，於民俗尚矣，周特舉而迭用之耳。’據《詩》，如七月流火之類是用夏正；一之日觱發之類，是周正；即不見其用商正。而吕氏以為舉而迭用之，何也？”曰：“周曆夏商，其未有天下之時，固用夏商之正朔。然其國僻遠，無純臣之義，又自有私紀其時月者，故三正皆曾用之也。”①

吕東萊、朱子之謂《七月》迭用“三正”，是不知上古曆法原分“天事”“人事”兩種，此不足怪也。而持《七月》曆法為十月太陽曆者，則據此以為十月曆之堅證，然《七月》十月曆之不可通，前面我們已加證明。那麼《七月》為何言“曰為改歲”？宋人王應麟《困學紀聞》卷三云：

> 《豳風》於十月，云“曰為改歲”，言農事之畢也。《祭義》於三月云“歲既單矣”，言蠶事之畢也。“農、桑，一歲之大務，故皆以歲言之。”②

王應麟此説，為古今很多學者所贊同，但我們聯繫前面顧炎武指出的上古“歲”與“年”的區别，則可以斷定這裏的“改歲”，是指陽曆月而言的。清人馬瑞辰曰：

> “曰為改歲”，猶曰“歲聿云莫（暮）”，特先時戒民入室之辭，非謂改歲然後入室，不得以為十月，與《月令》季秋令民入室異也③。

馬氏雖不知《七月》陽曆月、陰曆月雜用，但他指出“改歲”就是説“歲聿云莫（暮）”，是預先告誡民衆做好歲末“入室”的準備，則是正確的。“穹室熏鼠，塞嚮墐户”以及表面繫於十月的“于茅”“索綯”“乘屋”等，俱為年終行事，詩中統而言之也。

---

① ［宋］黎靖德編：《朱子語類》卷八十一，北京：中華書局，2011年，第2112頁。

② ［宋］王應麟：《困學紀聞》卷一，瀋陽：遼寧教育出版社，1998年，第59頁。

③ ［清］馬瑞辰：《毛詩傳箋通釋》，北京：中華書局，2004年，第458頁。

三、比較《七月》農事與《爾雅·釋天》十二月名

《爾雅·釋天》十二月名實際是一種人事（主要是農事）曆，以一年中各月的主要人事活動名月，構成一種人事曆，這在很多民族的早期階段都能看到。如哈尼族的十二月名依次為：送舊月、迎新月、草死月、地濕月、種穀月、踩粑月、黴雨月、拔草月、熬酒月、嘗新月、入庫月、櫻花月，雲南虎家白族"直接以當月的物候和人們的生産活動來作為月名，順次為太陽不動月、太陽起來月、樹枝發芽月、開始種地月、農忙月、再種也不收月、饑餓月、無力氣月、糧食始熟月、完全成熟月、狩獵月、酒醉月"①。彝族創世史詩《梅葛》第三章《農事》説道："四季如何分？楊柳發芽，布穀鳥叫，春季就到；蛤蟆叫，青蛙叫，夏季到；知了叫，秋季到；雁鵝叫，冬季到。一年十二月農事如何安排？正月去背糞，二月砍蕎把，三月撒蕎子，四月割大麥，五月忙栽秧，六月薅種忙，七月割苦蕎，八月撒苞穀，九月割了甜蕎撒大麥，十月糧食裝進倉，冬月撒小麥，臘月砍柴忙過年。"②

將《七月》各月人事活動與《爾雅·釋天》十二月名進行比較，我們發現，兩者大致可以對應。

（一）"蠶月"與"三月為寎"

《七月》第三章有"蠶月"，雖不以數位名，但可以看作農事曆的殘餘，顯然指的是三月。蠶月的農事活動為："蠶月條桑，取彼斧斨，以伐遠揚，猗彼女桑。"説的都是採桑養蠶之事。《釋天》："三月為寎。"《釋文》："'寎'，本或作'窉'，字同。"阮元校云：

> 按《廣韻·三十八梗》："窉，《爾雅》云：'三月為寎。'《四十三映》：'寎，驚病。'《玉篇·穴部》：'窉'，筆永切，穴也。"部無寎字。是此經本作"窉"也③。

"三月為寎"之"寎"為"窉"之誤，而"窉"義為穴。此穴，當是指蠶室。三月人們忙於蠶事，故三月又名"蠶月"。除了《詩·七月》有"蠶月條桑"等語，《夏小正》三月："妾子始蠶，執養宫事。"《禮記·月令》載三月："是月也，天子乃薦鞠衣於先帝。

---

① 陳久金、盧央、劉堯漢：《彝族天文學史》，昆明：雲南人民出版社，1984年，第263頁。

② 馬學良等：《彝族文化史》，上海：上海人民出版社，1989年，第555頁。

③ 李學勤主编：《十三經注疏·爾雅注疏》，第170頁。

……命野虞毋伐桑柘，具曲、植、籧，后妃齋戒，親東鄉躬桑，禁婦女毋觀，省婦使，以勸蠶事。”《吕氏春秋·季春紀》記載略同。故三月稱“寎”者，以名蠶室、蠶事也。《禮記·祭義》：“古者天子諸侯必有公桑蠶室，近川而為之，築宫仞有三尺，棘牆而外閉之。”説古代天子、諸侯都築有蠶室用來養蠶，自非虚言。《説文》穴部：“穴，土室也。”《禮記》所謂“仞有三尺，棘牆而外閉之”的蠶室正是土室。蠶蟻畏風畏寒，故蠶室須密封。《後漢書·光武帝紀下》：“詔死罪繫囚皆一切募下蠶室。”注：“蠶室，宫刑獄名。宫刑者畏風，須暖，作窨室蓄火如蠶室，因以名焉。”① 受宫刑的人要進入“蠶室”，這裏的蠶室不是養蠶之室，而是獄室之名，因為關押的是接受宫刑者，這些人“畏風，須暖”，所以要挖地下室處置他們。由此可見養蠶之室也是穴室，“寎”義為穴，當是蠶室之專名。

則《釋天》“三月為寎”言三月為養蠶之月，與《七月》所載“蠶月”農事完全相應。

（二）“四月秀葽”與“四月為余”

《七月》：“四月秀葽。”《毛傳》：“不榮而實曰秀葽。葽，草也。”鄭玄箋：“《夏小正》：‘四月，王萯秀。’葽其是乎？”而魯詩謂：“此味苦，苦葽也。”韓詩則曰：“葽草如出穗。”② 可見，“葽”到底是什麽植物，毛、鄭不能確定。魯詩“苦葽”之説，影響較大。《説文解字》草部：“葽，草也。從草要聲。《詩》曰：‘四月秀葽。’劉嚮説：此味苦，苦葽也。”許慎雖引劉嚮之説，同魯詩説為苦葽，但何為苦葽，後人仍難以確定，故段玉裁注云：

> 《小正》“四月秀幽”，幽、葽一語之轉，必是一物，似鄭不當援王萯也。劉嚮説“此味苦，苦葽也”，苦葽當是漢人有此語。漢時目驗，今則不識。其味苦則應夏令也。小徐按：“《字書》云：‘狗尾草。’夫狗尾即莠，莠四月未秀，非莠明矣。”③

後人又有葽為遠志、狗尾草之説，實難以成立。我以為，作為農事標志的植物，必是對民衆具有重大意義者。四月秀葽，不僅説物候，亦云農事。馬瑞辰《毛詩傳箋通釋》卷十六：

> 至今本《夏小正》“王萯秀”之下、“秀幽”之上多“取荼”一句，金仁山本作

---

① ［南朝宋］范曄：《後漢書》，北京：中華書局，1996年，第80頁。

② ［清］王先謙：《詩三家義集疏》，北京：中華書局，2009年，第516頁。

③ ［清］段玉裁：《説文解字注》，南京：鳳凰出版社，2007年，第62頁。

"取荼秀"，此當在"秀幽"句下，乃《傳》釋"秀幽"之文，謂於時取荼秀也①。

《夏小正》"取荼"後有"秀幽"，"幽"與"葽"音近可通，則《七月》"四月秀葽"意為取"荼秀"也。惟這裏的"荼"，究指何物？不少古人包括馬瑞辰以為指苦菜。而《七月》九月有"采荼薪"之語，則此"葽"必非苦菜之荼也。荼之一字，有二義，一指苦菜，一指六穀之一的"苽"。這裏的"荼"，乃為"苽"，"苽"是上古的一種穀物，是"六穀"之一，又名蔣。所以盧辨注："荼也者，以為君薦蔣也。"② 以荼為蔣，則四月為"取荼（蔣）之月"。

《釋天》："四月為余。"郝懿行疏引李巡曰："四月萬物皆生枝葉，故曰余。余，舒也。""余"，《釋文》："余、舒二音。"③ 我以為余為荼，不必以舒為解也。此即《夏小正》四月"取荼""秀幽"之"荼"（蔣）也即苽也，與《七月》"四月秀葽"意蘊一致。《周禮·天官·膳夫》："凡王之饋，食用六穀。"鄭玄注引鄭司農之説："六穀，稌、黍、稷、粱、麥、苽。"苽，彫胡也④。《説文》草部："苽，彫苽，一名蔣。"關於"苽"，孫詒讓廣引經籍，言之甚詳：

> 《西京雜記》云："菰之有米者，長安人謂之彫胡。"《廣雅·釋草》云："菰，蔣也。其米謂之彫胡。"《淮南子·原道訓》高注云："菰者，蔣實也。其米曰彫胡。"《楚辭·大召》："五穀六仞，設菰粱兮。"王逸注云："菰粱，蔣實，謂彫胡也。"案：苽、菰，彫、胡、葫，字並同。……《古文苑》宋玉《諷賦》云："為炊彫胡之飯。"《內則》云："苽食"。《論語·鄉黨篇》云："雖疏食菜羹苽祭，必齊如也。"故二鄭以充六穀之一。但苽非常食，劉嚮《烈女傳·母儀篇》云："精五飯"，蓋以六穀去苽是為五飯矣⑤。

可見，苽是古代重要作物，孔子時代尚作為祭品使用，曾被稱為"六穀"之一，《爾雅》四月稱為"余月"，意四月為"取荼"之月，實指取苽也。蓋"余（荼）"與"苽"音近，上古或通言之也。然則《七月》"四月秀葽"與《爾雅》"四月為余"意蘊相同。

---

① ［清］馬瑞辰：《毛詩傳箋通釋》，北京：中華書局，2004年，第458頁。

② ［清］王聘珍：《大戴禮記解詁》，北京：中華書局，1983年，第36頁。

③ ［清］郝懿行：《爾雅義疏·中之四》，北京：中國書店1982年據咸豐六年刻本影印。

④ ［漢］鄭玄注，［唐］賈公彥疏，彭林整理：《十三經注疏·周禮注疏》，上海：上海古籍出版社，2010年，第113頁。

⑤ ［清］孫詒讓：《周禮正義》，北京：中華書局，1987年，第285頁。

（三）五月無農事與“五月為皋”

《七月》五月載“鳴蜩”“斯螽動股”這樣的物候，而無農事項目。有意思的是，《釋天》五月名“皋”。為什麽五月叫皋月？郝懿行疏曰：“皋者，《釋文》或作高。今按皋、高音義同，皋者皋韜在下也。”《書·堯典》：“仲夏……其民因。”什麽叫“因”？《説文》口部：“因，就也。”而“就”，《説文》京部：“就，就高也。”段玉裁注“因”：“就下曰：‘就高也。’為高必因丘陵，為大必就基阯，故因從口、大，就其區域而擴充之也。”然則“因”者，謂民就高也。《禮記·月令》五月：“是月也，毋用火南方，可以居高明，可以遠眺望，可以升高陵，可以處臺榭。”《淮南子·時則訓》記載略同：“可以居高明，遠眺望，登丘陵，處臺榭。”説的就是民之就高。仲夏高温，又加濕蓐，於是民避居高曠涼爽處。則五月為皋，謂民居高處之月也。

然則《七月》五月無農事項目，百姓轉移到高曠涼爽處避暑了。

（四）“食鬱及薁”與“六月為且”

《七月》六月農事為“食鬱及薁”，《毛傳》：“鬱，棣屬。薁，蘡薁也。”鬱，棠棣之類，果實像李子，赤色。蘡薁，俗名山葡萄、野葡萄。六月的“食鬱及薁”，説的是六月是棠棣、山葡萄等果物成熟嘗食的季節。

《釋天》：“六月為且。”郝懿行疏：“且者次且行不進也。六月陰漸起，欲遂上畏陽，猶次且也。”把“且”解釋成趦趄之“趄”，無與民人活動之事。《夏小正》六月事甚簡，惟記：“煮桃。”盧辨注：“桃也者，杝桃也。杝桃也者，山桃也，煮以為豆實也。”桃等果類很早就是人們嘗食與腌製的食品。《周禮·天官·籩人》曰：“饋食之籩，其實桃。”《禮記·内則》記有：“桃諸，梅諸，卵鹽。”孔穎達正義云：

> 言食桃諸、梅諸之時，卵鹽和之。王肅云：“諸，菹也，謂桃菹、梅菹，即今之藏桃也、藏梅也。欲藏之時，必先乾之。”① 《釋名·釋飲食》：“桃諸，藏桃也。諸，儲也，藏以為儲，待給冬月用之也。”《詩·大雅·韓奕》：“籩豆有且。”鄭箋：“且，多貌。”然此多乃是從食物之多引申之語。則“且”或由“俎”而通“菹”。“六月為且”者，謂六月為用鹽（卵鹽，指一種大鹽）菹製桃、李、梅等果物之月也。六月為

① 李學勤主編：《十三經注疏·禮記正義》，第845頁。

果物成熟之節，除了食用，古人還加以醃製收藏。上古食品種類較簡，桃、李、梅等果品必是重要食品，菹製桃、李、梅等果物，可使此類食品長期保藏，自是彼時重要民生工程，故古人以之名月也。

我們可以想象，《七月》時代的人們，六月之時，除了嘗食各類成熟的果物，吃不完的，大約也會醃製收藏的，衹是在詩中無法完全表達罷了。

（五）“萑葦”與“七月為相”

《七月》七月農事主要為“烹葵及菽”“食瓜”。《釋天》七月為“相”。《夏小正》七月有“灌荼”之舉，盧辨注：“灌，聚也。荼，雚葦之秀，為蔣褚之也。雚未秀為菼，葦未秀為蘆。”我以為相義為視，審視也，審視土宜，以待燒田開發，此相之所以名七月也。《詩·鄭風》鄭玄箋：“荼，茅秀物之輕者，飛行無常。”則“灌荼”為割聚茅、葦之類的野草，有用者取為製作材料，餘下的乾後燒掉。《齊民要術·耕田第一》：“凡開荒山澤田，皆七月芟艾之，草幹即放火，至春而開墾。其林木大者殺之，葉死不扇，便任耕種。三歲後，根枯莖朽，以火燒之。”[①] 草割除曬乾後方能燒田，大樹則切割一圈樹皮使樹枯死，葉子枯死，不再遮陰，就可以耕種了，三年後再燒樹。所以芟草之舉絶不可少。所以七月為相，意為七月為審視土宜，割草開發之月也。

《七月》之農事似與《釋天》不合，但《七月》八月有“萑葦”。《毛傳》：“薍為萑，葭為葦。豫蓄萑葦，可以為曲也。”[②] 曲，指養蠶器皿。可見割取茅、葦之類的野草是上古重要的農事活動，過去認為此類農事活動的目的為製器，但除了製器取材，更重要的是燒荒墾田。而燒荒墾田，要相“視”土宜，遵循時令，《禮記·王制》：“昆蟲未蟄，不以火田。”燒田之時同時也是圍取獵物之時，所以“田”字又可作“田獵”解。又古人將圍獵與軍事操練結合，所以《禮記·月令》七月每冠以“出征”等所謂軍事活動，蓋以此也。然則《釋天》七月名“相”，與《七月》八月之農事仍相應也。

（六）“八月其獲”與“八月為壯”

《七月》八月農事主要為“其獲”“載績”“剥棗”“斷壺”等，其中最重要的是“其

---

① ［北魏］贾思勰：《齊民要術》，上海：上海古籍出版社，2009年。

② 李學勤主編：《十三经注疏·毛詩正義》，第496頁。

獲”，收穫禾穀。“其獲”，《毛傳》：“禾可獲也。”① 禾，今謂小米。古稱“穀”或“嘉穀”。《説文》禾部：“禾，嘉穀也。以二月始生，八月二熟，得之中和，故謂之禾。”則八月是重要的糧食作物小米及瓜果等成熟之月，是農忙之月。

《釋天》：“八月為壯。”以壯名月，説的顯然也是八月乃禾穀、瓜果等作物壯大成熟之月。

（七）“九月授衣”與“九月為玄”

《七月》九月農事主要為“授衣”、“叔苴”（拾取麻子）、“採荼薪樗”（採荼指採荼為菜，薪樗指砍取樗以為柴火）、“築場圃”等。

《釋天》：“九月為玄。”《夏小正》八月有“玄校”，説的是染織之事。盧辨注：“玄也者，黑也。校也者，若緑色然。婦人未嫁者衣之。”王聘珍注謂：

> 《説文》云：“黑而有赤色者為玄。”校讀曰絞。鄭注《雜記》云：“採青黄之間曰絞。”傳云“絞也者，若緑色然”者，《説文》云：“緑，帛青黄色也。”玄絞之為色，五采皆備②。

上古染織雖有五色，但以玄色為主，故以玄言染事也。《七月》云：“八月載績，載玄載黄，我朱孔陽，為公子裳。”所染之色有玄、黄、朱（紅）等顔色。

然則九月為玄者，九月為染織之月也。《七月》染織之事在八月，蓋環境有不同，地有寒暖，人事、農事或略有先後也。

（八）十月“納禾稼”與“十月為陽”

《七月》十月農事主要為“獲稻”“納禾稼”“塞嚮墐户”“于茅”（取茅草）“索綯”（搓繩）“乘屋”（修治房屋）等。“獲稻”“納禾稼，黍稷重，禾麻菽麥”。《七月》農夫，需收穫、收藏的糧食種類很多。

《釋天》：“十月為陽。”《禮記・月令》仲冬之月：“命之曰暢月。”何謂“暢”？鄭玄注：“而猶女也。暢猶充也。大陰用事，尤重閉藏。”孔穎達解曰：

---

① 李學勤主編：《十三经注疏・毛詩正義》，第500頁。
② ［清］王聘珍：《大戴禮記解詁》，北京：中華書局，1983年，第42頁。

"命之曰暢月"者，告有司曰：所以須閉藏，以其命此月曰暢月。暢，充也，言名此月為充實之月，當使萬物充實不發動故也①。

"暢月"，《淮南子・時則訓》作"暘月"，高誘注："陰氣在上，民人空閑，故命曰暘月。"段玉裁説："今之暢，蓋即此字（暘）之隸變。"②《禮記・月令》："季秋之月……乃命有司，趣民收斂，務畜菜，多積聚。"也講的是收藏。又《禮記・月令》孟冬之月："律中應鐘。"《漢書・律曆志》曰："應鐘，言陰氣應亡射，該藏萬物而雜陽閡種也。位於亥，在十月。""陽"與"暢"形近，或"陽月"為"暢月"之訛，暢月者，收藏之月也。春種、夏耘、秋收、冬藏，十月進入冬季，乃收藏季節，所收藏者主要是糧食作物。

則《釋天》"十月為陽"之名與《七月》農事之"納禾稼"等相應。

四、比較《七月》"天事"與《爾雅・釋天》十"月陽"名

《七月》各月之農事與《釋天》月名所昭示的農事大體一致。而《七月》"一之日""二之日"等"日"名所繫之"天事"，似也與《釋天》"陽曆月"之名吻合。

（一）"一之日于貉"與"月在甲曰畢"

《七月》第四章"一之日于貉"，我們在前面已經指出，指的是仲冬田獵之舉。《釋天》："月在甲曰畢。"畢，古代田獵用的長柄網叫畢。畢又為天上星宿名，為白虎七宿的第五宿，有星八顆，似田獵用畢網，故名。畢星升於中天之際，正是地上狩獵之節，故以畢名星，示可行獵矣。上古兵、獵一事，故以畢星主兵。《史記・周本紀》："九年，武王上祭于畢。"《索隱》："畢星主兵，故師出而祭畢星也。"③"畢"月為冬至後第一月，冬至節處於農曆之十一月，上古正有十一月（仲冬）田獵之事，《釋天》又有"冬獵為狩"之説。《夏小正》十一月"王狩"，盧辨注："狩者，言王之時田也。冬獵為狩。"又田獵與"紀時"結合，《夏小正》又言"隕麋角"，盧辨注："隕，墜也。日冬至，陽氣至始動，諸嚮生皆濛濛符矣。故麋角隕，紀時焉耳。"可見田獵與紀時授時結合，不僅王者參與，且有一定儀式，故屬"天事"。然則《七月》"一之日于貉"與《釋天》"月在甲曰畢"含義可

① 李學勤主編：《十三經注疏・禮記正義》，第553頁。
② ［清］段玉裁：《説文解字注》，第1212頁。
③ ［漢］司馬遷：《史記》，北京：中華書局，1983年，第120頁。

通也。

《釋天》："月在乙曰橘。"郝懿行疏云：

> 橘本或作，《廣韻》云："月在乙也。"然則橘月者，畢星象，匕橘之言矞，以錐穿物之名。月在甲乙，盛德在木，象萌芽穿地而出也①。

畢假為匕，匕者，箭鏃。而"矞"，《説文》："矞，以錐有所穿也。""匕""矞"屬於同一物類，連屬成詞，形容甲乙之月陽氣萌動，穿地而出之狀。郝疏或得之。而畢又星象名，畢所象徵者為田獵、兵事，則"月在乙曰橘"之"橘"，當即指"矞"，此"矞"，《説文》謂以錐有所穿，《廣雅·釋詁》："矞，穿也。"② 必古田獵（兵器）名，用於田獵、兵事，上古田獵持續時間很長，"月在乙曰橘"，所言者，仍為田獵事。而"二之日其同"者，亦承"于貉"言之，言會同，説的也是田獵之事也。

（二）"三之日于耜"與"在丙曰修"

《七月》"三之日于耜"，指陽曆月的第三月，約相當於夏曆的正月祭祀耒耜之舉。《釋天》："月在丙曰修。"《毛傳》解"于耜"為"始修耒耜也"。後人多以為正月有修治耒耜之舉，《月令》季冬有"修耒耜"。則《釋天》"月在丙曰修"或關乎"修耒耜"之事，惟修字每用於祭事，如《史記·封禪書》："修祠太一，若有象景光。"《漢書·郊祀志》："蓋聞天子尊事天地，修祀山川，古今通禮也。"《論衡·祭義》："凡祭祀之義有二：一曰報功，二曰修先，報功以勉力，修先以崇恩。"這裏的修字都有祭義。然則《釋天》"月在丙曰修"，謂三月（丙月）為祀月，由於三月為人所共知的準備農耕之月，則此月名修，意謂"祀耒耜"之月，與《七月》之"三之日于耜"正可通也。

（三）"四之日其蚤，獻羔祭韭"與"月在丁曰圉"

《七月》"四之日其蚤，獻羔祭韭"，四之日略當於夏曆二三月間，獻羔祭韭，説的是出冰的儀式。《禮記·月令》仲春也有"天子乃獻羔開冰，先薦寢廟"。開冰儀式，需要用羔羊祭祀祖先神靈。羊在上古人們的祭祀生活中佔有如此地位，而圈養祭祀所用之羊等牲畜也必然會成為人們生產生活中的重要內容。《釋天》四月名"圉"，《左傳·哀公十四

---

① ［清］郝懿行：《爾雅義疏·中之四》，中國書店影印本。

② ［清］王念孫著，鍾宇訊點校：《广雅疏證》，北京：中華書局，1983年，第76頁。

年》：“孟孺子洩将圉馬于成。”杜預注：“圉，畜養也。”① “圉”義為養，而《夏小正》二月有“初俊羔，助厥母粥”。盧辨注：“俊也者，大也。粥也者，養也。言大羔能食草木而不食其母也。羊蓋非其子而後養之，善養而記之也。或曰：‘夏有煮祭，祭者用羔。是時也不足喜樂，善羔之為生也而記之，與羔羊腹時也。’”② “粥”與“鬻”同，都是養的意思。“初俊羔，助厥母粥”的意思為，羔羊開始長大，可以自己食草，不用吃其母之乳了，其母可以再孕育小羔，因為羊之性，要等待已生小羊羔不再吃母乳，離母羊而去，纔會再生育小羊羔。盧辨注“或曰”以下，王聘珍《解詁》云：

> 云“或曰：夏有煮祭，祭者用羔”者，《爾雅》曰：“夏，大也。”《説文》云：“煮，亯（享）也。”謂大烹而祭也。《詩》曰：“四之日其蚤，獻羔祭韭。”《月令》曰：“仲春之月，天子乃鮮羔開冰，先薦寢廟。”是也。云“是時也不足喜樂，善羔之為生也而記之”者，為猶助也。言是時獻羔之祭《小正》不記，而記羔之助厥母粥也。云“與羔羊腹時也”者，與，許也，嘉美之辭。《爾雅》曰：“腹，厚也。”善羔羊厚生之時也③。

可見，“月在丁曰圉”之“圉”，强調的正是養育祭祀所用之犧牲之意，與《七月》及《夏小正》之記載相通。

五、《七月》曆法為“殷曆”説

從上述比較可知，《七月》之農事與《爾雅·釋天》十二月（陰）名及十月（陽）名大致可以對應，這説明《七月》與《釋天》所産生的時代、社會文化背景是相同的。《七月》的作者，過去多認為是周公，《詩序》：“七月，陳王業也。周公遭變，故陳后稷先公風化之所由，致王業之艱難也。”雖説是周公作，但陳述的卻是周先人之事迹。《朱子語

---

① ［春秋］左丘明撰，［晉］杜預集解，李夢生整理：《春秋左傳集解》，南京：鳳凰出版社，2010年，第869頁。

② ［清］王聘珍：《大戴禮記解詁》，北京：中華書局，1983年，第30頁。

③ 同上，第30—31頁。夏有煮祭之“夏”，一本誤作“憂”。但于鬯曰：“此憂當非誤字。諸家皆據傅崧卿《夏小正》本改為夏，反覺未妥，以為夏之夏與？則二月乃春也，非夏也。以為夏后氏之夏與？則既在《夏小正》篇中，何煩特出夏字？且自朱子《儀禮經傳通解》疑‘煮’當作‘暑’，後儒皆從之。是即《周禮籥章職》所謂仲春晝擊工鼓歈《豳詩》以逆暑者，周人亦有之矣，不獨夏有也。下文云“祭也者用羔是時也”，然則煮祭用羔，用羔必殺羔矣，是可憂也，故曰‘憂有煮祭’。下文又云‘不足喜樂’，正以羔而殺之非喜樂之事。不足喜樂，與此‘憂’字其義相貫，則足見此‘憂’字之不誤。”可參方嚮東：《大戴禮記彙校集解》，第189—190頁。

類》卷八十一：問："躋彼公堂，稱彼兕觥。民何以得升君之堂?"曰："周初國小，君民相親，其禮樂法制未必盡備。而民事之艱難，君則盡得以知之。成王時禮樂備，法制立，然但知為君之尊，而未必知為國之初此等意思。故周公特作此詩，使之因是以知民事也。"或以為此詩是"周公遭管蔡之變而作"①。

然而值得注意的是，古代傳承《七月》作於公劉之世。《孔叢子·記義》載有孔子之語："（吾）於《七月》見豳公之造周也。"②《漢書·地理志》也以為此詩作於公劉處豳時期，宋代范處義、胡宏等皆以為《七月》作於公劉之世。崔述《豐鎬考信録》以為"此詩當為大王以前豳之舊詩，蓋周公述之以戒成王，而後世因誤為周公所作耳"③。

公劉之世，與周公、成王之時相距極遠，但謂此詩周公作者，也常强調所述是周先王之事，則此詩之古老，前人的看法大體是一致的。但徐中舒説《七月》是魯詩④，蔣立甫謂"其寫定的年代，不能早於西周中期"⑤。郭沫若甚至以為《七月》寫作時代"當在春秋末年或以後"，理由是："自春秋中葉至戰國中葉所實施的曆法即是所謂'周正'，那麼合於周正時令的《七月》一詩是作於春秋中葉以後，可以説是毫無疑問的了。"⑥ 此説與傳統説法相去太遠，且《七月》曆法，不是所謂的"周正"，郭沫若此説顯然不能成立。

古今學者之所以認為《七月》曆法是所謂"周正"者，與此詩為周公所作或所編的認識有關，既然《七月》為周公所作或所編，則其曆法自然要用所謂的"周正"了。

我以為，要判定《七月》的曆法文化諸問題，還是離不開《爾雅》的有關記載，因為《七月》與《爾雅·釋天》的曆法文化背景是一致的。《爾雅》雖有後世竄入的成分，今本《商頌》所言"龍旂十乘"，必是白色。《釋天》："練旒九。"郝懿行疏："'練旒九'者，必是殷制，與周不同，周制天子十二旒。"又《釋地》："齊曰營州。"郭璞注："自岱東至海，此蓋殷制。"郝懿行疏：

《爾雅》成書也甚晚，但有迹象表明，《爾雅》書中多言殷商文化。如《釋天》"素升龍於縿"。郭注："畫白龍於縿令上嚮。"郝懿行疏："《爾雅》綢杠升龍皆用素，蓋旂從殷制。"

郭云此蓋殷制者，《釋文》引李、郭同。《詩·周南》《召南譜》正義引孫炎曰：

---

① ［宋］黎靖德編，王星賢點校：《朱子語類》卷八十一，北京：中華書局，2011年，第2112頁。

② 傅亞庶：《孔叢子校釋》卷一，北京：中華書局，2011年，第54頁。

③ ［清］崔述撰，(日）那珂通世校點：《崔東壁先生遺書十九種》上册，北京：北京圖書館出版社，2007年，第542—543頁。

④ 徐中舒：《豳風説》，載徐中舒：《徐中舒論先秦史》，上海：上海科學技術文獻出版社，2008年，第177頁。

⑤ 蔣立甫：《詩經選注》，北京：北京出版社，1981年，第156頁。

⑥ 郭沫若：《青銅時代》，第85頁。

“此蓋殷制。”《禹貢》有梁、青無幽、營，《周禮》有幽、并無徐、營，是孫炎以《爾雅》之文與《禹貢》《周禮》異，故疑為殷制。今按十藪多異《職方》，疑亦殷制①。

《爾雅》九州之名，注家都以為是殷制②。郝懿行還懷疑《爾雅》“十藪”之名，也是殷制。上古天地相應，則其《釋天》《釋地》多用殷制，可證所言曆法制度也必涉殷制。

《七月》類《月令》，而《禮記·月令》所言制度，前人指出多用殷制，如鄭玄注《月令》孟春：“凡此車馬衣服，皆所取於殷時而有變焉，非周制也。”③ 又云：“迎春，祭倉帝靈威仰於東郊之兆也。《王居明堂禮》曰：‘出十五里迎歲。’蓋殷禮也。”甚至連一些季節性的祭祀之名反映的也是殷禮，如《王制》：“天子諸侯宗廟之祭，春曰礿、夏曰禘、秋曰嘗、冬曰烝。”鄭注：“此蓋夏殷之祭名，周則改之。”

周禮因於殷禮，《論語》孔子已道之，這自然不是出於孔子的直覺，而是孔子基於歷史傳承以及文獻記載所做的判斷。周代貴族子弟將學習傳承前代文化特別是殷商文化放在極重要的位置，《禮記·文王世子》記載：“凡學世子及學士必時，春夏學干戈，秋冬學羽籥。……《禮》在瞽宗，《書》在上庠。”什麽是瞽宗？《禮記·明堂位》：“瞽宗，殷學也。”鄭玄注：“學《禮》《樂》於殷之學，功成治定，與已同也。”④

月令是殷商禮樂的基礎性因數，周人嚮殷人學禮樂，自然也會繼承殷人的月令及曆法制度。當然周人對前代禮樂是有所損益的，但有些文化制度如曆法等主要還是繼承前代。從《七月》“七月流火”等文字看，《七月》詩叙人事所用者實乃“殷曆”，因為據《左傳·襄公九年》：“陶唐氏之火正閼伯居商丘，祀大火而火紀時焉。相土因之，故商主大火”，《左傳·昭公元年》也有“商人是因，故辰為商星”之説。殷商卜辭有很多商王、商巫祭祀“火”的文辭，指的也是大火星。

無論周先王抑或西周甚至東周時代，用的都是丑正。張汝舟先生對古書古器留下的四十一個西周曆詳加考證，結論是建丑居多，少數失閏建子建寅。他的《中國古代天文曆法

① ［清］郝懿行：《爾雅義疏·中之四》，中國書店影印本。

② 《書·禹貢》中已出現九州，我認為此九州出自《山海經·海内經》的“禹卒佈土以定九州”，但《海内經》的“九州”是個與天地開闢神話有關的概念，完全不能和後來的神州九州對應。這點其實從“州”這個字的本義也可看出。《説文》：“水中可居曰州。周繞其旁，從巜川。昔禹遭洪水，民居水中高土，故曰九州。”今本《山海經》有九州而無九州具體之名。《書·禹貢》九州為“冀州、兗州、青州、徐州、揚州、荊州、豫州、梁州、雍州”。後世九州中任何一州，有周遭為水環繞者乎？可見後世之九州，決不是上古人們“治水”後劃定的九州。上古九州，與禹迹、九有、九土、九圍等概念相同，是人們在認識宇宙天地結構時形成的地理概念，它與四方及八方位的空間概念具有密切的聯繫，八方加上中間就是九土或九州。九州在上古，絶非實際的行政區域。今本《山海經》的《海内經》《海外經》《大荒經》都按東、南、西、北方位編排，四海與四極都有四方極地，也就是最遠之地的意思，它們的結構是相同的。

③ 李學勤主編：《十三經注疏·禮記正義》，第456頁。

④ 同上，第626頁。

表解》更以大量確證，論定西周承用殷曆建丑①，可見“殷曆”對周人影響之巨。

張聞玉先生指出，不唯西周，春秋用曆亦並不建子為正，而多用丑正：

> 春秋用曆，有記載可考。隱公三年寅月己巳朔，經書“二月己巳，日有食之”，當是建丑為正；桓公三年未月定朔壬辰，經書“七月壬辰朔，日有食之”，亦是建丑為正。其他春秋紀日，皆可定出月建。事實是，僖公以前，春秋初期是建丑為正。這自然是賡續西周。不能設想，西周建子為正，到春秋突來一段丑正。正因為是觀象授時，無曆法以確定置閏，確定朔日餘分，失閏失朔便極為自然。少置一閏，丑正就成了子正；多置一閏，丑正就成了寅正。到僖公以後，出現建子為正，也就是順理成章之事。到了戰國時期，各國普遍行用四分曆，建正不同是事實②。

張聞玉的意見，與日本學者新城新藏的看法大體相同。《爾雅》多言殷制，《釋天》曆法當為殷制，加之周人曾長期使用丑正，而《七月》曆法同於《爾雅·釋天》，則《七月》所反映的曆法必為殷曆也。

六、《七月》與《夏小正》之比較

將《七月》物候、農事與《夏小正》物候、農事比較，我們發現兩者高度契合。

《七月》物候、人事	《夏小正》物候、人事
三月　蠶月條桑　有鳴倉庚	攝桑。頒冰。妾子始蠶。有鳴倉庚
四月　秀葽	取荼。秀幽。執陟攻駒
五月　鳴蜩	良蜩鳴　乃瓜　煮梅　頒馬
六月　食鬱及薁	煮桃
七月　烹葵及菽　食瓜	湟潦生蘋　爽（疏）死　荓秀
八月　其獲（禾）剝棗　載績	剝瓜。剝棗。玄校。

① 陳久金等：《中國天文大發現》，第50頁。又日本新城新藏博士《春秋長曆的研究》，發現在魯文公與宣公的時代，曆法上有過重大的變化。以此時期為界，其前半葉以含有冬至之月份的次月為歲首（所謂建丑），其後半葉則以含有冬至之月份為歲首（所謂建子）。他這個發現，是根據春秋二百四十二年間的三十七次日蝕（其中有四次應係訛誤），用現代較精確的天文學知識所逆推出來的，我們不能不認為很有科學的根據。（見郭沫若《青銅時代》第85頁引）

② 同上。

九月	授衣　叔苴　採荼薪樗	王始裘　榮鞠樹麥
十月	獲稻　納禾稼	
一之日	觱發。于貉	王狩。日冬至
二之日	栗烈　其同　載武功	
三之日	于耜	農緯厥耒　農率均田　采芸
四之日	舉趾　獻羔祭韭	往黍　初俊羔　綏多女士　萬用入學 榮菫採蘩

《七月》物候、農事與《夏小正》物候吻合之處甚多，而《夏小正》記物候、天、人之事總體多於《七月》。《七月》事分“日”“月”，可見其形態之古老。《夏小正》渾然不分天事、人事，顯然經過後人的整理、編輯。但兩者所由産生的文化社會背景一定是相同的，過去很多人認為《夏小正》是所謂夏人的曆法，笔者以為這種認識是錯誤的。《夏小正》曆法與《七月》《爾雅》十二月曆出於同一系統，它們都屬於“殷曆”，有殷文化的背景。《逸周書·周月解》：“亦越我周王致伐於商，改正異械，以垂三統。至於敬授民時，巡狩祭享，猶自夏焉。”《七月》與周先民關係密切，所以有人以為詩中或用周曆，而《周月解》指出周人“敬授民時，巡狩祭享”（注意，這裏將人、天之事做了區分）所用乃“夏（曆）焉”，這裏的夏，實際乃是殷曆也。

作者單位：上海海關學院

老子“玄同”概念的現代邏輯演繹

李興春

老子《道德經》是道家主体學説的源頭，奠定了道教的理論基礎，在歷史上影響巨大。《道德經》提出了一個核心概念“玄同”，形成了一種“玄同混一之道”，以此道化天下，契合了廣為流傳的老子西行傳經教化胡人的“老子化胡”説法，意義深遠。為此，對玄同概念加以認真分析和研究很有必要。

一、矛盾律、排中律和同一律的不成立

老子《道德經·第五十六章》“定義”了玄同的概念：“知者不言，言者不知。塞其兑，閉其門，挫其鋭，解其紛，和其光，同其塵，是謂玄同。”大致意思是：“真正知曉大道的人不説出來，説出來的都不是真正知曉大道的人。堵塞住人們的交流渠道，關閉上人們的溝通門户，打磨掉人們的棱角鋭氣，解除了人們的煩擾紛争，收斂起人們的個性光芒，像塵土一樣難分彼此地混同，這就是玄同。”玄同是一個具有濃厚思辨色彩的哲學概念，為了能够深入瞭解和準確把握其思想内涵，我們嘗試利用現代邏輯學的方法加以解釋和演繹。

老子為什麽提倡玄同？就是因為有不同，而且很多還是完全相反、徹底對立的有着不可調和的尖鋭矛盾衝突的不同。世界上没有完全相同的兩片樹葉，人也不能兩次踏進同一條河流，所以不同是事物的真實面目，是先天的客觀存在，甚至不同本身就是“道”，“一陰一陽之謂道”（《易傳·繫辭上》）。但老子説“萬物負陰而抱陽，沖氣以為和”（《道德經·第四十二章》），要把陰陽對立統一起來，把矛盾衝突協調起來，使本來相異相反的萬

事萬物在更高的層次上相容相同，達到中和。即"有無相生，難易相成，長短相形，高下相傾"（《道德經·第二章》）、"曲則全，枉則直，窪則盈，弊則新，少則得"（《道德經·第二十二章》）、"明道若昧，進道若退，夷道若纇，上德若谷，大白若辱，廣德若不足，建德若偷，質真若渝""大音希聲，大象無形"（以上均見《道德經·第四十一章》）、"大成若缺""大盈若沖""大直若屈，大巧若拙，大辯若訥"（以上均見《道德經·第四十五章》）、"高者抑之，下者舉之。有餘者損之，不足者補之"（《道德經·第七十七章》）、"物或損之而益，或益之而損"（《道德經·第四十二章》），總之一句話："正言若反"（《道德經·第七十八章》），最後達到"大制不割"（《道德經·第二十八章》）。大道的"製成品"是渾然一體不可分割的，所以就需要玄同。

莊子也以他的"齊物"（萬物齊一）表達了類似的意思。比如他說"萬物皆化"（《莊子·外篇·至樂》），又轉述孔子的話說"自其異者視之，肝膽楚越也；自其同者視之，萬物皆一也"（《莊子·內篇·德充符》）。他還說"萬物一府，死生同狀"（《莊子·外篇·天地》），"知天地之為稊米也，知毫末之為丘山也"（《莊子·外篇·秋水》），"天下莫大於秋毫之末，而太山為小；莫壽於殤子，而彭祖為夭。天地與我並生，而萬物與我為一"（《莊子·內篇·齊物論》），"其一也一，其不一也一"（《莊子·內篇·大宗師》）；以及"非彼無我""未成乎心而有是非，是今日適越而昔至也。是以無有為有。""彼出於是，是亦因彼。""方生方死，方死方生；方可方不可，方不可方可；因是因非，因非因是。""是亦彼也，彼亦是也。彼亦一是非，此亦一是非。""類與不類，相與為類。""是不是，然不然。"（以上均見《莊子·內篇·齊物論》）。他還轉述了惠施提出的類似的觀點，即著名的"合同異"的"歷物十事"。

傳統形式邏輯和經典數理邏輯用"矛盾律"和"排中律"來體現不同，用"同一律"來體現相同。矛盾律是說肯定某個事物的同時，不能再肯定與其相矛盾的事物，用命題邏輯的符號表示為¬（P∧¬P）；其中∧表示"和"或"並且"的意思，¬表示"非"或"否定"的意思，P是表示任意事物的命題或公式。排中律通常由矛盾律推出，是說或者肯定某個事物，或者否定與其相矛盾的事物，用符號表示為P∨¬P；其中∨表示"或"的意思。矛盾律本身就是矛盾的，不但其名稱又可以叫"不矛盾律"，甚至在現代數理邏輯特別是非經典的現代數理邏輯中，矛盾律連同由其推出的排中律都有可能不成立。

同一律是說事物與其本身相同，或者說某一事物就是某一事物，而不是另外的事物；用符號表示為P→P。其中→是蘊涵符號，表示假言推理"如果……那麼……"的意思。同一律的成立又是建立在矛盾律和排中律都成立的基礎上，既然矛盾律和排中律在某些非經典的現代數理邏輯中可能不成立，那麼同一律當然也可能不成立。德國哲學家海德格爾就曾直接用同一律的否定¬（P→P）作為矛盾律，也就相當於是用P∧¬P作為矛盾律；既然¬（P→P）作為矛盾律成立，P→P作為同一律也就不成立了。

當同一律不成立，事物就有可能與其本身不同，或者説某一事物不一定就是某一事物，還可能是另外的事物。這正好反映了莊子所説的“萬物皆化”，還有較早由古希臘哲學家赫拉克利特提出的“萬物皆流”：人不但不能兩次踏進同一條河流，甚至人本身連同世上萬事萬物，都是像河流一樣隨時變動不居的。比赫拉克利特更早的另一位古希臘哲學家阿那克西曼德認為世界的本原或始基是“無定”或“無定形”，這既是無形和不確定的含義，也包括了變動不居、變化無窮的意思。

這樣一來，我們在肯定某個事物的同時，也可以肯定與其相矛盾的事物。我們或者肯定某個事物，又不一定否定與其相矛盾的事物；或者肯定與其相矛盾的事物，又不一定否定某個事物。因為很可能就是某個事物變成了與其相矛盾的事物，而與其相矛盾的事物又變成了某個事物。我們甚至無法肯定任一事物，也無法否定任一事物，因為這個事物隨時會變成與其相矛盾的事物，我們不知道在肯定或否定的時候，它是這個事物還是與其相矛盾的事物。

這將給我們的認識帶來很大困擾，給我們的實踐帶來很大麻煩。這其實反映了現代數理邏輯的“實質蘊涵佯謬”，相當於以真值永假的命題作為推理的前提建立公理系統，可以推出任何命題為結論而使系統成為所謂“平庸”或“不足道”的系統；或者相當於以真值永真的命題作為推理的結論建立公理系統，可以反推出任何命題為前提，同樣使系統成為所謂“平庸”或“不足道”的系統。為了排除困擾、避免麻煩，我們在肯定某個事物的同時，應該假設這個事物在一定階段内是大體不變的，即使有些微弱的變化也可以忽略，這樣就可以否定與其相矛盾的事物。但我們也要隨時注意事物的變化程度，當它已經達到了質變的程度，從某個事物變成了與其相矛盾的事物，我們就應該及時調整過來，肯定與其相矛盾的事物而否定某個事物。這樣就巧妙地解決了實質蘊涵佯謬，相當於對整個系統來説，同一律、矛盾律和排中律都不成立；但在系統内部的每一階段，同一律、矛盾律和排中律都是成立的，並且都得到了有效利用，從而使系統成為“不平庸”或“足道”的。或者反過來，對整個系統同一律、矛盾律和排中律都成立，但在系統内部的每一階段，同一律、矛盾律和排中律都不成立。這還可以説成：系統局部（微觀）上對稱可逆而整體（宏觀）上不對稱不可逆，或整體（宏觀）上對稱可逆而局部（微觀）上不對稱不可逆，因為同一和對稱可逆是緊密聯繫的。

二、多即少效應、少即多效應和少即全效應

系統内部每一階段同一律、矛盾律和排中律都不成立的這個過程，其實就是《道德經·第四十二章》中所説的“道生一，一生二，二生三，三生萬物”，《易傳·繫辭上》也有類似的説法：“易有太極，是生兩儀，兩儀生四象，四象生八卦”；而在系統整體上同一律、矛盾律和排中律都成立，就是《道德經·第十六章》中所説的“夫物芸芸，各復歸其根”，萬物歸一，“道通為一”（《莊子·内篇·齊物論》），“通於一而萬事畢”（《莊子·外篇·天地》），形成天道循環。這時不但是“齊物”（萬物齊一）而且已經是“齊論”（衆議齊一），連變化都已經不變：“變化齊一”（《莊子·外篇·天運》）。衹是復歸為一的萬事萬物，已和當初的萬事萬物本身不同；天道循環不是完全閉合式的循環，而是螺旋狀的看似閉合實則有缺口的循環，還需要我們在某種前提條件下忽略這個缺口。這種不閉合的有缺口的循環到底是怎樣的循環？它其實也就是莊子説的“天均”和“天倪”：“萬物皆種也，以不同形相禪，始卒若環，莫得其倫，是謂天均。天均者天倪也。”（《莊子·雜篇·寓言》）萬物都有一個共同的起源，以不同的形狀、形態、形式相互替代轉換，開頭和結尾銜接就像循環，没有誰能掌握其中的規律，這就稱為自然的均衡（天均）。自然的均衡也就是自然的分際（天倪）。天均為什麼能成為天倪？就因為自然有均衡就自然有不均衡，均衡形成的同時不均衡也就形成，不均衡使萬物以不同的形狀、形態、形式相互替代轉換的循環衹是像完全閉合的循環，而不就是完全閉合的循環（如果是完全閉合的循環那就要以“同形相禪”），所以它遵循的不是絶對正確無誤的同一律，它就像嚴格對稱終將出現對稱破缺的缺口，會打破均衡，成為近似對稱，這樣天均出現分際，有了端倪，由此可以掌握其規律，就成為天倪。

我們甚至還可以用笑話作例子説明：

古代有個排行十二的王十二郎，在自己的肖像畫上題了一首四言詩：“一貌堂堂，掛在書房。有人問起，王十二郎。”後來因為太窮，打算把這幅肖像畫賣給自己的弟弟换兩個錢用。他弟弟説：“又不是我的肖像，我拿來有什麼用？”王十二郎就在題畫詩的每行增添二字：“一像堂堂無比，掛在書房屋裏。有人問起何人？王十二郎阿弟。”後來他弟弟也缺錢了，又把這幅肖像畫賣回給王十二郎，王十二郎把畫掛起後又在題畫詩的每行增添二字：“一像堂堂無比之容，掛在書房屋裏之東。有人問起何人之照？王十二郎阿弟之兄。”這“王十二郎阿弟之兄”看似返回來指的是王十二郎，但因為王十二郎的弟弟並不一定衹有他這個親哥哥（即使王十二郎的排行十二是叔伯兄弟的排行，他家親兄弟也不一定衹有兩

個），所以返回來就不一定唯一地指嚮王十二郎，還可能指嚮王十二郎的某個親哥哥或比王十二郎這個弟弟大的另一個親弟弟，這就是不閉合的有缺口的循環。好在這個循環的缺口不大，因為題畫詩返回來指嚮的即使不是王十二郎，也衹能是長得像他、關係接近他的親兄弟，不可能指嚮一個完全不像他的沒有血緣關係的外人，所以這個不大的缺口就可以忽略，我們就可以認為題畫詩返回來指的是王十二郎本人，從而形成完全閉合的循環了。

系統內部每一階段同一律、矛盾律和排中律都不成立的這個過程，還可以用現代熱門的“混沌學”來說明。混沌學中著名的“李·約克定理”說：連續變化的事物如果 3 次變化後回歸到原來的位置或狀態（有 3 周期點），那麼就可以 n 次變化後回歸到原來的位置或狀態（有 n 周期點；n 是任意正整數）；更重要的是一直這樣有周期性和有規律性地變化下去，最後卻會變得亂七八糟毫無周期性和規律性可言。這正暗含“三生萬物”之意。還有所謂“蝴蝶效應”說：一隻巴西亞馬孫河熱帶雨林的蝴蝶扇動幾下翅膀，最終就能在美國德克薩斯州引起一場龍捲風，說的其實也是這個意思。

但蝴蝶效應有個逆效應叫“隨機成群效應”：無序分佈的隨機現象在達到足夠大乃至無窮大的數量後，會自發出現有序的似乎“成群結隊”的規律性，比如可以列入混沌學的“龐加萊回歸定理”的回歸（又叫“始態復現”）：任何一個相對複雜的孤立封閉系統的演化運動，經過足夠長的時間後，總要回歸到任意無限接近初始狀態的那個相對簡單的狀態上。雖然龐加萊回歸衹是任意無限接近初始狀態的回歸，並不能嚴絲合縫毫不走樣地完全重現初始狀態，就像王十二郎阿弟之兄已經並不一定是王十二郎一樣。但同樣地，由於可以任意無限接近初始狀態，為簡單方便起見，很多時候我們就乾脆認為是已經完全重現初始狀態了，好比暗中排除了王十二郎的弟弟還有一個親哥哥的可能性，把缺口忽略了，這正是“夫物芸芸，各復歸其根”的意思。所以這個過程結束時，對整個系統來說同一律、矛盾律和排中律都成立，而在這個過程中，同一律、矛盾律和排中律都是不成立的；我們把這個過程結束後的同一看作就是玄同，遵循的是一種“玄同一律”。並且由於是忽略了不閉合的缺口，在混沌學的混沌狀態下含含混混模模糊糊地把不同和相同混為一談，玄同又是“混同”，也是“混一”。

系統內部每一階段同一律、矛盾律和排中律都不成立的這個過程，以及在整體上同一律、矛盾律和排中律又都成立的閉合循環，體現的還是一種“少即全效應”。所謂少即全效應建立在“多即少效應”和“少即多效應”基礎上。多即少效應是說：對某些問題知道的信息越多，反而會使回答出的準確答案越少；少即多效應是多即少效應的逆效應：對某些問題雖然知道得少，但知道的都是有代表性的關鍵信息，反而會使回答的準確答案多，甚至多到包括所有的準確答案而無一遺漏，這樣就能以少數代表多數甚至代表全部，產生少即全效應。這三個互相關聯的效應可以概括成一句口號：“多就是少，少就是全。”著名的奥卡姆剃刀原則、最小作用量原理等都是一種少即全效應；混沌學的李·約克定理結合龐加萊回歸定理，或者説蝴蝶效應結合其逆效應隨機成群效應，也都可以是一種少即全效應。“道生一，一生二，二生三，三生萬物”的變化，是從少到多、從簡單到複雜的變化，一旦變化就不可能遵循同一律、矛盾律和排中律，因為“反者道之動”（《道德經·第四十章》），道的運動變化就是反着來的。一反再反，變化越來越大，大到似乎消逝了的時候，其實還在看不見的遠方；在遠方又可能“反正”到原來的模樣，回到一開始出發的地方，這就是“大曰逝，逝曰遠，遠曰反”（《道德經·第二十五章》），返回到整體上又遵循了同一律、矛盾律和排中律。道似乎還是同一個道，衹不過已經是暗中忽略了若干缺口的循環往復之道，是遵循了玄同一律的玄同混一之道，也就是從最根本的一開始，從一到少，從少到多；而前面提到的“曲則全，枉則直，窪則盈，弊則新，少則得”之後緊接着的是“多則惑”，為了不使多了感到迷惑，那就可以回過頭來“多則少，少則曲，曲則全”，又以少代多，直至以少代全，最後全部復歸於一，把那句口號擴充成“一就是多，多就是少，少就是全，全就是一”，在連續變化的過程中處處體現多即少效應、少即多效應和少即全效應。

三、自盲限度、悖論和佯謬

產生少即全效應的根源可能在於人對自然界認識的一種“自盲限度”，即使人的認識能力提高到了這樣的程度：可以認識自然界無窮無盡的事物，他也無法反過來認識自身，就像人的眼睛可以看到外界的事物而看不到眼睛本身（除非藉助鏡子或其他設備），眼睛對於眼睛來説是“瞎”的，這就叫“自盲”；也就像《道德經·第二十四章》説的“自見者不明”。而由於人本身也包括在自然界之中，所以人們的認識能力再强，也衹能認識除其本身外的自然界的事物，“不自見，故明”（《道德經·第二十二章》），這就不能稱為“全”了。但人們又往往需要概括自然界的全部事物，這種情況下不可避免地以不包括自身的相對的“少”來代替“全”，從而產生少即全效應。古希臘哲學家巴門尼德的“思維與存在同一”、中國明代大儒王陽明的“知行合一”等等，都是這種試圖突破自盲限度的少即全效應的體現。

少即全效應使事物不可能真正與其本身同一，衹能是含混模糊的同一即玄同混一，如果我們接受不了這種含混模糊，容忍不了“一就是多，多就是少，少就是全，全就是一”，非要清清楚楚明明白白地來個一是一、二是二、多就是多、少就是少、全就是全不可，也就是堅持絶對正確無誤的同一律、矛盾律和排中律，那麼我們不但可能什麼也做不成，甚至連開口説一句話都不應該。因為説出的話不可能窮盡世上所有的話（就是不“全”），世上就必然還存在與其意思相反的話。比如我們説“一”，自然接着就有“二”，“有一必有二，二皆本乎一”（方以智《易餘》卷上，《反對·六象·十錯綜》），“一與言為二，二與一為三”（《莊子·内篇·齊物論》）；我們説“無窮”，別人還可以説有更大的“無窮”（德國數學家康托爾證明了不同的無窮也是無窮的）。我們寫出（寫出也可以是説出的一種）公式P，別人可以寫出公式¬ P；我們寫出公式¬ P，別人可以寫出公式¬ ¬ P。我們寫出公式P∧¬ P、P∨¬ P，別人可以寫出公式¬ （P∧¬ P）、¬ （P∨¬ P）；我們又寫出公式¬ （P∧¬ P）、¬ （P∨¬ P），別人照樣還可以寫出公式¬ ¬ （P∧¬ P）、¬ ¬ （P∨¬ P），這個過程是没完没了的。前面我們説到天均的均衡，馬上就有天倪的不均衡。我們説“全”，也没權利限制別人説“更全”。這樣一來如果我們要求全，就衹能把世上存在的兩種意思相反的話都包括在一起，這必然導致矛盾，所以《墨子·經下》纔説“以言為盡悖”（把話説到盡頭，要概括自然界全部事物就會産生矛盾，這個矛盾是解決不了的悖論）；而話一説出口就必然存在與其意思相反的話這個事實，可以叫“以言為出謬”（把話一説出來，因為概括不了自然界全部事物也會産生矛盾，這個矛盾是可以解決的佯謬）。

為了避免悖論、解決佯謬，消極的方法是衹好不説話；老子看到了這一點，纔説“知者不言，言者不知”，這句話更準確的意思是，“真正知道的東西是説不出來的東西（一説出來就有矛盾），説得出來的東西都不是真正知道的東西（説出來有矛盾的東西讓人不知道是對是錯）”，因而也有“道可道，非常道。名可名，非常名”（《道德經·第一章》）、“善者不辯，辯者不善”（《道德經·第八十一章》）。莊子也有類似的説法：“大道不稱，大辯不言”（《莊子·内篇·齊物論》），“知而不言，所以之天也；知而言之，所以之人也”（《莊子·雜篇·列禦寇》）：知道了不説出來，這就是自然；知道了説出來，這就是人為。“不言則齊，齊與言不齊，言與齊不齊也，故曰無言”（《莊子·雜篇·寓言》）：不説話就與事物之理齊一；由於齊全的事物之理與説出的話不齊一，説出的話與齊全的事物之理不齊一，所以對事物之理是無話可説的。這也是佛教禪宗的譬喻：要説出最高深的佛法，就好比捆着手衹用口咬着樹枝，懸弔在半空中。要麼咬緊牙關一句話不説可以一直弔着，要麼一開口説法，就會從樹枝上掉下來摔死。

按照這樣的理解，傳統形式邏輯和經典數理邏輯的同一律P→P也不是絶對正確無誤的同一律，雖然P→P中的第一個P和第二個P都是一模一樣的P，代表相同的命題，指示相同的外延，但中間多了個表示假言推理的蕴涵符號→，第一個P作為假言推理前提和第二個P作為假言推理結論的内涵仍然有微弱的差別，我們就不能説第一個P和第二個P完全同一，遵循絶對正確無誤的同一律。即使取消中間的蕴涵符號→，把兩個P連着排在一起成為PP，也仍然不是完全同一的兩個P，PP也不是絶對正確無誤的同一律；因為它們有排列次序的先後不同，排在前面的P和排在後面的P的内涵仍然有微弱的差别。我們甚至乾脆衹寫出一個P，這唯一的一個P應該和它本身同一了吧？遺憾的是過了一會兒這個P就可能和它本身不同了，因為時間的流逝，過了一會兒的P和在此之前的P在内涵上就有微弱的差别，也就是時間先後的差别，和PP的次序先後的差别是一樣的。要絶對正確無誤没有絲毫差别，我們衹有連唯一的一個P都不寫出來，也就是什麼都不説了。

永遠不説話、不寫字畢竟不行，這樣一來連人類文明的基礎都不復存在。其實還有一種積極的避免悖論、解決佯謬的方法：特定條件下，我們可以對每一句話都忽略與其意思相反的話（這就已經“少”了），把我們説出的話稱為世上所有的話，不存在與其意思相反的話，這樣還是以少代全，是少即全效應；這樣遵循的還是玄同一律，而不是絶對正確無誤的同一律。

四、玄同一律、真矛盾律、弱排中律和最不充足理由律

前面説過，玄同一律是在混沌學的混沌狀態下把不同和相同混一。什麼是混沌學的混沌狀態呢？一種狀態是矛盾，一種狀態是無窮。矛盾可以推出任意無窮多的結論（參看前面説的實質藴涵佯謬），而無窮又是産生矛盾的根源（參看前面説的可以没完没了地在P、¬P、P∧¬P、P∨¬P前面加否定號¬），這樣矛盾和無窮其實是緊密聯繫，可以直接看作等價或等值的。“是亦一無窮，非亦一無窮”（《莊子·内篇·齊物論》），而前面已有“是亦彼也，彼亦是也。彼亦一是非，此亦一是非”。玄同一律在混沌學的混沌狀態下同一，也就是要經過矛盾和無窮的混沌過程後同一，從而可以用這樣的公式表達：

玄同一律：

$P \longleftrightarrow (P\wedge\neg P) \longleftrightarrow (((P\wedge\neg P)\wedge\neg(P\wedge\neg P))\wedge(((P\wedge\neg P)\wedge\neg(P\wedge\neg P))\wedge\neg((P\wedge\neg P)\wedge\neg(P\wedge\neg P)))\wedge\cdots) \longleftrightarrow P$

和：

$\neg P \longleftrightarrow (P\wedge\neg P) \longleftrightarrow (((P\wedge\neg P)\wedge\neg(P\wedge\neg P))\wedge(((P\wedge\neg P)\wedge\neg(P\wedge\neg P))\wedge\neg((P\wedge\neg P)\wedge\neg(P\wedge\neg P)))\wedge\cdots) \longleftrightarrow \neg P$

公式中$\longleftrightarrow$是等值符號，表示從前提到結論和從結論到前提的嚮前嚮後兩個方嚮的藴涵。$P\wedge\neg P$就代表矛盾，對P用$P\wedge\neg P$、對$P\wedge\neg P$用$(P\wedge\neg P)\wedge\neg(P\wedge\neg P)$……這樣類推下去反復嵌套迭代，或在對P用$\neg\neg P$反復嵌套迭代的前提下對$\neg P$用$P\wedge\neg P$、對$P\wedge\neg P$用$(P\wedge\neg P)\wedge\neg(P\wedge\neg P)$……這樣類推下去反復嵌套迭代，得到$(((P\wedge\neg P)\wedge\neg(P\wedge\neg P))\wedge(((P\wedge\neg P)\wedge\neg(P\wedge\neg P))\wedge\neg((P\wedge\neg P)\wedge\neg(P\wedge$

¬ P))) ∧…) 就代表無窮。更進一步説：P∧¬ P的矛盾可以代表實無窮（即有界而無限)，而（（（P∧¬ P） ∧¬ （P∧¬ P)) ∧（（（P∧¬ P） ∧¬ （P∧¬ P)) ∧¬ （（P∧¬ P） ∧¬ （P∧¬ P))) ∧…) 的無窮則是潛無窮（即有限而無界）；實無窮還是潛無窮的“自相似”的“分形”，而這也表達了中國數學家徐利治提出的實無窮和潛無窮統一的“雙相無限”。P或¬ P必須經過從實無窮到潛無窮或從潛無窮到實無窮的過程，纔可以返回自身，形成玄同一律，這正是“大曰逝，逝曰遠，遠曰反”的意思。“大”可以大到實無窮大，“逝”可以消逝到潛無窮遠的遠方，而如果“反”不衹是返回的意思，還有相反和矛盾的意思，又可以得出與玄同一律對應的矛盾律，我們稱為“真矛盾律”。

真矛盾律：

P⟷（P∧¬ P）⟷（（（P∧¬ P） ∧¬ （P∧¬ P)) ∧（（（P∧¬ P） ∧¬ （P∧¬ P)) ∧¬ （（P∧¬ P） ∧¬ （P∧¬ P))) ∧…) ⟷¬ P

和：

¬ P⟷（P∧¬ P）⟷（（（P∧¬ P） ∧¬ （P∧¬ P)) ∧（（（P∧¬ P） ∧¬ （P∧¬ P)) ∧¬ （（P∧¬ P） ∧¬ （P∧¬ P))) ∧…) ⟷P

真矛盾律認為P∧¬ P不是真正的矛盾，悖論的形式P⟷¬ P纔是真正的矛盾。P經過從實無窮到潛無窮或從潛無窮到實無窮的混沌過程後，仍然可能没有返回到自身，而是朝着相反的方嚮走到了其矛盾對立面¬ P，因為“反者道之動”。但《道德經·第四十章》接着這句話説：“弱者道之用。”要使P避免矛盾、悖論返回到自身同一，達到某種應用的目的（比如至少使其成為一個存在的本體、實體，可以對其賦予真值；因為按照美國邏輯學家蒯因的“本體論承諾”：没有同一性就没有實體），我們就衹好忽略其從實無窮到潛無窮或從潛無窮到實無窮的混沌過程中產生的微弱的差别，排除其衹成為¬ P的可能性，從而得出與玄同一律、真矛盾律對應的排中律，我們稱為“弱排中律”。

弱排中律：

P⟷（P∨¬ P）⟷（（（P∨¬ P） ∨¬ （P∨¬ P)) ∨（（（P∨¬ P） ∨¬ （P∨¬ P)) ∨¬ （（P∨¬ P） ∨¬ （P∨¬ P))) ∨…) ⟷P

和：

¬ P⟷（P∨¬ P）⟷（（（P∨¬ P） ∨¬ （P∨¬ P)) ∨（（（P∨¬ P） ∨¬ （P∨¬ P)) ∨¬ （（P∨¬ P） ∨¬ （P∨¬ P))) ∨…) ⟷¬ P

和：

P⟷（P∨¬ P）⟷（（（P∨¬ P） ∨¬ （P∨¬ P)) ∨（（（P∨¬ P） ∨¬ （P∨¬ P)) ∨¬ （（P∨¬ P） ∨¬ （P∨¬ P))) ∨…) ⟷¬ P

和：

¬P⟷(P∨¬P)⟷(((P∨¬P)∨¬(P∨¬P))∨(((P∨¬P)∨¬(P∨¬P))∨¬((P∨¬P)∨¬(P∨¬P)))∨…)⟷P

P∨¬P同樣代表實無窮，對P用P∨¬P、對P∨¬P用(P∨¬P)∨¬(P∨¬P)……這樣類推下去反復嵌套迭代，或在對P用¬¬P反復嵌套迭代的前提下對¬P用P∨¬P、對P∨¬P用(P∨¬P)∨¬(P∨¬P)……這樣類推下去反復嵌套迭代，得到(((P∨¬P)∨¬(P∨¬P))∨(((P∨¬P)∨¬(P∨¬P))∨¬((P∨¬P)∨¬(P∨¬P)))∨…)同樣代表潛無窮；這裏的實無窮也仍然是潛無窮的自相似的分形，同樣也表達了實無窮和潛無窮統一的雙相無限。

傳統形式邏輯和經典數理邏輯在同一律、矛盾律和排中律三大基本規律之外，還常常把“充足理由律”列為第四條基本規律。所謂充足理由律是説任何定理都應該依據某個理由成立，但這個理由同樣要有依據成立的理由；依據要有依據，理由要有理由……這樣無窮無盡遞推下去，到最後我們都找不到充足理由律所要求的某個“最充足理由”，於是這個最充足理由衹好成為不充足理由，我們稱為“最不充足理由”。和玄同一律、真矛盾律和弱排中律相對應的充足理由律就是“最不充足理由律”，它表示的是在邏輯推理的每一具體步驟中，結論都要依賴前提成立，但最開始的前提（公理或公設）就不必要再依賴前提成立，我們可以任意引入一個前提作為假設進行推理演繹，並且不必要認為它是真的。而莊子説：“道者，萬物之所由也”（《莊子·雜篇·漁父》），道也就是這樣的最充足理由或最不充足理由。

五、自然演繹公理系統

顯然，玄同一律、真矛盾律和弱排中律是等值的，可以互推，由它們建立的邏輯公理系統也是一種“弗協調”（即不協調，命題P和¬P可以同真同假）和“不完全”（系統不能推出所有真命題）的非經典數理邏輯公理系統。並且因為最不充足理由律可以任意引入前提假設，這個公理系統又是一個自然演繹系統，它綜合了公理系統和自然演繹系統的推理方法，兼具二者之長，我們姑且稱為“自然演繹公理系統”。自然演繹公理系統因為其不協調，它可以解決很多佯謬，而直接把悖論納入系統成為公理或定理；自然演繹公理系統因為其不完全，它又避免了成為平庸或不足道的系統。它有兩大特點使其與現有的任何經典、非經典數理邏輯公理系統不同，當然更與傳統形式邏輯不同。

第一，自然演繹公理系統作為公理系統，分離規則不成立；作為自然演繹系統，演繹定理不成立。這就使它的玄同一律、真矛盾律和弱排中律都不可能跳過中間(P∧¬P)、

（（（P∧¬P）∧¬（P∧¬P））∧（（（P∧¬P）∧¬（P∧¬P））∧¬（（P∧¬P）∧¬（P∧¬P）））∧…）、（P∨¬P）、（（（P∨¬P）∨¬（P∨¬P））∨（（（P∨¬P）∨¬（P∨¬P））∨¬（（P∨¬P）∨¬（P∨¬P）））∨…）的階段，而使P和P、¬P和¬P、P和¬P直接等值；也就是説玄同一律不能省掉（（（P∧¬P）∧¬（P∧¬P））∧（（（P∧¬P）∧¬（P∧¬P））∧¬（（P∧¬P）∧¬（P∧¬P）））∧…）的環節而得出P⟷P和¬P⟷¬P，真矛盾律不能省掉（（（P∧¬P）∧¬（P∧¬P））∧（（（P∧¬P）∧¬（P∧¬P））∧¬（（P∧¬P）∧¬（P∧¬P）））∧…）的環節而得出P⟷¬P和¬P⟷P，弱排中律不能省掉（（（P∨¬P）∨¬（P∨¬P））∨（（（P∨¬P）∨¬（P∨¬P））∨¬（（P∨¬P）∨¬（P∨¬P）））∨…）的環節而得出P⟷P、¬P⟷¬P、P⟷¬P和¬P⟷P，因為這樣就等於退化成了傳統形式邏輯和經典數理邏輯的同一律、矛盾律和排中律。

第二，自然演繹公理系統的語義要使命題P和¬P可以同真同假，對P和¬P賦予的真值就不能是經典二值邏輯的真、假，它可以是多值邏輯，甚至是“單值”邏輯。單值就是衹有一個真值，不但P和¬P都要賦予這同一個真值，所有命題或公式都衹能賦予這同一個真值；它甚至還可以是“零值”“空值”邏輯，就是乾脆不對命題賦予任何真值，直接取消了系統的語義部分。這樣就衹能靠系統的語法來保證不能推出所有命題，也就是使系統成為不完全的，從而成為足道和不平庸的。衹要系統不是太過於簡單的形式化公理系統，著名的“哥德爾不完全性定理”就保證系統是不完全的。還有分離規則和演繹定理的不成立，事實上也使自然演繹公理系統不可能完全。我們也不必要追求自然演繹公理系統的完全性，而且也已經放棄了系統的協調性，衹需要追求系統的“實用性”就行了。我們是以系統的“語用”代替了“語義”，也就是以系統命題的實用與否代替系統命題的真、假，來判斷一個系統的優劣。因而系統的推理也主要是“倒果為因”用結論來“反證”前提成立的“設證推理”，在哲學上有濃厚的肇始於古希臘大學者蘇格拉底和亞里士多德的目的論色彩。

這裏我們衹討論了自然演繹公理系統的命題邏輯部分，但依據相同的原理，不難把自然演繹公理系統推廣到謂詞邏輯，包括高階的謂詞邏輯，從而使玄同一律、真矛盾律和弱排中律在更複雜的情況下成立。僅從基本的命題邏輯部分來看，玄同一律、真矛盾律從實無窮到潛無窮或從潛無窮到實無窮的混沌過程，即（P∧¬P）⟷（（（P∧¬P）∧¬（P∧¬P））∧（（（P∧¬P）∧¬（P∧¬P））∧¬（（P∧¬P）∧¬（P∧¬P）））∧……）的過程，充滿自我肯定又自我否定的自我纏繞的矛盾，甚至是悖論，仿佛一片混亂，一片混沌。這個過程又無窮無盡看不到頭，仿佛掉進“黑洞”（悖論堪稱“思維的黑洞”），陷入黑暗。而玄字在古代也有黑色的意思，玄同和玄同一律名副其實。

如果把（$P\wedge\neg P$）$\longleftrightarrow$（（（$P\wedge\neg P$）$\wedge\neg$（$P\wedge\neg P$））$\wedge$（（（$P\wedge\neg P$）$\wedge\neg$（$P\wedge\neg P$））$\wedge\neg$（（$P\wedge\neg P$）$\wedge\neg$（$P\wedge\neg P$）））$\wedge\cdots\cdots$）的混沌過程看作黑洞，弱排中律的排中過程（$P\vee\neg P$）$\longleftrightarrow$（（（$P\vee\neg P$）$\vee\neg$（$P\vee\neg P$））$\vee$（（（$P\vee\neg P$）$\vee\neg$（$P\vee\neg P$））$\vee\neg$（（$P\vee\neg P$）$\vee\neg$（$P\vee\neg P$）））$\vee\cdots\cdots$）就可以是一個“黑箱”，可以幫助我們從黑洞中脱身出來重見光明。我們衹要把P或¬P從黑箱一端輸入，黑箱就能讓P或¬P又從另一端輸出，至於黑箱裏面具體是怎麽輸送的，我們其實没必要去管，也没必要關心黑箱的結構、機制。黑箱産生的是一種少即全效應，我們可以“少”到不用知道它的結構、機制就能獲得它的“全部”功能。

弱排中律的排中其實還是“除外”，排中是排除中間無窮小的混沌狀態，除外是排除兩邊無窮大的混沌狀態。“多言數窮，不如守中”（《道德經·第五章》）：話説多了没有邊際，要把數字數完衹會數到無窮無盡，走這樣的極端不如適可而止持正守中。“彼是莫得其偶，謂之道樞。樞始得其環中，以應無窮”（《莊子·内篇·齊物論》）：彼此不分没有對立面，就叫作道樞。道樞佔據要害中心不持特定立場，可以順應事物無窮無盡的變化。不管排中還是除外，弱排中律都是藉助矛盾、無窮的混沌狀態來説明和容納悖論的真矛盾，在需要的時候，又可以通過消解排除矛盾、無窮的混沌狀態而避免悖論，實現玄同。

六、玄同概念的新定義和再認識

在對玄同深化認識的基礎上，最後我們可以重新翻譯一下老子的玄同“定義”：“真正知道的東西是説不出來的東西，説得出來的東西都不是真正知道的東西。真正知道的東西堵塞住人們的交流渠道，説不出來的東西關閉上人們的溝通門户；矛盾的同一打磨掉人們的棱角鋭氣，矛盾的排中解除了人們的煩擾紛争；在矛盾的黑洞中收斂起人們的個性光芒，在無窮的混沌中像塵土一樣難分彼此地混同，這就是玄同。”

玄同的玄就是老子所説的“玄之又玄，衆妙之門”（《道德經·第一章》），通過這種玄奥而又玄奥、玄妙而又玄妙的過程（玄同一律、真矛盾律和弱排中律的矛盾即無窮，實無窮又嵌套迭代成潛無窮，其實説的都是這種雙重玄奥、玄妙甚至多重玄奥、玄妙的過程；黑洞加上黑箱的比喻更符合“玄之又玄”字面之意），反而可以成為洞察衆多奥妙（特别是玄同混一之妙）的大門。

玄同的同還是孔子所説的“和而不同”（《論語·子路》），换種説法也就是事物與事物都很像，但又不完全像，在似與不似之間。“夫和實生物，同則不繼。以他平他謂之和，故能豐長而物歸之；若以同裨同，盡乃棄矣。”（《國語·鄭語》）用一種事物來平衡另一種事物是和，就能生長發展並且協調一致；如果用一種事物來增加同一種事物，沒有差別就加不上去，等於生長發展到盡頭衹能丢棄了。“天下皆謂我道大，似不肖。夫唯大，故似不肖。若肖，久矣其細也夫”（《道德經·第六十七章》），玄同混一之道就是因為似與不似、似是而非成為“大道”，如果玄同混一使事物與事物完全都像了，它就不是大道而是雕蟲小技了。

玄同混一之道就是要有差異，纔能同一；要有差别，纔能統一。它不仰視、俯視差異差别，不正視、直視差異差别，也不輕視、漠視差異差别，而是在一定的前提條件下忽視、無視差異差别，在道的層次上有意“忘記”這個差異差别，“萬物玄同，相忘於道”（葛洪《抱朴子·詰鮑》），把不同轉化為相同。

有不同纔有相同，有相同纔有玄同，有玄同纔有大同。以玄同混一道化天下，方能世界大同。

參考文獻

[1] 高超、趙一璠:《辯證法對“同一律”的三種混淆》,《赤峰學院學報》（漢文哲學社會科學版）2012 年第 5 期，第 46—47 頁。

[2] 時春華:《論“道混”的終極神秘性》,《學理論》2012 年第 12 期，第 4—5 頁。

[3] 李健:《體道與同道——郭店〈老子〉甲本玄同認識論研究》,《文理導航·教育研究與實踐》2012 年第 11 期，第 12—16 頁。

[4] 那薇:《莊子的天倪、天均與海德格爾的區分》,《社會科學研究》2005 年第 1 期，第 62—66 頁。

[5] 郝旭東:《解析弗協調邏輯容納“真矛盾”的邏輯機制》,《學術論壇》2010 年第 8 期，第 1—4 頁。

[6] 徐利治、王前:《論自然數列的二重性與雙相無限性及其對數學發展的影響》,《大學數學》1994 年 S1 期，第 1—8 頁。

作者單位：貴州省畢節市七星關區城市綜合執法大隊

《孫子兵法》部分字詞再解釋

羅志霖

春秋末期著名兵學家、軍事家孫子所著的《孫子兵法》，是中國古代最著名的兵書，被列為《武經七書》之首，也是世界現存最古老的軍事理論著作，被譽為“武經之冠冕”“東方兵學的鼻祖”，孫子則被稱為“兵聖”“古代第一個形成戰略思想的偉大人物”。

閲讀《孫子兵法》，首先要讀懂原文。由於《孫子兵法》的成書距今年代久遠，加之原文言簡意賅，而漢字往往含有多種意思，這就導致了古今注家對一些字詞的理解産生分歧。近年來，筆者在研讀《孫子兵法》的過程中，發現其中一些字詞在不同版本的《孫子兵法》專著中有不同的理解和解釋，有的理解和解釋説得通，有的理解和解釋卻顯得牽强，或不合文義。現將我對部分字詞的再解釋和與之不同的解釋列舉於下，供讀者、同仁辨析。

《作戰篇》第二章：“故兵聞拙速，未睹巧之久也。”拙：不巧。見《説文解字》。引申為質樸無華。見《漢語大字典》。這裏指用兵務實，不搞花架子，不做表面文章。一説笨拙，一説簡單。不從。巧：虚浮不實。見《漢語大字典》。這裏指用兵取巧。一説巧妙，工巧。不從。這句話的意思是：所以，用兵打仗，衹聽説過指揮務實，要求速勝的，没見過謀求取巧，而要求持久的。

《謀攻篇》第四章：“三軍既惑且疑，則諸侯之難至矣，是謂亂軍引勝。”引：招致，導致。勝：滅亡，敗亡。《中華大字典》：“勝，滅也。《易·繫辭》：‘貞勝者也。’”《漢語大字典》：“勝，被滅亡的。專用於‘勝國’‘勝朝’。”《周禮·地官·媒氏》：“凡男女之陰訟，聽之於勝國之社。”鄭玄注：“勝國，亡國也。”一般都釋“勝”為“敵人的勝利”。不從。引勝：導致國家滅亡。這句話的意思是：全軍將士既心存疑惑又産生疑慮，諸侯國趁機進犯的災難就降臨了，這就叫做自己擾亂軍心，導致國家滅亡。

《兵勢篇》第三章："鷙鳥之疾，至於毀折者，節也。" 毀：破壞，毀壞。折：古代封土為壇進行祭祀的處所。《禮記》："瘞（yì）埋於泰折，祭地也。" 見《漢語大字典》。這樣解釋，"折"就是名詞，"毀折"就與前文的"漂石"對應，均為動賓結構。至於毀折者：以致把擺放祭品的祭壇毀壞了。多數注、譯《孫子兵法》的著作都把"毀折"解作"捕殺"，捕殺的對象則是禽獸鳥雀。其依據為十一家注中杜佑的注，杜佑注把"毀折"釋為"挫折"，顯然是把"折"作為動詞。又，十一家注中杜牧、梅堯臣、張預的注均把"毀折"解釋為"折物"。按：《中華大字典》認為"毀"有"破""滅""折"等義。如果杜牧、梅堯臣、張預是把"毀"解作"折"，則"毀"後的"折"字即為作名詞的"物"，那麽，拙之把"折"解作"祭壇"，作名詞，是言之有據的。

《虛實篇》第五章："故策之而知得失之計，作之而知動靜之理，形之而知死生之地，角之而知有餘不足之處。" 作：通"詐"，欺騙。見《漢語大字典》。這裏指挑逗。挑逗的目的是瞭解敵軍行動規律，因此是"詐"。一説興起，一説動作。不從。這句話的意思是：所以，通過謀劃分析，從而瞭解敵人攻守、取捨的計劃；通過挑逗敵軍，從而瞭解敵軍行動的規律；通過示形誘敵，從而瞭解敵軍地形有利還是不利；通過試探較量，從而瞭解敵軍兵力部署的强弱虛實。

《虛實篇》第五章："因形而錯勝於衆，衆不能知。人皆知我所以勝之形，而莫知吾所以制勝之形。" 錯：通"措"。措：籌措，籌劃。錯勝：指籌劃勝敵的方法。衆：這裏指將帥身邊的人。錯勝於衆：在衆人面前籌劃制勝的方法。一説"措"指放置，"錯勝於衆"意為把勝利擺在衆人面前。不從。這句話的意思是：根據敵情在衆人面前籌劃制勝的方法，衆人卻不清楚其中的奧妙。人們都知道我軍取勝的戰法，卻不知道是怎樣根據敵情運用這些戰法取勝的。

《軍争篇》第二章："是故捲甲而趨，日夜不處，倍道兼行，百里而争利，則擒三將軍，勁者先，疲者後，其法十一而至；五十里而争利，則蹶上將軍，其法半至。" 三將軍：十一家注本為"三將軍"，武經本為"三軍將"。杜佑、張預注為"三軍之帥"。從武經本，作"三軍將"。三軍：指上、中、下三軍。將：指上將。上將軍：漢簡本作"上將"。杜佑注："前軍之將，已為敵所蹶敗。" 張預注："蹶上將，謂前軍先行也。" 因此，"上將軍"應為"上軍將"，指上軍或前軍的主將。又，古代天子統兵稱上將軍，春秋時未見統兵的主將號稱上將軍，戰國時燕國樂毅、齊國田單號稱上將軍。可見，孫子所處時代尚無主將稱"上將軍"的説法。這句話的意思是：因此，讓將士捲起鎧甲，輕裝急進，日夜不停，行程加倍，急行百餘里去與敵軍争利，那麽三軍主將就可能被俘，强健的士兵先到，疲憊的士兵掉隊，這種行軍方式衹能有十分之一的兵力按期到達；急行五十里去與敵軍争利，那麽前軍主將就可能受挫折，這種行軍方式衹有一半的兵力按期到達。

《九變篇》第二章："故將通於九變之利者，知用兵矣；將不通於九變之利者，雖知地形，不能得地之利矣。"九變：多變，指因敵應變，靈活用兵。一說九變是針對本篇所述九種情況的應變，一說九變是針對《九地篇》所說九種地形的應變。不從。賈林注："將帥之任機權，遇勢則變，因利則制，不拘常道，然後得其通變之利。"這句話的意思是：所以，將帥能够通曉因敵應變、靈活用兵的好處，就真正懂得用兵了；將帥不能通曉因敵應變、靈活用兵的好處，即使瞭解地形，也不能得到地形帶來的好處。

《九變篇》第三章："是故智者之慮，必雜於利害。雜於利，而務可信也；雜於害，而患可解也。"雜：兼。《離騷》："雜申椒與菌桂兮。"見《漢語大字典》。這裏指兼顧。雜於利：意思是在不利情況下兼顧有利因素。一說考慮到有利條件。此説把"雜"解作"考慮"，並無依據。雜於害：意思是在有利情況下兼顧不利因素。一說考慮到不利因素。不從。這句話的意思是：所以，明智的將帥考慮問題，一定要兼顧有利和不利兩個方面。在不利情況下兼顧有利因素，作戰任務就可以順利完成；在有利情況下兼顧不利因素，可能發生的禍患就可以消除。

《九變篇》第五章："凡此五者，將之過也，用兵之灾也。"過（huò）：通"禍"。灾禍。《睡虎地秦墓竹簡》："正行修身，過去福存。"見《漢語大字典》。一說過錯，過失。不從。這句話的意思是：以上五種情況，是將帥的灾禍，是用兵的灾難。

《行軍篇》第三章："敵近而静者，恃其險也……無約而請和者，謀也……粟馬肉食，軍無懸缻，不返其舍者，窮寇也。"約：受制，困屈。《説文解字》："約，纏束也。"《中華大字典》："約，屈也。"無約：指没有陷入困境。一說没有預先約定。不從。王皙注、張預注均釋"無約"為"無故"。可從。粟：古代泛指穀類作物的籽實，也叫糧食。這裏指餵馬的飼料。粟馬：用飼料餵馬。肉食：殺牛畜吃肉。這是决一死戰的準備工作。有人解作用糧食餵馬，殺戰馬吃肉，這不合情理，王皙注："粟馬肉食，所以為力且久也。"這句話的意思是：敵軍逼近而又保持安静的，是自恃佔據了險要地形……敵軍没有陷入困境卻來講和，是另有圖謀……用飼料餵馬，殺牛畜吃肉，把裝水的瓦器收起，不返回軍營，説明敵軍是準備拼死突圍的窮寇。

《地形篇》第三章："料敵制勝，計險厄、遠近，上將之道也。知此而用戰者必勝，不知此而用戰者必敗。"用：施行。《説文解字》："用，可施行也。"引申為實施。用戰：實施作戰。意思是指揮作戰。張預注："既知敵情，又知地利，以戰則勝。"這句話的意思是：正確判斷敵情，制訂取勝計劃，考察地形的險易，計算道路的遠近，這是高明的將帥取勝的方法。懂得這個方法指揮作戰的必然勝利，不懂得這個方法而指揮作戰的一定失敗。

《地形篇》第四章："厚而不能使，愛而不能令，亂而不能治，譬若驕子，不可用也。"能：善於，長於。《荀子》："假舟楫者，非能水也，而絶江河。"不能：不善於。不少學者都認為此“不能”即現代白話所説的“不能”而不作解釋。不從。這句話的意思是：對士兵衹是厚待卻不善於使用，衹是愛護卻不善於指揮，違反軍紀卻不善於約束懲處，他們就會像嬌生慣養的子女，是不能用來作戰的。

《地形篇》第五章：“故曰：知彼知己，勝乃不殆；知天知地，勝乃可全。”殆：疑惑。這裏指疑問。《論語》：“多見闕殆，慎行其餘，則寡悔。”不殆：没有疑問，意思是有信心。“殆”一説“危險”，“不殆”即“没有危險”。不從。這句話的意思是：所以説，瞭解對方，瞭解自己，取勝就有信心；懂得天時，懂得地利，取勝就有保證。

《九地篇》第三章：“投之無所往，死且不北；死焉不得，士人盡力”。焉：疑問代詞，相當於“豈”“哪裏”“怎麼”。得：得到（與“失”相對）。這裏指得到勝利，即獲勝。曹操注：“士死，安不得也。”杜牧注：“言士必死，安有不得勝之理？”張預注：“士卒死戰，安不得志？”死焉不得：拼死作戰豈能不獲勝？此為反問句，若改為肯定句式，即：“拼死作戰纔能獲勝”，則與下文語意更連貫，此句《孫子校釋》作“死，焉不得士人盡力”意思是處於危險境地，士卒死且不懼，豈能不竭盡全力。如此斷句，文義雖可通，但有悖於《孫子兵法》的語言特色。這句話的意思是：把部隊置於無路可走的地方，將士即使戰死也不會敗逃；拼死作戰纔能獲勝，將士就會竭盡全力。

《九地篇》第七章：“四五者，不知一，非霸王之兵也。……故為兵之事，在於順詳敵之意，並敵一嚮，千里殺將，此謂巧能成事者也。”霸：即霸主，古代諸侯聯盟的首領，也作“伯”。這裏作動詞，稱霸。《孟子》：“五霸恒公為盛。”王：古代最高統治者的稱號，如堯、舜、禹、湯、周文王、周武王等。周衰後列國君主也稱王，如吴王、楚王。見《辭海》。王也是秦以前諸侯在自己國内的稱號。王國維：“古諸侯於境内稱王，與稱君稱公無異。”見《漢語大字典》。這裏“王”指諸侯。霸王：即稱霸諸侯。當時吴王闔閭有與楚國、越國爭霸的雄心，孫子獻兵法十三篇給吴王，説明他對吴王稱霸諸侯的意圖是肯定和支持的。“霸王”一詞，一説霸主，一説稱王稱霸。也有不作解釋，直接稱霸王的。不從。霸王之兵：稱霸諸侯的軍隊。順：通“慎”，謹慎。《荀子·强國》：“故為人上者，不可不順也。”見《中華大字典》。詳：審察。順詳敵之情：謹慎地審察敵軍意圖。一説假裝順從敵軍的意圖。曹操、李筌、杜牧、陳皞、梅堯臣、張預均持此説。不從。這句話的意思是：九種地域的利害，衹要有一條不瞭解，就不能成為稱霸諸侯的軍隊。……所以，用兵作戰這件事，在於謹慎地審察敵軍的戰略意圖，集中兵力，攻敵一處，千里奔襲，擊殺敵將，這就是所謂巧妙用兵纔能剋敵制勝。

《火攻篇》第四章：“夫戰勝攻取，而不修其功者兇，命曰‘費留’。故曰：明主慮之，良將修之。”修：推舉，論列。這裏指推舉獎勵。功：功績。這裏指立功的人、有功者。修其功：指推舉獎勵獲得戰功的人，意思是論功行賞。兇：禍患，危險。杜牧注：“修者，舉也。夫戰勝攻取，若不藉有功舉而賞之，則三軍之士必不用命也，則有兇咎，徒留滯費耗，終不成事也。”張預注：“不修舉有功而賞之，兇咎之道也。”一說“修”為“長”，引申為鞏固。“功”指勝利成果。“修其功”即鞏固勝利成果。此說雖通，但不如前說更能體現孫子“賞罰嚴明”的治軍思想。

費：惠。《禮記·緇衣》：“口費而煩。”見《中華大字典》。惠：賜給。引申為賞、獎賞。這裏指論功行賞。留：遲滯。引申為拖延，不及時。費留：論功行賞不及時。一說軍隊留滯，耗費財力。此說亦通。李筌注：“賞不逾日，罰不逾時。若功立而不賞，有罪而不罰，則士卒疑惑，日有費也。”張預注：“財竭師老而不得歸，費留之謂也。”

今人對“費留”的解釋頗多。一說“費”即“耗費財力”，“留”即“軍隊留滯”；一說“留”通“流”，“費留”即“白費”（曹操注：“若水之留，不復還也。”）；一說“費”是“費金錢”，“留”是“費時間”；一說“費”為“浪費”，“留”為“久”，“費留”即“長期浪費金錢與人力”；一說“費留”為“浪費本該珍惜的東西”。真是衆說紛紜，莫衷一是。列舉於此，以供辨析。

這句話的意思是：打了勝仗，攻取了土地城邑，而不推舉獎勵立功的將士，就會留下禍患，這叫做論功行賞不及時。所以說，明智的國君要慎重考慮這件事，優秀的將帥要認真處理這件事。

《用間篇》第一章：“先知者，不可取於鬼神，不可象於事，不可驗於度，必取於人，知敵之情者也。”象：形象。這裏指表面現象。一說“類比”。不從。驗：憑證。指依據。度（duó）：忖度，猜測。一說“驗”指驗證，“度”指日月等星宿運行的度數（即位置）。不從。不可驗於度：不能依據主觀的猜測。這句話的意思是：要事先瞭解敵情，不能依靠鬼神的啓示，不能憑看到的表面現象，也不能依據主觀的猜測，祇能從真正瞭解敵情的人那裏獲得。

《用間篇》第二章：“五間俱起，莫知其道，是謂神紀，人君之寶也。”神：神奇，玄妙。這裏指巧妙多變。紀：要領，基本要求。神紀：巧妙多變的要領。今人對神紀有多種解釋，如：神妙的道理、神妙莫測之道、神仙纔能辦到、神妙的境界、神法、如神仙玩法等等。真是衆說紛紜，但不可輕信，不可全信。這句話的意思是：五種間諜同時活動，使敵人不知道我方用間的規律和途徑，這就是用間巧妙多變的要領，也是國君剋敵制勝的法寶。

以上所述，名曰“再解釋”，實為拋磚引玉，以期就教於方家、讀者，為弘揚中華民族的優秀傳統文化做一點實實在在的工作。

作者單位：成都汽車職業學校

先秦時期的重常史觀

王　燦

“常”和“變”，不僅在整個中國古代文化中常見，而且更是中國傳統歷史觀念中很常見的一組重要概念，因為這組概念是非常具有歷史意蘊的。但是，對歷史中“常”與“變”的認識和理解，是先秦史學生活中的重要內容。關於這方面，嚮來缺少專門研究。目前，僅僅有寥寥數篇涉及這方面的內容，而且範圍較為狹窄，僅僅關注了法家及其代表人物韓非的“常”“變”思想①，更重要的是，它們也不是對先秦史學生活中“常”與“變”的專門研究。

一、《逸周書》的重常史觀

重視“常”，是先秦時期歷史觀的主流和重點。先秦時期的“重常”觀念非常豐富，有的直接體現在語詞上，有的則間接表現在思想內涵中。

先秦時期對“常”和“變”及其關係多有表述。首先，在先秦古籍中，有很多地方都提出要重視“常”，比較突出的就是《逸周書》。《逸周書》是先秦重要史學典籍。晁福林先生認為，《逸周書》“主綫是記載周文王、武王、成王時代的周王朝的開國史，並且是以問題述史的最早的史學著作，它開啓了先秦時代述事明理的一代史學著作風尚。《逸周書》

---

① 參見王效峰:《常變之間:“聖王今王化”到“今王聖王化”——法家歷史觀再認識》,《理論月刊》2012 年第 7 期，第 30—32 頁；邢靖懿:《韓非“常”“變”思想管窺》,《北京工業大學學報》(社會科學版) 2005 年第 2 期，第 68—71 頁。

的研究可以使人們窺見中國早期史學著作風貌的一個側面，對於研究先秦史官職守提供了寶貴的史料”[①]。《逸周書・史記解》的成書時代，一般認為是在春秋後期或者戰國初期[②]，其內容反映了先秦時期的各種生活和觀念，這是確定無疑的。這段話非常明確地表達了對“常”的重視：

> 好變故易常者亡，昔陽氏之君，自伐而好變，事無故業，官無定位，民運於下，陽氏以亡。（《逸周書・史記第六十一》）

從上述引文可見，雖然《逸周書》指出“陽氏之君”因為“好變故易常”而亡（具體體現在他“自伐而好變，事無故業，官無定位，民運於下”）其中心意思是從政治成敗的角度而言，但是，這裏的政治觀與歷史觀緊密相連（這也是中國古代尤其是先秦時期歷史意識强大的重要體現）。此處所謂“故”，應該就是指“延續已久的原來的做法或者習慣、職位”等等，而這裏毫無疑問表現出對過去（及“歷史”）的尊重，這就是一種重視“常”的歷史觀。《逸周書》接着從具體事務上舉例指出無“常”的嚴重後果：

> 宫室破國，昔者有洛氏，宫室無常，池囿廣大，工功日進，以後更前，民不得休，農失其時，飢饉無食，成商伐之，有洛以亡。（《逸周書・史記第六十一》）

其實，《逸周書》的這種“重常”史觀，是建立在其對於整個人生和世界的認識基礎之上的。它指出：“天生民而成大命，命司德，正之以禍福，立明王以順之，曰：大命有常，小命日成，成則敬，有常則廣，廣以敬命，則度至於極。夫司德司義而賜之福禄，福禄在人，能無懲乎？若懲而悔過，則度至於極。夫或司不義而降之禍，在人，能無懲乎？若懲而悔過，則度至於極。”（《逸周書・命訓第二》）

在這裏，“大命有常”的意思是因為“天”賦予了人類固有的“命”，這種“命”由於其“天賦”而具有了“常”的性質，因為“天”是“常”的。這種思想，與西方的《聖經》中人應該永遠與“造物主”保持一致、不背叛“造物主”所賦予的天性這一觀點，有

---

① 晁福林：《論〈逸周書〉的史家主體意識》，《史學史研究》2009年第1期，第36—41頁。

② 黄懷信先生從“《序》篇文字而考求”“其時代，大約在晉平公卒後的周景王之世”（黄懷信：《逸周書源流考辨》，西安：西北大學出版社，1992年，第89頁）。唐元發先生推斷《逸周書》的成書年代宜在戰國初期（唐元發：《〈逸周書〉成書於戰國初期》，《南昌大學學報》（人文社會科學版）2006年第6期）。其他學者雖略有小異，但是其觀點仍基本認同《逸周書》大部分仍是春秋或者戰國時期成書。當然，成書時未必會改動原文，但是，《國語》成書也非一時所為，其記載的事迹及其用語亦未必是成書時語詞，但是，對成書時代不可確考的古籍，目前祗能如此大致劃定其範圍，因此，至少其成書和寫作年代可以作為一種參照。

異曲同工之妙。《逸周書》還進一步闡述説：“天有常性，人有常順，順在可變，性在不改，不改可因，因在好惡，好惡生變，變習生常，常則生醜，醜命生德。明王於是立政以正之，民生而有習有常，以習為常，以常為慎，民若生於中，夫習之為常，自氣血始。明王自血氣耳目之習以明之醜，醜明乃樂義，樂義乃至上，上賢而不窮，哀樂不淫，民知其至，而至於子孫，民乃有古，古者因民以順民。夫民群居而無選，為政以始之，始之以古，終之以古，行古志今，政之至也。政維今，法維古。頑貪以疑，疑意以兩，平兩以參，參伍以權，權數以多，多難以允，允德以慎，慎微以始而敬終，終乃不困。”（《逸周書·常訓第三》）這一段的《逸周書》用非常嚴密的邏輯，從“天”之“性”到“人”“性”，順理成章地引出了對於“常”的看法。關於“常”，《逸周書》的這一段又分為兩個層次。一是人性論的層面：“人”由於“天”賦予的“常順”之“性”具有“不改”的特徵，所以要“因”；而人在生活中由於有“好惡”導致“生變”，故需有“明王”“立政以正之”“自血氣耳目之習以明之醜”，使民能“醜明乃樂義，樂義乃至上，上賢而不窮，哀樂不淫”。二是由人性論推演到歷史觀的層面：“民知其至，而至於子孫，民乃有古，古者因民以順民。夫民群居而無選，為政以始之，始之以古，終之以古，行古志今，政之至也。政維今，法維古。頑貪以疑，疑意以兩，平兩以參，參伍以權，權數以多，多難以允，允德以慎，慎微以始而敬終，終乃不困。”

至於上升到“國家”層面，同樣也應該是遵循“常”“度”：“故天之生也固有度，國家之患，離之以故；地之生也固有植，國家之患，離之以謀。故時之還也無私貌，日之出也無私照，時之行也順無逆。為天下者用大略，火之燀也固定上；為天下者用牧，水之流也固走下。不善故有桴，故福之起也惡別之？禍之起也惡別之？故平國若之何？頃國、覆國、事國、孤國、屠國皆若之何？故日之中也仄，月之望也食，威之失也陰食陽，善為國者使之有行。是彼萬物必有常，國君而無道以微亡。”（《逸周書·周祝第六十七》）上文中對“度”與“故”和“常”的論述，都在强調要遵循已有的，為人民所習見、習知並習從的合理制度之意，而一旦不再遵循這些“常”“度”和“故”，就必然會造成社會和政治的大震蕩，所以，到最後的結論就是“萬物必有常，國君而無道以微亡”。

另一處的論述引用文王的話，對此做了大致相同的表述：“文王曰：‘吾聞之，無變古，無易常，無陰謀，無擅制，無更創，為此則不祥。’大公曰：‘夫天下，非常一人之天下也；天下之國，非常一人之國也。莫常有之，唯有道者取之。古之王者，未使民民化，未賞民民勸，不知怒，不知喜，愉愉然其如赤子，此古善為政也。’”《逸周書·逸文十一》所謂“無變古，無易常”“無更創”，其實都是從立政角度指出應該尊重古代的成制，不要改變“古”和“常”，不要立意“更創”，這在史觀上就是典型的崇古和“重常”史觀。但是，在過去，二者經常被不加區分而混為一談。其實，從上引《逸周書》原文可見，二者雖聯繫緊密，卻並非一事。“古”强調的是“古代”，重在説明時間維度；而“常”强調的是“已經習為習見”，重在説明“為人們所習慣”之維度。至於“無更創”，更是强調要慎重考慮改變已有的、已經被人們所習見習知的古代制度，這似乎有“保守”之嫌，最易被從“進步論”的角度予以詬病，其實，我們更應該知道，並且人類的歷史已經證明並將繼續證明，對制度尤其不要輕易改變，因為新制度建立往往會帶來更多的弊端，最怕的就是陷入當代學者用錢先生名字命名的這個“錢穆制度陷阱”①。而人類歷史上發展最為穩健並至今對整個世界發揮最重大影響的英美文化，恰恰是一直遵循着經驗理性主義，慎言“更創”而穩步前進並取得了最為引人矚目的成就。而中國歷史上“更創”最為大膽的，恰是以“復古”為名而導致身敗名裂的王莽改革。因為，王莽改革名為“復古”，實際上，他是以一己之見强行改變當時人們已經習見習知的制度和習慣，所以導致民怨沸騰、官員棄職而去。因此，真正的“無變古”“無易常”，其實不是盲目“復古”，而是重在“無更創”。

“常”是對客觀形勢的應然判斷，所以它就因此具有了合理性：“大國不失其威，小國不失其卑，敵國不失其權……百姓咸服，偃兵興德，夷厥險阻，以毁其武，四方畏服，奄有天下，武之定也。”（《逸周書·武稱第六》）

正是因為“常”是符合客觀形勢的、有道理的、對“民”和“國”是有益的，所以，“常”應該被遵循，不能被違背：“維周王宅程三年，遭天之大荒，作大匡以詔牧其方，三州之侯咸率。王乃召塚卿、三老、三吏、大夫、百執事之人，朝於大庭，問罷病之故，政事之失，刑罰之戾，哀樂之尤，賓客之盛，用度之費，及關市之徵，山林之匱，田宅之荒，溝渠之害，怠墯之過，驕頑之虐，水旱之菑。……有不用命，有常，不違。”（《逸周書·大匡第十一》）

當然，並不是所有的“古”之事都可以成為“常”，“常”必須合乎“道”，這點，從《逸周書》的創作宗旨可以見到：“昔在文王，商紂並立，困於虐政，將弘道以弼無道，作度訓。殷人作教，民不知極，將明道極，以移其俗，作命訓。紂作淫亂，民散無性冒常，文王惠和化服之，作常訓。……成王既即政，因嘗麥以語群臣而求助，作嘗麥。周公為太師，告成王以五則，作本典。成王訪周公以民事，周公陳六徵以觀察之，作官人。周室既寧，八方會同，各以職來獻，欲垂法厥世，作王會。周公云殁，王制將衰，穆王因祭祖不豫，詢謀守位，作祭公。穆王思保位惟難，恐貽世羞，欲自警悟，作史記。王化雖弛，天命方永，四夷八蠻，攸尊王政，作職方。芮伯稽古作訓，納王於善，暨執政小臣，咸省厥躬，作芮良夫。晉侯尚力侵我王略，叔嚮聞儲幼而果賢，□復王位，作太子晉。王者德以飾躬，用為所佩，作王佩。夏多罪，湯將放之，徵前事以戒後王也，作殷祝。”（《逸周

① 陳蔚：《不要陷入“錢穆制度陷阱”》，《社會科學報》2008年2月28日第3版。

書・器服第七十》）

可見，如果在上者無道，就會由於在上者的榜樣作用，很容易使得“民”跟着陷入“無道”之“習”中，也就是説，“民散冒性無常”，因此文王纔會“將弘道以弼無道，作度訓”“文王惠和化服之，作常訓”。接着，《逸周書》還在同一篇章裏，同樣從消極角度談到了“常”的形成，那就是“積習成常”，所以纔“不可不慎，作銓法”：“民非后罔乂，后非民罔與為邦，慎政在微，作周祝。武以靖亂，非直不克，作武紀。積習生常，不可不慎，作銓法。車服制度，明不苟逾，作器服。周道於焉大備。”（《逸周書・器服第七十》）從上面的引文可見，“常”既然要符合“道”，也就具備了合“理”性和合“法”（此“法”是指對絶大多數人有益的法則）性，因此纔不能隨意變更，而是要尊重。因為“常”的合理性，所以，能够達到“常”，是一種被追求的理想境界：“維王二祀一月既生魄，王召周公旦曰：……時候天視可監，時不失以知吉凶。”王拜曰：“允哉！余聞在昔訓典中規，非時罔有恪言，日正餘不足。”（《逸周書・小開武第二十八》）

《逸周書》對於“常”的重視，還體現在對於歷史中“人”的修養上：“父子之間觀其孝慈……濫之以樂以觀其不荒，喜之以觀其輕，怒之以觀其重，醉之酒以觀其恭，從之色以觀其常，遠之以觀其不二，昵之以觀其不狎，復徵其言以觀其精，曲省其行以觀其備，此之謂觀誠。……飲食以親，貨賄以交，接利以合，故得望譽徵利而依隱於物，曰貪鄙者也。質不斷，辭不至，少其所不足，謀而不已，曰偽詐者也。言行亟變，從容克易，好惡無常，行身不篤，曰無誠者也。少知而不大決，少能而不大成，規小物而不知大倫，曰華誕者也。規諫而不類，道行而不平，曰竊名者也。故曰事阻者不夷，時□者不回，面譽者不忠，飾貌者不静，假節者不平，多私者不義，揚言者寡信，此之謂揆德。”（《逸周書・官人第五十八》）這些雖然是從“識人”的角度而言的，但是，如果從歷史的角度考察，實際上也是歷史人物評價中的“重常”觀。下面的言論也是强调對人有“常”德的重視：“下邑小國，克有耇老，據屏位，建沈人，罔不用明刑。維其開告予於嘉德之説，命我辟王，小至於大。我聞在昔有國誓王之不綏於卹，乃維其有大門宗子勢臣，罔不茂揚肅德，訖亦有孚，以助厥辟，勤王國王家。乃方求論擇元聖武夫，羞於王所，自其善臣以至有分私子，苟克有常，罔不允通，咸獻言在於王所。人斯是助王，恭明祀，敷明刑，王用有監明憲，朕命用克和有成……命用迷亂，獄用無成，小民率穡，保用無用，壽亡以嗣，天用弗保，媚夫先受殄罰，國亦不寧。嗚呼！敬哉！監於兹，朕維其及，朕藎臣，大明爾德，以助予一人憂，無維乃身之暴皆卹。爾假予德憲，資告予元，譬若衆畋，常扶予險，乃而予於濟，汝無作。”（《逸周書・皇門第四十九》）所謂“苟克有常”，在這裏是明確用“常”作為標準來對一個人的“德行”進行衡量的。從歷史的角度而言，就是對歷史人物的評價標準。

當然，對“常”的重視，還體現在《逸周書》的很多方面，政事即為其一，但是，這些政治規則的得出，其實就是對歷史經驗的總結。比如：“宗掵大正，昔天之初，誕作二后，乃設建典，命赤帝分正二卿，命蚩尤宇於少昊，以臨四方，司□□上天未成之慶。蚩尤乃逐帝，争於涿鹿之河，九隅無遺，赤帝大懾，乃説於黄帝，執蚩尤殺之於中冀，以甲兵釋怒，用大正，順天思序，紀於大帝，用名之曰絶轡之野。乃命少昊清司馬鳥師，以正五帝之官，故名曰質，天用大成，至於今不亂。其在啓之五子，忘伯禹之命，假國無正，用胥興作亂，遂凶厥國。皇天哀禹，賜以彭壽，思正夏略。今予小子，聞有古遺訓，予亦述朕文考之言，不易。……君乃命天御豐穡享祠為施，大夫以為資箴，太史乃藏之盟府，以為歲典。”（《逸周書·嘗麥第五十六》）以上强調“昔天之初，誕作二後，乃設建典”“今予小子，聞有古遺訓，予亦述朕文考之言，不易。予用皇威，不忘祗天之明典，令□我大治”，其實都是從總結歷史經驗和遵循前人遺則的角度强調了遵守“常”的重要性。再如：“‘……何循何慎？王其敬天命，無易天不虞。在昔文考，躬修五典，勉兹九功，敬人畏天，教以六則四守，五示三極，祗應八方，立忠協義乃作。……六則：一和衆，二發鬱，三明怨，四轉怒，五懼疑，六因欲。九功：一賓好在笥，二淫巧破制，三好危破事，四任利敗功，五神巫動衆，六盡哀民匱，七荒樂無別，八無制破教，九任謀生詐。五典：一言父典祭，祭祀昭天，百姓若敬；二顯父登德，德降為則，則信民寧；三正父登過，過慎於武，設備無盈；四譏父登失，脩政戒官，官無不敬；五□□□□，制哀節用，政治民懷。五典有常，政乃重開，内則順意，外則順敬，内外不爽，是曰明王。’王拜曰：‘允哉！維予聞曰：何鄉非懷？懷人惟思，思若不及，禍格無日。式皇敬哉！余小子思繼厥常，以昭文祖之守定武考之烈。嗚呼！余夙夜不寧。’”（《逸周書·成開第四十七》）周公所言之“何循何慎”的“循”和“慎”的内容，他自己做了回答，就是“王其敬天命，無易天不虞”，而“無易”者，“守常”也。

但是，在《逸周書》裏，唯一認為“無常”的是“天命”：維王不豫於五日，召周公旦曰：“嗚呼！敬之哉！昔天初降命於周，維在文考克致天之命，汝惟敬哉！先后小子，勤在維政之失，政有三機五權，汝敬格之哉！克中無苗，以保小子於位。三機：一疑家，二疑德，三質士。疑家無授衆，疑德無舉士，質士無遠齊，籲敬之哉！天命無常，敬在三機。”（《逸周書·五權第四十六》）這並不矛盾，因為，天命唯德是依，而“德”就是以民為本。從“敬在三機”的内容來看，其實就是指的要以民為本的方法，其中，又重申了“常”的重要性：“刑以權常”，即通過“刑”這種“反常”（“權”）之法達到能够促使民人回復“常”（“常道”）的目的①。當周武王討伐商紂的時候，其理由除了我們所熟知的背

① 筆者認為把“刑以權常”解釋為“刑法用以調控賞賜”是不妥當的，因為這種解釋既背離了原文的主旨，其解釋方法也是對假借的濫用，同時又不符合上下文的語境。

棄天命之外，其實還指責他背棄“常道”（“棄成湯之典”）：“……今在商紂，昏憂天下，弗顯上帝，昏虐百姓，棄天之命。上帝弗顯，乃命朕文考曰：殪商之多罪紂。肆予小子發弗敢忘，天命朕考，胥翕稷政，肆上帝曰：必伐之。予惟甲子，克致天之大罰，□帝之來，革紂之□，予亦無敢違大命。……天王其有命爾，百姓獻民其有綴艿。夫自敬其有斯天命，不令爾百姓無告。西土疾勤，其斯有何重。天維用重勤，興起我罪勤，我無克乃一心。爾多子，其人自敬，助天永休於我西土，爾百姓其亦有安處在彼，宜在天命，弗反側興亂，予保奭其介有斯勿用天命。若朕言在周，曰：商百姓無罪。朕命在周，其乃先作我肆罪疾，予惟以先王之道御復正爾。百姓越則，非朕負亂，惟爾在我。……古商先誓王成湯，克辟上帝，保生商民，克用三德，疑商民弗懷，用辟厥辟。今紂棄成湯之典，肆上帝命我小國曰：革商國。”（《逸周書·商誓第四十三》）理所當然，昏虐統治者之所以失去天命而應該被推翻，其原因也在於他背棄“常道”，他的百姓也因此而隨之背棄常道，所以，新的有德聖王，就應該恢復“常道”推翻暴君和昏君，同時用“常道”來端正混亂之國的臣民。而同樣，周國之所以能够興起並滅商，也正是因為周能够善守常道。當武王滅殷之後，周公轉述周文王的治國要道給武王，其中講到諸多的措施，但是其目的都是一個，即使得“民乃知常”：“維武王勝殷，撫國綏民，乃觀於殷政，告周公旦曰：‘嗚呼！殷政總總若風草，有所積，有所虛，和此如何？’周公曰：‘聞之文考，來遠賓，廉近者，道別其陰陽之利，相土地之宜，水土之便，營邑制，命之曰大聚。……此謂仁德。旦聞禹之禁，春三月山林不登斧，以成草木之長，夏三月川澤不入網罟，以成魚鱉之長。且以並農力，執成男女之功，夫然則土不失其宜，萬物不失其性，人不失其事，天不失其時，以成萬財。萬財既成，放以為人，天下利之而勿德，是謂大仁。淵深而魚鱉歸之，草木茂而鳥獸歸之，稱賢使能，官有材而士歸之，關市平商賈歸之，分地薄斂農民歸之，水性歸下，民性歸利。王若欲來天下民，先設其利而民自至，譬之若冬日之陽，夏日之陰，不召而民自來，此謂歸德。五德既明，民乃知常。’”（《逸周書·大聚第四十》）其實，周公所列舉的種種達到“大聚”的條目，都是從民生的各個角度談的。

二、其他先秦古籍中的“重常”史觀

不僅是《逸周書》如此，在其他先秦古籍中，也是有相當多的地方提到了“常”的重要性。

在《周易》中，多有談到“常”者，比如：

九四曰："或躍在淵，无咎。"何謂也？子曰："上下無常，非為邪也。進退無恒，非離群也。君子進德修業，欲及時也，故无咎。"（《周易·乾·乾文言》）

《文言》曰：坤至柔而動也剛，至静而德方，後得主而有常，含萬物而化光。坤道其順乎，承天而時行。積善之家必有餘慶，積不善之家必有餘殃。臣弑其君，子弑其父，非一朝一夕之故，其所由來者漸矣，由辯之不早辯也。《易》曰："履霜，堅冰至。"蓋言順也。（《周易·乾·乾文言》）

天尊地卑，乾坤定矣。卑高以陳，貴賤位矣。動静有常，剛柔斷矣。方以類聚，物以群分，吉凶生矣。在天成象，在地成形，變化見矣。是故剛柔相摩，八卦相蕩，鼓之以雷霆，潤之以風雨。日月運行，一寒一暑。乾道成男，坤道成女。乾知大始，坤作成物。乾以易知，坤以簡能。易則易知，簡則易從。易知則有親，易從則有功。有親則可久，有功則可大。可久則賢人之德，可大則賢人之業。易簡而天下之理得矣。天下之理得，而成位乎其中矣。（《周易·繫辭上》）

《彖》曰：至哉坤元，萬物資生，乃順承天。坤厚載物，德合無疆。含弘光大，品物咸亨。牝馬地類，行地無疆，柔順利貞。君子攸行，先迷失道，後順得常。西南得朋，乃與類行。東北喪朋，乃終有慶。安貞之吉，應地無疆。（《周易·坤·彖傳》）

《象》曰：六二之難，乘剛也。十年乃字，反常也。（《周易·上經》）

《象》曰："需於郊"，不犯難行也。"利用恒无咎"，未失常也。（《周易·上經》）

《象》曰："左次无咎"，未失常也。（《周易·上經》）

《象》曰：水洊至，習坎。君子以常德行，習教事。（《周易·上經》）

《象》曰："利幽人之貞"，未變常也。（《周易·下經》）

以上所列舉的《周易》中的文段，都提出了對"常"的重視和對反"常"的否定。

作為中國最早典籍之一的《尚書》，更是非常明確地對"常"的重要性做了肯定，指出能做到"常"是"吉"的："寬而栗，柔而立，願而恭，亂而敬，擾而毅，直而温，簡而廉，剛而塞，强而義。彰厥有常，吉哉！日宣三德，夙夜浚明有家；日嚴祗敬六德，亮采有邦。翕受敷施，九德咸事，俊乂在官。百僚師師，百工惟時，撫於五辰，庶績其凝。無教逸欲，有邦兢兢業業，一日二日萬幾。無曠庶官，天工，人其代之。天敘有典，敕我五典五常哉！天秩有禮，自我五禮有庸哉！同寅協恭和衷哉！"（《尚書·虞書·皋陶謨》）

下面的引文實際上也指出了"常"的重要性："惟仲康肇位四海，胤侯命掌六師。羲和廢厥職，酒荒於厥邑。胤後承王命徂征，告於衆曰：'嗟予有衆，聖有謨訓，明征定保。先王克謹天戒，臣人克有常憲，百官修輔，厥後惟明明，每歲孟春，遒人以木鐸徇於路，官師相規，工執藝事以諫，其或不恭，邦有常刑。'"（《尚書·夏書·胤征第四》）所謂

“謨訓”“天戒”，其實都與“常憲”基本是同一含義。

《尚書》指出，歷史上的聖王都是要重視“常”的：“盤庚學於民，由乃在位以常舊服，正法度。”（《尚書·商書·盤庚上第九》）盤庚開導臣民，並專門教導在位的大臣遵守舊制、正視法度，也是體現了對於“常”的重視。在《尚書》的另一篇裏，也同樣體現了對於“常”的重視：“嗚呼！我西土君子。天有顯道，厥類惟彰。今商王受，狎侮五常，荒怠弗敬。自絶於天，結怨於民。斫朝涉之脛，剖賢人之心，作威殺戮，毒痡四海。崇信奸回，放黜師保，屏棄典刑，囚奴正士，郊社不修，宗廟不享，作奇技淫巧以悦婦人。上帝弗順，祝降時喪。爾其孜孜，奉予一人，恭行天罰。”（《尚書·周書·泰誓下》）可見，商紂的罪狀之一就是“狎侮五常”。而相對的，商朝的開國聖王商湯就是因為能遵守“典常”而得國：“乃祖成湯克齊聖廣淵，皇天眷佑，誕受厥命。撫民以寬，除其邪虐，功加於時，德垂後裔。爾惟踐修厥猷，舊有令聞，恪慎克孝，肅恭神人。予嘉乃德，曰篤不忘。上帝時歆，下民祗協，庸建爾於上公，尹兹東夏。欽哉，往敷乃訓，慎乃服命，率由典常，以蕃王室。弘乃烈祖，律乃有民，永綏厥位，毗予一人。世世享德，萬邦作式，俾我有周無斁。嗚呼！往哉惟休，無替朕命。”（《尚書·周書·微子之命》）

下面的文段其意思基本相同，都是强調了遵守“典常”的重要性：

嗚呼！凡我有官君子，欽乃攸司，慎乃出令，令出惟行，弗惟反。以公滅私，民其允懷。學古入官，議事以制，政乃不迷。其爾典常作之師，無以利口亂厥官。蓄疑敗謀，怠忽荒政，不學墻面，蒞事惟煩。（《尚書·周書·周官》）

君陳，惟爾令德孝恭。惟孝友於兄弟，克施有政。命汝尹兹東郊，敬哉！昔周公師保萬民，民懷其德。往慎乃司，兹率厥常，懋昭周公之訓，惟民其乂。……尚式時周公之猷訓，惟日孜孜，無敢逸豫。凡人未見聖，若不克見；既見聖，亦不克由聖，爾其戒哉！……爾惟弘周公丕訓，無依勢作威，無倚法以削，寬而有制，從容以和。殷民在辟，予曰辟，爾惟勿辟；予曰宥，爾惟勿宥，惟厥中。有弗若於汝政，弗化於汝訓，辟以止辟，乃辟。狃於奸宄，敗常亂俗，三細不宥。爾無忿疾於頑，無求備於一夫。必有忍，其乃有濟；有容，德乃大。簡厥修，亦簡其或不修。進厥良，以率其或不良。惟民生厚，因物有遷。違上所命，從厥攸好。爾克敬典在德，時乃罔不變。允升於大猷，惟予一人膺受多福，其爾之休，終有辭於永世。（《尚書·周書·君陳》）

肅肅鴇行，集于苞桑。王事靡盬，不能蓺稻粱。父母何嘗？悠悠蒼天，曷其有常？（《詩經·國風·唐風·鴇羽》）

日月告凶，不用其行。四國無政，不用其良。彼月而食，則維其常；此日而食，于何不臧。（《詩經·小雅·節南山之什》）

爾受命長矣，祿爾康矣。豈弟君子，俾爾彌爾性，純嘏爾常矣。(《詩經·大雅·生民之什》)

先秦時期的一些官職名稱，都與重視“常”有關，比如“太常”，後世就成為重要的禮官，其實也源自先秦時期：

王之五路：一曰玉路，鍚，樊纓，十有再就，建大常，十有二斿，以祀。(《周禮·春官宗伯第三》)

“司常掌九旗之物名，各有屬以待國事。日月為常，交龍為旂，通帛為旜，雜帛為物，熊虎為旗，鳥隼為旟，龜蛇為旐，全羽為旞，析羽為旌。”(《周禮·春官宗伯第三》)

中秋，教治兵，如振旅之陳，辨旗物之用。王載大常，諸侯載旂，軍吏載旗，師都載旜，鄉遂載物，郊野載旐，百官載旟，各書其事是與其號焉。其他皆如振旅。遂以獮田，如搜田之法，羅弊，致禽以祀祊。(《周禮·夏官司馬第四》)

及致，建大常，比軍衆，誅後至者。及戰，巡陳，氐事而賞罰。若師有功，則左執律，右秉鉞，以先愷樂獻於社。若師不功，則厭而奉主車。王弔勞士庶子，則相。大役，與慮事，屬其植，受其要，以待考而賞誅。大會同，則帥士、庶子，而掌其政令。若大射，則合諸侯之六耦。(《周禮·夏官司馬第四》)

而政事的主要目的就是使得百姓知“常”、守“常”：

是故，禮者君之大柄也，所以嫌明微，儐鬼神，考制度，别仁義，所以治政安君也。故政不正，則君位危；君位危，則大臣倍，小臣竊。刑肅而俗敝，則法無常；法無常，而禮無列；禮無列，則士不事也；刑肅而俗敝，則民弗歸也。是謂疵國。(《禮記·禮運第九》)

四體既正，膚革充盈，人之肥也。父子篤，兄弟睦，夫婦和，家之肥也。大臣法，小臣廉，官職相序，君臣相正，國之肥也。天子以德為車，以樂為御。諸侯以禮相與，大夫以法相序。士以信相考，百姓以睦相守，天下之肥也。是渭大順。大順者，所以養生送死事鬼神之常也，故事大積焉而不苑，並行而不繆，細行而不失。深而通，茂而有間。連而不相及也，動而不相害也，此順之至也。故明於順，然後能守危也。(《禮記·禮運第九》)

天尊地卑，君臣定矣。卑高已陳，貴賤位矣。動靜有常，小大殊矣。方以類聚，物以群分，則性命不同矣。在天成象，在地成形，如此，則禮者天地之别也。地氣上齊，天氣下降，陰陽相摩，天地相蕩，鼓之以雷霆，奮之以風雨，動之以四時，暖之以日月，而百化興焉。如此，則樂者天地之和也。(《禮記·樂記第十九》)

是故，先王本之情性，稽之度數，制之禮義。合生氣之和，道五常之行，使之陽而不散，陰而不密，剛氣不怒，柔氣不懾，四暢交於中而發作於外，皆安其位而不相奪也。然後立之學等，廣其節奏，省其文采，以繩德厚。律小大之稱，比終始之序，以象事行。使親疏貴賤長幼男女之理，皆形見於樂，故曰：樂觀其深矣。(《禮記·樂記第十九》)

然後發以聲音，而文以琴瑟，動以干戚，飾以羽旄，從以簫管。奮至德之光，動四氣之和，以著萬物之理。是故清明象天，廣大象地，終始象四時，周還象風雨。五色成文而不亂，八風從律而不奸，百度得數而有常，小大相成，終始相生。倡和清濁，迭相為經。故樂行而倫清，耳目聰明，血氣和平，移風易俗，天下皆寧。(《禮記·樂記第十九》)

子曰：長民者，衣服不貳，從容有常，以齊其民，則民德一。《詩》云："彼都人士，狐裘黄黄，其容不改，出言有章；行歸于周，萬民所望。"(《禮記·緇衣第三十三》)

《康誥》曰："惟命不於常。"道善則得之，不善則失之矣。(《禮記·大學第四十二》)

始死，三日不怠，三月不解。期悲哀，三年憂，恩之殺也。聖人因殺以制節，此喪之所以三年，賢者不得過，不肖者不得不及，此喪之中庸也，王者之所常行也。《書》曰："高宗諒宀，三年不言"，善之也。王者莫不行此禮。何以獨善之也？曰：高宗者武丁。武丁者，殷之賢王也。繼世即位而慈良於喪。當此之時，殷衰而復興，禮廢而復起，故善之。善之，故載之書中而高之，故謂之高宗。(《禮記·喪服四制第四十九》)

對於一些反"常"的行為和現象，先秦時期的人們主張要高度警惕：

初襄公立，無常。鮑叔牙曰："君使民慢，亂將作矣。"奉公子小白出奔莒。亂作，管夷吾、召忽奉公子糾來奔。(《春秋左傳·莊公八年》)

初，内蛇與外蛇鬥于鄭南門中，内蛇死。六年而厲公入。公聞之，問于申繻曰："猶有妖乎？"對曰："人之所忌，其氣焰以取之，妖由人興也。人無釁焉，妖不自作。人棄常則妖興，故有妖。"(《春秋左傳·莊公十四年》)

夏六月辛未，朔，日有食之。鼓，用牲于社，非常也。唯正月之朔，慝未作，日有食之，于是乎用幣于社，伐鼓于朝。(《春秋左傳·莊公二十五年》)

秋，大水。鼓，用牲于社、于門，亦非常也。凡天災，有幣無牲。非日月之眚，不鼓。(《春秋左傳·莊公二十五年》)

顓頊有不才子，不可教訓，不知話言，告之則頑，捨之則嚚，傲很明德，以亂天常，天下之民謂之檮杌。(《春秋左傳·文公十八年》)

初，昭王有疾。卜曰："河為祟。"王弗祭。大夫請祭諸郊，王曰："三代命祀，祭不越望。江、漢、睢、漳，楚之望也。禍福之至，不是過也。不穀雖不德，河非所獲罪也。"遂弗祭。孔子曰："楚昭王知大道矣！其不失國也，宜哉！《夏書》曰：'惟彼陶唐，帥彼天常，有此冀方。今失其行，亂其紀綱，乃滅而亡。'又曰：'允出兹在兹。'由己率常可矣。"(《春秋左傳·哀公六年》)

春正月，公狩于郎。狩者何？四狩也，春曰苗，秋曰蒐，冬曰狩。常事不書，此何以書？譏。何譏爾？遠也。諸侯曷為必田狩？一曰乾豆，二曰賓客，三曰充君之庖。(《春秋公羊傳·桓公（元年至十八年)》)

也不僅是在文字上如此，在思想上表露出"重常"史觀的更多，還不僅是從文字上可以看出。這些從《尚書》重點所記録的多為正常之事、制度、常態和常道可以看出來。關於這些，我們可以略舉一二例，比如《尚書》開首之篇《堯典》：

曰若稽古帝堯，曰放勳，欽、明、文、思、安安，允恭克讓，光被四表，格於上下。克明俊德，以親九族。九族既睦，平章百姓。百姓昭明，協和萬邦。黎民於變時雍。

乃命羲和，欽若昊天，曆象日月星辰，敬授民時。分命羲仲，宅嵎夷，曰暘谷。寅賓出日，平秩東作。日中，星鳥，以殷仲春。厥民析，鳥獸孳尾。申命羲叔，宅南交。平秩南為，敬致。日永，星火，以正仲夏。厥民因，鳥獸希革。分命和仲，宅西，曰昧谷。寅餞納日，平秩西成。宵中，星虛，以殷仲秋。厥民夷，鳥獸毛毨。申命和叔，宅朔方，曰幽都。平在朔易。日短，星昴，以正仲冬。厥民隩，鳥獸鷸毛。帝曰："咨！汝羲暨和。期三百有六旬有六日，以閏月定四時，成歲。允釐百工，庶績咸熙。"

帝曰："疇咨若時登庸？"放齊曰："胤子朱啓明。"帝曰："吁！嚚訟可乎？"

帝曰："疇咨若予采？"歡兜曰："都！共工方鳩僝功。"帝曰："吁！静言庸違，象恭滔天。"

帝曰："咨！四岳，湯湯洪水方割，蕩蕩懷山襄陵，浩浩滔天。下民其咨，有能俾乂?”僉曰:“於！鯀哉。”帝曰:“吁！咈哉，方命圮族。”嶽曰:“異哉！試可乃已。”

帝曰，“往，欽哉!”九載，績用弗成。

帝曰:“咨！四岳。朕在位七十載，汝能庸命，巽朕位?”嶽曰:“否德忝帝位。”曰:“明明揚側陋。”師錫帝曰:“有鰥在下，曰虞舜。”帝曰:“俞?予聞，如何?”嶽曰:“瞽子，父頑，母嚚，象傲;克諧以孝，烝烝乂，不格奸。”帝曰:“我其試哉！女於時，觀厥刑於二女。”釐降二女於嬀汭，嬪於虞。帝曰:“欽哉!”(《尚書·堯典》)

這一篇文字裏，除了最後一段提到的舜的家庭生活有些非“常”外，其他都是“常”態:制度、常事、常態、正面之事。

再以《春秋》的第一公魯隱公時期的歷史為例，這其中記載了不少的事情:

元年春王正月。三月，公及邾儀父盟于蔑。夏五月，鄭伯克段于鄢。秋七月，天王使宰咺來歸惠公、仲子之賵。九月，及宋人盟于宿。冬十有二月，祭伯來。公子益師卒。

二年春，公會戎于潛。夏五月，莒人入嚮。無駭帥師入極。秋八月庚辰，公及戎盟于唐。九月，紀裂繻來逆女。冬十月，伯姬歸于紀。紀子帛、莒子盟于密。十有二月乙卯，夫人子氏薨。鄭人伐衛。

三年春王二月，己巳，日有食之。三月庚戌，天王崩。夏四月辛卯，君氏卒。秋，武氏子來求賻。八月庚辰，宋公和卒。冬十有二月，齊侯，鄭伯盟于石門。癸未，葬宋穆公。

四年春王二月，莒人伐杞，取牟婁。戊申，衛州吁弒其君完。夏，公及宋公遇于清。宋公、陳侯、蔡人、衛人伐鄭。秋，翬帥師會宋公、陳侯、蔡人、衛人伐鄭。九月，衛人殺州吁于濮。冬十有二月，衛人立晉。

五年春，公矢魚于棠。夏四月，葬衛桓公。秋，衛師入郕。九月，考仲子之宫。初獻六羽。邾人、鄭人伐宋。螟。冬十有二月辛巳，公子彄卒。宋人伐鄭，圍長葛。

六年春，鄭人來渝平。夏五月辛酉，公會齊侯盟于艾。秋七月。冬，宋人取長葛。

七年春王三月，叔姬歸于紀。滕侯卒。夏，城中丘。齊侯使其弟年來聘。秋，公伐邾。冬，天王使凡伯來聘。戎伐凡伯于楚丘以歸。

八年春，宋公、衛侯遇于垂。三月，鄭伯使宛來歸祊。庚寅，我入祊。夏六月己亥，蔡侯考父卒。辛亥，宿男卒。秋七月庚午，宋公、齊侯、衛侯盟于瓦屋。八月，葬蔡宣公。九月辛卯，公及莒入盟於浮來。螟。冬十有二月，無駭卒。

九年春，天子使南季來聘。三月癸酉，大雨，震電。庚辰，大雨雪。挾卒。夏，城郎。秋七月。冬，公會齊侯于防。

十年春王二月，公會齊侯、鄭伯于中丘。夏，翬帥師會齊人、鄭人伐宋。六月壬戌，公敗宋師于菅。辛未，取郜。辛巳，取防。秋，宋人、衛人入鄭。宋人、蔡人、衛人伐戴。鄭伯伐取之。冬十月壬午，齊人、鄭人入郕。

十有一年春，滕侯、薛侯來朝。夏，公會鄭伯于時來。秋七月壬午，公及齊侯、鄭伯入許。冬十有一月壬辰，公薨。(《春秋·隱公》)

從上文可見，《春秋》這一部分，雖然也有一些非常之事，如戰争、弑君，但是，更多的是正面的盟會、婚喪嫁娶等事情。而且，即使是記載的非正常的事情，但其目的卻在於批評而不是宣揚。也就是説，表面上是記録的非常之事，實際上是為了説明正常之事的可貴。

近代以來，由於對進化史觀的無條件接受和推崇，在事實上形成了史觀判斷上的誤區，那就是，衹要是主張尊重過往的觀點，都被視為是“保守”甚至是“倒退”的。我們可以從錢穆先生對於袁樞《紀事本末》的批評上窺其一斑。

三、結　論

我們要對“常”有正確的理解：“常”是“常道”（而非“常事”）之意，實際上是對以往典章制度和成功經驗的總結。重“常”不是頑固或者倒退，而是出於對已有人類理性和經驗的尊重。作為理性早啓的“理性之國”，先秦古人們缺乏西方那樣的超越性宗教信仰來替他們做判斷，他們更多的是靠前人在生活中積累下來的經驗和知識，通過理性來達到其生活的幸福。但是，在另一方面，先秦古人對於如何正確理解歷史中的“變”也有自己的獨特的看法，那就是“常事不書”。這兩者共同構成了先秦“常變”歷史意識的兩個方面。

這點與先秦時期的諸多已被發掘出的各種歷史意識和觀念（比如“法先王”思想、“殷鑒”觀念等等）都有關聯，但是又有不同。

還要説明的一點是，《公羊傳》中還有所謂“常事不書”的話：“春正月，公狩于郎。狩者何？四狩也，春曰苗，秋曰蒐，冬曰狩。常事不書，此何以書？譏。何譏爾？遠也。

諸侯曷為必田狩？一曰乾豆，二曰賓客，三曰充君之庖。”（《春秋公羊傳·桓公四年》）[1] 那麼，這怎麼理解呢？錢先生的“重常”史觀，豈不與之正好相反？其實，二者並不矛盾。《公羊傳》的原話是“常事不書”，指的是“事”，是慣常所必行的、没有突出意義的、非根本性的大事，就如前文錢先生所打的比方，如同一個人生活中的“早上起來晚上睡覺，照常每天三頓飯，這有什麼可記。這是日常生活，等於無事”，所以不必記；而“常”卻是“制度”，或是正面的、有突出意義的“大事”。因而，這與錢先生看似矛盾，其實卻是兩事，實際上是因為袁樞對“常事不書”的理解有偏差。

作者單位：河南科技大學人文學院

① ［清］阮元校刻：《十三經注疏》，北京：中華書局，1980年，第2215頁。

惟德是依：春秋時代的新動嚮

謝國升

春秋時代（前770—前476）上承西周之局，下開戰國之世，係中國古代重要的過渡時期。該時期王命衰而霸主興，井田崩而地主起，六經成而諸子出，錢穆稱之為“霸政時期”①。前輩史家做了許多有益的探索②，其中先秦時期的“德感文化”③也越來越受到學人的關注。筆者翻閱《左傳》，留意到“鬼神非人實親，惟德是依”④，探感其揭示了春秋時代社會思想新動嚮之一葉，遂細玩文意，鉤稽史料，草成斯篇。

本文擬以“德”為焦點⑤，以《尚書》《詩經》《左傳》《國語》《逸周書》等為主要材料⑥，試探春秋時代社會思想的轉變及其歸結所在。

---

① 錢穆：《國史大綱》，北京：商務印書館，1996年，第52頁。又參晁福林：《霸權迭興：春秋霸主論》，北京：三聯書店，1992年。

② 同係斷代史，童本精悍，顧、朱本豐贍，見童書業：《春秋史》，北京：商務印書館，2010年；顧德融、朱順龍：《春秋史》，上海：上海人民出版社，2003年。

③ 陳來：《古代宗教與倫理——儒家思想的根源》，上海：三聯書店，1996年，第8頁。

④ 楊伯峻：《春秋左傳注》，北京：中華書局，2009年，第309頁。

⑤ 學界這方面成果甚夥，如斯維至：《說德》，《人文雜志》1982年第6期；巴新生：《試論先秦“德”的起源與流變》，《中國史研究》1993年第3期；梁剛：《先秦“德”觀念演變的初步研究》，陝西師範大學碩士學位論文，2003年；晁福林：《澄明之思：先秦時期“德”觀念的起源及其發展》，載《先秦社會思想研究》，北京：商務印書館，2007年，第92—118頁；李德龍：《先秦時期“德”觀念源流考》，吉林大學博士學位論文，2013年等。

⑥《左傳》《國語》之真僞，學界爭論不息，筆者採張以仁意見，認為《左傳》《國語》非一人所作，二書記春秋事必有所本，非鑿空硬造，見《張以仁先秦史論集》，上海：上海古籍出版社，2010年，第113、152頁。王樹民、沈長雲持論略為保守，但也承認《國語》“屬戰國時代之人取春秋之事（包括少數春秋以前事）而擬成文字者”，見徐元誥撰，王樹民、沈長雲點校：《國語集解·前言》，北京：中華書局，2002年，第4頁。陳其泰從史學史角度判定《國語》成書於戰國初年，見《〈國語〉的史學價值和歷史地位》，《中國史研究》2015年第2期。至於《逸周書》，真僞參半，採張懷通意見，見《〈逸周書〉新研》，北京：中華書局，2013年，第368—374頁。

一、"德"之流衍

張光直强調中國三代文明連續性遠遠大於破裂性①，所以在討論春秋時代"德"論時，有必要勾勒其和前代聯繫，從"德"之流衍證"德"之轉嚮。

開宗明義，"德"者何物？王國維《殷周制度論》認為之所以殷亡周興，全在於殷無德而周有德，明言"周之制度、典禮，乃道德之器械"②。斯維至起而駁之，提出西周之"德"應理解為"生（性）"而非"道德"，進而申論"德""不僅僅是一個文字訓詁的問題，而是與政治制度、思想意識密切相關的問題"③，甚確。《説文》釋"德，升也"，段注言"升當作登。……登讀言得，得來之者，齊人語"④，《釋名》也稱"德，得也。得事宜也"⑤。戰國典籍多承之，而劉翔指出金文未見德、得相通，故德為得意不能成立⑥。李宗侗援引人類學理論，認為"德"的初意為圖騰的生性⑦，論證上古存在圖騰制度，甚為迂曲。誠然，甲骨文未見"德"字，對"[illegible]"的隸定，迄今未取得定論，至多衹能説其時存在"德"之初文⑧。然而《尚書·盤庚》一篇，連疑古最勇的顧頡剛也認為"殷王盤庚總是這《盤庚》誥語的原作者。……從思想内容來看，它確實是商代的"⑨。此篇中就出現了十個"德"字，並非如徐復觀、王德培所言衹有"行為"之義⑩。周人記述《康誥》，説"我時其惟殷先哲王德，用康義民作求"⑪；《多士》記"自成湯至於帝乙，罔不明德恤祀"⑫；《多方》記"以至於帝乙，罔不明德慎罰，亦克用勸"⑬，也從側面反映了周人對前代的觀感。最低限度地，筆者認為殷商時已出現"德"的觀念，其意思很大程度指"行

---

① 張光直：《連續與破裂：一個文明起源新説的草稿》，載張光直著，郭净譯：《美術，神話與祭祀·後記》，沛陽：遼寧教育出版社，2002年。

② 王國維著，黄愛梅點校：《王國維手定觀堂集林》，杭州：浙江教育出版社，2014年，第260頁。

③ 斯維至：《説德》。

④ 許慎撰，段玉裁注：《説文解字注》，上海：上海古籍出版社，1988年，第76頁。

⑤ 王國珍：《〈釋名〉語源疏證》，上海：上海辭書出版社，2009年，第121頁。

⑥ 劉翔：《中國傳統價值觀詮釋學》，上海：華東師範大學出版社，2010年，第95頁。

⑦ 李宗侗：《中國古代社會新研·歷史的剖面》，北京：中華書局，2010年，第122頁。

⑧ 徐中舒主編：《甲骨文字典》，成都：四川辭書出版社，1990年，第168頁。

⑨ 顧頡剛、劉起釪：《〈盤庚〉三篇校釋譯論》，《歷史學》1979年第1期。又臺灣屈萬里也認為《盤庚》至少不晚於西周末期，見屈萬里著，李偉泰、周鳳五校：《尚書集釋》，上海：中西書局，2014年，第82頁。

⑩ 徐復觀：《中國人性論史·先秦篇》，上海：三聯書店，2001年，第21頁；王德培：《〈書〉傳求是札記》，載《西周封建制考實·附録一》，光明日報出版社，1998年，第150頁。

⑪ 屈萬里著，李偉泰、周鳳五校：《尚書集釋》，第157頁。

⑫ 同上，第195頁。

⑬ 同上，第220頁。

為”，且多偏嚮政治行為，“道德”義可能有，但也衹能是假定。至於追究“德”觀念的起源時間，是原始社會時期還是早期國家時期，或是殷商時期，筆者無力分辨，玆存而不論。

《禮記·表記》載：“殷人尊神，率民以事神，先鬼而後禮，先罰而後賞。”① 簡明扼要地概括了殷商的社會特點：尊神、先鬼、重刑。頻繁的祭祀與佔卜顯示出其時巫風大盛，甚至商王便是群巫之長，比如《吕氏春秋·順民》即記載②湯薦己於神以求雨；卜辭有“巫寧風”③，寧風即伊尹之妻，表明伊尹夫婦具有巫師身份。上帝擁有絶高權威而舉動無常，殷人“恪謹天命”④，衹能通過佔卜揣測其旨意，並以卦辭作為立身處世的準則。雖然上帝地位崇高，但殷人祭祀主體是祖先神，從太甲到帝辛，基本有資格享有隆重祭祀，而且女性祖先在祭典中也地位顯赫。總體而言，殷代神權呈現出祖先神、自然神和天神（帝）鼎足而三的特徵⑤。盤庚屢次遷都，原因是“天之斷命”⑥ 必須執行，並無强調倫理道德的内涵。隨着時代發展，貞人地位下降，殷王常常親自參與佔卜，如“丁丑貞王於卜方”⑦；到武乙時，更“為偶人，謂之天神。與之博，令人為行。天神不勝，乃僇辱之。為革囊盛血。印而射之。命曰‘射天’”⑧。帝辛即位，王權與神權最終合一。在這個過程中，“德”的觀念一直籠罩在天命意志之下，並未内化為心性倫理的範疇，商王仍舊“作福作災，予亦不敢動用非德”⑨；包括帝辛危難時，也堅信“我生不有命在天”⑩，而非反求諸己。即便後世追記的“夏德若玆，今朕必往”⑪“天既孚命正厥德”⑫“我用沉酗於酒，用亂敗厥德於下”⑬ 中之“德”，依然多係行為義。是可知“德”之觀念，在整個商代，仍為外鑠的⑭。

王國維言：“中國政治與文化之變革，莫劇於殷周之際。”⑮ 此論略嫌誇大，西周至於

---

① 陳戍國：《禮記校注》，长沙：嶽麓書社，2004年，第430頁。

② 王利器：《吕氏春秋注疏》，成都：巴蜀書社，2002年，第878—879頁。

③ 胡厚宣主編：《甲骨文合集》，北京：中華書局，1999年，第33077片。

④ 屈萬里著，李偉泰、周風五校：《尚書集釋》，第82頁。

⑤ 王進鋒：《商代的神靈關係——以帝臣為視角》，《人文雜志》2013年第9期。

⑥ 屈萬里著，李偉泰、周鳳五校：《尚書集釋》，第82頁。

⑦ 貝塚茂樹：《京都大學人文科學研究所藏甲，骨文字》，京都大學人文科學研究所，1959年，第2529片。轉引自晁福林：《天命與彝倫》，北京：北京師範大學出版社，2012年，第69頁。

⑧ 司馬遷著，瀧川資言編著：《史記會注考證》，北京：新世界出版社，2008年，第214—215頁。

⑨ 屈萬里著，李偉泰、周鳳五校：《尚書集釋》，第87頁。

⑩ 同上，第102頁。

⑪ 同上，第80頁。

⑫ 同上，第100頁。

⑬ 同上，第104頁。

⑭ 此處結論與晁福林同，但晁文徑釋[illegible]為德，並肯定德即得也，如此論證，筆者認為頗為危險，見晁著《先秦社會思想研究》，第98—118頁。

⑮ 王國維著，黄愛梅點校：《王國維手定觀堂集林》，第247頁。

殷商，更多是一種“奧伏赫變（aufheben）”歷程。一方面“周監於二代”[①]，沿襲了部分天命觀和宗教體系；一方面有所損益，建構了獨特的合政治、宗教、道德於一身的“德”體系[②]。

需要澄清的是，以往學者多把《商書》及《周書》中的“天”“帝”看作同一種觀念[③]，進而認為殷代的天命觀被周人全面繼承，此言差矣[④]。不錯，武王伐紂所言“今予發，惟恭行天之罰”[⑤]“肆上帝命我小國曰：‘革商國’”[⑥] 和成湯滅夏所言“有夏多罪，天命殛之”[⑦]“予畏上帝，不敢不正”[⑧]，在天命觀上，似乎如出一轍。但二者意蘊實不相同，成湯的“天”是捉摸不定、降福作難的，武王的“天”則是庇護其子民的。事實上，殷周鼎革之前，周人已擁有“帝”的觀念，並自言承之夏代：

> 惟帝降格於夏[⑨]。
>
> 古之人迪惟有夏，乃有室大競，吁俊尊上帝，迪知忱恂於九德之行[⑩]。

從族源而言，夏和周關係密切，敗亡後的夏族嚮西北遷徙，成為周人前身[⑪]，周完全有可能承襲夏的天命觀，並在《吕刑》中有所體現：“皇帝清問下民鰥寡有辭於苗。……禹平水土，主名山川；稷降播種，家殖嘉穀。”[⑫] 禹係夏之先祖，稷係周之先祖，在周人的觀念裏，夏和周是處在同一系統裏的。反倒是商顯得特殊，其意識形態似從東海岸來[⑬]，上帝威力極大而變化莫測，有着鮮明的自然崇拜印迹，與人格化神靈迥異。《禮記·祭法》很好地描繪了其時的圖景：“燔柴於泰壇，祭天也；瘞埋於泰折，祭地也；用騂犢。埋少牢於泰

---

① 杜道生：《論語新注新譯》，北京：中華書局，2011 年，第 18 頁。

② 羅新慧：《“帥型祖考”和“内得於己”：周代“德”觀念的演化》，《歷史研究》2016 年第 3 期。

③ 比如傅斯年曾言：“周的上帝，確是從東方搬到西土的。”見《〈新獲卜辭寫本後記〉跋》，載《中國現代學術經典·傅斯年卷》，石家莊：河北教育出版社，1996 年，第 381 頁；李德龍也説：“在武王克殷前後的周人天命觀中，無論是對至上神的稱謂、敬畏態度上，還是在對天命的理解、順從和獲取上，都直接承襲了殷人的宗教傳統和習慣。”見《先秦時期“德”觀念源流考》，第 98 頁。

④ 朱鳳瀚：《殷周時期的天神崇拜》，載陳蘇鎮，張帆編：《中國古代史讀本（上）》，北京：北京大學出版社，2006 年，第 81—106 頁。

⑤ 屈萬里著，李偉泰、周鳳五校：《尚書集釋》，第 113 頁。

⑥ 黄懷信：《逸周書校補注譯》，西安：三秦出版社，2006 年，第 212 頁。

⑦ 屈萬里著，李偉泰、周鳳五校：《尚書集釋》，第 79 頁。

⑧ 同上。

⑨ 同上，第 218 頁。

⑩ 同上，第 227 頁。

⑪ 徐中舒：《先秦史論稿》，成都：巴蜀書社，1992 年，第 115 頁。近來沈長雲申其説，見《周族起源諸説辨正——兼論周族起源於白狄》，《中國史研究》2009 年第 3 期。

⑫ 屈萬里著，李偉泰、周鳳五校：《尚書集釋》，第 259 頁。

⑬ 張光直：《中國青銅時代》，北京：三聯書店，2013 年，第 209 頁。

昭，祭時也。相近於坎壇，祭寒暑也。王宫，祭日也。夜明，祭月也。幽宗，祭星也。雩宗，祭水旱也。四坎壇，祭四時也。山林、川谷、丘陵能出雲，為風雨，見怪物，皆曰神。"① 雖然三代文明從根本上屬一脈相承，但商周天命觀遠不相侔，正是從這一點差異中，醖釀着"德"觀念之更新。

翦商之順利，使周人也不禁懷疑，雖然僥幸得勝，但"天命靡常"②，不可專恃，如果治理不慎，很快又將重蹈商人覆轍，故須加緊禮敬，祈求天命永駐。如《洛誥》"不敢不敬天之休"③，《多士》"爾克敬，天惟畀矜爾"④，《顧命》"在後之侗，敬迓天威"⑤，整日惴惴不安。為了論證統治的合法性，周人提出了"恭德裕天"⑥ 的命題，先公先王之所以受到天命護佑，正是由於其"德"之完備，故天"乂我受民"⑦。如此，倫常範疇的"德"開始與宗教範疇的"天"並舉，不再像商代一樣與人事交涉不多，而是蒙上了一層神聖的色彩。《周書》即載：

> 肆王惟德用，和懌先後迷民，用懌先王受命⑧。
>
> 王其德之用，祈天永命⑨，
>
> 惟我周王，靈承於旅，克堪用德，惟典神天⑩，

因為"文王之德之純"⑪，所以歷代周王若發揚前王之德，自然取得天命的資格，所謂"儀刑文王，萬邦作孚"⑫。此時的"德"，尚無强烈的道德意味，而更多指的是"善政"，主要内容有敬祖、惠民、勤儉、孝慈等，覆蓋面基本衹是周之宗室。進一步推論，以前是祈禱上帝以求天命不失，現在是通過繼承文王之德來取得天命，主動權逐漸讓渡至人間，無形中降低了天神的地位。"德"觀念從神而人的變化，在《逸周書·大聚》⑬ 中得到充分

---

① 陳戍國：《禮記校注》，第354頁。

② 周振甫：《詩經譯註》，北京：中華書局，2010年，第369頁。

③ 屈萬里著，李偉泰、周鳳五校：《尚書集釋》，第185頁。

④ 同上，第199頁。

⑤ 同上，第237頁。

⑥ 許多學者概括西周政治特點為"以德配天"，查《君爽》"故殷禮陟配天，多歷年所"，蔡沈注"故殷先王終以德配天，而享國長久也"。筆者認為釋義未恰，寧取周人舊語"恭德裕天"，見李學勤：《何尊新釋》，《中原文物》1981年第1期。

⑦ 屈萬里著，李偉泰、周鳳五校：《尚書集釋》，第232頁。

⑧ 同上，第173頁。

⑨ 同上，第181頁。

⑩ 同上，第221頁。

⑪ 周振甫：《詩經譯註》，第464頁。

⑫ 同上，第369—370頁。

⑬ 《大聚》篇成於戰國，但其中亦有西周材料，見張懷通：《〈逸周書〉新研》，第349頁。

體現，武王考察殷政，深感“若風草有所積，有所虛”，不知如何是好。周公教導他，祇要教、和、仁、正、歸“五德既明，民乃知常”①，把“敬德”和“保民”聯繫起來。侯外廬敏銳地觀察到周人的“德”是“從其制度中反映出來”②的，故众仲對魯隱公曰：“天子建德，因生以賜姓，胙之土而命之氏。”③其時“德”係禮樂一部分，須依附在宗法分封制度上，從清華簡《祭公》穆王畏“天之作威”求祭公告以“懿德”④，可知“德”尚未解除與“天”的從屬關係，也未能深入到個體心靈。

到了西周中後期，情況丕變，“通征四方”⑤使得國力大衰，宗法制開始鬆動，分封制也難以為繼，“德”的現實功能大大增强，如芮伯良夫即斥“今爾執政小子惟以貪諛為事，不勤德以備難”⑥。至“天德平均”⑦思想的出現，意味着“德”擺脱被統治集團壟斷的局面，普覆到“天生烝民”⑧的身上，進一步瓦解作為“德”之結晶的等級秩序，最終達到“自天子以至於庶人　壹是皆以修身為本”⑨的層次。此外，“德”本身的範圍也有所擴大，“好德聞（婚）遘（媾）”⑩，婚姻也納入道德範疇。進而，“德”逐漸和“禮”結合：

> 敬慎威儀，以近有德⑪。
> 抑抑威儀，維德之隅⑫。
> 敬慎威儀，維民之則⑬。

“威儀”即“禮”⑭，“德為内容，威儀為德之表達形式”⑮，德内禮外的趨勢，也得到了考古學支持。《叔嚮父禹簋》記：“余小子司朕皇考肇帥刑先文祖共明德，秉威儀。”⑯《吕刑》成於穆王後，中言“惟敬五刑，以成三德”⑰，諸家多認為“三德”即《洪範》正

① 黄懷信：《逸周書校補注譯》，第185—193頁。
② 侯外廬等：《中國思想通史》第一卷，北京：人民出版社，1957年，第64頁。
③ 楊伯峻：《春秋左傳注》，第60—61頁。
④ 李學勤主編：《清華大學藏戰國竹簡（壹）》，上海：中西書局，2010年，第173—179頁。
⑤ 裘錫圭：《史墻盤銘解釋》，《文物》1978年第3期。
⑥ 黄懷信：《逸周書校補注譯》，第365頁。
⑦ 阮元校刻：《十三經注疏（一）》，北京：中華書局，2009年，第529頁。
⑧ 周振甫：《詩經譯註》，第420頁。
⑨ 鄭玄等：《十三經古注・禮記》，北京：中華書局，2014年，第1105頁。
⑩ 朱鳳瀚：《[illegible]公盨銘文初釋》，《中國歷史文物》2002年第6期。
⑪ 周振甫；《詩經譯註》，第414頁。
⑫ 同上，第423頁。
⑬ 同上，第498頁。
⑭ 楊嚮奎：《宗周社會與禮樂文明》，北京：人民出版社，1997年，第338頁。
⑮ 于省吾：《澤螺居詩經新證》，北京：中華書局，1982年，第161頁。
⑯ 容庚：《商周彝器通考》，上海：上海人民出版社，2008年，第273頁。
⑰ 屈萬里著，李偉泰、周鳳五校：《尚書集釋》，第261頁。

直、剛克、柔克[①]，不確，因《洪範》蓋成於戰國。要之，至遲在西周後期，“德”呈現出下移和擴大兩種趨勢，並逐漸超越政治與宗教層面，具有濃重的“内嚮”特徵。至《周書》曰“皇天無親，惟德是輔”[②]，王叔岷按“親、輔互文，輔有親意”，宫之奇據之申論“鬼神非人實親，惟德是依”[③]。從“親德”轉嚮“依德”，將“德”闡釋成純粹的德性含義，正式標志春秋時代社會思想新動嚮的成型。

二、修德運動的興起

日本學者高木智見曾指出春秋史研究兩大缺陷：1. 史料嚴重不足，極大依賴《左傳》《國語》；2. 論者多把春秋史歸入殷周史或戰國史，體現出一種“視角上的外在性”[④]。三十年過去了，隨着大量文獻、文物的出土，第一種窘境大大緩解，第二種情况卻未有根本性改變，這很大程度是由春秋史承前啓後的“過渡”[⑤] 性質決定的，“德”的觀念，也在此時發生緩慢而醒目的變化。

認為“德”在春秋時代重要性大幅增强，這絶不是筆者孤明先發，陳來用哲學家眼光觀察到春秋“從禮樂的時代轉嚮了德行的時代”[⑥]；余英時嫻熟思想史研究，在《論天人之際》中，更斷言春秋時期存在名為“修德”的精神内嚮運動，並直接與後來的“軸心突破”相銜接[⑦]。總體而言，筆者贊成上述二先生的論斷，衹是修德運動開始時間可稍微挪前，在西周末年已大體開展。

先從鄭伯克段於鄢説起。京城太叔勢力膨脹，祭仲曉以利害，勸莊公早日圖之，莊公卻以“多行不義，必自斃”應之，認為其不行禮義，必將敗亡。子封又勸，莊公云“不厚不昵，厚將崩”，將因不義而不能團結民衆，後太叔果然敗亡，出奔於共[⑧]。縱觀全程，儘管太叔不斷壯大，莊公卻能斷言其失敗，從側面可看出當時判斷政治成敗，隱然須決於道

---

① 曾運干：《尚書正讀》，北京：中華書局，1964 年，第 283 頁；朱廷獻：《尚書研究》，臺灣商務印書館，1987 年，第 656 頁；黄懷信：《尚書注訓》，濟南：齊魯書社，2009 年，第 396 頁。

② 王叔岷：《左傳考校》，北京：中華書局，2007 年，第 39 頁。

③ 楊伯峻：《春秋左傳注》，第 309 頁。

④ 高木智見：《關於春秋時代的軍禮》，載劉俊文主編：《日本中青年學者論中國史（上古秦漢卷）》，上海：上海古籍出版社，1995 年，第 131 頁。

⑤ 童書業：“‘西周’和‘春秋’是個野蠻到文明的過渡時代。”見《春秋史》，上海：上海古籍出版社，2010 年，第 104 頁。

⑥ 陳來：《古代思想文化的世界：春秋時代的宗教、倫理與社會思想》，北京：三聯書店，2002 年，第 286 頁。

⑦ 余英時：《論天人之際》，北京：中華書局，2014 年，第 212 頁。

⑧ 楊伯峻：《春秋左傳注》，第 12—13 頁。

德品性。又周鄭交質到交惡，當時士君子感嘆“苟有明信……又焉用質”，强調信須“由中”①。“中”即心，《禮記·文王世子》“禮樂交錯於中”，注“中，心中也”②，《史記·樂書》“四暢交於中”，注“中，心也”③。“中”的提出，為“德”找到了穩定的載體，極大提高了人作為品性主體的地位，把道德植根於内心，與依附於天命迥異。

雖然春秋甫初“德”便出現生發自心的迹象，但並不代表其時已全面内嚮化。宣公三年楚莊王伐陸渾之戎，兵鋒過洛水而至周疆，王孫滿使楚，斥責莊王無禮，慷慨言“在德不在鼎”，“德”仍繫於天命，故周祚未盡④。可知其時西周傳統天命觀尚有重大威懾作用，以至於自號“我蠻夷也”⑤的楚國也不得不避讓三分⑥。當時各諸侯均想將“天心”據為已有，確保戰争的勝利，夫差之所以能擊敗楚國和齊國，全因“天舍其衷”⑦。天之未墜，可見一斑，但時人對天命鬼神首鼠兩端，信仰而又抵觸，矛盾至極⑧。

“德”在西周主要是為了論證政權合法性，然而平王東遷後周室衰微，在“春秋無義戰”⑨的險惡環境中，諸侯們為了争取民心和獲得支持，把原先專屬周王室的“德”改為己有，作為建立霸業的依據。如管仲諫齊桓公：“招携以禮，懷遠以德。德、禮不易，無人不懷。”⑩德、禮並舉，纔能懷柔遠人。成公八年，季文子私言於韓穿，若晉侯欲為霸主，必“將德是以”，如此，諸侯纔會“懷德畏討”⑪，前來歸附。因為戰争次數的激增，“德”也被移用至軍事上，作為得勝與否的重要因素。僖公二十八年城濮之戰，晉“能以德攻”⑫，《國語》同載此事，也説先軫、子犯能“以德勸”，故“楚衆大敗”⑬。古兵書《軍志》一語道破“德”在春秋初年的極端重要性：“有德不可敵。”⑭

除了强調“德”的功用，此時逐漸生成“德”的理論體系，大量流行在“德”前加數字“三”“四”“六”“九”等的表述，如州鳩以律論政，勸景王“宜養六氣九德”⑮，九德

---

① 楊伯峻：《春秋左傳注》，第27—28頁。

② 鄭玄等：《十三經古注·禮記》，第957頁。

③ 司馬遷著，瀧川資言編著：《史記會注考證》，第1679頁。

④ 楊伯峻：《春秋左傳注》，第669頁。

⑤ 司馬遷著，瀧川資言編著：《史記會注考證》，第2478頁。

⑥ 《史記·周本紀》言“楚兵乃去”，不知確否，見司馬遷著，瀧川資言編著《史記會注考證》，第300頁。

⑦ 徐元誥撰，王樹民、沈長雲點校：《國語集解》，第553—554頁。

⑧ 錢鍾書：《管錐編（一）》，北京：三聯書店，2007年，第305頁。

⑨ 方勇：《孟子譯註》，北京：中華書局，2010年，第284頁。

⑩ 楊伯峻：《春秋左傳注》，第317頁。

⑪ 同上，第837頁。

⑫ 同上，第467頁。

⑬ 徐元誥撰，王樹民、沈長雲點校：《國語集解》，第355頁。

⑭ 楊伯峻：《春秋左傳注》，第456頁。

⑮ 徐元誥撰，王樹民、沈長雲點校：《國語集解》，第114頁。《左傳》亦載：“六府、三事，謂之九功。水、火、金、木、土、穀，謂之六府；正德、利用、厚生，謂之三事。”見《春秋左傳注》，第564頁。司知此處“德”通“功”，强調其功能性。

即水、火、金、木、土、穀、正德、利用、厚生。同時“德”成為德行的總概括，範圍不斷擴大，並日益明確化：

> 心能制義曰度，德正應和曰莫，照臨四方曰明，勤施無私曰類，教誨不倦曰長，賞慶刑威曰君，慈和徧服曰順，擇善而從之曰比，經緯天地曰文。九德不愆，作事無悔，故襲天禄，子孫賴之①。

這種“九德”的叙事方式也延續到後世。《尚書·皋陶謨》：“皋陶曰：‘都！亦行有九德。……寬而栗，柔而立，願而恭，亂而敬，擾而毅，直而温，簡而廉，剛而塞，强而義，彰厥有常，吉哉。’”② 《逸周書·常訓》：“九德：忠、信、敬、剛、柔、和、固、貞、順。”③

“德”為行為的古義在春秋時期仍存，如“兇德”④，但更多的是呈現出正面意義，“善，德之建也”⑤，離開了善，德將無所憑依，而且個人德行跟政治德行不斷結合乃至融合為一。最典型的例子是高陽氏八子和高辛氏八子，前者齊、聖、廣、淵、明、允、篤、誠，謂之“八愷”；後者忠、肅、共、懿、宣、慈、惠、和，謂之“八元”。與他們截然相反的，是“掩義隱賊，好行兇德”的渾敦、“毁信廢忠，崇飾惡言”的窮奇、“不可教訓，不知話言”的檮杌、“貪於飲食，冒於貨賄”的饕餮⑥。這為後來“温、良、恭、儉、讓”⑦“仁、義、禮、智、聖”⑧ 等德性論的充分榷揚奠定了基礎。

春秋時代社會思想的新動嚮，集中體現在修德運動的全面開展。楊樹達《春秋大義述》類而聚之，分“榮復仇”“貴死義”“貴仁義”“貴正己”“貴誠信”“貴讓”“貴豫”“貴變改”“貴有辭”“譏慢”“明權”“謹始”等十數門，基本囊括當時大部分德目⑨。因“禮”在政治生活中空前强化，達到“王之大經”⑩ 的地位，“德”的政治功能隨之弱化⑪，愈發趨嚮個人化。揆之史籍，潞子嬰兒雖然國小力薄，但因其正直，《春秋》許其有義，並

---

① 楊伯峻：《春秋左傳注》，第1495頁。

② 屈萬里著，李偉泰、周鳳五校：《尚書集釋》，第33頁。

③ 黄懷信：《逸周書校補注譯》，第22頁。

④ 楊伯峻：《春秋左傳注》，第638頁。

⑤ 徐元誥撰，王樹民、沈長雲點校：《國語集解》，第326—327頁。

⑥ 楊伯峻：《春秋左傳注》，第636—640頁。

⑦ 杜道生：《論語新注新譯》，第3頁。

⑧ 參陳來：《竹簡〈五行〉篇講稿》，北京：三聯書店，2012年。

⑨ 楊樹達：《春秋大義述·目録》，上海：上海古籍出版社，2013年，第1頁。

⑩ 楊伯峻：《春秋左傳注》，第1374頁。

⑪ 據李德龍統計，《左傳》中“德”出現了333次，“禮”則出現了528次，與《尚書》《詩經》“德”多於“禮”情況迥異，見《先秦時期“德”觀念源流考》，第213頁。

言“義在正我，不在正人”[①]，强調自身纔是“正己”的對象，與他人無涉。

弭兵之會中，晉、楚争先歃血，叔嚮勸趙文子“子務德，無争先”[②]，“務德”何意，《左傳》不詳，《國語》記叔嚮告誡趙文子：“忠不可暴，信不可犯，忠自中，而信自身，其為德也深矣。”[③] 關鍵是忠自中出，信自身行，都强調個人的修為。若從德而行，能以“忠信贊君”，即便最後歃血，也無妨於諸侯之戴[④]。然而，趙文子相晉國，懈怠而苟且，完全不竭力修為以成“君子”，故叔嚮判定其“必有大咎”，後果卒[⑤]。此時期的“德”開始和“義”結合：“苟非德義，則必有禍。”[⑥] “諸侯之為，日在君側，以其善行，以其惡戒，可謂德義矣。”[⑦] “尊德義，明乎民倫，可以為君。”[⑧] “義者利之宜。”[⑨]《論語》也載“無適也，無莫也，義之與比”[⑩]，都强調一種因時制宜的特質。“德”與“義”的結合，極大增强了修德的合理性，也進一步推動德的個人化和心靈化。修德具有極端重要性，所以王孫直截言“不主寬惠，亦不主猛毅，主德義而已”[⑪]，因“德義”統攝諸德，範圍遠比“寬惠”“猛毅”廣闊。應當説，最遲在春秋中期，“修德”已成為一種時代共識。

當年宫之奇諫假道，虞公弗聽，到春秋末期，形勢逆轉。魯襄公二十四年，魯穆叔如晉，范寧子問何為不朽，穆叔未對，范寧子自述其遠祖自夏至晉，禄位未輟，穆叔駁之：“豹聞之：‘大上有立德，其次有立功，其次有立言。’雖久不廢，此之謂不朽。若夫保姓受氏，以守宗祊，世不絶祀，無國無之。禄之大者，不可謂不朽。”[⑫] 子産“天道遠，人道邇”[⑬] 一語猶嫌曖昧，至叔孫豹明言“人生的最高不朽，絶不在於名爵禄位的延續，而衹在個人德行的挺立”。此言一出，正式標舉“惟德是依”，把“德”作為一種純粹的精神價值，徹底從西周“恭德裕天”的思想中解放，人文精神因而得到極大彰顯。其時孔子方三歲[⑭]，但思想突破的風氣已開始鼓盪。

---

① 曾振宇、傅永聚：《春秋繁露新注》，北京：商務印書館，2010 年，第 179 頁。

② 楊伯峻：《春秋左傳注》，第 1133 頁。

③ 徐元誥撰，王樹民、沈長雲點校：《國語集解》，第 429 頁。

④ 同上，第 430 頁。

⑤ 同上，第 434 頁。

⑥ 楊伯峻：《春秋左傳注》，第 1493 頁。

⑦ 徐元誥撰，王樹民、沈長雲點校：《國語集解》，第 415 頁。

⑧ 李零：《郭店楚簡校讀記》，北京：北京大學出版社，2002 年，第 139 頁。

⑨ 鄭玄等：《十三經古注・春秋經傳集解》，第 1489 頁。

⑩ 參楊樹達：《論語疏證》，上海：上海古籍出版社，2013 年，第 96—97 頁。

⑪ 徐元誥撰，王樹民、沈長雲點校：《國語集解》，第 72 頁。

⑫ 楊伯峻：《春秋左傳注》，第 1087—1088 頁。

⑬ 同上，第 1395 頁。

⑭ 孔子年歲，參錢穆説，見《中國思想史》，北京：九州出版社，2012 年，第 8 頁。

三、德性之後[①]

大凡社會思想的轉變，從時間上，並非如直綫般演進；從空間上，各地狀況決非如一。春秋末年，“德”雖然已有抽象成純粹德性含義的萌芽，不過整體而言，“德”的使用仍是相當駁雜乃至混亂的。

就以吴越争霸而言，勾踐問楚使申包胥取勝之道，歷數越國所行之善政，申包胥猶曰未可，而應具有智、仁、勇三德。歸後勾踐召五大夫議政，認為舉大事須聖、猛、辯、巧四德，與申包胥同認為得勝取決於德性[②]。然而，范蠡進言陣法時，卻言應“順應天道，周旋無究”[③]；在謝絶夫差投降請求時，勾踐的理由仍是“天之命”[④]，不敢不從。從這個例子來看，當時舊天命信仰從整體上没有崩潰，“在鬼神信仰盛行而巫術仍然活躍的狀態下，‘德’的内在話有其無法克服的内在限制，這是不言而喻的”[⑤]，衹有等理性開始要求人去對現有秩序進行追問，從根本上信服“祝史之為，無能補也”[⑥]，思想的突破纔得以全面展開。

春秋時期出現了“禮壞樂崩”[⑦]的新局面，陪臣蜂起而執國命，極大毁壞了原有的等級秩序，禮樂制度也遭到嚴重質疑。許倬雲用社會學方法，剖析春秋時期社會性質，認為其時正由“單純社群”轉嚮“複雜社會”，宗族與政治單位日益分離，“易言之，個人在社會結構中逞自由意志活動的可能性與空間都增大了”[⑧]，士階層[⑨]順勢崛起，開始釀成社會思想的變異。

無疑地，春秋時代的士屬一種下層貴族，《左傳》載：“卿置側室，大夫有貳宗，士有

---

① 《德性之後》係麥金太爾倫理學名著，此處屬借用。本文之“德性”係“故君子尊德性而道問學”之德性，而非西方哲學意義上之德性，望讀者留意。筆者甚為欣賞麥金泰爾一語：“某人真正擁有一種德性，就可以指望他能在非常不同類型的環境場合中表現出它來。”見麥金太爾著，龔群等譯：《德性之後》，北京：中國社會科學出版社，1995年，第258頁。

② 徐元誥撰，王樹民、沈長雲點校：《國語集解》，第557—558頁。

③ 同上，第586頁。

④ 同上，第561頁。

⑤ 余英時：《論天人之際》，第223頁。

⑥ 楊伯峻：《春秋左傳注》，第1480頁。

⑦ 比如“周初已經完成完整形態的鼎制，經過三次破壞，到了戰國末，已經走到了崩潰的邊緣”，見俞偉超《周代用鼎制度研究》，載《先秦兩漢考古學論集》，北京：文物出版社，1985年，第107頁。

⑧ 許倬雲：《試擬中國社會發展的幾個論點》，載《求古編》，北京：商務印書館，2014年，第1—2頁。

⑨ 余英時認為士是中國古代的知識階層。查“知識階層”源自西方近代史事，儘管該概念得到廣泛認可，筆者仍未敢放心移用至春秋時代，故取古義，衹稱士階層。見余英時：《古代知識階層的興起與發展》，載《士與中國文化》，上海：上海人民出版社，2013年，第4頁。

隸子弟。"[①]《儀禮》有士禮五篇，姚立方解釋道："其實多通大夫以上而言。蓋下而為民，上而為君卿大夫，士居其中也。"[②] 從側面指出士流動性強的特點。觀射父説"士、庶人舍時"[③]，《邾公華鐘》亦記"以匽士庶子"[④]。隨着周政瓦解，士的地位嚮下沉淪，與庶人接近，這是從身份上而言。士本來從屬於政治權力，廣泛活躍於"鄉校"[⑤]，"朝而受業，晝而講貫，夕而習復，夜而討過無憾，而後即安"[⑥]，既通政事又通知識，係當時的文化持有者。後來"天子失官，官學在四夷"[⑦]，士開始脱離中央政府的掌控，流落到各個諸侯國，也順便把天子壟斷的知識一並帶去，加之私學的勃興、書寫工具的改進，促進了文化傳授。當文化疏離於威權，士便獲得前所未有的行動和思想自由，無須為制度、軍事服務，而是面嚮三代，"問於遺訓，而咨以故實"[⑧]，以往不證自明的天人體系因之出現了裂痕，"德"的理念也得到提煉和升華。

恩格斯曾如此評價但丁："他是中世紀的最後一位詩人，同時又是新時代的最初一位詩人。"[⑨] 在春秋戰國之際，孔子承擔了但丁般的過渡責任，從範圍寬廣、模糊不定的"德"中抽繹出"仁"[⑩] 來統攝諸行並"一以貫之"[⑪]，提出德性的歸結所在，真正地完成從"巫"到"仁"的思想超越[⑫]，奠定中國古代思想的底基。

《論語》開篇"有朋自遠方來"[⑬] 童子能誦，殊不知語含深意。"有朋"一作"朋友"[⑭]，陳絜呼應師説，指出西周時"友"或"朋友"多指同宗族屬[⑮]，至孔子時將遠方來人稱為"有朋"，等於把原有宗法血緣關係打散，以"仁"凝結成新團體，同時"以友輔仁"[⑯]，李競恒受李宗侗啓發，指出這種團體具有神聖性，"束脩"就是一種入會儀式[⑰]。同

---

① 楊伯峻：《春秋左傳注》，第94頁。

② 姚際恒著，陳祖武點校：《儀禮通論》卷一，北京：中國社會科學出版社，1998年，第16頁。

③ 徐元誥撰，王樹民、沈長雲點校：《國語集解》，第518頁。

④ 楊樹達：《積微居金文説》，北京：中華書局，1997年，第22頁。

⑤ 孟子云："設為庠序學校以教之。"見方勇：《孟子譯註》，第91頁。

⑥ 徐元誥撰，王樹民、沈長雲點校：《國語集解》，第196頁。

⑦ 楊伯峻：《春秋左傳注》，第1389頁。

⑧ 徐元誥撰，王樹民、沈長雲點校：《國語集解》，第23頁。

⑨ 王希思編：《馬克思、恩格斯、列寧、斯大林論民族》，北京：中國社會科學出版社，2013年，第11頁。

⑩ "仁"之含義極其複雜，為求簡潔，本文衹取"愛人"一義，可參焦循《論語通釋・仁》。

⑪ 杜道生：《論語新注新譯》，第28頁。徐復觀説："'一以貫之'之'一'並不排斥多，并且須由多中提煉而出，也自然嚮多中流貫而去。"見《〈論語〉"一以貫之"語義的商討》，載《中國思想史論集》，上海：上海書店出版社，2004年，第204頁。

⑫ 李澤厚新作便是探討這一問題，見《由巫到禮・釋禮歸仁》，北京：三聯書店，2015年。

⑬ 杜道生：《論語新注新譯》，第1頁。

⑭ 程樹德：《論語集釋（一）》，北京：中華書局，1990年，第5頁。

⑮ 陳絜：《周代農村基層聚落初探：以西周金文資料為中心的考察》，載朱鳳瀚主編：《新出金文與西周歷史》，上海：上海古籍出版社，2011年，第121頁。

⑯ 杜道生：《論語新注新譯》，第110頁。

⑰ 李競恒：《論語新劄——自由孔學的歷史世界》，福州：福建教育出版社，2014年，第139頁。

時孔子把原係政治身份的“君子”概念化，成為道德的化身，把射禮改造成修德活動[①]。孔門四科，德行居首[②]。孔門四教，文、行、忠、信[③]，全是屬於德行的範疇，可見“懷德”[④] 係君子所必須。德修於内而行顯於外，除了注重德行，還須留心外在儀容，《鄉黨》一篇展卷即是，故稱“君子懷刑[⑤]”。儒者内外兼修，鄭玄云“德行，内外之稱。在心為德，施之為行”[⑥]，可作正解。

“德”之用大矣，以至於孔子自信“天生德於予，桓魋其如予何”[⑦]，德的最高體現便是仁。在孔子思想裏，“仁”逐漸取代“德”的位置，成為德性的歸結所在，“剛、毅、木、訥，近仁”[⑧]，能行“恭、寬、信、敏、惠”[⑨] 則仁矣。一方面，仁作為最高德性極難達到，所以要“無終食之間違仁”[⑩]；另一方面，仁又是不離於人的，“我欲仁，斯仁至矣”[⑪]。怎麽解釋這種現象？很簡單，“仁，人心也”[⑫]，人的命運固然要考慮歷史行程，但根本上靠的是自我奮鬥，正是在奮鬥中凸顯人的主觀能動性，確立人的尊嚴，所以儒家非常强調“自强不息”[⑬]；同時因每個人德行差異極大，結果也隨之不同，可説命運完全操之己手[⑭]。由於“克己復禮”[⑮] 對德行主體要求極高，孔子也嘆息“有能一日用其力於仁矣乎”[⑯]？楊嚮奎説：“周公對於禮的加工改造，在於以德行説禮。”[⑰] 筆者仿傚其句：“孔子對於德的加工改造，在於以仁説德行。”

後人認為孔子奇峰突起，實則孔子再天縱其聖，也是春秋時代的人物，一定會受到三

---

① 《柞伯簋》射禮和孔子射禮對比鮮明，見袁俊傑：《再論柞伯簋與大射禮》，《華夏考古》2011 年第 2 期。

② 杜道生：《論語新注新譯》，第 113 頁。

③ 同上，第 62 頁。

④ 同上，第　頁。

⑤ 牛澤群認為“君子懷刑”絶非强調刑法，因與“齊之以刑，民免而無耻”矛盾，良是，見《論語札記》，北京：燕山出版社，2003 年，第 78 頁。此處“刑”當為“型”，與《詩經》“儀型文王”同，見李零：《郭店楚簡校讀記》，第 63 頁。

⑥ 鄭玄等：《十三經古注・周禮》，第 425 頁。

⑦ 同上，第 61 頁。

⑧ 同上，第 120 頁。

⑨ 同上，第 159 頁。

⑩ 同上，第 25 頁。

⑪ 同上，第 63 頁。

⑫ 方勇：《孟子譯註》，226 頁。

⑬ 鄭玄等：《十三經古注・周易》，第 3 頁。

⑭ 康德説：“人，其實而且每一個有理性的存在者本身，是自身為一個目的而存在的，不衹作為一種手段為這個或那個意志所利用而存在的，因而在其一切的行動，無論這些行動是對於自己或對於其他有理性的存在者，都必須總是看為一個目的的。”與之暗合。見華特生（Watson，J.）編選，韋卓民譯：《康德哲學原著選讀》，北京：商務印書館，1963 年，第 209 頁。

⑮ 杜道生：《論語新注新譯》，第 102 頁。

⑯ 同上，第 25 頁。

⑰ 楊嚮奎：《宗周社會與禮樂文明》，第 333 頁。

代思想風氣的感染，是立足人間的“木鐸”[1] 而非高懸天上的“日月”[2]。1978 年，河南淅川下寺楚墓出土王孫誥鐘，該文物與孔子同時，上有銘文：“惠於政德淑於威義”[3]，説明德禮並用的思想已彌漫到了邊遠的楚國。近來，美國學者羅泰（Lothar von Falkenhausen）用“分行合擊”[4] 的方法出版了《宗子維城》[5]，雄辯地證明了在孔子時代，“惟德是依”的觀念已真正輻射至整個華夏世界。正是有了這層背景，孔子纔得以從“德”“禮”[6] 中提煉出“仁”，“仁”也顯示了其統攝諸德的整合功能，經歷“詮釋與置换的雙重過程”（a double process of interpretation and transposition）”[7]，第一次系統地實現了中國古代的精神超越。孔學的真精神，如李澤厚言，即在以“神聖使命感和歷史責任感來超越個體有限的生存和生命，使這個有限個體存在獲得了神聖的生活意義、人生價值和生存意嚮”[8]。其後諸家均强調“治氣養心之術”[9]，以心為中介通往“道”，堅稱種種德性均“非外鑠我也，我固有之也”[10]。最遲在戰國晚期，“德”徹底内化於人心[11]，與天命解除依附關係，這又是另一進路了。

四、結　論

從殷周到春秋，社會思想上，呈現從恭德裕天到惟德是依的趨勢；從“德”觀念的本身演變來講，從最先多指政治行為，到後來的個人德性，並最終升華凝聚成“仁”，呈現出明顯的個體化和心靈化趨勢，既反映了三代文化每進轉益的因革關係，也證實了春秋時代思想存在新動嚮。需要注意的是，這個過程絶不是徹底性的：

---

① 杜道生：《論語新注新譯》，第 22 頁。

② 同上，第 184 頁。

③ 趙世綱：《淅川楚墓王孫誥鐘的分析》，《江漢考古》1986 年第 3 期。

④ 黄曉峰、陸静：《羅泰談中國考古學的缺失》，《上海書評》2010 年 7 月 18 日。

⑤ Lothar von Falkenhausen，Chinese Society in the Age of Confucius（1000—250 BC），The Archaeological Evidence，The Cotsen Institute of Archaeology Press，University of California，Los Angeles，2006.

⑥ 關於先秦“德”和“禮”的關係，可參鄭開：《德禮之間——前諸子時期的思想史》，北京：三聯書店，2009 年。

⑦ 鄭培凱：《中國文化的軸心突破》，《上海書評》2014 年 3 月 16 日。

⑧ 李澤厚：《由巫到禮·釋禮歸仁》，第 126 頁。

⑨ 荀況撰，廖名春、鄒新明校點：《荀子》，瀋陽：遼寧教育出版社，1997 年，第 5 頁。稷下道家最為明顯，見裘錫圭：《稷下道家精氣説的研究》《〈稷下道家精氣説的研究〉補正》，載《文史叢稿：上古思想、民俗與古文字學史》，上海：上海遠東出版社，2011 年，第 16—58 頁。

⑩ 方勇：《孟子譯註》，第 218 頁。

⑪ 有趣的是，此時興起“格物”思潮，比如數學，參韓巍：《北大藏秦簡〈魯久次問數於陳起〉初讀》，《北京大學學報（哲學社會科學版）》2015 年第 2 期。

思想史上可能有突然的飛躍，但是那常常是來自精英和天才的思想，一般的知識和思想卻不會有突然的變異，它祇是在緩緩地綿延。特別是中國古代思想，有人已經看到，中國文明突破的歷史是漸進而平和的，即使是軸心時代，“禮崩樂壞”雖然説的是春秋戰國的思想和制度的巨變，但它並不是轟然一聲的坍塌而是一點一點地瓦解。傳統的殘存是如此强烈的粘固劑，而歷史的象徵是如此堅固的石塊磚頭，要在一時就掀翻它是不那麽容易的①。

就讓以上這段話，來作為本文的收束。

作者單位：華東師範大學人文社會科學分院

① 葛兆光：《中國思想史》第一卷，上海：復旦大學出版社，2014年，第74頁。

關於陶淵明的組詩《飲酒》

顧　農

《飲酒》二十首是陶淵明（365—427）最著名的作品之一，其詩前有小序云：

> 余闲居寡歡，兼秋夜已長，偶有名酒，無夕不飲，顧影獨盡，忽焉復醉。既醉之後，輒題數句自娱，紙墨遂多，辭無詮次，聊命故人書之，以為歡笑爾。

可知這一批總題為《飲酒》的詩並非精心結撰的組詩，而是在擁有“名酒”的某一年秋天，偶然陸續隨意寫出的，後來由他的朋友抄寫編次為一組，略加編輯而形成。

值得注意的是當年編就並由故人書之的這一組詩，本來大約到不了二十首，後來在陶集流傳過程中被加進了若干，纔形成我們現在看到的情形。選本和類書中的某些資訊證明了這一點：《文選》（卷三十）録入今本《飲酒》中的詩二首（其五，其七），而題作《雜詩》；《藝文類聚》（卷六十五“園”部）節選了這兩首，也題作《雜詩》。但該書（卷七十二“酒”部）又録入《飲酒》中的另一首：“有客常同止，趣舍邈異景。一士長獨醉，一夫終年醒。醒醉還相笑，發言各不領。”此詩在今本陶集中列為《飲酒》詩其十三，《藝文類聚》節選了其中六句，仍然題作《飲酒》，而且還引用了幾句詩序：“既醉之後，輒以數句自娱。紙墨遂多，别辭無次。聊命故人書之，以為談笑也。”（詩序的文字與今本稍異，可為校勘之資）。這一首應在《飲酒》原編本之内。

可見在較早的抄本陶集中，雖然確有一組帶序的《飲酒》詩，但可以肯定其總數不到二十首；換言之，現在的《飲酒》詩二十首中某些篇章原來不在這一組中，而另題為《雜詩》或别的什麼題目，祇是因為其中也寫到了酒，後來就有人也把它們一併收編到《飲酒》這一組裏來了，加起來一共達到二十首。這種增補的操刀者及其動手的時間，現在都無從知道。

關於《飲酒》的寫作時間，因為其十九有“拂衣歸田里”“亭亭復一紀”之句，於是有學者即據以指出這一組詩當作於陶淵明拋棄彭澤令（義熙元年，405）的一紀（十二年）之後，也就是晉安帝義熙十二、十三年（416—417）[①]。這樣來推算自然是有根據的，還可以為此説補充一個證據，《飲酒》其九寫一“田父”勸陶淵明與體制認同，而詩人回答説“吾駕不可回”——他忽然來談自己的生活方嚮不能改變，應有比較具體的背景，不是一個田父忽然就能提出並直接拉動的。按《宋書·隱逸傳·陶淵明傳》載：“義熙末，徵著作佐郎，不就。”《南史·隱逸傳·陶淵明傳》也有同樣的記載。所以其九這一首應作於義熙十三年丁巳（417），纔是合乎邏輯、可以理解的事情。其九與其十九形成一種互相支持的關係，表明《飲酒》中有一部分作於義熙十二三年（416—417）間。還有些作品可能寫得更晚，甚至在晉、宋易代之後。這次易代比較自然，陶淵明的心態也相當平静。

但《飲酒》中另外一些作品大約寫得相當早，如其十六，其中提到“行行嚮不惑”，則此詩當作於陶淵明四十歲之前不久，例如三十九歲（亦即晉安帝元興二年癸卯，403 年）左右。

《飲酒》組詩中另外較多的篇章則當作於義熙元年（405）十一月詩人徹底歸隱之後，但大體難以確指其寫作的具體年代。如其四（“棲棲失群鳥”）一首欣慰於自己明智地退出了官場，也流露了一點孤獨之感，似應作於陶淵明歸隱之初。又如《飲酒》其五中有“結廬在人境，而無車馬喧”以及“心遠地自偏”等句，當不可能作於他歸隱之初住在“園田居”之時，其時心與地全都偏遠，看其《歸園田居》其一中有“曖曖遠人村，依依墟里煙”之句就可以知道。其五這一首應作於義熙四年戊申（408）“園田居”住房毀於一場火災、後遂移居於近郊的南村之後。這時他的住地離城較近，不像過去那樣偏遠，纔會説這樣的話。

總起來看，《飲酒》詩二十首本來就來路不一，寫作時間也前前後後多有差距，但可以説大抵是歸隱之後的作品。

飲酒是陶淵明的最愛。前人説陶淵明詩篇篇有酒，略見誇張，但他喜歡喝酒並一嚮在詩裏大談其酒也確是事實。從酒談起，各種内容都可以掛靠上去。陶淵明有一首《連雨獨飲》，大談他飲酒之心得，談得最為集中而且透徹：

> 運生會歸盡，終古謂之然。世間有松喬，於今定何間？故老贈余酒，乃言飲得仙。

---

① 前賢多有持此説者，如湯漢注《陶靖節先生詩》卷三、温汝能《陶詩彙評》卷三、方東樹《昭昧詹言》卷四等等；時賢亦多有類似之看法者，不具引。

試酌百情遠，重觴忽忘天。天豈去此哉，任真無所先。雲鶴有奇翼，八表須臾還。自我抱茲獨，僶俛四十年。形骸久已化，心在復何言。

陶淵明曾經寫過一篇《晉故征西大將軍長史孟府君傳》，其中説起他本人的外祖父孟嘉同桓温的一番對話：

（桓）温嘗問君："酒有何好，而卿嗜之？"君笑而答曰："明公但不得酒中趣耳。"

孟嘉實際上是笑而未答。飲酒之趣這個問題，現在由《連雨獨飲》一詩來具體回答。

陶淵明説，有一種意見（以贈酒給陶淵明的故老為代表）説飲酒可以成仙。陶淵明認為這不可能，人總是要死的，從古到今沒有例外（"運生會歸盡，終古謂之然"）。赤松子、王子喬一類仙人，不過説説而已。喝酒喝醉了，可以暫時同平時的自我告别，拋棄舊有的感情（"試酌百情遠"），忘記身外的一切（"重觴忽忘天"）。儘管那一切仍然存在，客觀世界沒有變化（"天豈去此哉"），但暫時的告别仍然是有意義的——這時可以神遊八極，無遠弗届（"雲鶴有奇翼，八表須臾還"），使自己得以擺脱肉體的束縛，而僅僅留下自由的心靈（"形骸久已化，心在復何言"）。這樣的自由多麼可貴！

陶淵明像他的外祖父孟嘉一樣，頗得酒中之趣。飲酒不能成仙，也不能改變客觀狀況，衹是藉此獲得陶醉，讓身心暫得休息，進入自由王國。這個看法放之古今而皆準。

在那些陰雨連綿下個不停的沉悶日子裏，陶淵明獨自飲酒，思考人之自由的問題，寫下這首詩，為他的外祖父孟嘉補交了一份具體的答卷。看來詩人並沒有真醉。明朝人黄文焕引述沃儀中評論此詩的高見道："他作談生死，猶是彭殤齊化之達觀，獨此云忘天任真，形化心在，誠有不隨生存、不隨死亡者。一生本領，逗洩殆盡。"（《陶詩析義》卷二）這首詩不是運用莊子的相對主義去齊一生死，而是拿一種暫時自由的心靈去對抗以至於化解實際生活中的人生無奈——這確實是陶淵明的一大本領，反映出他的人生哲學，也是他的詩一嚮頗得人心之所在。這一首《連雨獨飲》如果早先被編進《飲酒》組詩裏去，這一組詩就變成二十一首，要再多幾首也不是什麼難事。

讀《飲酒》二十首最宜採取通達的態度，不必認定某一年作，或以為衹談某一具體主題。這裏總的話題是人生哲學，而其中涉及許多方面。

以下分别簡述之。

其一

衰榮無定在，彼此更共之。邵生瓜田中，寧似東陵時。寒暑有代謝，人道每如茲。

達人解其會，逝將不復疑。忽與一觴酒，日夕歡相持。

此首雖然列為《飲酒》二十首的第一首，但並非序詩。這些詩的順序本來就是非常隨意的，“辭無詮次”，没有什麼邏輯上或情緒上的前後。前人或以為這第一首是“二十首總冒”（吴瞻泰《陶詩彙注》卷三引汪洪度語）；又有人認為這一組詩有“大章法”，“藏詮次於若無詮次之中”（黄文焕《陶詩析義》卷三），皆求之過深，牽强無據，也講不清楚。

此詩中用了秦漢之際前東陵侯邵生種瓜的典故①，表明富貴榮華不可能長期保持，且很容易發生變化，在東晉末期至劉宋初年這樣動亂的時代就更是如此。“彼此共更之”乃是人間的規律（“人道”），對此能够充分認識的纔是“達人”。人生的意義即在於順應世事的變化——那麼不如還是來喝酒吧。

其實認識人世的規律同飲酒之間並没有什麼必然的聯繫，但喜歡飲酒的人可以隨便找到一個什麼理由，世事無常自然是一個方便的理由，用這個題目喝酒可以提升其意義，顯得很有必要的樣子。這正如老烟槍之大抽其烟，可以説藉此休息，又可以説幫助動腦筋，既可以抽支烟涼快涼快，也可以抽支烟暖和暖和。嗜好在任何情況下總不缺少它充足的理由。

其　二

積善云有報，夷叔在西山。善惡苟不應，何事空立言？九十行帶索，饑寒況當年。不賴固窮節，百世當誰傳。

《飲酒》其二這一首批評因果報應論。像伯夷叔齊這樣的了不起的好人，卻没有什麼好報，最後竟然餓死。“積善之家，必有餘慶；積不善之家，必有餘殃”原是中國傳統思想中固有的觀念，後來佛教更大講因果，陶淵明完全不相信這種説教，他説過：“夷投老以長饑，回早夭而又貧。傷請車以備槨，悲茹薇而隕身。雖好學與行義，何死生之苦辛！疑報德之若兹，懼斯言之虚陳。”《感士不遇賦》已經舉伯夷以及短命的顔回為例，這裏又以“夷叔在西山”來證明世界上不存在什麼善有善報。陶淵明相信天命決定論，不贊成因果報應論。

詩的後四句寫榮啓期（其事迹詳見《列子・天瑞》）。其人安貧樂道，是“君子固窮”的典範。可知詩人不相信因果報應之論，而仍然高度重視為人的操守和境界，這並不是要得善報，而是理應如此。

---

① 《史記・蕭相國世家》：“召（邵）平者，故秦東陵侯。秦破，為布衣，貧，種瓜長安城東。瓜美，故世俗謂‘東陵瓜’，從召平以為名也。”

其 三

道喪嚮千載，人人惜其情。有酒不肯飲，但顧世間名。所以貴我身，豈不在一生。一生復能幾，倏如流電驚。鼎鼎百年内，持此欲何成！

本詩的主旨在於嘆息人生苦短，空名無用，不如飲酒。《列子》裏大講享樂有理，晉朝人多有這種思想。張翰（字季鷹）早就説過："使我有身後名，不如及時一杯酒！"畢卓(字茂世)説："一手持蟹螯，一手持酒杯，拍浮酒池中，便足了一生。"（均見《世説新語·任誕》）陶淵明也反覆申述虛名之毫無意義，與其追求什麽身後之名，不如生前來痛快地飲酒——"道喪"容易使人産生諸如此類的想法。

其 四

棲棲失群鳥，日暮猶獨飛。徘徊無定止，夜夜聲轉悲。厲響思清遠，去來何依依。因值孤生松，斂翮遥來歸。勁風無榮木，此蔭獨不衰。托身已得所，千載不相違。

開頭的"失群鳥"應當是陶淵明的自喻，他在脱離了官僚階層以後衹好"獨飛"，必須找到一個"托身"之所來安身立命。他很榮幸地找到了，這就是歸隱，於是下決心在故鄉的田園裏堅持下去，千載而不相違。

所謂"孤生松"可以是拿局部指稱全體，代指他的鄉間别墅，也就是《歸園田居》五首其一裏提到的那一處住所："方宅十餘畝，草屋八九間。榆柳蔭後簷，桃李羅堂前。曖曖遠人村，依依墟里煙。狗吠深巷中，雞鳴桑樹顛。"從"曖曖"兩句看去，這裏離本地老百姓的村莊有相當的距離——這就是所謂"孤松"了。陶淵明在這裏離群索居。《歸去來兮辭》中也曾經提到"景翳翳其將入，撫孤松以盤桓"。這裏的"孤松"固然可能是他家庭院中實有的東西，更可能衹是一種象徵，詩人因孤立而感到光榮與高傲。

陶詩中寫到鳥特别是歸鳥這一類意象的句子甚多，還有一首專門的《歸鳥》。《飲酒》其四則一上來就逕寫"棲棲失群鳥"，以表達自己的孤獨寂寞之感。他脱離了官場，脱離了他曾經非常熟悉的上流社會，不免有一種難以擺脱的"失群"之感。面對落差很大的生活方式的轉軌，一時總有一點不大適應，儘管這一斷然的轉軌完全出於他自己的選擇。中國古代的士大夫在本階層的群體裏待慣了，他們所信奉的儒家思想所關注的也完全是如何在體制之内的人際關係網裏安身立命——而這軟硬兩個方面現在在陶淵明的生活中忽然統統失落了，他在心理上難以承受，因此必須在詩文中提出强有力的解説讓自己得到解脱。

有一座别墅，就硬件而言可以説"托身已得所"，更上一層則還要有合適的軟環境，做到"托心"亦復"得所"。《歸去來兮辭》寫道："歸去來兮，請息交以絶遊。世與我而相違，復駕言兮焉求？悦親戚之情話，樂琴書以消憂。”造成自己“失群”狀態的責任並不在自己而在“世”，是“世與我而相違”。於是他衹好轉而在親情中找慰藉，在琴書中找寄托。

前人或將此詩與晉宋易代聯繫起來考慮，其實此時離易代尚遠。政治上失意或絕望之後轉而從親情中尋找安慰和寄托，乃是古代文人的慣例。例如率先模仿陶淵明的劉宋詩人鮑照有句云：“棄置罷官去，還家自休息。朝出與親辭，暮還在親側。弄兒床前戲，看婦機中織。自古聖賢皆貧賤，何況我輩孤且直！”（《擬行路難》其六）鮑照此詩即與改朝换代完全無關①。

離群索居到底是痛苦的，於是陶淵明便入鄉隨俗地多與農民交往，“相見無雜言，但道桑麻長”（《歸園田居》其二），但他始終没有也不可能完全融入農民的群體之中，歸隱之初他把自家的住處安排在遠離村莊的地方就是一個明顯的標志；他後來主要與一批農村知識分子、地方官員交往，“奇文共欣賞，疑義相與析”（《移居》其二），在一起喝酒談天以消除寂寞。當然，陶淵明同那些遁入深山老林的老派隱士不同，他具有某種程度的世俗化的品格，因而也就具有某種可推廣性，終於成了“古今隱逸詩人之宗”（《詩品・中》）。

陶淵明歸隱之初的一批詩文乃是為他本人的心理調適而寫的，所以其中有許多對自己行為的解釋和自我安慰。這與他在另外若干作品中流露出來的得以歸隱的欣喜之情正可以互相生發，互為補充。

其　五

結廬在人境，而無車馬喧。問君何能爾？心遠地自偏。採菊東籬下，悠然望南山。山氣日夕佳，飛鳥相與還。此中有真意，欲辯已忘言。

這首《飲酒》其五是陶淵明最著名的詩篇之一。按説“結廬”當然是“在人境”，這有什麼好説的呢？但不能忘了在陶淵明之前，許多隱居之士往往躲入深山老林或其他人迹罕至之處，離群索居，以奇特的生活方式表示他們對政治對社會的厭惡和疏離——即使在21世紀的今天，也還有人跑到終南山深處去隱居。

所以隱居也叫“隱遁”——從人間逃亡出去，不理會人間的種種；而陶淵明實行的卻是“歸隱”，退出官場，回到自己的老家，過農村知識分子很普通的生活：讀書、飲酒、訪友、談天，高起興來的時候也幹一點農活，外觀上一點也不像過去的隱士那樣奇奇怪怪的。他仍然在人間，完全過世俗的生活，卻已經獲得老派隱士們代價甚高的自由。“結廬在人

---

① 參見顧農：《鮑照美文　殊以動俗》，《中華讀書報》2017年1月4日第15版《國學》。

境”相當於宣佈自己是實行一種新型的隱居方式，帶有革易前型的重大意義。

老派隱士之所以要遁入山林，一大原因是要遠離人世的渾濁和喧囂，防止污染，取消麻煩，遺世獨立。現在陶淵明竟然在故鄉就地隱居，用傳統的眼光看起來，“結廬在人境”根本缺少隱居的基礎性條件，人間必有種種世俗的干擾，“車馬喧”就是這種干擾的形象化的説法。“問君何能爾?”詩人要回答這樣的質疑，這樣就有了下面的詩句。

説“心遠”就“地自偏”也大有意味。一般來説“地”偏不偏要看它具體的地理位置，買房子首先要挑地段。但“心”的作用也很大。觀察評估同一個物件，不同的人主觀感受可以很不同。語云“情人眼裏出西施”，而在跟她不相干的人看去，她就未必是絶代佳人，甚至根本算不上漂亮。住處是否偏遠安静，同樣與“心”大有關係。

“心遠”的人心胸開闊，思慮深遠，擁有一種哲理意義上的瀟灑，毫不拘執於眼前的瑣屑。這一點陶淵明没有作正面的解説，衹是用形象的描繪予以暗示：“采菊東籬下，悠然望南山。山氣日夕佳，飛鳥相與還。”人在自家宅院的東籬下採菊，眼卻望着南山，又轉而去看飛鳥，這就是所謂“心遠”了。

“望”字一作“見”，許多陶集本子裹大抵採用“見”字。按“望”與“見”各有其來歷，而一字之差，意味很不同。蘇軾説：“因採菊而見山，境與意會，此句最有妙處。近歲俗本皆作‘望南山’，則此一篇神氣都索然矣。”（《東坡題跋》卷二《題淵明飲酒詩後》）蘇軾的弟子晁補之説得更為充分：“東坡云陶淵明意不在詩，詩以寄其意耳。‘採菊東籬下，悠然望南山’，則既採菊又望山，意盡於此，無餘蘊矣，非淵明意也。‘採菊東籬下，悠然見南山’，則本自採菊，無意望山，適舉首而見之，故悠然忘情，趣閑而累遠。此未可於文字精粗間求之。”（《雞肋集》卷三十三《題陶淵明詩後》）原來他們不是從原作的感情和邏輯出發，而是將這兩句從原詩中割裂出來，用宋代士大夫的閑適情趣加以改塑，自説自話。事實上“望”字在版本上更有根據，蘇軾之所謂“俗本”和今日所能看到的陶集古本善本均作“望”，《文選》亦作“望”（其編者蕭統乃是最早為陶淵明編集子的人）——則自當作“望”；“見”字則出於宋人的妄改，並没有什麼堅强的依據。

採菊與“望南山”之間有着内在的聯繫。晉朝的流行觀念是相信傳服食菊可以延年益壽，陶淵明採菊就是為了服食，他喜歡用菊花泡酒喝。“南山”就是廬山（當時或稱南嶽)，也可以指《詩經》裹説過的“如南山之壽”。這裹古典與今典字面上恰好合而為一。

陶淵明遊廬山的次數應當極多，但未見他有專門寫此山勝景的詩篇，而大抵取來作為敘事抒情的背景。深於《易》者不言《易》。

服食菊花是為長壽，但能不能真的令人長壽，陶淵明也不是很計較，他奉行當時“心無”派思想家之所謂“於物上不執心”（元康《肇論疏》）——反正酒是要喝的，於是就大喝其菊花泡酒，能有助於長壽最好，如果效果不明顯或完全無效也没有什麼。所以他“悠然望南山”，態度瀟灑得很。我們現在吃一點滋補品，也不能指望立竿見影就有神效。在爭取達到某一目的的時候而能没有志在必得的意思，人的精神就可以放鬆下來了。

“悠然”是一種不大容易達到的境界，須忘懷得失甚至看破人生纔行。馮友蘭先生説過：“若做事常計較個人的利害，計較其事的可能底成敗，即是有所為而為。有所為而為者，於其所為未得到之時，常恐怕其得不到，恐怕是痛苦底。於其所為決定不能得到之時，他感覺失望，失望是痛苦底。於其所為既得到之後，他又常憂慮其失去，憂慮亦是痛苦底。所謂患得患失，正是説這種痛苦。但對於事無所為而為者，則可免去這種痛苦。”① 説的正是這一層意思。

無所為而為乃是所謂“心遠”的一大要領。所以我們現在有時還勸那些急功近利以至於氣急敗壞的朋友“悠着點兒”。一點“悠然”的意思都没有，那就活得很累了。

陶淵明厭倦了官場的折腰應酬，拋棄了青年時代“大濟於蒼生”（《感士不遇賦》）的書生意氣，毅然歸隱，回歸於自然，回歸於自我，這時他已經把人世參透了，因此縱有車馬喧騰，有種種世俗干擾，他也一概不去理會，衹顧自己採集菊花，享受生活。他有一股很强烈的生命意識和對於自由的嚮往。

詩中最後提到“真意”，但没有明説究竟是什麼意思。從全詩看去，陶淵明固然希望長壽，但並不執著，態度悠然，可知他更看重的乃是自由自在的生存狀態，希望有一個自由而和諧的精神家園把自己安頓下來。於是詩人由望山而及山之氣象，“山氣日夕佳，飛鳥相與還”——大自然生生不息，自有佳趣，飛鳥自由自在，日落歸林，這一極常見的傍晚景象給陶淵明極深的啓示，他由此體認到，這纔是人生理想狀態的象徵，所以接下來説：“此中有真意”，“此中”即指“採菊東籬下”到“飛鳥相與還”這四句所描寫的意象之中，此中藴含的“真意”，包含着對於生命和自由的愛戀與嚮往。

陶淵明逃禄歸耕的原因，舊説一般歸結為政局惡劣，所以他要及早抽身，還有説他痛恨官場，不願為五斗米折腰因此掛冠而去，如此等等。這些都有些道理，但陶淵明最為關心的，其實尤其在於擺脱束縛，回歸自然。《歸去來兮辭》序説起他到彭澤去當縣令，“及少日，眷然有懷歸之情。何則？質性自然，非矯厲所得，饑凍雖切，違己交病”。一有“矯厲”即不自由，也就是“違己”，而歸隱的好處即在於恢復本性，自由自在。看清這一點我們纔能理解他在《歸園田居》詩裏何以那樣高興地説起“羈鳥戀舊林，池魚思故淵”“久在樊籠裏，復得返自然”（其一），以及“衣沾不足惜，但使願無違”（其三）等等意思。想給豆苗鋤草就去鋤草，衣裳沾濕了也不足惜；想採菊便去東籬下採菊，吃下去能否長壽，也没有什麼大關係。總之陶淵明希望在無拘無束中享受人生，名利等等身外之物皆

① 《新世訓》，引自馮友蘭：《三松堂小品》，北京：北京出版社，1998 年，第 317 頁。

可忽略不計，物質生活水準如何也不重要，最要緊的是不違背自己的意願，不喪失本性。“使願無違”可以説是陶淵明人生哲學的核心。這些意思詩人都没有直截了當地説出，衹是含糊其詞地説“此中有真意，欲辯已忘言”。

有些複雜精微與傳統觀念格格不入的意思，確實不是幾句話就能説明白的，從來言不盡意，全在個人體悟。

其六

行止千萬端，誰知非與是？是非苟相形，雷同共譽毁！三季多此事，達士似不爾。咄咄俗中恶，且當從黄綺。

這首詩説是非難分，毁譽也就難定，“達士”（亦即其一首詩中説起過的“達人”）總是超越世俗的是非毁譽，例如秦末漢初的商山四皓就躲進深山，不管世俗的雷同一響。

清人方東樹説此詩要旨在於“言心不遠者，但見是非紛紜而不能已於言”（《昭昧詹言》卷四）；而陶淵明卻高出許多，在歸隱生活中自得其樂，不欲與俗人去囉嗦計較。

其七

秋菊有佳色，裛露掇其英。汎此忘憂物，遠我遺世情。一觴雖獨進，杯盡壺自傾。日入群動息，歸鳥趨林鳴。嘯傲東軒下，聊復得此生。

陶淵明喜歡喝菊花酒，當時的人們普遍相信服食菊花非常有助於養生長壽。長期大量喝酒對身體顯然没有好處，所以陶淵明也曾考慮過戒酒，還寫過一首題為《止酒》的詩，但他根本没有戒成。在酒中泡進菊花，這酒就是有益無害的了。“酒能祛百慮，菊解制頹齡”（《九日閑居》），喝菊花酒既可以過酒癮又達到了養生長壽的目的，豈非一舉兩得？

中國古人服食菊花起源甚早，《離騷》中已有“夕餐秋菊之落英”之句。晉朝人一般都相信服食菊花有助於保健長壽，例如傅玄在《菊賦》（《全晉文》卷四十五）中明確指出“服之者長壽，食之者通神”，孫楚在《菊花賦》（《全晉文》卷六十）中稱讚菊花“超庶類而神奇”，而著名博物學家嵇含在《菊花銘》（《全晉文》卷六十五）中更説“詵詵仙徒，食其落英。尊親是御，永祚億齡”。

用菊花泡酒當年似乎頗為流行，潘尼《秋菊賦》（《全晉文》卷九十四）有句云：“泛流英於清澧，似浮萍之流波”，這正是陶詩之所謂“泛此忘憂物”了。陶淵明的愛菊是最有名的，而在背後起作用的是晉代流行的觀念和常識。

此後食菊花之風歷久不衰，宋人謝翺《楚辭芳草譜》釋菊云：“觀崔寔、費長房九日採菊語，則茹菊延齡，自古已然”，可見此風一脈未斷。又宋人范成大《菊譜・序》云：“山林好事者或以菊比君子……《神農書》以菊為養性上藥，能輕身延年。南陽人飲其潭水，皆壽百歲……故名勝之士，未有不愛菊者。至陶淵明則尤甚愛之，而菊名益重。”至今人們還在服食菊花，最簡便易行的辦法是用杭菊花泡茶，據説有降火明目等特效。

除了菊花酒以外，陶淵明還神往於上古巫書中説起的“丹木”和“玉膏”。《讀山海經》十三首其四云：“丹木生何許？乃在密山陽。黄花復朱實，食之壽命長。白玉凝素液，瑾瑜發奇光。豈伊君子寶，見重我軒黄。”丹木、玉膏均見於《山海經・西山經》，乃是傳説中黄帝軒轅氏享用的東西。據説丹木“員葉而赤莖，黄華而赤實，其味如飴，食之不饑”，白玉則是玉膏的凝固狀態，“其原沸沸湯湯，黄帝是食是饗”，“君子服之，以禦不祥”。陶淵明對這一類神仙的專用品也大有興趣，看來他並不滿足於效果未必特別明顯的菊花酒，還有着更高的追求，祇不過就他而言最切實可行的養生之道還祇有喝這種土法自製的菊花酒。

其八

青松在東園，衆草没奇姿。凝霜殄異類，卓然見高枝。連林人不覺，獨樹衆乃奇。提壺掛寒柯，遠望時復為。吾生夢幻間，何事紲塵羈。

“連林人不覺，獨樹衆乃奇”原是一種常見的情形，而其中確含哲理，是陶淵明率先提出來的，遂成絶妙的警句。先前的玄言詩也大談哲理，但没有幾句給人留下印象，那是因為其中的哲理乃是從書上抄來的，祇見其引用前人，全然没有自己的新發現和新體悟。

卓然的孤松是陶淵明一再寫到的意象，見之於《歸去來兮辭》（“撫孤松以盤桓”）和《飲酒》其四（“因值孤生松，斂翮遥來歸”）。陶淵明一嚮以此為人生的依托、精神的安慰。在《飲酒》其八這首詩中，他寫自己把酒壺掛在青松的寒枝上，嚮遠處眺望——這樣的畫面似乎可以作為陶淵明的標準像①。

“心遠”與飲酒是陶淵明安頓人生的兩手，他這兩手都很硬。

其九

清晨聞叩門，倒裳往自開。問子為誰歟？田父有好懷。壺漿遠見候，疑我與時乖。“襤縷茅簷下，未足為高棲。一世皆尚同，願君汩其泥。”“深感父老言，稟氣寡所諧。紆轡誠可學，違己詎非迷。且共歡此飲，吾駕不可回！”

① 有關陶淵明的畫像甚多，袁行霈先生在《陶淵明影像——文學史與繪畫史的交叉研究》（北京：中華書局，2009年）一書中有深入的分析，敬請參看。

這首詩主要由一番對話構成，用的是樂府詩裏常見的手法。“田父”帶着酒來看望詩人，勸他放棄高隱，依從於體制，也就是重新出來當官。詩人則回答說自己的本性就是不與“一世”認同，不能違背自己的本心，“吾駕不可回”！我們不談這些，還是來高高興興地喝酒吧。

這樣的場景可能真的發生過，也可能出於詩人的虛擬，而表達的意思都是一樣的，不願意東山再起。

這樣的情形當有一番具體的背景。《宋書·隱逸傳》載：“義熙末，徵著作佐郎，不就。”義熙是東晉的年號，凡十四年（405—418）。陶淵明是義熙元年（405）歸隱的，一晃十幾年過去，朝廷竟然想起陶淵明，要請他出山了。陶淵明雖然當官多次，但從未在朝廷任過職，這一次的徵辟，不知道有什麼具體的背景，總之詩人的文名已經上達朝廷了。但是陶淵明不幹。不過受到過朝廷徵辟也是一種榮譽，一個身份，所以等到他去世以後，顔延之作《陶徵士誄》（《文選》卷五十八），就特別强調他的這一身份。誄文寫道：“有晉徵士尋陽陶淵明，南嶽之幽居者也”，又道“有詔徵著作郎，稱疾不到。春秋若干，元嘉四年月日，卒於尋陽縣之某里”。這裏説是朝廷以“著作郎”一職虚席以待，比《宋書》本傳所説的“著作佐郎”更高一檔。李延壽《南史·隱逸傳》之陶淵明部分説：“義熙末，徵為著作佐郎，不就。”與《宋書·隱逸傳》全同——大約確實是準備請他當著作佐郎。陶淵明不肯出山。

後來劉宋王朝又曾請他出山。蕭統《陶淵明傳》載：“元嘉四年將復徵命，會卒，時年六十三。”這一次陶淵明似乎傾嚮於接受徵辟，但因為健康原因，已經來不及到任了。到晚年他的態度何以會有這樣的變化，現在看不到什麼明確的記載，但我們知道他晚年在同劉宋官員顔延之的談話中説過：“獨正者危，至方則閡。哲人卷舒，布在前載。”這些話自然是他對年輕朋友的教誨，同時應當也表明他晚年的人生態度有所變化，由“吾駕不可回”一變而為吾駕亦未嘗不可以回了。這一輪見面在劉宋永初三年（422），陶淵明時年五十八。

如果不是那樣匆匆地去世，陶淵明的形象也許會發生令人刮目相看的新變化吧。

其 十

在昔曾遠遊，直至東海隅。道路迥且長，風波阻中塗。此行誰使然，似為饑所驅。傾身營一飽，少許便有餘。恐此非名計，息駕歸閑居。

本詩提到的“遠遊”並非一般的旅遊或如唐人之所謂“壯游”，應是出仕的委婉説法，實指陶淵明的初仕。陶淵明二十歲時開始仕於江州刺史桓伊。

所以此詩無非是回憶往事，説自己那時為了生計出去當小官，四處奔走，經歷過許多風波（“道路迴且長，風波阻中塗。此行誰使然，似為饑所驅”），十分辛苦，那原是不得已而為之啊。

陶淵明不止一次説起自己二十歲時的往事，如《怨詩楚調示龐主簿鄧治中》：

> 天道悠且遠，鬼神茫昧然。結髮念善事，黽勉六九年。弱冠逢世阻，始室喪其偏。炎火屢焚如，螟蜮恣中田。風雨縱録至，收斂不盈廛。夏日常抱饑，寒夜無被眠。造夕思雞鳴，及晨願烏遷。在己何怨天，離憂悽目前。吁嗟身後名，於我若浮煙。慷慨獨悲歌，鍾期信為賢。

詩中所謂“弱冠逢世阻”，以及《有會而作》一詩開頭所説的“弱年逢家乏”，都與《飲酒》其十的“此行誰使然，似為饑所驅”相呼應。二十歲時陶淵明深感必須謀取一個職務纔能養活自己並資助家庭，但當時這個差事與他的遠大理想不盡相合，幹了一段時間就回家去了——這就是陶淵明的初仕與初隱①。本詩中之所謂“息駕歸閑居”正是説起他的初隱。

到太元十八年（393）他二十九歲時，再次出山，仕於其時的江州刺史王凝之，但幹的時間卻要短得多。陶淵明一生的仕途折騰甚多，他始終不大願意接受官場的拘束。

前人因為不甚瞭解陶淵明的初仕與初隱，此詩遂不能獲得正解。例如有人説：“此直賦其辭彭澤而歸來之本意”（邱嘉穗《東山草堂陶詩箋》卷三），其實此時離他任彭澤令又掛冠而去還相當遠，具體的情緒也有許多不同。當然，陶淵明反覆出仕、反覆退隱確有一對基本的矛盾：一想獲得官俸以改善生活，二欲閑居於故園以享受自由，而二者不可得兼。

其十一

> 顔生稱為仁，榮公言有道。屢空不獲年，長饑至於老。雖留身後名，一生亦枯槁。死去何所知，稱心固為好。客養千金軀，臨化消其寶。裸葬何必惡，人當解意表。

其十一這首的主旨也在於强調現實生活最為重要，身後的空名没有什麽意義。

陶淵明主張一要生存（最好長壽），二要滋潤（不能枯槁），三要稱心（不要違己）。人應當好好活着，死了就是死了，到那時一切財富都將没有意義。嵇康講“越名教而任自然”，是否定現行政治體制中的用來教化的“名”而回歸自己的本性。陶淵明更進一步，把誘導人們認同現行體制的身後之名也一道抛棄了。

---

① 詳見顧農：《陶淵明的初仕與初隱》，《書品》2016 年第 4 輯。

“客養千金軀，臨化消其寶”被認為是陶淵明最要緊的警句之一。“保千金之軀者，亦終歸於盡，則裸葬亦未可非也。”（湯漢注《陶靖節先生詩》卷三）

有人説：“陶公一生志節如是，其顧惜身名為何如耶！篇中言身世不足惜，不過世人之見，反言之以自寫其一時達趣云爾。不然，飲酒之餘，身名不惜，何以為靖節哉。”（温汝能《陶集彙評》卷三）把陶淵明正面宣揚的思想當作他不以為然的思想，目的無非怕影響陶淵明的正面形象，其實卻完全歪曲了陶淵明，抽空了陶淵明，把他改塑為傳統的正人君子——這種做法正如把他改塑為東晉王朝的遺老一樣，在陶淵明研究中曾經産生過很大的影響，並且至今仍在起作用。不把這些外加的東西去掉，將無從認清陶淵明的真相。

應當承認，先前陶淵明也同一般的士人一樣，是相信名教，看重“身後名”的，也曾經在作品中説過“病奇名之不立”（《感士不遇賦》），感慨過“四十無聞，斯不足畏”（《榮木》）；但後來終於認識到衹有拋棄名，包括“身後名”，纔能真正獲得自由。

魯迅先生也是不要身後之名的，他在遺囑中説：“趕快收殮，埋掉，拉倒”；“不要做任何關於紀念的事情”；“忘記我，管自己生活”①。

魯迅和陶淵明由此獲得了最充分的心靈自由，但後人卻没有忘記他們。

其十二

長公曾一仕，壯節忽失時。杜門不復出，終身與世辭。仲理歸大澤，高風始在兹。一往便當已，何為復狐疑？去去當奚道，世俗久相欺。擺落悠悠談，請從餘所之。

詩中提到的兩位古人和他們的事迹都大有言外之意。這首詩的寫法略近於詠史，又完全没有涉及飲酒，有可能是後來加進《飲酒》組詩裏來的，另外還有幾首也是如此——可惜此事現在都無從證明或證僞。當然，起初在不在《飲酒》組詩裏關係並不大，反正都是陶淵明的詩。

漢朝人張長公曾經先仕後隱，但衹是一次性的，没有任何反覆②，這同陶淵明本人在仕與隱之間多次折騰頗異其趣。唯其如此，他對張長公其人非常仰慕，多次在作品裏提到，有時還就此作自我批評。例如：“遠哉長公，蕭然何事？世路多端，皆為我異。斂轡朅來，獨養其志。寢迹窮年，誰知斯意。”（《讀史述九章》）“張生一仕，曾以事還。顧我不能，高謝人間。”（《扇上畫贊》）至於那個“歸大澤”的仲理即漢朝的儒師楊倫，則在仕與隱之

① 《且介亭雜文末編·死》，《魯迅全集》第6卷，北京：人民文學出版社，1981年，第612頁。

② 《史記·張釋之列傳》：“其子曰張摯，字長公，官至大夫，免。以不能取容當世，故終身不仕。”

間有所反覆[1]，雖然不失其高風，終不免落入第二義。陶淵明批評他“一往便當已，何為復狐疑?”這其實也正是陶淵明的自我批評。

陶淵明忽然在詩中歌詠這兩位漢朝名人並有所議論，大約是以朝廷徵辟他出任著作郎或著作佐郎為背景，他也未嘗没有動過心，而這時他想到了張摯和楊倫，想到自己的過去和現在，終於得到一個明確的結論：“吾駕不可回。”把這首詩與其九聯繫起來讀，可以看出他的内心世界是何等生動。

其十三

有客常同止，趣捨邈異境。一士長獨醉，一夫終年醒。醒醉還相笑，發言各不領。規規一何愚，兀傲差若穎。寄言酣中客，日没燭當炳。

這裹寫到很不相同的兩個人或兩類人，一是“長獨醉”的，一是“終年醒”的，他們之間没有什麽共同的語言，説話自然不能投機。陶淵明以醉人自居，甚至主張夜以繼日地飲酒，點起燭光來。

先前屈原形容自己説衆人皆醉我獨醒，現在陶淵明説，不要去管那些清醒的人，繼續沉醉吧。説起來似乎截然相反，其實乃是殊途同歸：我行我素，走自己的路。别人説什麽不必理會，反正説不到一塊兒去（“發言各不領”）。

在陶淵明的熟人中必有不贊成他一味歸隱的，有勸他東山再起的，陶淵明認為他們都太清醒太積極了，自己寧可醉得頹然而自適，這纔是當今需要的聰明(“兀傲差若穎”)。

宋朝人湯漢解釋本詩説：“醒者與世討分曉，而醉者頹然聽之而已。淵明蓋沉冥之逃者，故以醒為愚，以兀傲為穎耳。”（湯漢注《陶靖節先生詩》卷三）古語説大智若愚，又説其智可及，其愚不可及也，都是剥進一層的見道之言；而清朝大畫家、詩人鄭板橋的名言“難得糊塗”，則亦猶此意也。

其十四

故人賞我趣，挈壺相與至。班荆坐松下，數斟已復醉。父老雜亂言，觴酌失行次。不覺知有我，安知物為貴。悠悠迷所留，酒中有深味！

本詩寫詩人同他的好友一起很開心地共飲，鋪點草木坐在地上，也不講究什麽禮儀，就那麽隨意喝酒，雜亂閑談，大家都進入了物我兩忘的境界。陶淵明寫飲酒之趣，似以這

---

① 《後漢書·儒林列傳》：“楊倫，字仲理。為郡文學掾，志乖於時，去職，講授大澤中，弟子至千餘人。後特徵博士，前後三徵，皆以直諫，不合。既歸，閉門講授，自絶人事。”

一首為最舒適。

其十五

貧居乏人工，灌木荒余宅。班班有翔鳥，寂寂無行迹。宇宙一何悠，人生少至百。歲月相催逼，鬢邊早已白。若不委窮達，素抱深可惜。

本首轉折甚多，“灌木荒宅以下，是貧居景象，宇宙句放筆嚮空中接”（方東樹《昭昧詹言》卷四）；以下念宇宙之無窮，嘆雙鬢之已白，感慨人壽幾何，深知必須達觀委命，保持自己一貫的思想和風格。

人上了年紀之後，往往會發生若干變化，其常見的消極的方面有固執吝嗇，所以孔子早就説過“及其老也，戒之在得”（《論語·季氏》）。老年人心理上不能老，要保持過去的“素抱”，勿使半途而廢。

其十六

少年罕人事，遊好在六經。行行嚮不惑，淹留遂無成。竟抱固窮節，饑寒飽所更。弊廬交悲風，荒草没前庭。披褐守長夜，晨雞不肯鳴。孟公不在兹，終以翳吾情。

既然説“行行嚮不惑”，可見這首《飲酒》其十六作於四十歲前不久，似可繫於元興二年癸卯（403）詩人三十九歲之時。

本年陶淵明又作有《癸卯歲十二月中作與從弟敬遠》，最宜互相參看：

寢迹衡門下，邈與世相絶。顧眄莫誰知，荆扉晝常閉。淒淒歲暮風，翳翳經日雪。傾耳無希聲，在目皓已結。勁氣侵襟袖，簞瓢謝屢設。蕭索空宇中，了無一可悦。歷覽千載書，時時見遺烈。高操非所攀，謬得固窮節。平津苟不由，棲遲詎為拙。寄意一言外，兹契誰能别？

《飲酒》其十六中提到弊廬和荒草，而這裏也説到空宇蕭索，二詩的情緒也都比較低沉，其寫作時間應當相當靠近。此時陶淵明正因為母喪在家守制。

陶淵明在他四十一歲（義熙元年，405）之前隱居過三段時間：一是他在二十歲（太元九年甲申，384）初次出仕後，幹了一段時間就回老家閑居；二是從他二十九歲那年即晉孝武帝太元十八年（393）“起為州祭酒，不堪吏職，少日自解歸”（《宋書·隱逸傳》）以後到他三十五歲即安帝隆安三年（399）出山在桓玄手下任職以前的那五六年；三是從隆安五年（401）冬陶淵明因母喪退出官場離開桓玄起到安帝元興三年（404）再度出山到劉裕手下任職之前，這三年時間，陶淵明固然是遵守當時的禮制回家守孝，同時也可以視為他的又一度隱居。在此後不長的時間裏，陶淵明先後當過鎮軍將軍劉裕的參軍、建威將軍劉敬宣的參軍和一個小小的地方官彭澤令。這三次為官時間都很短，一共不足兩年，終於在義熙元年（405）十一月徹底歸隱。

陶淵明義熙元年（405）歸隱後也曾經有人勸他東山再起，他没有同意，説是“吾駕不可回”（《飲酒》其九）。為什麽先前他的隱士大駕可回，而到這時就如此決絶呢？

在這以前他還年輕，可以選擇的道路比較多，以後便定局了。在寫作《癸卯歲十二月中作與從弟敬遠》一詩時，他也還没有完全找準自己的人生定位，詩中明顯地流露出彷徨和動摇。《飲酒》其十六也是如此。

陶淵明的出仕，大而言之是要有所作為，實現自己的人生價值；小而言之是尋找生活出路，弄點收入養家糊口。這兩層意思在他詩文中都曾經説起過，前者以《感士不遇賦》之所謂“大濟於蒼生”説得最為簡明，後者則他在《歸去來兮辭》的小序中明確説過“嘗從人事，皆口腹自役”：這些都是真心話。而如果退出官場，過隱居的生活，一則大志無從實現，二則生活水準必然下降。後者尤為立竿見影且必有切膚之痛。《癸卯歲十二月中作與從弟敬遠》一詩前半用了許多筆墨寫自己在衡門之下饑寒交迫的苦況，甚至説雖然外面是很好的雪景——“傾耳無希聲，在目皓已結”，這兩句，前人評價極高，被稱為“千古詠雪之式”（《古詩源》卷八），“後來者莫能加也”（《鶴林玉露》卷五），而自己卻完全無心欣賞：人太窮了就顧不上審美。

子曰：“君子固窮，小人窮斯濫矣”（《論語・衛靈公》），而固守其窮決非易事。陶淵明説自己是“謬得固窮節”，這表明他本來並不想走這樣一條路，現在衹是不得已而為之。那時在陶淵明面前有兩條路：一是在官場裏不斷運作和升遷，那是陽關大道（“平津”）；另一條是退守田園，棲遲於衡門之下，這是獨木小橋。陶淵明説，既然前一條路走不成，那麽衹好走後一條，這也不算是“拙”。

這麽説話總有點不得已而求其次的味道，有自我安慰的意思。這時的陶淵明認為固守其窮乃是“拙”，算不得“高操”。可知他本心深處並不打算“拙”，衹是被逼至此，無可奈何罷了，這與他後來下決心“守拙歸園田”（《歸園田居》其一），心情是很兩樣的。

《癸卯歲十二月中作與從弟敬遠》結穴處的“寄意一言外，茲契誰能别”兩句頗有玄言的色彩。這裏的“一言”指一個字，就是上句之末的那個“拙”字①。“拙”字在陶詩中出現過多次。陶淵明後來往往在褒義上使用此字，除了他的名句“守拙歸園田”以外，還

① 按：此“一言”或謂指“固窮”，或謂指“棲遲詎為拙”，皆不合適，那樣就不止一個字了。

有“人皆盡獲宜，拙生失其方。理也可奈何，且為陶一觴”（《雜詩》其八）、“介然安其業，所樂非窮通。人事固已拙，聊得長相從”（《詠貧士》其六）、“饑來驅我去，不知竟何之。行行至斯里，叩門拙言辭”（《乞食》）。在這些詩句裏“拙”字的含義已經由貶而褒。而先前的“棲遲詎為拙”這一句是為“棲遲”亦即隱居辯護的。他説這樣活着還不能説是“拙”，這裏“拙”字明顯是貶義的。當然，陶淵明立即又説，“拙”字在它的一般義之外還有言外之意，這就含有要替“拙”字推陳出新的意思了。詩中末句忽然發問道，誰能够對此作出分析研究呢？他大約是寄希望於他的從弟陶敬遠罷，但也没有明言，此時詩人自己陷入了深沉的反思。

陶敬遠生平事迹不詳，據陶淵明的《祭從弟敬遠文》可知，其人逝世於義熙七年辛亥(411)，年紀不過三十剛出頭（“年甫過立”）。他比陶淵明大約要小十五六歲，當元興二年(403)陶淵明寫《癸卯歲十二月中作與從弟敬遠》送他的時候，這位從弟也就二十幾歲，陶淵明希望他能够明白自己的深意，亦不便作過高的要求。祭文寫道：

> ……感平生之遊處，悲一往之不返。情惻惻以摧心，淚湣湣而盈眼。乃以園果時醪，祖其將行……余嘗學仕，纏綿人事，流浪無成，懼負素志，斂策歸來，爾知我意，常願攜手，置彼衆議。每憶有秋，我將其刈，與汝偕行，舫舟共濟。三宿水濱，樂飲川界，靜月澄高，溫風始逝。撫杯而言，物久人脆，奈何吾弟，先我離世！

寫這篇祭文的時候，陶淵明已經徹底歸隱好幾年了，他這時回想起八年前同敬遠在一起的那些日子，不禁感慨萬千。關於他本人十年前回家暫隱的緣故，這裏説成是“纏綿人事，流浪無成，懼負素志，斂策歸來”，似乎是對政局另有所見，並基於某種人生哲理主動退回故鄉的，可是我們知道這分明與事實不合，實際上應當是他遭遇母喪，非回家不可。回憶中總不免用較近之時的想法取代當年的事實和思路。寫《癸卯歲十二月中作與從弟敬遠》一詩時桓玄的事業正方興未艾，所以在陶淵明眼中還有一條“平津”大道；而到現在，桓玄早已徹底垮臺，政治局面同先前大不相同了，於是他的措辭就發生了不小的變化。

自從孔夫子提出“君子固窮”（《論語·衛靈公》）這一原則，對待“窮”——政治上失意，生活上貧困——的態度，一直是士人十分關注的問題，能固守其窮而不改變節操，乃是一種極其重要的品格和素養。陶淵明是能够“君子固窮”的，所以他放棄彭澤令而歸隱，為了心靈自由寧可拋棄當官的高收入，而且一直堅持到底，再也没有復出。這是很不容易的。

陶淵明過去還做不到固守其窮，所以往往隱居了一段時間就又出來當官。他曾經反覆出仕，反覆歸隱，折騰過多次，到他最後一次出山也還是想弄一點錢來作為“三徑之資”

(《宋書·隱逸傳》)。後來實在是覺得“違己交病”(《歸去來兮辭·序》),無法忍受,這纔最後下定決心退回老家。而即使是在離開彭澤歸隱之後,在他内心深處也還有兩種思想傾嚮的鬥争,在兩種生活模式之間猶豫動摇,這就是他詩中所説的“貧富常交戰,道勝無戚颜”(《詠貧士》其五)。毫無内心衝突而固守其窮,那是遠於人情的。

陶淵明的偉大之處不僅在於他終於戰勝了自己的情欲而心甘情願地固守其節操,還在於他一嚮説真話,敢於暴露其真實思想,這可能比固守其窮還要難。

固守其窮的人也還希望得到别人的理解。在《飲酒》其十六這首詩中,陶淵明除了感慨隱居生活的辛苦之外,還於無意間流露了一點自己内心深處的矛盾,這就是詩的最後兩句:“孟公不在兹,終以翳吾情。”如果孟公在兹則如何?詩人很可能就要嚮他訴苦,希望得到其人的理解和同情。“孟公”指東漢人劉龔,“龔字孟公,長安人。善議論,扶風馬援、班彪並器重之”(《後漢書·蘇竟傳》);又,皇甫謐《高士傳》載:“張仲蔚者,平陵人也,與同郡魏景卿俱修道德,隱身不仕。明天官博物,善屬文,好詩賦。常居窮素,所處蓬蒿没人。閉門養性,不治榮名。時人莫識,唯劉龔知之。”固守其窮的張仲蔚雖然閉門自守,也還有一個知音劉龔劉孟公,而自己則没有這樣的幸運,陶淵明很有些寂寞的悲哀。他在另外一首詩中又曾寫到張仲蔚與劉孟公:“仲蔚愛窮居,繞宅生蒿蓬。翳然絶交遊,賦詩頗能工。舉世無知音,衹有一劉龔。”(《詠貧士》其六)人生得一知己足矣,而陶淵明卻缺少這樣一個知己。饑寒交迫長夜難眠固然痛苦,無人理解孤獨寂寞則更加痛苦。《飲酒》其十六最深刻的悲哀在此,其動人之處也正在這裏。由此可知陶淵明在“行行嚮不惑”之時還没有堅强到不怕孤獨的水準,總要到若干年後,他纔鍛煉成為不懼嚴寒孤獨的青松。

其十七

幽蘭生前庭,含熏待清風。清風脱然至,見别蕭艾中。行行失故路,任道或能通。覺悟當念還,鳥盡廢良弓。

“高鳥盡,良弓藏”曾經是社會政治生活中的常態,本詩詠嘆此事,似屬老生常談,而陶淵明本人其實並没有這樣的遭遇。有人以陶淵明的抛棄彭澤令為良弓被廢,恐怕没有根據;即使委婉一點,説成是“鳥盡弓藏,蓋藉昔人去國之語,喻己歸田之志”(湯漢注《陶靖節先生詩》卷三),也大感難通,陶淵明立言不當如此牽强。

清人温汝能《陶詩匯評》(卷三)説:“此詩衹是藉幽蘭以自喻,似無别意。唯末句所指不甚明晰。”不知為不知,是知也。此詩傳世本或已有殘缺,而由後人拉雜編入《飲酒》組詩中。

其十八

子雲性嗜酒，家貧無由得。時賴好事人，載醪袪所惑。觴來為之盡，是諮無不塞。有時不肯言，豈不在伐國。仁者用其心，何嘗失顯默。

兩漢之交的大學者、大作家揚雄（字子雲）是個窮人，喝不起酒，要靠朋友門生資助①。幾杯酒下肚來了精神，這時談起學問來，什麼困難問題都能解決，而碰到敏感的政治問題，他就不肯多説什麼了。什麼東西該講，什麼東西應當沉默，揚雄從不失去應有的原則和分寸。

"仁者"自有自己的底綫。陶淵明是喜歡喝酒的，他寫這首詩大約是要表示，自己並没有喝昏了頭，也自有其原則和分寸。

其十九

疇昔苦長饑，投耒去學仕。將養不得節，凍餒固纏己。是時嚮立年，志意多所恥。遂盡介然分，終死歸田里。冉冉星氣流，亭亭復一紀。世路廓悠悠，楊朱所以止。雖無揮金事，濁酒聊可恃。

本詩是考證《飲酒》寫作時間的重要文證。這裏説到自己先前的出仕（"去學仕"）和歸隱（"歸田里"），而至今又是十二年過去了。由此可知，原本《飲酒》的一組詩當作於義熙末年（416—417）。由於後來又被加進了一些其他作品，今本《飲酒》中各首的寫作時間就比較複雜，不能下簡單化的結論了。

詩裏説，自從歸隱以後自己就大喝其酒，經濟情況不甚佳，不可能像漢朝退休的高官疏廣、疏受那樣大把地花錢喝酒②，但也還能有點低端的濁酒喝喝，這也就不錯了。陶淵明要求不高，一嚮自得其樂。

其二十

羲農去我久，舉世少復真。汲汲魯中叟，彌縫使其淳。鳳鳥雖不至，禮樂暫得新。洙泗輟微響，漂流逮狂秦。詩書復何罪，一朝成灰塵。區區諸老翁，為事誠殷勤。如

---

① 詳見《漢書·揚雄傳》。

② 《漢書·疏廣傳》記載前太子太傅疏廣退休時曾獲皇家大量賞賜，回鄉後經常請老鄉喝酒，準備花光，不欲留給子孫。西晉詩人張協有詠二疏的《詠史》詩云："昔在西京時，朝野多歡娱。藹藹東門外，群公祖二疏。朱軒曜京城，供帳臨長衢。達人知止足，遺榮忽如無。抽簪解朝衣，散髮歸海隅。行人為隕涕，賢哉此丈夫！揮金樂當年，歲暮不留儲。顧謂四座賓，多財為累愚。清風激萬代，名與天壤俱。咄此蟬冕客，君紳宜見書。"參見顧農《陶詩二首解讀·〈詠二疏〉》，《古典文學知識》2005年第5期。

何絶世下，六籍無一親！終日馳車走，不見所問津。若復不快飲，空負頭上巾。但恨多謬誤，君當恕醉人。

本詩中“汲汲魯中叟”指孔夫子，他的工作是為了再使風俗淳；“區區諸老翁”指漢初諸老儒，他們在秦火的浩劫之後努力地恢復儒家的經典，立下了很大的功勞。

可惜如今儒家學派再次衰落了，六經簡直没有人讀，衹知道在名利場中奔走馳騁。現實的狀態如此，我能有什麽辦法，衹好喝酒取醉，酒後發些狂言，還要請大家原諒纔好！

陶淵明始終没有完全離開儒家。

但陶淵明又絶非所謂純儒，他接受的前代思想遺産相當豐富駁雜，除了儒家思想以外，道家有一點，《列子》書的思想有一點，佛教的東西也有那麽一點點。他都没有隱瞞，而一一坦然道之。陶淵明是個有思想的人，但恐怕也還算不上思想家。

各種思想都有一點，那麽還能够指出一種主導的東西嗎？如果勉為其難，也許可以説，陶淵明還是以儒家思想為主導，在他心目中，孔子和漢儒是一些偉大的標杆，衹是自己生不逢辰，無從完全追隨其後，衹好逃離上層社會，躲在鄉下，喝點小酒，自得其樂，不去同流合污也就是了。《飲酒》組詩正是他這種思想風貌的集中體現。

作者單位：揚州大學文學院

新出資料與賀知章文學研究

虞越溪　胡可先

賀知章在唐代以詩文知名，其所作的詩歌膾炙人口，流傳至今，可惜其文傳世僅《上封禪儀注奏》《唐龍瑞宫記》兩篇，前者篇幅較短，後者漫漶嚴重，文史研究價值俱不高。所幸近代以來，賀知章所撰墓志銘陸續出土，迄今已達十方之多，不僅大大彌補了其傳世文獻較少的缺憾，同時也為我們研究賀知章的文學創作提供了極為珍貴的資料。這些墓志銘往往融記述、議論、抒情為一體，能較全面地體現出賀知章作為一位文章大家的文章風格和寫作水準。雖然新出土的賀知章所撰寫的墓志有一部分已經受到了前輩學者們的重視，但考察已有的相關成果，對這些新出資料的研究往往偏重於史料價值的挖掘，較少地涉及文學領域的探索，尤其缺乏對這十方墓志銘橫嚮的聯繫考察①。因此，對這些新出資料進行綜合而細緻的文學研究，有助於我們較全面地還原賀知章的文學創作風貌，扭轉賀知章的文學研究長期以來以詩歌一枝獨秀的局面，也為我們研究唐代散文的演進提供了新的載體。新出土的這十方墓志還涉及傳記文學、女性文學和銘文研究等多塊文學領域，同樣有助於我們開拓唐代文學新的研究空間。

① 相關成果主要有：戴偉華《賀知章所撰墓志的史料價值》（《中山大學學報》2011 年第 6 期），涉及六方墓志；陳尚君《賀知章的文學世界》（《杭州師範大學學報》2012 年第 3 期），綜合賀知章詩文進行探討，涉及八方墓志；陶敏《賀知章所撰許臨墓志考釋》（《中原文物》2012 年第 3 期）、毛陽光《洛陽新出土賀知章撰姚彝墓志考釋》（《中國典籍與文化》2012 年第 4 期），則重在單篇墓志涉及史實的考釋。

一、賀知章所撰墓志的整理情況和總體價值

為了能更清晰明瞭地掌握這十方墓志的基本情況和總體價值，筆者對其進行了初步的梳理，將各方墓志的名稱、墓主、卒葬日、卒葬地及題署等信息以表格的形式羅列如下：

墓志名稱	墓主	時間		地點		題署
唐故朝議大夫給事中上柱國戴府君墓志銘並序	戴令言	卒日	開元二年（714）正月廿日	卒地	洛陽審教里之私第（今河南洛陽境内）	太常博士賀知章撰
		葬日	開元二年（714）十二月七日	葬地	洛陽清風鄉之原（今河南洛陽境内）	
唐故銀青光禄大夫使持節曹州諸軍事曹州刺史上柱國潁川縣開國男許公墓志銘並序	許臨	卒日	開元二年（714）十一月廿八日	卒地	曹州公館（今山東菏澤境内）	朝議郎行太常博士上柱國
		葬日	開元三年（715）七月廿三日	葬地	偃師縣首陽之原（今河南洛陽境内）	
唐故光禄少卿上柱國虢縣開國子姚君墓志銘並序	姚彝	卒日	開元四年（716）八月二十六日	卒地	河南慈惠里第（今河南洛陽境内）	起居郎會稽賀知章撰
		葬日	開元四年（716）十一月十八日	葬地	河南萬安山之南原（今河南洛陽伊川縣境内）	
大唐故銀青光禄大夫滄州刺史始安郡開國公張府君墓志	張有德	卒日	貞觀十八年（644）九月十七日	卒地	襄城縣之私第（今河南許昌市境内）	秘書少監賀知章撰
		葬日	開元九年（721）十一月六日	葬地	襄城縣之原（今河南許昌市境内）	
大唐故銀青光禄大夫行大理寺少卿上柱國渤海縣開國公封公墓志銘並序	封禎	卒日	無	卒地	京師（今陝西西安境内）	秘書少監會稽賀知章撰
		葬日	開元九年（721）十二月六日	葬地	蓨縣之故里（今河北景縣）	

墓志名稱	墓主	時間		地點		題署
大唐故大理正陸君墓志銘並序	陸景獻	卒日	開元十三年(725)四月十八日	卒地	東都敦化里第(今河南洛陽境内)	禮部侍郎賀知章詞
		葬日	開元十三年(725)五月十四日	葬地	河南龍門之北原(今河南洛陽境内)	
大唐故金紫光禄大夫行鄜州刺史贈户部尚書上柱國河東忠公楊府君墓志銘並序	楊執一	卒日	開元十四年(726)正月二日	卒地	鄜州官舍(今陝西延安南部)	右庶子集賢學士賀知章撰
		葬日	開元十五年(727)九月三日	葬地	京兆府咸陽縣洪瀆原(今陝西咸陽境内)	
大唐故司空竇公夫人邠國夫人王氏墓志銘並序	王内則	卒日	開元十五年(727)二月廿三日	卒地	東都毓德里之私第(今河南洛陽境内)	右庶子集賢學士皇子侍讀
		葬日	開元十五年(727)九月三日	葬地	咸陽縣洪瀆川(今陝西咸陽境内)	
大唐故中散大夫尚書比部郎中鄭公墓志銘並序	鄭績	卒日	開元十五年(727)八月	卒地	長安私第(今陝西西安境内)	賀知章撰
		葬日	開元十五年(727)十一月廿二日	葬地	杜城東銅人原(今陝西寶雞境内)	
皇朝秘書丞攝侍御史朱公妻太原郡君王氏墓志並序	王氏	卒日	開元二十年(732)正月三日	卒地	滄州海運坊之官第(今河北滄州境内)	秘書監集賢學士賀知章撰
		葬日	開元二十年(732)十一月二十一日	葬地	邙山之北原(今河南省洛陽市北部)	
唐故銀青光禄大夫冀州刺史岐王府長史裴府君墓志銘並序	裴子餘	葬日	天寶四載(745)十月二十五日	葬地		禮部侍郎賀知章當朝碩彦,知音之□,勒銘操翰,以旌休烈

雖然墓志並無落款年月,但一般來説其撰寫時間應當為卒葬日之間,卒日與葬日相隔較久可能屬於遷葬的情況,則以靠近葬日為準。這十方墓志跨開元二年至開元二十年

(714—732)，寫於賀知章56至74歲之間①，雖已屬於晚年，但這段時間卻是賀知章政治生涯的主要時期，也應是其文學創作的高峰期。且正是由於此時的賀氏年過半百、已知天命，這十方墓志更能充分彰顯賀氏的文學風格，在立意創作上亦更開闊通透、隨心所欲。此外，統觀這十方墓志，不難發現它們的撰寫年月主要集中於三個時間點：一是開元二至四年，二是開元九年，三是開元十三至十五年。結合史書傳記和題署情況可知這也正是賀知章官宦生涯中的三段重要時期。開元二年，賀知章還是太常博士（從七品上）在任，開元三年即遷為朝議郎、户部員外郎（從六品上），開元四年又為起居郎（從六品上）。開元九年，賀知章已升遷為秘書少監（從四品上）。開元十三年，賀知章由太常少卿遷禮部侍郎（正四品下），加集賢院學士，又遷太子右庶子（正四品下），充皇太子侍讀。是年，玄宗封東嶽，還召賀知章講定儀注。開元十四年，賀知章因惠文太子薨時取捨不公，由禮部侍郎改授工部侍郎（正四品下），兼秘書監（從三品）同正員，依舊充集賢院學士。賀知章政治生涯中的一些主要官職變動都發生在這幾段時期内，而除了這些出土的墓志，其傳世的一些文學創作，特别是奉制作品亦集中於這三段時期前後。《唐龍瑞宫記》創作於開元二年，《奉和御制春臺望》撰寫於開元八年，《奉和聖制送張説巡邊》作於開元十年，《奉和聖制送張説上集賢學士賜宴賦得謨字》《上封禪儀注奏》《唐禪社首樂章——順和、太和、素和、雍和、壽和、福和、太和》寫於開元十三年。由上可見，賀知章的文學創作與其仕途起伏是緊密聯繫在一起的。我們在研究其墓志的文學創作時也應把這點作為寫作背景納入研究考量。

關於墓主的卒地，除了个别在任期間去世的墓主，其他大多卒於河南、陝西境内，葬地也即墓碑出土的地點亦無外乎這兩地，且尤以洛陽居多。在當時，洛陽為東都，葬於此地的皆為名門望族之裔，可見能請到賀知章撰寫墓志銘的墓主大都地位顯赫。由墓志名稱可知這些墓主雖出身高門，但也身份各異，有文臣武將亦有深閨貴婦。這為筆者後文所展開的傳記文學和女性文學研究提供了多樣化的豐富素材。

當然，賀知章撰寫的碑志遠遠不止這十方墓志，就相關金石文獻著録，我們還可以考證出一些碑志及其他石刻的綫索，與新發現的十方墓志相印證：

1.《寶刻叢編》卷十三引《復齋碑録》：“《唐賀知章二告》，一延和元年八月，一開元四年八月。政和辛卯摹勒上石。”②

2.《寶刻叢編》卷十三引《諸道石燒録》：“《唐龍瑞宫記》，唐賀知章撰並正書，開元

① ［後晉］劉昫等：《舊唐書·賀知章傳》記載：“天寶三載，知章……求還鄉里。……至鄉無幾壽終，年八十六。”據天寶三載（744）逆推得其當時年齡。

② ［宋］陳思：《寶刻叢編》卷十三，《叢書集成初編》本，第332頁。

二年立。”①

3.《金石録》卷五云：“《唐高行先生徐公碑》，姚奕撰序，賀知章銘，徐嶠之正書。開元十一年四月。作名師道，浩祖也。”②

4.《金石録》卷六云：“《唐歙州刺史郭茂貞碑》，賀知章銘，八分書。姓名殘缺。開元二十年十月。”③

這些著録有些是當時重要人物的墓碑，有些是賀知章的文告和記體散文，因其文名較著而被模勒上石。參證新發現的十方墓志，足證賀知章在當時是作為文章大手筆而受到皇帝和官僚、朝廷和地方的重視的。

二、傳記敘述：史傳敘事與文學敘事

墓志作為一種傳記文學的特殊形態，兼具史傳敘事與文學敘事的雙重特點。每篇墓志所必須記載的墓主籍貫家世、生平經歷、卒年葬地等内容是一種程式規範，講究實録，不容有些許差錯。但在對墓主的刻畫、语言的運用和文章的立意上又追求一定的文學性，且在“死者為大”的傳統觀念下，還會為墓主遮掩且多加虛語諛辭。賀知章所撰寫的這十方墓志雖亦有些避諱溢美的情況，但大體上還是符合實況的，且在文學性的追求上很好地符合了傳記文學的特點，在傳記藝術上既有繼承又有創新。

（一）人物形象刻畫

賀知章所撰的墓志已不純粹是一種實用性作品，而更傾嚮於一種傳記文學，因此在對墓主形象的刻畫上用功頗深。墓志因其文體的特殊性，很容易寫成頌揚墓主一生官職變遷、所獲榮寵的流水賬，貌似做到了面面俱到但也使得人物個性泯滅其中，千人一面。賀知章則繼承藉鑒了《史記》的寫法——鋪衍典型細節、突出主要事迹，使得筆下的人物性格鮮明、形象豐滿。《戴令言墓志》就十分注重對墓主言行細節的描繪，志中提到其“垂髫能誦《離騷》及《靈光》《江海》諸賦，難字異音，訪對不竭”④。賀知章將戴令言幼年所誦之賦的名稱一一列出，使所敘顯得更為真實可信，而《離騷》等賦今日的筆者讀來都甚為

① ［宋］陳思：《寶刻叢編》卷十三，《叢書集成初編》本，第332頁。
② ［宋］趙明誠撰，金文明校證：《金石録校正》卷五，桂林：廣西師範大學出版社，2005年，第87—88頁。
③ 同上。
④ 吴鋼：《全唐文補遺》第七輯，西安：三秦出版社，2000年，第32—33頁。

艱澀，垂髫之年的戴令言居然能做到“難字異音，訪對不竭”。賀知章用這一細節很好地證明了志中前文所敘的“府君生而岐嶷”[①] 並不是溢美之詞，一個勤學好問、一絲不苟的小神童形象也躍然紙上。《封禎墓志》中則重點記敘並具體描繪了封禎在兩次宮廷政變中的表現。神龍政變中，“公案以直繩，處之嚴憲，犯颜固執，於再於三”[②]。唐隆政變時，封禎“擢授御史中丞，與大夫東平畢構連制，夜拜明朝，急於用賢，宵分軫慮”[③]。由此可見，封禎在這兩次政變中立場堅定、不畏强權、選賢舉能、殫精竭慮，其為人作風鮮明可感，頌揚之情暗蘊其中。此外，諸如《許臨墓志》對“常元楷之亂”中許臨恪盡職守保衛睿宗安全的描述以及《姚彝墓志》中漢江航道在其力諫下中輟等的事迹記載，都是賀知章通過重點記述關鍵事例以描摹勾勒人物形象的一些顯例。

賀知章在墓志創作中還善用側面烘托的手法展現人物形象，通過描述周遭旁人的看法、反應來突出人物個性。《姚彝墓志》中提到姚彝“七歲已孝養聞於親黨，有識以興宗目之”[④]，便是通過有識之士對其所期予的厚望來烘托姚彝“挺岐嶷，稟純和”[⑤] 的幼時形象。《陸景獻墓志》有兩處詳細記敘了他人對其評價，一是長史李公“稱其幹吏精核，有理劇材”[⑥]，二是“孔殷令譽，君明而能斷，威而不猛，正無避於權右，心不欺於鬼神”[⑦]。賀知章藉助他人之口稱贊陸景獻長於處理疑訟之事且威嚴善斷、剛正不阿的性格，不僅為下文其被委以大理正之職埋下鋪墊，還避免了作者自己直接評價易被人視為虚語諛辭的尷尬。《許臨墓志》和《楊執一墓志》則是通過記述墓主逝世後他人的反應來襯托主要人物的。許臨逝世後，“故梁齊人，如喪親戚”[⑧]，講的是其家鄉人甚為悲痛。《楊執一墓志》中提到“郡司上聞，聖君憫悼，乃詔贈户部尚書，賜絹百匹，米粟各百石，官給靈輿遞還”[⑨]，詳述了唐玄宗知悉其病卒後，悲傷哀悼，追賜良多。從中均可知兩位墓主在世時為人德行俱佳，頗為世人所重。

對用典、比喻等文學性修辭手法的靈活運用亦是賀知章刻畫人物形象的方法之一。《戴

---

① 吴鋼：《全唐文補遺》第七輯，第 32—33 頁。

② 吴鋼：《全唐文補遺》第四輯，西安：三秦出版社，1997 年，第 16—17 頁；又見張國華、沈陽：《唐代封禎墓志銘考釋》，《文物春秋》2013 年第 2 期。

③ 吴鋼：《全唐文補遺》第四輯，第 16—17 頁。

④ 毛陽光：《洛陽新出土賀知章撰〈姚彝墓志〉》，《中國典籍與文化》2012 年第 4 期。

⑤ 同上。

⑥ 王麗梅：《新出唐大理正陸景獻墓志銘考略》，《唐史論叢》第十四輯，西安：陝西師範大學出版社，2012 年，第 169—175 頁。

⑦ 同上。

⑧ 陶敏：《賀知章撰唐許臨墓志考釋》，《中原文物》2012 年第 3 期；又見韋娜、趙振華：《賀知章撰許臨墓志跋》，《河南科技大學學報》（社會科學版）2005 年第 1 期。

⑨ 吴鋼：《全唐文補遺》第一輯，第 114—116 頁；又見周紹良：《唐代墓志彙編》，上海：上海古籍出版社，1992 年，第 1336 頁；又見賀忠輝：《楊執一墓志記事考補》，《碑林集刊》第二輯，西安：陝西人民美術出版社，1995 年，第 73—74 頁。

令言墓志》提到墓主“於是進對宣室，不言溫樹，解褐授右拾遺”①。其中“不言溫樹”語出西漢御使大夫孔光的一則典故，講的是孔光不同家人談論朝政，連溫室殿中所種為何樹都不願談起，賀知章藉此典故來形容戴令言居官謹慎、極守法度。更為典型的例子是《楊執一墓志》中所寫“府君懷柳惠之直，任汲黯之氣”②，其中柳惠、汲黯都是歷史上以高風亮節、直言敢諫著稱的名臣，賀知章用典於此是想將楊執一的品格同柳惠、汲黯這些人物類比，突出其品行高潔。賀知章還常用自然景物作為喻體，贊譽墓主的風姿華彩，如《楊執一墓志》中的“府君岱岳桂林，漢池明月”③，《王內則墓志》中的“夫人芳蒔蘭林，暉涵珠滏”④，《鄭績墓志》中的“觀其儀形，朗如明月；挹其文藻，曄若春華”⑤。前兩者為暗喻，後者為明喻，皆化虛為實，既顯得辭藻優美、含蓄高雅又使得人物形象更為生動可感。

（二）語言運用特點

賀知章所撰的墓志大都運用駢散結合的文體，駢文工整華麗，散文生動凝練，墓志整體活潑自由，文采斐然。其中散文多用於記述事件的經過情節或墓主的官職變遷，駢文則多用於頌揚人物品行或抒發感慨議論。駢散兼行使得其所撰大部分墓志既敘事周詳、清晰曉暢又形式整飭、氣韻非凡，更是墓志史傳敘事與文學敘事相結合的體現。以《許臨墓志》中此段為例：

> 曩者，常元楷等竊發宮掖，□為亂□，公以守道不如守官，太上皇棲居，繄公以乂。夫劫之以衆而不懼，阻之以兵而不撓，公積以文雅，□於險易，曷非素行乎。天子休之，加銀青光禄大夫、使持節曹州諸軍事曹州刺史⑥。

在記敘“常元楷之亂”的發生、許臨的言行反應以及事後的封功行賞時，賀知章皆運用散體化的語言，使得事件經過簡潔明晰、一目瞭然地展現在讀者面前，符合史傳敘事的特點。而其間又穿插有駢文以贊譽其臨危不亂、勇毅不屈的品格，對仗的句式、鏗鏘的音

---

① 吴鋼：《全唐文補遺》第七輯，第32—33頁。

② 同上，第一輯，第114—116頁。

③ 同上。

④ 胡戟、榮新江：《大唐西市博物館新出墓志》，北京：北京大學出版社，2012年，第447—448頁。

⑤ 吴鋼：《全唐文補遺》第一輯，第216頁；又見王闢成、劉佔成、吴曉叢：《鄭公墓志銘及其史料價值》，《文博》1989年第4期。

⑥ 陶敏：《賀知章撰唐許臨墓志考釋》，《中原文物》2012年第3期。

韻不僅增添了行文的文學性，更使讀者仿若能感受到墓主臨敵時一夫當關、萬夫莫開的氣勢。然而縱觀這十方墓志，雖是駢散結合，但不可否認的是其行文還是以駢體為主的。四六句式、對偶句形仍是構成整篇墓志的主要部分，用典頗多、聲律優美也皆符合駢文的特點。較具有代表性的是《張有德墓志》，整篇墓志可謂是由四六言堆砌而成的，摘録其中一段如下：

> 褰襜以慰夷落，杖節而臨渠獷，膏以時雨，煦以陽和，桴鼓不鳴，嚴扃罷柝，屬朔乘充斥，獯戎不静，以君扞城禦侮，改鎮夏州，被以綏懷，和以寬裕。時不浹歲，□偃外臺，擢為滄州刺史，風俗敦厚，頗好文儒，君勸學務農，家給人足，課最尤善，從牧蘇□。而屬城□□攀轅擁道，詣闕上請，求君重臨，朝廷嘉焉。復允兹授，同□恂之一借，若黄霸之再來。耆老懷仁，樹碑頌德。所期庠門杖玉，承大君之乞言；海隅散金，接故人之嘉宴。豈圖羊公道喪，痛罷市於南荆；子産云亡，悲□秦於東里①。

此段話除了記述墓主的官職履歷"擢為滄州刺史"一句外，皆是以四六或對偶句式組成，尤以四言居多。在敘事上過於繁複鋪張，内容表達受到了一定的束縛，容易給人以泛泛而談之感。但相較於其他千篇一律、言之無物的墓志來説，這段話中還是體現出了張有德的一些個人特質，如改鎮夏州之後其以綏懷政策治理一方，而任滄州刺史期間則根據當地敦厚好儒的風俗改以"勸學務農"的方法施政，因地制宜，為官有方，足見其以民為本又頗具謀略。文章用典也頗多，如此段後半部分就連用□恂、黄霸、羊公、子産等一系列名人典故。至於文章用詞，可能由於駢文用典的關係，今人讀來還是顯得有些古奥，但總體而言還是較為樸實清淡的。

（三）文章立意創新

明代吴訥所著的《文章辨體序説·墓志》中對墓志的功能定義有如下的表述："墓志，則直述世系、歲月、名字、爵里，用防陵谷遷改。"② 清末金石學家葉昌熾在其研究碑刻的經典之作《語石》中也曾有類似的表述："撰書題額結銜可以考官爵，碑陰姓氏亦往往書官於上，斗筲之禄，史或不言，則更可以補缺。郡邑省併、陵谷遷改，參互考求，瞭於目驗。"③ 可見，墓志最初的功能是記敘墓主的世系名諱、生平事迹、官階品級、卒葬年月等，

① 胡海帆，湯燕：《北京大學圖書館新藏金石拓本菁華：1996—2012》，北京：北京大學出版社，2012年，第176頁。

② ［明］吴訥著，于北山點校：《文章辨體序説》，北京：人民文學出版社，1962年，第53頁。

③ ［清］葉昌熾：《語石》卷六，北京：中華書局，1994年，第398頁。

以防止在遷葬或改葬時不知所葬何人、混亂家族支系。從上述這一本職功能的角度來説，墓志並不能歸屬於傳記文學，衹能説是一種實用文體，因其目的僅在於記録而不在於傳人。還有一部分墓志撰者在“死者為大”的觀念以及逝者家屬所給的豐厚潤筆費的影響下，用盡美好言辭極力贊揚墓主，虚言諛辭層出不窮，塑造了堪稱“完人”的墓主形象。這一類墓志也稱不上是傳記文學，因其描寫的人物既不生動亦不真實，文章立意不在於“人”而在於“贊”。不過隨着墓志的演變發展，撰者對墓主的關注逐漸增多，“傳人”的特徵愈發顯露，雖然也許僅是繼承史傳的敘事傳統，以簡介敘述交代墓主一生，用隻言片語暗喻人物性格，但也擺脱了“千人一面”以及諛墓言辭的困擾，使得墓志所蘊含的哀悼之情更為真摯感人。這類墓志在文章立意上跳脱於實用性的功能而具有了文學性的追求，真正算得上是傳記文學的一種了。

賀知章所撰墓志在“傳人”方面的成就上文已有所詳述，大部分的墓志都成功塑造出了性格鮮明的墓主形象，如放蕩不羈、恃才傲物的戴令言，剛正不阿、才高福薄的陸景獻，筆耕不輟、淡雅風流的鄭績等等，同時墓志的字裏行間亦渲染了撰者的推重惋惜之情。更值得一提的是，其所撰部分墓志的文章立意已不僅僅局限於塑造人物形象、抒發哀悼之情，而是出現了於墓志中有所寄托、附加己意的傾嚮。這些墓志暗含了賀知章自己的切身感受與抱負理念，或多或少都有賀知章主觀情感和觀念介入的痕迹。這種介入主要藉助於一些議論性的語句，如在《陸景獻墓志》中在寫到墓主葬年葬地時賀知章抒發了這麽一番感慨：

> 嗚呼！善人天不與壽，僕則不佞疇咨，平生奈何明靈，曾不式穀罔逮卌，吁其小年，以五月十四日葬於河南龍門之北原□塋，禮也[①]。

通過志文可知墓主陸景獻三十九歲就去世了，暗合於墓志上文所寫其兄陸象先的一番話：“此弟有譽有官，所之者壽□，慮其速達致損耳。”[②] 陸象先擔心做官過早會有損弟弟的壽命，故阻止朝廷為弟弟授官，但不幸的是如此才華横溢而又剛直方正之人卻還是英年早逝了。史書記載陸象先與賀知章相親善，賀知章與其弟陸景獻也當有所交往，加之陸景獻又是早逝，故賀知章在撰寫此方墓志時的感傷嘆惋之情較之其他墓志更為深重濃厚。上文所引的這段感慨之詞比起其他墓志所寫“神道何酷，欺我良人”[③]，“天不與壽，奄而先逝”[④] 等千篇一律的套詞而言，也着實要情真意切得多。同時，“僕則不佞疇咨”一句中也

① 王麗梅：《新出唐大理正陸景獻墓志銘考略》，《唐史論叢》第十四輯。
② 同上。
③ 毛陽光：《洛陽新出土賀知章撰〈姚彝墓志〉》，《中國典籍與文化》2012 年第 4 期。
④ 吴鋼：《全唐文補遺》第四輯，第 17—18 頁。

十分明顯地體現出賀知章自己角色的介入，賀知章也隨即在之後發出“平生奈何明靈，曾不式穀罔逮卌”的嘆問，從中亦可見賀知章對“善惡有報”的佛家思想的質疑與不屑。

如果說賀知章對《陸景獻墓志》的介入主要側重於情感的一種抒發，那麼《許臨墓志》中則更多蘊含着他的某些思想觀念，在這篇墓志志文結尾處有這樣一段話：

> 夫命者，生之始也；死者，生之終也。有始則必有其終矣。享年五十三，以開元二年歲次甲寅十一月乙酉朔廿八日壬子啓手足於公館。故梁齊人，如喪親戚。惟公立身，以恭敬忠信而已。恭則遠於患，敬則人愛之，忠則和於衆，信則人□之。斯四者可□於國，豈一身乎①。

時年五十七歲的賀知章比逝者還長三歲，平時又是慣寫墓志見多了生離死別，便也難怪會藉墓志發表這樣一番有生必有死、有始必有終的感慨了。這番感慨帶有一種看破生死的出塵之感，是賀知章道家觀念的一種體現。而後，其對許臨為人處世的立身原則作了極為精當的概括——恭、敬、忠、信，並詳述了這四點為何能立國立人。恭敬忠信是許臨的立身原則，實際上更是賀知章自己關於立身之道的主張。墓志中的這一段話可謂是賀知章宣揚自身觀點的一種輿論平臺，這種觀點又帶有明顯的儒家色彩。

此外，《楊執一墓志》則是以一段議論性語句起頭的，在闡明撰者對於“慶為有積”的相關觀點時亦暗贊了墓主的家世淵源。還有《戴令言墓志》，因下文會將其作為個案進行深入研究，故在此不加以贅述。當然，賀知章所撰的墓志在文章立意上仍是以“傳人”為主的，衹不過摻雜了一些自己的情感觀念。但這也為墓志立意方面開闢了一片新的天地，其後韓愈、柳宗元等人所撰的墓志在“附加己意”方面就對其有所繼承且愈演愈烈。這一點在後文中亦會有所詳論。

三、文體辨析：志文與銘文的淵源和形態

賀知章所撰十方墓志銘的志題中幾乎皆以“墓志銘並序”標示，其中的“序”，即為“志”，指的是墓志銘的前半部分，而由“銘曰”等格式引出的後半部分則稱之為“銘”。張有德墓志志題雖僅標有“墓志”二字，但也是由“志”與“銘”這兩部分組成的。關於志文和銘文各自的特點功用與它們之間的相互關係，孟國棟博士在其《新出石刻與唐文文

① 陶敏：《賀知章撰唐許臨墓志考釋》，《中原文物》2012 年第 3 期。

體的源流及其相互關係》一文中已有所詳細考證和系統論述。本文擬在前人的成果基礎上就賀知章所撰這十方墓志銘的志文和銘文進行具體的分析和研究，以期能豐富前人論述並有所創見。

（一）志文與銘文各自特點

賀知章所撰墓志銘中志文與銘文最顯著的區別就在於其所運用的文體形式不同，志文行文駢散結合，駢詞儷句間夾雜着散化的記敘語言，銘文則都為四言韻文或者騷體銘文。此外，兩者所表達的內容側重也有所不同。賀知章所撰志文駢散兼行的語言運用特點以及記事傳人、暗含已意的內容立意前文已有所舉例詳述，對銘文行文特點及內容傾嚮的探討則以許臨、鄭績二人的墓志銘文為例。

《唐故銀青光禄大夫使持節曹州諸軍事曹州刺史上柱國潁川縣開國男許公墓志銘並序》銘文：

> □哉武仲，歸□□□。盛德□裕，百代其昌。秘書吏部，稽古之力。既復公□，□□□□。□□許公，百夫之雄。難乎苟免，帝□其功。飾以金紫，亦孔之□。□□□□，載孚□□。勞我以生，息我以死。□彼為政，作程無已①。

《大唐故中散大夫尚書比部郎中鄭公墓志銘並序》銘文：

> 我府君兮維人特，探班揚兮憲孔墨，孝於家兮忠於國。我夫人兮庶姬則，誇竇容兮闡明德，福不偕兮天何惑。朱鳥南兮玄武北，柳駕迴兮桐闇塞，貞石埋兮芳字刻②。

許臨墓志銘文為傳統的四言體，兩句一轉韻，雖有許多字迹因漫漶磨損辨認不清，但文體形式仍是一目瞭然。此外，通過尚可辨認的字迹，我們還是能或多或少地瞭解到這篇銘文的一些內容情況。如“盛德□裕，百代其昌”是對墓主德行的一種極力讚美，“勞我以生，息我以死。□彼為政，作程無已”則表達了對墓主辛勞一生、溘然長逝的哀悼之情。鄭績墓志銘文則是採用“三兮三”的騷體句寫成，是賀知章所撰墓志銘里僅有的兩篇騷體銘文的其中一篇。銘文兼寫了鄭績及其夫人的美好德行，交代了夫妻二人合葬時的狀況，暗含悲傷嘆惋之情。可見銘文的表達與記事傳人無關，更偏重於情感的抒發。

① 陶敏：《賀知章撰唐許臨墓志考釋》，《中原文物》2012年第3期。

② 吴鋼：《全唐文補遺》第一輯，第216頁。

形成志文與銘文上述種種差異的原因，還是在於兩者所承擔的文學使命不同。上文在介紹墓志的實際功能時已經提到，墓志撰寫的最初目的之一是為了防止陵谷變遷、用以標示墓地。因此墓志需要詳細記載墓主的家世官職、生平事迹等，而此類信息往往很難全部用駢詞儷句進行準確表達，兼之受到史傳文學的影響，故而賀知章及其同時期的墓志撰者多採用駢散結合的語言形式來書寫志文。銘文則主要實現的是墓志的另一個目的——頌美寄哀。在銘文的撰寫中，基本不涉及墓主具體的事迹經歷，而是直接承載着撰者對墓主的贊揚歌頌或者深切哀悼之情，適宜用齊整的四言韻文或者騷體句式進行表達。同時，墓志銘文還深受早期鐘鼎銘和詩歌的影響，不僅延續了鐘鼎銘頌美的主題，更藉鑒了詩經、楚辭的詩歌形式，使得四言及騷體銘文普及流行開來。

正因為墓志的志文和銘文具有各自的特點和不同的功用，故而唐代的墓志銘經常出現二人合撰的現象。所謂“二人合撰”指的是一篇墓志銘的志文與銘文分別由不同作者撰寫的現象①。巧合的是，賀知章所撰的墓志中就有這樣一篇二人合撰的墓志銘——《大唐故大理正陸君墓志銘並序》。陸景獻墓志中這樣一句話表達了合撰的情形：“中書舍人彭城劉升与其友，故托銘焉。”② 可見，陸景獻墓志銘文是由劉升撰寫的，大概是因為劉升是陸景獻的知己好友，所以賀知章拜托劉升寫了這篇銘文，可見陸、劉二人感情之深厚。又由於志文與銘文實際上的關聯並不大，故二人合撰並不會破壞整篇墓志銘的文氣暢通。現摘録此篇銘文如下：

> □□夫子，□美洌清。鄰幾至道，淵默幽情。礼樂成器，文章觀國。移□□仕，為政以德。肇允都邑，翻飛臺省。既崇令問，協揚華景。執喪過戚，古以為難。泣血滅性，人倫所難。畢於壤兮，長逝嗟厚夜之温③。

值得注意的是，這篇銘文採取的是四言結合騷體的文體形式，兩句一轉韻，最後一句為騷體句式，與賀知章所撰的銘文都不相同。與此相關，賀知章與其他作者分別撰寫志文和銘文的情況，還有其和姚奕合撰的《徐師道碑》。《金石録》卷五云：“《唐高行先生徐公碑》，姚奕撰序，賀知章銘，徐嶠之正書。開元十一年四月。徐名師道，浩祖也。”④ 該碑雖佚，但《金石録》的這段記載為我們瞭解賀知章的碑志撰寫過程提供了珍貴的印證材料。

---

① 参孟國棟：《新出石刻與唐文創作研究》，浙江大學中國古代文學專業博士學位論文，2012 年。

② 王麗梅：《新出唐大理正陸景獻墓志銘考略》，《唐史論叢》第十四輯。

③ 同上。

④ ［宋］趙明誠撰，金文明校證：《金石録》卷五，第 87—88 頁。

（二）志文與銘文相互關係

雖然志文與銘文各自特點、功用與淵源等都不相同，但它們仍是一篇墓志銘的兩個不可或缺的部分，總有或多或少的關聯。相比於其他部分墓志而言，賀知章所撰的這些墓志志文與銘文的關係更為緊密，以如《姚彝墓志》就是一篇志文與銘文密切相連的典型墓志。該篇墓志全文如下：

唐故光禄少卿上柱國虢縣開國子姚君墓志銘並序①

君諱彝，字德常，吴興人。舜封姚墟，爰始得姓。暨吴代祖信，人倫準的，為太常卿，備見國志。聖德自遠，賢風代及。君隋懷州别駕之曾孫，皇朝幽州都督、吏部尚書、文獻公之孫，今兵部尚書兼紫微令梁公之元子也。君挺岐嶷，禀純和。七歲已孝養聞於親黨，有識以興宗目之。起家左千牛備身，轉太子通事舍人，選授符璽郎，尋加朝散大夫。掌以神祇之信，登以黻藻之飾。載沐朝私，作使都水。更生以文學膺寵，陳勰以巧思兼職。君洊二子之通識，為當時之標準。神龍之首，國章允復。天子讓德，初自南河，群臣請尊，猶秉東嚮。君此際左授延州司馬，俄遷齊州司馬，尋轉隴州長史。未赴，改為澤州長史。毗郡有聲，恤人結愛。封虢縣開國子，食邑四百户。至是，再為都水，朝議稱屈。屬先朝以大禹疏鑿，年代浸遠，陵谷潛徙，運漕非便，將引舟穰鄧，用廪關畿。朝廷擇材授君鄧州刺史兼檢校商州，委以運漕。君以地本氣順，功非力强，屢陳弘讜，役竟中廢。俄而刺舉海州。十洲東渚，九夷西輯。邊守綏協，僉難厥人。君下車佈政，郡氓和洽，故能安老懷少，刷迩汰遠。在官化其澂靖，去郡增其攀借。聯衽詣闕，頌德建碑，雖古稱循能，靡所倫比。歲績尤最，朝徵允洽。拜光禄少卿。應詹好士，孟宗純素。君率尔而至，彼焉足多。君孝以事親，極乎要道，忠以奉上，躋乎令德哉。理則二□可聯，一經是繼。神道何酷，欺我良人。鳴呼哀哉！以開元四年歲次景辰七月十四日遘疾，敕尚藥奉御李宗齋藥理護。八月二十六日不間，終于河南慈惠里第，神色不紊，孝禮罔騫。與二弟及親友告别，言淚同盡，奄然纊息。越十有一月癸酉朔十八日庚寅卜兆於河南萬安山之南原，禮也。嗣子闔等咸尚孩藐，已深欒棘，雖勒風素，豈申悁恻。銘曰：

姚墟得姓，胙土錫氏。芳風郁烈，清源瀰浥。其一。吴則太常，随（隋）稱别駕。華冕紛弈，徽聲藴藉。其二。峨峨文獻，聖朝良牧。為代藩屏，光我簡牘。其三。相

---

① 毛陽光：《洛陽新出土賀知章撰〈姚彝墓志〉》，《中國典籍與文化》2012年第4期。

公象賢，今則塚宰。忘己濟物，格天光海。其四。冑子勳卿，邦家之楨。元方桂樹，安石蘭英。其五。亦既幹家，言從筮仕。冥齎於孝，素達於理。其六。六蜃有輝，九棘增茂。所經必準，在物斯究。其七。邁德有鄰，降年不永。曾是四十，麈尾誰秉？其八。闕塞之南，臼伊之北。歲陰霜苦，郊寒霧塞。其九。嗣子呱呱，載悲朋婭。宿草猶哭，隴枝徒掛。其十。百年有涯，一瞬何促。痛哉泉户，埋我良玉。

這篇墓志志文與銘文的相互關係主要表現在以下幾個方面：

首先，墓志志文與銘文之間在内容上相互對照，銘文的一些表達有時是對志文的高度概括和提煉。如《姚彝墓志》銘文開頭“姚墟得姓，胙土錫氏”即是對應志文中“舜封姚墟，爰始得姓”的表達。而後“吴則太常，随（隋）稱别駕”是對志文“暨吴代祖信，人倫準的，為太常卿，備見國志……君隋懷州别駕之曾孫”的概括敘述。至於“峨峨文獻，聖朝良牧”和“相公象賢，今則塚宰”皆是與志文中“皇朝幽州都督、吏部尚書、文獻公之孫，今兵部尚書兼紫微令梁公之元子也”的墓主家世記載遥相呼應。銘文最後幾段中也有類似的照應語句，如“闕塞之南，臼伊之北”是對志文中所提及的葬地“河南萬安山之南原”的文學化表達，又如“嗣子呱呱，載悲朋婭”的表述在志文中也能找到對應的語句——“嗣子闓等咸尚孩藐，已深欒棘，雖勒風素，豈申悁惻”。可見，賀知章對銘文的撰寫並不是“無根之萍”，而是根據志文中的一些表達加以韻文化、詩意化的處理。不衹是這篇《姚彝墓志》如此，賀知章所撰其他墓志銘文皆與志文間有着相互對照的關係。

其次，墓志銘文有時對志文起到了豐富補充的作用，一些志文中所未曾提到的墓主的生平細節在銘文中卻有所體現。《姚彝墓志》銘文中有這樣一段韻文：“邁德有鄰，降年不永。曾是四十，麈尾誰秉？”其中“四十”這個數字非常值得注意，根據韻文的意思推導這個“四十”指的就是姚彝去世時的年紀。整段韻文可以這樣解釋：“努力行德必定會結交到志同道合之人，可惜上天賜予人的壽命卻是非常短暫的。（墓主）竟然衹有四十歲(就溘然長逝了)，以後這柄麈尾拂塵由誰來秉持呢？（引申理解為以後由誰來領袖群倫呢？)”而在墓志志文中僅提到了墓主姚彝去世於開元四年（716）八月二十六日，並未提及其時年幾歲，志文前文也未記載其出生年月，故而銘文中的“四十”可補志文對墓主享年記載的遺漏。參照《姚彝神道碑》的記載，則可準確得知姚彝確實享年僅有四十歲。歷來學者對墓志的考證研究多是集中於對志文的發掘，鮮少關注銘文的記載，比如毛陽光在《洛陽新出土賀知章撰〈姚彝墓志〉考釋》中寫道：“開元四年（716）八月二十六日，姚彝去世，其享年墓志没有涉及”，這就是對這篇墓志銘文研究的一種遺漏。雖然銘文多為頌美寄哀之詞，但在考證的過程中也不應將其忽視，不然一些重要信息就會與我們擦肩而過。

再次，雖然志文偏重於記事，銘文側重於抒情，但這也並不是絕對的，在一定程度上兩者的主旨還是相同的。如上文所述，銘文中也會有關於墓主生平事迹、細節的一些記載，同樣志文中也暗含着頌美寄哀的主題。特别是如上文所論賀知章在其所撰志文中有時會摻雜自己的情感觀念、附加己意，故而志文的這種抒情感顯得更加濃厚，與銘文交相輝映。除了上文提到的《陸景獻墓志》中志文部分出現了非常强烈的藴含哀惋情緒的語句，其他一些墓志志文中也有着類似的表達，衹不過大多是藉着對墓主子嗣悲痛之情的描繪來寄托哀悼之情。如所舉之例《姚彝墓志》中的表達："嗣子闔等咸尚孩藐，已深欒棘，雖勒風素，豈申悁惻。"就藴含有寄哀的主題。至於頌美則是暗含於志文全篇對墓主生平事迹的一些表述上，因為這些表述大多記録的是墓主的豐功偉績或是美好德行，甚至有時會有虚美的成分。比如《姚彝墓志》中關於姚彝入朝任光禄少卿的經歷有如下記載："應詹好士，孟宗純素。君率尔而至，彼焉足多。"但是《舊唐書・姚崇傳》中的記載卻與墓志截然不同："然縱其子光禄少卿彝、宗正少卿異廣引賓客，受納饋遺，由是為時所譏。"① 可見，墓志的相關記載對墓主的形象是有所美化的，以此來達到頌美的目的。

最後，在文體形式上，賀知章所撰大部分墓志的志文中駢文仍佔有較為重要的地位，如上文所舉的《張有德墓志》中四言駢文佔據了"大半江山"，《姚彝墓志》中的四言駢文也不少。雖然志文中的四言志文在用韻上不甚講究，但與四言銘文在文體形式上還是有一定的相似性。更不用説在賀知章所撰墓志銘之外，甚至有全篇都由韻文寫成的墓志銘（如《王氏殤女（容）墓銘》），使志文與銘文融為一體，也就没有了文體形式相區别的界綫。

（三）賀知章所撰銘文形式特點

1. 銘文分段

四言韻文以兩句或四句為一段，在墓志石碑上以小字"其一""其二"等在每段後加以標示，是賀知章所撰墓志銘文的一個顯著特點。十方墓志中採取銘文分段形式撰寫銘文的達到一半之多。考察《唐代墓志彙編》和《唐代墓志彙編續集》中收録的其同時期的墓志銘文，不難發現這種銘文分段現象並不是孤例，在唐代開元及以前的墓志銘文中還是較為普及的，起碼唐代武德年間就已出現了這種墓志銘文分段的現象。

探究墓志銘文分段這種銘文撰寫形式産生的原因，離不開對銘文發展軌迹的考察。東漢時期的墓志和墓磚，如《朱敬墓志》《張盛墓記》《繆宇墓志》等都僅有對墓主姓名官職、卒葬時地等最基本信息的記録，可見在早期墓志文體中，志文佔據着主要地位，銘文卻難窺蹤影。到了曹魏時期，銘文纔開始出現於墓志創作之中。《封氏聞見記・石志》引王

① ［後晉］劉昫等：《舊唐書》卷九十六，北京：中華書局，1975 年，第 3025 頁。

儉《喪禮》云："魏侍中繆襲改葬父母，製墓下題版文。原此旨，將以千載之後，陵谷變遷，欲後人有所聞知。其人若無殊才異德者，但記姓名、歷官、祖父、姻媾而已。若有德業，則為銘文。"① 繆襲（186—245）是曹魏時期的文學家，根據此段文字記載他在創作墓志時若遇墓主有德業的，纔會為其寫銘。《唐故東海徐府君（及）夫人彭城劉氏合祔銘》中也提到了繆襲的銘文創作："古之葬者無銘志，起自魏時，繆襲乃施之嗣子。"② 可惜繆襲所創作的這些墓志未能流傳下來，不過當時已有墓志銘文的出現應是較為可信的。但銘文在當時卻並不是墓志撰寫的必要組成部分，比如曹魏景元三年（262）入葬的《陳蘊山墓志》就衹具備志文部分的內容。到了兩晉南北朝時期，則多數墓志都擁有銘文，銘文的寫作力度得到了加强。孟國棟對這一時期的銘文發展有過詳細的考證："南朝的部分墓志銘採用了先銘後序的寫作順序，將銘文放在更加突出的位置……而歐陽詢在《藝文類聚》中更是保存了大量的銘文。"③ 到了唐代，銘文正式成為墓志文體中一個不可或缺的組成部分並且繼承了南北朝時期重視銘文的社會風氣。這點從墓志的標題中即可見一斑。賀知章所撰墓志志題中"墓志銘並序"的寫法彰顯了"銘"纔是整篇墓志的表達重點，而且往往"並序"二字還是以小字標出的，可見志文衹是銘文登臺亮相的一個序幕而已。也因此，銘文在整篇墓志中所佔的比例越來越大，篇幅逐漸增加。為了使得這些長篇銘文的撰寫更具條理、層次更加分明，銘文分段的形式就應運而生了。賀知章所撰的墓志中，凡分段銘文皆為長篇銘文，最長的一篇《楊執一墓志》，四句一段共有十三段之多。若對這麼長的墓志銘文不加以分段，那麼讀者讀來定會顯得思路混亂、不忍卒讀。

賀知章所撰的分段銘文其每一層次的內容都不雷同，且都是按照志文的行文順序進行撰寫。如上文所舉的《姚彝墓志》其銘文部分也是採取了分段的形式，且基本每段都與志文的內容遥相呼應。這種做法的優勢也是顯而易見的。最重要的一點就是使得長篇銘文撰寫條理清晰、脈絡分明，在內容安排上更是做到了層層遞進：前幾段銘文頌揚先祖之美，中間部分稱贊墓主德行，最後以描寫墓主親人悲痛之形或所葬之地淒清之景結尾並趁機褒揚墓主名垂後世或寄托哀悼傷情。此外，銘文分段還使得銘文與志文之間的聯繫更為密切，雖然銘文還是側重於頌美寄哀的主題，但避免了泛泛而談和虛語諛辭。每段與志文的照應使得銘文中仍有實質性的內容，情感表達更為真摯，撰寫者也不會有無從下手之感。

2. 騷體入銘

賀知章所撰墓志銘文中以騷體句式寫成的銘文共有兩篇，分別是《戴令言墓志》和《鄭績墓志》。騷體入銘的現象同樣也是在唐代開始產生的，早期衹是銘文中的個別句子採

① ［唐］封演著，趙貞信校注：《封氏聞見記校注》卷六，北京：中華書局，2005 年，第 56 頁。

② 周紹良：《唐代墓志彙編》，上海：上海古籍出版社，1992 年，第 2164 頁。

③ 孟國棟：《新出石刻與唐文創作研究》，浙江大學中國古代文學專業博士學位論文，2012 年。

用騷體句式，而後演變為整篇銘文均由騷體寫成。根據《唐代墓志彙編》和《唐代墓志彙編續集》中所收的墓志銘情況來看，貞觀初期騷體即開始滲透於銘文創作之中，從唐高宗永徽年間起則開始出現完整的騷體銘文。到了賀知章撰寫墓志的開元年間，騷體入銘的情況已經得到了廣泛傳播與普及。

騷體入銘現象的産生與唐代人們對墓志銘文的重視程度以及初唐開始的文學革新緊密相連，也與騷體本身的文學特質息息相關。南北朝時期，駢儷風氣盛行，志文大都採用駢四儷六的整飭句式創作，更何況銘文的撰寫，故當時的銘文皆為四言韻文組成。從初唐開始，伴隨着文學革新的步步推進，加之人們對墓志銘文的推崇看重，銘文的創作也開始步入百花齊放的新階段，其中一個顯著標志就是騷體句式的使用。在志文創作中，散化的語言能更簡明地表達事件的經過，而在銘文撰寫時，騷體鮮明的節奏、嘆詠的調式也更適宜於情感的抒發。雖然相較於屈原所作的“楚辭”來説，銘文中騷體句式的運用還是較為齊整的，且更注重用韻的規範，但相比四言韻文而言不容否認的是其抒情感更為强烈，益於表達頌揚哀悼之情。

賀知章所撰的這兩篇騷體銘文也有其自身鮮明的特點。《鄭績墓志》銘文已在上文有所引用和簡要分析，故現僅將《戴令言墓志》銘文摘録如下：

> 橘洲浮兮昭潭無底，沙如雪兮泉味猶醴。楚人秀兮地靈所啓，旌弓招兮載筆雲陛。餉饋給兮含香建禮，彼君子兮如王之玭，人之亡兮潸焉出涕。彼達人兮何必故鄉，樹枌檟兮封兹北邙。篆幽石兮志夫陰堂，歲道盡兮烟野微茫①。

與《鄭績墓志》銘文略有不同的是，這篇騷體銘文是採取“三兮四”的句式寫成，中間有所轉韻。相較於前文所敘的分段四言銘文，它的篇幅較小，頌美成分有所增多，但仍與志文内容有所呼應對照。如銘文開頭的“橘洲”位於長沙境内，即是對志文中“追府君大父為湘鄉令而寓居長沙，故今為郡人也”② 的對應。“旌弓招兮載筆雲陛”的敘述亦是對志文中“天授歲，爰降絲綸，來旌巖穴。府君乃飭躬應召，謁見金馬”③ 這一墓主入仕情況的概括描繪。《鄭績墓志》的銘文同樣是根據志文來撰寫的，因志文中提及鄭績夫人吴興錢氏的種種情況，又是兩人同葬一處，故而在銘文中不僅寫了鄭績的操守，還提到了夫人的德行。也因此雖是騷體入銘，但不顯空洞無物，絶非套話泛濫。此外，賀知章所撰的這兩篇銘文在抒情性的造詣上也是極佳，特别是這篇《戴令言墓志》銘文，以描繪景色開篇，

① 吴鋼：《全唐文補遺》第七輯，第32—33頁。
② 同上。
③ 同上。

過渡到由此地靈所孕育的人傑，然後由墓主的逝世轉而寫其所葬之地。“人之亡兮潸焉出涕”直抒胸臆傳達親人的思念悲痛之情，“歲遒盡兮烟野微茫”則是藉景抒情，將纏綿悱惻的哀悼之情蘊含於埋骨之地的淒涼情境之中。在語言運用上，賀知章所撰的這兩篇騷體銘文所用詞句皆較為平易自然、樸實親切，不像《楚辭》中的語言那麽晦澀難懂，可見騷體在當時的繼承與發展情況。

四、性別表現：女性墓志與性別文學

賀知章所撰墓志中女性為墓主的共有兩篇，一篇是《大唐故司空竇公夫人邠國夫人王氏墓志銘並序》，另一篇是《皇朝秘書丞攝侍御史朱公妻太原郡君王氏墓志並序》。除此之外，如果墓主夫人比墓主早逝且與墓主同葬一處時，所撰墓志中則會提及墓主夫人的家世生平，甚至在銘文中也會有所涉及。這樣的墓志總共有五篇，數量還是較多的，對夫人境況所花筆墨則有多有少，不過大都遵循墓志志文的傳統寫法規範，即先敘家世姓氏後寫懿德佳行，故筆者也將這些敘述墓主夫人的段落列入女性墓志的考量。

（一）賀知章所撰女性墓志特點

賀知章所撰的這兩篇女性墓志及其他墓志中對墓主夫人的刻畫皆具有兩個顯著的特點。一是對夫人先祖的敘述篇幅較之男性墓志要冗長得多。現以《封禎墓志》與《王内則墓志》的此部分内容為例進行對比探討。《封禎墓志》：

> 公諱禎，字全禎，渤海縣人。姜□□派，列山餘趾，珪符錫夏，建為通侯，苗裔分齊，是稱冠族。曾祖詢，燕太尉孚之孫，魏太尉軌之子也。官至尚書左丞，濟南郡太守。行高曾史，文嗣揚班，聲華振於鄴朝，芬烈光乎齊册。祖嗣道，隨（隋）尚書憲部。父子都，皇朝楚立館陶等四縣令。承清白之緒餘，接英賢之祖武，閨門之譽，標暎士林；中表之華，望高當代①。

《王内則墓志》：

① 吴鋼：《全唐文補遺》第四輯，第16—17頁。

夫人諱内則，字内則，其先太原郡人。自違難平陽，代表僊儲之胤；遷居廣武，地開君子之鄉。季道擅經傳之師，公宗鬱雲中之貴。曰自炎漢，迄於聖朝，台衡晉孎以相輝，芸棐荭菖而靡絶。故能門有長戟，家多賜書。雖黄爵持華陰之環，飛鵲墜廬江之印，無以過也。曾祖朗，隨朝議大夫，著作郎。地襲珪組，材稱明達。楚倚相之能讀，漢馬遷之良史。祖大禮，皇朝駙馬都尉，尚遂安長公主，金紫光禄大夫，修武縣開國公，上柱國，使持節綏、歙二州刺史。包管樂之器，韞龔黄之能。關右結於去思，黟鄉歌其來暮。禮崇魯館，寵軼沁園。鳳臺之仙管如聞，金埒之清塵猶在。父玄紀，皇朝太中大夫，定州鼓城縣令。性道夷暢，風期澹遠。彈鳴琴以字物，割美錦而調人。不言之化載宣，以德之聲弥久。妣夫人趙郡李氏，至行純辜，貞規静立。訓範聞於邦族，素業茂於朝姻①。

《封禎墓志》的這部分内容敘述在賀知章所撰其他男性墓志中屬於篇幅較為適中的。在男性墓志中，對家族世系的敘述多為簡要地概括姓氏由來並歷數先祖的官職情況，若歷史上曾出現過很著名的同宗之人則也會略有提及，且所提到的先祖皆為男性，所佔篇幅大約為志文的四分之一左右。《封禎墓志》也不例外，開篇先介紹墓主名諱，再以較多的筆墨敘述其姓氏由來。介紹其曾祖封諧時稍有例外，除了官職履歷的記敘外還有對其聲譽功績的稱揚。而後對其祖父、父親的介紹都衹敘述了官職，最後以駢文對其家世進行了頌美。而這兩篇女性墓志對夫人家世族系的描繪可謂十分詳盡，特别是所引用的《王内則墓志》，開篇僅是對其姓氏由來及家世顯赫的頌揚就以對仗工整的駢文敘述了三行之多。此外，在其志文中並不僅僅衹提到先祖的官職，就連其曾祖、祖父、父親的為官情況、性格德操等都有所記敘，甚至於對其母親的德行也有所記述，所佔篇幅超過志文的三分之一。至於其他墓志中對墓主夫人家世的敘述較值得我們注意的是《張有德墓志》中的記載。雖然在這篇墓志中僅有一句話提到了其夫人許氏的家族情況，但較為特殊的是墓志中並没有按照往常慣例涉及夫人的祖父、父親等長輩，而是寫了“侍中平恩公之妹，而洛州長史□公之姑也”。顯然，侍中平恩公以及那位洛州長史應是當時較為赫赫有名之人，也許相對女性而言，在敘述家世時提及其家族中的顯赫之人可能更為重要。其他幾篇可能是限於整篇墓志篇幅的原因以及畢竟仍是以男性墓主記敘為主，故對夫人家世先祖並没有鋪張揚厲，但卻都有所提及。

二是墓志中多有妻憑夫貴的描述且記敘較為詳盡。在唐代，除了皇親國戚，女性榮獲分封多是要憑藉丈夫的功勞，所受封贈的頭銜等級依據丈夫的官階高低而定。而撰寫者為

① 胡戟、榮新江：《大唐西市博物館新出墓志》，第447—448頁。

了在墓志中達到頌美的目的，總是會記録各位夫人所獲分封的情況。也因此，女性墓志以及男性墓志中對其夫人的敘述中都免不了提到因夫而貴的內容。例如《王內則墓志》中就有如下記載："友彼琴瑟，絜茲蘋藻，而禮因夫貴，寵以戚尊。以景雲元年九月廿一日，授太原縣君。二年六月廿三日，加郡夫人。其年八月廿日，司空加以金紫，襲邠國公，加封邠國夫人。"[①] 這段話中明確提到了"禮因夫貴"，且後文中夫人所封位號皆是與其丈夫官職品級有關，其中"縣君"是五品官員妻子的封號，"郡夫人"是三品及以上官員妻子的封號，"邠國夫人"則是由於其夫襲邠國公爵位故封於王夫人的封號。此外，《楊執一墓志》中提到其夫人獨孤氏時也有這樣的表述："景龍中，封新城郡夫人，從府君之貴也。"[②]《鄭績墓志》中寫到其夫人錢氏時同樣有類似的記載："九年，授嘉興縣君，從夫貴也。"[③]可見，墓志在描寫女性墓主的情況時總是繞不開她們的丈夫，對妻憑夫貴的記敘在當時人們看來應是十分普遍且必要的。

(二) 賀知章筆下女性形象探究

相比於男性對建功立業、光宗耀祖的看重，中國古代女性的一生則與家庭生活緊密相關，而婚姻則是其中影響甚至決定女性一生的重要因素。因此，筆者在探究賀知章所撰墓志中的女性形象時圍繞婚姻將女性生活分成出嫁前、結婚時、夫喪後三個階段，分別考察墓志中刻畫的女性在這三段時期的言行表現。

墓志對女性出嫁前的描述除了稱讚其劭德逸行外亦有記敘家庭教育的部分，不過這些教育內容大多還是圍繞着婚嫁展開的。如《王內則夫人》中的這段記載："夫人芳蒔蘭林，暉涵珠滏。潛稟明秀，躬行恭恪。紃組未勤而闇習，閨闈不飾而成容。"[④] 除了頌揚夫人的"明秀"與"恭恪"，還提到了其對"紃組"也即女紅的閉門苦習。《禮記・昏義》中云："是以古者婦人先嫁三月……教以婦德、婦言、婦容、婦功。"[⑤] 其中"婦功"指的就是女紅，是傳統禮儀要求婦女具備的四德之一，也是男子擇妻的一項標準，故而成為婚前女教的重要內容。又如《王氏墓志》中所言："夫人稟教脩立，持身潔静。年既笄而班訓已聞，禮從縱而姜勤彌劭。"[⑥]"班訓"指的應是東漢班昭所寫的《女誡》一書，這是一本教導婦人立身處世之道的書。王氏夫人年甫及笄就已知聞《女誡》，可知其並不是一個目不識丁的

① 胡戟、榮新江：《大唐西市博物館新出墓志》，第 447—448 頁。
② 吴鋼：《全唐文補遺》第一輯，第 114—116 頁。
③ 同上，第 216 頁。
④ 胡戟、榮新江：《大唐西市博物館新出墓志》，第 447—448 頁。
⑤ ［唐］孔穎達：《禮記正義》卷六一，［清］阮元校刻：《十三經注疏》，北京：中華書局，1980 年，第 1681 頁。
⑥ 吴鋼：《全唐文補遺》第四輯，第 17—18 頁。

閨閣女子，家中定有對其進行文化教育，雖然教其識字習文的目的還是為了能讓其更好地懂禮法、守婦道。

婚姻生活往往是女性墓志記敘的重點，在上述婚前女教的影響下，女性在婚姻生活中也多是處於男性的附屬地位，框定於“正位乎内”的角色形象之中。也因此除了上文所論婚後妻以夫貴的現象之外，墓志中更多地描繪了夫婦二人和諧的婚姻生活以及夫人的安家助内之能。如《王内則墓志》寫道：“年甫及笄，歸於元舅司空公之室。友彼琴瑟，絜兹蘋藻，而禮因夫貴，寵以戚尊……鵲巢之化聿行，杕茀之儀爰盛。雖濯龍車馬，匪窺戚里之榮；而褕翟山河，終戹懿親之飾。縱令紫墀恩顧，金殿承歡，未嘗恃貴外矜，彌乃懷謙内謐。”① 這段話先是記敘了夫妻二人琴瑟和鳴的婚姻生活，而後以華麗工整的駢文頌揚了夫人婚後賢惠恭謙的德行操守。在該篇墓志的銘文中也有關於兩人夫妻生活的描述：“司空開國，胙土邠郊。夫人輔佐，成於鵲巢。如山如河，採蘋採藻。俟其碩茂，琴瑟静好。”② 銘文中則主要提及了夫人的輔佐之能以及暗示其誕育之功。《王氏墓志》也不例外，其中記載：“逮事舅姑，備脩婦道。景雲中，侍御奔林剡山，聯邑稱最。爾後頻佐海郡，大國用亨。夫人脩内以助政，啓外以安家。姻黨傳其令聲，僕役資其寬德。”③ 這段話雖然篇幅不長，但卻囊括了一名女性在家庭乃至家族中所應盡的義務以及所起到的作用。其中，孝順舅姑是一名妻子最基本也是最重要的一項家庭義務。此外，妻子還要操持家務管理内宅以及處理後宅間的人際交往，以免除丈夫的後顧之憂並對其有所助益。這幾點是當時社會所讚賞亦是墓志撰寫者賀知章所推崇的理想品格，故在墓志中提到了姻黨以及僕役對夫人的頌揚。男性墓志對合葬夫人的敘述中，除了家世介紹，其餘也皆是關於其婚姻生活情況的記載。僅以《戴令言墓志》為例，志中云：“夫人吴郡張氏，早嬪令族，夙有風懿，舉案臯廡，驚轍萊門。”④ 先是稱贊了夫人具有美好的風姿，而後運用舉案齊眉的典故表現出夫妻二人相敬如賓、十分恩愛的婚姻生活。

對賀知章所繪寡居女性形象的考察主要依據的是《王内則墓志》，志文花費了大量的筆墨記敘王内則寡居之後的生活。原文如下：“以開元五年十月，司空公奄捐館舍。既而痛纏晝哭，酷深孀摽。徙鄰之訓，載撫遺孤。崩城之哀，爰感行路。自尔不居輪奂，永絶葷腥。深味甘露之言，堅持提木之誡。綺羅珠玉之翫，不經於眼；金石絲竺之聲，不入於聽。浮囊無漏，法舟獨遠。所冀楚禄萬鍾，負米攸及；豈其虞堂九仞，克搆行摧。”⑤ 依據墓志的記載，王内則夫人在其丈夫去世後應是十分悲痛的，這種悲痛從其言行中流露無疑。墓志

① 胡戟、榮新江：《大唐西市博物館新出墓志》，第447—448頁。
② 同上。
③ 吴鋼：《全唐文補遺》第四輯，第17—18頁。
④ 同上，第七輯，第32—33頁。
⑤ 胡戟、榮新江：《大唐西市博物館新出墓志》，第447—448頁。

敘述了夫人寡居時的具體言行——不居高屋，不吃葷腥，不玩綺羅珠玉，不賞靡靡之樂，這其實是一種佛教居士的生活狀態，從中可見兩人深厚的夫妻情感。此外，志文還讚揚了其對子女的盡心撫養。從這段志文中，顯而易見的是賀知章對王内則夫人孀居守節生活的頌揚態度。

（三）女性墓志中的思想文化觀念

從賀知章所撰女性墓志的特點與對所繪女性形象的探究中，我們不難發現藴含其中的唐人的文化心態和思想觀念。

首先，對女性家世族系的鋪張揚厲彰顯了當時人們深重的門閥觀念。雖然唐代的科舉制度在很大程度上衝擊並取代了魏晉六朝以來的門閥制度，但是人們思想中的門閥觀念卻並不是那麽輕易就能抹去的，特别是唐代政權的建立本就依賴於關中氏族的支持擁戴。而在婚姻嫁娶中，這種“門當户對”的觀念更是十分盛行甚至一直流行於整個唐朝時期。據《新唐書・杜兼傳》記載，唐文宗欲以公主下嫁世族時曾感慨地對宰相説道：“民間脩婚姻，不計官品，而上閥閱，我家兩百年天子，顧不及崔、盧耶！”[①] 足見門閥是當時婚姻嫁娶中的重要影響因素。這也就難怪在女性墓志中要對女性的家族關係進行細緻入微的具體敘述，因為女性墓主在出嫁前的地位很大程度上是靠其父系家族來支撑的，不管她本人有多麽優秀，她仍需藉助家族門第來確定自己的坐標。

其次，出嫁從夫、妻憑夫貴的女性婚姻地位以及對婦女忠貞守節的宣揚反映出儒家倫理思想影響下“男尊女卑”觀念的根深蒂固。在唐代，雖然道教、佛教都有所興盛發展，但儒家觀念仍深深植根於人們的思想觀念之中，“男尊女卑”更是整個封建時期都無法擺脱的思想毒瘤。從墓志中記敘的出嫁前的女教内容至成婚後以夫為天的婚姻生活，以及對夫喪後孀居守節的贊美，都可見女性永遠是處於男性的附屬地位，且“三从四德”仍是唐人对妇女最起码的道德要求。此外，墓志中對一些諸如孝順舅姑、撫育幼子等行為的頌揚，亦是儒家仁孝觀念的彰顯。

最後，墓志也並不全是以儒家的標準去衡量婦女，從中還體現出一種較為開放的女性觀念。這主要體現在並不要求女子“無才便是德”，在婚前女教中也進行一定的文化教育，雖然這種文化教育歸根結底還是一種婦德教育。此外，墓志中還流露出對女性為家庭所作貢獻的尊重與推崇。雖然女性仍被框定於專注家庭内務的賢妻良母的角色之中，但唐人同時開始正視她們對這個家庭的繁榮與延續所起到的不可磨滅的作用，可見當時婦女地位在

---

① ［宋］歐陽修等：《新唐書》卷一七二，北京：中華書局，1975 年，第 5206 頁。

很大程度上有所提高。

五、个案探索:《戴令言墓志》文史價值发掘

《戴令言墓志》是現存賀知章所撰十方墓志中年代最早的一篇，撰寫於開元二年(714)，具有較高的史學價值和文學價值。陳尚君就給予《戴令言墓志》很高的評價，認為其“着重記述他傲兀的個性和追求自由的性格，着力寫有獨特精神世界的不平凡人物，明確表達自己的好惡，是難得的佳作”①。然而，現有文獻中還未有專門考證並分析《戴令言墓志》文學内涵的論文，尚屬遺憾。因此，筆者在本文中以《戴令言墓志》作為賀知章所撰墓志的個案探索，期以對其史學與文學的雙重價值進行深入挖掘，以彌補現有研究的空白。

(一) 墓志考釋及其史料價值

《戴令言墓志》録文載於《唐代墓志彙編》及《全唐文補遺》第七輯第32、33頁，全文如下:

唐故朝議大夫給事中上柱國戴府君墓志銘並序

太常博士賀知章撰

府君諱令言，字應之，本譙郡譙人也。自微子啓宋，樂甫匡周，垂裕後昆，代載厥德。聖公漢之銅竹，若思晉之牙爪。初自九江東介，因徙吴興武原，迨府君大父為湘鄉令而寓居長沙，故今為郡人也。曾祖儼，陳南臺侍御史、南康王國侍郎。祖集，隋衡陽王國侍郎，轉湘鄉令。父開，皇朝明禮，授文林郎。代積儒素，專門禮學，侍御之風格，侍郎之敏惠。並秉靈江漢，流聞湘潭，隤祉羨和，實鍾秀傑。府君生而岐嶷，宗黨欣慶。甫及數歲，有若成童。垂髫能誦《離騷》及《靈光》《江海》諸賦，難字異音，訪對不竭。由是鄉人皆號曰先生，敬而不名也。年十四而容體魁岸，性頗俠烈，每自稱曰:吾不能為小人儒。好投壺、挽强、擊刺，雖江鄉耆宿郭解季心之徒，咸敬憚焉。十五，首讀兩漢，遂慨慷慕古，手不釋卷。未盈五旬，咸誦於口。十七，便歷覽群籍，尤好異書。至於算曆卜筮，無所不曉。味老莊道流，蓄長往之願，不屑

① 陳尚君:《賀知章的文學世界》,《杭州師範大學學報》2012年第3期。

塵物。州鄉初以孝秀相屈，府君傲然，便曰：大丈夫非降玄纁不能詣京師，豈復碌碌從時輩也！既家近湘渚，地多形勝，每至熙春芳煦，凛秋高節，携琴命酌，棹川藉野。貴游牧守，雖懸榻入舟，不肯降志。天授歲，爰降絲綸，來旌岩穴。府君乃飭躬應召，謁見金馬。夫出處者，君子之大節；進退者，達職之能事。天地閉而賢隱，王塗亨而代工，懿哉若人，有足尚者。自是時論推美，屢紆延辟。而府君素尚難拔，猶懷江湖，因著《孤鶴操》以見志，名流高節者多和之。爾後復歸江潭，涉五六載，重下明制，令馳傳入□。於是進對宣室，不言温樹，解褐授右拾遺。屢竭忠讜，成輒削藁，外莫之知，爰除□補闕。府君志求閑退，朝廷使宰長社。字人有聲，邑氓頌德，為廉察者所薦，璽書慰勉。景雲歲，皇帝龍興，重張寰宇。俄有恩命，拜左臺侍御史。任氣强直，不避權右。求出莅人，因轉為三原令。郊野之富，鄭白之沃，人安物阜，勳尤王畿。遷起居郎。韞墳典之精，有南董之直。密謀歲益，便宜日奏，固非所聞也。俄遷庫部郎，用為水陸運使。蕭何之餉關中，鄧禹之發河内，既簡在帝念，遥授給事中。而身居洛陽，未拜雲陛。方當調兹湯鼎，克亨虞庠，天弗輔仁，奄歸長夜。以開元二年歲次甲寅正月廿日，終於洛陽審教里之私第，春秋五十有六。夫人吴郡張氏，早嬪令族，夙有風懿，舉案皐廡，驚輟萊門。爰在長沙，奄先朝露。以其年十二月甲寅朔七日庚申，合葬於洛陽清風鄉之原，禮也。後夫人潁川韓氏，亦庇壟陰。有子乘陽等四人，樂容菒貌，哀毁骨立。嗚呼戴侯，今不亡矣！故人識之，敢作銘曰：

橘洲浮兮昭潭無底，沙如雪兮泉味猶醴。楚人秀兮地靈所啓，旌弓招兮載筆雲陛。餉饋給兮含香建禮，彼君子兮如王之玭，人之亡兮潸焉出涕。彼達人兮何必故鄉，樹枌檟兮封兹北邙。篆幽石兮志夫陰堂，歲遒盡兮烟野微茫。

據墓志，墓主戴令言，字應之，本來是譙郡也即今天安徽亳州人，後因祖父為湘鄉令而遷居長沙，故又為湖南長沙人。戴令言兩《唐書》無傳，其曾祖戴儼、祖父戴集及父親戴開亦都未見於舊籍，僅在此篇墓志中有所記載："曾祖儼，陳南臺侍御史、南康王國侍郎。祖集，隋衡陽王國侍郎，轉湘鄉令。父開，皇朝明禮，授文林郎。"其曾祖、祖父、父親分仕陳、隋、唐三朝，官職由從三品御使至正四品侍郎最後降為從九品文林郎，可見戴令言出身於一個正走嚮没落的家族。這樣的家庭背景可能與其日後形成憤世嫉俗、兀傲孤介的性格有所關聯。志文中稱戴令言"以開元二年歲次甲寅正月廿日，終於洛陽審教里之私第，春秋五十有六"。自開元二年（714）往上逆推可知他出生於顯慶四年（659）。與賀知章所撰其他墓志着重寫墓主為官後的豐功偉績、官職變遷不同，《戴令言墓志》用較長的篇幅記敘了其幼年以及青少年時期的言行，還詳述了其不肯降志、拒絶以舉孝秀出仕的事迹。不過通過這段記敘，我們還是能發現不少有用的史料。比如志文中提到戴令言垂髫能誦《離騷》，雖然根據後文“難字異音，訪對不竭”的記載，誦讀《離騷》很有可能是為了識字之需，但這也體現出《離騷》在當時的廣泛傳播。結合前文所敘的騷體入銘現象和初唐時的文學革新，可見《離騷》的這種廣泛傳播使得其中的騷體因素對當時人們的創作實踐和理論產生了深遠的影響，從而在一定程度上促進了唐代文風的轉變。而這種轉變，又反過來促進了時人對《離騷》的接受和推崇。巧合的是，《戴令言墓志》的銘文也正好是用騷體寫成的。

終於，戴令言等待的出仕機會來了。墓志云：“天授歲，爰降絲綸，來旌巖穴。府君乃飭躬應召，謁見金馬。”在天授元年（690）的時候，武則天下旨召集舉國賢良對策天朝，《資治通鑒》中對此事有所記載：“二月，辛酉，太后策貢士於洛城殿。貢士殿試自此始。”① 戴偉華在其《賀知章所撰墓志的史料價值》一文中引用多篇墓志及史籍對此事進行了詳細考證，證明天授元年時確有此殿試。戴令言趁此機會拜謁京師，可惜的是並未當官。據墓志所言，戴令言難變自己樸素高尚的情操，還是懷念江湖上自由自在的生活，因此最後又返回了家鄉。過了五六年，也即在公元699年左右，戴令言又被召喚入京並被授予右拾遺的官職。而後，志文中記載“府君志求閑退，朝廷使宰長社”，意即戴令言自己希望能安閑退居故而朝廷讓他去當了長社令。不過，在兩唐書中關於這次職位調動的原因記敘卻並非如此。《舊唐書·楊再思傳》中有如下的記載：“長安末，昌宗既為法司所鞠，司刑少卿桓彥範斷解其職。昌宗俄又抗表稱冤，則天意將申理昌宗，廷問宰臣曰：‘昌宗於國有功否？’再思對曰：‘昌宗往因合煉神丹，聖躬服之有效，此實莫大之功。’則天甚悦，昌宗竟以復職。時人貴彥範而賤再思也。時左補闕戴令言作《兩腳野狐賦》以譏刺之，再思聞之甚怒，出令言為長社令，朝士尤加嗤笑。”② 時任宰相的楊再思十分善於察言觀色、阿諛奉承，他看出武則天捨不得張昌宗，故順着皇帝的意思贊揚張昌宗為皇帝煉丹是對國有大功，使得昌宗官復原職。生性耿直的戴令言自然對這種行為嗤之以鼻，故寫了《兩腳野狐賦》譏諷楊再思為奸詐之人，也因此得罪了手握大權的楊再思故而被貶為長社縣令。這段記載其實也暗合於志文中對戴令言“屢竭忠讜”的描述。此外，我們也可從中得知戴令言時任左補闕，可補墓志記載的缺漏。有趣的是，墓志記載景雲歲（710）戴令言升遷為左臺侍御史，而正好是在前一年也即景龍三年（709）楊再思去世了，可見兩《唐書》中的相關記載並不是無的放矢。隨後，也許是其“任氣強直，不避權右”的性格再度得罪了某位高官，他又被貶為三原令。不過就算是當一名小小的縣令，戴令言照舊兢兢業業、勵精圖治，因此又被遷為起居郎。據墓志所載，其之後的仕途還是較為順遂的，遷任為庫部郎、水路運使，最後又被加授給事中。不過，從其遷為左臺侍御史開始到其去世，僅有短短四

① ［宋］司馬光：《資治通鑑》，北京：中華書局，1956年，第6463頁。

② ［後晉］劉昫等：《舊唐書》卷九十，第2918—2919頁。

年不到的時間，可見數次貶謫對其身心影響應是十分巨大的。

（二）墓志分析及其文學内涵

《戴令言墓志》是一篇傳寫生動、文辭優美的優秀墓志作品，其在人物刻畫、語言運用、己意抒發等方面皆具有很高的研究和鑑賞價值。因此，筆者擬從文學的角度出發對整篇墓志進行分析和考察。

志文開篇介紹了墓主的名諱籍貫以及戴姓的由來，“聖公漢之銅竹，若思晉之牙爪”，對仗工整的駢句語涉戴聖、戴淵兩位一文一武的戴姓名人，以彰顯戴姓曆史的源遠流長和光輝燦爛。對戴令言敘述從其幼童時期開始，在第二章中已詳述了“垂髫能誦《離騷》及《靈光》《江海》諸賦……”的細節情況。“由是鄉人皆號曰先生，敬而不名也”一句則運用了側面烘托的手法，通過鄉人之口突顯戴令言年紀雖小卻刻苦鑽研、勤學好問的形象。而後，賀知章詳細記敘了戴令言的言行舉止，甚至直接引用了其所説過的話——“吾不能為小人儒”，這在其他墓志中是十分罕見的，並且記載了其投壺、挽强、擊刺的愛好。這些具體的言行，也皆是為了更好地塑造詮釋志文中所描繪的“容體魁岸，性頗俠烈”的俠士形象。“雖江鄉耆宿郭解季心之徒，咸敬憚焉”又運用了側面烘托的手法，以他人的畏懼敬佩來彰顯墓主的個人形象。志文至此，因所敘多為具體事件，故賀知章多以散體語言進行撰寫，聰慧俠烈的墓主形象在作者自由奔放的行文中躍然紙上。戴令言十五歲首讀兩漢，十七歲歷覽群籍，這段關於其讀書所好的敘述則多以四言駢文寫成，言簡意賅，文意盎然。其後，又用散體轉入對其具體言行的描寫。當州鄉以孝秀相屈時，志文再次直接引用了戴令言所説之言：“大丈夫非降玄纁不能詣京師，豈復碌碌從時輩也!”頗似“燕雀安知鴻鵠之志”的豪情壯語，足見墓主的心高氣傲、不屑流俗。這種對墓主所言的直接引用，能最大限度地體現出志文的真實性與客觀性，並不需要藉助志文的評價，讀者從中即可自行想象出墓主的性格風姿。佳節麗日之時，戴令言又欣然出遊，高官顯貴雖“懸榻入舟”，戴令言亦“不肯降志”，與前文“味老莊道流，蓄長往之愿，不屑塵物”相呼應，展現出其飄然出世的隱士形象。其中，“懸榻入舟”巧用漢代陳蕃的典故，比喻禮待賢士。

不過最終，戴令言還是在皇帝下旨徵召岩穴之士時，“飭躬應召，謁見金馬”。在此，賀知章藉由戴令言從出世到入仕一事，抒發了自己的一番感慨：“夫出處者，君子之大節；進退者，達職之能事。天地閉而賢隱，王塗亨而代工，懿哉若人，有足尚者。”戴偉華就對賀知章這番對隱居政治内涵的分析頗為推崇，他認為：“此語已超出‘窮則獨善其身’的認識高度。‘窮’一般衹是主體在社會的存在狀態，而‘天地閉’已是對所處社會狀況的總體判斷。”實際上，賀知章這番感慨針對的正是戴令言的仕途狀態。由志文及兩《唐書》

記載可知，戴令言仕途生涯三進三退，後兩退正是其得罪位高權重之人而遭遇貶謫，這樣的情況正符合“天地閉而賢隱”的記敘。在這之後，志文多是圍繞其官職的進退升降展開，與上一段其隱居時的生活描寫相比略顯枯燥和乏味。此段描寫多以四言駢文為主，對人物形象的刻畫也多是採取直接評價的手法，如“屢竭忠讜，成輒削藁”或是“任氣强直，不避權右”。間有用典之語，如“韞墳典之精，有南董之直”，“南董”是指南史、董狐，他們都是以直筆不諱著稱的史官，在此與戴令言進行類比可知戴的剛正不阿。又如“蕭何之餉關中，鄧禹之發河内”，藉用蕭何、鄧禹的典故盛贊戴令言所作出的巨大貢獻。

總的來説，《戴令言墓志》運用細節描寫、側面烘托、用典類比等多種手法生動地刻畫描繪了墓主的人物形象，又兼雜議論感慨之語，從中不難看出撰者賀知章對墓主引以為同道之人的推崇嘆惋之情。墓志行文駢散結合，以散為主，語言亦質樸親切，是一篇不可多得的傳記文學佳作。

六、散文演進：賀知章所撰墓志的文學史意義

賀知章所撰十方墓志創作於開元二年至開元二十年之間。彼時，六朝駢文餘風尚存，古文運動醖釀待發。在墓志撰寫方面，賀知章上承六朝至初唐的傳統，下啓中唐及其後的新變，為推動唐代散文的演進發揮了不可替代的作用。

（一）淵源：賀知章與傳統墓志

墓志文在南北朝時期得到了很大的發展，北朝墓志創作更是尤為繁興。縱觀這一時期的墓志，記事與頌美兩方面的功能都得到了强化，行文方式與文體格式都逐漸穩固並日益完備，墓志文體真正成熟定型。後世墓志的撰寫在“體式方面已難以越出南北朝時期業已固化的墓志文體範式”①，賀知章的創作亦不例外。不論是志文記事、銘文頌美的内容安排，還是志題、題署、志文、銘文的構件齊全，或是志文按名諱、鄉邑、世系、履歷、壽年、卒葬地等信息順序進行敘述，賀知章所撰墓志都繼承了南北朝時期的墓志撰寫規範。

但在南北朝墓志文体範式固化的过程中，部分墓志也逐漸擺脱格式化的寫法而開始呈現出文學性的特點，这以南北朝文學的集大成者庾信所撰墓志最具代表性。因為本文篇幅所限，我們就以庾信為代表性個案，以探討賀知章所撰墓志的淵源。

① 孟國棟：《新出石刻與唐文創作研究》，浙江大學中國古代文學專業博士學位論文，2012 年。

庾信被譽為是“讓墓志銘這一應用文體真正走進文學苑囿的開山鼻祖”①。庾信所撰墓志二十餘篇，數量蔚為可觀。他所撰寫的墓志在語言風格、藝術表現、人物塑造和情感抒發等方面都對賀知章的墓志創作産生了很大的影響，並被賀知章所進一步發展。

在语言風格上，庾信的墓志創作以駢文為主，辭藻紛披，句式整飭，四六句式的運用比比皆是。但當出現不適宜於駢體表達的必要性敘述文字時，庾信亦會採用散體句式進行書寫，駢中間散的運用相當普遍。如《周大將軍懷德公吴明徹墓志》的開篇所寫：“公諱明徹，字通昭，兗州秦郡人也。西都列國，長沙王功被山河；東京貴臣，大司馬名高霄漢。”② 首先用散體介紹墓主名諱、鄉邑，而後便轉入駢句用典。“觀其每敘一事，多用單行，先將事略説明，然後援引故實，作成聯語；皆可為駢散不能偏廢之證。夫駢文之中，苟無散句，則意理不顯，故信為碑志諸文，述及行履，出之以散，而駢偶諸句，則接於其下。”③ 這種駢散結合的文風自然被賀知章所繼承，而相較於庾信僅用簡短的散體敘述名諱、出身及履歷等信息，賀知章將散體的運用範圍加以擴大，在記敘事件經過、描摹人物言行時都有使用散化的語言，其所撰墓志中甚至出現了如《戴令言墓志》之類以散體為主的墓志。可見在語言風格方面，賀知章在繼承庾信駢散結合的創作風格基礎上更加重視散文的運用。

在藝術表現上，庾信對諸多藝術手法的運用使得其所撰墓志的可讀性與文學性大大增强。庾信將詩歌辭賦的創作技巧植入於墓志撰寫之中，熟練運用對仗、排比、用典、誇張、藉景抒情等各種藝術手法，為以往呆板僵化的墓志創作注入了生機與活力。尤其是他對典故的頻繁使用，更是其墓志的顯著特色之一。以《周大將軍懷德公吴明徹墓志銘》最後一段為例：

> 江東八千子弟，從項籍而不歸；海島五百軍人，為田録而俱死焉。嗚呼哀哉！毛修之埋於塞表，流落不存；陸平原敗於河橋，生死慚恨。反公孫之柩，方且未期；歸連尹之屍，竟知何日？遊魂羈旅，足傷温序之心；玄夜思歸，終有蘇昭之夢。遂使廣平之里，永滯冤魂；汝南之亭，長聞夜哭④。

此段運用項籍、田録、毛修之、陸機、公孫貞子、連尹襄老、温序、蘇紹的典故來渲染墓主的客死異鄉、歸葬無期，用典繁複，對仗工整，悲痛哀傷之情層層遞進，令人動容。

---

① 李慧：《試議墓志銘變格破體的文學現象》，《文學遺産》2005 年第 3 期。

② ［北周］庾信著，［清］倪璠注，許逸民校點：《庾子山集註》，北京：中華書局，1980 年，第 969 頁。

③ 錢基博：《中國文學史》，上海：東方出版中心，2008 年，第 187 頁。

④ ［北周］庾信著，［清］倪璠注，許逸民校點：《庾子山集註》，第 969 頁。

但有時，庾信也過於執著追求隸事用典和藉景抒情，不僅在某種程度上削弱了墓志的傳人頌美功能，還易導致墓志之間較為相似、落於窠臼的情況發生。賀知章在繼承此類藝術手法的基礎上，將它們更為靈活多變地運用於墓志之中，對典故及景物的敘述也更為適度。

在人物塑造上，庾信所撰墓志中還出現了對具體事件的記載和關鍵細節的描寫，這對真實直接地塑造墓主形象意義重大，墓志也因此具備了傳記文學的雛形。比如《周大將軍聞嘉公柳遐墓志》中的一段描寫：

太夫人乳間發瘡，醫云："惟得人吮膿血，或望可差。"君方寸已亂，應聲即吮。旬日之間，遂得痊復。君之事親，可謂至矣①。

墓志通過為母吮吸膿血這一具體事例體現墓主的至純至孝，"應聲即吮"的細節描寫更是彰顯了墓主心急如焚、唯盼母安的心理狀態，客觀可感，真實可信。但總體而言，庾信所撰大部分墓志還是受到了南北朝程式化的墓志創作影響，特別是前文所述的頻繁用典以及駢辭儷句的大量鋪排使得墓志對具體事件的記載顯得力度不够、含混不清，故在墓主人物形象的塑造上還是顯得個性不足。賀知章的墓志創作在人物塑造方面則繼續有所開掘，其多用散體記敘具體事件和關鍵細節，使得描述比較細緻生動，並且這部分的敘述比重在墓志中也有所提高，使得墓主形象更為鮮明可感。

在情感抒發上，庾信現存的墓志皆為入北之後所寫，故在墓志中或多或少地融入了自己的身世之感，特別是當墓主經歷與自己相似之時，墓志的哀痛深沉之情溢於言表。其中最為研究者所稱道的就是其所撰的《吴明徹墓志》。吴明徹本是陳朝大將，最後戰敗被俘，客死異鄉；庾信同樣也是被羈留於北朝，不得返鄉。同樣的身世經歷自然易引起庾信的共鳴，故前文所引墓志最後一段既是在感慨墓主的英雄末路，亦是在抒發自己的寥落之感。這一點亦被賀知章所繼承，並在情感共鳴的基礎上加以思想觀念的碰撞，使得墓志的文章立意得以升華，既是"傳人"亦在寫己。

庾信所撰墓志代表了南北朝墓志的最高成就，賀知章對庾信墓志的繼承發展在某種程度上也就是對南北朝墓志撰寫風格的繼承發展。而初唐時期，往往被視為墓志創作因襲舊制的階段，這一時期"墓志的寫作基本上是對六朝墓志亦步亦趨的追隨"②，無論是在語言結構還是內容風格上都難脱六朝墓志之窠臼。不過，這一時期也出現了一位不容忽視的作家——陳子昂。他在墓志撰寫方面拉開了文體變革的序幕，為賀知章的墓志創作打下了深厚的基礎。《陳子昂集》共收録其所撰墓志十二篇，這些墓志在文體運用和人物刻畫上與賀

① ［北周］庾信著，［清］倪璠注，許逸民校點：《庾子山集註》，第989頁。

② 綫仲珊：《唐代墓志的文體變革》，中國社會科學院研究生院碩士學位論文，2003年。

知章所撰墓志可謂是一脈相承。陳子昂所撰墓志大都採用散體句式，對墓主生平事迹的描繪已擺脱了駢儷的文風，這一點已與賀知章的墓志十分相近了。在人物刻畫上，陳子昂已善於運用對墓主語言、動作、細節的詳細敘述來展現人物的獨特性格，對文學手法的運用也是得心應手，為賀知章的墓志創作樹立了一個優秀可取的典範。以《上殤高氏墓志銘》為例：

> 八歲始教方書，受甲子，已知孝悌之道，詩禮之規，宛邱府君鍾愛之。他日，嘗趨庭與諸兒戲，神情涵泳，綽然如鴻雛鵠子，有青闐意也。府君美之曰："能光我家者此兒！"十五通《左氏春秋》及《尚書》，飛騫之志，日新宏大矣①。

這段描寫不禁讓筆者聯想到了賀知章所撰《戴令言墓志》中對墓主兒時的敘述，兩者皆是以散體行文為主，且都通過具體的細節描繪以及側面烘托的手法來凸顯人物形象。可見賀知章在很大程度上繼承了陳子昂的墓志撰寫風格。此外，在騷體入銘的創作實踐上，陳子昂也是典型代表之一。陳子昂現存的十二篇墓志中，兩篇有志無銘，其餘十篇中有六篇銘文全部採用騷體句式寫成，兩篇部分運用騷體，可見其對騷體入銘的推崇。這也在某種程度上影響了其後作家的墓志銘文創作，賀知章所撰銘文中騷體入銘的現象亦是沿襲於此。

（二）地位：賀知章與盛唐墓志

賀知章詩文兼擅，但其文則傳世甚少。除了傳世文獻中記載有《上封禪儀注奏》以外，就是刻於會稽宛委山摩崖的《龍瑞宮記》，這兩篇文章一直引起後世的注意，但卻不能够反映賀知章文章成就的主體。而地不愛寶，璞玉出山，近年來，出土了賀知章撰寫的十方墓志，由此我們對於這位堪稱"大手筆"的散文家，也產生了新的認識。

賀知章撰寫的十方墓志，從時間上看，從開元二年到開元二十年，這一時期是唐代的極盛時期，也是散文的發展時期，又是墓志的繁榮時期。不僅引領唐代文章發展的被稱為"燕許大手筆"的張説、蘇頲的創作成就在這一時期達到頂峰，同時還出現了一大批詩人和文章家，如張九齡、李邕、李白、李華等。賀知章因緣際會，駢列於諸大家之間，在詩歌、散文和書法方面都取得了重要成就。而其文章成就則因作品的湮没而不聞於世。十篇墓志的出土，對於我們重新衡定賀知章在盛唐文壇上的地位，提供了第一手文本資料。賀知章作為盛唐著名散文大家的面目逐漸為人們所瞭解。其地位大致有以下幾個方面。

① ［唐］陳子昂著，徐鵬校點：《陳子昂集》，北京：中華書局，1960年，第129頁。

1. 文體上的開拓

賀知章所撰墓志做得比較突出的就是駢散結合。這種情況在初唐墓志當中已經出現，但到了盛唐時期纔更加發展，賀知章就是文體開拓的實踐者之一。比如《大唐西市博物館新藏墓志》收録的賀知章所撰《王内則墓志》，就體現了賀知章敘以散文、述以駢體的文章風格。作為記述女性的一方墓志，並没有多少事迹可言，而作者卻寫出了將近一千字的志文，除了墓主數次加封經歷和先世名字官職之外，大多以評述見長，而這些評述都是用駢體文字表現的。再如上文所論及的賀知章所撰墓志，就志文而言，與銘文的關係更加緊密。志文敘事，銘文分撰，騷體入銘等，都是賀知章對於墓志文體鋭意開拓精神的體現。這樣的墓志即使和張説、張九齡、蘇頲等人所作的墓志相比較，也一點不遜色。

2. 文風上的轉變

與文體的開拓相聯繫，賀知章所撰的墓志也體現出文風上的轉變。清人章學誠《墓銘釋例》云："六朝駢儷，為人志銘，鋪排郡望，藻飾官階，殆于以人為賦，更無質實内容。"① 這就説明，六朝時期的墓志，總體上是以駢儷的文辭鋪排人物的家世、郡望、官階等方面，非常程式化，缺乏質實的内容。到了初唐時期，墓志銘的創作雖然興盛，但就新出土的墓志銘而言，題署撰者的情況都不是很多，墓志的創作往往是體現共性而不是追求個性，故而總體上駢儷鋪排的風氣仍然改變不大。到了張説、蘇頲、張九齡時代，情況就發生了較大的變化，基本上打破了原有的程式化，體現了作者自身的風格。賀知章所撰墓志，與張説、蘇頲時代相當，文風上也體現出新的局面。陳尚君《賀知章的文學世界》稱："在文風上，賀知章雖然還没有擺脱唐初以來的駢儷文風，但敘事明快曉暢，駢散兼行，具有轉變時期的文章特點。"② 諸如《楊執一墓志》："府君岱岳桂林，漢池明月。幼罹凶閔，毀瘠加人。由是顓學禮經，深明喪服，雖兩戴之所未達，二鄭之所盤疑，皆劈肥分縷，膏潤冰釋。尤好左史傳及班史，該覽詢求，備徵師説。性耟亮方直，能犯顔讜言。當天后朝，以獻書諷諫，解褐特授左玉鈐刻衛兵曹參軍，蓋賁賢也。常以攀檻抗詞，削草論奏，遂為賊臣張易之所忌，黜授洛州伊川府左果毅都尉。長鳴必在於遠途，左退適成其踠足。次當禁衛，復以封事上聞，天后深納懇誠，亟蒙召見。趨奉軒陛，咫尺天威。載犯驪龍之鱗，爰□斷馬之劍，衷見於外，朝廷嘉焉。"③ 語言上有駢有散，敘事時委婉曲致，將墓主之經歷、遭遇、性格等都表現了出來。

3. 文字上的典雅

墓志是特殊的人物傳記，以頌功為主，近乎史傳，故總體上以古樸典雅為宗。而自六

① ［清］章學誠著，倉修良編：《文史通義新編》外編一，上海：上海古籍出版社，1993 年，第 368 頁。

② 陳尚君：《賀知章的文學世界》，《杭州師範大學學報》2012 年第 3 期。

③ 吴鋼：《全唐文補遺》第一輯，第 114 頁。

朝以來，受到駢儷藻飾的影響，並不能遵於斯旨。到了初唐時期，有些作家對此着力，力圖改變，也取得了一定的成效。如吴少微和富嘉謩的“吴富體”文章就是如此：“先是，文士撰碑頌，皆以徐庾為宗，氣調漸劣。嘉謩與少微屬詞，皆以經典為本，時人欽慕之，文體一變，稱為富吴體。”① 立足於經典，在文字上也就趨嚮追求典雅。到了盛唐時期，徐堅對張説説：“富嘉謩之文，如孤峰絶岸，壁立萬仞，叢雲鬱興，震雷俱發，誠可畏乎！”② 對於富嘉謩的稱贊，也體現了盛唐張説等人對於吴、富文章風格的認同。賀知章所撰的墓志，文字上也是追求典雅的。就志文而言，如《許臨墓志》敘述其父子兩代的情况：“父子儒，皇朝吏部侍郎，贈秘書監，修文、崇文兩館學士，太上皇侍讀，潁川縣開國男。代為帝師，門以道貴。古謂顯學，莫非傳經。公名臣之嗣，允迪先緒，雅有容止，工於嘯詠。其幼也敏而好學，其壯也毅以弘體，故君子期寥廓之運矣。”③ 無論是散體還是駢體文字，都本於經傳，歸於古雅。就銘文而言，如《楊執一墓志》的銘文，共十三段，依次從楊氏得姓的來源，楊執一的遠祖、家世，以及楊執一的歷官等方面，敘述其功績。其前兩段云：“天道祚德，地靈濳祉。一君作乂，百世必祀。於鑠楊侯，周宣之子。避居西嶽，遠迹商阯。”“太尉台漢，德王佐隋。積慶二十，長源逶迤。玉環照爛，朱輪陸離。盛烈無已，高門在斯。”用四言體銘文，按時間敘事，加以典故的運用，對偶的排列，仄韻的開端，讀來既古樸又有韻味，既典雅又有變化。當然，賀知章在典雅的基礎上追求變化，也體現在上文所論的幾篇銘文的騷體運用上。

（三）影響：賀知章與後世墓志

賀知章不僅繼承發展了六朝至初唐時期墓志的撰寫傳統，其所撰墓志的創新之變還對後世墓志特别是中唐時期的墓志革新發揮了很大的啓發和推動作用。中唐時期的墓志創作伴隨着古文運動發展至高潮而完成了破繭之後的新變，並在韓愈筆下攀登至墓志創作的頂峰。因此，筆者主要以韓愈所作墓志為例探討賀知章對後世墓志創作的影響。這種影響主要體現在文體運用、人物塑造和附加己意三方面。

文體運用方面，賀知章所撰墓志雖多為駢散結合，但不同墓志的駢散比重卻不同，體現出過渡時期的墓志創作特點。其銘文創作以分段四言體為主，亦雜有騷體銘文，銘文所佔比重適中，也與當時的時代潮流相吻合。而在韓愈所撰墓志中，散體明顯佔據主流，騷體的運用也有所增多。韓愈將散體運用範圍進一步擴大至整篇墓志的撰寫，幾乎每篇墓志

① ［後晉］劉昫等：《舊唐書》卷一九〇中，第5013頁。
② ［唐］劉肅：《大唐新語》卷八，北京：中華書局，1984年，第130頁。
③ 趙君平、趙文成：《河洛墓刻拾零》，北京：北京圖書館出版社，2007年，第214頁。

都以散體為主，甚至還出現了以散體寫銘文的情況。比如《柳子厚墓志銘》銘文云："是惟子厚之室，既固既安，以利其嗣人。"① 为了突出散体的志文，韓愈所寫銘文字數也大有減少，其字數最少的一篇為《李虛中墓志銘》銘文，僅有區區九字："不贏其躬，以尚其後人。"② 這與銘文素以駢體寫成，而韓愈有意識地避免駢文的使用有關。賀知章所撰墓志即是在前人的基礎上加重了散體的比重，而以韓愈為代表的中唐時期墓志創作則繼續沿着這一趨勢並不斷發展乃至頂峰。

在對人物形象的塑造上，賀知章所撰墓志已開始運用多種藝術手法嚮着"人各有其面"的傳記文學方嚮努力，其中對細節以及關鍵事迹的關注和側面烘托、文學修辭的運用都體現出探索性文學創作的特點，同時也是極富開創性意義的。韓愈則在其基礎上將墓志文發展成一種更為成熟的傳記文學。這主要體現在韓愈鋪衍典型細節、突出主要事迹的人物刻畫方法，而對細節與事迹的描摹敘述比賀知章更為詳細和突出。比如《中大夫山陝府左司馬李公墓志銘》中的一段敘述：

> 岌為蜀州晉原尉，生公，未晬以卒，無家，母抱置之姑氏以去，姑憐而食之。至五六歲，自問知本末，因不復與群兒戲，常默默獨處，曰："吾獨無父母，不力學問自立，不名為人！"年十四五，能暗記《論語》《尚書》《毛詩》《左氏》《文選》，凡百餘萬言，凛然殊異。姑氏子弟，莫敢為敵。浸傳之聞諸父，諸父泣曰："吾兄尚有子耶？"迎歸而坐問之，應對録從無難。諸父悲喜，顧語群子弟曰："吾為汝得師。"於是縱學，無不觀③。

同樣是敘述墓主童年時期的經歷，比之《戴令言墓志》和上文所引陳子昂所撰《上殤高氏墓志銘》的記載，這段志文更加詳細具體。先是詳細交代了事件背景，而後為了凸顯墓主作為孤兒奮發嚮上的決心又援引了墓主兒時的話語，並將墓主所背之書一一詳列，以姑氏子弟側面烘托出墓主的高才。最後又詳述了諸父考校其學問的情節，兩處援引其話，再次襯托出墓主的發憤圖強與才學之高。其中對墓主原話的援引、所讀之書這些細節的詳述和側面烘托手法的運用皆與賀知章所撰志文一脈相承，但是就情節記述的一波三折和對他人反應的細緻刻畫而言，則是賀知章在墓志創作中尚未有所顧及的方面，這是韓愈墓志創作的一種新變。再如《試大理評事王君墓志銘》中的後半篇主要描寫了墓主王適騙婚的軼事，以凸顯其狂放不羈的性格特點，還將王適岳父侯高及説謊媒婆的性格也加以生動展

① ［唐］韓愈著，［清］馬其昶校注：《韓昌黎文集校注》卷七，上海：上海古籍出版社，1987 年，第 514 頁。

② 周紹良：《唐代墓志彙編》，第 1994 頁。

③ ［唐］韓愈著，［清］馬其昶校注：《韓昌黎文集校注》卷七，第 543 頁。

現。賀知章在記敘具體事迹時往往將所有注意力都集中在墓主形象刻畫上，而用如此大量的筆墨來敘述一件具體事例並同時刻畫出他人性格的情況在賀知章所撰墓志中尚無出現，同樣也是韓愈在繼承基礎上對傳記文學的一種發展。

賀知章所撰墓志已经出現了於叙述中有所寄托、附加己意的傾嚮，自己的情感觀念、處世心態等都或多或少流露於墓志之中，這也使得他筆下的墓志文擺脱了實用性文體的束縛，而具有了文人風骨與詩學精神的注入。這一點，在韓愈墓志中被發展到了極致。在情感抒發方面，賀知章僅是以一些議論性語句來抒發自己嘆惋哀痛之情，即使是與墓主有交情也僅以一筆帶過，而韓愈所撰墓志往往多記自己與墓主的交往，故而使墓志因作者明顯的主觀介入而帶有强烈的情感色彩。如《殿中少監馬君墓志》中韓愈敘述了自己與墓主馬繼祖家三代人的交往始末，自己取代墓主而成為墓志的中心，故在哀悼之情的抒發上亦是以己為主。沈德潛曾如此評價這篇墓志："哭少監，並哭其父、祖，將三世官位，三世交情，三世死喪，層疊傳寫，字字嗚咽，墓志中變體也。"① 賀知章所撰墓志對自己思想觀念的流露也多是藉助於志文中偶有的議論性話語，在文中並不佔有主要地位，但韓愈卻在某種程度上，將墓志文的創作當成了宣揚自己政治觀念、文學主張與價值取嚮的舞臺。與其說他在"傳人"，不如說他在"敘己"。比如《故太學博士李君墓志銘》，志文開篇僅以數行記敘了墓主的家世、卒葬信息和服藥而亡的事迹，隨後便是作者列舉自己交往過的其他六七位名人因服食丹藥而喪生的事例，以此來告誡人們勿要藉助金丹以求長生，並在志文末尾又抒發了一番議論以嘆"不信常道而務鬼怪"之人的愚昧無知，從中又可看出韓愈對佛老之道的不屑與排斥。這篇墓志幾乎就是一篇以舉例為主的議論文了。總的來説，賀知章在其所撰墓志中對己意的流露還是隱於幕後的，韓愈則在此基礎上由幕後走到了臺前，於墓志中正式展現出作者的身影，將附加己意發揮得淋漓盡致。

作者單位：浙江大學人文學院

① 羅聯添：《韓愈古文校注彙輯》，臺北：臺灣編譯館，2003 年，第 2783 頁。

韓偓與閩國王審知及其幕僚關係探賾
——從劉後邨、全祖望之説談起

吴在慶

關於韓偓和五代十國王審知閩國的關係，清人全祖望在其《鮚埼亭集外編》卷三十三《題跋·跋韓致光閩中詩》中説：

> 劉後邨曰："唐史謂致光挈族入閩依王氏。按，王氏據福唐，致光乃居南安，曷嘗遂依之乎？"後邨之言是也，而尚未盡。致光以丙寅至福唐主黄滔家，丁卯唐亡。戊辰尚寓福唐，己巳寓汀州之沙縣，庚午寓尤溪之桃林，辛未而後始至南安。則其在福唐亦三年，又二年而居南安耳。然致光之居南安，固不依王氏。即居福唐，亦非依王氏。何以知之？王氏固附梁者也，致光避梁而出，豈肯依附梁之人。故其嘆郎官之使閩者曰："不羞莽卓黄金印，翻笑羲皇白接籬。"《鵲》詩曰："莫怪天涯棲不穩，托身須是萬年枝。"《驛步》詩曰："物近劉輿招垢膩，風經庾亮污塵埃。"《喜涼》詩曰："東南亦是中華分，蒸鬱相凌太不平。"《悽悽》詩曰："嗜鹹凌魯濟，惡潔助涇泥。"《閑興》詩云："他山冰雪解，此水波瀾生。"豈但於王氏無一毫之益，且危疑百端矣。讀詩論世，可以得其情狀也①。

劉克莊和全祖望論韓偓和閩國關係的這段話大體是可信的，但還有不够準確之處；且其尚未論及韓偓之所以屢次徙居各處之具體情況與原因，以及韓偓之所以離開福州，有意

---

① ［清］全祖望：《鮚埼亭集外編》卷三十三《題跋·跋韓致光閩中詩》，清嘉慶十六年刻本。

疏離王審知也與王審知幕僚之妒忌不無關係。這些闕失是可依據韓偓之詩文以及有關記載加以探賾補充的。

一

劉後邨所説的"唐史謂致光挈族入閩依王氏"之説，其所説乃指《新唐書·韓偓傳》。此傳云："貶濮州司馬。帝執其手流涕曰：'我左右無人矣。'再貶榮懿尉，徙鄧州司馬。天祐二年，復召為學士，還故官。偓不敢入朝，挈其族南依王審知而卒。"① 後人所説多據此，如宋李綱《梁溪集·讀韓偓詩並記有感》云："韓偓唐昭宗時為翰林學士承旨，頗與國論，為崔胤、朱全忠所不容，謫濮州司馬。其後復官，不敢入朝，挈其族依閩中王審知。"② 元辛文房《唐才子傳》卷九《韓偓傳》云："天祐二年，復召為學士，偓不敢入朝，挈其族南依王審知而卒。"③ 明陸時雍《唐詩鏡》謂："貶濮州司馬。天祐中復召入，偓挈家南依王審知，卒"④。《十國春秋·韓偓傳》謂："昭宗被弒，哀帝復召為學士，還故官，偓不敢入朝，挈族來依太祖，僑居南安。"⑤ 按，《新唐書》所説的韓偓"挈其族南依王審知"所用的"依"字，檢之典籍也是有所依據的。考王審知的幕僚黄滔有《丈六金身碑》，中云："我公之慶鍾也，其如是矣。其明年正月十有八日乙未，設二十萬人齋，號無遮以落之。是日也，彩雲纈天，甘露粒松。香花之氣撲地，經梵之聲入空。座客有右省常侍隴西李公洵、翰林承旨制誥兵部侍郎昌黎韓公偓、中書舍人琅琊王公滌、右補闕博陵崔徵君道融、大司農琅琊王公標、吏部郎中譙國夏侯公淑、司勳員外郎王公拯、刑部員外郎宏農楊公承休、宏文館直學士宏農楊公贊圖、宏文館直學士琅琊王公倜、集賢殿校理吴郡歸公傳懿，皆以文學之奥比偃商，侍從之聲齊褒嚮，甲乙升第，巖廊韞望。東浮荆襄，南遊吴楚，謂安莫安於閩越，誠莫誠於我公。依劉表，起襄漢，其地也，交轍及館。值斯佛之成，斯會之設，俱得放心猿於菩提樹上，歇意馬於清涼山中。我公乃顧幕下者滔，俾刻貞石以碑之。滔以甲科忝第，盛府蒙招。刊勒之職，不敢牢讓，謹推於厥旨。"⑥ 據上引文可知閩國此次佛會在天祐四年正月十八日，而參加此次佛會的李洵、韓偓、王滌、崔道融等原唐昭宗朝臣乃因時局動亂，"謂安莫安於閩越，誠莫誠於我公"而來"依劉表，起襄漢，其地

① ［宋］歐陽修、宋祁：《新唐書》卷一八三，北京：中華書局，1975 年，第 5390 頁。

② ［宋］李綱：《梁溪集》卷十一，清文淵閣《四庫全書》本。

③ ［元］辛文房：《唐才子傳》卷九。見傅璇琮主編：《唐才子傳校箋》卷九，北京：中華書局，1990 年，第 243 頁。

④ ［明］陸時雍：《唐詩鏡》卷五十四，清文淵閣《四庫全書》本。

⑤ ［清］吴任臣：《十國春秋》卷九十五，北京：中華書局，1983 年，第 1371 頁。

⑥ ［清］董誥等輯：《全唐文》卷八二五，上海：上海古籍出版社，1990 年，第 3855 頁。

也，交轍及館”。黄滔時為閩國王審知幕節度推官，故文中之“我公”，乃指王審知。值得注意的是文中的韓偓諸人“依劉表”之謂。所謂“依劉表”即用《三國志·魏志·王粲传》故事：“（王粲）年十七，司徒辟，詔除黄門侍郎，以西京擾亂，皆不就。乃之荆州依劉表。表以粲貌寢而體弱通悦，不甚重也。表卒。粲勸表子琮，令歸太祖。……太祖置酒漢濱，粲奉觴賀曰：方今袁紹起河北……劉表雍容荆楚，坐觀時變，自以為西伯可規。士之避亂荆州者，皆海内之儁傑也。表不知所任，故國危而無輔。”[①] 韓偓亦因遭朱全忠所嫉恨，在朝中被貶濮州司馬，後流寓於湖南，並於唐昭宗被弑、朱全忠立唐哀帝後經江西入閩福州。故黄滔謂韓偓等人“依劉表”云云實在頗為貼切。《新唐書·韓偓傳》記“偓不敢入朝，挈其族南依王審知而卒”，其用“南依王審知”之“依”字當依黄滔此文而來。那麼“依劉”之“依”又何解？據《漢語大詞典》，“依劉”乃謂“投靠有權勢者”[②]。韓偓之“依王審知”，即投靠王審知。那麼這裹的“投靠”又做何解呢？我以為從《王粲傳》和韓偓入閩當初的情況看，解釋為投奔依靠閩國王審知，以求避難安身是比較貼切的。因此這裹的“依”，雖然不排斥王審知禮遇接待韓偓之成分，但並無依附乃至入仕王審知幕府之意。因此，《新唐書·韓偓傳》所謂的“偓不敢入朝，挈其族南依王審知而卒”，如從其當初入閩之動機與實際情況看當大致不誤，此即如《十國春秋·黄滔傳》所言“梁時强藩多僭位稱帝，太祖據有全閩，而終其身為節將者，滔規正有力焉。中州名士避地來閩，若韓偓、李洵數十輩，悉主於滔”[③]。檢韓偓《手簡十一貼》第六貼云：“旬日前所諮啓，乞一書與建州，為右司李郎中經過，希稍延接。況承舍人亦與正郎舊知聞，必切於施分。今晚有的的人去，若可踐言，速乞封示。幸甚，幸甚。偓雖承建州八座眷私，自是旅客，難於托人，伏惟照察。偓狀。十月十五日偓狀。”[④] 又韓偓有《李太舍池上玩紅薇醉題》詩，中云：“花低池小水泙泙，花落池心片片輕。……乍為旅客顔常厚，每見同人眼暫明。”此詩作於開平元年（907）春末[⑤]，據鄧小軍先生《韓偓年譜》[⑥] 所考，上文乃作於梁開平元年十月，其時王審知已經稱臣於後梁朱全忠。文中“建州八座”即指王審知，而從“偓雖承建州八座眷私，自是旅客，難於托人”來看，韓偓確實是獲得王審知之“眷私”的，但他此時並没依附王審知，衹是“旅客”而已。這就説明韓偓入閩後其身份衹是“旅客”而

① ［晉］陳壽：《三國志》卷二十一，北京：中華書局，1959 年，第 597—598 頁。

② 羅竹風主編：《漢語大詞典》，上海：漢語大詞典出版社，1993 年，第 1353 頁。按，本文若干語詞之解釋以及其用例均據此詞典，文繁此下容不一一出注。

③ ［清］吴任臣：《十國春秋》卷九十五，第 1373 頁。

④ 吴在慶：《韓偓集繫年校注》，北京：中華書局，2015 年，第 1073—1074 頁。本文所引韓偓詩文均據此書，以下容不一一出注説明。

⑤ 吴在慶：《韓偓論稿·韓偓生平詩文繫年彙纂》，北京：中華書局，2017 年，第 304—305 頁。按本文韓偓詩文作年除另注外，均據是書此文，下容不出注。

⑥ 鄧小軍：《詩史釋證》，北京：中華書局，2004 年，第 291—292 頁。

已，也就是我們前分析《新唐書・韓偓傳》所記的韓偓“依王審知”，乃即投靠王審知。但這裏的“投靠”，“從韓偓入閩當初的情況看”應“解釋為投奔依靠閩國王審知，以求避難安身”是比較貼切的。從這一角度考慮，韓偓既然在貶官、棄官後入閩，那麽他初入閩時如何安頓自己以及家人，就成為必須依仗他人解決的急切問題。我們知道韓偓等人之入閩“悉主於（黄）滔”，可見黄滔是提供過具體切實幫助的。但黄滔衹是王審知的節度推官，他要解決包括韓偓在内的諸位來閩避難的唐朝官員的安頓問題，應該會徵得王審知的同意，並取得安頓諸人的資源。據前所考韓偓確實獲得王審知之“眷私”，那麽在入閩安頓等問題上，韓偓得到王審知的“眷私”應該是可以確定的。從這一意義上講，《新唐書・韓偓傳》所記的韓偓“依王審知”，在韓偓初入閩時是恰當的，因此全祖望認為韓偓“以丙寅至福唐，主黄滔家”“即居福唐，亦非依王氏”這種説法是有違事實的。而他所謂“王氏固附梁者也，致光避梁而出，豈肯依附梁之人”之説也不無問題。蓋韓偓初入閩國依王審知時，王審知也尚未“附梁”，因其時李唐儘管風雨飄摇，但尚未被朱梁所取代。而劉克莊所言“王氏據福唐，致光乃居南安，曷嘗遂依之乎”的説法，雖然大致不錯，但也忽略了韓偓初至福唐（即福州）那一段時光確曾獲得王審知“眷私”的“依”的事實，因此也多少存在以偏概全之弊。

當然《新唐書・韓偓傳》所記“偓不敢入朝，挈其族南依王審知而卒”的説法也不無問題。我們懂得這樣的記敘確實是舊史常見的籠統記敘之筆，容易為講究精确的後人所詬病。因為這樣的表述將韓偓自入閩至卒的全過程均描述為“依王審知”，這未免過於籠統，同樣也存在以偏概全之弊，因為這樣描述也與事實有違。

事實到底如何呢？通讀韓偓詩文與有關記載，我們還是可以梳理出韓偓與閩國王審知及其部分僚屬之親疏關係，乃至其演變的大致情況，其“依”或“非依王氏”，即可藉這一梳理分辨清楚。

檢韓偓《鵲》詩末云：“莫怪天涯棲不穩，托身須是萬年枝。”此詩乃詠於乾化二年(912)，此時詩人經幾次徙居，已經隱居於閩南南安縣鄉村。從他這兩句藉詠鵲的自白，我們可以意會到他所以屢次遷居，原因在於没有遇到可以托身的“萬年枝”，而這“萬年枝”既不是朱梁王朝，也非閩王審知政權①。那麽詩人在閩中的幾次遷徙，我認為是和王審知及其幕僚與詩人的不同關係緊密相關的。以下我們即將此關係之具體情形分為：1. 韓偓初抵福州至避到沙縣時；2. 在沙縣寓居時；3. 從沙縣遷至桃林場隱居時；4. 離開桃林場徙居至南安縣鄉村隱居至其卒時四個階段進行梳理探賾。

---

① 關於《鵲》詩所包含的具體意蘊，請參看拙著《韓偓論稿・韓偓〈失鶴〉〈鵲〉〈火蛾〉三首詩發覆與解讀》一文。見此書第125—139頁。

二

如上所述，韓偓初至福州的那段時間確實可以説是依王審知的。其依王審知是建立在如黄滔所説的包括韓偓在内諸人“謂安莫安於閩越，誠莫誠於我公”之上的，也就是説諸人認為閩越（此處指閩福州）可以作為南下的避難安身之地，而且相信王審知接納他們的誠心。當然天祐三年（906）秋韓偓入閩時，王審知仍是李唐藩臣，這是韓偓決定入閩之首要因素。但是這段信任接近可稱為“依王審知”的時間，我以為充其量大致至韓偓從福州移居沙縣時，即約在後梁開平二年（908）冬①。這一離開福州，表明韓偓有意疏離王審知，其原因或許有多種，但主要原因在於王審知稱臣於朱全忠，接受後梁之封官。考《資治通鑒》後梁開平元年四月乙亥載：“是時惟河東、鳳翔、淮南稱‘天祐’，西川稱‘天復’年號；餘皆稟梁正朔，稱臣奉貢。”② 據此可知，此時閩國王審知也已“稱臣奉貢”於梁。又《十國春秋》卷九十《閩一·司空世家》即記有以下諸事：

> 開平元年五月乙卯，梁加王兼侍中。冬十一月，梁封福州閩縣玷琦里古廟為昭福祠，從王請也。是歲，以九仙山萬歲寺請為梁主祝釐，表額曰壽山。
>
> 開平二年春正月，梁詔改福州福唐縣曰永昌③。

誠如宋李綱《梁溪集》卷十一《讀韓偓詩並記有感》所云：“韓偓唐昭宗時為翰林學士承旨，頗與國論，為崔胤、朱全忠所不容，謫濮州司馬。”④ 故韓偓對朱全忠以及其弑殺唐帝後所建立之梁政權是極為憎惡的，非但拒絕其復故官之招，而且入閩遠避之。而他選擇入閩，乃基於王審知其時仍是李唐臣子，且“安莫安於閩越，誠莫誠於我公”。因此開平元年四月當他知道王審知稱臣於朱全忠之後梁，他對此必然産生反感，並對王審知有所警惕戒備，其時出現疏離王審知之心也就可想而知了。隨着上引《十國春秋》所載閩國與朱梁王朝互動事件的陸續發生，韓偓對王審知的疏離之情必然逐漸增强，並隨着時間的推移而加深。

---

① 吴在慶：《韓偓考論·韓偓生平詩文繫年彙纂》，北京：中華書局，2017年，第304—305頁。本文所述韓偓形迹以及詩文作年如無特别説明均依此書。

② ［宋］司馬光：《資治通鑒》卷二六六，北京：中華書局，1956年，第8675頁。

③ ［清］吴任臣：《十國春秋》，第1309—1310頁。

④ ［宋］李綱：《梁溪集》卷十一，清文淵閣《四庫全書》本。

值得注意的是韓偓自從天祐三年秋入閩時就居於王審知幕府所在地福州，但約在開平二年（908）冬他就“嘗道沙陽，寓居天王院者歲餘，與老僧藴明相善，以詩贈之”①。這一移居意味着什麽？韓偓為何要離開福州而寓居到相對偏僻的沙縣天王院歲餘？對於上述兩個問題史籍文獻並没有記載，我們衹能依據詩人的政治立場、處境以及其個别詩文加以探賾。從如前所述韓偓疏離王審知之原因考察，詩人這一離開福州遠避至沙縣之舉，就意味着詩人有意避開王審知，更為疏離他了。如果説移居沙縣之前的那段寄居福州的日子，可説是“依王審知”的話，那麽從移居沙縣起，“依王審知”的成分就更為淡薄或可説已掙脱王审知了。

那麽除了這一政治立場的原因外，還有何因素催動他離開福州呢？檢韓偓開平元年作有以下兩首詩：《息慮》云：“息慮狎群鷗，行藏合自由。春寒宜酒病，夜雨入鄉愁。道嚮危時見，官因亂世休。外人相待淺，獨説濟川舟。”又《味道》云：“如含瓦礫竟何功，癡黠相兼似得中。心繫是非徒悵望，事須光景旋虚空。升沉不定都如夢，毁譽無恒卻要聾。弋者甚多應扼腕，任他閑處指冥鴻。”這兩首詩中“外人相待淺，獨説濟川舟”“毁譽無恒卻要聾。弋者甚多應扼腕，任他閑處指冥鴻”等句較為難解，且是值得推敲細味、重點討論的句子。為此，我們得把兩首詩的大致意思先行解説，然後再探究這些詩句之意藴。

《息慮》詩之要旨乃“息慮”，即謂如今已止息入世求功名之雜慮，以獲得出處行止之自由。故首兩句即緊扣詩題，表明此主旨。中四句即以最簡略之情事述説入仕貶出以及棄官以來之事。末二句謂如今尚有人以輔佐國事相稱許，然而乃是不深知者之意，他哪裏知道我而今已是“息慮狎群鷗，行藏合自由”之人矣！《味道》乃詩人歷經人生患難，流寓入閩後回顧人生，體味為人處世之道所作。首句謂人生如不悴不榮，無馨無臭，如含瓦礫般又有何意思呢！第二句乃詩人所體味，亦即為人癡黠相兼最為相宜。第三句以為人若心繫是非太甚，則徒然招致悵望而已。第四句乃“我生待明日，萬事成蹉跎”之意。第五句謂世事無常，皆如夢般變幻不定，有如《莊子·德充符》所謂“死生存亡、窮達貧富、賢與不肖、毁譽、饑渴、寒暑，是事之變，命之行也”②。第六句乃葛洪《抱朴子·自敘》所謂“毁譽皆置於不聞”也③。末兩句應看作詩人所面對之險惡處境與態度，意為可悲嘆者乃心存謀害捕殺的人實在太多了，然而衹要如冥鴻般隱逸高飛，他又能奈我何呢！

這兩首詩均作於韓偓入閩後次年，此時他已“依王審知”一段時間了，且此前之天祐二年九月、天祐四年正月，他已兩次拒絶朱全忠控制下的唐朝廷的復故官之招，並已多次賦詩言志云“宦途棄擲須甘分，迴避紅塵是所長”（《即目二首》之一）、“宦途巇嶮終難

① 見吴在慶：《韓偓論稿·韓偓生平詩文繫年彙纂》，第304—305頁。

② 見《莊子注》卷二，清文淵閣《四庫全書》本。

③ ［晋］葛洪：《抱朴子》外篇卷四，清文淵閣《四庫全書》本。

測，穩泊漁舟隱姓名”（《病中初聞復官二首》之二）。那麼開平元年在他已經避開中原朱梁王朝而“依王審知”的新環境裏，他為何還要賦詩感慨“外人相待淺，獨説濟川舟”，要慨嘆“毀譽無恒卻要聾。弋者甚多應扼腕，任他閑處指冥鴻”呢？而這些詩句又何所指呢？

先解析“外人相待淺，獨説濟川舟”句。按，外人，即他人，别人。此指對自己瞭解不深之人。如《孟子·滕文公下》：“外人皆稱夫子好辯，敢問何也？”[①] 南朝宋劉義慶《世説新語·品藻》：“謝公問王子敬：‘君書何如君家尊？’答曰：‘固當不同。’公曰：‘外人論殊不爾。’”[②] 相待淺，《韓非子·六反》：“猶用計算之以相待也，而況無父子之澤乎？”此句意别人對自己瞭解不深。又“濟川”語出《書·説命上》：“爰立作相，王置諸其左右。命之曰：‘朝夕納誨，以輔台德。若金，用汝作礪；若濟巨川，用汝作舟楫；若歲大旱，用汝作霖雨。’”[③] 後多以“濟川”比喻輔佐帝王。如唐獨孤及《庚子歲避地至玉山酬韓司馬所贈》詩：“已無濟川分，甘作乘桴人。”[④] 因此此處“濟川舟”意為輔佐帝王之人。此句連上句意為别人對自己瞭解不深，到如今還把我看作是心存輔佐帝王之人。那麼韓偓這裏的“外人”指何人？他為何要講上述這些話？我以為這裏的“外人”從當時他所處環境來看應指王審知和黄滔等人。蓋他們對曾是朝中重臣的韓偓以及其輔佐唐昭宗的才具品德是瞭解的，而且他們均是器重並“眷私”韓偓者。可以設想當韓偓來閩“依王審知”時，他們必定會想方設法説服並禮聘他入幕為閩國效力。然而這對於決計“穩泊漁舟隱姓名”的韓偓來説，不管王審知們對他寄予多大的厚望，他也是無心入仕閩國幕的，故以《息慮》為題，表明自己“息慮狎群鷗，行藏合自由”之志嚮。這裏我們還須進一步説明的是《息慮》詩作於唐天祐四年正月，此時唐尚存梁未立[⑤]。而閩國王審知稱臣於朱梁乃在賦此詩約四個月之後，這就説明此時以及此前韓偓不願意入閩國幕並不是因王審知稱臣於朱梁，而是另有其他考慮。我們設身處地細細斟酌，除了上文所説的他已有“宦途巇嶮終難測，穩泊漁舟隱姓名”之徹底退隱之想，以及下文再分析的“毀譽無恒卻要聾”原因外，我想應還有其忠於唐昭宗之李唐王朝，而決不他仕之效忠情結。這一情結劉克莊的《後村詩話》即言之：“及朱三篡弑，偓羈旅於閩，時王氏割據，偓詩文止稱唐朝官職，與淵明稱晉甲子異世同符。”[⑥] 元馬端臨《文獻通考》卷二四三《經籍》七十亦云：“石林葉氏曰：‘韓偓傳自貶濮州司馬後，載其事即不甚詳。其再召為學士，在天祐二年。吾家所藏

① ［漢］趙岐注，［宋］孫奭疏：《孟子注疏》卷六下，清文淵閣《四庫全書》本。
② ［南朝宋］劉義慶：《世説新語》卷中之下，上海：上海古籍出版社，1982 年，第 294 頁。
③ ［唐］陸德明音義，［唐］孔穎達正義：《尚書注疏》卷九，清文淵閣《四庫全書》本。
④ 見［清］彭定求等編：《全唐詩》卷二四六，北京：中華書局，1960 年，第 2763 頁。
⑤ 據《資治通鑒》卷二六六，第 8674 頁所載：天祐四年四月“戊辰，大赦，改元，國號大梁”。
⑥ ［清］鄭方坤：《五代詩話》卷六引《後村詩話》，北京：書目文獻出版社，1989 年，第 230 頁。

偓詩雖不多，然自貶後，皆以甲子歷歷自記其所在，有乙丑年在袁州得人賀復除戎曹依舊承旨詩，即天祐二年也。昭宗前一年已弒，蓋哀帝之命也。末句云‘若為將朽質，猶擬杖於朝’，固不往矣！其後又有丁卯年正月《聞再除戎曹依前充職詩》，末句云‘豈獨鴟夷解歸去，五湖魚艇且餔糟’，天祐四年也。是嘗兩召皆辭，《唐史》止書其一。是歲四月，全忠篡，其召命自哀帝之世。自後復召，則癸酉年南安縣之作，即梁之乾化二年（慶按，癸酉年乃乾化三年，此謂乾化二年誤），時全忠亦已被弒，明年梁亡。其兩召不行，非特避禍，蓋終身不食梁禄，其大節與司空表聖略相等。惜乎，《唐史》不能少發明之也！’”① 《十國春秋·韓偓傳》亦載：“自貶後，以甲子歷歷自記所在。”② 韓偓之所以如此，其原因即在於忠於李唐，感恩唐昭宗對他的器重寵任。這一情結不僅如上所記，而且也流露於其詩中，如早在天復元年（901）所作的《賜宴日作》詩中即有“臣心浄比漪漣水，聖澤深於瀲灩杯。纔有異恩頒稷契，已將優禮及鄒枚”之詠，故開平元年秋詩人在福州所賦《秋郊閑望有感》中云“心為感恩長慘慼，鬢緣經亂早蒼浪”。因此這一忠於李唐昭宗朝的感恩情結，也是他既不仕朱梁朝，也不願入閩國幕的原因之一③。

如上所述，王審知和黄滔也是有恩於韓偓，並有延攬他入幕之舉的，這還可以從詩人《味道》詩的“升沉不定都如夢，毁譽無恒卻要聾”等句品味出其“味道”。作者抒發這一感慨是在他到福州的翌年，即正在“依王審知”時，因此這裏的“毁譽”多半是就當時的遭際而發的。所謂的“譽”，應包括王審知、黄滔等人對他的“獨説濟川舟”，並想延攬他入幕之舉之類，以此也可反證王審知確實有想延攬他入幕之舉。此外，從“毁”的角度分析，我認為“毁”他的人就有王審知幕府中之人，而之所以要“毁”他，就在於知道王審知有延攬詩人之意，因妒賢嫉能而心生排斥，並進而讒毁他。這樣的判斷從詩人此後所詠的《此翁》詩“高閣群公莫忌儂，儂心不在宦名中”等句即可參悟（説詳下）。其實“高閣群公”擔心韓偓入閩國幕從而嫉妒讒毁他不僅在寫作此詩時，早在開平元年前後韓偓在福州時已經如此了，故他在《味道》詩中針對“弋者甚多應扼腕”處境，不僅存有“儂心不在宦名中”之志，而且以“毁譽無恒卻要聾”處之，一表“任他閑處指冥鴻”“息慮狎群鷗，行藏合自由”之心迹。

若細緻品讀韓偓詩，我們尚可品味出王審知想徵聘他入幕恐早在他天祐三年至福州後不久就開始了。這一年韓偓入閩後有《兩賢》和《再思》詩，前作云：“賣卜嚴將賣餅孫，兩賢高趣恐難倫。而今若有逃名者，應被品流呼差人。”《再思》後半云：“但保行藏天是

---

① ［元］馬端臨：《文獻通考》卷二四三，北京：中華書局，1986年，第1923—1924頁。

② ［清］吴任臣：《十國春秋》，第1371頁。

③ 關於韓偓不仕朱梁，也不入王審知閩國幕問題，可參看拙作《韓偓〈露〉〈六言三首〉詩發覆與解讀》，見《韓偓論稿》，第140—146頁。

證，莫矜纖巧鬼難欺。近來更得窮經力，好事臨行亦再思。”《韓偓年譜》曾指出：“此二詩顯係有為而作。前首之‘逃名’，後首之‘但保行藏’，及‘好事臨行亦再思’，殆即指復召仍不赴。不然，即指王審知欲用偓為官。朝命既一再不赴，審知倘有意用之，又安能從命耶？”① 我則以為“近來”“好事”兩句均是對自己而言，那麼對於朱全忠所控制的唐哀帝朝廷之“復招”，詩人應不會認為是“好事”，祇有王審知之有意徵聘他，他纔會視為“好事”。如果此理解不誤的話，那麼這就可以表明，早在天祐三年詩人入閩後王審知就有徵聘他入幕之意了。這不僅可以進一步説明王審知等人對他有“眷私”之恩，同時也可以表明王審知之幕僚（即“高閣群公”）對他的嫉妒讒毀也隨之而來。這也是詩人不願入王審知幕，並在後來避到沙縣，以此有意疏離王審知的原因之一。

三

如果説從韓偓離開福州遠避到沙縣寓居於天王院歲餘，標志着韓偓疏離王審知之第一階段的話，那麼從其離開沙縣擬至撫州、信州之行起則為其疏離王審知之第二階段之開始。

檢韓偓《己巳年正月十二日自沙縣抵邵武軍將謀撫信之行到纔一夕為閩相急脚相召卻請赴沙縣郊外泊船偶成一篇》云：“訪戴船迴郊外泊，故鄉何處望天涯。半明半暗山村日，自落自開江廟花。數醆緑醅桑落酒，一甌香沫火前茶。”按，據詩題知此詩乃作於己巳年正月，亦即後梁開平三年（909）正月。詩題所謂“謀撫信之行”，指謀劃將經邵武到江西的撫州、信州。“閩相”，指王審知。其時王審知為威武軍節度、福建觀察使、同中書門下平章事，故稱。“急脚”，唐時急速傳遞書信信息者。此詩詩題後吴汝綸評注云：“是時撫州刺史為危全諷，信州為危仔倡。是年淮南取撫、信地。閩相即王審知。”② 據上所析知開平三年正月韓偓離開沙縣擬往江西之撫州或信州，但行至邵武卻被王審知所派遣的信使召回沙縣郊外駐泊。誠如《韓偓簡譜》所云“玩此詩致堯頗有離閩之意”③。那麼詩人為何又要徹底離開福建往江西去呢？此時到底又發生了什麼而使詩人下此決心？

檢韓偓有以下兩首詩：其《余寓汀州沙縣病中聞前鄭左丞璘隨外鎮舉薦赴洛兼云繼有急徵旋見脂轄因作七言四韻戲以贈之或冀其感悟也》，題下自注：“己巳年。”詩云：“莫恨當年入用遲，通材何處不逢知。桑田變後新舟楫，華表歸來舊路歧。公幹寂寥甘坐廢，子牟歡抃促行期。移都已改侯王第，惆悵沙堤別築基。”另一首《又一絶請為申達京洛親交知

① 鄧小軍：《詩史釋證》，第286頁。
② 見吴在慶《韓偓集繫年校注》第292頁此詩“集評”下引。
③ 孫克寬：《詩文述評·韓偓簡譜》，臺北：廣文書局，1970年，第98頁。

余病廢》云："鬢惹新霜耳舊聾，眼昏腰曲四肢風。交親若要知形候，嵐嶂煙中折臂翁。"前一首詩的某些語詞、句子的清晰解讀，對於避免誤讀，準確理解此詩本身是很有必要的，而且還關涉韓偓在此後為何要離開沙縣擬往撫、信的問題，為此我們先作些解釋。

"前鄭左丞璘"，即原唐朝尚書左丞鄭璘，時亦在閩中。"外鎮舉薦赴洛"，指鄭璘為閩王審知之舉薦而將赴洛陽任梁朝官職（據《資治通鑒》卷二六七，梁遷都洛陽在開平三年己巳正月）。"兼云繼有急徵"，指韓偓聽説還有急徵之事。"旋見脂轄"之"脂轄"，乃指脂車，謂準備駕車遠行。如《左傳・哀公三年》："校人乘馬，巾車脂轄。"楊伯峻注："轄為車軸兩頭之鍵，塗之以脂。古無機油，以動物脂肪代之，使車行滑利也。"《晉書・張軌傳》："欲遣主簿尉髦奉表詣闕，使速脂轄，將歸老宜陽。"唐白居易《偶題十五韻聊戲二君》："聞君每來去，矻矻事行李。脂轄復裹糧，心力頗勞止。"（以上"脂轄"之註釋以及所引例句均據《漢語大詞典》）因此此處的"旋見脂轄"説的是很快見到鄭璘已經"脂轄"，準備動身了。韓偓見此很不以為然，故以"公幹寂寥甘坐廢，子牟歡抃促行期"之典規諷之。此處的"促行期"即針對旋見鄭璘的"脂轄"而言。以此可見當時韓偓是見到正"促行期"而"脂轄"的鄭璘的，故能賦此詩以"贈之"；並因鄭璘將赴京洛，故有《又一絶請為申達京洛親交知余病廢》之托付鄭璘之事。

明白了上述兩首詩之內涵，就更便以探明韓偓為何要離開沙縣之原因，以及邵武被追回"沙縣郊外泊船"之内在隱情過程了。原來當韓偓見到鄭璘為王審知所舉薦，即將赴洛陽仕於朱梁王朝，又聞知王審知還將有"急徵"之事時，他當然會引起警惕，擔心王審知也將會舉薦他赴洛陽，或請他就任福州幕府。因此他的《又一絶請為申達京洛親交知余病廢》詩之自訴"病廢""折臂翁"等殘疾之病況，除讓交親知曉自己病情外，當還有以此為藉口，一表拒絶徵召之意。但詩人之擔心疑慮並未到此解除，故採取一走避之之行動。那麽韓偓此舉為何立即為王審知所知曉，並馬上派遣"急脚"追回他呢？我以為鄭璘之被"急徵"赴洛，必定有王審知的使者至沙縣傳命"急徵"他。這樣此使者一旦知道韓偓離開沙縣，即會火速報告王審知，王審知也就立即命"急腳"緊追詩人。如果這一推測大致不誤的話，那麽這件事表明儘管韓偓此時已經更為疏離甚至可以説不願依王審知了，但後者至此時還是很器重關注，甚至可説是"眷私"韓偓的，否則他又何必如此作為呢？

四

韓偓於開平三年正月被王審知所派遣之"急腳"追回沙縣後，並沒有擔任任何職務，也未見曾到福州之迹，這説明儘管王審知仍然器重關注他，但他仍然與王審知保持疏離的態度。此後更是有意避開王審知，遷居他方，離福州越來越遠。開平三年（909）年底，詩人離開沙縣赴尤溪。開平四年（910）春抵尤溪後不久即寓居於南安縣桃林場，時有《桃林場客舍之前有池半畝木槿櫛比閼水遮山因命僕夫運斤梳沐豁然清朗復覩太虛因作五言八韻以記之》詩，中云："插槿作藩籬，叢生覆小池。為能妨遠目，因遣去閑枝。鄰叟偷來賞，棲禽欲下疑。虛空無障處，蒙閉有開時……稍寬春水面，盡見晚山眉。岸穩人偷釣，階明日上基。"此詩以詩人"命僕夫運斤梳沐""閼水遮山"之櫛比木槿，使得"客舍之前""豁然清朗，復覩太虛"，而詩人也樂在其中。詩人之所以這麽做，乃表明他有意隱居於此，故有如此之舉。這一打算有作於同年春末的《卜隱》詩可證："屏迹還應減是非，卻憂藍玉又光輝。桑梢出舍蠶初老，柳絮蓋溪魚正肥。世亂豈容長愜意，景清還覺易忘機。世間華美無心問，藜藿充腸苧作衣。"還有同年春所賦的《寄隱者》和《贈隱逸》詩體現此時詩人的隱居生活與安於隱逸的心態。兩詩如下："煙郭雲扃路不遥，懷賢猶恨太迢迢。長松夜落釵千股，小港春添水半腰。已約病身抛印綬，不嫌門巷似漁樵。渭濱晦迹南陽臥，若比吾徒更寂寥。""静景須教静者尋，清狂何必在山陰。蜂穿窗紙塵侵硯，鳥鬥庭花露滴琴。莫笑亂離方解印，猶勝顛蹶未抽簪。築金所得非名士，況是無人解築金。"

那麽為何詩人在王審知追回沙縣不到一年後要再離開沙縣，遠避於離福州更遠的福建南方的桃林場呢？我想詩人之所以如此，這表明他想遷移到更能躲避王審知影響力的偏僻之處以安身隱居，可見他更有意疏離王審知了。這是其中原因之一。此外，起碼還有與王審知和其幕府諸幕僚關係之因素。

考韓偓《此翁》詩云：

> 高閣群公莫忌儂，儂心不在宦名中。嚴光一唾垂緌紫，何胤三遺大帶紅。金勁任從千口鑠，玉寒曾試幾爐烘。唯應鬼眼兼天眼，窺見行藏信此翁。

此詩題下有"此後在桃林場"小注，據此知詩作於後梁開平四年（910）在桃林場時。岑仲勉《唐集質疑·韓偓南依記》謂"考偓初至福州，後乃之泉，觀《此翁》詩有'高閣群公莫忌儂，儂心不在宦名中'等語，知審知左右忌之者甚衆"①。孫克寬《韓偓簡譜》亦謂"《此翁》七律詩有'高閣群公莫忌儂'句，殆王審知參佐有忌之者"②。品味此詩首聯可知妒忌讒毁詩人的是"高閣群公"，也就是王審知幕府中一些頗有地位勢力的僚佐，而且其人數也不少，故詩中以"高閣群公"稱之。那麽這些人為何要"忌"詩人呢？從韓偓"儂心不在宦名中"句以釋"群公"之"忌"揆之，當是王審知尚器重並有延攬詩人之意，甚至有所行

① 岑仲勉：《唐人行第録》，上海：上海古籍出版社，1978年，第479頁。
② 孫克寬：《詩文述評·韓偓簡譜》，第98—99頁。

動，故引起“高閣群公”之“忌”其入宦王審知閩國幕府之舉動。正因有“高閣群公”之“忌”，故詩人又以“嚴光一唾垂緌紫，何胤三遺大帶紅”，以決意隱居的嚴光和何胤自比以明心志①。很明顯，“高閣群公”之“忌”倒不是韓偓得罪了他們，而是他們出於自保地位而嫉賢妒能之所謂小人之心。試想韓偓曾是一位為唐昭宗所寵重，任過翰林學士承旨、兵部侍郎的重臣，如今如肯為閩國所用，禮賢下士的王審知必定以高位禮聘之，加以尊崇重用。這對於那些自保地位而嫉賢妒能的“高閣群公”來説是難於接受而必然引起不安的，因此也就“忌”“毁”起詩人來。而“高閣群公”的“忌”“毁”，對於“儂心不在宦名中”的詩人來説，更會增强不入王審知幕府之心，並加速他遠離王審知之步伐。

此外從開平四年韓偓所作的《失鶴》詩，也能印證上述韓偓為何又遠避至桃林場之故。此詩云：“正憐標格出華亭，況是昂藏入相經。碧落順風初得志，故巢因雨卻聞腥。幾時翔集來華表，每日沉吟看畫屏。為報雞群虚嫉妬，紅塵嚮上有青冥。”品味此詩，乃詩人受閩王審知幕僚猜忌有感而作。詩用寓托之法，失鶴即自喻自謂，以離開故巢之華亭鶴，抒發自己被迫離開朝廷之處境與心志。首二句以華亭鶴表明自己原本出身不凡，氣宇軒昂，不同於一般群類。頷聯回首身世經歷，謂原本在唐昭宗朝亦曾仕途通達得志，不料卻因朱全忠之竊取朝政，屠戮排擠朝臣，以致自己不得不離開故都。頸聯則抒寫對昭宗朝之嚮往與懷念。“幾時”，表熱切之盼望也；“每日”，明無時不“看畫屏”，無時不為思念往昔而“沉吟”。尾聯則歸結至本詩原意，不無諷刺地告訴猜忌者：我本有超脱紅塵之高遠志嚮，汝等正不必空嫉妒也②。

此外，除了上文所示本年韓偓多有卜隱、隱居以及和隱者來往的詩作外，《卜隱》之“世間華美無心問，藜藿充腸苧作衣”，《寄隱者》之“已約病身抛印綬，不嫌門巷似漁樵”，以及《山院避暑》之“何人識幽抱，目送冥冥鴻”，《閑居》詩之“厭聞趨競喜閑居，自種蕪菁亦自鋤。……刀尺不虧繩墨在，莫疑張翰戀鱸魚”等詩句也頗值得體味。在這一年中詩人為何要這麽頻繁地表白自己“厭聞趨競”“已約病身抛印綬”，無心追求“世間華美”，樂於隱居生活之心志呢？又為何要提出並嚮誰表明“何人識幽抱，目送冥冥鴻”“莫疑張翰戀鱸魚”呢？考之於韓偓不斷遠離福州之前述緣由，除了以此不斷嚮王審知表明自己無心仕宦、決意隱逸而婉拒其入幕之請外，此次之“何人識幽抱”“莫疑張翰戀鱸魚”之句，就如《失鶴》詩，其指嚮更主要是針對忌毁他的“高閣群公”。

① 關於這兩句詩之寓意，請參讀《韓偓集繫年校注》此詩下之相關注釋。

② 關於《失鶴》詩所包含的具體意藴，請參看拙著《韓偓論稿·韓偓〈失鶴〉〈鵲〉〈火蛾〉三首詩發覆與解讀》。

五

韓偓遠離福州的腳步並沒有止於桃林場，他住桃林場約一年，即於開平五年（911，是年五月改元乾化）春又徙居至南安縣。又據《十國春秋·韓偓傳》"龍德三年，卒於南安龍興寺，葬葵山之麓"①，知龍德三年（923），韓偓年八十二卒於南安。

韓偓在南安度過最後的十三年時光。這裏我們要提出兩個問題，首先是他又遷居南安是否還與避"高閣群公"之忌毀、進一步疏離王審知有關？我以為回答是肯定的。考《資治通鑒》《十國春秋》等史籍，朱梁建國後，王審知不但"稱臣奉貢"，還時有互動（詳上文），就是在後梁開平四年左右"梁加王中書令、福州大都督長史，進封閩王"②。據翁承贊《大唐故扶天匡國翊佐功臣威武軍節度觀察處置三司發運等使開府儀同三司守太師兼中書令福州大都督府長史食邑一萬五千户食實封一千户閩王墓志並序》，此次敕封儀式非常隆重："翌歲，敕封閩王。天子御正殿親降簡册，自東上閣門宣車輅冠劍，太常鼓吹，詔名卿乘軺，直抵南閩。至止之日，自江館陳儀注，復展鹵簿，旌旗珂佩，文武導從，籠絡井邑，簫鼓相望二十里，抵登庸館展禮。王弁貂冠，被禮服劍履，受册命，乘輅車，坐公衙，以彰曠代之貴盛。雖郭尚父、渾令公之恩澤，無以加也。"③ 試想韓偓知悉此"以彰曠代之貴盛"事又做何感想，豈不更反感而越加疏離王審知。此外"高閣群公"之忌毀也一直延續下來，即使在他移居南安後也如此，這使得他一直惴惴不安。這兩種狀況和情緒在他詠於乾化元、二年的諸多詩作，如《殘春旅舍》之"兩梁免被塵埃污，拂拭朝簪待眼明"，《喜涼》之"東南亦是中華分，蒸鬱相凌太不平"，《淒淒》之"嗜鹹凌魯濟，惡潔助涇泥"，《露》之"名因霈澤隨天睠，分與濃霜保歲寒。五色呈祥須得處，戛雲仙掌有金盤"，《鵲》之"莫怪天涯棲不穩，托身須是萬年枝"等詩句中均有所流露。

其次，韓偓到南安之後是否如史籍所謂"依"王審知，或者依王審知之弟、侄王審邽、王延彬？檢《新唐書》卷一百九十《王審邽傳》："審邽……為泉州刺史，檢校司徒。……善吏治，流民還者假牛犁，興完廬舍。中原亂，公卿多來依之，振賦以財，如楊承休、鄭璘、韓偓、歸傳懿、楊贊圖、鄭戩等，賴以免禍，審邽遣子延彬作招賢院以禮之。"④《十

---

① ［清］吳任臣：《十國春秋》卷九十五，第1371頁。

② 此事《資治通鑒》卷二六七（第8708頁）和《十國春秋》卷九十（第1310頁）記在開平三年四月；《五代會要》和翁承贊《大唐故扶天匡國翊佐功臣威武軍節度觀察處置三司發運等使開府儀同三司守太師兼中書令福州大都督府長史食邑一萬五千户食實封一千户閩王墓志並序》記在開平四年。

③ 陳尚君輯校：《全唐文補編》，北京：中華書局，2005年，第1449頁。此文亦見《文史》第28輯，第138頁。

④ ［宋］歐陽修、宋祁：《新唐書》卷一九〇，第5492—5493頁。

國春秋》卷九十四《閩五·王審邽傳》："中原亂，公卿多來依閩，審邽遣子延彬作招賢院禮之，振賦以財，如唐右省常侍李洵、翰林承旨制誥兵部侍郎韓偓、中書舍人王滌、右補闕崔道融、大司農王標、吏部郎中夏侯淑、司勳員外郎王拯、刑部員外郎楊承休、弘文館直學士楊贊圖、王倜、集賢殿校理歸傳懿，及鄭璘、鄭戩等，皆賴以免禍。"① 又清乾隆《泉州府志》卷六十四《寓賢·杜襲禮傳》引《王氏家乘》："杜襲禮，昭宗時為水部員外郎，朱全忠篡唐，避亂來泉依刺史王審邽，與常侍李洵、承旨韓偓諸公同賓禮於招賢院。"② 按，《韓偓年譜》曾引以上典籍記載，經過細緻考訂認為其所記多有誤，云："偓自本年辛未梁乾化元年（911）起，至癸未梁龍德三年（923）去世，寓居南安共十三年。偓寓居南安以後大部分時間，泉州刺史為王延彬。""《新唐書》謂偓來依王審邽，實則辛未梁乾化元年（911）偓來南安時，審邽早已卒於天祐二年（905）……《新唐書》此説誤。《八閩通志》《十國春秋》等亦沿其誤。""《新唐書》《十國春秋》及乾隆《泉州府志》所引《王氏家乘》，謂唐朝官員李洵、韓偓等來泉居招賢院，實則偓並未入招賢院。諸家記載，蓋連類而及之誤。""偓至南安後，先寓居旅舍，後在縣東龍興院（元代地名三都）葵山下建成'枳籬茅屋'之家園，率家人躬耕自養，並未入王延彬之招賢院。"③ 此實況陳敦貞《唐韓學士偓年譜》後梁太祖乾化元年譜亦早有指出："韓公在桃林場，似仍未能安心住下去，乃於今年夏間（慶按，此謂"夏間"恐稍晚，應是"春間"）離桃林，取水路南下至南安縣治，即今豐州鎮，寄居九日山僧舍。山在鎮西里許，去泉州郡城不上十里。……韓公既不到這郡城去，也不住到距豐州鎮五里的潘山之招賢館。"④ 同譜乾化二年又謂："韓公自去年至南安縣治，今年仍在南安縣，而自九日山移居於縣治東門外二里許偏處西北方之三都董埔鄉龍興寺。故老相傳，韓公在董埔鄉寺間，亦自居處。蓋公南來，除了家人，還有族人，有些族人留居閩中，其餘到南安縣來，就在韓公領導下，擇地龍興寺後的葵山，以墾荒耕種，名其地曰杏田，並以安置族人，隨成一小村落，至今猶稱杏田村。"⑤ 今檢韓偓詩文以及有關記載，仍可見韓偓到安南後並未依閩國王氏諸人，而是過着村居之貧寒生活。如作於乾化二年（912）之《余卧疾深村聞一二郎官今稱繼使閩越笑余迂古潛於異鄉聞之因成此篇》之"枕流方採北山薇，驛騎交迎市道兒"，《深村》詩"甘嚮深村固不材，猶勝摧折傍塵埃。清宵玩月唯紅葉，永日關門但緑苔。幽院菊荒同寂寞，野橋僧去獨裴回。隔籬農叟遥相賀，且喜今春膏雨來"，乾化三年（913）之《南安寓止》云"此地三年偶寄家，枳籬茅廠共桑麻"，貞明二年（916）之《幽獨》云"幽獨起侵晨，山鶯啼。更早。門巷掩

① ［清］吴任臣：《十國春秋》卷九十四，第1363頁。
② 鄧小軍：《詩史釋證·韓偓年譜》，第311—312頁。
③ 同上，第312頁。
④ 陳敦貞：《唐韓學士偓年譜》，臺北：臺灣商務印書館，1982年，第62頁。
⑤ 同上，第65頁。

蕭條，落花滿芳草。煙和魂共遠，春與人同老。默默又依依，淒然此懷抱”，從這些詩中不難窺見韓偓在移居南安後仍然過着清貧的鄉村生活。他在南安尚有嚮人借衣借米的兩封書信。《手簡·第十帖》云：“眷私借及女使衣服，不任悚荷。來早令入州人馬，必希踐言。泉州書謹封納書中，亦説皆諮托。必望周而述之，幸甚，謹狀。九日偓狀。”《手簡·第十一帖》云：“憂眷借及米貳碩，不任濟荷。鈍拙無謀，惟撓知與，不勝愧赧之至。即冀拜謁，它冀面述。謹狀。念二日偓狀。”可見詩人在泉州南安時之清貧，故其時即賦有《安貧》詩。韓偓在唐亡後多次拒絕朱梁復故官之招，也不從王審知之請入仕閩國幕府，因而晚景貧寒，使得後人頗為感傷。黄庭堅即云：“今觀十一帖，字字筆到。亂離中借衣、乞米，真復可憐。”① 宋鄭文寶《南唐近事》卷二曾謂：“韓寅亮，渥（慶按，渥即韓偓，文獻中時有將韓偓寫作“韓渥”者）之子也。嘗為予言渥捐館之日，温陵帥聞其家藏箱笥頗多，而緘鐍甚密，人罕見者，意其必有珍玩，使親信發觀，惟得燒殘龍鳳燭金縷紅巾百餘條，蠟淚尚新，巾香猶鬱。有老僕泫然而言曰：‘公為學士日，常視草金鑾内殿，深夜方還翰苑。當時皆宫妓秉燭炬以送，公悉藏之。自西京之亂，得罪南遷，十不存一二矣。’余丱歲延平家有老尼，嘗説斯事，與寅亮之言頗同。尼即渥之妾云耳。”② 故史家清吴任臣《十國春秋·韓偓傳》云：偓“自貶後，以甲子歷歷自記所在。其詩皆手寫成帙。歿之日，家無餘財，惟燒殘龍鳳燭一器而已”③。

綜上所述可知：韓偓入閩之初尚可稱依王審知，然而因他忠於李唐王朝，厭惡篡奪唐政權之朱梁僞朝，故不久即不滿並疏離稱臣於朱梁之閩國王審知，離開福州，踏上不依王氏之路。儘管王審知一直敬重並有延請他入仕閩國之熱忱，但以上述原因以及王審知幕府群公不斷忌毀之故，他即先後遷徙到沙縣、桃林場、南安等地，過着清貧的隱居生活至卒，以表既不仕朱梁，也不依王氏之志嚮。

作者單位：廈門大學中文系

① ［明］汪砢玉：《珊瑚網》卷二《法書題跋》，清文淵閣《四庫全書》本。

② 《宋元筆記小説大觀》，上海：上海古籍出版社，2001 年，第 275 頁。

③ ［清］吴任臣：《十國春秋》，第 1371 頁。

宋齊丘與南唐朋黨

楊偉立

南唐朋黨之争，歷李昪、李璟兩朝，相當數量的官吏捲入了鬥争的漩渦，對南唐的前途産生了極大的負面影響。

關於這場鬥争，當事者互相擊搏，有心者記其見聞，著述者發為史乘，留下一些材料，為後世研究提供了重要的依據。但是，這些材料零星分散，比較深層次的問題未予標明。近人夏承燾先生很重視這個問題，他在《馮正中年譜》裏多次提到，並指出問題重要。由於題目所限，他對南唐朋黨問題施墨甚少，故南唐朋黨問題尚須進一步研究。

一、宋齊丘首樹朋黨

朋黨，黨争，在中國古代歷史上屢見不鮮。“南唐之士，亦各有黨。”① 南唐朋黨之争，始作俑者是宋齊丘。他率先集結以自己為首的政治集團。

宋齊丘結黨是從什麽時候開始的？各書説法不一，《江南野史》的作者龍衮認為在保大元年（943），黜宋齊丘為鎮海節度使之後②。《釣磯立談》的作者史叟認為在南唐建立之

① 馬令：《南唐書》卷二十《黨與傳·序》。

② 龍衮：《江南野史》卷二《嗣主》：“……黜宋齊丘為潤州節度使。（鎮海軍節度使駐潤州——筆者）既行，朝廷有位者咸竊排毁，言：與親信陳覺等樹朋黨，嫌隙自此始矣。”

後。至於年份，又含糊不清①。夏承燾定在升元末年②。看來他們的論斷都不够準確。

宋齊丘結黨，早在南唐建立之前。馬令《南唐書·宋齊丘傳》説：

> 烈祖出鎮金陵，以元宗入輔政，委齊丘左右之。齊丘於是益樹朋黨，潛自封殖③。

烈祖（徐知誥，吴國權臣徐温養子，南唐的創立者，歸宗後，更名李昪，廟號烈祖。此下除引文外，一律寫成李昪）出鎮金陵的時間在吴楊溥太和三年（931）④，名義為鎮海。寧國節度使，權力範圍是總録朝政。同時，用他的長子李景通（後改名李璟）為司徒、同平章事，知中外左右諸軍事，留廣陵輔政（吴國京城在廣陵，今江蘇揚州市），又派王令謀、宋齊丘輔佐李璟。這樣的人事安排，當然是李昪經過深思熟慮之後作出的，表達了他的政治意圖：（1）牢牢地把持吴國權柄，為"傳禪"之漸。（2）嚮外界宣示，李璟是他的繼承人。李昪處理如此重大問題的關鍵時刻，用宋齊丘輔助李璟，可算是十分信賴了，卻就在這個時候，宋齊丘開始結黨。

李昪"歸老金陵"，意謂他完全控制了楊氏吴國政權，取代的形勢已經造成。李昪於太和三年十二月抵達金陵，便積極推動"傳禪"的上演。

（1）擴建金陵城垣。李昪進入金陵，便擴建城垣，次年八月告成，周圍二十里。封建時代的城池，都是政治統治中心。金陵，龍盤虎踞，既是政治中心，又是軍事重鎮。李昪在作升州刺史的時候，曾經擴建過一次城垣，現在更加擴大，把它建成大而固的政治、軍事堡壘，與吴國京城——廣陵隔江對峙，造成一種勢態，威脅吴主楊溥，迫使楊溥讓位。

太和五年（933）五月，宋齊丘勸李昪徙吴主都金陵。李昪不得不在金陵營建宫城，自己住入私第，"虚府金以待吴主"，宋齊丘這一着，使李昪陷於被動，幾乎掀翻李昪的老窩。

（2）宋齊丘公開阻止"傳禪"，拖延歲月。《通鑑》説："先是，知誥久有傳禪之志，以吴主無失德，恐衆心不悦，欲待嗣君；宋齊丘亦以為然。一旦，知誥臨鏡鑷白色髭，嘆曰：'國家安而吾老矣，奈何！'周宗知其意，請如江都，微以傳禪諷吴主，且告齊丘。齊丘以宗先己，心疾之，遣使馳詣金陵，手書切諫，以為天時人事未可，知誥愕然。後數日，齊丘至，請斬宗以謝吴主，乃黜宗為池州副使。久之，節度副使李建勳、行軍司馬徐玠等

---

① 史叟：《釣磯立談》第8條："宋子嵩以布衣干烈祖，言聽計售，遂開五十三州之業，宗祀嚴配，不改唐舊，可謂南國之宗臣矣。及世事移改，新用事者，爪距銛鋭，方曹起而朋儕之……"又第27條："宋子嵩晚年惑於陳覺、馮延巳等……新進用事之人，聲勢氣燄，炙手可熱。""及馮、陳、宋、查之黨成，齊丘也在嫌，不得已，遜於九峰之谷。"

② 《馮正中年譜》"保大元年十二月"："按：南唐黨爭，醞釀於升元之末。"《唐宋詞人年譜》第49頁。

③ 文瑩略同。《玉壺清話》卷十《江南遺事》："……（徐）温卒，方用（宋齊丘）為同平章事。遂樹朋黨，陰自封殖，狡險貪愎，古今無之。"

④ 《舊五代史》卷一三四《潛僞·楊溥傳》："天成四年，僞吴改太和元年，是歲，李昪出鎮金陵……"非是。應從《通鑑》、馬令《南唐書》。

屢陳知誥功業，宜早從民望，召宗復為都押牙。”①

(3) 宋齊丘説景通的壞話，威稱景遷之美。馬令《南唐書・宗室・楚王》説：“宋齊丘參決時政（在廣陵輔佐景通——筆者），多為不法，輒歸過於元宗（即李景通——筆者），而盛稱景遷之美。”“烈祖於是召元宗至全陵，授鎮海節度副使，即以景遷為太保、平章事，代秉國政，有奪嫡之漸。”

(4) 宋齊丘薦陳覺為景遷教授，以賈聲價。“宋齊丘每忌元宗，欲自結景遷，乃薦陳覺為景遷教授，以賈其聲聞。”②

宋齊丘自從進入李昪幕府，便一心慫恿，支持李昪取代楊吴；現在，李昪在實現禪代之際，宋齊丘一反往昔，起來阻撓反對，而且要更換李昪安排的接班人。

宋齊丘此舉的目的十分明白：第一步控制幼君；第二步侵權、專權，步徐温、李昪後塵，最後取而代之。這時，李昪的朝廷還没有建立，宋齊丘就在打算奪取李昪的“國家”了。

宋齊丘推薦陳覺為景遷教授，出自個人野心，抱有政治目的，所以文瑩、馬令説他的行為是“樹朋黨”。後來，陳覺真的成了宋齊丘的黨羽，其地位僅次於宋齊丘。故宋齊丘舉薦陳覺為景遷的教授的行為便是宋齊丘結黨的開始。

南唐宋齊丘結朋黨與前代和後世情況都不同：無論漢、唐或宋、明的朋黨，都是人們在政治上發生了分歧之後，相同政見的人逐步集結起來，形成對立的政治派别，展開鬥争。而宋齊丘則先有個人野心，單方面集合黨與，樹立朋黨，運用它去實現既定的政治目的。所以馬令説：“烈祖出鎮金陵，以元宗入輔政，委齊丘左右之，齊丘於是益樹朋黨，潛自封殖。”③

二、南唐朋黨的組織——小人有黨，君子未嘗有黨

南唐朋黨的存在，赫然如陣雲。“凡文武不同，皆布朋黨。”④ 骨幹分子“在外者握兵，居中者當國”⑤ 炙手可熱。另外一批官僚則把他們視為寇仇，形同水火。兩派尖鋭地對立着。南唐政界的這兩種人，馬令把他們劃分為小人黨與君子黨。既然有兩個黨存在，每個

① 《通鑑》卷二七九“後唐潞王清泰元年二月”，第9103—9104頁。

② 馬令：《南唐書》卷七《宗室・楚王景遷》。

③ 馬令：《南唐書》卷二十《宋齊丘傳》。

④ 同上。

⑤ 陸游：《南唐書・江文蔚傳》載“對仗彈奏”。

黨總得有個頭。誰是頭？按照馬令的意見，宋齊丘是小人黨（下文簡稱宋黨）的頭，孫晟是君子黨（下文簡稱“孫黨”）的頭。

《通鑑》説：“宋齊丘待陳覺素厚，唐主亦以覺為有才，遂委任之。馮延巳、延魯、魏岑，雖齊邸舊僚，皆附依（陳）覺，與休寧查文徽更相汲引，侵蠹政事，唐人謂覺等為五鬼。”① 馬令《南唐書·馮延巳傳》也説：“（延巳）與陳覺友善，自結於宋齊丘以固恩寵。”陳覺、馮延巳、延魯兄弟、魏芩、查文徽、李徵古等，後來都是南唐的高級官員，他們一致拱衛宋齊丘，所以，宋齊丘為宋黨的頭，可以作為定論。

宋齊丘是一個特殊人物，在南唐政權中佔有特殊地位，宋黨人士把他稱作“造國手”，在南唐官僚中有很大的號召力，“順風一呼，而肩摩踵接，唯恐其不容”，“望風塵而投欵者，至不可數計”②。經過幾年的活動，宋黨便形成了。李昪建立南唐之初，侍御史張義方提出：“有怙威侮法，棄忠賊義，樹朋黨，蔽聰明者，得以糾彈。”③ 這不是無的放矢。張義方鋭敏地觀察到南唐朋黨的存在及其危害，因之提出侍御史應該加以糾彈。到升元末年，“宋喬丘廣樹黨羽，以張聲勢”④。宋黨又有很大發展，成為一個擁有人數可觀的政治團體了。關於這一點，我們可以從宋齊丘領尚書省用人一事得到印證。馬令《南唐書·宋齊丘傳》説：

> ……中外繁劇之務皆在尚書省。（宋）乃求知尚書省事，（李昪）亦許之。於是悉取朝廷附己者分掌六司，下及胥吏，皆用所親吏。

宋齊丘作尚書省長官，整個尚書省上從尚書令，下至亭長，掌故之類胥吏全是宋齊丘的黨羽。按《新唐書·百官志》所載尚書省官員胥吏共 1274 人，這是全國性中央行政機構。割據江淮地區的南唐小朝廷當然不能與之相比，就算南唐尚書省官員胥吏總數衹有唐代的八分之一吧，也該有 159 人。試想，要在很短時間内從全部黨羽中挑選出 159 個適合尚書省各種職位的人，其間必有大量的組織工作。首先，要掌握全部黨羽的名單、情況；其次，要做好上述工作，必須有一批人做管理工作；第三，招之即來，有一定的組織性。因此，可以看出：宋黨不僅人數不少，而且是一個有相當組織性的政治團體。

另一派的頭是誰？馬令認為是孫晟。孫晟，高密（治今山東高密）人，後唐宣武節度

---

① 《通鑑》卷二八三“後晋齊王天福八年三月”。

② 《釣磯立談》第 17 條。

③ 陸游：《南唐書·張義方傳》。

④ 馬令：《南唐書》卷二十一《李徵古傳》。

使朱守殷的判官[①]。朱守殷叛變失敗，孫晟南奔，投吴國權臣李昪。李昪“喜其文詞，使出教令”[②]，深得信任，參與禪代密計。南唐建，官中書舍人、翰林學士、中書侍郎，元宗朝，為右僕射。孫晟算得上資深官僚，有資格做孫黨的頭。但是，孫晟為人“孤剌”，“獨介自守，不接見賓客，生平所不喜者，惡之不能忘。其與宋齊丘、馮延巳輩，幾如不同天之仇”[③]。“鐵石心腸，落落以忠赤自許。至其論人材，則門下蓋如掃焉。”[④] 像這樣的人是不能做政治集團的領導人的。升元七年（943）二月，烈祖李昪死，孫晟恐怕馮延巳等人用事，孫晟“欲稱遺詔令太后臨朝稱制”[⑤]。在封建時代，這是一樁政治大事，身為中書侍郎的孫晟當然知道這個問題的嚴重性。更重要的是：這一舉動是針對馮延巳等人的，也可以説是針對整個宋黨的。而孫晟竟單槍匹馬，一個人出戰；在所有材料中看不見孫晟與其同黨商量痕迹，更説不上組織同黨一齊下手。要是孫晟是“孫黨”的頭，對於這類重大事件，内部應當商量，組織力量，共同去完成，纔是正道。從這個事例可以看出孫晟不能做孫黨的頭，也不是孫黨的頭。

孫黨中，其他如常夢錫、江文蔚、韓熙載、蕭儼等，都是激進分子，抨擊宋黨相當猛烈，又都是資深官僚，有資格充當孫黨的頭。但是，從他們的表現看來，都不是。常夢錫很有人望，而“剛褊少恕，每以直言忤物”。“每公卿集會，輒喑嗚大咤，驚其坐人，以故不為時所親附。”[⑥] 江文蔚“秉心貞亮。不容阿附”。當其對仗彈奏，在上疏之前，“先具小舟，載老母，以待左遷”[⑦]。韓熙載“雖才識優贍，而質性疏散，凡在位者，道不復同。於是深居移病，罕與朝謁”[⑧]。蕭儼“無文而辭繁碎”[⑨]。他們這些人個性狂狷，與孫晟同屬一個類型。像這樣的人是難以充當政治團體的領袖的，特别是在現存材料中没有反映他們任何一位曾經組織領導與宋黨進行鬥争的痕迹。所以，孫黨没有頭，衹是站在宋黨對立面的一些反對派官僚，如同一盤散沙，説不上政治集團。（為了行文方便，下文仍將反對宋黨的官僚稱為“孫黨”。）

雖然，從組織的角度看孫黨，它並不存在，但是，畢竟有批人，“群臣敢言者：常夢錫、蕭儼、江文蔚、韓熙載等十數人”[⑩] 與宋黨長期堅持不懈地進行鬥争。實際上和他們站

---

① 此本《通鑑》與兩《五代史》，馬令《南唐書·孫晟傳》、龍衮《江南野史·孫忌》同，陸游《南唐書·孫忌傳》謂孫晟（又名忌）事秦王李重榮，與諸書異。

② 陸游：《南唐書·孫晟傳》。

③ 《釣磯立談》第23條。

④ 《釣磯立談》第29條史叟語。

⑤ 《通鑑》卷二八三“後晋齊王天福八年二月”，第9245頁。

⑥ 陸游：《南唐書·常夢錫傳》。

⑦ 陸游：《南唐書·江文蔚傳》。

⑧ 徐鉉：《徐公文集》卷十六《唐中書侍郎光政殿學士承旨昌黎韓公墓志銘》。

⑨ 馬令：《南唐書》卷二十《宋齊丘傳》。

⑩ 同上。

在一起的還有徐鉉。他對宋黨的鬥争，不屈不撓，自比漢代的朱雲[①]以至“滿朝權貴皆曾忤”[②]，還有張易“面斥奸臣，不畏强禦。傾邪者見之而屏息，黨錮者聞之而銷聲”[③]。再如喬匡舜“除奸深係念，致主迥忘身。諫疏縱横上，危言果敢陳”[④]。還有嚴續、趙宣輔都可能是“孫黨”的成員與支持者。他們以道義相許，有是非觀、正義感，政治立場相同。因為没有明確的組織，不能有計劃、有目的進行活動，所以在鬥争中，不能集中力量，旁人看起來好像一些人在瞎起哄。如龍衮所説：“當齊丘秉政莅任，皆斥腐儒鯫生，聲涔行穢，故不大用。及位已崇峻，由於哆於頬顙，背憎面贊，群誣黨議，十舌百喙。”[⑤] 這便是龍衮眼裏的孫黨在南唐朋黨鬥争中的情景。

宋黨則相反。他們上下齊心，内外結合，對“孫黨”的打擊頗有力度。江文蔚説：

> ……與酷吏司馬正彝同惡相濟，迫脅忠臣……枉法竄逐。群兇勢可回天，在外者握兵，居中者當國。(南唐軍隊在福州城下慘敗) 周行之中，有敢議論，則馮、魏毁之於前，正彝持之於外，搆成罪狀，死而後已[⑥]。

馬令説：

> 凡文武百司，皆佈朋黨，每國家有善政，其黨輒但言宋公之為也；事有不合群望者，則曰不用宋公之言也。每舉一事，必知物議不可，則群黨競以巧詞先為之地，及有論議者，皆以墮其計中[⑦]。

宋黨的黨與遍佈南唐境内，又能上下齊心，内外結合，便足以説明其規模與力量了。所以張易説：“群小構扇，其禍不細。”[⑧] “孫黨”面對這樣的政敵，總是處於被動挨打的地位。“直道未能勝社鼠!”[⑨] 徐鉉無可奈何地發出這樣的嘆息。故馬令説：“世衰道喪，小人阿附以消君子，而君子小人反類不合，故自小人觀之，因謂之黨羽，而君子未嘗有黨也。”[⑩]

---

① 《徐公文集》卷三《陳覺放還，至泰州，以新詩見寄，作此答之》有云：“朱雲曾為漢家憂，不怕交親作世仇。”
② 同上書：《貶泰州，出城作》。
③ 《全唐文》卷八七五。陳致雍：《諫議張易謚議》。
④ 《全唐詩》卷七四八。李中：《獻喬侍郎》。
⑤ 《江南野史・宋齊丘》。
⑥ 陸游：《南唐書・江文蔚傳》。
⑦ 馬令：《南唐書》卷二十《宋齊丘傳》。
⑧ 馬令：《南唐書》卷七《宗室・景達傳》。
⑨ 《徐公文集》卷二《寄蘄中高郎中》。
⑩ 馬令：《南唐書》卷二十《黨與傳・序》。為行文方便，下文仍將宋黨的反對派稱為“孫黨”。

三、南唐朋黨鬥爭的實質

南唐朋黨兩個派別與意見分歧，在烈祖李昪升元末年已經明朗化，鬥爭也就開始了。“孫黨”對宋黨的鬥爭，總是理直氣壯、點名道姓地斥責宋黨人士為小人險夫，其行為將為國家大害。宋黨並不示弱，報以重拳。雙方尖鋭對立，不共戴天。那麽，他們的分歧是什麽？鬥争的目的安在？

升元末年的一天，中書侍郎孫晟登門拜訪宋黨的頭頭宋齊丘。孫對宋説：

> 君侯以管樂之才，當阿衡之地，好惡舉動，不可不審。且人主所與共心者，近則法從數君子，遠則七人之列與三院御史，皆繩愆糾謬之任；又勸講金華，所以開發上聽；羽儀儲官，所以隆國本：皆須搜擇碩德，其性方整，重質有守，而不回邪之人。此日所除，群聽尚且不愜，將復何所冀邪！①

孫晟認為，宋齊丘所使用的人都屬於回邪一類。回邪，乖戾邪辟。“回邪之人”就是不正派的人。宋齊丘任用回邪之人，佈在朝廷上下，特别是在皇帝、太子周圍造成特異的政治氛圍，猶如設置了一個染缸。凡是被投入染缸的，顔色都要變，染於蒼則蒼，染於黄則黄。孫晟用墨翟的話説，舜、禹、商湯、周武的輔佐都是賢人，“所以染當，故王天下”。夏桀、殷紂、周厲王、周幽王重用壞人，“所染不當，故為天下僇”。孫晟進一步指出：南唐皇帝、太子左右是一些“小人險夫”，“政當有敷受之垢，或可以移乾剛之斷”。要是把南唐弄到那個地步，你宋齊丘“方將挈其契領，無所及矣”②。

孫晟察覺宋黨花很大工夫嚮皇帝、太子施加影響。皇帝李昪深沉寬裕，天資明察，宋黨方面的影響起不了多大作用。對太子李璟，則甚為擔憂。歷代的統治者都認為太子是國家的根本，把太子培養成什麽樣的人，關係着某姓王朝是否能够維持與昌盛。自從李昪控制吴國大權，賡即着手選擇培養自己的繼承人。李昪和宋黨從不同角度看重這個問題。宋齊丘推薦陳覺為景遷教授於前，幾有奪嫡之漸；李昪使馮延巳與李璟游處於後，潛移默化。孫黨人士感覺到問題的嚴重性。

---

① 《釣磯立談》第27條。馬令《南唐書》卷十五《陳陶傳》：“陳陶，世居嶺表，以儒業名家……升元中，至南昌，將詣建康，聞宋齊丘秉政，凡所進擢，不愜士論，自料與齊丘不合，乃築室於西山……會宋齊丘出鎮南昌，陶志不屈，而齊丘亦不為之薦辟。”

② 《釣磯立談》第27條。

馮延巳少有文雅的美譽，李昪用他為校書郎，使他與李璟游處。李璟為元帥，又任馮延巳為元帥府掌書記。馮延巳利用游處之便，嚮李璟灌輸聲色犬馬一類享樂腐化思想、生活方式，潛移默化，消磨他的上進意志。宋黨人士用心多麽深刻！孫晟當面嚮馮延巳指出：你的這種做法："適為國家之禍！"① 點出了馮延巳的邪惡本性與用心，"延巳失色，不對而起"②。對此，史叟議論道："（馮）所養不厚，急於功名，持頤豎頰，先意希旨，有如脂膩。其入人肌理也，習久而不自覺，卒使烈祖之業委靡而不立。夫然後知孫丞相（孫晟——筆者）有先知之明。世之議者，乃指以為由忮心而發，豈其然邪？"③

宋黨人士的政治品質低劣，用心不正，可能李昪沒有察覺，"孫黨"則認為非常嚴重。周詳慎密的常夢錫在升元末年，"歷言宋、陳、馮、魏（岑）輩奸佞險詐，不宜置左右"④，司門郎中判大理寺蕭儼表稱"陳覺奸回亂政"⑤。

孫晟、常夢錫、蕭儼都是李昪器重的士人。他們看見宋黨勢力坐大，上層人士身居高位，把皇帝、太子包圍起來，把皇帝、太子不知不覺地投進染缸，被宋齊丘等人拖上邪路，最終"為天下僇"。他們公忠體國之情，溢於言表。常夢錫、蕭儼的進言，李昪深以為是，準備有所舉措，可是，李昪旋即發病，來不及清理宋齊丘等人的過錯，便與世長辭了。

元宗襲位，南唐朋黨鬥争立即升温。保大十多年間，兩派鬥争連綿不斷，貫穿元宗整個執政年代。滋舉幾件大事，以觀雙方的思想、立場。

（1）"孫黨"先發制人。《通鑑》説：

> （烈祖李昪殂）中書侍郎孫忌（即孫晟）恐馮延巳等用事，欲稱遺詔令太后臨朝稱制⑥。

孫晟的鬥争鋒芒直指李璟即位前的東宫舊僚——宋黨如馮延巳、延魯、魏舉，還有陳覺、李徵古都是李璟做太子時的舊僚。按照中國封建社會的慣例，潛邸舊僚在故主襲位之後都會得到重用，故孫晟想利用宋太后（李璟的生母）臨朝稱制，牽制新君，阻遏馮延巳等人挾新君命令朝臣，防止南唐君權旁落於宋黨之手。此説一出，馬上遭到翰林學士李夷鄴的堅決反對，宋太后本人也不贊成，於是太后臨朝稱制便告擱淺。孫晟的發難戛然而止。

（2）宋黨搶權，排斥"孫黨"。元宗登位，立即以"鎮南節度使宋齊丘為太保兼中書

① 《通鑑》卷二八三"後晉齊王天福八年二月"，第9245頁。
② 《釣磯立談》第11條。
③ 同上。
④ 《玉壺清話》卷十《江南遺事》。
⑤ 《通鑑》卷二八三"後晉齊王天福八年二月"，第9245頁。
⑥ 同上。

令，奉化節度使周宗為侍中”①。宋齊丘回到金陵，黨羽們麕集在他的周圍，積極投入鬥争。他們的鬥争表現為兩個方面。第一方面，宋黨骨幹分子從元宗那裏攫取高官要職。在保大元年（943）之内，馮延巳從元帥府掌書記升至諫議大夫、翰林學士，馮延魯從禮部員外郎遷中書舍人、勤政殿學士，陳覺為光政殿副使、太僕卿，魏岑、查文徽為樞密副使。第二個方面，打擊反對派官僚。常夢錫本是元宗要重用的人，也是元宗即位後第一個被召見的大臣，元宗許諾用他做翰林學士，“齊丘黨疾之，坐封駁制書，貶池州判官②。元宗即位後一個月，就罷宰相李建勳為撫州節度使，由於“東宫官屬稍稍侵權”③，周宗與宋齊丘同時入相，“中書令宋齊丘廣樹朋黨，百計傾之”④。可見宋黨勢力之大，竭力排斥孫黨。次年正月，侍中周宗被黜為鎮南節度使。與周宗同時罷黜的還有左僕射兼門下侍郎、同平章事張居詠。這是保大二年及三年初的情況。保大四年，因南唐對閩國戰争的勝利，宋黨的查文徽被任為撫州刺史；馮延魯被任為永安節度使監軍；“歸隱”九華山的宋齊丘，經陳覺等的活動，又被召回金陵，任為太傅兼中書令，封衛國公；馮延巳為中節待郎平章事。

（3）隔絶中外，架空元宗。宋黨利用李璟在繼承帝位中的矛盾心理——“緣烈祖意”，要將帝位傳給景遂——包圍元宗，架空元宗，造成宋黨少數頭目專權的形勢。

> （保大二年正月）唐主決欲傳位於燕（景達），齊（景遂）二王。翰林學士馮延巳等因之欲隔絶中外擅權。辛巳，敕：“齊王景遂參決庶政，百僚唯樞密副使魏岑，查文徽得白事，餘非召對不得見。”國人大駭⑤。

馮延巳等東宫舊僚用事，孫晟曾經擔心，一年不到，問題果然出現了。這道敕書的出臺，顯然是宋黨幕後活動的結果。後來，御史中丞江文蔚指出：常夢錫被貶，“奸臣得計，欲擅威權，於是有保大二年正月八日勅公卿庶，僚不得進見。履霜堅冰，言者恟恟”⑥。事關重大，“孫黨”的“蕭儼上書極論曰：元帥開府，人猶驚駭，況委之大政，而群臣不得時見，臣恐中外隔絶，奸人得志，非陛下之利也”⑦。書奏不報。侍衛軍虞候賈崇叩閤求見，

---

① 《通鑑》卷二八三“後晋齊王天福八年二月”，第9246頁。

② 《通鑑》卷二八三“後晋齊王天福八年三月”，第9248頁。《徐公文集》卷二十《常夢錫行狀》説得更明白：“今上（元宗）嗣位，恩禮甚優。公以發號之初，四海瞻望，幾微所慎，宜在斯時，盡規極言，如恐不及。於是大忤權貴，貶佐池州。”

③ 馬令：《南唐書》卷十《李建勳傳》。

④ 《通鑑》卷二八三“後晋齊王天福八年十二月”，第9257頁。

⑤ 《通鑑》卷二八三“後晋齊王開運元年正月”，第9261—9262頁。龍衮《江南野史》卷四《宋齊丘》載宋齊丘上書反對“敕論”不可信。

⑥ 陸游：《南唐書·江文蔚傳》載對仗彈奏。

⑦ 馬令：《南唐書》卷二《嗣主書》。

重申危害，元宗收回成命①，馮延巳等人的陰謀纔未能得逞。

（4）罷宣政院。宋黨的行為，可能引起了元宗思考。“天子（元宗）以典司誥命，最宜親密，乃別置宣政院於內庭。”② 將貶在池州的常夢錫召回金陵，充翰林學士，專掌宣政院。這樣做，雖然是遏制宋黨，“而魏岑已為樞密副使，善迎合，外結馮延巳等相表裏。夢錫終日論争，不能勝，罷宣政院”③，宋黨又勝利了。

（5）逼迫元宗交權。

保大十三年（955）十一月，後周的討伐大軍突然臨於淮上。南唐軍隊屢屢敗北，至後周顯德五年（958）五月，割長江以北十四州與後周成平，用顯德年號，淪為後周附庸。“嗣主……神情躁撓，慌悸不安。”④ 會司天奏：‘天文有變，人主宜避位禳灾。’唐主乃曰：‘禍亂方殷，吾欲釋去萬機，棲心冲寂，誰可以托國者？’” 李徵古接着説：

> 宋公，造國手也，陛下如厭萬機，何不舉國授之！

陳覺從而附和：

> 陛下深居禁中，國事皆委宋公，先行後聞，臣等時入侍，談釋、老而已⑤。

李璟臨於危難境地，宋黨認為奪權的時機已到，乾脆伸手摘下李璟頭上的皇冠。中書舍人陳喬排閤而入，對李璟説：

> 臣聞社稷之重，焉可假之他人，今且授之，則百官朝請，皆歸齊丘，一民尺土，非陛下所有，尚能制齊丘而再有之乎？臣見淖齒、李兑復作，而讓皇幽囚於丹陽，亦

---

① 馬令：《南唐書》卷二《嗣主書》云：“侍衛軍都虞候賈崇詣閣求見，曰：‘臣事先朝二十餘年，每見延接疏遠，未嘗壅隔，群下之情，罔有不達。今陛下即位，所委任者何人，而頓與群臣謝絶，深居邃處，而欲聞民瘼，猶惡陰而入乎隧道也。臣老矣，長不復奉顏色。’”

② 《徐公文集》卷二十《常夢錫行狀》。

③ 陸游：《南唐書》卷二十一《魏岑傳》。

④ 《江南野史》卷四《宋齊丘》。

⑤ 《通鑑》卷二九四“後周世宗顯德五年十一月”，第9589頁。

陛下之所親見，一日垂涕，求為田舍翁，不可得矣①。

宋齊丘等打的這個主意，確實包藏禍心，陳喬鑿穿他們的詭計。交泰元年（顯德五年，958）十二月，元宗纔決心處理宋齊丘及宋黨骨幹分子：科宋齊丘以“賣國”罪名②，允許歸九華舊隱，最後，幽死；陳覺、李徵古賜死；所有宋齊丘黨羽一律不問。

從朋黨鬥争的歷程看來，鬥争的實質是體國與窺竊。所謂體國，即保護南唐李氏的統治，“孫黨”努力所為。所謂窺竊，就是從李璟手中把統治權逐步奪過去，據為少數宋黨骨幹所有，最後取而代之。南唐的朋黨之争，對李氏統治産生了巨大的負面作用。吴任臣論道：“陳覺等六人，皆宋齊丘黨也。蟠據中外，遞相柄任，率與正人為仇，兵連禍接。故唐時牛、李兩黨動摇國是，區區江南，不務遠略，而仍尋往轍，國隨以亡。嗚呼，豈不悲哉！”③ 論者以為南唐朋黨之争，是南方與北方兩派政治勢力的地區利益的矛省所致，顯然與事實不符。

南唐淪為後周附庸，疆土迫促，國勢日危，從南方强國一蹶而為弱小之邦。宋齊丘與一些骨幹分子的死亡，專權、篡權的可能也不復存在，大規模的朋黨之争也就基本結束了。

四、元宗袒宋

宋黨敢於那麽猖獗，抱着控制新君、侵權當權、最後奪權的目的，一次又一次地掀起黨争，事實證明宋黨的行為是錯誤的。其中詳情，元宗當然情楚，應該認識到宋黨對南唐的危害。但是，元宗對他們很信任，在朋黨鬥争中，總是袒護他們。元宗處理福州之役的肇事者就是一個典型例子。

福州之役是陳覺背着元宗擅自發動的，動員兵力是南唐開國以來最大的一次，結果南唐軍隊大敗於福州城下。由於陳覺、馮延魯僨事，元宗大怒，派人去軍中就地處決，旋又命令將二人鎖歸金陵，聽候處置。御史中丞江文蔚指責他們的罪行説：

---

① 馬令：《南唐書》卷十七《陳喬傳》。淖（nào）齒，戰國時楚國人，入齊。《戰國策·楚策》：“淖齒用齊，擢閔王之筋，懸於其廟梁，宿夕而死。”李兑，戰國時趙國人。趙武靈王立小兒子為王（是為惠文王），用李兑為相。四年後，大兒公子章作亂，李兑起兵拒之，公子章死，李兑等遂圍趙武靈王於沙丘宫。“主父（即武靈王）欲出不得，又不得食，探爵（雀）鷇而食之。三月餘而餓死沙丘宫。”（《史記》卷四十三《趙世家》）讓皇，吴睿帝楊溥。天祚三年（937）八月禪位給齊王徐知誥（李昪），李昪册他為讓皇帝。升元二年（938）四月，李昪遷楊溥及其子孫於海陵，嚴兵守之，絶不通人。

② 《江表志》中。

③ 《十國春秋》卷二十六陳覺等六人傳論。

馮延巳善柔其色，才業無聞，憑恃舊恩，遂階任用，蔽惑天聰，斂怨歸上。……作威作福，專任愛憎，咫尺天威，敢行欺罔。……傷風敗俗，蠹政害人……

天生魏岑，道合延巳，蛇豕成性，專利無厭，逋逃歸國，鼠姦狐媚，讒疾君子，交結小人，善事延巳，遂當樞要。……上下相蒙，道路以目。征討之柄，在岑折簡，帑藏取與，繫岑一言。

岑與覺、延魯更相違戾，互肆威權，號令並行，理在無赦①。

江文蔚對仗彈奏在陳覺、馮延魯鎖歸金陵聽候處理的時候。他以為陳覺、馮延魯必遭誅戮，又歷數馮延巳、魏岑罪過，要求元宗"軫慮殷憂，誅鋤虺蜮"。所謂"虺域"，就是兩兇——陳覺、馮延魯。

宰相馮延巳、太傅兼中書令宋齊丘從中緩頰，元宗免了陳覺、馮延魯的死罪，改為貶官流放。員外郎韓熙載切諫：

臣觀覺等，罪不容誅，但齊丘、延巳因為陳請，所以得全。且擅興者無罪，則疆埸生事，喪師者獲存，則行陳解體，請行誅戮，以重軍威②。

這些指責和要求是完全正確和正當的。元宗不僅不傾聽反對派的讜論，反而替陳、馮曲為辯解，親筆批答説："陳覺之行，實太傅之舉矣。及師敗之後，事下有司，太傅無救拔之詞，有自訟之表，得不再思。何者！先朝舊臣，國家元老，不唯舉人偶失，可得興言，直是謀之不臧，亦未有加罪之理……彼二子（陳、馮），孤若懷憤悱之意，戮之久矣。此際長流遠郡，斥為庶人，五木被身，一家狼藉，永從流放，與死何殊！卿等憂國情深，除姦意切，諸所徵引，批譽未殫。"③

相反，元宗對"孫黨"又是另一種態度：貶江文蔚為江州司士參軍；"韓（熙載）之至言，當自為體國而發"④，被宋齊丘誣為"酒狂"，貶和州司士參軍。

又如處理白水塘事件的特使徐鉉。南唐為了給養軍隊，大興屯田，"吏緣為姦，强奪民田以為屯田，江淮騷然"⑤。元宗命徐鉉前往察訪，"一如親行，可興可廢，悉以便宜從事後奏"。徐鉉先到楚州，將"楚州應非理遷入屯田"之産業，盡還本户。百姓讙譁感泣，

① 陸游：《南唐書·江文蔚傳》。

② 馬令：《南唐書》卷二《嗣主書》。

③《徐公文集》附録：《宋故金紫光禄大夫左散騎常侍上柱國東海郡開國伯食邑七百户責授静難軍節度行軍司馬徐公七十六行狀》。

④《釣磯立談》第12條，史叟語。

⑤ 陸游：《南唐書·元宗紀》。

如釋狴犴。再到常州，也照此處置。“協比衆惡之徒，構以擅作威福。”元宗立即召回徐鉉，待罪私第，“蒼蠅貝錦，膠固組織，詰難問狀，不容自理，鍛煉深刻，將置大辟”。最後，元宗“特屈彝章，長流舒州”①。

又如派遣堅決反宋黨的張易出使契丹，希望他在航海中淹死。“易當使海東，王（李景遂——筆者）驚，促入白上，以為：‘朝臣如張易者不可多得。奈何遠使，使之冒犯風濤也。’上曰：‘無憂也，如易之為人，海神豈敢侮之耶。’”② 務欲置之死地。

又如淮甸之役，兩軍交戰之中，元宗派遣出使後周的官員都是“孫黨”或反宋的人。保大十四年（956）正月，劉彥貞敗於正陽。二月，南唐軍敗於清流關下，滁州失守，接着揚州、泰州又被攻下，形勢十分危急。三月，元宗以右僕射孫晟為司空，與禮部尚書王崇質奉表去見周世宗。晟謂馮延巳曰：“此行當在左相，（時馮延巳為尚書左僕射，位在孫晟上，故孫稱馮為左相——筆者）晟若辭之，則負先帝。”③ 孫晟竟被殺戮。

在遣孫晟之前，元宗已派翰林學士、户部侍郎鍾謨，工部侍郎、文理院學士李德明（鍾、李屬於反宋官員——筆者）奉表稱臣、求和。“唐主復使李德明、孫晟言於上（周世宗——筆者），請去帝號，割壽、濠、泗、楚、光、海六州之地。仍歲輸金帛百萬以求罷兵。……（世宗欲盡得江北之地）不許。德明見周兵日進，奏稱：‘唐主不知陛下兵力如此之威，願寬臣五日之殊，得歸白唐主，盡獻江北之地。上許之。’”李德明回到金陵，勸元宗盡割江北之地。元宗不悦，“宋齊丘以割地無益……樞密使陳覺、副使李徵古素惡德明與孫晟，使王崇質異其言，因譖德明於唐主曰：‘德明賣國求利。’唐主大怒，斬德明於市”④。元宗、陳覺、李徵古等堅決反對割江北十四州。至保大十五年（957），後周軍攻下壽州城，繼續進攻，不斷取得勝利。交泰元年（958）三月（壬午朔）辛卯，周世宗入迎鑾鎮（在長江北，屬揚州）。“唐主……乃遣兵部侍郎陳覺奉表，請傳位於太子弘翼，使聽命於中國。……丙申，覺至迎鑾。見周兵盛，白上，請遣人渡江取表，獻四州之地（時淮南之地，後周已克十州，唯廬，舒、蘄、黄四州還屬南唐佔有，現在陳覺擅作主張）劃江為界，以求息兵，辭指甚哀。”世宗允許了，陳覺“請遣其屬閤門承旨劉承遇如金陵”取表。“唐主復遣劉承遇奉表……請獻江北四州（江北十四州全歸後周），歲輸貢物十萬。”⑤

從這些事件中，可以看到元宗對朋黨兩方的不同態度，是何等鮮明。

元宗袒宋，壓制“孫黨”，助長了宋黨的囂張氣燄，到淮南喪失，纔感到自身的弱小與

---

① 《徐公文集》附録：《宋故金紫光禄大夫左散騎常侍上柱國東海郡開國伯食邑七百户責授静難軍節度行軍司馬徐公七十六行狀》。

② 《釣磯立談》第25條。

③ 《通鑑》卷二九三“後周世宗顯德三年三月”，第9545—9546頁。

④ 同上，第9544頁。

⑤ 《通鑑》第二九四“後周世宗顯德五年三月”，第9580—9581頁。

後周的威脅。“建康與敵境隔江而已，又在下游，敵兵若至，閉門自守，藉使外諸侯能救國難，即為劉裕，陳霸先耳”①，於北宋建隆二年（961）遷都南昌，憂愁而死。

元宗袒宋，自食惡果，至死也没有認識到自已的錯誤。常夢錫“嘗與元宗苦論齊丘輩，元宗辯博，曲為解釋，夢錫詞窮，乃頓首曰：‘大奸似忠，陛下若終不覺悟，家國為墟矣！’”②

元宗性格“柔和”，或者説“仁懦”，喜歡臣下阿諛。當其襲位之初，宰相李建勲説過這樣的話：“主上寬仁大度，優於先帝，但習性未定，苟旁無正人，但恐終不守先帝之業。”③ 李璟襲位，已經二十八歲，“春秋鼎盛，留心内寵，宴私擊鞠，略無虚日”④。這就是“習性未定”的具體表現。東宮舊臣馮延巳之流以聲色犬馬引誘，宋齊丘、馮延巳、馮延魯、魏岑之輩以拓境蠱惑，李璟愛之好之，自然不知其非。范祖禹説：“德宗之性，與小人合，與君子異，故其去小人也難，遠君子也易。忠正之士，一言忤旨，則終身擯斥。盧杞、裴延齡之徒，至死而念之不衰，迫於死亡，不得已然後去之，君子則於其不可去而逐之矣。夫賢之與佞，正之與邪，聽其所言，觀其所行，亦足以知之矣。德宗反而易之，豈惡治而欲亂哉？蓋其性與小人合也。”⑤ 這段話用來評議李璟也是合適的。

五、鄙哉，斯人也

宋齊丘之於南唐，一方面是宗臣，另一方面又是賣國賊。為什麼宋齊丘由南唐的宗臣變成了南唐的罪人？

雖然宋齊丘曾經真心實意擁護過李昪，可是宋是有政治野心的人，随着地位的變化，私心的驅動，思想也就變了。

宋齊丘從南唐宗臣變為南唐的賣國賊，也不是偶然的，自有其思想根源與現實基礎。當時有兩個關於宋齊丘的傳説與他的思想轉變有密切關係：（1）宋齊丘年輕時夢乘龍上天⑥；（2）宋在微時，相士説他有“貴不可説”的相貌⑦。這兩個傳説對具有樸素唯物思想

① 馬令：《南唐書》卷四《嗣主書》“顯德六年”條。

② 陸游：《南唐書·常夢錫傳》。

③ 《通鑑》卷二八三“後晋齊王天福八年三月”，第9248頁。

④ 《南唐近事》。

⑤ 《通鑑·德宗（中）》。

⑥ 《玉壺清話》卷十《南唐遺事》：“傳云齊丘少乘龍上天，至垂老猶抱狂妄，及國家發難，尚欲因其釁以窺覬，時年七十三矣。”馬令《南唐書·宋齊丘傳》：“相傳言齊丘少時嘗夢乘龍上天。……及國家之難，因欲遂其窺竊之計。”

⑦ 《南唐近事》：“宋齊丘微時，日者相之，曰：‘君貴不可説’……”

的人來説都會嗤之以鼻的。但是，對某些人説，卻有特殊的、神秘的意蘊。

龍是中國古代人們想象中的神物，屬於四靈之一，是神靈之精，後來人們把皇帝比作龍。三國吳人孫休“夢乘龍上天”，果然當了皇帝[①]。“貴不可説”乃是勦襲蒯通遊説韓信“貴不可言”的陳詞。“貴不可言”，即是大貴，要成為最高統治者。

夢乘龍上天，有貴不可言的相貌，深深埋在宋齊丘的思想裏。作為一個普通人想當皇帝，簡直是狂妄。宋齊丘當其投狀姚洞天，“誠懇萬端，衹為飢寒二字”[②] 的時候，絶無這種非分之想。一旦政治地位發生變化，而且他親眼看見徐温、李昪奪權、掌權，他又是李昪奪權、掌權的得力幫手，洞知其中細節，自然想步徐温、李昪的後塵，認為下一輪權力的轉移，論天命就該輪到宋齊丘了，窺竊非望的思想便從此産生。“宋子嵩用意一變”的根源就在這裏。記載關於宋齊丘傳説的三個人都把傳説與保大十五年“宋公監國”聯繫在一起。審查他首樹朋黨的動機與窺竊非望的野心和行動，完全吻合。宋齊丘為了私利，不顧南唐的前途，不斷掀起鬥争，把富强一時、有希望統一中國的南唐，推入灾難的深淵。鄙哉，斯人也！

作者單位：四川省社會科學院歷史所

---

① 分别見《後漢書》卷十七《馮异傳》及《三國志》卷四十八《吴書·三嗣主傳》。

② 《五代史補》卷二“宋齊丘投姚洞天”條。

文勢與義理：論朱熹的韓文校勘

趙　聃

錢穆先生認為："朱子平生從事校勘最大之成績，實開出後來校勘學上無窮法門，堪稱超前絶後。"① 這裏所説的"校勘學上無窮法門"指的就是朱熹在《韓文考異》中所採用的校勘方法與原則。據朱熹《韓文考異》，可知朱熹校勘的原則與方法是"悉考衆本之同異，而一以文勢義理及他書之可驗者決之"②。朱熹的這一方法與原則實際上是在方崧卿所作之《韓文舉正》的基礎上而提出的。具體而言，主要有以下幾個方面。

一、《韓文考異》的校勘體例

朱熹所作《韓文考異》一書的體例是在對《韓文舉正》體例的批評中確立起來的。據《跋方季申所校韓文》載：

> 余自少喜讀韓文，常病世無善本，每欲精校一通，以廣流布而未暇也。今觀方季申此本，讎正精密，辨訂詳博，其用力勤矣。但《舉正》之篇所立四例，頗有自相矛盾者，又不盡著諸本同異，為未盡善。蓋此等書，前人為之，已有成例，若大書本文

① 錢穆：《朱子新學案》，成都：巴蜀書社，1986 年，第 1740 頁。

② ［宋］朱熹：《書〈韓文考異〉前》，《晦庵先生朱文公文集》卷七十六，《朱子全書》第 24 册，第 3682 頁。亦見於《昌黎先生集考異》，《朱子全書》第 19 册，第 367 頁。"悉考衆本之同異，而一以文勢義理及它書之可證驗者決之。"二處文字有區別。以下《昌黎先生集考異》皆簡稱為《韓文考異》。

於上，而用颜監《漢書》法，悉注衆本之同異於其下，因考其是非，以見定從今本之意，則讀者有以曉然知衆本之得失，而益信吾書之取捨不誣矣。萬一考訂或有未盡，取捨不無小差，亦得尚存他本别字，不遂泯没，以待後之君子，尤久遠之慮也①。

朱熹雖然認為方崧卿所著之《舉正》有“讎正精密，辨訂詳博”的優點，但也存在所立體例自相矛盾，諸本異同不盡著的缺點。朱熹這裏所説的“所立四例頗有自相矛盾者”，據《韓文舉正・序》可知，是“此書字之當刊正者以白字識之；當删削者以圈毀之；當增者，位而入之；當已者，乙而倒之”②。朱熹在《書〈韓文考異〉前》一文中對方氏所確定的這四例亦進行了批評，他説：“例多而詞寡，覽者或頗不能曉知。”③《韓文舉正》四例用符號表示分别是：“字（陰文）：誤字當删；○：衍字當削；□：脱逸當增；乙：殺次當乙。”然而在具體文本中以文字或符號標識出來，必然會引起混淆錯亂的現象④。朱熹正是在認識到《舉正》存在不足的基礎上，纔確定了自己著《韓文考異》的體例。他在《修韓文舉正例》一文中説：

的同大書本文定本上下文無同者，即衹出一字；有同字者，即並同上一字；疑似多者，即出全句。字有差互，即注云：“某本作某，某本作某”，二字及全句下即注首加本字，後仿此。“今按云云，當從某本。”本同者即前云‘某某本’，後云“某等本”，後仿此。字有多少，即注云“某本有，某本無”。字有顛倒，即注云“某某字某本作某某”，“今按”以下並同⑤。

朱熹詳細地説明了《韓文考異》的體例。即在認為《舉正》存在“例多而詞寡”的不足時，精簡了這四種體例符號，並用相應的文字進行説明。另外，朱熹在《與方伯謨》文中也進一步對注釋異文的體例如何用文字進行描述做了説明。他説：

《韓文考異》大字以國子監版本為主，而注其同異，如云“某本某作某”。辨其是非，如云“今按云云”。斷其取捨，從監本者已定，則云“某本非是”；諸别本各異，則云“皆非是”。未定，則各加“疑”字。别本者已定則云“定當從某本”，未定，則

① ［宋］朱熹：《跋方季申所校韓文》，《晦庵先生朱文公文集》卷八十三，《朱子全書》第24册，第3905頁。

② ［宋］方崧卿：《韓文舉正》，《四庫珍本初集》，上海：商務印書館，1933年，(1/2B)。

③ ［宋］朱熹：《書〈韓文考異〉前》，《晦庵先生朱文公文集》卷七十六，《朱子全書》第24册，第3682頁。亦見於《昌黎先生集考異》，《朱子全書》第19册，第367頁。

④ 參劉真倫：《韓愈集宋元傳本研究》，北京：中國社會科學出版社，2004年，第102—105頁。

⑤ ［宋］朱熹：《修韓文舉正例》，《晦庵先生朱文公文集》卷七十四，《朱子全書》第24册，第3581—3582頁。

云“且當從某本”。或監本、别本皆可疑，則云“當闕”或云“未詳”。其不足辨者略注而已，不必辨而斷也①。

朱熹亦確定了注釋異文與校勘時的體例，即用“某本某作某”的方法注釋不同版本的“同異”，並對於這些文字的是非，用“今按云云”進行説明。對於他本所載有異文且能確定異文有誤者，則用“某本非是”説明；對於諸别本各異，則云“皆非是”；對有疑問處則以“疑”字標出。朱熹認為他的這一做法有效地避免了方崧卿校勘體例中不注各本異同而産生的問題，並説“《考異》須如此方有條理”。

二、“悉考衆本之同異”

在朱熹所著《韓文考異》中，朱熹徵引衆多版本來校勘韓文。莫礪鋒認為：“朱熹校勘韓文時所掌握的本子雖然僅僅稍多於方氏，但是由於方崧卿盲目信從閣本等少數幾種本子，又片面地認為古本、石本一定可靠，所以方氏的校勘成績遠遠不如朱熹，衹有《韓文考異》纔真正做到了博採衆本之長。”② 對此亦有學者認為：“前人常常推崇《韓文考異》旁稽博證，而事實上《考異》文字校理的文獻來源大多是第二手資料。”③ 這是很有道理的。雖然朱熹在材料的引用上不如方崧卿，但《韓文考異》之所以能在學術界産生如此大的影響，亦有其原因。據《韓文考異序》載：

南安《韓文》出莆田方氏，近世號為佳本。予讀之信然，然猶恨其不盡載諸本同異，而多折衷於三本也。原三本之見信，杭、蜀以舊，閣以官，其信之也則宜。然如歐陽公之言，《韓文》印本，初未必誤，多為校讎者妄改。亦謂如《羅池碑》改“步”為“涉”，《田氏廟》改“天明”為“王明”之類耳。觀其自言，為兒童時得蜀本《韓文》於隨州李氏，計其歲月當在天禧中年，且其書已故弊脱略，則其摹印之日，與祥符杭本蓋未知其孰先孰後，而嘉祐蜀本又其子孫明矣。然而猶曰“三十年間，聞人有善本者，必求而改正之”，則固本未嘗必以舊本為是而悉從之也。至於秘閣官書，則亦民間所獻，掌故令史所抄，而一時館職所校耳。其所傳者，豈真作者之手稿，而是正之者，豈盡劉嚮、揚雄之倫哉？讀者正當擇其文理意義之善者而從之，不當但以

① ［宋］朱熹：《與方伯謨》，《晦庵先生朱文公文集》卷四十四，《朱子全書》第22册，第2020頁。
② 莫礪鋒：《朱熹文學研究》，南京：南京大學出版社，2000年，第308頁。
③ 劉真倫：《朱熹韓集校理文獻來源考實（一）》，《天中學刊》2005年第1期。

地望形勢為重輕也①。

在朱熹看來，從時間上來説杭本、蜀本因是舊本，距離原作時間較近，流傳的環節相對較少，從而可以避免在傳播中産生一些新的錯誤，因而有可能優於後世校本。但正如歐陽修所説，由於存在校讎者妄改《韓文》的情況，所以"《韓文》印本，初未必譏誤"。閣本由於出自官方，有一定的可信性，但是閣本底本源於民間，並經過館閣之臣抄録過，因此方氏手中所得之閣本或不是作者所作之手稿。這裏朱熹對於方氏所信任之杭本、蜀本、閣本一一進行了辯駁，並舉出了不可偏信之例證。正是在杭本、蜀本、閣本存在不足的前提下，朱熹纔確定了自己選取版本、材料和校勘的原則。那就是"悉考衆本之同異"，而不偏信古本。對於方崧卿以杭本、蜀本、閣本為尊的情況，朱熹在《韓文考異》一書中，亦多次指出其不足。他説：

> 此集今世本多不同，惟近歲南安軍所刊方氏校定本號為精善，別有《舉正》十卷，論其所以去取之意，又他本之所無也。然其去取以祥符杭本、嘉祐蜀本，及李、謝所據館閣本為定。而尤尊館閣本，雖有謬誤，往往曲從；他本雖善，亦棄不録。至於《舉正》，則又例多而辭寡，覽者或頗不能曉知。故今輒因其書更為校定。悉考衆本之同異，而一以文勢、義理及他書之可驗者決之。苟是矣，則雖民間近出小本不敢違；有所未安，則雖官本、古本、石本不敢信。又各詳著其所以然者，以為《考異》十卷，庶幾去取之未善者，覽者得以參伍而筆削焉②。

朱熹作《韓文考異》時是針對方崧卿《舉正》所存在的問題而確定了自己的校勘體例、方法與原則。方氏之不足主要表現在，就校勘的底本而言，方崧卿以祥符杭本、嘉祐蜀本及館閣本為主要的參校本，甚至偏信這三個版本，因而在文字的校勘之中出現了這三個版本即使存在謬誤也往往曲從，其他版本雖善，亦棄之不録的毛病。對此朱熹則確定了"悉考衆本之同異"的方法，既不偏信閣本、古本、石本等方氏認為好的可靠的版本，同時也不忽視民間所發現的版本，而是在廣泛收録各種版本的基礎上，對各本所載之不同進行詳細認真的考證。

---

① ［宋］朱熹：《韓文考異序》，《晦庵先生朱文公文集》卷七十六，《朱子全書》第24冊，第3681頁。亦見於《韓文考異》，《朱子全書》第19冊，第365—366頁。

② ［宋］朱熹《書〈韓文考異〉前》，《晦庵先生朱文公文集》卷七十六，《朱子全書》第24冊，第3682頁，亦見於《昌黎先生集考異》，《朱子全書》第19冊，第367頁。

三、“以文勢義理”校勘韓文

《韓文考異》不僅是校勘學上的典範之作，也是“朱熹平生文學活動中極為重要的一項工作，他不但值得後代的校勘工作者進行藉鑒，而且應在文學批評史上佔有一席之地”①。其實在《韓文考異》中，朱熹將自己的校勘學思想與文學思想很好地結合在了一起，這也是《韓文考異》所具有的獨特學術價值。正如朱熹自己所說：“悉考衆本之同異，而一以文勢、義理及他書之可驗者決之。”這裏考衆本之同異，即是校勘學的方法，而最終判定異文，則是以“文勢、義理”這一文學的方法來實現。對於朱熹在校勘中用文勢義理的方法，有學者認為：“朱熹批評《舉正》的理由是‘泥於古本，牽於旁證，而不尋其文理’。而朱熹所謂‘文理’是屬於詩歌藝術表現、修辭技巧。以有無‘神采’、‘意象’為判斷異文正誤的準則，其實是校勘變成鑒賞，不合校勘原則的。”② 當然僅從文字校勘本身來說，這一看法是很有道理的。方氏採用的是本校的方法，這一方法在保存文本真實面貌上有其重要的價值與作用。而朱熹運用文勢、義理等文學的方法來對韓文文字進行改動的做法，甚至是不足取的，但這也在一定程度上體現了《韓文考異》在文學史上所具有的意義。

通過統計，朱熹在《韓文考異》中明確標明用“文理”來校勘的有 42 處之多③，文理不僅僅運用於韓詩的校勘中，更多的是運用於韓文的校勘。朱熹這裏所說的文理並不僅僅衹屬於詩歌藝術表現、修辭技巧，它還應該包括文章。此外，朱熹在校勘中，不僅運用了“文理”，還運用“文勢”“語勢”等方法來校定韓文。我們將對此一一進行討論，試圖探討朱熹以文學方法來校勘的基本情況。

（一）文勢與校勘

“文勢”是中國古代文學批評中的一個重要概念。劉勰認為：“夫情致異區，文變殊術，莫不因情立體，即體成勢。勢者，乘利而為制也。如機發矢直，澗曲湍回，自然之趣也。圓者規體，其勢也自轉；方者矩形，其勢也自安：文章體勢，如斯而已。”④ 這裏劉勰認為，勢是根據情感，選取體制後形成的。即：“根據不同的思想情感內容表達的需要，選

① 莫礪鋒：《朱熹文學研究》，南京：南京大學出版社，2000 年，第 336 頁。
② 倪其心：《校勘學大綱》，北京：北京大學出版社，1987 年，第 40 頁。
③ 注吴長庚統計為“約十四五見”。見吴長庚：《朱熹文學思想論》，合肥：黄山書社，1994 年，第 209 頁。
④ ［南朝梁］劉勰著，范文瀾注：《文心雕龍注》，北京：人民文學出版社，1958 年，第 529—530 頁。

定合適的體制和相應的風格。"[①] 朱熹在校勘中多祇言文勢，而不言何為文勢。雖然朱熹對文勢一詞没有給出明確的定義，如《守戒》"為有"下，朱熹按："今詳文勢，疑為字衍。"[②]《守戒》"莫大於不足為"下，朱熹按："今詳文勢，疑足字衍，下句不足為者仿此。"[③]《與崔群》"百千輩"下，朱熹按："諸本及詳文勢皆當有此三字，但不知指何人而言耳。"[④] 等等，但我們可以通過這些具體的實例，去探討朱熹所説"文勢"的含義。

吴長庚認為朱熹的文勢論，指的是"所校原稿内容之形式諸方面，是文間語意脈絡發展的邏輯趨勢。它與作者的創作個性，表現手法，修辭技巧密切相關，在文章中，則體現為結構形式，藝術風格等等，是文章學研究的範圍"[⑤]。通過統計，我們可以發現《韓文考異》一書中，"文勢"一詞共出現 14 次。朱熹不僅將"文勢"運用於文章的校勘中，也將"文勢"用於詩歌的校勘中。因此，朱熹這裏所説的"文勢"不僅是文章學的研究範圍，亦是詩歌研究中的一個内容。其主要包括以下幾個層面的含義。

第一，文勢指的是在上下文的聯繫中所體現出的一種語意的連貫與發展的邏輯。朱熹在校勘韓文中就多次將文勢放在上下文的聯繫中來進行討論。如在《復志賦》："誰無施而有獲"下，朱熹説："今按：此名本用《楚辭》'孰無施而有報，孰不殖而有獲'之語，詞意既有自來，又與上下文勢相應，故嘉祐杭本與諸本多如此，乃是韓公本文相傳已久，非陳以意定也。閣本之謬如此，而方信之，反以善本為誤，今不得而不辯也。"[⑥] 又如《論淮西事宜狀》"據行"下："或無行字。〇今按上下文勢，合有行字，行下更合有營字，其理甚明，今輒補足。"[⑦] 又如，朱熹在對《鄆州溪堂詩》"四鄰望之"句進行校理時説："閣、杭、蜀及諸本中居之下皆有此四字，方從古本删去。〇今按文勢及當時事實，皆當有此句。若其無之，則下文所謂恃以無恐者，為誰恃之邪？大凡為人作文，而身或在遠，無由親視摹刻，既有脱誤，又以毁之重勞，遂不能改。若此者蓋親見之，亦非獨古為然也。方氏最信閣、杭、蜀本，雖有謬誤，往往曲從。今此三本幸皆不誤，而反為石本脱句所奪，甚可笑也。"[⑧] 這裏朱熹根據"下文所謂恃以無恐者"，而認為應有"四鄰望之"四字，此乃根據上下文文勢的聯繫進行校勘的又一實例。可見，文勢是一種在上下文的聯繫中所形成的語意發展的内在邏輯性。這種内在的邏輯性，即上下文的語意與所抒發的情感連貫性。正如朱熹在校勘《南山詩》中"衆皺"一詞時所説：

---

① 吴長庚：《朱熹文學思想論》，第 212 頁。
② ［宋］朱熹：《昌黎先生集考異》卷四，《朱子全書》第 19 册，第 457 頁。
③ 同上。
④ ［宋］朱熹：《昌黎先生集考異》卷五，《朱子全書》第 19 册，第 488 頁。
⑤ 吴長庚：《朱熹文學思想論》，第 208 頁。
⑥ ［宋］朱熹：《昌黎先生集考異》卷一，《朱子全書》第 19 册，第 370 頁。
⑦ ［宋］朱熹：《昌黎先生集考異》卷九，《朱子全書》第 19 册，第 585 頁。
⑧ ［宋］朱熹：《昌黎先生集考異》卷五，《朱子全書》第 19 册，第 470 頁。

方從蜀人韓仲韶本作皺，云：石甕也。二韻皆取喻，謂高而群峰飛馳，如鼯鼬之奔；低而堆阜分佈，如衆皺之列。於義為近。〇今按：此蜀本之誤，沈元用本亦然，皆非是。蓋此但言登山之時，叢薄蔽翳，方與蟲獸群行，而忽至山頂，則豁然見前山之低，雖有高陵深谷，但如皺物微有蹙摺之文耳。此最為善形容者，非登高山、臨曠野，不知此語之為工也。況此句衆皺為下文諸或之綱領，而諸或乃衆皺之條目，其語意接連，文勢開闔，有不可以毫厘差者。若如方説，則不唯失其統紀，亂其行列，而鼯鼬動物，山體常靜，絶無相似之理。石甕之與堆阜，雖略相似，然自高頂下視，猶若成堆，則亦不為甚小而未足見南山之極高矣。其與下文諸或疏密工拙又有迥然不侔者。未論古人，但使今時舉子稍能佈置者，已不為此。又況韓子文氣筆力之盛，關鍵紀律之嚴乎？大抵今人于公之文，知其力去陳言之為工，而不知其文從字順之為貴，故其好怪失常，類多如此。今既定從諸本，而復備論其説，以曉觀者云[①]。

朱熹在這裏對“衆皺”一詞進行校勘時，就運用了文勢的方法。朱熹是從文章上下文的聯繫中來校勘的，他這裏所説的“況此句衆皺為下文諸或之綱領，而諸或乃衆皺之條目，共語意接連，文勢開闔，有不可以毫厘差者”，指的是“衆皺”一詞屬於文章的綱領，對以下文章的寫作起到了一個提綱挈領的作用，衹有校定成“衆皺”，《南山詩》之語意纔會接連，形成開闔的文勢。也就是“衆皺”是總起下文的，與下文對於各種皺樣景物的描寫形成總分的關係。另外，朱熹在與門人的交流中，也提到了“文勢”對理解《論語》的作用。據《朱子語類》載：

問：“為人謀有二意：一是為人謀那事；一是這件事為己謀則如此，為人謀則如彼。”曰：“衹是一個為人謀，那裏有兩個？文勢衹説為人謀，何須更將為己來合插此項看。為人謀不忠，如何便有罪過？……[②]

朱熹運用文勢的方法對門人錯誤地理解《論語·學而》“為人謀而不忠乎”[③] 進行了辨析。根據《學而》的文勢來看，此句“衹説為人謀”，而門人卻“拗轉枝蔓”，不遵文勢，將其理解為“為已謀”，這顯然就是不恰當的。因此，朱熹要求人們在讀《論語》時，應該從“文章語意脈絡運行的主體趨嚮”[④] 來理解文義，從而纔能“自然通透”，玩味出聖人

---

① ［宋］朱熹：《昌黎先生集考異》卷一，《朱子全書》第19册，第375—376頁。
② 黎靖德編：《朱子語類》卷二十一，《朱子全書》第14册，第720—721頁。
③ ［清］阮元校刻：《十三經注疏·論語注疏·學而》，第2457頁。
④ 吴長庚：《朱熹文學思想論》，第214頁。

意思。又如：

> 但就本文看，説“命矣夫”較深。聖人本意祇是惜其死，嘆之曰命也，若曰無可奈何而安之命爾。方將問人之疾，情意悽愴，何暇問其盡道與否也？況下文以為“斯人”“有斯疾”則以為不當有此疾也。豈有上文稱其盡道而死，下文復嘆其不當疾而疾？文勢亦不相聯屬①。

朱熹根據文勢是否相聯屬對《後牛有疾章》進行了解讀。作者在上文中説了“盡道而死”，而在下文中再次感嘆“人之疾”，顯然就文章語意連貫上來説，這是不可能的。所以朱熹這裏所説的文勢指的是相聯屬對，是上下文的聯繫中所形成的一種語意發展的內在邏輯性，是“文章語意脈絡運行的主體趨嚮”②。

第二，文勢亦指文章語言結構所體現出的“緩急”“抑揚”之勢。根據朱熹在《韓文考異》中對文勢的運用，我們可以進一步明確文勢也指文章結構所體現出來的氣勢。正如劉勰在《文心雕龍·定勢》中所説：

> 自近代辭人，率好詭巧，原其為體，訛勢所變，厭黷舊式，故穿鑿取新，察其訛意，似難而實無他術也，反正而已。故文反正為乏，辭反正為奇。效奇之法，必顛倒文句，上字而抑下，中辭而出外，回互不常，則新色耳③。

劉勰指出，辭人的創作可以通過“顛倒文句，上字而抑下”等“訛勢”手段達到“反正為奇”的效果。雖然劉勰對辭人好奇的創作傾嚮進行了批評，但是他卻揭示出了文勢論的另一個內涵，即文章結構。朱熹在這一理論的影響下，對韓文進行了校勘。如對《送區册》一文中對“陶然以樂”的校理時，朱熹説：

> 方無以字。〇今按：欣然喜、陶然樂，當為一例，故諸本皆有以字，而方本皆無。然竊詳其文勢之緩急，恐上句應無而下句應有也，故定從此本云④。

方崧卿認為此句無“以”字，為“陶然樂”。朱熹根據此文文勢的緩急將該句校勘為：

---

① 黎靖德編：《朱子語類》卷三十一，《朱子全書》第15册，第1124頁。
② 吴長庚：《朱熹文學思想論》，第214頁。
③ ［南朝梁］劉勰著，范文瀾注：《文心雕龍注》，第531頁。
④ ［宋］朱熹：《昌黎先生集考異》卷六，《朱子全書》第19册，第509頁。

"入吾室，聞《詩》《書》仁義之説，欣然喜，若有志於其間也。與之翳嘉林，坐石磯，投竿而漁，陶然以樂，若能遺外聲利，而不厭乎貧賤也。"這裏的"急"，相對於"欣然以喜"而言，"欣然喜"由於少了虛詞"以"，從而讓語勢變得相對急促，這更有利於突出在聞仁義之説後的欣喜；"緩"指的"陶然樂"而言，"陶然以樂"由於多了虛詞"以"，語勢從而變得緩慢，這樣更有利於突出投竿垂釣時悠然自樂的心境。同樣，通過對於語言結構的變化與用詞的選擇，亦可以體現出"文勢抑揚"①。如在《論變鹽法事宜狀》"之時糴鹽"下，朱熹認為："糴上，或有來字。○今按文勢，恐來字上更有從字，今亦補足。"②從以上例子中，我們可以發現朱熹特別注意虛詞對於文勢緩急快慢的影響。

不僅如此，朱熹同樣認識到了實詞在韓文校理中的作用。如對《江南西道觀察使贈左散騎常侍太原王公》"事備"一句的校勘，朱熹説："備下，或有悉字，或有複出事字。○今按文勢，疑當有悉字在備字上。"③ 在這裏朱熹根據文勢的特點，認為此處"疑當有悉字在備字上"，就是其重視實詞在校勘中作用的體現。又如，在《論淮西事宜狀》一文中對"據行"一句的校勘，他説："或無行字。○今按上下文勢，合有行字，行下更合有營字，其理甚明，今輒補足。"④ 這裏朱熹根據上下文語意的連貫與邏輯，從下文"器械弓矢，一物已上，悉送行營充給"一句，認為原文應該是"據行營所追人額"。可見，這是朱熹運用文勢的理論來校勘實詞的一個例證。

綜上所述，朱熹用於校勘韓文的文勢，不僅是指在上下文的聯繫中所形成的一種語意發展的內在邏輯性，也是文章語言結構所體現出的"緩急""抑揚"之勢。朱熹充分運用了文勢的這些特點來對韓文進行校勘，體現了朱熹將文學方法運用在校勘之中的特點，這是其區別於方崧卿校勘的一個典型性特點。

（二）語勢與校勘

朱熹在《韓文考異》中亦運用語勢來校勘。語勢一詞，在《韓文考異》中共出現13次，與文勢一樣，朱熹並沒有在《韓文考異》中對語勢一詞進行詳細解釋，但是我們可以從具體的實例中去探討朱熹校勘中所用語勢的大致含義。

首先，語勢"指一定文章體裁所要求的""文章體裁與語言文字之勢的關係"，因此"不同的文學作品體制，在語言文字的長短、聲律的安排、排行的樣式等上起碼的規定，這

---

① ［宋］朱熹：《昌黎先生集考異》卷九，《朱子全書》第19册，第593頁。
② 同上，第586頁。
③ ［宋］朱熹：《昌黎先生集考異》卷八，《朱子全書》第19册，第565頁。
④ ［宋］朱熹：《昌黎先生集考異》卷九，《朱子全書》第19册，第585頁。

就構成了不同的語體。這種不同的語體實際上因長短、對偶、聲律等不同，自然而然地會形成不同的語勢"①。這一點，可以從朱熹校勘韓文時，針對不同文體用語勢進行校勘的實例來說明。在對古文《原性》的校勘中，朱熹就運用了語勢。如對"夫始善而進惡與始惡而進善與始也混而今也善惡"的校勘，朱熹說：

> 與，諸本多做歟，善惡下又有歟字。〇今按：二與字，皆當讀如字而為句首，猶言及也。作歟而為句絶者皆非。《左傳》："夫弗及而憂，與可憂而樂，與憂而弗害，皆取憂之道也。"語勢亦相似②。

這裏朱熹認為將"與"作"歟"的做法是不正確的，並舉同為散文的《左傳》中的實例"夫弗及而憂，與可憂而樂，與憂而弗害，皆取憂之道也"來證明，其原因在於同為散文的這兩句語勢是相似的。同樣，在對詩歌《晚寄張十八助教周郎博士》的"日薄"下，亦運用語勢來進行校勘，他說：

> 薄，或作落。方云：薄，迫也。《國語》："今會日薄矣，恐事之不集。"〇今詳語勢，但如白樂天所謂"旌旗無光日色薄"耳，方説非是③。

在這裏方崧卿認為："薄，迫也。"並引用《國語》"今會日薄矣，恐事之不集"進行了説明。雖然方説有理有據，但《國語》乃史書，使用的是散文的語言，因此，朱熹從詩歌的語勢出發來討論，認為方説不可取，並舉白居易詩句"旌旗無光日色薄"來進行説明。顯然這裏方、朱二人都是引用他書來校勘，從引用的材料來看，朱説引詩歌來證詩歌更具説服力。這裏要指出的是，朱熹總共在三首詩歌中用語勢四次，分别是《北極》《酬裴十六功曹巡府西驛途中見寄》《晚寄張十八助教周郎博士》。就詩歌體制來看，這三首詩歌分别收入《韓集》第二卷、第四卷、第七卷，屬於古詩。朱熹在對這三首詩用語勢進行校勘時，則指出不必要拘泥於"古韻""古人語"。這似乎與古詩所要求的體制有所衝突，其實不然，這又涉及了語勢的另一個層面的意思。

其次，語勢還包括"個人的語體之語勢，作家在創作中發揮自己的創作個性而形成的不同的語體之語勢"④。這也就是説雖然每種文體都有自己固定的語勢，但是由於作為創作

---

① 童慶炳：《〈文心雕龍〉"循體成勢"説》，《文化與詩學》2008 年第 1 期。
② ［宋］朱熹：《昌黎先生集考異》卷四，《朱子全書》第 19 册，第 451 頁。
③ ［宋］朱熹：《昌黎先生集考異》卷三《朱子全書》第 19 册，第 419 頁。
④ 童慶炳：《〈文心雕龍〉"循體成勢"説》，《文化與詩學》2008 年第 1 期。

主體的個體具有差異性，因此在具體的創作中作品亦體現了作者自己的個性，從而形成不同的語體之語勢。朱熹在校勘韓文中就充分地意識到了這一點，將文體所固有的語勢與韓愈之個人語勢相結合來校理韓文。如對古詩的校勘，在《北極》詩“平茫茫”“風狂”下就運用了“古韻”，他説：

平茫茫

方作茫茫平，云用古韻。○今按：此詩固用古韻，然皆因其語勢之自然，未嘗作意捨此而用彼也。諸本衹作陂澤平茫茫，韻諧語協，本無不可，若作陂澤茫茫平，卻覺不響，不應以欲用古韻之故牽挽而强就之也。又按：别本平或作路，而或作何者，語意尤勝，讀者詳之①。

風狂

方作狂風。○今按：方亦强用古韻之過，不如衹作風狂，語勢尤健②。

這裏我們可以發現，朱熹認識到了《北極》詩“諸本衹作陂澤平茫茫，韻諧語協，本無不可”的文章體裁所要求的語勢。同樣，他認為“若作陂澤茫茫平，卻覺不響”則不合韓愈個人之語勢。因此，《北極》詩“固用古韻”，但是我們“不應以欲用古韻之故牽挽而强就之也”，在考慮文章語勢時，也要尊重韓愈個人“語勢之自然”的特點。同樣，朱熹認為方崧卿在對“風狂”進行校勘時，也因强用古韻而導致失誤，朱熹認為“作風狂，語勢尤健”亦應從韓愈個體語勢出發來進行校勘。這一點在朱熹校勘《柳州羅池廟》“秋鶴與飛”一句時就有體現。

或作秋與鶴飛。○今按：歐公以此句為石本之誤，沈存中云：非也，倒用鶴與兩字，則語勢愈健，如《楚辭》云“吉日辰良”也。但此石本團團字，初誤刻作團圓，後鐫改之，今尚可見，則亦石本不能無誤之一證也③。

這裏朱熹校勘的依據就在於“倒用鶴與兩字，則語勢愈健”，這不僅在《楚辭》中有文獻依據，也與韓愈的文章特點相符。對於這一看法，朱熹在《楚辭集注·東皇太一》“吉日兮良辰”下引洪興祖《補注》進行了更加詳細的説明：“沈括存中云：‘吉日兮辰良’蓋相

① ［宋］朱熹：《昌黎先生集考異》卷一，《朱子全書》第19册，第380頁。

② 同上。

③ ［宋］朱熹：《昌黎先生集考異》卷八，《朱子全書》第19册，第559頁。

錯成文，則語勢矯健。韓退之云：‘春與猿吟兮，秋鶴與飛。’用此體也。”① 可知，朱熹認為倒用鶴與二字相錯成文的做法，讓語勢更加矯健。

綜上，我們可以知道，朱熹所説的語勢是文學作品本身的語言文字特點所決定，不同的文體有不同的語勢，由於作家的個體差異性，對於同一文體的創作也會呈現出不同的語勢。朱熹在校勘韓文中，不僅注意到了古文與詩歌所具有的不同的語勢特點，而且將其運用到不同文體的校勘中。不僅如此，朱熹亦從韓愈的個性特點出發，注意到了韓愈語勢的“自然”與“健”，進而在校勘時注意到了韓詩所具有的不同的語勢，將文體所固有的語勢與韓愈之個人語勢相結合來校理韓文，這體現了朱熹校勘韓文的特點。

（三）義理、文理與校勘

朱熹在校勘時還用到了“義理”，他説：“而一以文勢義理及它書可驗者決之。”② 可見，校勘時“義理”與“文勢”一樣都有着非常重要的作用。但朱熹在《韓文考異》一書中“義理”一詞僅出現了兩次。一次是在《月蝕詩效玉川子作》“森森萬木夜僵立”一句的注解中，朱熹説：“森森，方作臨臨，殊無義理。”③ 一次是在《與孟尚書》中所説的：“異端之學乃有能以義理自勝。”④ 顯然，《與孟尚書》中所出現的“義理”與校勘韓文無關。因此，“義理”一詞在《韓文考異》校勘中僅出現了一次。從僅有的一次中，我們可以發現，朱熹所説的“義理”指的是文章内容的合理性，吴長庚認為是“内容發展的必然之理”⑤。一般來説，校勘考察的往往是文字的正誤，而文字又是構成語意的基本組成部分。因此，朱熹在這裏所説的文章義理，也就是文章的語意與内容。顯然，這在校勘中不可或缺。其實，朱熹在校勘時，往往用“文理”這一與“義理”同意的詞語來代替，它們都指文章内容。

朱熹在《韓文考異》中運用文理來校勘達42處之多，文理不僅僅運用於韓詩校勘，亦運用於韓文校勘。朱熹這裏所説的文理指的是文章的内容，也就是所校文本的思想内容發展的必然之理。因此，朱熹在用文理對異文校勘時，是從内容發展的連貫性與語意發展的趨勢來判斷的。如對《古意》詩“青壁無路難夤緣”的校勘，據《韓文考異》載：

> 方從唐本作五月壁路難攀緣，云：《鮑溶集》有陪公登華山詩，蓋五月也。夤，或

---

① ［宋］朱熹：《楚辭集注》卷二，《朱子全書》第19册，第47頁。
② ［宋］朱熹：《書〈韓文考異〉前》，《晦庵先生朱文公文集》卷七十六，《朱子全書》第24册，第3682頁。
③ ［宋］朱熹：《昌黎先生集考異》卷二，《朱子全書》第19册，第408頁。
④ ［宋］朱熹：《昌黎先生集考異》卷五，《朱子全書》第19册，第494頁。
⑤ 吴長庚：《朱熹文學思想論》，第207頁。

作攀。〇今按：公此詩本以古意名篇，非登山紀事之詩也。且泰華之險，千古屹立，所謂削成五千仞者，豈獨五月然後難攀緣哉？若以句法言之，則五月壁路之與青壁無路，意象工拙又大不侔，亦不待識者而知其得失矣。方氏泥於古本，牽於旁證，而不尋其文理，乃去此而取彼，共亦誤矣。原其所以，蓋緣五月本是青字，唐本誤分為二，而讀者不曉，因復削去無字，遂成此謬，今以諸本為正①。

這裏方崧卿根據《鮑溶集》所載陪韓愈登華山詩認為《古意》一詩作於五月，朱熹則從此詩題為《古意》出發，認為是以古意名篇，並不是登山紀事之詩，方氏拘泥於唐本，牽於《鮑溶集》中所載之旁證，而不從《古意》一詩所要表達的文理出發，即不從詩中所描寫的內容與要表達的情感出發，進而導致錯誤。另外，朱熹在這裏亦從"句法"的角度來進一步做了説明，認為"青壁無路"意象更工。

朱熹用文理來校勘，在韓文中更加普遍，有36處之多。如在《伯夷頌》中，"舉世非之力行而不惑者則千百萬年一人而已耳"句下載：

方從杭、《粹》及范文正公寫本，無力行二字，千下有五字，云：自周初至唐貞元末幾二千年，公言千五百年，舉其成也。〇今按：此篇自一家一國以至舉世非之而不惑者，泛説有此三等人，而伯夷之窮天地、亙萬世而不顧，又別是上一等人，不可以此三者論也。前三等人皆非有所指名，故舉世非之而不顧者，亦難以年數之實論其有無，而且以千百年言之，蓋其大約如此耳。今方氏以伯夷當之，已失全篇之大指，至於計其年數，則又捨其幾二千年全數之多，而反促就千五百年奇數之少，其誤益甚矣。方説不通文理大率類此，不可以不辨②。

這裏朱熹認為方崧卿之所以校勘有誤在於不通《伯夷頌》之文理。主要有兩個方面：一是以伯夷當千百萬之人；一是不應該用年數之實來討論，時間衹是取其大約之數而已。鑒於此，朱熹從《伯夷頌》的具體內容出發，取幾近二千年之全數定為"千百萬年一人而已耳"。又如，對《送孟東野》一文中"又其精也，尤擇其善鳴者而假之鳴"的校勘，朱熹先後兩次用到文理。對於"又其精也"，方從"閣、杭、蜀本，去又字，而取下句尤字足成一句"定為"尤其精也"。朱熹認為這是"不成文理"的③。他在"尤擇"條下對此進行了詳細説明。他説：

① ［宋］朱熹：《昌黎先生集考異》卷一，《朱子全書》第19册，第389頁。
② ［宋］朱熹：《昌黎先生集考異》卷四，《朱子全書》第19册，第460—461頁。
③ ［宋］朱熹：《昌黎先生集考異》卷六，《朱子全書》第19册，第499頁。

上文已再言“擇其善鳴者而假之鳴矣”，則此又言人聲之精者為言，而文詞又其精者，故尤擇其善鳴者而假之鳴，又字、尤字正是關鍵血脈首尾相應處。方以三本之誤，遂去又字，而以尤字屬上句，不唯此句不成文理，又使此篇語無次第，其誤尤甚，今悉正之①。

在這裏“又”“尤”二字，朱熹認為是關鍵，這是因為上文已經説了“擇其善鳴者而假之鳴矣”，接下來又要説“人聲之精者為言”，下句有“尤”字不僅能避免與前文的重複，亦表遞進關係，更加突出善假之鳴的重要性，這樣文章血脈首尾相應，文章所要表達的思想内容也更加符合文理。

綜上所述，朱熹在對韓文校勘時不僅確立了體例，並多採衆本之同異，運用了文勢、語勢、文理等方法來校勘韓文。這體現了朱熹韓文校勘“義理、文章、考據相容並包”②的特點。客觀來説，雖然朱熹建立了一套自己校勘韓文的方法，但從校勘學的角度來看，朱熹對於方氏的批評確實存在不確的地方，並且“朱熹所謂‘文理’是屬於詩歌藝術表現、修辭技巧。以有無‘神采’‘意象’為判斷異文正誤的準則，其實是校勘變成鑒賞，不合校勘原則的”③。但正如朱熹所説：“大氐今人於公之文，知其力去陳言之為工，而不知其文從字順之為貴，故其好怪失常，類多如此。”④ 朱熹不僅僅强調“韓詩平易”與“文從字順”的一面，也注意到了“有平易處極平易，有險奇處極險奇”⑤，這對於全面認識韓文的藝術特點是多有裨益的。

作者單位：西南石油大學馬克思主義學院文化素質教研室

① ［宋］朱熹：《昌黎先生集考異》卷六，《朱子全書》第19册，第499頁。
② 錢穆：《朱子新學案》，第1775頁。
③ 倪其心：《校勘學大綱》，第40頁。
④ ［宋］朱熹：《昌黎先生集考異》卷一，《朱子全書》第19册，第376頁。
⑤ 黎靖德編：《朱子語類》卷一三九，《朱子全書》第18册，第4295頁。

20 世紀 80 年代以來魏了翁研究綜述

李秀燕

魏了翁（1178—1237），南宋邛州蒲江（今四川蒲江）人，字華父，號鶴山，謚文靖，思想家、教育家、政治家、文學家，著有《鶴山集》《九經要義》《周易集義》《古今考》等。全祖望有“兼有永嘉經制之粹，而去其駁。世之稱之者，以並之西山，有如温公、蜀公，不敢軒輊。梨洲則曰：‘鶴山之卓犖，非西山之倚門傍户所能及。’予以為知言”① 的評價。

研究魏了翁的學術專著主要有蔡方鹿的《魏了翁評傳》（巴蜀書社，1993 年）、彭東煥的《魏了翁年譜》（四川人民出版社，2003 年）、張文利的《魏了翁文學研究》（中華書局，2008 年）；有專章論及魏了翁的著述主要有胡昭曦等著的《宋代蜀學研究》（巴蜀書社，1997 年），蔡方鹿《宋代四川理學研究》（綫裝書局，2003 年）、《中國經學與宋明理學研究》（人民出版社，2011 年），張帆的《唐宋蜀詞人論叢》（巴蜀書社，2006 年）、《宋代四川壽祝文學縱録觀》（巴蜀書社，2011 年）等。

筆者通過知網檢索及手動篩選，共獲取魏了翁研究相關論文百餘篇，其中學位論文十一篇。這些學術論文最早的發表於 1985 年，最近的發表於 2018 年，故而本文的文獻選取時間區間為 1985—2018 年。

本文試從家世與生平、思想研究、著述研究、教育研究、文學研究、魏了翁與蜀學的關係等方面對魏了翁研究狀況做一概述，以期厘清當前各方面魏了翁研究的成果及有待進一步研究的領域。限於資料搜集及學識積累，有掛一漏萬之處，還請方家指正。

---

① ［清］黃宗羲：《宋元學案》卷八十《鶴山學案》，北京：中華書局，1986 年，第 4 册，第 2656 頁。

一、家世與生平的研究

學界對魏了翁家世生平的研究主要從他的生平事迹、政治命運等方面展開。

（一）生平事迹

對魏了翁生平事迹的研究主要從其求學、家世方面進行。

蔡方鹿的《魏了翁評傳》[①] 採用“知人論世”的治學方法，通過對魏了翁生平活動、著述情況、師友、家學、弟子等的考證，將魏了翁研究置於南宋的時代大背景下，既交代了魏了翁思想産生的時代和社會背景，也闡明了魏了翁對歷史事件及在理學正統地位的確立中所起的作用。

彭東焕的《魏了翁年譜》共“譜前”“正譜”“譜後”三部分，分别考述其家世爵里、其人其學、生平事迹、流風遺德。其巨細不捐的考據和梳理為研究魏了翁的後學提供了依據和便利，對魏了翁研究具有重要的參考價值，是研究魏了翁生平、思想不可或缺的文獻資料。

此後，彭東焕在其論文《〈宋史·魏了翁傳〉補正》中對《宋史·魏了翁傳》做了“初步的正誤補闕工作：本傳訛誤及記事失次之處，則正之；大事闕略及繫年未詳之處，則補之”[②]。該文對《宋史·魏了翁傳》中繫年、官名、書名記載有誤之處予以糾謬，對其生平大事過略之處予以補充，以便於學者進行魏了翁研究時做出正確判斷。

龍騰《魏了翁家世考》[③] 認為魏了翁係唐宰相魏徵、魏善後裔，其父、祖皆有官職。文章還對魏了翁母親家族、魏了翁女婿進行了考證，認為李肩吾為魏了翁女婿的説法尚待商榷。

（二）政治命運

魏了翁作為南宋著名政治家，其政治命運也是學者關注的焦點，當前研究主要從其貶謫經歷和軍事才能兩方面展開。

---

① 蔡方鹿：《魏了翁評傳》，成都：巴蜀書社，1993 年。

② 彭東焕：《〈宋史·魏了翁傳〉補正》，《蜀學》2015 年，第 80—90 頁。

③ 龍騰：《魏了翁家世考》，《蜀学》2011 年，第 196—206 頁。

1. 貶謫經歷

何詠瑞、陳焕釗先後發文，從“湖州之變”出發，研究其對魏了翁政治命運的影響①和魏了翁為濟王鳴冤的動機，認為魏了翁為濟王鳴冤不僅“出於理學家維護封建倫常正義的原因”②，更深層次的原因是以倫常有虧之名迫使理宗改變立場，以扳倒史彌遠，但結果是刺痛了理宗，最終被貶。

蔡方鹿在《魏了翁評傳》中指出：“魏了翁謫居靖州的五、六年是其一生活動的重要時期，特别對他教育和學術思想的發展、成熟具有重要意義。”③ 尹海江承此説，認為謫居期間是魏了翁“學術研究和詩文創作的黄金時期”④。謫居時期魏了翁在靖州創辦了第二個鶴山書院，與各地學者的書信等學術交流和論學活動“使他的影響日益擴大，並促進了當時學術和教育的發展”⑤。

尹海江《魏了翁謫地考》中針對李致中在《宋版書序録》中“魏了翁被貶的原因是得罪史彌遠，謫居之地是四川舊敘州府的靖州，編撰《大易集義》和《九經要義》的地方也是這裏”⑥ 的觀點進行考證後指出，“魏了翁被貶的直接原因是朱端常的誣陷”“被貶的地方也應該是湖南靖州縣，而非四川舊敘州府境内的靖州”⑦。

2. 軍事才能

對魏了翁軍事才能的研究主要圍繞“督視”展開。陳昆、唐芙蓉通過史料分析得出魏了翁被任命的關鍵原因並非由於政敵的鼓吹，而是“宋理宗對魏了翁早已産生了任用之心”⑧。隨後，陳昆在其碩士學位論文《南宋名臣魏了翁的軍事才能研究》⑨ 中進一步分析了宋理宗對魏了翁産生重用之意的原因在於其“督視”之前即已顯示出卓越的軍事才能。

二、思想研究

學者蔡方鹿的《魏了翁評傳》是第一部系統研究魏了翁思想的學術專著。該書上篇從

① 何詠瑞、陳焕釗：《“湖州之變”與魏了翁的政治命運》，《旅遊縱覽》（行業版）2011 年第 9 期，第 65—67 頁。

② 陳焕釗、何詠瑞：《“湖州之變”後魏了翁為濟王鳴冤的動機辨析》，《劍南文學》（經典教苑）2011 年第 10 期，第 294 頁。

③ 蔡方鹿：《魏了翁評傳》，第 82 頁。

④ 尹海江：《春風沂泗儼在此，居人莫作渠陽看——魏了翁貶謫靖州期間的生活治學及創作》，《懷化學院學報》2010 年第 6 期，第 40—42 頁。

⑤ 蔡方鹿：《魏了翁評傳》，第 83 頁。

⑥ 尹海江：《魏了翁謫地考》，《文獻》2005 年第 4 期，第 274—279 頁。

⑦ 同上。

⑧ 陳昆、唐芙蓉：《論南宋名臣魏了翁“督視”任命的由來》，《開封教育學院學報》2016 年第 9 期，第 5—6 頁。

⑨ 陳昆：《南宋名臣魏了翁的軍事才能研究》，重慶師範大學，2017 年。

生活時代、生平與著述、政治思想、理學思想、哲學思想、經學思想六個方面論述了魏了翁的生平與學術思想，下篇則用了全書三分之一的篇幅從教育實踐、教育思想、教學論與教學方法、師友、家學與弟子等角度詳細論述了魏了翁的教育思想，最後，作者專章討論了魏了翁的思想特色、歷史地位及對後世的影響。

蔡方鹿《魏了翁的和諧思想》① 一文指出魏了翁"以和邦國，以諧萬民"的和諧思想具有重要的現代價值，這一和諧思想表現在人心的平和、家庭的和睦、國家的和平等方面。其後，蔡方鹿又在《魏了翁思想的現代價值》② 中探討了魏了翁和諧思想和重義理、重素質、知行合一的教育思想以及生態環保思想的現代價值。

王興文、宮淩海從尊崇自然規律的宇宙觀、富國强民的農學思想、養生與預防兼備的醫學思想、務實求新的天文學思想③等方面探討了魏了翁的科技思想。這些新角度的切入，都為魏了翁研究的豐富和發展開啓了新的思路。

張立文《鶴山思想的真精神》④ 一文從會通精神、度越精神、務實精神、重教精神、和合精神五個方面探討了魏了翁值得繼承和發揚的真精神和活精神。魏了翁不倚門傍户，具有融合各家思想的會通精神、在會通基礎上創新的度越精神、在度越之後能落到實處的務實精神、在自身務實的基礎上通過注重教育啓發後學的重教精神、在衝突融合過程中把價值理想恢復起來的和合精神，這些時代精神和創新精神至今對我們仍具傳承和啓發意義。

（一）理學思想

理學研究嚮來是魏了翁思想研究甚至整個魏了翁研究的重點，目前已經取得了較為豐碩的研究成果。

當代開啓這方面研究以及在這方面發表研究成果較多的為蔡方鹿，他先後發表學術論文《魏了翁與宋代理學》《魏了翁在宋明理學史上的地位》，其學術專著《魏了翁評傳》也有專章討論魏了翁理學思想。

賈順先、蔡方鹿的《魏了翁與宋代理學》⑤ 是較早的研究魏了翁理學思想的學術論文。該文認為"魏了翁在提倡理學的過程中，所建立起來的融合心理、移理入心的主觀唯心主義哲學和他哲學中的一些辯證法思想，是與當時的社會緊密相連的，它既是當時社會矛盾

---

① 蔡方鹿：《魏了翁的和諧思想》，秋爽、姚炎祥主編：《第四屆寒山寺文化論壇——國際和合文化大會論文集(2010)》，上海：上海三聯書店，2010年，第365—368頁。

② 蔡方鹿：《魏了翁思想的現代價值》，《四川師範大學學報》（社會科學版）2011年第2期，第161—166頁。

③ 王興文、宮淩海：《魏了翁科技思想初探》，《自然辯證法通訊》2011年第4期，第51—56、127頁。

④ 張立文：《鶴山思想的真精神》，蔡方鹿主編：《書院與理學》，成都：四川文藝出版社，2012年，第3—8頁。

⑤ 賈順先、蔡方鹿：《魏了翁與宋代理學》，《社會科學研究》1985年第1期，第41—46頁。

的反映，又是為解決這些矛盾而設計的方案；它既具有當時時代的特點，又反映出在宋代理學中，客觀唯心主義和主觀唯心主義這兩個派別相互轉化的這種關係”，既肯定了他在宋明理學史上的地位，也肯定了其對湖湘文化發展所作出的貢獻。

蔡方鹿在專著《魏了翁評傳》① 中分析認為魏了翁理學思想淵源於周敦頤、二程、朱熹及張栻，同時受陸九淵心學影響，而他也通過自己的活動積極推動了理學在意識形態領域正統地位的確立；其理學思想兼具朱學與陸學的色彩，在繼承前輩理學家思想的同時，注意求之於儒學“聖經”的直接闡發。故而，其思想兼收並蓄且充滿獨立思考和個性特色。這一觀點在其論文《魏了翁在宋明理學史上的地位》② 中得到再次闡發。

全超在其碩士論文《魏了翁理學思想評析》③ 中承襲蔡方鹿魏了翁心學思想來源於陸九淵的觀點，但認為《魏了翁評傳》對魏了翁理學思想淵源衹做了簡單羅列，缺乏具體考察，對理學內容分析較為籠統，缺少對魏了翁理學思想局限性的總結。他在該論文中針對這些問題進行了進一步論述。

韓國學者李範鶴《魏了翁的經世理學與道統論——以道統和治統的合一為中心》一文認為魏了翁的理學思想是“義理與經世的合一、經學與理學的折衷、文史哲的綜合，具有‘全體大用’和經世理學的意義”④，其道統論重視的是“孔孟以來的禮教主義和傳統主義”。最後，李範鶴提出，對魏了翁道統論的研究對瞭解當時政治史具有重要意義，因而有必要從其內容和體制方面展開研究。

鞠巍先後通過《魏了翁的理氣觀》⑤《獨特的理慾觀——試論胡宏對魏了翁思想的影響》⑥ 探討了魏了翁思想體系中受朱熹思想影響的理氣觀和受張栻影響的理慾觀，認為不完全摒棄人欲而是尋求天理和人欲平衡的思想對魏了翁產生了深遠影響。

徐儀明《論魏了翁對周敦頤思想的推崇與闡發》⑦ 一文中指出，雖然魏了翁是繼朱熹之後最為推崇周敦頤思想地位的思想家，尊崇其理學開山地位，但對他的學術觀點也敢於提出不同看法，這也說明魏了翁具有獨立思考精神。

還有學者從魏了翁經學與理學思想的關係角度探討魏了翁的思想及其思想的思想史意

---

① 蔡方鹿：《魏了翁評傳》，第 152 頁。

② 蔡方鹿：《魏了翁在宋明理學史上的地位》，《成都大學學報》（社會科學版）1994 年第 3 期，第 59—64 頁。

③ 全超：《魏了翁理學思想評析》，東北師範大學，2009 年。

④ 李範鶴：《魏了翁的經世理學與道統論——以道統和治統的合一為中心》，《宋史研究論叢》2006 年，第 557—583 頁。

⑤ 鞠巍：《魏了翁的理氣觀》，《零陵學院學報》2005 年第 3 期，第 24—25 頁。

⑥ 鞠巍、王小丁：《獨特的理欲觀——試論胡宏對魏了翁思想的影響》，《船山學刊》2008 年第 1 期，第 79—81 頁。

⑦ 徐儀明：《論魏了翁對周敦頤思想的推崇與闡發》，蔡方鹿主編：《書院與理學》，第 44—47 頁。

義。比如潘忠偉《求之"聖經"的思想史意義——從魏了翁略論經學和理學的關係定位》① 一文在肯定蔡方鹿對魏了翁"成為顧炎武'捨經學無理學'思想的先導"② 的評價的基礎上，認為深刻理解魏了翁"經學和理學是願與流、本和末的會通關係"這一定位對今人思考經學和理學的關係具有歷史和現實的雙重價值。

此外，近些年有三篇碩士論文論及魏了翁哲學思想。從心學與理學關係的角度進行研究的有中國政法大學王夢悦的《窮至實之理，於聖經明心——魏了翁理學思想研究》和江西師範大學覃檢蘭的《"理""心"之間——魏了翁哲學研究》。前者認為魏了翁心學思想是對"理本論"的復歸，後者則認為"心"與"理"的朱子學遺留問題在魏了翁這裏並沒有得以解決。西北大學王啓然《魏了翁美學觀念研究》一文則對魏了翁理學美學思想與傳統理學美學思想的異同進行了探討。這些成果都進一步充實了魏了翁理學思想研究。

（二）易學思想

2003年，金生楊連續發表《論魏了翁的易學思想》③《魏了翁〈易〉學簡論》④《魏了翁研〈易〉歷程考》⑤，對魏了翁象數義理並重，對河圖、洛書、先後天易説深信不疑，加之具備的獨立思考精神，得出圖書相同的結論，成為學術合流的主謀人。

鄒嘯宇在《〈易〉以明心顯性——魏了翁易學義理觀探析》⑥ 中指出魏了翁易學思想深受其具有强烈心學傾嚮的理學影響，將易學與理學之心性論加以融會貫通，進而形成了自己獨特的易學觀。這一過程不僅體現了學術創新與相容，也反映了當時易學的發展趨嚮。

（三）哲學思想

劉興淑《"心"在魏了翁哲學思想中的地位》⑦ 一文通過分析"心"在魏了翁哲學體系中的内涵和地位，認為"心"是其哲學體系的核心範疇，這也是"他在理學思想上由朱學嚮陸學的轉變"和"對人心在個人修身過程中主觀能動性的充分肯定"以及"對人心在立國、治國大業中消除危機、重振國力的巨大凝聚作用的認識和倡議"。

---

① 潘忠偉：《求之"聖經"的思想史意義——從魏了翁略論經學和理學的關係定位》，收入蔡方鹿主編：《書院與理學》，第63—68頁。

② 蔡方鹿：《魏了翁評傳》，第205頁。

③ 金生楊：《論魏了翁的易學思想》，《周易研究》2003年第3期，第11—17頁。

④ 金生楊：《魏了翁〈易〉學簡論》，《宋代文化研究》2003年，第219—234頁。

⑤ 金生楊：《魏了翁研〈易〉歷程考》，《四川師範學院學報》（哲學社會科學版）2003年第3期，第108—111頁。

⑥ 鄒嘯宇：《〈易〉以明心顯性——魏了翁易學義理觀探析》，《周易研究》2013年第2期，第48—56頁。

⑦ 劉興淑：《"心"在魏了翁哲學思想中的地位》，收入蔡方鹿主編：《書院與理學》，第75—80頁。

樂海燕《論魏了翁的實學精神》[①] 從魏了翁對佛老的批判、對漢學和宋學的揚棄、對事功的重視方面分析其事功與義理並重的實學特色，認為“魏了翁的實學思想，既具有傳統色彩——以義理治天下，又具有時代精神——振天下趨事赴功之心，更是把躬身踐履一以貫之”。

(四) 政治思想

李王英從魏了翁提倡重民思想、倡言改革、親自踐行等方面探討了魏了翁的重民思想，認為魏了翁“是一位熱情實踐儒家政治理想的思想家和社會改良主義者，他的重民思想對後世影響深遠”[②]。何婉禎《南宋魏了翁重民思想研究》[③] 從“以民為本”“愛民”“存民富民”三个方面分析了魏了翁的重民思想及其對現代社會的影響。

楊燕《論魏了翁“君臣共守”的政治思想》[④] 探討了魏了翁“君臣共守”“忠民安民”主張的提出是其哲學思想與當時時代背景合二為一的產物，這種哲思與鮮活生活相結合的思維方式對當今社會依然具有藉鑒價值。

此外，學者還對魏了翁教育思想和文學思想進行了研究，本文將“教育思想”研究置於“書院教育研究”部分，將“文學思想”研究置於“文學研究”部分。

三、著述研究

(一)《九經要義》

1.《九經要義》

張荷群《魏了翁與〈九經要義〉》[⑤] 考察了《九經要義》的撰述和版本流傳情況，彭東煥《魏了翁經學著述考略》[⑥] 考察了魏了翁的經學經歷和《九經要義》《周易集義》的成書及流傳情況，甚為詳細。王曉慶《〈九經要義〉考略》[⑦] 對《九經要義》撰寫時間和體例內

---

① 樂海燕：《論魏了翁的實學精神》，收入蔡方鹿主編：《書院與理學》，第 11—12 頁。
② 李王英：《魏了翁的重民思想》，《宋代文化研究》2008 年，第 308—313 頁。
③ 何婉禎：《南宋魏了翁重民思想研究》，《開封教育學院學報》2017 年第 7 期，第 33—34 頁。
④ 楊燕：《論魏了翁“君臣共守”的政治思想》，收入蔡方鹿主編：《書院與理學》，第 107—112 頁。
⑤ 張荷群：《魏了翁與〈九經要義〉》，《四川大學學報》(哲學社會科學版) 2004 年 S1 期，第 32—34 頁。
⑥ 彭東煥：《魏了翁經學著述考略》，《蜀學》2007 年，第 181—195 頁。
⑦ 王曉慶：《〈九經要義〉考略》，《文史博覽》(理論) 2011 年第 9 期，第 11—12 頁。

容進行了考辨，認為魏了翁對九經註疏的删減舉要是其獨特經學見解的彰顯。

2.《毛詩要義》

李冬梅《宋代巴蜀〈詩經〉學淺談——尤以三蘇、魏了翁為重》[①] 一文認為魏了翁《毛詩要義》體現了理學家“詩以吟詠情性為主”的《詩》學主張，具有獨特的巴蜀色彩，也是《詩經》宋學的重要組成部分。楊青華的碩士論文《魏了翁〈毛詩要義〉文獻學研究》[②] 從文獻學的角度對《毛詩要義》的成書、版刻、流傳、版本情況及其體例、評價狀況進行了系統研究，還對其摘録底本進行了探討。其後，楊清華發表專文《〈毛詩要義〉文獻校勘價值述略——以嘉慶二十年南昌府學阮刻本〈毛詩注疏〉為參照》來探討《毛詩要義》的校勘價值，認為其“在補正阮刻本《毛詩註疏》的脱文、訛文、衍文、倒文，以及對於補正阮元《毛詩註疏校勘記》結論之是、結論之非、不作按斷之條目有文獻參考價值”[③]。唐婷《魏了翁〈毛詩要義〉研究》[④] 一文從名物制度、與史互明、關注毛鄭異同三方面梳理《毛詩要義》特徵，認為貫穿其中的是魏了翁對《詩經》真實面貌的追求，遵從的是《詩序》和毛鄭“以禮為重”的詩學傳統。

3.《禮記要義》

瞿林江碩士論文《魏了翁〈禮記要義〉研究》[⑤]、期刊論文《魏了翁〈禮記要義〉發覆》[⑥] 梳理了《禮記要義》的版本與宋刻本的用字特徵和流傳情況、成書時間與内容體例，進而揭示其校勘學價值。潘冰《魏了翁的〈禮記要義〉》[⑦] 指出《禮記要義》簡易不繁、方便讀者，具有窮經學古、漢宋兼采的特點。

4.《周易要義》

李笑瑩碩士論文《魏了翁〈周易要義〉文獻學研究》[⑧] 對《周易要義》的成書背景、編纂與流傳、編纂依據、編纂體例及價值進行了系列論述，認為其底本為宋代刻本，具有較高的版本學價值，删録之間體現了魏了翁的學術思想，具有文獻學意義。陳旭輝《魏了翁〈周易要義〉版刻流傳與節録體例考》[⑨]“從《周易要義》卷次結構、《略例》内容範圍、《音義》節録體例、疏文格式與出字異文比較，推測其以經注附釋文本《周易注》為

---

① 李冬梅：《宋代巴蜀〈詩經〉學淺談——尤以三蘇、魏了翁為重》，《儒藏論壇》2007 年，第 143—158 頁。

② 楊青華：《魏了翁〈毛詩要義〉文獻學研究》，廣西大學，2015 年。

③ 楊青華：《宋刻本〈毛詩要義〉文獻校勘價值述略——以嘉慶二十年南昌府學阮刻本〈毛詩注疏〉為參照》，《歷史文獻研究》2016 年第 1 期，第 204—216 頁。

④ 唐婷：《魏了翁〈毛詩要義〉研究》，《湖北社會科學》2018 年第 5 期，第 99—104 頁。[2018—08—07]. https://doi.org/10.13660/j.cnki.42—1112/c.014586.

⑤ 瞿林江：《魏了翁〈禮記要義〉研究》，南京師範大學，2012 年。

⑥ 瞿林江：《魏了翁〈禮記要義〉發覆》，《廣西職業技術學院學報》2013 年第 1 期，第 76—80 頁。

⑦ 潘斌：《魏了翁的〈禮記要義〉》，《宋代文化研究》2014 年第　期，第 199—215 頁。

⑧ 李笑瑩：《魏了翁〈周易要義〉文獻學研究》，北京大學，2012 年。

⑨ 陳旭輝：《魏了翁〈周易要義〉版刻流傳與節録體例考》，《周易研究》2017 年第 5 期，第 53—62 頁。

底本並散插入單疏本《周易正義》完成”，認為復原宋本殘缺部分重點應在經注附釋文本和單疏本。

5.《儀禮要義》

張素梅《〈儀禮要義〉版本考述》① 探討了國家圖書館所藏宋刻本與嚴元照精抄本的版本價值。

（二）《周禮折衷》

楊世文《魏了翁〈周禮折衷〉析論》②《從〈周禮折衷〉看魏了翁的經典關》③ 通過《周禮折衷》反映出的魏了翁對《周禮》的態度及魏了翁其他著述，歸結出魏了翁的經學觀點，即：强調經典的價值，衡評漢宋學術流弊，倡導回歸經典。這種在當時獨樹一幟的經典觀得到了後世的公認。夏微《魏了翁〈周禮折衷〉經學特點探析》④ 歸納了魏了翁的《周禮》學觀點，認為《周禮》完整，殘缺為流傳過程中造成；《周禮》見疑於後世是因為漢儒解經的分期與失誤；對鄭玄《周禮注》和王安石《周官新義》都持辯證的態度。

目前關於《周易集義》的研究主要是從文獻學角度考述其成書與流傳、版本情況，相關研究成果有彭東焕《〈魏了翁〉成書與流傳考》⑤、李冬梅《魏了翁〈周易集義〉考辨》⑥、陳旭輝《魏了翁〈周易集義〉成書與流傳考》⑦《魏了翁〈周易集義〉復原方案》⑧。

（三）詩文集版本、流傳研究

張京華《魏了翁與〈渠陽集〉》⑨ 介紹了魏了翁在靖州時的著述情況以及《渠陽集》的刊刻、流傳及版本情況。彭東焕《〈注鶴山先生渠陽詩〉成書與流傳中的幾個問題》⑩ 對該書的成書及初刻、翻刻序跋、刊行及其與《鶴山先生大全集》的關係等問題做了說明。

① 張素梅：《〈儀禮要義〉版本考述》，《蘭臺世界》2015 年第 20 期，第 150—151 頁。

② 彭東焕：《魏了翁經學著述考略》，《蜀學》2007 年，第 181—195 頁。

③ 楊世文：《從〈周禮折衷〉看魏了翁的經典關》，收入蔡方鹿主編：《書院與理學》，第 48—62 頁。

④ 夏微：《魏了翁〈周禮折衷〉經學特點探析》，《西華大學學報》（哲學社會科學版）2014 年第 3 期，第 6—12 頁。

⑤ 彭東焕：《〈周易集義〉成書與流傳考》，四川大學中國俗文化研究所編：《第三屆中國俗文化國際學術研討會暨項楚教授七十華誕學術討論會論文集》，2009 年。

⑥ 李冬梅：《魏了翁〈周易集義〉考辨》，《西南民族大學學報》（人文社會科學版）2013 年第 3 期，第 65—69 頁。

⑦ 陳旭輝：《魏了翁〈周易集義〉成書與流傳考》，《甘肅理論學刊》2014 年第 3 期，第 98—102 期。

⑧ 陳旭輝：《魏了翁〈周易集義〉復原方案》，《理論月刊》2014 年第 9 期，第 30—34 頁。

⑨ 張京華：《魏了翁與〈渠陽集〉》，《懷化學院學報》2012 年第 9 期，第 55—57 頁。

⑩ 彭東焕：《〈註鶴山先生渠陽詩〉成書與流傳中的幾個問題》，《蜀學》2010 年，第 166—172 頁。

彭東焕在《魏了翁年譜》的基礎上，先後發表《〈鶴山集〉版本源流考》[①]《〈鶴山集〉的史料價值》[②]《魏了翁著作流傳繫年》[③]《〈古今考〉的寫作始末與流傳情況》[④] 等文章對魏了翁著作版本及流傳情況進行了考述。前兩篇文章在備述《鶴山集》的刊刻流傳情況及版本價值之後還分析了該詩文集補史之闕、證史之誤、考史之疑的史料價值。《魏了翁著作流傳繫年》以編年的形式鈎稽魏了翁著述的成書、刊刻、流傳情況，於後學提供了清晰的參考。《〈古今考〉的寫作始末與流傳情況》就《古今考》的寫作始末和流傳情況作了簡要考述。

郭齊在《魏了翁文集版本優劣考辨》[⑤] 中對現存魏了翁文集的四個主要版本進行了比較，認為：明嘉靖初錫山安國銅活字本最全，宋開慶元年刻本最精，嘉靖三十年邛州吴鳳重刻本和文淵閣《四庫全書》本則因恣意妄改而價值有限；而據烏程劉氏嘉業堂藏宋開慶元年刻本影印、補缺以安國本的民國年間刊行的《四部叢刊》初編本，雖仍有殘缺，但已是迄今為止最好的版本。

對魏了翁詩集、文集的文學性研究本文則置於文學研究部分。

四、書院教育研究

（一）書院教育

魏了翁教育實踐主要體現在其書院教育。魏了翁分别在蒲江和靖州創辦鶴山書院，並主持講學，對當地的教育和理學發展起到了重要的推動作用。學界在魏了翁書院教育方面已經進行了許多研究，取得了較為豐碩的成果，如胡昭曦《魏了翁書院教育再議》。

李忠仁《鶴山書院考》[⑥] 按時間綫索考述了蒲江鶴山書院從建院到1991年重建的所有可查記載，為研究鶴山書院提供了清晰的可查資料。

尹海江通過明抄本《靖州志》所載《靖州鶴山書院記》（殘）文末的時間落款認為靖州鶴山書院的建成時間為寶慶二年秋八月或此前不久[⑦]，而非《魏文靖公年譜》的紹定元年。

① 彭東焕：《〈鶴山集〉版本源流考》，《蜀學》2006年，第228—239頁。

② 彭東焕：《〈鶴山集〉的史料價值》，《蜀學》2008年，第161—166頁。

③ 彭東焕：《魏了翁著作流傳繫年》，收入蔡方鹿主編：《書院與理學》，成都：四川文藝出版社，2012年，第133—137頁。

④ 彭東焕：《古今考》的寫作始末與流傳情況》，《蜀學》2013年，第83—87頁。

⑤ 郭齊：《魏了翁文集版本優劣考辨》，《四川師範大學學報》（社會科學版）2014年第2期，第150—156頁。

⑥ 李忠仁：《鶴山書院考》，《蜀學》2011年，第207—216頁。

⑦ 尹海江：《明抄本〈靖州志〉（殘）所載《靖州鶴山書院記》的文獻價值》，《中國地方志》2013年第7期，第38—41、4頁。

胡昭曦《魏了翁的書院教育和助手李肩吾》① 一文對鶴山書院的院址做了辨析，對魏了翁書院教育活動進行了梳理。文章首次對魏了翁的主要助手李肩吾進行了全面系統的評介，認為《魏家後裔》中李肩吾為魏了翁女婿的説法不足為據。爾後，又在《魏了翁書院教育再議》一文中認為魏了翁重視書院教育不僅體現在其"自辦書院，聚友授徒，執教其中"的具體辦學活動，還體現為"同滄江書院交往""任官期間大力支持官辦書院"，正是通過這些書院活動"魏了翁得以廣交名士、深研學術、招聚弟子、培育精英、形成學派"②。此外，該文還指出了歷史資料中關於魏了翁所建書院的記述中值得商討和值得繼續深入研究之處，比如邛州州治鶴山書院和邛州鶴山書院或為論者將二者混一，古象山書院為魏了翁啓蒙書院的説法"宜視為民間故事"，蒲江鶴山書院的原址及幾個重要變遷時期都有待繼續深入探討加以厘清。通過從歷史資料的零星記載中對李肩吾的生平及其與魏了翁的交往情況進行探究，認為"李肩吾當是魏了翁的門客，也是魏了翁的學生，是魏了翁書院教育的得力助手"③。最後，胡昭曦認為"在研究宋代書院時，還需深入研究民辦書院的辦學機制和教育活動，也要細緻地研究民辦書院的主事者及其朋友、學生""從李肩吾與魏了翁書院教育關係的初探，可以窺見宋代民辦書院與官方書院的不同辦院機制和教學研究活動，也可以更加具體地認識實現'洛蜀同會'、促使'蜀人盡知義理之學'的宋代傑出蜀學學者魏了翁，從而有助於書院史、蜀學史、中國教育史、中國思想史進一步全面深入研究"④。

（二）教育思想與教育方法

蔡方鹿指出："魏了翁的教育思想是他學術思想的綜合反映。"⑤ 魏了翁批判"慶元學禁"，針砭學界學風不明、學術不正的流弊，批評科舉制度的弊端，是為了"使學者明確學習的目的，把整個教育納入理學教育的軌道"。而其求仁、明人倫的教育目的決定了其教育內容主要是德育教育，分階段的分期教育思想則體現了其"教育思想的成熟性和系統性"。在此基礎上，蔡方鹿指出："魏了翁主張的功利與他所提倡的義理並不是對立的，而是融為一體，相互聯繫的。這既與脱離實際、空談道德性命的理學流弊劃清了界限，又與違背義理、單純追求功利的傾嚮迥然有異。"⑥

① 胡昭曦：《魏了翁的書院教育和助手李肩吾》，《國際社會科學雜志》（中文版）2011 年第 4 期，第 31—38、9、14 頁。

② 胡昭曦：《魏了翁書院教育再議》，收入蔡方鹿主編：《書院與理學》，第 12—21 頁。

③ 同上。

④ 同上。

⑤ 蔡方鹿：《魏了翁評傳》，第 245 頁。

⑥ 同上，第 275 頁。

羅曉麗在其碩士學位論文《魏了翁書院教育思想研究》① 中認為蔡方鹿《魏了翁評傳》論及教育思想，“但是缺少就魏了翁的書院教育思想進行專門闡述”。這是失之偏頗的評價。蔡方鹿《魏了翁評傳》近三分之一的篇幅從教育實踐、教育思想、教學方法、師友、家學等角度探討魏了翁的教育活動，更有專章詳論其教育思想。羅曉麗該文在教育思想内容部分基本上也是沿襲蔡説，除此之外文章還探討了魏了翁教育思想的形成階段和對當代教育的啓示。

祁和暉《魏了翁生平講學授徒之旨趣探析》② 從效法孔子、傳承“聖學”、當世道學時代風氣、巴蜀興學傳統等方面解讀了鶴山辨學之旨趣。

唐眉江《内隱以道，外顯以術——試論魏了翁教育思想的兩個層面》③ 一文認為正是魏了翁將其以義理為本的倫理道德觀念的教育之“道”和服從其教育目的和内容的教育方式之“術”結合，“纔使魏了翁的教育思想，能够最終由理論成功走嚮實踐”。

五、文學研究

張文利的《魏了翁文學研究》④ 是魏了翁文學研究的專著，填補了蔡方鹿《魏了翁評傳》對文學板塊遺漏的缺憾。文章從魏了翁生平交遊和著作考述、學術思想、詩作、長短句、散文等方面進行研究。該書運用“‘知人論世’的方法、考證的方法，運用版本學、校勘學的知識”“實現了文獻學研究、理學研究和文藝學研究的結合”⑤，“就文學研究論，本書以細緻的文本解讀，做出了純正的文學研究；藉助多學科的學術方法，在比較和分析中，突顯了魏了翁創作的文學史意義”⑥。

（一）文藝理論

張文利對魏了翁文學思想進行了深入細緻的研究。他將魏了翁文學思想的基本内涵歸

---

① 羅曉莉：《魏了翁書院教育思想研究》，四川師範大學，2014 年。

② 祁和暉：《魏了翁生平講學授徒之旨趣探析》，收入蔡方鹿主編：《書院與理學》，第 36—43 頁。

③ 唐眉江：《内隱以道，外顯以術——試論魏了翁教育思想的兩個層面》，收入蔡方鹿主編：《書院與理學》，第 123—126 頁。

④ 張文利：《魏了翁文學研究》，北京：中華書局，2008 年。

⑤ 張文利：《魏了翁文學研究・序》，第 3 頁。

⑥ 成明明：《宋代理學與文學研究的成功力作——評張文利新著〈魏了翁文學研究〉》，《西北大學學報》（哲學社會科學版）2009 年第 4 期，第 171—172 頁。

納為：重道輕文的文道觀、温柔敦厚的文學風格、注重文學吟詠情性的本體價值、强調文學的教化功用、才學合一論、注重原典的“自得”説。而其文學思想的淵源來自於“對文學傳統的選擇性繼承、理學的影響、家學及師承影響”[①]。他在《魏了翁文學思想初探》中進一步分析認為，“魏了翁的文學思想不僅自成體系，並且充分地踐履於他的文學創作之中”[②]。《魏了翁的文學與理學之關係》[③] 一文沿襲其前説：魏了翁重道輕文文學觀的形成受其理學思想的影響，是典型的理學家文學觀，其文學創作思維、內容、境界等都深受理學影響。張文利、陶文鵬《真德秀與魏了翁文學之比較》[④] 一文通過比較兩位理學家的文學觀念和創造認為：二者理學成就雙峰並峙，文學創作各有清輝。

對魏了翁文藝思想進行多角度研究的還有楊萬里，他先後發表《魏了翁“立其大本”的文藝創作論》[⑤]《魏了翁根柢於“義理”的詩畫觀念》[⑥]《論魏了翁的義理書學觀念》[⑦] 三篇學術論文，探討了魏了翁“立其大體”的文藝創作論，認為魏了翁“重視作者的人格修養”“稱讚各成一家風味是自得精神的體現”“詩文書畫源大本而作，文藝作品即具有了觀德與論世的社會功能”。

梅華又指出魏了翁自然無華的審美趣尚，認為通過作者道德修養的加强纔能進入“自然”的創作境地[⑧]。

（二）詩歌研究

1. 詩學理論

羅根澤在《張栻魏了翁的學文合一説》[⑨] 中指出，魏了翁反對不本於學、不根於實的文辭，其倡導的“學文合一”“正是學者詩的自然演繹”。羅根澤認為“學文合一還有一種絶大的好處，就是不受老少窮達的影響”。“學文合一的文章能至老不衰”是魏了翁的新説，“也是他的體驗得力處”。

---

① 張文利：《魏了翁文學研究》，第 46 頁。

② 張文利：《魏了翁文學思想初探》，《東南大學學報》（哲學社會科學版）2008 年第 2 期，第 87—92、127—128 頁。

③ 張文利：《魏了翁的文學與理學之關係》，收入蔡方鹿主編：《書院與理學》，第 81—94 頁。

④ 張文利、陶文鵬：《真德秀與魏了翁文學之比較》，《蘇州大學學報》（哲學社會科學版）2008 年第 4 期，第 75—81 頁。

⑤ 楊萬里：《魏了翁“立其大本”的文藝創作論》，《西北民族大學學報》（哲學社會科學版）2014 年第 6 期，第 142—148 頁。

⑥ 楊萬里：《魏了翁根柢於“義理”的詩畫觀念》，《漢語言文學研究》2016 年第 1 期，第 36—43 頁。

⑦ 楊萬里：《論魏了翁的義理書學觀念》，《天中學刊》2016 年第 3 期，第 82—86 頁。

⑧ 梅華：《從文集序跋看魏了翁的文學觀》，《文藝評論》2014 年第 12 期，第 15—19 頁。

⑨ 羅根澤：《張栻魏了翁的學文合一説》，見羅根澤：《中國文學批評史》（三），上海：上海古籍出版社，1984 年，第 199—203 頁。

張思齊《魏了翁以理論詩學説的跨學科比較研究》[①] 認為魏了翁延伸了宋代的以理論詩學説，其詩學觀與易學關係密切，理清其易學思想有助於深入認識他的詩學本質。

石明慶《論魏了翁的詩學思想》[②] 指出，因為魏了翁的思想閎通，故而詩學觀點較為通達，而其以“學”為本的詩人修養理論和歸於“自得”的審美傾嚮值得深研。持相似觀點的還有丁力瑋《論魏了翁通達圓滿的詩學理論》[③]。

丁力瑋在其碩士學位論文《魏了翁詩歌研究》[④] 中，在回顧魏了翁生平和詩歌理論的基礎上，對其抒情詩、理學詩、祝壽詩進行了系統的分析，並從文學的角度加深對晚宋社會的認識。

張文利在專著《魏了翁文學研究》中專章從内容、藝術風貌、理趣三個方面論述魏了翁詩作，認為鶴山詩“整體上是理學家詩、學者詩”，存在“以詩論道”的空疏迂腐習氣，從文學審美的角度，算不上高明，但從理學視角則可以看出魏了翁對理學的身體力行、一以貫之，對理學思想的傳播也起到了積極作用。

馬建平在《論真德秀、魏了翁詩歌中的自然意象》[⑤] 中分析了真德秀詩歌中的“鶴”以及魏了翁詩歌中的“鶴”“梅”意象，認為它們被作者賦予獨特意蘊的同時也體現出兩位詩人的不同學術傾嚮。

2. 渠陽詩

魏了翁謫居靖州所作詩歌，世稱渠陽詩。戴路《魏了翁渠陽詩簡論》[⑥] 認為渠陽詩百餘首無論是典故語彙的選取、黜陟心態的表現還是認識體驗的傳達上都最能體現魏了翁自成一體的創作特色。彭敏《理學本色與文士情懷——魏了翁〈渠陽集〉探析》[⑦] 則從文學角度分析了魏了翁詩文，認為《渠陽集》堅守了理學家的本色，而文學性的融入又使其少了幾分導學的説教，多了幾分可愛的意味。

此外，馬建平先後發表《以魏了翁為例看南宋士大夫詩歌的政治主題》[⑧]《魏了翁及南宋士大夫的政治詩歌》[⑨]，研究了魏了翁詩歌的政治主題，認為魏了翁以詩歌作為工具在兩次政治鬥争中聯繫、鼓勵、支持理學人士對權相進行抗争，具有政治功用。

---

① 張思齊：《魏了翁以理論詩學説的跨學科比較研究》，《解放軍外國語學院學報》2001年第6期，第98—101頁。

② 石明慶：《論魏了翁的詩學思想》，《湖州師範學院學報》2005年第6期，第18—22頁。

③ 丁力瑋：《論魏了翁通達圓滿的詩學理論》，《南方論刊》2011年第1期，第88—90。

④ 丁力瑋：《魏了翁詩歌研究》，四川師範大學，2008年。

⑤ 馬建平：《論真德秀、魏了翁詩歌中的自然意象》，《甘肅聯合大學學報》（社會科學版）2011年第2期，第54—57頁。

⑥ 戴路：《魏了翁渠陽詩簡論》，《中南大學學報》（社會科學版）2014年第3期，第202—207頁。

⑦ 彭敏：《理學本色與文士情懷——魏了翁〈渠陽集〉探析》，收入徐希平主編：《長江流域區域文化的交融與發展——第二屆巴蜀·湖湘文化論壇論文集》，成都：四川大學出版社，2013年，第323—333頁。

⑧ 馬建平：《以魏了翁為例看南宋士大夫詩歌的政治主題》，《楚雄師範學院學報》2010年第5期，第10—14頁。

⑨ 馬建平：《魏了翁及南宋士大夫的政治詩歌》，《古典文學知識》2011年第4期，第58—66頁。

李曉黎從魏了翁為宋人詩歌注本所作序言來探討魏了翁的詩注觀[①]，認為其詩注觀打通了理學註釋和詩學註釋兩種不同的方法。

（三）詞研究

對魏了翁詞進行研究的學者主要有謝桃坊、張文利和張帆。謝桃坊的《論魏了翁詞》(1996)、《魏了翁詞編年考》(1999) 是較早對魏了翁詞進行專門研究的論文，對魏了翁詞研究具有開拓性的意義。

謝桃坊《論魏了翁詞》[②] 通過對壽詞和感時言理之詞進行解讀，認為理學家之詞既有格調較高的優秀之作也有枯燥乏味的性理之言，而其得失都典型地體現了理學詞派的基本特色。其後謝先生《魏了翁詞編年考》[③] 針對魏了翁詞存在的按時間編排有所錯亂的情況，在參考《鶴山集》及相關資料的基礎上，對鶴山詞進行編年（未能確定則存疑），為後學研究魏了翁詞提供了參考。

張文利《魏了翁文學研究》[④] 一書有“魏了翁的長短句”一章，從綜論、壽詞、詞的理學意味、詞的淑世情懷討論魏了翁詞的存留情況、文學價值、理學特徵以及他對家國、社會、民生的擔憂。這些觀點與論述也散見於張文利其後的學術論文中。

近年來，魏了翁詞研究的重點主要集中在魏了翁壽詞、理學與詞的關係兩個方面。

1. 壽詞研究

張文利的《鶴山壽詞考述》[⑤] 是第一篇專篇研究魏了翁壽詞的學術論文。該文結合時代社會風尚從壽友朋之作、壽親人之作和自壽之詞三方面探討了魏了翁壽詞的文學價值和社會功用，並且認為無論是研究社會風尚還是詞史，都有必要進一步研究鶴山壽詞。

2007 年至 2010 年，張帆陸續發表《論魏了翁壽詞創作的文化背景》[⑥]《魏了翁壽詞創作考源》[⑦]《和而不流的人格風範與藝術再現——魏了翁壽詞述評》[⑧]《論祝壽文學“和”的内核》[⑨]《禮之用，和為貴——亦論魏了翁及南宋壽詞》[⑩] 系列論文，探討魏了翁壽詞。

---

① 李曉黎：《論魏了翁的詩注觀》，《西南交通大學學報》（社會科學版）2017 年第 4 期，第 26—30 頁。

② 謝桃坊：《論魏了翁詞》，《天府新論》1996 年第 1 期，第 68—73 頁。

③ 謝桃坊：《魏了翁詞編年考》，《國學研究》（第六卷），北京：北京大學出版社，1999 年，第 283—301 頁。

④ 張文利：《魏了翁文學研究》。

⑤ 張文利：《鶴山壽詞考述》，《文學遺産》2006 年第 5 期，第 137—140 頁。

⑥ 張帆：《論魏了翁壽詞創作的文化背景》，《蜀學》2007 年，第 196—201 頁。

⑦ 張帆：《魏了翁壽詞創作考源》，《四川師範大學學報》（社會科學版）2009 年第 4 期，第 101—104 頁。

⑧ 張帆：《和而不流的人格風範與藝術再現——魏了翁壽詞述評》，《西華大學學報》（哲學社會科學版）2009 年第 4 期，第 22—26 頁。

⑨ 張帆：《論祝壽文學“和”的内核》，《學術論壇》2009 年第 3 期，第 150—154 頁。

⑩ 張帆：《禮之用，和為貴——亦論魏了翁及南宋壽詞》，《地方文化研究輯刊》2010 年，第 123—129 頁。

張帆指出，魏了翁的壽詞創作與傳統禮儀文化、兩宋祝壽風俗、魏了翁踐行“和而不流”的理學風範息息相關，既是“以和為貴”的社會風尚的藝術再現，又是南宋士大夫世俗生活的形象反映，客觀上體現了一種和諧他人與和諧自我的生存智慧。

張偉光在其碩士論文《魏了翁壽詞研究》① 中對魏了翁壽詞進行了詳細的文本解讀，分析了其審美特色和詞史意義。

2. 理學與詞的關係研究

張文利先後發表《論宋代理學家的詞及理學對宋詞的影響》② 《論魏了翁的以理入詞》③，指出宋代理學家在詞學觀念和詞學創作上深受理學影響，以理語入詞、以理意融詞、以理法構詞，出現了道學氣，但也擴大了詞體的表現領域，强化了宋詞的哲理色彩。

（四）散文研究

張文利《魏了翁文學研究》一書有“魏了翁的散文”一章，從箋表奏議類、記人類、書信類、序跋類、事記題記類五個方面對魏了翁散文的寫作面貌進行了研究。魏了翁散文數量大、內容繁富，但在張文利之前尚未有學者對其進行系統研究。張文利開啓了系統研究的先河，但至今也尚未再有系統研究魏了翁散文的著述出現。通過文本解讀，張文利認為：魏了翁陳述政見的箋表奏議類文字體現了他“憂國憂民的拳拳之忱”；記人類散文“大多不出常規，但亦有特色”，有很高的史料價值；書信類散文中，督府書憂國憂民，啓中駢語頗佳，書信充分展現了他的心路歷程和政治、學術、思想觀念；序跋類散文周正平實、中規中矩，也不乏精彩之筆；事記題記類散文中，事記以平實、客觀見長，題記多失於冗長。“魏了翁的文，以實用為主，不刻意於文學性，但其深厚的理學素養和文學功底，使他的散文成就頗高。”④

此後，學界對魏了翁散文的研究主要從序跋、書信方面展開。

唐玲《魏了翁〈游忠公仲鴻鑒虛集序〉脱文辨誤》⑤ 一文從《游忠公仲鴻鑒虛集序》所記之人物、事件、時間等角度參之史料後認為“此篇序文為不同文章拼湊而成”，段首的“游公”確為南宋游仲鴻，文末所敘之人則為北宋後期文人。而造成兩篇文章混而為一應當是《鶴山集》刊刻過程中發生脱文造成的。

---

① 張偉光：《魏了翁壽詞研究》，東北師範大學，2007年。

② 張文利：《論宋代理學家的詞及理學對宋詞的影響》，《文學遺産》2008年第5期，第53—59頁。

③ 張文利：《論魏了翁的以理入詞》，《西北大學學報》（哲學社會科學版）2009年第2期，第10—14頁。

④ 張文利：《魏了翁文學研究》，第157頁。

⑤ 唐玲：《魏了翁〈游忠公仲鴻鑒虛集序〉脱文辨誤》，《文獻》2012年第3期，第163—166頁。

日本學者平田茂樹《宋代書信的政治功用——以魏了翁〈鶴山先生大全文集〉為綫索》[①]一文以魏了翁《鶴山集》所載“啓”為中心、“書”為輔助材料，對書信的政治功用進行了探討，進一步發掘了書信的史料價值。平田茂樹認為具有雙嚮史料特徵的書信作為媒介，加强了官僚、士大夫之間相互的關係性，並對政治過程産生了影響。

六、魏了翁與蜀學研究

魏了翁與蜀學關係的研究成果主要來自蔡方鹿，他先後發表了《魏了翁與宋代蜀學》[②]《魏了翁集宋代蜀學之大成》[③]《張栻、魏了翁的實學思想及對湘蜀文化的溝通》[④]《宋代蜀學與宋代理學——地域文化與時代思潮的互動及其意義》[⑤]等文章。蔡方鹿通過系列分析認為，作為宋代蜀學集大成者的魏了翁和以他為代表的鶴山學派的學術活動和思想是蜀學的重要組成部分，傳播了實學和理學思想，為蜀學的發展及蜀學與湖湘學派的溝通交流、共同發展作出了重要貢獻。

胡昭曦等所著《宋代蜀學研究》[⑥]專章論及魏了翁，將其經學觀置身於宋代蜀學的大背景下進行探討，着重關注其學術思想的兩次轉變過程以及魏了翁在蜀中傳播理學對蜀學發展所作出的重大貢獻。

張文利在《宋代蒲江魏氏家族與文學考論》一文中認為“魏氏家族學術在當時具有一定的普遍性”“注重歷史，擅長學術，這實際也是宋代蜀學轉型的表現——由蘇軾蜀學嚮魏了翁蜀學的轉移”[⑦]。

彭東焕《從張栻到魏了翁——南宋中後期蜀學的轉型與繁盛》[⑧]分析了張栻學説興於湖湘而反哺蜀學，使蜀學得以轉型發展，而魏了翁受張栻學説影響又有自身獨立思考，最終獨成一家，對蜀學發展産生重大影響的過程。張文利《魏了翁文學研究》認為魏了翁對

① （日）平田茂樹：《宋代書信的政治功用——以魏了翁〈鶴山先生大全文集〉為綫索》，《北大史學》2016年，第252—285、427—428頁。

② 蔡方鹿：《魏了翁與宋代蜀學》，《社會科學研究》1992年第6期，第102—106頁。

③ 蔡方鹿：《魏了翁集宋代蜀學之大成》，《文史雜志》1993年第2期，第38—39頁。

④ 蔡方鹿：《張栻、魏了翁的實學思想及對湘蜀文化的溝通》，《湖南大學學報》（社會科學版）2005年第1期，第16—20頁。

⑤ 蔡方鹿：《宋代蜀學與宋代理學——地域文化與時代思潮的互動及其意義》，《社會科學研究》2007年第5期，第141—146頁。

⑥ 胡昭曦、刘复生、粟品孝：《宋代蜀学研究》，成都：巴蜀书社，1997年。

⑦ 張文利：《宋代蒲江魏氏家族與文學考論》，見張文利：《魏了翁文學研究》，第182頁。

⑧ 彭東焕：《從張栻到魏了翁——南宋中後期蜀學的轉型與繁盛》，《中華文化論壇》2017年第1期，第59—62頁。

蜀學的主要貢獻主要體現在對蘇學的吸收與揚棄、對蜀學義理化的改造兩個方面[①]。

此外，舒大剛《從鶴山書院富於典藏看歷代巴蜀學人的藏書傳統》[②] 從鶴山書院的藏書規模探討了當時的四川文化環境和歷代巴蜀人對保護和傳播古代文化所作出的巨大貢獻。譚玉龍《魏了翁與南宋蜀學美學》[③] 一文認為魏了翁蜀學美學"以'心'為本，以'情'為基，倡導藝術'扶植人心'的道德教化功用，推動了蜀學美學在南宋的發展，使蜀學美學前後貫通"。

現有對魏了翁的研究，既有持續不斷的基礎性研究，如生平、教育、理學、著述、文學等方面的一再深入與闡發；也有在傳統研究成果基礎上的新角度研究，如其"和諧"思想、思想的現代性、其思想與蜀學的關係等。近年來，蜀中學者開始注重魏了翁在蜀學方面的貢獻，進一步帶動了魏了翁研究。但這些較為豐碩的研究成果與魏了翁在南宋歷史上的地位、其書院教育對教育事業的貢獻、豐富的著述等相比還顯得較為薄弱。

一、理學研究方面，對魏了翁思想中"理"的來源、"理"的內涵、"理"與"心"的關係認識方面還存在不同的觀點，魏了翁對"心"學產生興趣進而產生嚮"心學"轉變的原因及過程尚存有爭議，這些都是需要進一步研究的問題。

二、魏了翁著述頗豐，但流傳保存情況並不樂觀，因而對現存文獻進行文獻學研究意義重大。而現有對其著述的研究多關注其流傳及現存版本情況，從文獻學角度對其著述成書背景、流傳過程、編纂體例等進行系統研究的還太少，對其文本進行細緻解讀的研究成果更是少之又少。

三、對魏了翁教育思想的系統研究有待進一步深入。現有對魏了翁教育思想、書院教育的研究相對零散，譚繼和先生在呼吁重新解讀魏了翁的歷史價值時也指出，鶴山書院相較於府學、縣學，更注重素質教育，這對我們當今教育也是有啓發意義的[④]。

作者單位：西華大學學術期刊部

---

① 張文利：《魏了翁文學研究》，第 28 頁。

② 舒大剛：《從鶴山書院富于典藏，看歷代巴蜀學人的藏書傳統》，收入蔡方鹿主編：《書院與理學》，第 142—155 頁。

③ 譚玉龍：《魏了翁與南宋蜀學美學》，《重慶廣播電視大學學報》2017 年第 4 期，第 71—75 頁。

④ 譚繼和：《重評魏了翁的歷史價值》，蔡方鹿主編：《書院與理學》，第 33—35 頁。

魏了翁對《詩經》的闡釋及其理學思想

唐　婷

魏了翁，邛州蒲江（今四川蒲江）人，二十一歲登進士第。一生著述頗豐，著有《九經要義》《周易集義》《易舉隅》《周禮井田圖説》《古今考》《經外雜抄》《鶴山詩集》《鶴山集》《師友雅言》[①] 等。魏了翁是南宋理學的關鍵人物之一，嘉定三年，魏了翁在蒲江白鶴崗創辦鶴山書院，"以所聞於輔廣、李燔者開門授徒，士爭負笈從之，由之蜀人盡知義理之學"[②]，為理學在蜀中的傳播與發展奠定了堅實的基礎。

魏了翁的理學思想集周敦頤、二程、朱子之精要，被稱為"私淑朱、張之學者"。魏了翁將理學作為規範社會意識形態、指導社會發展、革除各種弊端的主要思想，褒揚程朱對於歷史文化發展的重要地位，對理學由"僞學"到被確立為官方正統哲學起到了推動作用。魏了翁的理學思想繼承程朱理學，又有與時俱進的發展。他折衷朱子理學與陸九淵的心學[③]，"民心之所同，則天理"，將心學的"簡易工夫"融合義理的修身治國，規避了理學在發展過程中逐漸繁蕪浮泛的弊病，也為程朱理學熔鑄了新的思想。尊重傳統學術權威，也敢於對古注舊疏提出異議，主張回歸經典本身，這樣的懷疑精神是魏了翁突破理學發展既定規律的基礎。在對《詩經》的解釋中，我們就可以很清晰地看到，魏了翁不同於其他理學大家的觀點，即透露出魏了翁理學思想的特質與文化意義。

---

① ［元］脱脱：《宋史》，北京：中華書局，1985 年，第 12971 頁。

② 同上，第 12966 頁。

③ 蔡方鹿：《魏了翁評傳》，成都：巴蜀書社，1993 年，第 164 頁。

一、“淫詩説”的形成

《詩經》中到底有無“淫詩”，歷來學者們各執一詞。反對“淫詩説”者，多以春秋大夫燕享賦詩，不以淫詩相待；季札觀樂，不及淫字；孔子以“思無邪”論三百篇①等證據説明《詩經》中無“淫詩”。主張“淫詩説”者，則以《論語》云“鄭聲淫”，聖人存此以垂戒後世，鄭、衛多淫奔之辭等為由堅持認為《詩經》中的確有“淫詩”。之後經歷古史辨派極力宣導還原《詩經》的文學原貌，這類頗有争議的詩又被定義為“愛情詩”得到全新的解釋。當代研究多沿着古史辯派的論調産生了大量研究成果，涉及探討“愛情詩”的詩歌意象、藝術美學、抒情模式；分析“愛情詩”反映的周代禮制、社會風俗，及其對後世文學的影響等多個方面。這類詩佔《詩經》的絶大篇幅，如“蒹葭蒼蒼，白露為霜。所謂伊人，在水一方”②，是對期盼中的女子最動情的描述；“静女其姝，俟我于城隅。愛而不見，搔首踟躕”是心中情愫已難以抑制的可愛狀態；“雞棲于塒，日之夕矣。羊牛下括，君子于役”是願托飛鴻寄相思的綿綿情意。還有“桃之夭夭，灼灼其華”的正值盛年，有“美目盼兮，巧笑倩兮”的絶代佳人，也有“女也不爽，士貳其行”的始亂終棄……這些大膽熱烈的意象表達，坦誠直言的情感獨白，貌似與《詩經》“正得失、動天地、感鬼神”的政教功能不符，自然這類詩便成為《詩經》研究的熱點之一。

漢代經學家秉持先秦儒家詩學的傳統，認為《詩經》是先王用來“經夫婦、成孝敬、厚人倫、美教化、移風俗”的經典著作，且聖人有言“詩三百，一言以蔽之，曰思無邪”，所以，“關關雎鳩，在河之洲。窈窕淑女，君子好逑”是説關關和鳴的雎鳩鳥，感情真摯而有别，就像后妃有不嫉妒、不專寵的美德；“静女其孌，貽我彤管。彤管有煒，説懌女美”是説后妃有女史彤管之法，女史詳細記載后妃按禮法伺候君主之事；“蒹葭蒼蒼，白露為霜。所謂伊人，在水一方”是説蘆葦要等到白露成霜時成熟，喻示着秦襄公需用周禮而後國治。諸如此類，所有迸發的感情都要套上政治教化的外殼，這類詩承擔着風化天下、移

① 如朱朝瑛《讀詩略記・卷首》云：“魯秉周禮，采之列國以為樂者，其淫辭淫聲不待夫子删正，久已斥去而不用，故季札歷觀列國之樂而不及一聞也。其所存之辭皆正辭，所存之聲皆正聲”（影印文淵閣《四庫全書》第82册，第340頁）；姚際恒《詩經通論・論旨》云：“春秋諸大夫燕享，賦詩贈答，多《集傳》所目為淫詩者，受者善之，不聞不樂，豈其甘居於淫佚也”（《續修四庫全書》第62册，第11頁）；毛奇齡《毛詩稽古編》卷五云：“夫子言‘鄭聲淫’耳，曷嘗言鄭詩淫乎？聲者，樂音也，非詩詞也。淫者，過也，非專指男女之欲也”（影印文淵閣《四庫全書》第85册，第399頁）等。

② ［漢］鄭玄箋，［唐］孔穎達疏：《毛詩注疏・蒹葭》，影印文淵閣《四庫全書》，臺北：臺灣商務印書館，1989年，第69册，第370頁。（以下凡引《毛傳》《鄭箋》《孔疏》均出此書，不再另注。）

風易俗的歷史責任，被作為“發乎情、止乎禮義”的教科書。秦漢經學家構建《詩經》的政教大廈，給予了這類詩歌很重要的分量。男女乃人倫之大防，所謂“男女有别而後夫婦有義，夫婦有義而後父子有親，父子有親而後君臣有正”（《禮記昏義》），衹有把“寤寐思服”“輾轉反側”的思念都解釋成為“求賢女而不得，則思己職事當誰與共之”，纔能脱離“飲食男女”，成為道德教化的模範。唐代孔穎達奉詔編纂《五經正義》，在《毛詩正義序》中説道：“夫詩者，論功頌德之歌、止僻防邪之訓，雖無為而自發，乃有益於生靈，六情静於中，百物蕩於外，情緣物動，物感情遷。”詩的定位是頌德，是規誡，要實現“言之者無罪，聞之者足以戒”的政治教化功能，在經學家的評判體系中容不下那些純粹抒發男女愛情的情歌，而孔子删詩卻没有删去這些篇什。因此，經學家們便根據舊説，將這些本來淺顯易懂的情歌講成后妃美德，講成諷刺時事，講成學校不興等等，最終都要指嚮“正得失”的終極目的。

雖漢代經學家也將《桑中》《溱洧》等詩指證為“男女相奔”“淫風大行”，但與朱子提出的“淫奔之詩”“淫亂之詩”不同。漢代經學家是從政治倫理出發，因男女有别而後君臣有正，當詩歌内容完全是男女對感情的大膽追求，無法借比興講做其他時，便根據《詩序》“刺時也”“刺亂也”大做文章，重點解釋導致男女無視禮法的現象是因君王昏庸、時代亂離，以此來委婉地諷勸執政者匡正風俗，最終都是以“三百篇”當諫書，落實在政治文化上。至宋代“淫奔”數次出現在《詩經》學著作中，歐陽修《詩本義》出現 7 次，蘇轍《詩集傳》出現 1 次，吕祖謙《吕氏家塾讀詩記》出現 8 次，范處義《詩補傳》出現 13 次，《毛詩李黄集解》出現 53 次，等等，以上提到的“淫奔”語義指嚮仍然是在漢代經學家的政教範疇内，是從政治倫理的角度對不合禮法、違背倫常的行為諷刺勸誡，最終將癥結歸為政治文化的敗壞。但朱子所論“淫詩”與此不同。

朱子認為《詩經》“淫詩”多集中在鄭、衛兩《風》。如《蝃蝀》篇，詩云：“蝃蝀在東，莫之敢指。女子有行，遠父母兄弟。朝隮于西，崇朝其雨。女子有行，遠兄弟父母。乃如之人也，懷昏姻也，大無信也，不知命也。”《毛傳》云：“蝃蝀，虹也。夫婦過禮則虹氣盛，君子見戒而懼，諱之。”《鄭箋》云：“婦人生而有適人之道，何憂於不嫁而為淫奔之過乎，惡之甚。”毛、鄭根據《詩序》認為“止奔也。衛文公能以道化其民，淫奔之恥，國人不齒也”，從政治教化層面把這首詩解釋為國人對淫奔之女的鄙夷指責，認為“夫婦過禮”違背“適人之道”，强調的是維繫整個社會政治有序運作的禮法。朱子云：

> 比也。蝃蝀，虹也。日與雨交，倏然成質，似有血氣之類，乃陰陽之氣不當交而交者。蓋天地之淫氣也。在東者，莫虹也，虹隨日所映，故朝西而莫東也。
>
> 此刺淫奔之詩。言蝃蝀在東，而人不敢指，以比淫奔之惡，人不可道，況女子有

行，又當遠其父母兄弟，豈可不顧此而冒行乎①。

朱子明確將這首詩定義為“淫奔之詩”，非《詩序》“止奔”之說。虹乃日雨相交，象徵“陰陽之氣不當交而交者”，喻示男女不倫之事。朱子云：

> 乃如之人，指淫奔者而言。昏姻，謂男女之欲。程子曰：“女子以不自失為信命正理也。”言此淫奔之人但知思念男女之欲，是不能自守其貞信之節，而不知天理之正也。程子曰：“人雖不能無欲，然當有以制之，無以制之而惟欲之從，則人道廢而入於禽獸矣。”以道制欲則能順命。

從“天理人欲”的角度來評判，他認為婚姻是男女本能的欲望，淫奔是不守貞信之節、違背天理，如果人聽任欲望支配就與禽獸無別，於是提出“以道制欲”。人欲要有所節制，漢代經學家也提節制，云“發乎情，止乎禮義。發乎情，民之性也。止乎禮義，先王之澤也”，是以先王的教化、以既定的禮法約束不當行為，而朱子提出要以“道”、以“天理”節制欲望，重點不在“政治”“禮法”上，而是在“存天理、滅人欲”上反覆致意。其云：“鄭、衛之樂皆為淫聲，然以《詩》考之，《衛詩》三十有九，而淫奔之詩纔四之一，《鄭詩》二十有一，而淫奔之詩已不翅七之五，衛猶為男悦女之辭，而鄭皆為女惑男之語，衛人猶多刺譏懲創之意，而鄭人幾於蕩然無復羞愧悔悟之萌，是則鄭聲之淫有甚於衛矣。故夫子論為邦獨以鄭聲為戒，而不及衛，蓋舉重而言，固自有次第也。‘詩可以觀’，豈不信哉。”朱子提道，一則“男悦女之辭”“女惑男之語”都是淫奔之詩；二則“鄭聲淫”，且無羞愧悔悟之心，鄭聲之淫甚於衛；三則“詩可以觀”，通過鄭、衛詩可見兩地民風。朱子云：“夫子之於鄭、衛，蓋深絶其聲於樂以為法，而嚴立其詞於《詩》以為戒。如聖人固不語亂，而《春秋》所記，無非亂臣賊子之事。蓋不如是，無以見當時風俗事變之實，而垂監戒於後世，故不得已而存之，所謂道並行而不相悖者也。”② 朱子提到《詩經》中留存淫詩是為規誡，這些直白裸露的情感表達是違背了天理、違背了人道，應順聖人之意從天理人道的角度大加批判纔是解釋《詩經》的正途。有理學系統醇熟的理論為基礎，朱子從“存天理、滅人欲”角度來闡釋《詩經》，從此“淫詩説”便正式確立。

朱子之後，王柏、輔廣、嚴粲、季本、劉瑾等延續朱子的觀點，贊同“淫詩説”，王柏云：“秦法嚴密，《詩》無獨全之理。竊意夫子已删去之詩，容有存於閭巷浮薄者之口。蓋

---

① ［宋］朱熹集注，趙長征點校：《詩集傳》，北京：中華書局，2017年，第49頁。（下文凡引《詩集傳》皆出此書，不再另注。）

② ［宋］朱熹：《詩序辨説》，見《詩集傳》。

雅奥難識，淫俚易傳，漢儒病其亡逸，妄取而攙雜，以足三百篇之數。愚不能保其無也。”① 王柏認為“淫詩”源於漢儒求全，《詩經》經秦火後應無全本，夫子所删之詩在民間有所流傳，漢儒為求全便將閭巷淫俚之歌混雜其中以湊數。季本也提到“秦火之後，詩篇錯亂，多失故序，而又雜以里巷狎邪之言，則其義始不明矣。……及觀《左氏》載諸大夫賦詩之事，有斷章取義而理可通者，有可不通者，有舉里巷狎邪之言賦於燕饗之正會者，此則鄭聲之亂雅樂，士大夫習而不知者也”。② 季本認為《詩》之雜亂在孔子之前，士大夫賦詩時就已經混入了里巷狎邪之歌，也是從發生根源為“淫詩説”找邏輯依據。輔廣於“發乎情止乎禮義”云：“《小序》以諸淫奔之詩為刺奔者，皆緣泥此節而失之，故先生以為此言大概有如此者，其放逸而不止於禮義者，固已多矣。其説可謂公平正大，可以一洗千載之固矣。”輔廣認為朱子提出“淫詩説”革漢儒論詩必講美刺之弊端，此舉功不可没。“淫詩説”經朱子正式確立後，歷經明清兩朝不斷有學者强調“淫詩説”的合理性，自然也有非議。如楊慎即云：“《論語》‘鄭聲淫’，淫者，聲之過也。水溢於平曰淫水，雨過於節曰淫雨，聲濫於樂曰淫聲，一也。鄭聲淫者，鄭國作樂之聲過於淫，非謂鄭詩皆淫也。”③ 之後反對“淫詩説”者，多就此做文章，如朱朝瑛、毛奇齡、姚際恒等。實則，在南宋的理學家中也有並不贊成“淫詩説”者，以魏了翁為代表，也反映了魏了翁對於理學經典命題“天理”與“人欲”的獨特詮釋。

二、魏了翁對“淫詩”的闡釋

朱子認為《詩經》中“淫詩”約有22篇④，限於篇幅我們以其中明確提到“淫奔”的11篇為例，從魏了翁對這些篇目的闡釋中見其對“淫詩”的態度。

這11篇分别為：《静女》《蝃蝀》《氓》《采葛》《大車》《將仲子》《有女同車》《風雨》《子衿》《出其東門》《溱洧》，以下表做一對比分析：

---

① ［宋］王柏：《詩疑》卷一，《叢書集成初編》本，上海：商務印書館，1936年。

② ［明］季本：《詩説解頤·總論》，影印文淵閣《四庫全書》第79册，第7頁。

③ ［明］楊慎撰，王大淳箋證：《丹鉛總録箋證·訂訛篇·淫聲》，北京：中華書局，2013年，第577頁。

④ 此22篇是以朱子闡説中明顯提到“淫”“淫奔”等關鍵字為主要依據進行梳理統計而得，具體篇目如下：《邶風》有《匏有苦葉》《静女》2篇；《鄘風》有《桑中》《蝃蝀》2篇；《衛風》有《氓》《木瓜》2篇；《王風》有《采薇》《大車》《丘中有麻》3篇；《鄭風》有《將仲子》《有女同車》《山有扶蘇》《蘀兮》《褰裳》《野有蔓草》《東門之墠》《風雨》《子衿》《揚之水》《出其東門》《溱洧》12篇；《陳風》有《株林》1篇。

序號	篇 名	《詩序》	《詩集傳》	《毛詩要義》①
1	《静女》	刺時也。衛君無道、夫人無德。 (《箋》：以君及夫人無道德，故陳静女遺我以彤管之法，德如是可以易之，為人君之配。)	此淫奔期會之詩也。	後夫人有女史彤管之法。
2	《蝃蝀》	止奔也，衛文公能以道化其民，淫奔之恥國人不齒也。 (《箋》：不齒者不與相長稚。)	此刺淫奔之詩。言蝃蝀在東，而人不敢指，以比淫奔之惡，人不可道。	蝃蝀即虹，鮮盛為雄虹，闇為雌蜺。 隮亦虹與日互為東西，不在日傍。
3	《氓》	刺時也。宣公之時，禮義消亡，淫風大行、男女無别，遂相奔誘。華落色衰復相棄背，或乃困而自悔，喪其妃耦，故序其事以風焉，美反正、刺淫泆也。	此淫婦為人所棄，而自敘其事，以道其悔恨之意也。夫既與之謀而不遂往，又責所無以難其事，再為之約以堅其志，此其計亦狡矣。以御蚩蚩之氓，宜其有餘，而不免於見棄。蓋一失其身，人所賤惡。始雖以欲而迷，後必有時而悟。是以無往而不困耳。士君子立身一敗，而萬事瓦裂者，何以異此？可不戒哉！	《箋》《傳》皆以抱布為幣不訓泉。 頓丘謂形如覆敦，字異同音頓。 龜與卦皆有繇辭。 士猶可説，女惟以貞信為節。 知是鶻鳩以烌見桑葚食過則醉。 婦人車飾幃裳亦名童容有裧。 婦者有姑之辭禮亦對舅。 男女未冠笄皆總角謂結髮為兩角。
4	《采葛》	懼讒也。 (《箋》：桓王之時，政事不明，臣無大小，使出者則為讒人所毁，故懼之。)	采葛所以為絺綌，蓋淫奔者托以行也。故因以指其人，而言思念之深，未久而似久也。	三月三秋三歲各從韻，不由事大憂深。 蕭所以共祭祀以脂爇之為香。
5	《大車》	刺周大夫也。禮義陵遲，男女淫奔。故陳古以刺今，大夫不能聽男女之訟焉。	(豈不爾思）爾，淫奔者相命之辭也。 周衰，大夫猶有能以刑政治其私邑者，故淫奔者畏而歌之如此。	王朝大夫乘墨車，出封乘諸侯車。 出封則加一等，入仕則本爵本服。 毳衣謂衮驚，衣繢裳繡。 穀異室謂外内異，死同穴謂神合一。

① 《毛詩要義》分條目摘録《毛傳》《鄭箋》《正義》的内容，如《采葛》篇，《要義》云："三月、三秋、三歲各從韻，不由事大憂深。臣之懼讒於小事大事，其憂等耳。未必小事之憂則如月，急事之憂則如歲，設文各從其韻，不由事大憂深也。年有四時，時皆三月，三秋謂九月也。設言三春、三夏其義亦同。"表中每篇所引衹取其所摘録的要點(即作為條目之首句）以見其詩學主張。(《毛詩要義》，《續修四庫全書》，上海：上海古籍出版社，2002年，第56册，第410頁。下文凡引《要義》不再另注，請參見此處。)

序號	篇　名	《詩序》	《詩集傳》	《毛詩要義》
6	《將仲子》	刺莊公也。不勝其母，以害其弟，弟叔失道，而公弗制，祭仲諫而公弗聽，小不忍以致大亂焉。(《箋》：莊公之母謂武姜，生莊公及弟叔段，段好勇而無禮，公不早為之所，而使驕慢。)	莆田鄭氏曰："此淫奔者之辭。"	鄭莊公處叔段於大都，使驕而作亂。 箋所引祭仲諫語乃公子呂。 古名甲後世名鎧。 《箋》云服馬猶乘馬，非夾轅馬。
7	《有女同車》	刺忽也。鄭人刺忽之不昏於齊。大子忽嘗有功於齊，齊侯請妻之，齊女賢而不取，卒以無大國之助，至於見逐，故國人刺之。(《箋》：忽鄭莊公世子，祭仲逐之而立突。)	此疑亦淫奔之詩。言所與同車之女，其美如此，而又嘆之曰："彼美色之孟姜，信美矣，而又都也。"	鄭忽兩辭昏，《鄭志》問答止言文姜。 忽已娶於陳而齊猶請，皆無文以明之。 他女不當言孟姜，《疏》云何必實賢實長。 與女同車謂親迎婿御婦車。 舜一名木槿，都者美好閑習之言。
8	《風雨》	思君子也。亂世則思君子不改其度焉。	風雨晦冥，蓋淫奔之時。君子，指所期之男子也。淫奔之女言當此之時，見其所期之人，而心悦也。	風雨雞鳴興君子不改度。
9	《子衿》	刺學校廢也。亂世則學校不修焉。(《箋》：鄭國謂學為校，言可以校正道藝。)	子，男子也。衿，領也。悠悠，思之長也。我，女子自我也。嗣音，繼續其聲問也。此亦淫奔之詩。	《箋》以鄭謂學為校，疏引公孫弘難之。 父母在，故青衿無則素衿。 《傳》以不嗣音為不習音聲，鄭為音問。 士佩瓀瑉而青組綬，與今《禮記》不同。 在城闕非人君宮門。

序號	篇　名	《詩序》	《詩集傳》	《毛詩要義》
10	《出其東門》	閔亂也。公子五争，兵革不息，男女相棄，民人思保其室家焉。 （《箋》：公子五争者，謂突再也，忽、子亹、子儀各一也。）	縞衣、綦巾，女服之貧陋者。此人自目其室家也。人見淫奔之女，而作此詩。以為此女雖美且衆，而非我思之所存。不如己之室家，雖貧且陋，而聊可自樂也。是時淫風大行，而其間乃有如此之人，亦可謂能自好，而不為習俗所移矣。“羞惡之心，人皆有之”，豈不信哉！	忽初立以太子故唯數後無争。 《傳》以縞衣之男，綦巾之女為夫婦。 《箋》以縞衣、綦巾作詩者之妻服。 毛謂詩人出曲城門台，鄭謂國人出城出都。 荼謂茅秀，非《邶風》苦菜、《周頌》荼蓼。
11	《溱洧》	刺亂也。兵革不息，男女相棄，淫風大行，莫之能救焉。 （《箋》：救猶止也。亂者，士與女合會溱洧之上。）	鄭國之俗，三月上巳之辰，採蘭水上，以拔除不祥。故其女問於士曰：盍往觀乎？士曰：吾既往矣。女復要之曰：且往觀乎？蓋洧水之外，其地信寬大而可樂也。於是士女相與戲謔。且以芍藥相贈，而結恩情之厚也。此詩淫奔者自敘之詞。	蕳即蘭，漢池苑皆種，可辟蠹。

以上數篇朱子直接以“淫奔”二字概括主題，個别篇章《詩序》也提到淫風大行、男女相奔等字眼，但《詩序》首句無不是以美刺功能為主，如言“刺亂”“閔亂”“刺時”“止奔”等，務在將詩歌主題指嚮社會政治、風俗教化。與朱子重在批判人欲相比，《詩序》認為《詩經》不應局限在男女倫理上，而是由此生發到社會政教層面。男女相奔、無視禮法是社會風俗敗壞、上層統治失去約束規範的突出反映。毛詩學派主張《詩經》承擔着“經夫婦、成孝敬、厚人倫、美教化、移風俗”的重要作用，則所有篇章自然不應衹停留在人倫大防上，要深刻剖析造成這些現象的社會原因，這纔是“以一國之事繫一人之本謂之風”“言天下之事形四方之風謂之雅”的内涵。

魏了翁對以上篇目的闡釋，從其摘録的要點即可得知。如《采葛》：“彼采葛兮，一日不見，如三月兮！彼采蕭兮，一日不見，如三秋兮。彼采艾兮，一日不見，如三歲兮！”《序》云：“懼讒也。”根據《鄭箋》的解釋，《詩序》認為這首詩是出使在外的大臣擔心自己身不在朝，使得奸佞小人有機可乘，唯恐自己被讒言所毀，心中憂懼，故度日如年。而朱子認為，“採葛所以為絺綌，蓋淫奔者托以行也。故因以指其人，而言思念之深，未久而似久也”。在朱子看來，這純粹就是女子表達對情人的思念。《要義》云：

> 三月、三秋、三歲各從韻，不由事大憂深。臣之懼讒於小事大事，其憂等耳。未必小事之憂則如月，急事之憂則如歲，設文各從其韻，不由事大憂深也。年有四時，時皆三月，三秋謂九月也。設言三春、三夏其義亦同。

《要義》認同《詩序》，“懼讒”是《采葛》的主題，故取“三月、三秋、三歲各從韻，不由事大憂深”為重，而不是作情詩講。又如《子衿》：“青青子衿，悠悠我心。縱我不往，子寧不嗣音？青青子佩，悠悠我思。縱我不在，子寧不來？挑兮達兮，在城闕兮。一日不見，如三月兮!”《序》云：“刺學校廢也。亂世則學校不修焉。”因“青衿”是學子的衣服，故《詩序》認為是刺亂世學校荒廢。朱子則認為，“子”謂男子，“衿”謂領，“我”是女子自己，這同樣是女子思念男子的情詩，“亦淫奔之詩”。《要義》云：

> 《箋》以鄭謂學為校。《疏》引公孫弘難之。《子衿》，刺學校廢也。亂世則學校不修焉。鄭國謂學為校，言可以校正道藝。《正義》曰：鄭國衰亂不修學校，學者分散，或去或留，故陳其留者，恨責去者之辭也。襄三十一年《左傳》云：鄭人游于鄉校，然明謂子産毀鄉校。《箋》見《左傳》有鄭人稱校之言，故引以為證耳。非謂鄭國獨稱校也。《漢書》公孫弘奏云：三代之道，鄉里有教，夏曰校，殷曰庠，周曰序，是古亦名學為校也。禮人君立大學小學，言學校廢者，謂鄭國之人廢於學問耳。非謂廢毀學官也。

魏了翁摘録這麼一大段《正義》關於古時學校的稱謂，可見其對於《詩序》“刺學校廢”的贊同，而並不認同朱子“淫奔之詩”的説法。以上表中所列都被朱子標為“淫奔詩”，而《要義》均選擇遵從《詩序》，從政治教化、道德禮義的角度來摘取重點。

魏了翁遵從《詩序》是其認同毛詩學派以政教、以禮義為闡釋核心的突出表現，最明顯的就是認同將情詩講作政治教化詩。《蒹葭》從字面意義上看，就是一位期待、追尋夢中情人的男子所寫的情詩。《序》云：“刺襄公也。未能用周禮，將無以固其國焉。”《傳》云：“興也。白露凝戾為霜，然後歲事成。國家待禮，然後興。”《箋》云：“蒹葭在衆草之中，蒼蒼然强盛，至白露凝戾為霜，則成而黄。興者，喻衆民之不從襄公政令者，得周禮以教之則服。”毛、鄭認為這首詩以蒹葭因白露而變蒼黄，喻國家行周禮然後民從政順，以此刺秦襄公不用周禮。這番闡釋是為了强調《詩經》“正得失”的政教功能，魏了翁認為這恰是要義所在，此篇即摘録“秦處周之舊土而襄公未能用周禮”“蒹葭得霜而成，興秦人用禮則可服”。魏了翁選擇在如今看來甚至有些牽强的説法，這份刻意表明他是十分關注《詩經》“諷上化下”的政教功能的，本質上是緣於其對詩禮文化的深刻理解。魏了翁為吕祖謙《吕氏家塾讀詩記》作序，曾談到讀《詩》之法，云：“今觀其所編《讀詩記》，於其處人道之常者，固有以得其性情之正；其言天下之事，美盛德之形容，則又不待言而知；至於處乎人之不幸者，其言發於憂思怨哀之中，則必有以考其情性。參總衆説，凡以厚於美化者，尤切切致意焉。”魏了翁讚賞吕祖謙致意於美刺教化，讀詩總是“忠厚和平、優柔肫切，怨而不怒”，頗得“興觀群怨之旨”。從他對吕祖謙的推崇，到解讀《讀詩記》的特色，皆重在《詩經》的政教功能上可知，《要義》遵從《詩序》是出於對毛詩學派闡釋系統背後以“禮義”為關鍵的價值系統的認同，這便是為何作為南宋理學的代表人物之一，而魏了翁卻並没有像其他理學家一樣將情詩斥責為“淫詩”。當然，這其中也包含着魏了翁對於“天理人欲”的獨特見解。

三、“欲有善、不善”的理學主張

天理、人欲之辨是理學發展歷程中的經典論題。“理”是理學的核心。周敦頤云：“厥彰厥微，匪靈弗瑩。此言理也，陽明陰晦，非人心太極之至靈，孰能明之。”① 邵雍云：“《易》曰：‘窮理盡性以至於命。’所以謂之理者，物之理也；所以謂之性者，天之性也；所以謂之命者，處理性者也。所以能處理性者，非道而何。”② 張載亦云：“天地之氣，雖聚散攻取百塗，然其為理也，順而不妄。”③ 馮友蘭先生指出：“雖諸家已言及理，但在道學家中確立理在道學中之地位者，為程氏兄弟。”④ 二程常言“天理”“義理”，但“理”的内涵總是缺乏明確定義，如云：“‘寂然不動。感而遂通’者，天理具備，元無少欠。不為堯存，不為桀亡。父子君臣，常理不易，何曾動來。因不動，故言寂然。雖不動，感便通，感非自外也。”⑤ 理如太虚，不可眼見、不可言狀，與人感知與否、遵循與否都無大關涉，是絶對的存在。即謝良佐云：

所謂天理者，自然底道理，無毫髪杜撰。……所謂天者，理而已。祇如視聽動作，

---

① ［宋］周敦頤：《周子通書》，上海：上海古籍出版社，2000 年，第 38 頁。
② ［宋］邵雍著，卫绍生校理：《皇極經世書 · 觀物篇》，鄭州：中州古籍出版社，1993 年，第 253 頁。
③ ［宋］張載：《正蒙 · 太和篇》，《張載集》，北京：中華書局，1978 年，第 7 頁。
④ 馮友蘭：《中國哲學史》，上海：華東師範大學出版社，2009 年，第 238 頁。
⑤ ［宋］程顥、［宋］程頤著，王孝魚點校：《二程集 · 河南程氏遺書》卷二上，北京：中華書局，1981 年，第 42 頁。

一切是天。天命有德，便五服五章；天討有罪，便五刑五用。渾不是杜撰做作來。學者祇須明天理是自然的道理，移易不得①。

“天理是自然的道理”，不因人的意志而改變、而轉移，是謂“形而上者”。及至朱子，集周邵張程之大成，再次對“天理”等核心概念作闡釋，理學也方臻於完備。

朱子認為：“形而上者，無形無影是此理；形而下者，有情有狀是此器。”（《朱子語類》）以太極、陰陽而言，“太極，形而上之道也；陰陽，形而下之器也。是以自其著者而觀之，則動静不同時，陰陽不同位，而太極無不在焉。自其微者而觀之，則沖穆無朕，而動静陰陽之理，已悉具於其中矣”②。道無處不在、不限於時空，它灌注在具象之中，也抽離於具象之外。所謂“有此理後方有此氣，既有此氣然後此理有安頓處，大而天地，細而螻蟻，其生皆是如此……要之‘理’之一字不可以有無論，未有天地之時，便已如此了也”③。朱子曾舉舟車之例説明，物各有其理，舟行水上、車馬在途，都是顯現各自之理，此理在舟車發明之前就已存在，絶非因舟車的出現纔出現，是理體現在器物上，於是纔造出了舟車，故有“人人一太極，物物一太極”之説（《朱子語類》）。人與物中存有一切事物的理，不過禀氣有偏差，故一切事物的理也有偏差地顯現，從而成為各色人等物種。

馮友蘭先生據朱子所言，提到“吾人之性中，不但有仁、義、禮智，且有太極之全體。但為氣禀所蔽，故不能全然顯露。所謂聖人者，即能去此氣禀之蔽，使太極之全體完全顯露者”④。人因理、氣而成性，朱子在此基礎上提出人格修養的核心宗旨“存天理，滅人欲”，云：

> 孔子所謂“克己復禮”，《中庸》所謂“致中和，尊德性，道問學”，《大學》所謂“明明德”，《書》曰：“人心惟危，道心惟微，惟精惟一，允執厥中”，聖賢千言萬語，祇是教人明天理，滅人欲。天理明，自不消講學。人性本明，如寶珠沉溷水中，明不可見，去了溷水，則寶珠依舊自明。自家若得知是人欲蔽了，便是明處。祇是這上便緊緊著力主定，一面格物，今日格一物，明日格一物，正如遊兵攻圍拔守，人欲自消鑠去。所以程先生説敬字，祇是謂我自有一個明底物事在這裏。把個敬字抵敵，常常存個敬在這裏，則人欲自然來不得。夫子曰：“為仁由己，而由人乎哉!”緊要處正在這裏⑤。

---

① ［宋］朱熹編，謝良佐語：《上蔡先生語録》卷上，北京：中華書局，1985年，第4頁。
② ［宋］朱熹：《太極圖説解》，見［宋］周敦頤著，陳克明點校：《周敦頤集》，北京：中華書局，1990年，第3頁。
③ ［宋］朱熹撰，郭齊、尹波點校：《朱熹集·答楊志仁》，成都：四川教育出版社，1996年，第2958頁。
④ 馮友蘭：《中國哲學史》，第267頁。
⑤ ［宋］黎靖德編，王星賢點校：《朱子語類》卷十二，北京：中華書局，1986年，第207頁。

朱子認為一直以來聖賢所言不過是在闡明道心（即天理）不易知曉，而人心（即人欲）又易被諸多因素影響，要通過格物致知達到漸明天理則人欲自銷，即如消去隱藏寶珠的渾水。朱子云："天理存則人欲亡，人欲勝則天理滅，未有天理、人欲夾雜者"，嚴格對立二者；又説"學者須是革盡人欲，復盡天理，方始是學。今去讀書，要去看取句語相似不相似，便方始是讀書。讀書須要有志，志不立，便衰。而今衹是分别人欲與天理，此長，彼必短；此短，彼必長"①，認為衹有當人欲盡去，纔能到正心誠意、窮理盡性。那麽，究竟何為人欲？朱子以飲食為例，説"飲食者，天理也；要求美，人欲也"。馮友蘭先生説："人欲亦稱私欲，就其為因人之為具體的人而起之情之流至於濫者而言，則謂之人欲。"②即人欲是在滿足生命延續的基本需求之外，因起了私心、私情以至於泛濫者。在朱子看來，人欲都是不好的，故主張存天理、滅人欲。而魏了翁卻與此不同。

魏了翁認為人欲也不全是惡，創造性地提出人欲也有善的部分。他説："欲雖人之所有，然欲有善、不善存焉。"③又説"欲善者，心之大端也者，端謂頭緒。飲食男女，是人心所欲之大端緒也；死亡貧苦，是人心所惡之大端緒也"④。飲食男女是人的本性，魏了翁認為這是人心欲求的最大方面。蔡方鹿先生指出，魏了翁肯定吃飯穿衣、男女生活是正當欲望，對待這些出自人心的欲望要以客觀承認的態度，而不是滅絶它，用心加以節制⑤。魏了翁並不將天理、人欲絶對對立，而是主張看到人欲裹合理的部分，加以節制使之不成為惡，如此人欲自然可與天理同時存在。魏了翁云：

> 聖賢言寡欲矣，未嘗言無欲也。所謂欲仁、欲立、欲達、欲善，莫非使人即以欲以求諸道至於富貴所欲也，有不可處，已所不欲，有不可施。則又使人即其不欲以求諸非道。歲積月累，必至於從心所欲而自不踰矩。然後而至。曾子得之，明六欲之目；孟子傳之，開六等之科。今曰寡欲，以至無欲，不其戾乎？曰：性不能無感，性之欲也。知誘物化，則為私欲，故聖人雖使人即欲以求道，而於季康子，於由、求，於申棖，曷嘗以其欲為可乎？胡仁仲之言曰：天理人欲，同行異情，以此求之，則養心之説備矣⑥。

① ［宋］黎靖德編，王星賢點校：《朱子語類》卷十三，北京：中華書局，1986 年，第 225 頁。

② 馮友蘭：《中國哲學史》，第 268 頁。

③ ［宋］魏了翁：《鶴山集》卷三十二《又答虞永康》，影印文淵閣《四庫全書》本。

④ ［宋］魏了翁：《禮記要義》卷九《禮所以知人心》，《續修四庫全書》第 96 册。

⑤ 蔡方鹿：《魏了翁評傳》，第 181 頁。

⑥ ［宋］朱熹：《濂溪先生祠堂記》，見［清］黄宗羲著，［清］全祖望補修，陳金生、梁運華點校：《宋元學案 · 鶴山學案》，北京：中華書局，2017 年，第 2661 頁。

魏了翁贊同胡宏的觀點，天理、人欲本是同時存在，對人性産生不同影響。古來聖賢也指出人性不能完全摒除欲望，有感即有欲。聖賢言“欲仁、欲立、欲達、欲善”，魏了翁領會其中深意，提出“以欲以求諸道”“即其不欲以求諸非道”，也就是説，人欲並不是一味要回避、要厭棄的陰暗面，若能以人欲為嚮善的動力，用道作為滿足欲望的標準，即“以欲以求諸道”，又何嘗不是美事？反之，己所不欲者，即與道相悖，因從此曉明不與道相逆。而統攝人欲、使之歸之於道的，是人心。這是魏了翁與朱子學説的大不同。

魏了翁對朱子的理學有很多創造性的發展，提出“心者，人之太極”（《鶴山集·乙酉上殿劄子》，肯定人心對天地、宇宙的支配作用，“以主兩儀，以命萬物”（同上），成為朱學嚮陸學轉化的肇始之端①；又提出“欲有善、不善存焉”，突破朱子“存天理、滅人欲”的權威，創造性地肯定人欲存在的價值，或者説是對人性的大包容。生於蜀地、長於蜀地的魏了翁，受地域文化的滋養與熏染，將天府文化精粹中的創造、包容融貫在學術研究、人生修為的多個方面。

因此，當朱子戴着一副“存天理、滅人欲”的眼鏡來讀《詩經》，自然容不下嘴裏説着“來即我謀”的女子們。“淫詩説”提出後，王柏主張删去《野有死麕》《静女》《桑中》《氓》等三十一篇，認為這些篇章是漢儒混雜其中以亂經。魏了翁卻尊重漢儒的解説，一是出於尊重《詩經》的時代背景，《詩經》産生在詩禮文化濃厚的先秦，後世闡釋《詩經》者皆不應强行植入後世的價值觀和學術思想；二是出於包容嚮善的人欲，這是魏了翁為何在朱學定為一尊的學術氛圍中可以獨樹一幟的原因，這也與天府文化創造、包容的精神内涵分不開。可見，魏了翁不贊同“淫詩説”與其“欲有善、有不善”的理學主張緊密有關，這一理學主張在天理、人欲之辯中大放異彩，也影響着理學的發展。

參考文獻

[1]［漢］司馬遷：《史記》，北京：中華書局，1982 年。

[2]［漢］鄭玄箋，［唐］孔穎達疏：《毛詩注疏》，影印文淵閣《四庫全書》，臺北：臺灣商務印書館，1989 年。

[3]［元］脱脱：《宋史》，北京：中華書局，1985 年。

[4]［清］王先謙：《詩三家義集疏》，北京：中華書局，1987 年。

[5]［宋］歐陽修：《詩本義》，影印文淵閣《四庫全書》，臺北：臺灣商務印書館，1989 年。

[6]［宋］朱熹：《詩集傳》，南京：鳳凰出版社，2007 年。

[7]［宋］黎靖德編，王星賢點校：《朱子語類》，北京：中華書局，1986 年。

[8]［宋］魏了翁：《鶴山集》，影印文淵閣《四庫全書》，臺北：臺灣商務印書館，1989 年。

---

① 蔡方鹿：《魏了翁評傳》，第 172 頁。

[9]［宋］魏了翁:《毛詩要義》,《續修四庫全書》, 上海: 上海古籍出版社, 2002 年。

[10]［清］黄宗羲著,［清］全祖望補修, 陳金生、梁運華點校:《宋元學案》, 北京: 中華書局, 2017 年。

[11]［清］永瑢:《四庫全書總目提要》, 北京: 中華書局, 2013 年。

[12] 顧頡剛:《古史辨》, 上海: 上海古籍出版社, 1981 年。

[13] 馮友蘭:《中國哲學史》, 上海: 華東師範大學出版社, 2009 年。

[14] 楊伯峻:《春秋左傳注》, 北京: 中華書局, 2012 年。

[15] 大衛:《〈詩經〉研究史》, 長沙: 湖南教育出版社, 2001 年。

[16] 蔡方鹿:《魏了翁評傳》, 成都: 巴蜀書社, 1993 年。

[17]［宋］朱熹撰, 郭齊、尹波點校:《朱熹集·答楊志仁》, 成都: 四川教育出版社, 1996 年。

作者單位: 成都大學天府文化研究院

方志所見魏了翁資料輯存

張芷萱

魏了翁，字華父，號鶴山，四川蒲江縣人。他吸收以“三蘇”之學為主的宋代蜀學，私淑朱熹、張栻，繼承和發展“二程”洛學，獨成一派，是南宋著名思想家、教育家，與福建理學家真德秀並稱“真魏”。魏了翁於宋宁宗慶元五年（1199）登進士第，授僉書劍南西川節度判官廳公事。寧宗開禧初，以武學博士對策，諫阻開邊事，被徐楠彈劾。開禧二年，遷校書郎，以親老乞出補外，知嘉定府。開禧三年，史彌遠入相。魏了翁力辭召命。丁父憂，築室白鶴山下，開門授徒。寧宗嘉定年間，魏了翁奏請為周敦頤、張栻、程顥、程頤請謚，為理學獨尊的地位奠定了基礎。宋理宗寶慶元年（1225），李知孝指魏了翁“首倡異論”，朱端常以“欺世盗名、朋邪謗國”弹劾魏了翁，使其貶靖州（今屬湖南）。魏了翁居住靖州期间，湖、湘、江、浙之士，不遠千里負笈從學。魏了翁此期間著《九經要義》百卷。理宗親政，召還，名直學士院，累擢端明殿學士，同簽書樞密院事，督視江淮軍馬。理宗紹定五年，理宗進魏了翁封臨邛郡開國侯。魏了翁辭朝，理宗賜便宜詔書、唐人嚴武詩、“鶴山書院”四大字及金帶鞍馬。魏了翁於理宗嘉熙元年卒，年六十，以資政殿學士迹、通奉大夫致仕，謚號“文靖”，賜第宅蘇州，累贈秦國公。世稱鶴山先生。《宋史》卷四百三十七有傳。

魏了翁還擅長文學創作和書法。其《鶴山全集》一百零九卷，内有長短句三卷一百八十九首，壽詞十九卷。《四庫全書總目提要》稱魏了翁的寫作“醇正有法，而紆徐宕折，出乎自然，絶不染江湖遊士叫囂狂誕之風，亦不染講學諸儒空疏拘腐之病，在南宋中葉，可謂倏然於流俗外矣”。存世書迹有《論三家書》《昭代親友貼》《提刑提舉帖》等。陶宗儀《書史會要》稱讚魏了翁篆書：“不規規然繩尺中，而有自然之勢，嘗以篆法寓諸真，最為近古。”

目前對魏了翁的研究的專著主要有蔡方鹿《魏了翁評傳》、彭東焕《魏了翁年譜》、張文利《魏了翁文學研究》三部。李凱在《巴蜀文藝思想史論》中對魏了翁有專節論述。論文有陳旭輝《魏了翁〈周易要義〉版刻流傳與節録體例考》、胡昭曦《魏了翁的書院教育和助手李肩吾》、鄒嘯宇《〈易〉以明心顯性——魏了翁易學義理觀探析》、梅華《從文集序跋看魏了翁的文學觀》、唐婷《魏了翁〈毛詩要義〉研究》等，主要涉及魏了翁生平、著作、思想、辦學等方面。按，魏了翁曾知嘉定府、漢州、眉州、遂寧、瀘州、潼川府，於靖州居住，因此，對方志中魏了翁資料的輯録有助於進一步展開魏了翁及其生平、思想等的研究。這方面有尹海江《明抄本〈靖州志〉（殘）所載〈靖州鶴山書院記〉的文獻價值》一文。故本文在前人的研究基礎上，嘗試通檢川、湘兩地方志，抄録魏了翁相關文獻於下，以資前輩學者參考。

一、嘉靖《四川總志》

卷十二《眉州·名宦》：

魏了翁，知眉州，遵禮耆耇，簡拔俊乂，延進諸生，親為講説，增廣其員。士論大悦。

卷十三《嘉定州·名宦》：

魏了翁，蒲江人，慶元進士。以武學博士召試學士對策開邊事，御史徐楠劾其狂妄，遷校書郎。遂以親老乞蒲，外知嘉州。

卷十三《瀘州·名宦》：

魏了翁，蒲江人。開禧中知瀘州，脩葺樓塚，增置器械，教習武士，申嚴軍律，興學校，蠲宿負，復社倉，創義塚及養濟院。居數月，百廢俱舉。

卷十三《邛州·人物》：

魏了翁，蒲江人，本高姓，出繼魏氏。慶元進士，歷官簽書樞密院事。忤史彌遠，謫官。嘗言：“自結髮遊聖人之門，今髮星星矣。大懼年数之不足。其於他道盖未遑及也。”卒謚文靖，累贈秦國公①。

① ［明］劉大謨、楊慎纂修：《四川總志》，《北京圖書館古籍珍本叢刊》第42册影印明嘉靖刻本，第893—894、962、1002、1030—1031頁。

二、萬曆《四川總志》

卷十一《郡縣志·潼川州·名宦》:

魏了翁，字華父，蒲江人，進士。攝郡事，修陴，浚隍潰，卒攻掠。郡縣知其有備，不敢攻之。後為潼川知府。約己裕民，政績大著，作本路安撫使。

卷十三《郡縣志·瀘州·名宦》:

魏了翁，邛州人。開禧中知瀘州。修葺樓堞，增置器械，教習武事，申嚴軍律。興學校，蠲宿負。復社倉，創義塚，建養濟院。居數月，百廢俱興。

卷十五《郡縣志·嘉定州·名宦》:

魏了翁，蒲江人。慶元進士。以武學博士召試學士。對策開邊事。御史徐楠劾其狂妄，遷校書郎。遂以親老乞外補。知嘉州，為政寬平，士民胥悦。

卷十五《郡縣志·眉州·名宦》:

魏了翁，字華父，邛州蒲江人。知眉州，尊禮，耆耇簡拔俊乂，延進諸生，親為講説，增廣其員，士論大悦。

卷十六《郡縣志·邛州·人物》:

魏了翁，蒲江人，本高姓，出繼魏氏。慶元進士。歷官簽書樞密院事。忤史彌遠謫官。嘗言:“自結髮遊聖人之門，今髮星星矣。大懼年數之不足，其於他道蓋未遑及也。”歷官簽嘗樞密院事。卒謚文靖，贈秦國公。了翁潛心性理，探求濂、洛、關、閩之心法，築室鶴山，授徒講學。由是蜀人得知聖賢大指。學者稱鶴山先生①。

三、雍正《四川通志》

卷六《名宦·成都府》:

魏了翁，知漢州。首蠲積逋，除科抑酒税之弊。又嘗為文諭以厚倫止訟。其民敬奉條教不敢犯。

卷七《名宦·直隸嘉定州》:

魏了翁初以武學博士召試七對策，語甚切直。御史徐楠劾其狂妄。遷校書郎。遂以親

① ［明］虞懷忠修、郭棐纂:《四川總志》，明萬曆刻本，第1002—1003、1174、1375、1444—1445、1522頁。

老乞外補。知嘉州，為政寬平，士民胥悦。

卷七《名宦·直隸眉州》：

魏了翁知眉州。尊禮耆耈，拔簡俊乂。延進諸生，親為講説，士林大悦之。

卷七《名宦·直隸潼川州》：

魏了翁攝潼川事，修陴浚隍。賊兵過郡，知其有備，不敢攻而去。後為潼川知府，約己裕民，政績大著，轉本路安撫使。

卷七《名宦·直隸瀘州》：

魏了翁開禧間知瀘州，修樓堞，增器械，教武事，申軍制，興學校，蠲宿逋，復社倉，創義塚，建養濟院，數月，百廢俱興。

卷九《人物·直隸卭州》：

魏了翁，字華父，蒲江人。本高姓，出繼魏氏。慶元中進士。歷官僉書樞密院事。忤史彌遠，謫官。卒謚文靖，贈秦國公。了翁潛心關、閩之學，築室鶴山，授徒講學。學者稱鶴山先生。弟文翁，為眉山尉俱祀鄉賢①。

四、嘉慶《四川通志》

卷一百五十一《人物志·邛州直隸州》，記載同《宋史·魏了翁》傳②。

五、乾隆《蒲江縣志》

卷二《士女志·人物·宋》：

魏了翁，字華父，本高姓，出繼魏氏。自幼潛心關、閩、濂、洛之學。登慶元進士，知漢州、瀘州，興利除弊，百廢具張。開禧初，以武學博士對策諫開邊事，力言國家綱紀不立，風俗苟媮，財用凋耗，人才衰弱，未見可以勝敵之策。當急於内修，不可試天下於一擲。御史徐楠劾其狂妄。遷校書郎。以親老出知嘉州。及史彌遠用事，力辭不赴。爰築室白鶴山，以所聞於輔廣、李燔者，開門授徒，士争從之，由是蜀人得知聖賢大旨。學者

① ［清］黄廷桂纂修、張晉生編：《四川通志》，《四川歷代方志集成》第四輯第一册影印文淵閣《四庫全書》本，北京：國家圖書館出版社，2017 年，第 985、1141、1153、1174、1186、1460 頁。

② ［清］常明修，楊芳燦纂：《四川通志》，《中國地方志集成·省志輯》第 2 册，南京：鳳凰出版社，2011 年，第 18225—18231 頁。

稱鶴山先生。嘉定三年，知眉州。四年，攝潼川事，修陴浚隍，賊兵不敢窺。十年，起家守瀘，主管潼川路安撫司公事。上疏乞與周、張、二程定爵謚，示學者趨嚮。朝廷從之。十七年，遷起居舍人，進改起居郎。寶慶元年，因論濟王竑之冤，不為史彌遠所容，以疾求外補。越二日，諫議大夫朱端常劾其朋邪謗國。詔落職，奪三秩，靖州居住。了翁至靖，湖湘江浙之士不遠千里負笈從學。乃著《九經要義》百卷，訂定精密，先儒所未有也。端平元年，帝因民望，召了翁直學士院。入奏之言，帝皆嘉納。在朝凡六月，前後二十餘疏，皆當時急務。帝將引以共政，而忌者相與合謀排擯之，且言共知兵體。二年十二月，命出督視師，賜便宜詔書如張浚故事。陛辭御書唐嚴武詩及"鶴山書院"四大字賜之。了翁開幕府於江州，以吴潛為叅謀，趙善瀚、馬光祖為叅議。三年二月，召還。蓋廷臣多忌了翁者，故謀假出督以外之。繼復以建督為非，召之還。而帝不悟，於是了翁固辭求去。時殿中侍御史李韶訟曰："了翁刻志問學幾四十年，忠言讜論載在國史，乃簽樞未幾即出督，出督未久即與祠，不知國家人才如了翁者有幾。願亟處以台輔。"不報。夏四月，以資政殿學士知潭州。尋解組歸里。嘗言："自結髮遊聖門，窮探邃遠，今髮星星矣。大懼年數之不足，其於他道蓋未遑及也。"嘉熙元年三月，卒。祀鄉賢①。

六、光緒《蒲江縣志》

卷三《人物志・理学》，記載同《宋史・魏了翁》傳②。

七、嘉慶《漢州志》

卷二十《職官志・刺史・宋》：

魏了翁，字華父，邛州人，本姓高，出繼魏氏。自□□悟，數歲入學，□□成人，讀書過目不載覽。年十五，著《韓愈論》。□□正學，從李燔、輔□遊。時嚴僞學之禁，了翁獨□其說，毅然不回。登慶元進士，授劍南西川節度判官，召為國子正，改武學博士。開禧元年，召試學士院。侂胄方開邊，舋人莫敢言。了翁對策言："國家紀綱不立，國是不定，風俗苟偷，邊備廢弛，財用凋耗，人材衰弱。求之在我，未見可以勝人之實。願急於

① ［清］紀曾蔭修、黎攀桂纂：《蒲江縣志》，乾隆四十九年刻本，第213—216頁。

② ［清］孫清士修、徐元善纂：《蒲江縣志》，《中國地方志集成・四川府縣志輯》第11冊影印清光緒四年刻本，成都：巴蜀書社，2017年，第294—310頁。

自修，不可舉天下而試於一擲。”時論韙之，改秘書正字，遷校書郎。以親老乞外，知嘉定州，奉親還里。侂胄誅，史彌遠相，了翁力辭。召命丁生父憂，解官心喪。築宮白鶴山下，闡所舊聞。知名士如游，似吴詠、牟子才，皆造門受業。尋差知漢州，以敦佫□俗為治。蠲積逋，除科抑，嚴户婚交訐。民敬奉條教不敢犯。適境内橋壞，民有壓死，坐降秩。奉祠未幾，復官知眉州。眉俗習法令，持吏短長，號難治。了翁至乃尊禮耆□，簡拔俊秀，□□□□講説，詣學宫，誘掖指□，舉行鄉飲酒禮以示教化，增貢士員以振文風。復蟇頤堰，築江鄉館。士論大□，□□不變。□□□薦，擢潼川路提點□獄，□□□□平□□□□□官。裁吏奸，詢民瘼，舉□不□□，□□□肅□。□□□寧，增埤，浚隍，□□□□。□一年，自貴□□□□邵口遂□有□□，□居有所補益，緩急有所倚伏。不可人自□謀面從腹誹習諛踵陋，臣實懼焉。願陛下察人心之邪正，推世變之倚伏，開拓規模，收拾人物，庶幾臨事無乏才之嘆。□言剴切。會史彌遠專權廢立，了翁積憂成疾，求退不許，遷起居□。寶慶元年，雷發非時，理宗言：“朕心終夕不安。”了翁□奏“義理所安人心，即謂之天北。此心之外別□，所謂天地神明也。陛下盍即所不安，而求對天地事大母。見群臣，親講讀，皆隨□反求，則大本立而無事不可為矣”，又言“願敷求碩儒，丕闡正學，圖久安長治之計，申命大臣於除授之際，公聽竝觀，然後實意所孚，善類皆出”。權工部侍郎，辭疾，改集英殿修撰，出如常德。李知孝、朱端常劾之，降三官，安置靖州。了翁：“常言道器不如離。自秦漢以來，諸儒莫得其要，近世復好為鹵莽。其求於傳註者舛僞，抵牾於古人之遺制，賢哲之緒言。既無以明辨其是非，而名物度數之幸存者，又不察其本末。”乃盡取《九經》注疏正義之文，披事别類，録為《九經要義》。紹定五年，起實章□待制潼川路安撫□，知瀘州。瀘素稱六藩，控制邊面二千里，武備不修，城郭不治。了翁為□葺樓□，增置器械，教習□手，申嚴軍□，□□□，□宿□，復□倉，□□□，□廢□□。入對首陳彌□十□，□□□□子小人之□，以進退人物，杜塞姦回。次及修身齊家，選宗□建□六學，皆切於上射。改吏部尚書兼侍讀□□容聽詢□政事咨訪人才，常至漏下四十□退，而條獻十事，乞收還保全彌遠家御筆，乞□趙汝愚配享寧廟，趣崔與之參預政事，定履畝之令以寬民力。詔從。臣集議以捄褚弊，諸閫才以備緩急，援人才以凝國，論力圖自治之策，下罪己之詔，分别襄、黄二帥是非，究見黄陂叛卒利害，分任諸帥區處降附。凡六閲月，前後二十餘奏，皆當時急務。上悉嘉納之，將引以知政。忌者合謀排擯，謂了翁知兵體國。乃以端明殿學士同僉書樞密院事出督視京湖軍馬。適邊警沓至上心焦勞，了翁嫌於避事，不得已受命。上勉勞甚，至尋兼提舉，編修《武經要畧》，恩數同執政。進封臨邛郡開國侯，賜便宜詔書如張浚故事。朝辭而賜御書唐人嚴武詩、“鶴山書院”大字及金帶鞍馬，詔宰臣飲餞。遂開府江州申儆將帥調遣，援師褒死事之臣，黜退懦之將，奏邊防十事，甫及二旬，召還。尋改資政殿學士，安撫湖南浙東福建。知潭州，改紹興福州。皆辭免。奉祠洞霄宮。嘉熙元年，疾革門人來問，猶正衣冠，語相問答，且曰："平生處己，澹然無營。"已而口授遺奏，拱手而逝。表聞，上震詔，輟朝嘆惜，用才不盡。贈太師，謚文靖，賜蘇州宅一區，累贈秦國公。所著有《鶴山集義》《易舉隅》《周禮井田圖說》《古今考》《經史雜抄》《師友雅言》①。

八、康熙《眉州屬志》

卷二《官制志·名宦·眉州》：

魏了翁，字華父，蒲江人。知眉州，尊禮耆耉，簡拔俊乂，延進諸生，親為講說，增廣其員。士論大悦之②。

九、嘉慶《眉州屬志》

卷三《職官志》：

魏了翁，字華父，邛州蒲江人。幼英悟，數歲如成人，潛心正學，登慶元進士，授劍州節度判官。開禧元年，召試學士院。韓侂胄方開邊釁。了翁對策，言國家紀綱不立，國是不定，風俗苟偷，邊備廢弛，財用凋耗，人材衰弱，未可輕舉而試於一擲。時論韙之，改秘書正字，尋知漢州，復知眉州。眉俗習法令，持吏短長，號難治。了翁至，乃尊禮耆耉，簡拔俊秀，朔望親為講説，詣學宮，誘掖指授，舉行鄉飲酒禮以示教化，增貢士員以振文風，復蟇頤堰，築江鄉館。士論大服，俗為丕變。以治行擢潼川路提點刑獄，遷直秘閣主管、潼川路安撫司公事。了翁去國十七年，始被召。上迎勞優隆。入對首論人與天地一本，必與天地相似，而後可無曠天位，次論人材風俗五事。上嘉納之。進兵部郎中，首言江淮邊務。遷起居舍人，言事變人心五事。其言剴切。會史彌遠專權廢立。求退，不許。權工部侍郎，出知常德。被劾，降三官。起知瀘州應詔，論十弊。上感動，多行之。權禮部尚書，陳彌遠十罪。改吏部尚書，前後二十餘奏。上嘉納之。出督京湖軍馬，奏邊防十事。甫二旬，召還。改資政殿學士，辭免。嘉熙元年，卒。贈太師，謚文靖。所著《鶴山

---

① ［清］劉長庚修、侯肇元纂：《漢州志》，《中國地方志集成·四川府縣志輯》第9冊影印嘉慶十七年刊本，第581—586頁。

② ［清］張漢修、汪[illegible]纂：《眉州屬志》，清康熙五十六年刻本，第155頁。

集》《周易集義》《易舉隅》《周禮井田圖説》《古今考》《經史雜抄》《師友雅言》①。

十、嘉靖《潼川志》

卷四《官守志·轉運使》:

魏了翁,字華父,蒲江人,進士。遂寧缺守,以了翁行郡事。修埤,浚隍潰,卒攻掠。郡縣知其有備,不敢逞。後遷直秘閣,知瀘州,主管潼川路。安撫公事。以内艱去,起復為潼川知府。約己裕民,厥績大著②。

十一、光緒《新修潼川府志》

卷二十《職官志·官績·宋》:

魏了翁,字華父,邛州蒲江人。慶元五年登進士第,授簽書劍南西川節度判官廳公事,改秘書省正字。史彌遠入相,專國事。了翁察其所為,力辭。召命丁生父憂,解官心喪。築室白鶴山下,以所聞於輔廣、李燔者,開門授徒。士争負笈從之。由是蜀人盡知義理之學。嘉定四年,擢潼川提點刑獄。八年,兼提舉常平等事,遷轉運判官。戢吏奸,詢民瘼,舉刺不避權右,風采肅然。上疏乞與周敦頤、張載、程顥、程頤錫爵定謚,示學者趣嚮。朝論韙之如其請。遂寧闕守,了翁行郡事。即具奏乞修城郭,備不虞。廷議吝具費。了翁增陴、浚隍,如待敵至者。後一年,潰卒攻掠郡縣,知其有備,不敢逞。人始服豫防之意。十年,遷直秘閣,知瀘州,主管潼川路安撫司公事。丁母憂,免喪差。知潼川府,約己裕民,厥績大著。若游似吴泳、牟子才皆蜀名士,造門受業。十五年,被召入對。上迎勞優渥,嘉納其言,進兵部郎中,俄改司封郎中兼國史院編修官。紹定五年,差提舉江州太平興國宫。尋知遂寧府,辭不拜。進寶章閣待制,潼川路安撫使,知瀘。相彌遠薨。進華文閣待制,同簽書樞密院事。卒贈太師,謚文靖③。

---

① [清] 涂長發修、王昌年纂:《眉州屬志》,清嘉慶十七年刻本,第247—250頁。

② [明] 陳講纂修:《潼川志》,鈔本,第114頁。

③ [清] 阿麟修、王龍勛纂:《新修潼川府志》,《中國地方志集成·四川府縣志輯》第15册影印光緒二十三年刻本,第1890—1892頁。

十二、民國《三台縣志》

卷十六《職官》，記載同光緒《新修潼川府志·職官志》①。

十三、乾隆《遂寧縣志》

卷五《人民部·名宦志》：

魏了翁，字華父，邛州蒲江人，神童。慶元五年進士，歷潼川轉運判官。遂寧闕守，了翁行郡事，即具奏乞修城郭，備不虞。了翁增陴浚隍。後一年，潰卒果至。紹定五年，起了翁以集英殿修撰，知遂寧府。辭不拜。封臨邛郡開國侯，以資政殿大學士、通奉大夫致仕。贈太師，謚文靖，祀宦祠②。

十四、光緒《遂寧縣志》

卷一《官政》：

魏了翁，字華父，蒲江人。慶元五年進士，歷潼川轉運判官。遂寧闕守，了翁行郡事，即具奏乞修城郭，備不虞。了翁增陴、浚隍。後一年，潰卒果至。紹定五年，以集英殿修撰，仍知遂寧府，辭不拜③。

十五、乾隆《直隸瀘州志》

《名宦志》：

魏了翁，字華父，號鶴山，謚文靖，邛州蒲江人，慶元五年進士。初釋褐，治行彰聞。

① 林志茂纂修：《三臺縣志》，《中國地方志集成·四川府縣志輯》第18冊影印民國二十年鉛印本，第1148—1149頁。

② ［清］田朝鼎修、周彭年纂：《遂寧縣志》，清乾隆十二年刻本，第575—576頁。

③ ［清］孫海修、李星根纂：《遂寧縣志》，清光緒五年刻本，第166—167頁。

寧宗嘉定十年，以直秘閣知瀘州，主管潼川路安撫司公事，約己裕民，厥積大著，丁母憂去。理宗紹定五年，進寶章閣待制潼川路安撫司，知瀘州，修樓堞，增器械，教武事，山□制，興學校，蠲宿逋，復社倉，創義塚，建養濟院，居□□，百廢具舉①。

十六、光緒《瀘州直隸州志》

《官陳志》：

魏了翁，字華父，邛州蒲江人，慶元五年進士。開禧中，韓侂胄謀開邊。了翁召試，言當急内修逌外攘。策出，衆大驚。御史徐柟劾了翁狂妄。乃奉親還鄉里。侂胄誅，朝廷召了翁。會史彌遠入相，了翁力辭。寧宗嘉定十年，以直秘閣知瀘州，主管潼川路安撫司公事，約己裕民。丁母憂去。理宗紹定五年，進寶章閣待制，潼川路安撫司，知瀘州。瀘大藩，控制邊面二千里，而武備不修，城郭不治。了翁居數月，百廢具舉。彌遠死，上親庶政，進華文閣待制。因其任臣庶封章多乞召還，遂與真德秀同徵權禮部尚書兼吏部。上將引以共政，而忌者合謀排擯。乃以端明殿學士同簽樞審院事，督視京湖軍馬。進封臨邛郡開國侯，賜御書"鶴山書院"四大字。尋改湖南浙東福建安撫使。嘉熙中卒，詔贈太師，謚文靖，累贈秦國公②。

十七、嘉慶《邛州直隸州志》

卷三十四《人物志·蒲江縣·理學·宋》，記載同《宋史·魏了翁》傳③。

十八、民國《邛崍縣圖志》

《建置志·縣志第三》：

---

① [清] 夏詔新纂修：《直隸瀘州志》，清乾隆二十四年刻本，第228頁。

② [清] 田秀栗修、施澤久纂：《瀘州直隸州志》，《中國地方志集成·四川府縣志輯》第38册影印清光緒八年刻本，第978—979頁。

③ [清] 吴鞏修、王來遴纂：《邛州直隸州志》，《中國地方志集成·四川府縣志輯》第12册影印清嘉慶二十三年刻本，第911—919頁。

宋臨邛郡蒲江縣人魏了翁，字華父，號鶴山，禮部進士第三，諒閭尚書省試第一。授簽書判官廳公事。官至參知政事，督視汪淮軍馬，開府江州。封臨邛郡開國侯，贈秦國公，謚魏文靖公①。

十九、民國《樂山縣志》

卷八《官師志》：

魏了翁，字華甫，蒲江人，登慶元進士。開禧中，官校書郎，以親老乞補外，知嘉定府。任雖不久，然為政寬平，薰其德而善良尤多。紹定中，以端明殿學士同簽書樞密院事，開府江州。嘉熙元年，以福建安撫使累乞骸骨不允。卒贈太師，謚文靖。所著有《鶴山集》②。

二十、天啓《新修成都府志》

卷十一《名宦列傳・宋》：

魏了翁知漢州，首蠲積逋，除科抑賣酒之弊，復為文諭，以厚倫止訟。其民敬奉條教不敢犯③。

二十一、乾隆《湖南通志》

卷九十六《名宦》：

魏了翁，字華父，邛州蒲江人。開禧元年，召試學士，累遷起居舍人。理宗即位，時事忽異，以疾求去。右正言李知孝劾夢昱竄嶺南。了翁出關餞别。遂指了翁首倡異論，將擊之。俄權尚書工部侍郎，了翁力以疾辭，乃以集英殿修撰知常德府。越二日，諫議大夫

① ［民國］劉复修、寧緗纂：《邛崍縣圖志》，《中國地方志集成・四川府縣志輯》第12冊影印民國十一年鉛印本，197—198頁。

② ［民國］唐受潘修、黄熔纂：《樂山縣志》，《中國地方志集成・四川府縣志輯》第44冊影印民國二十三年鉛印本，第774頁。

③ ［明］馮任修、張世雍纂：《新修成都府志》，《中國地方志集成・四川府縣志輯》第2冊，第3454頁。

朱端常遂劾了翁欺世盗名，朋邪謗國。詔降三官，靖州居住。了翁至靖，湖湘江浙之士不遠千里負書從學。乃著《九經要義》百卷，訂定精密，先儒所未有。紹定五年，應詔上章，論十弊，權禮部尚書兼直學士同修國史，俄兼吏部尚書，以端明殿學士、同僉書樞密院事督視荆湖軍馬。甫二旬，召為僉書樞密院事，赴闕奏事，以疾力辭不拜。尋改資政殿學士，湖南安撫使，知潭州，復力辭。

卷一百三十五《流寓》：

魏了翁，卭州蒲江人。嘉定十七年，朱瑞常劾了翁。詔降三官，靖州居住。了翁至靖，湖湘江浙之士不遠千里負書從學。乃著《九經要義》百卷，義蘊精密，先儒所未有。①

二十二、嘉慶《湖南通志》

卷一百七十《流寓》：

魏了翁，蒲江人。濟王黜削死，了翁與胡夢昱等引義劘上，最為切至。右正言李知孝劾夢昱竄嶺南，了翁出關餞别，遂指了翁首倡異論，將擊之。史彌遠猶外示優容。以集英殿修撰知常德府。越二日，諫議朱端常劾了翁欺世盗名，朋邪誤國。詔降三官，靖州居住。至靖，湖湘之士不遠千里從學。乃著《九經要義》百卷，訂定精密，先儒所未有。②

二十三、光緒《湖南通志》

卷二百一十《人物志・流寓》記載同嘉慶《湖南通志・流寓》③。

二十四、乾隆《靖州志》

卷十二《人物志・流寓》：

---

① ［清］陳宏謀修、歐陽正焕纂：《湖南通志》，《中國地方志集成・省志輯・湖南》影印清乾隆二十二年刻本，南京：鳳凰出版社，2010 年，第 6323—6324、8905 頁。

② ［清］翁元圻修、黄本驥纂：《湖南通志》，清刻本，第 11292—11293 頁。

③ ［清］李瀚章修、曾國荃纂：《湖南通志》，《中國地方志集成・省志輯・湖南》影印清光緒十一年刻本，第 16579—16580 頁。

魏了翁，字華父，四川臨筇蒲江人。寶慶間，擢工部侍郎，以言事忤史彌遠，謫居於靖。搆鶴山書院於純福坡之下。湖湘之士多從游焉。著《九經要畧》，論孟語凡百餘篇，訂定精密，先儒所未有也。紹興間，禮部員外郎洪希？乞召用之，仍還朝[1]。

作者單位：四川師範大學文學院

① ［清］吕宣曾修、張開東纂：《靖州志》，清乾隆三十一年刻本，第1945頁。

《宋元學案》“案語”與《宋元儒學案》復原

焦印亭

一

《宋元學案》是繼《明儒學案》以後又一部大型斷代學術史專著，對於瞭解宋元思想學術的來龍去脈及各家各派的宗旨特色具有極大的史料價值。

《宋元學案》初無定名，稱法不一：或稱《宋儒學案》，或稱《宋元儒學案》，或以《宋儒學案》和《元儒學案》分稱。《宋元學案》並非出自一人之手，也非成書於一時。從發凡起例到定稿付梓，經歷了複雜的過程。大致可分為三個階段：

（一）草創階段（康熙時期）　黄宗羲（梨洲）於清康熙十五年至三十四年間，搜集資料，起例發凡，其季子黄百家恪守家學具體編輯，梨洲門人楊開沅、顧諟、張采分任編輯之責，並大體完成了學案的初稿，此為黄氏原本。

（二）初步成書階段（乾隆、嘉慶時期）　乾隆、嘉慶年間，黄宗羲私淑弟子全祖望受黄宗羲之孫黄千秋的委托對《宋元學案》“黄氏原本”進行了修定、補本、次定、補定四個方面的修補工作，共增補了32個學案，並確定了91個學案（包括黨案、略案）共100卷（“全氏補本”）的整體規模，但衹刊行了卷首《宋元儒學案序録》和卷十七《録渠學案上》，全祖望就因病辭世了。其後黄宗羲的五世孫黄璋與六世孫黄征乂等餘姚黄氏家族的後裔在黄氏原本及全祖望修補本的基礎上編纂了86卷的“黄璋校補本”（《宋元學案》中稱之為“黄氏補本”）稿本，但並没有刊行。

（三）定稿刊行階段（道光時期）　道光年間，全祖望的私淑弟子王梓材、馮雲濠等人以全祖望的修補本為底本，以黄璋校補本等版本相參校，於道光十八年出版了百卷本的

“慈溪馮氏醉經閣初刻本”。其後王梓材、何紹基在初刻本的基礎上再次校刊，於道光二十六年出版了“道州何紹基重刻本”（即今通行本的母本）。

從黃宗羲草創此書至最後編定刊刻出版，經數十人之手（可考證出姓名的就有51人），歷時大約160年。《宋元學案》的内容與性質伴隨其成書三階段也大致經歷了“三階段”的變化。第一階段的主要編纂者黃氏父子在其“黃氏原本”中，以宋元理學的發展脈絡為主綫，致力於哲學思想的闡釋與評價。故“黃氏原本”的形式與内容與《明儒學案》一脈相承，可謂是精華版的宋元哲學史（理學史）。第二階段的主要編纂者全祖望在“黃氏原本”的基礎上進行大規模增補修訂並決定了全書的總體規模，從而導致“黃氏原本”的哲學史意味為全氏的思想史框架所掩蓋，並使得《宋元學案》的思想史意味非常濃厚。第三階段的主要編纂者王梓材與馮雲濠在第二階段“全氏修補本”的基礎上做了進一步的修補訂正，補充了許多資料並留下了大量與修訂、調整相關的案語，使《宋元學案》作為宋元儒學思想文獻資料彙編的史料學意味十分强烈。

黃宗羲晚年撰著的《宋元儒學案》屬未定稿。他從理學之儒觀念表述宋元理學的宗傳歷史，計完成三十三個學案，並有數十則關於理學家為學宗旨和理學問題探討的案語。此稿經其季子黃百家的補充纂輯，是為“黃氏原本”。全祖望對此著進行重新編訂和修補，即是今傳之百卷本《宋元學案》。全氏修補本擴大了學案的範圍，其未能理解黃宗羲的儒學觀念和“理學之儒”嚴格的學術意義，其學案擴大化的結果使黃氏原著面目全非，難以同《明儒學案》的價值相比擬。

今傳之百卷本《宋元學案》完全違背黃宗羲原意，致使此著蕪雜散亂，淹没了原本之學術水準①。因此，按黃宗羲的觀念與體例恢復《宋元儒學案》之“黃氏原本”應是中國哲學史研究的一項重要工作。

二

黃宗羲、黃百家父子草創之黃氏原本今已亡佚，但現本《宋元學案》中有大量的案語，通過對案語的梳理與分析，我們可以尋到其來龍去脈，參證《明儒學案》之體例，恢復《宋元儒學案》之原貌，體現宋元理學發展的源流宗傳。現本《宋元學案》中共有8位編纂者2152條案語，這些案語體現了編纂者的編纂成果及其思想立場，留下了文獻資料來源和整理的綫索。通過統計，2152條案語分别是：黃宗羲89條，黃百家214條，全祖望405

① 謝桃坊：《〈宋元儒學案〉辨原》，《西華大學學報》2016年第4期。

條，王梓材924條，馮雲濠463條，楊開沅23條，顧諟24條，張采10條。黄氏父子的案語側重於哲學闡釋，重心在北宋五子——邵雍、周敦頤、程顥、程頤、張載和南宋的朱熹、陸九淵。全祖望的案語側重於史實的考訂和學術思想源流的梳理，重點在黄氏父子未曾或較少關注的學者。王梓材、馮雲濠二人的案語數量最多，主要内容均是與文獻整理相關的情況説明，有許多校勘修訂的具體細節。“王梓材、馮雲壕對黄氏原本、全氏補本逐條理清，並在《宋元學案》中一一注明，使我們對兩家的編纂、修補情況一目瞭然。如，卷十一《廉溪學案》上，王梓材在該卷《序録》後案云：‘是卷學案，謝山唯補講友數人。’又在‘濂溪講友’周文敏、傅譽傳後加一‘補’字。這就在客觀上為我們研究該書的編纂情況提供了便利，也為我們探討黄、全兩家的著述宗旨、對材料的取捨態度、對學術流别辨識的觀點等等提供了依據。”① 根據王梓材與馮雲濠整理時留下的案語所示的資料綫索，我們基本可以鉤稽黄氏原本的面貌和全祖望對黄氏原本所做的改動和處理。

1. 案語記載黄氏原本的學案

梳理全書中王梓材與馮雲濠的案語，依學案先後次序羅列如下：安定學案、泰山學案、康節學案、濂溪學案、明道學案、伊川學案、録渠學案、上蔡學案、龜山學案、廌山學案、和靖學案、藍田學案、永嘉學案之一、武夷學案、豫章學案、録浦學案、艾軒學案、紫陽學案、南軒學案、東萊學案、永嘉學案之二、永康學案、金溪學案之一、金溪學案之二、金溪學案之三、勉齋學案、潛庵學案、潛室學案、北溪學案、鶴山學案、西山學案、金華學案、雙峰學案、四明朱門學案一、四明朱門學案二、新安學案、北方學案、草廬學案。共計38個。

2. 全祖望對黄氏原本的補修與調整處理

現百卷本《宋元學案》含黄氏原本中的33個學案，排列如下：安定學案、泰山學案、康節學案、濂溪學案、明道學案、伊川學案、録渠學案、上蔡學案、龜山學案、廌山學案、和靖學案、藍田學案、武夷學案、豫章學案、録浦學案、艾軒學案、紫陽學案、南軒學案、東萊學案、永嘉學案、永康學案、金溪學案、勉齋學案、潛庵學案、潛室學案、北溪學案、鶴山學案、西山學案、金華學案、雙峰學案、新安學案、北方學案、草廬學案。

上述33個學案被全祖望更改名稱的計有7個：康節學案改為百源學案，紫陽學案改為晦翁學案，永康學案改為龍川學案，潛室學案改為木鐘學案，西山學案改為西山真氏學案，金華學案改為北山四先生學案，新安學案改為介軒學案，北方學案改為魯齋學案。其中康節學案、紫陽學案在更改名稱的同時又被分為上下卷。

更改名稱又重新調整處理的計有5個：藍田學案調整為吕范諸儒學案；永嘉學案之一

① 林久貴：《〈宋元學案〉的作者及成書經過述論》，《黄岡師專學報》1998年第3期。

調整為周許諸儒學案，永嘉學案之二調整為艮齋學案和止齋學案，從永嘉學案中分出水心學案；金溪學案之一、之二調整為梭山復齋學案，金溪學案之三調整為象山學案。

現百卷本《宋元學案》有91個學案（包括黨案、略案），出自黃氏原本的共有59個學案，全祖望增補了32個學案。復原《宋元儒學案》時，全祖望增補的32個學案拋開不管。出自黃氏原本的59個學案，全祖望的編纂工作分為修定（今本《宋元學案》中目録標記為"黃氏原本、全氏修定"，正文標記為"黃宗羲原本、黃百家纂輯、全祖望修定"）、次定（今本《宋元學案》中目録標記為"黃氏原本、全氏次定"，正文標記為"黃宗羲原本、黃百家纂輯、全祖望次定"）、補定（目録標記為"黃氏原本、全氏補定"，正文標記為"黃宗羲原本、黃百家纂輯、全祖望補定"）。根據"校刊宋元學案條例"："故有梨洲原本所有，而為謝山增益者曰'黃某原本，全某修定'；有梨洲原本所無，而為謝山特立者，則標之曰'全某補本'；又有梨洲原本，謝山唯分其卷第者，則標之曰'黃某原本，全某次定'；亦有梨洲原本，謝山分其卷第而特為立案者，則標之曰'黃某原本，全某補定'。蓋次定無所謂修補，補本無所謂原本，修定必有所由來，補定兼著其特立也。其曰'定'者，謝山稿本當自標之。"① 我們可以這樣理解：標為"全氏修定"是全祖望對原本作的一些修補，標為"次定"是對某些學案進行分卷，它們均保存了原本面貌，這些修定、次定的學案當是復原《宋元儒學案》的主要來源。對某學案中所列弟子，重新單列學案，標為"補定"，可以理解為黃氏原本外的全部或部分增加，在復原《宋元儒學案》時應格外審慎進行辨析，甄別何為黃氏原著，何為全祖望補定。

現將百卷本《宋元學案》出自黃氏原本的59個學案，修定、次定、補定的情況列清單如下。

修定情況一覽表

卷次	現百卷本學案名稱	黃氏原本	卷次	現百卷本學案名稱	黃氏原本
1	安定學案	安定學案	50	南軒學案	南軒學案
2	泰山學案	泰山學案	51	東萊學案	東萊學案
10	百源學案（下）	康節學案	56	龍川學案	永康學案
12	濂溪學案（下）	濂溪學案	57	梭山復齋學案	金溪學案之一、之二
14	明道學案（下）	明道學案	58	象山學案	金溪學案之三
16	伊川學案（下）	伊川學案	63	勉齋學案	勉齋學案

① ［清］黃宗羲原著，全祖望補修：《宋元學案》，北京：中華書局，1986年，第21頁。

18	録渠學案（下）	録渠學案	64	潛庵學案	潛庵學案
24	上蔡學案	上蔡學案	65	木鐘學案	潛室學案
25	龜山學案	龜山學案	68	北溪學案	北溪學案
26	廌山學案	廌山學案	80	鶴山學案	鶴山學案
27	和靖學案	和靖學案	81	西山真氏學案	西山學案
34	武夷學案	武夷學案	82	北山四先生學案	金華學案
39	豫章學案	豫章學案	83	雙峰學案	雙峰學案
40	録浦學案	録浦學案	89	介軒學案	新安學案
47	艾軒學案	艾軒學案	90	魯齋學案	北方學案
49	晦翁學案（下）	紫陽學案	92	草廬學案	草廬學案

次定情況一覽表

卷次	現百卷本學案名稱	黄氏原本
9	百源學案（上）	康節學案
11	濂溪學案（上）	濂溪學案
13	明道學案（上）	明道學案
15	伊川學案（上）	伊川學案
17	録渠學案（上）	録渠學案
48	晦翁學案（上）	紫陽學案

以上修定、次定的學案共32個。其中龍川學案，黄氏原本名稱為永康學案，今本《宋元學案》中目録標記為"黄氏原本、全氏補定"，而正文標記為"黄宗羲原本、黄百家纂輯、全祖望修定"，究竟是"修定""補定"，尚待考證。從其内容來看，陳亮小傳下邊的黄百家案語實際為黄氏為此學案所做的序録，暫按"修定"統計。

補定情況一覽表

卷次	現百卷本學案名稱	黄氏原本	卷次	現百卷本學案名稱	黄氏原本
23	滎陽學案	附安定學案	71	嶽麓諸儒學案	附南軒學案
30	劉李諸儒學案	附明道學案、附伊川學案	73	麗澤諸儒學案	附東萊學案
31	吕范諸儒學案	藍田學案	74	慈湖學案	附金溪學案
32	周許諸儒學案	永嘉學案之一	75	潔齋學案	附金溪學案

33	王張諸儒學案	附康節學案	76	廣平定川學案	附金溪學案
36	紫微學案	附和靖學案	77	槐堂諸儒學案	附金溪學案
41	衡麓學案	附武夷學案	85	深寧學案	附西山學案
42	五峰學案	附武夷學案	86	東發學案	四明朱門學案二
43	劉胡諸儒學案	劉勉之為全氏特立，胡憲附武夷學案	87	静清學案	四明朱門學案一
52	艮齋學案	永嘉學案之二	91	静修學案	附北方學案
53	止齋學案	永嘉學案之二	93	静明寶峰學案	附金溪學案
54 55	水心學案（上、下）	永嘉學案（併入）			
62	西山蔡氏學案	附紫陽學案			
66	南湖學案	全氏所分立，車玉峰《腳氣集》有梨洲原本			
67	九峰學案	附紫陽學案			
69、70	滄州諸儒學案(上、下)	紫陽、勉齋、潛庵、潛室、北溪諸學案所附			

以上補定的學案共27個。其中龍川學案，今百卷本《宋元學案》目録標記為“黄氏原本、全氏補定”，而正文標記為“黄宗羲原本、黄百家纂輯、全祖望修定”，究竟是“修定”“補定”，尚待考證，暫按“修定”統計，不歸於“補定”的學案。

通過以上的梳理統計，現百卷本《宋元學案》修定、次定的32個學案保存了原本的面貌，是最珍貴的部分，是復原黄氏原本的主要材料來源。情況複雜的是基於黄氏原本藍田學案的吕范諸儒學案，基於黄氏原本永嘉學案之一的周許諸儒學案，基於永嘉學案之二的艮齋學案和止齋學案，從永嘉學案分出的水心學案。這些學案在黄氏原本中是專列的，而在現百卷本《宋元學案》中全祖望均標明為“補定”，説明他在黄氏原本外做了分割及部分的增加與調整，在復原過程中辨析剥離何為黄氏原著，何為全祖望補定是難點。

三

在復原《宋元儒學案》過程中，我們還應注意《宋元學案》與《明儒學案》體例結構的不同。“黄宗羲按照理學之儒的觀念全面考察明代理學的發展，對各家學術宗旨的探究、源流的追溯、宗派的區分及學理的批評，均體現了高度的理論水準。"① "在《明儒學案》裏，他按照"分其宗旨、別其源流"的原則，彙列一代理學授受者為若干學案。每個學案由四部分組成：一、序録，論述案主為學之宗旨；二、傳記，介紹案主生平事迹；三、案主論學資料，包括語録、論著、選録及後人之評論；四、承傳之弟子情況。"②《明儒學案》"是一部博大精深的斷代思想史，更確切地說是一部明代理學史。黄宗羲欲建構七百年的完整的理學史系統，遂在完成《明儒學案》之後，繼而撰著《宋元儒學案》，以使其"理學之儒"的觀念得以完滿地實現。顯然《宋元儒學案》的撰著是沿襲《明儒學案》的體例和嚴格的'理學之儒'的觀念進行的"③。而今百卷本《宋元學案》的體例結構為：一、學案表，揭示所收學者間的師承關係、傳授情況及其傳承譜系；二、序録，簡要説明案主的思想特色或評價作為各學案之綱領；三、案主本傳，記録案主生平事迹及學術活動等內容；四、案主思想資料，從文集、專著、時人評論等原典文獻中輯録的案主的論學及思想資料；五、附録，補充説明案主的事迹或學術評論等內容；六、與案主有師承關係的人物資料，與案主有師承關係的人物被區分成"講友""學侶""同調""門人""私淑""家學"等，排列其傳記、輯録時人評議、選編其著述與學術資料、附録等內容④。"黄宗羲撰著《明儒學案》時按各家授受關係分立學案，而於其他理學家則分別歸入諸儒學案。在每個學案裏並未特別標明某案主之'學侶''講友''同調''門人''再傳'等等關係。"《宋元學案》在每個學案裏特別標明某案主之"講友""學侶""同調""門人""私淑""家學"等，"這種複雜紛繁的學術承傳關係，多半是不切實際的"⑤。今百卷本《宋元學案》完全背離了黄宗羲原本之體例，違背了黄宗羲意圖建立以程朱學派為主的宋元理學系統的原意，未貫徹理學之儒的觀念。黄宗羲《明儒學案》以闡述明代理學宗傳為主旨，力圖建立純正的理學系統。此著為黄氏生前獨立完成，集中體現了其本人的哲學觀點和立場。故《宋元儒學案》的原本體例亦理應參照比附《明儒學案》的體例⑥。

在復原《宋元儒學案》過程中，我們應熟知現百卷本《宋元學案》的"條例"，以區分哪些是黄氏原本的內容，哪些是全祖望和他人的補修。"校刊宋元學案條例"中有一條尤其重要："每學案中所採語録、文集各條，有知為梨洲原本者，則注明'黄氏原本'；有知為謝山所補者，則注明'全氏補'。至於學派諸小傳，有梨洲有傳，而謝山修之加詳者，則注'修'字；有梨洲無傳，並無其名，而謝山特補之者，則注'補'字。庶使一覽瞭然，

① 謝桃坊：《〈宋元儒學案〉辨原》，《西華大學學報》2016 年第 4 期。
② 同上。
③ 同上。
④ 連凡：《〈宋元學案〉的層次結構與學案設置》，《北京社會科學》2017 年第 4 期。
⑤ 謝桃坊：《〈宋元儒學案〉辨原》，《西華大學學報》2016 年第 4 期。
⑥ 同上。

不至兩家混淆。”①

此外，掌握一些規律性的現象也非常有利於《宋元儒學案》的復原工作。如：黄氏父子在排列思想資料時，一般遵循的順序是將其予以重視的代表性著作、文章置於開頭，其次是語録或專著，最後是文集。《宋元學案》最後的編纂者王梓材為了使全書的内容與形式統一，對此前黄氏父子或全祖望編纂的資料之所屬進行了大量調整。比如：黄宗羲為原本學案所做的序録即被調整為案語或作為附録，將資料從原來的“案主思想資料”移入“附録”（不限於同一學案）的情況也非常之多。

最後我們應理解王梓材案語中的“術語”的意指，這對於《宋元儒學案》的復原工作很有幫助，王梓材案語中涉及資料調整時使用最多的“術語”是“移為”與“移入”，“移為”用於同一學案，“移入”用於不同學案。

作者單位：雲南民族大學文學與傳媒學院

① ［清］黄宗羲原著，全祖望補修：《宋元學案》，第21頁。

近五十年《通志堂經解》研究述評

邵華越

《通志堂經解》是輯刻於康熙年間的大型經部叢書，與《皇清經解》《皇清續經解》合稱為清代三大經學叢書。收入唐代至清代經解一百四十種，共計一千八百六十卷，其中絶大部分為宋、元兩代諸儒所作説經之書，保存了宋元兩代大量珍貴經説和底本，因而也被稱為《宋元經解》，具有很高的經學價值和文獻學價值。

《通志堂經解》署名納蘭成德。納蘭成德，葉赫那拉氏，字容若，號楞伽山人，後因避太子保成諱，改名性德[①]。滿洲正黄旗人，父為大學士明珠，母為愛新覺羅氏。順治十一年（1654）生；康熙十年入國子監讀書，深得國子監祭酒徐元文之器重；康熙十一年中順天鄉試舉人，時主試官為崑山徐乾學；康熙十五年殿試二甲第七名，賜進士出身；康熙二十四年（1685）卒，年僅三十一歲。納蘭成德生性聰敏，用功經史，尤擅詩詞，著有《側帽集》《飲水詞》，後人將二者合稱為《納蘭詞》。納蘭成德去世後，他生前的作品經師友收集整理為《通志堂集》，於康熙三十年刻板。

除納蘭成德之外，還有一人，與《通志堂經解》的成書有着密不可分的關係，此人便是成德的座師——徐乾學。徐乾學，字原一，號健庵，江蘇昆山人，與弟徐秉義、徐元文並稱為“昆山三徐”。明崇禎四年（1631）生，康熙九年殿試一甲第三名，賜進士及第，授翰林院編修；康熙三十三年（1694）卒，年六十四歲。著有《讀禮通考》《資治通鑒後編》《教習堂條約》《憺園文集》等。他的私人藏書樓——傳是樓，在中國藏書史上佔有重要的地位。

---

① 關於納蘭氏，本文採用“納蘭成德”一名；部分研究成果中採用“納蘭性德”一名，本文在引用標題和語句時亦尊重原作。

《通志堂經解》刊行之後，相關針對性的研究成果主要有：清何焯《通志堂經解目録》、清翁方綱《通志堂經解目録》及關文瑛《通志堂經解提要》。時人和後人的著述中也有很多談及《通志堂經解》的記載，如清陸隴其《陸清獻公日記》、清王士禛《分甘餘話》、清葉德輝《書林清話》等。

近五十年來，關於《通志堂經解》的研究成果主要如下。

1. 論文：主要有以下單篇研究文章發表（按照發表時間先後排列）：梁容若《納蘭性德的傳記與著作》①；黄忠慎《〈通志堂經解〉所收元儒書學要籍評介》②；高岸《納蘭成德與〈通志堂經解〉》③；姚崇實《〈通志堂經解〉序簡論》④；趙秀亭《納蘭性德著作考》⑤；黄志祥《〈通志堂經解〉輯刻者述辨》⑥；劉德鴻《滿漢學者通力合作的成果——〈通志堂經解〉述論》⑦；林慶彰《〈通志堂經解〉之編纂及其學術價值》⑧；王愛亭《〈通志堂經解〉版本研究》⑨、《〈通志堂經解〉的總體特點、貢獻及不足》⑩、《崑山徐氏所刻〈通志堂經解〉版本學研究》⑪、《〈通志堂經解〉刊刻過程考》⑫、《徐乾學、納蘭成德與〈通志堂經解〉關係新探》⑬、《〈通志堂經解〉底本考論》⑭；李東峰、舒大剛《〈合訂删補大易集義粹言〉的淵源及構成辯證——兼及作者歸屬問題》⑮；趙秀亭《納蘭性德經解諸序編年考略》⑯；陳旭輝《〈合訂大易集義粹言〉編撰與作者考》⑰。

2. 論文集：由林慶彰主編的《〈通志堂經解〉研究論集》⑱，收入學者相關研究論文九篇，附以陳惠美點校的納蘭成德撰《通志堂經解序》、翁方綱撰《通志堂經解目録》、關文英撰《通志堂經解提要》並黄智明編輯的《〈通志堂經解〉相關資料彙編》。不僅彙集了《通志堂經解》的主要研究成果，而且為學者考察《通志堂經解》相關問題提供了豐富而

---

① 見於《書和人》第192期，1972年8月。
② 見於《孔孟月刊》十九卷十二期，1981年8月。
③ 見於《成德師專學報》（社會科學版）1989年第4期。
④ 同上。
⑤ 見於《滿族研究》1991年第2期。
⑥ 見於《孔孟月刊》三十卷七期，1992年3月。
⑦ 見於《清史研究》，1995年。
⑧ 見於《清代經學研究論集》，臺北："中央"研究院中國文哲研究所，2002年8月。
⑨ 山東大學2003級碩士學位論文，2006年4月。
⑩ 見於《山東圖書館季刊》2008年第3期。
⑪ 山東大學2006級博士學位論文，2009年4月。
⑫ 見於《圖書館雜志》2011年第1期。
⑬ 見於《圖書、文獻與交流》2011年第1期。
⑭ 見於《文獻季刊》2011年第3期。
⑮ 見於《陝西師範大學學報》（哲學社會科學版）2013年第1期。
⑯ 見於《河北民族師範學院學報》2014年第4期。
⑰ 見於《理論界》，2014年第5期。
⑱ 林慶彰、蔣秋華主編，臺北："中央"研究院中國文哲研究所，2005年5月。

詳實的材料。

3. 專著：相關著作僅見一例：臺灣陳惠美《徐乾學及其藏書刻書》[①]，此書從徐乾學的生平事迹和著述交游切入分析，以求在知人論世的前提下，對其藏書刻書的情況進行更加客觀的研究和評價。此書於五、六章重點探討了與《通志堂經解》相關的問題。在第五章《〈通志堂經解〉之刊刻與流傳》中，作者重點梳理了影響《通志堂經解》刊刻的幾個因素、刊刻的經過以及刻成之後的流傳情況。在第六章《〈通志堂經解〉的評價及其影響》中，作者分别就刻書以存書、校書以存書這樣兩個角度，對《通志堂經解》的得失做出了較為公正的分析；隨後，又以清代的叢書刊刻為觀察視角，探討了《通志堂經解》對後世的影響。

對以上相關研究成果進行分析，可以發現，關於《通志堂經解》的研究角度，主要可以分為三個比較大的方面：與著作權相關的幾個問題、與版本學相關的幾個問題、對《通志堂經解》所做出的評價。本文嘗試分别從這三個方面歸納、梳理相應的研究成果，以求對《通志堂經解》研究現狀中存在的重點、難點、薄弱點，做出較為客觀的認識和分析。

一、與著作權相關的幾個問題

與著作權相關的幾個問題的討論，是伴隨着《通志堂經解》的成書而出現的。相關的討論和記載在清代相關史書和清人的著作中屢有出現[②]，但一直未成定論。隨着現代著作權意識的深化，這幾個問題更加成為近年來學者關注的重點内容。對於與著作權相關問題的討論，主要可以詳細分為三個方面：關於《通志堂經解》的輯刻者的辨析、《通志堂經解》中署名為納蘭成德的兩部書的著作權問題以及對經解諸序、總序作者的考察。

（一）關於《通志堂經解》的輯刻者

關於《通志堂經解》輯刻者的探討，即現代所言的署名問題，一直是學者們重點關注和考證的一個方面。這一問題的産生，一則由於此部叢書規模之大，其選擇底本、書籍校勘、叢書刻印等步驟之繁，本非一人之力能够勝任。而《通志堂經解》始刻之年（康熙十二年），成德年十九歲，當其亡故（康熙二十四年），亦僅年三十一歲，對於成德完成《通

① 陳惠美：《徐乾學及其藏書刻書》，臺北：花木蘭文化出版社，2007 年。

② 如《清實録》《四庫全書總目》《書林清話》等。

志堂經解》輯刻能力的質疑，於情於理都存在着可以理解的成分；二則由於徐乾學與納蘭成德之間具有師生之誼，而徐乾學與成德之父明珠之間，又存在着以明清易代為大背景之下的政治關係，《通志堂經解》刊刻之時，成德拜在徐乾學門下學習經學，而《通志堂經解》中所選用的底本，有相當部分出自徐乾學的藏書樓“傳是樓”中，這些複雜的情況加劇了著作權問題考證的難度；三是由於成德、徐乾學二人為《通志堂經解》所作總序互有齟齬之處，時人、後人相關的記載、討論見解不一，也對選取旁證的過程造成了干擾。

關於這一問題的研究，相關論文和專著主要呈現了三種觀點：《通志堂經解》輯刻者當為徐乾學；《通志堂經解》輯刻者當為納蘭成德；《通志堂經解》當視為二人合力完成。

1. 輯刻者當為徐乾學

梁容若在《納蘭性德的傳記與著作》一文中指出，《通志堂經解》為徐乾學輯印，署名通志堂乃是托名於成德，並强調此事已經乾隆帝“明諭糾正”①。乾隆皇帝關於《通志堂經解》所下的御旨歷來是分析《經解》署名權的重要材料。然而，值得注意的是，御旨頒佈於乾隆五十年（1785），距離《經解》始刻時間——康熙十二年（1673）已有百餘年，乾隆皇帝對於此中原委的斷定以何為據、依據的來源是否可靠、依據本身是否真實，這些都是值得進一步考證的問題。並且，乾隆帝與納蘭家具有深切的政治立場之争，這種情況是否會促進乾隆皇帝形成對於成德有意或無意的偏見，也是學者們不可不察的一個重要因素。

陳惠美老師在其專著的第五、六兩章着重討論了徐乾學與《通志堂經解》的相關問題。第五章《〈通志堂經解〉之刊刻與流傳》中，作者考察了與徐乾學同一時期或稍晚的記載，認為《經解》刊刻的主持者當為徐乾學。其刊刻《經解》既是源於自身對經史的珍重、朋友之間力倡刻存古籍的風氣，也有為自身邀譽和揚成德之名的考量。對於旁證的分析是考證的重要手段，然而時人、後人的記載中，持《經解》為成德主持刊刻者亦不佔少數，書中即列舉了《清史稿·文苑傳·納蘭性德》、顧陳垿《唐孫華傳》、張任政《納蘭性德年譜》、李兆洛《養一齋詩文集·詒經堂續經解序》、葉德輝《書林清話·洪亮吉論藏書有數等》、顧修《彙刻書目》卷一、張之洞《書目答問》卷五七條相關旁證。對於這部分意見，作者並未作出辯駁，僅於後文列舉了主張《經解》為徐乾學主持刊刻的七條旁證：王士禎

① 梁容若：《納蘭性德的傳記與著作》，《書和人》第192期，1972年8月。《清實録》卷一千二百二十五，乾隆五十年二月二十九日高宗皇帝御旨：“《四庫全書》進呈《補刊通志堂經解》一書，朕閱成德所作序文，係康熙十二年，計其時成德年方幼稚，何以即能淹通經術？嚮即聞徐乾學有代成德刻《通志堂經解》之事，茲令軍機大臣詳查成德出身本末，乃知成德於康熙十一年壬子科中式舉人，十二年癸丑科中式進士，年甫十六歲。徐乾學係壬子科順天鄉試副考官，成德由其取中。夫明珠在康熙年間柄用有年，勢焰薰灼，招致一時名流如徐乾學等，互相交結，植黨營私。是以伊子成德年未弱冠，夤緣得取科名，自由關節。乃刻《通志堂經解》，以見其學問淵博。古稱皓首窮經，雖在通儒，非義理精熟畢生講貫者，尚不能單心闡發，發明先儒之精蘊。而成德以幼年薄植，即能廣搜博採，集經學之大成，有是理乎？更可證為徐乾學所裒輯，令成德出名刊刻，俾藉此市名邀誉，為逢迎權要之具耳。”

《居易録》卷十、卷十五，張廷玉《澄懷園文存·宋元經解删要序》，姚際恒《古今偽書考·子夏易傳》，方苞《望溪先生文集·與吕宗華書》《望溪先生文集·與梁裕厚書》，蘇源生《書先師錢星湖先生事》。筆者認為，對於此一節的論述，值得重新考量之處有二：其一，書中雖持徐乾學主持《通志堂經解》刊刻之論，然而，對於納蘭成德為《經解》刊刻的主持者這一觀點及相關旁證並没有做出相應的辯駁，使得“有破有立”這一論證原則没有得到良好的呈現。這一論證過程中的缺憾未免使結論的得出顯得單薄；其二，作者對於《通志堂經解》刊刻之功歸於成德抑或徐乾學這兩方面，在分析二人分别所做的經解序之外，均列舉了七條旁證，且雙方的旁證或出自於重要史書記載，或出自於名家論學、論書之筆，均可以呈現出一定的分量。可以説，就作者所持的《通志堂經解》為徐乾學主持刊刻這一觀點來看，從列舉旁證的數量、質量上來説，都未能形成相對較强的説服力。

王愛亭在其博士論文題目中强調了“崑山徐氏所刻”，作者通過對於徐乾學所撰《通志堂經解序》、時人與後人的相關記載、《經解》編刻所需要的條件等方面的分析論證，得出結論：《經解》的編刻者為徐乾學，納蘭成德與《經解》的關係為捐資、作序、冠名①。值得重點關注的是，作者在討論刊刻條件的過程中，除了資金來源之外，還重點考察了底本來源、專家校勘和大量刻工三個重要條件，通過對於刊刻條件的分析，進一步密切了《經解》與徐乾學之間的關係。《經解》各版皆標記了刻工名字，這是得以通過刻工來考察《經解》刊刻情況的基本前提。作者將《經解》所記載的近五百名刻工及其所刻《經解》中書、《經解》以外書的情況整理成《〈通志堂經解〉刻工表》。由於參與刊刻的工匠多活躍於徐乾學的老家——江蘇一帶，且在《經解》刊刻的主要時間裏，徐乾學本人也主要活動於江蘇，因此，文中對於工匠的考察也進一步證明了徐乾學主持《經解》刊刻的現實可能性。保存有衆多參與《經解》刊刻工作的刻工姓名，是《通志堂經解》的一大重要版本特色，這一特色在清代書籍的刊刻中並不常見。而通過對於古籍刻工的分析，可以作為考察相應古籍刊刻的過程和質量、地域性手工業生産製造、地域文化特色、古籍出版行業的規則和秩序等一系列重要問題的切入點。然而，這一特點没有被歷來的《通志堂經解》研究學者所重，尚屬於《通志堂經解》相關研究中的薄弱點，同時也是王愛亭老師此文中亮眼的創新點。這一考察點基於並體現了作者深厚的文獻學功底，同時也為探討《經解》的刊刻問題提供了一個穩重而獨特的視角。

2. 輯刻者當為納蘭成德

高岸認為，徐乾學為《經解》的刊刻做了大量的準備和整理方面的工作。“納蘭成德晚年篤意於經史，有‘盡裒輯宋、元以來諸儒説經之書以行於世’的壯志，徐乾學是納蘭

---

① 關於這一問題，作者另有專文發表：《徐乾學、納蘭成德與〈通志堂經解〉關係新探》，《圖書、文獻與交流》2011年第1期。

成德的座師，對他的潛心好學及整理古籍的壯志，當然要加以鼓勵，就把他所校訂的書拿出來給他，以成其志。"① 可見，作者認為徐乾學對於成德輯刻經解起到了助成的作用。

姚崇實提到："納蘭性德於康熙十二年開始編輯《通志堂經解》，至康熙十六年刊成"。② 顯然是將《經解》之成歸功於成德。

在本文所考察的研究成果中，持《通志堂經解》為納蘭成德所輯刻觀點者僅為少數，且論證過程中，或證據略顯薄弱，或並未對此觀點進行考證，而是直接作為已然的事實在行文中使用。因此，《經解》輯刻者為納蘭成德這一說法，不屬於學術界認可的主流觀點。

3. 二人合作完成

趙秀亭《納蘭性德著作考》的第一部分探討了納蘭成德經解類的著作，得出結論如下：成德刻經，乃是受"君親師"（康熙帝、明珠、徐乾學）三種角色共同的推動，在《通志堂經解》成書過程中，成德和徐乾學擔任的角色分別是首倡和總編，《經解》中有相當部分由成德完成校勘，這也是徐乾學嚮他傳授經學的一種方式，即"為讀而校"。

黃志祥在《通志堂經解輯刻者述辨》中列舉了《經解》輯、刻者之說四種，經過文獻考辨後得出結論：《經解》之輯者為徐乾學，校者為顧湄，刻者以徐氏為先，此時尚未命名，後以板讓成德，成德續刻並完成，經解終以成德室號冠名。

劉德鴻認為，關於《經解》的編校，徐乾學具有核心和總裁的身份，而納蘭成德參與了搜集底本、參校核勘、撰寫序跋、捐資刻印等事務。作者同樣肯定了"邊讀邊校"這一傳授經學的方式。雖叢書成於衆人之力，但主要是此二人合作的成果，且"是清初滿、漢關係史上的一個範例"③。

林慶彰也認為，《經解》的輯刻，是納蘭成德嚮坐師徐乾學提出保存、刊刻宋、元經說的提議；除成德捐金四十萬以作經費外，其他朋友也或多或少有所捐助；徐乾學及其他藏書家為成德提供了一百四十種經說作為資料來源，因而《經解》可以說是集當時知名藏書家珍藏所成的薈萃。與其爭論叢書的署名問題，不如將其視作滿漢合作保存文獻的佳例。

以上四位學者均不同程度地說明瞭成德和徐乾學二人在《經解》輯刻過程中的貢獻，或以時間先後之承接，或以分工有別之配合，論述二人合力完成《經解》的刊刻這一事實。《通志堂經解》本為一部規模浩大的經學叢書，從其輯刻所需工序之繁、學識精力之深、耗資之巨等方面，均可見《經解》之成實非一人之功。納蘭成德《經解總序》中有言："逮宋末元初，學者尤知尊朱子，理義愈明，講貫愈熟，其終身研求於是者，各隨所得以立言，要其歸趨，無非發明先儒之精蘊以羽衛聖經，斯固後世學者之所宜取衷也。惜乎其書流傳

---

① 高岸：《納蘭成德與〈通志堂經解〉》，《成德師專學報》（社會科學版）1989 年第 4 期。
② 姚崇實：《〈通志堂經解〉序簡論》，《成德師專學報》（社會科學版）1989 年第 4 期。
③ 劉德鴻：《滿漢學者通力合作的成果——〈通志堂經解〉述論》，《清史研究》，1995 年。

日久，十不存一二，余嚮屬友人秦對巖、朱竹垞購諸藏書之家，間有所得，雕版既漫漶斷闕，不可卒讀，抄本譌謬尤多，其間完善無譌者，又十不得一二。間以啓於座主徐先生，先生乃盡出其藏本示余小子，曰：‘是吾三十年心力所擇取而校定者。’余且喜且愕，求之先生，抄得一百四十種，自《子夏易傳》外，唐人之書僅二三種，其餘皆宋、元諸儒所撰述，而明人所著，間存一二。請捐資經始，與同志雕版行世，先生喜曰：‘是吾志也。’遂畧敘作者大意於各卷之首，而復述其雕刻之意如此。”① 徐乾學所作的《經解序》中也記載：“皇朝弘闡六經，表微扶絶，海内喁喁嚮風，皆有脩學好古之思。余雅欲廣搜經解，付諸剞劂，以為聖世右文之一助，而志焉未逮。今感竹垞之言，深懼所存十百之一，又復淪斁，責在後死，其可他諉！因悉余兄弟家所藏本覆加挍勘，更假秀水曹秋岳、無錫秦對岩、常熟錢遵王、毛斧季、温陵黄俞邰及竹垞家藏舊版書若抄本，擇是正，總若干種，謀雕版行世。門人納蘭容若尤慫恿是舉，捐金倡始，同志群相助成，次第開雕。經始於康熙癸丑，逾二年訖工。藉以表章先哲，嘉惠來學，功在發余，其敢掠美，因敘其緣起，志之首簡。”② 可見，對於《通志堂經解》藉衆力而成這一點，納蘭成德與徐乾學二人在經解總序中都做出了清晰的説明。同時，在二人的經解總序中，都提及了師徒二人對於保存文獻、刊刻《通志堂經解》的熱心和行動。可以説，師徒二人一拍即合，各盡所能，協力主導了《通志堂經解》的刊刻。因此，對於這一項工程中徐乾學與納蘭成德師徒二人出力的討論，可論多少，而不論有無，是比較合適且合理的態度。並且，師徒二人均孜孜於經學，一個一心求教，一個傾囊相授。徐乾學以指導成德校勘經解的方式促進其學習經典，也是有着相當可能性和可行性的。古人對於輯刻大型叢書的署名權的認識較今天而言是不同的，以今人的眼光來看，《經解》署名成德一人，無疑是不全面的。

（二）《經解》中署名為成德的兩部書的著作權問題

《經解》所收的一百四十部書中，有兩部署名成德所撰，即《合訂大易集義粹言》八十卷與《陳氏禮記集説補正》三十八卷③。《合訂大易集義粹言》為宋儒《大易集義》《大易粹言》二書之合輯，内採宋儒易學論説十八家，並間含輯者所下考補訂正少量。《四庫全書總目》對於此書保存文獻與内容取材均做出了比較高的評價：“今《粹言》尚有傳本，已著於録。《集義》流播較希，尚藉此以見梗概。其中理數兼陳，不主一説，宋儒微義，實已略備於斯。李衡刪房審權之書，俞琬鈔李心傳之説，並以取精擷要，有勝原編。此書之

① 納蘭成德：《經解總序》，轉引自《通志堂經解研究論集》，第 264 頁。
② 徐乾學：《通志堂經解序》，轉引自《通志堂經解研究論集》，第 745 頁。
③ 關於這兩部書的名稱，學者稱引略有出入，本文一律採用《通志堂經解》原載書名。

作，其功亦約略相亞矣。”①《陳氏禮記集説補正》乃為補充、駁正陳澔《禮記集説》所作。對於這部書，《四庫全書總目》評論道：“凡澔之説皆一一溯其本自何人，頗為詳核。而愛博嗜奇，亦往往泛採異説。……凡斯之類，皆徵引繁富，愛不能割之故。然綜核衆論，原委分明。凡所指摘，切中者十之八九。”② 對於這兩部書的作者，清代相關典籍記載見解不一，或以為前者為陸元輔所作③，或以為後者為陸元輔所作④。本文所考察的相關論文、專著中，關於這兩部書的著作權問題，亦有此兩種不同的見解。

梁容若對於這兩部書的作者均採用了《四庫全書總目》中的説法，並對《陳氏禮記集説補正》一書補充道：“性德卒時年三十一，得年比孔廣森少四歲，比劉師培少五歲。我們看了巽軒所著書和劉申叔遺書的包孕豐富，光怪陸離，就會覺得才人如性德，另有經學著作，並非不可能了。”⑤ 作者通過横嚮比較的方法，提醒了我們，學者的學術素養和年齡未必呈現正相關的關係，年少如成德，撰寫經學著作仍具有現實的可能性。作者雖未下確論，但仍不失為嚮後人提示了一種開闊性的思路。

趙秀亭的《納蘭性德著作考》通過對於經解諸序及其他相關記載的考察，認為《合訂大易集義粹言》確為性德之作，而《陳氏禮記集説補正》則作於陸元輔。

李東峰、舒大剛兩位老師認為，對於《合訂大易集義粹言》一書，成德本人的貢獻是有限的。

陳旭輝認為：“《陳氏禮記集説補正》當為陸元輔供稿，《合訂大易集義粹言》當為納蘭性德親自主持編撰。”⑥

關於這兩部書作者問題產生的争論，其根源在於古人對於著作權問題認識和處理上的模糊性。也正是由於這一點，相關經解序文的可信度也被一定程度地降低。同時，時人、後人的記載與討論有些難免各執一端，自説自話，加之成德早亡，這些因素都加劇了考證這一問題的難度。對此，學者應該保持一種公允持正的態度，在沒有對相關材料進行全面的、透徹的、條理性的分析之前，輕易地肯定或是否定，無疑都是不合適的。並且，對兩部書中所體現出的經學特色、行文特色與相關學者的學術思想特點進行對比性分析，可以幫助我們進行著作與作者的相互匹配。

---

① 《四庫全書總目》卷六《經部・易類六》。
② 《四庫全書總目》卷二十一《經部・禮類三》。
③ 如《四庫全書總目》卷六：“相傳謂其稿本出於陸元輔。”
④ 如張之洞《書目答問》卷一：“《禮記陳氏集説補正》三十八卷，陸元輔代納蘭性德撰。”
⑤ 梁容若：《納蘭性德的傳記與著作》，《書和人》第192期，1972年8月。
⑥ 陳旭輝：《〈合訂大易集義粹言〉編撰與作者考》，《理論界》2014年第5期。

（三）經解諸序、總序的作者

《通志堂經解》收書一百四十種，其中六十四種書前有署名成德的序①，並於全書卷首存署名成德之經解總序。關於經解諸序、總序作者的考證，是《通志堂經解》研究中的難點。學者相關論述大抵如下。

趙秀亭的《納蘭性德著作考》一文指出，通過對於序中口吻、用詞等綫索的分析，可以確定其中五篇確為成德所作；通過對比《通志堂集》與《曝書亭集》所收序的文字，可以認定部分篇目為朱彝尊所作或與朱氏有明顯的關聯；而《經解》中大部分序的作者仍難下定論，且部分篇目明顯帶有當時政治背景之下漢族文人的情結。

林慶彰認為，《經解》中六十四篇序應視為納蘭成德所作，個別篇目參考了朱彝尊為《經義考》諸書所作序跋。

趙秀亭《納蘭性德經解諸序編年考略》一文，將《經解總序》與朱彝尊、秦松齡、嚴繩孫等人所撰《成德祭文》內容相比對，加之序中所載書籍抄刻一百四十種，得出結論："知序定稿必在《通志堂經解》大致刻竣時，即康熙二十八九年，其時性德物故久矣。"②但並未對《經解總序》的作者作出確切的結論。同時，作者將諸序中署時康熙十五年者34篇與《通志堂集》及朱彝尊《經義考》《曝書亭集》等進行比較分析，認為若干序之作者應當或可能為朱彝尊、張雲章、黃虞稷。

《經解總序》概述了《經解》刊刻的背景和大概情況，成於《經解》基本刊刻完工之時，確屬理所當然。因而《經解總序》的作者問題又牽涉《經解》刊刻完成的時間，這又是一個相當複雜的問題。

對於署名成德的六十四篇序文的考察亦是一項有很大難度的工作。就每篇序言的具體內容來說，其中符合成德口吻的序文是否確為成德所作，還需要做出進一步的推敲，而其中帶有滿漢相爭之下漢人口吻的序文也未必為旁人所作。納蘭成德本人廣泛結交漢族文人，不僅拜漢人徐乾學為師，並且與朱彝尊、顧貞觀、陳維崧、梁佩蘭、嚴繩孫等漢族文人結有真摯而深厚的情誼；除此之外，納蘭成德對於經學、詩詞學等漢族優秀文化具有非常深入的掌握和喜愛。因此，因成德的滿人身份而否定其對於民族氣節等品格的崇尚的可能性，無疑是一種武斷的做法；加之古人對於著作權問題認識的模糊，文人之間互相徵引、傳抄而不著出處者亦不在少數，因此經解諸序與《經義考》《曝書亭集》之間的關係同樣也是值得學者們進一步推敲的。

---

① 另外，成伯璵《毛詩指説》與張耒《詩説》二篇有跋。

② 赵秀亭：《纳兰性德经解诸序编年考略》，《河北民族師範學院學報》2014年第4期。

二、與版本學相關的幾個問題

從版本學及其相關問題入手展開分析，是從事書籍研究尤其是叢書研究工作中不可迴避的一個重要方面。作為一部以文獻保存為主要刊刻目的的大型經部叢書，《通志堂經解》共收入經説一百四十種。在這一百四十種經説中，從成書時代上來看，宋、元二代的著作佔絶大多數；從經説的思想内容上看，以朱子學派為主要的學術傾嚮；從書籍的選取上來看，版本優良的重要經説和世所難見的孤本、秘本互為輝映。可以説，對於《通志堂經解》所收一百四十部經説的底本進行細緻的考察，對於研究《通志堂經解》的編輯理念、收書標準和叢書質量來説，都具有重要的價值。作為一部收書宏闊的大型叢書，《通志堂經解》的刊刻工作顯然非一朝一夕能够完成，關於《經解》刊刻工作的起始年份、完成年份的考證，對於研究叢書刊刻過程和工作難度具有重要的參考價值。同時，《通志堂經解》刊刻完成之後，也經歷了重刊、補刊的過程，考察、對比《通志堂經解》在流傳過程中所形成的三個版本，可以幫助我們直觀地認識古籍版式特徵和裝幀形式，同時，也可以幫助我們進一步探求《經解》的價值和流佈、收藏情況。從版本學的角度來對《通志堂經解》進行考察，是《經解》研究中的難點。本文所考察的研究成果中，主要體現了三個主要的關注點：對《通志堂經解》所收諸書底本的考察、《通志堂經解》刊刻年份研究、《通志堂經解》的版本。

（一）所收諸書底本

對《通志堂經解》所收一百四十部書的底本進行逐一考察，是一項有相當難度並且複雜的工作。除重點翻閱翁方綱《通志堂經解目録》外，相關的藏書目録、讀書志、藏書志及文人論述也是需要關注並考察的資料①。

山東大學的王愛亭在導師杜澤助的指導下，針對《通志堂經解》，以版本學為研究角度，完成了碩士論文、博士論文等一系列文章。他的碩士論文：《〈通志堂經解〉版本研究》，分為上、下兩篇。上篇總體概括了《通志堂經解》相關情況，包括徐乾學的生平與著述、傳是樓藏書情況、徐乾學所刻書籍；《通志堂經解》編刊者介紹；《通志堂經解》刊

---

① 如《宋史・藝文志》、晁公武《郡齋讀書志》、陳振孫《直齋書録解題》《天禄琳瑯書目》、張金吾《愛日精廬藏書志》、瞿镛《鐵琴銅劍樓藏書目録》、葉德輝《郎園讀書志》、陸心源《皕宋樓藏書志》《四庫全書總目》、王重民《中國善本書提要》《中國古籍善本書目》等。

刻的時代背景、動機、條件、過程；《通志堂經解》收書數量；《通志堂經解》的版本情況；《通志堂經解》的總體特點、貢獻及不足等內容。下篇是論文的重點，考察了《通志堂經解》所收前五十種書諸書的版本源流，為此文最大的用功點和創新點。他的博士論文繼續了碩士論文下篇的工作，對《經解》中所收全部一百四十部書的版本源流進行了全面的考察，逐一列出所收諸書的版本特徵，並在綜合分析各藏書目録、藏書志、讀書志及其他相關記載的基礎上，明確諸書所據底本情況及諸書收入《通志堂經解》之後的流傳情況，並介紹了諸書的其他主要版本，為後人瞭解、研究《經解》所收諸書的版本問題提供了清晰的脈絡。此外，作者還列出《〈通志堂經解〉底本來源表》，對今可考諸書的底本來源、底本類型、所依據的參考資料進行系統分析，從中可以得見《通志堂經解》的刊刻與明清之際的著名藏書家及藏書樓之間的關係①，同時也為我們以此為基礎，探討《通志堂經解》的叢書質量和版本學價值提供了重要的參考依據。

（二）《通志堂經解》刊刻年份

學者關於《通志堂經解》刊刻年份問題的考察，主要是對於《經解》始刻年份和完成年份的辨析。

對於《經解》始刻的年份，學界是取得了基本的共識的。納蘭成德的《經解總序》署時康熙十二年，徐乾學所撰《經解序》也有“經始於康熙癸丑（十二年）”的語句。因此，《經解》的刊刻工作始於康熙十二年，應無疑問，本文所考察的研究論文、專著也均認可這一事實。

對於《經解》刊刻年份進行辨析的學者們，多將致力點放在對於《經解》刊刻完成年份的考索上。這一問題的産生，源自於對《經解》刊刻完成相關記載上的矛盾：徐乾學的《經解序》中寫道“踰二年訖工”，根據《通志堂經解》刊刻工作始於康熙十二年的記載來推算，訖工年份應為康熙十四年；然而，署名成德的經解諸序，署時為丙申（康熙十五年）或丁巳（康熙十六年）；並且，徐乾學《經解序》篇尾的署時——康熙十九年——多被認定為《經解》刊刻完工的時間②，而這一結論，也受到了部分學者的質疑。

趙秀亭在《納蘭性德著作考》中，通過分析幾位學者關於《通志堂經解》的刊成時間在納蘭成德去世之後的記載，得出了《經解》的竣工至早在康熙二十五年這一結論。

---

① 針對《經解》中所收諸書版本源流的討論，作者另有專文：《〈通志堂經解〉底本考論》，《文獻季刊》2011 年第 3 期。文中將《經解》中諸書能够考出明確底本者 76 部彙成表格，列出諸書底本及考察依據，據此呈現《經解》刊刻的水平和價值。

② 如《中國叢書綜録》。

黄志祥《通志堂經解輯刻者述辨》一文，附以《通志堂經解刊刻年代述辨》，分述並辨正《經解》刊刻年代三説：始於康熙十二年，成於康熙十四年；始於康熙十五年；始於康熙十二年，成於康熙十九年。同時提出，懷疑徐乾學所作《經解序》中所言“踰二年訖工”之“二”字可能為“七”字之誤，若此懷疑成立，則《經解》始刻於康熙十二年，終刻於康熙十九年的説法得以成立。

林慶彰也認為，《經解》於八年（康熙十二年至康熙十九年）内刊刻完成較為合理。

王愛亭在博士論文中，反駁了“二”為“七”字之訛的説法，並且根據相關序跋、書目、傳記、詩文集等資料，對《通志堂經解》的具體刊刻過程獲得了新的發現，對於長期以來普遍認為的康熙十九年刻成這一説法提出了商榷：“《通志堂經解》於康熙十二年開始刊刻，在康熙十五年已有少量印本，至康熙十九年《經解》的主體部分刻完。但直至康熙二十四年以後，仍還有少量經解付刻，並且還有較多的經解正在校勘、修版。在這個過程中校訂好的經解同時在印刷。在康熙二十九年至三十一之間，《經解》全部校訂完畢，並有整套的《經解》印出。”①

在以上論述中，王愛亭的考察廣泛分析了大量的記載，謹慎有據地提出了自己的見解，並對他家説法進行反駁。可以説，王愛亭進行論述和得出結論的過程都是比較令人信服的。

（三）《通志堂經解》的版本

王愛亭在他的碩士論文中，認為《通志堂經解》有兩個刻本：其一為康熙十九年通志堂刻本，此版於乾隆五十年奉御旨補刊，稱為御定補刊本；其二為同治十二年粤東書局重刻本。值得關注的是，在博士論文中，作者根據考察《經解》刊刻年份所得出新結論進一步提出，由於《經解》在康熙十九年之後仍有刊刻，那麽“著録其為康熙十九年刻本有不妥，以作康熙間刻本為宜”②，於文中稱其為“《通志堂經解》初刻本”，隨後考察了初刻本的版式特徵、流佈情況以及書版的流傳。並且，此文中，作者將補刊本單獨列為一種版本，稱《通志堂經解》的版本有三：初刻本、乾隆五十年御定補刊本、同治十二年粤東書局翻刻本。

陳惠美的專著在第五章《〈通志堂經解〉之刊刻與流傳》中，論及《通志堂經解》於康熙十二年始刻，在兩年期間完成初步之規模，後移至納蘭成德名下，書籍的選取收録又有了進一步的調整。康熙十九年初刻行世，後有乾隆五十年清高宗御定補刊本和同治十二

---

① 王愛亭：《崑山徐氏所刻〈通志堂經解〉版本學研究》，第74頁。關於此問題，作者另有專文發表：《〈通志堂經解〉刊刻過程考》，《圖書館雜志》2011年第1期。

② 王愛亭：《崑山徐氏所刻〈通志堂經解〉版本學研究》，第74頁。

年粤東書局據菊坡精舍藏版重刊本。作者比對了三種刊本在版刻版式（版式、字體、卷首）、校勘内容等方面的異同，並分別考察了三種刊本的流傳情況。值得注意的是，作者以表格的形式，展示了《通志堂經解》各刊本在臺灣和亞洲其他地區的現藏情況[①]，為我們考察《經解》的流傳情況、收藏情況、查找資料提供了很大的便利。

《通志堂經解》於乾隆五十年補刊，本是乾隆皇帝“命館臣將版片之漫漶斷闕者補刊齊全，訂正譌謬，以臻完善，嘉惠儒林”[②]。察此版本，並未對康熙年版本的内容進行實際上的補正。然而，經過重印之後，叢書的裝幀形式發生了改變，且卷首列有乾隆五十年清高宗上諭。故宜將此視作《經解》三種版本之一。關於各版本的流傳情況，上述兩位學者都做了相當程度的考察，而陳惠美所做的工作更為詳密，書中所附《〈通志堂經解〉臺灣地區收藏概況一覽表》和《〈通志堂經解〉亞洲地區收藏概況一覽表》清晰細緻地呈現了不同版本的輯刻者、册數、收藏處，為學者從事相關的後續研究提供了資料幫助。

三、對《通志堂經解》的相關評價

對《通志堂經解》這一清初大型經部叢書擇一角度進行評價，也是致力於《經解》研究的學者們重點關注的問題。能够選擇一個值得關注的、有探討價值的角度，對《通志堂經解》的相關方面做出一個較為全面且公允的評價，是需要建立在學者對於《經解》刊刻所涉及的相關問題的足够瞭解以及對於學術史脈絡的宏觀把握基礎之上的。學者對於《通志堂經解》所做出的相關評價，直接體現着其學術品味和學術眼光，因此，從事《經解》研究的學者們對於這一點也是十分審慎的。在本文所考察的研究成果中，所涉及的相關評價可以略分為兩個大的方面：一是通過對於經解諸序的逐一研讀，評價諸序中所包含的思想傾嚮和學術品味。其中，有部分學者將諸序中所體現的思想、學術傾嚮歸之於納蘭成德；二是從書籍選取、校勘質量、文獻保存等方面，對《通志堂經解》本身的質量進行評價，並從文獻保存和經學發展的角度分析《通志堂經解》的貢獻。

（一）關於經解諸序中體現的思想傾嚮

《通志堂經解》卷首刊有署名納蘭成德的《經解總序》和署名徐乾學的《經解序》。

---

① 陳惠美：《徐乾學及其藏書刻書》，第179頁。

② 《清實録》卷一千二百二十五，乾隆五十年二月二十九日高宗皇帝御旨。

《經解》所收的一百四十部書中，六十四部書前有署名納蘭成德的序文。對於上述序進行逐一研讀，將其中所體現出的思想傾嚮和學術態度進行認識並歸納，是對《通志堂經解》進行評價所必不可少的一個環節。

高岸從敢於突破舊説的開拓思想和重視作者的崇高品質兩個方面，對納蘭成德的編輯思想給予了高度的評價。他評價納蘭成德思想的開拓性時説："這表現了納蘭成德思想的開拓性，敢於突破經學家門户之見，而超塵拔俗，不落舊套。這種精神，開以後漢學家批判古文經的先河，推進了一代學術思潮。其意義實為深遠。"① 關於納蘭成德對於作者崇高品質的推崇，作者評價道："書以人傳，由於作者的崇高思想，發為文辭，往往足以訓世勵俗。這種思想，就是通經致用的思想。後來颜、李學派特别强調躬行實踐，就是這種精神的發揚光大。"②

姚崇實《通志堂經解序簡論》一文，從經解諸序中分析納蘭成德的思想和思考，得出如下結論：納蘭成德重視理學，從改善滿漢關係、穩固清政府統治的時代需求大背景下來看，成德推崇理學具有很大的進步性；在哲學、政治、倫理方面，他注重事物的陰陽消長之理，主張統治者應該以賢能而非出身來任用人才，讚揚忠義節烈的民族氣節；學術思想方面，納蘭性德具有辯證的精神，注重讀者的道德修養，重視學術源流和師承。

劉德鴻《滿漢學者通力合作的成果——通志堂經解述論》一文，關於經解諸序所體現的成德之思想傾嚮，歸納為闡揚程朱理學、以經學濟理學之不逮、表彰忠節三點。

雖然對於經解諸序作者的認定目前還處於存疑的狀態，但是，對於諸序内容的解讀、對於序中所直抒或暗示出來的思想傾嚮進行分析，歸納作者在序文中所體現出的學術思想，無疑是一項有意義的工作。並且，在對諸序内容進行解讀的同時，能否聯繫到明清易代的時代大背景，對序文中所體現出的思想和情感傾嚮進行情境回歸式的理解；能否從學術史發展的角度，對序文中所包含的學術態度給予恰當的評價；同時，以《通志堂經解》所載諸序中體現出的思想傾嚮作為典型範例，進一步明確清初學術在整個學術史發展過程中的走嚮和地位，也是對於學者學術眼光和思維的艱巨考驗。

（二）關於《通志堂經解》及其貢獻

學者對於《通志堂經解》及其貢獻進行評價，通常集中在兩個比較大的方面：從文獻保存的角度評價《經解》的貢獻；從經學和清代學術發展的角度評價《經解》的地位。具體來説，《通志堂經解》對於保存唐代以來的經學文獻，尤其是宋、元两代儒者的經學著作

① 高岸：《納蘭成德與〈通志堂經解〉》，《成德師專學報》（社會科學版）1989 年第 4 期。
② 同上。

來説，具有不可磨滅的功勞，許多孤本、稀見本通過《通志堂經解》的刊刻得以保存下來；同時，許多善本書籍通過《通志堂經解》的刊刻，得以被更多的人品鑒和誦讀，避免了藏書於一樓的局限和遺憾，可以説是一件嘉惠學林的美事；《通志堂經解》在收録經説的同時，對書籍的版本進行了慎重的選汰，並進行了大量的輯佚、校勘工作，很多在流傳日久的過程中不幸殘缺或内容竄亂的經説，由此得以重焕新顔。可以説，它是清初的一項宏大的古籍整理工程。此後，“通志堂本”成了古籍整理、收藏界中被重點收録的一個版本類型。從學術的角度上來説，《通志堂經解》所收入的經説多為朱子學派，被部分學者認為是偏於門户之見的表現。然而，也正因為《通志堂經解》所具有的這個特點，為我們提供了一個研究朱子學派經説的宏大資料庫。更值得注意的是，《通志堂經解》對朱子學派經説的集中收録，體現了清初這一時期學人的治學眼光和學術品味，是非常值得我們將它放在整個學術史發展的脈絡中去整體考察的。

黄忠慎《通志堂經解所收元儒書學要籍評介》一文，對《經解》中所收元儒書學著作十種分别就其作者、卷數、内容、自序等方面進行介紹，並對諸書内容有所褒貶。

高岸肯定了《經解》對於古籍整理、保存的重大貢獻，並且指出，清初正是經學發展的過渡時期，《經解》所收著作反映了經學發展的軌迹方嚮，成為學術史研究中一個標志性的關注點。

林慶彰從文獻保存和經學發展兩個角度來論述《經解》的貢獻。《經解》搶救了宋、元時代的經説，“也成了大家要利用宋、元經學文獻時，必須參考、取資的大叢書”①。經解諸序具有辯證學術、考鏡源流的作用，這一體例也被《四庫全書》等叢書所繼承。此後，《詒經堂續經解》《經苑》兩項宋元經解叢書的編纂工作也明顯是受到《通志堂經解》影響之下的繼續。

陳惠美專著的第六章闡述了對《通志堂經解》的評價及其影響，其刻書有保存文獻之功，但其部分底本選擇不精，校勘上存在粗糙和擅改的弊病，影響了《經解》整體的品質。儘管如此，《經解》仍不失為叢書輯刻中的先導和典範。更為重要的是，《通志堂經解》的刊刻對清代叢書刊刻具有先導和示範作用，“後來清代刊刻叢書之漸於精且傳，《通志堂經解》的前導之功不可没”②。此後，方苞用了二十餘年的時間，致力於删改《通志堂經解》，可惜今不得而見。為補《通志堂經解》之不足，張金吾和錢儀吉先後刊刻《詒經堂經解》和《經苑》。“通志堂本”形成之後，乾隆時期所纂修的《四庫全書薈要》經部中有部分便以之為謄録的依據，《四庫全書》所收書中也有數種以之為底本。其他叢書的刊刻也多有以

---

① 林慶彰：《〈通志堂經解〉之編纂及其學術價值》，載《清代經學研究論集》，臺北：“中央”研究院中國文哲研究所，2002年8月。

② 陳惠美：《徐乾學及其藏書刻書》，第179頁。

“通志堂本”為底本者。有清一代，也多有學者選用“通志堂本”作為校讎之底本。

陳惠美對於《經解》本身質量的評價直抒褒貶，是一種非常客觀的學術態度。並且，評價《通志堂經解》的貢獻之時，眼光不局限於一時、一書之功，能够從整個清代學術發展的大脈絡、大環境中，去看待和評價《通志堂經解》對後世學術的影響，是很值得我們去認真學習和藉鑒的。高、林二位學者從文獻學和經學史兩個角度評價《經解》的貢獻，同樣也是十分精到的。

四、對今後研究的幾點設想

以上三個方面為目前從事《通志堂經解》相關研究的主要關注點和着力點。從某一個角度出發，致力於攻克關於《經解》某一方面的專題性問題，目前來看，已經取得了頗為豐碩的成果。然而，關於《通志堂經解》的研究，目前尚缺乏較為宏觀的比較性研究，關於這一方面，本文試提出幾點研究設想，以供諸位老師批評：

第一，我國叢書的編纂，開始於宋代，繁盛於明清。編纂叢書是我國學術史上的一個值得注目的現象和特色，也是自宋代直至今天貫穿我國學術史的一項優秀的傳統。《通志堂經解》是清初的一部大型經部叢書，對於《經解》刊刻的動因、刊刻的過程、價值的探討等問題，時人留下了很多珍貴的記載，後人的相關討論也不在少數。那麽，為什麽徐乾學、納蘭成德等人要以叢書的形式來保存文獻？刊刻叢書的組織工作過程是怎樣的？與同時期其他形式的經學文獻相比，《通志堂經解》這套叢書具有怎樣獨特的價值和特色？在從文獻保存和經學發展兩方面對《經解》進行評價之餘，可否從我國的叢書編纂史抑或經部叢書編纂史的脈絡中，對《經解》的特點、價值和地位做出探討？相比於其他部類的叢書而言，經部叢書具有怎樣的編纂特色？而這些特色在《通志堂經解》中又是如何體現的？這些問題都是有一定思考和研究的價值的。

第二，《通志堂經解》中所收一百四十種書的底本有相當部分來源於明清時期著名的藏書樓，如傳是樓、培林堂、曝書亭等。如果將這些藏書樓中所藏全部經解類書籍與《通志堂經解》中所收經解做出比較，可以從中看出《經解》擇書的標準和眼光，從中也反射出清初文人對於衆多經解的選取態度。除版本的珍稀情況之外，經説本身的學術價值、受認可程度也是刊刻《通志堂經解》時進行書籍選取的所要考慮的重要因素。與此同時，前代經説的流傳情況、版本情況以及收藏狀況也一定程度上反映了它的學術價值。並且，清初文人對於經解類書籍的評判和選取，與當時的學術大背景、政治大背景有着怎樣的關係，這些也是值得從多個角度討論的問題。

第三，對於《通志堂經解》這樣一部大型經部叢書，從刊行至今，在海外的收藏情況是怎樣的？陳惠美所作的《〈通志堂經解〉臺灣地區收藏概況一覽表》和《〈通志堂經解〉亞洲地區收藏概況一覽表》為我們展現了《經解》在亞洲地區圖書館和文庫的收藏情況。那麽，在亞洲之外的其他地區，《經解》的收藏和流傳情況如何？《經解》的私人收藏目前可考情況如何？海外的藏書機構及私人收藏家是如何認識《通志堂經解》這部叢書的地位和價值的呢？將海外對於《經解》的收藏情況和相關評價與國內進行對比，可以看出海外漢學相關領域的發展和研究特色，同時也會幫助我們對於這部叢書做出更加客觀和全面的認識。

作者單位：四川大學古籍整理研究所

戴震的經學思想及其方法論述評

孫以昭

經學思想及其方法論問題，是中國經學史和中國邏輯學史研究的重大課題之一。如果能從整個歷史過程中對歷代經學家的思想及其治經方法作系統的考察和科學的分析，是會大大有助於中國經學史的探究的。我認為戴震的經學思想及其治學方法頗有特色和代表性，他在清代中期當統治者重新將程朱理學抬出來奉為官方哲學時，敢於衝破禁錮，主張從文字訓詁入手來研究經學，指出經學研究的目的在於“明道”，對“輕憑胸臆”“鑿空”的宋學進行猛烈的抨擊，揭示出“以理殺人”的實質，這在當時不啻是石破天驚之論，也深深影響和引導了一大批學者，從而形成一個重要的經學派别——皖南學派。這裏試對戴震在繼承與發展經學思想及其方法論方面的成就與貢獻作出評述。

一

首先，他特别强調治經的宗旨和目的在於“明道”，這是戴震經學思想中最重要的核心内容，在論述上往往把思想、目的和入手方法結合起來論述，顯得極為顯豁、明白。他在《沈學子文集序》中説：“以今之去古既遠，聖人之道在六經也。當其時，不過據乎共聞習知，以闡幽而表微。然其名義制度，自千百世下，遥溯之至於莫之能通。是以凡學始乎離詞，中乎辨言，終乎聞道。離詞，則捨小學故訓無所藉；辨言，則捨其立身之體而無從相接以心。”在《古經解鈎沉序》中更明確指出：“經之至者道也；所以明道者，其詞也；所以成詞者，未有能外小學文字者也。由父字以通乎語言，由語言以通乎古聖賢之心志，譬之適堂壇之必循其階，而不可以躐等。”他主張“先考字義，次通文理”①，“治經宜自《爾雅》始”②，因為《爾雅》乃“六經之通釋也”③，並且又是講故訓最早的一部書。他很重視音韻學，因為“六經字多假借，音聲失而假借之義何以得？故訓音聲，相為表裏；故訓明，六經乃可明”④。由此，戴氏提出了一個治經的著名公式：“由字以通其詞，由詞以通其道。”⑤ 戴氏幼時讀書，即有此義，且身體力行。洪榜《戴先生行狀》載：“先生讀書，每一字必求其義，塾師略舉傳注訓解之，先生意每不釋然。師不勝其煩，因取許叔重《説文解字》十五卷授之。先生大好其書，學之三年，盡得其節目。又取《爾雅》《方言》及漢儒箋注之存於今者，搜求考完。一字之義，必貫群經、本六書以為定詁。”

值得注意的是，戴氏治經，雖很重視文字、訓詁和音韻的作用，但他又絶不止於此，一切均以考求理義為目的，深知小學這三個部門對於治經來説衹是方法與手段，它們都是為“明道”服務的。余廷燦《存吾文稿卷四・戴東原先生事略》講得很清楚：“（先生）有一字不準六書，一字解不通貫群經，即無稽者不信，不信者必反覆參證而後即安。以故胸中所得，皆破傳注重圍，不為歧旁駢枝所惑，而重稟古經，以求歸至是，符契真源，使見者聞者，灑然回視易聽。”

第二，從“學以明道”的觀點出發，又提出了“道本藝末”説。他在《與方希原書》中指出：“古今學問之途，其大致有三：或事於理義，或事於制數，或事於文章。事於文章者，等而末者也。然自子長、孟堅、退之、子厚諸君子之為之，曰：‘是道也，非藝也。’以云道，道固有存焉者矣，如諸君子之文，亦惡睹其非藝歟？然後曰是道也，非藝也。循本末之説，有一末，必有一本。譬諸草木，彼其所見之本，與其末同一株，而根枝殊爾。根固者枝茂……諸君子事其根，朝露不足以榮瘁之，彼又有所得而榮，所得而瘁者矣。……故文章有至有未至。至者，得於聖人之道則榮；未至者，不得於聖人之道則瘁。以聖人之道被乎文，猶造化之終始萬物也。非曲盡物情，遊心物之先，不易解此。然則如諸君子之父，惡睹其非藝歟？諸君子之為道也，譬猶仵觀泰山，知群山之卑；臨視北海，知衆流之小。……足下好道，而肆力古文，必將求其本。求其本，更有所謂大本。大本既得矣，然後曰是道也，非藝也。則彼諸君子之為道，固待斯道而榮瘁也者。”戴氏的這段話説得很透徹明白，它包含了以下幾層意思：一是指出了做學問的三種途徑，即理義、制數、文章，其中文章是等而末之的；二是提出了“道本藝末”的主張；三是説明好文章都融注了聖人之“道”，未明“道”者則不是好父章；四是指出治學必須求本捨末，這也就是學以“明

① 《戴震全書》第六册，《東原文集》卷九《與某書》，黄山書社，1997年。以下均衹列篇名。

② 《爾雅文字考序》。

③ 《爾雅注疏箋補序》。

④ 《六書音均表序》。

⑤ 《與是仲明論學書》。

道”論之所以出。

第三，尊漢學，抑宋學。他說：“言者輒曰：有漢儒經學，有宋儒經學，一主於故訓，一主於理義。此誠震之大不解者也。夫所謂理義，苟可以捨經而輕憑胸臆，將人人鑿空得之，奚有於經學之云乎哉？”① 他認為，衹有懂得文字故訓，纔能理解古經而求得古聖賢的“理義”“心志”，它決不能捨經而得。在故訓與義理的問題上，故訓是為義理服務的，“故訓非以明理義而故訓胡為？理義不存乎典章制度，勢必流於異學曲說而不自知”②。他沉痛地斥責宋學，“後儒語言文字未知，而輕憑臆解以誣聖亂經，吾懼焉”③。他極為敬仰東漢經學家鄭玄，在《鄭學齋記》中說：“今之知學者，説經能駸駸進於漢，進於鄭康成氏，海內蓋數人為先倡……後儒淺陋，不足知其貫穿群經以立言，又苦義疏繁蕪，於是競相鑿空……是故由六書、九數、制度、名物，能通乎其詞，然後與心相遇。”他對宋學進行了嚴厲的批評：“宋以來，儒者以己之見硬坐為古聖賢立言之意，而語言文字實未之知”，“宋人則恃胸臆為斷，故其襲取者多謬，而不謬在其所棄”④。另外，有時戴氏亦强調《禮》的重要，“為學須先讀《禮》，讀《禮》要知得聖人禮意”（《東原年譜訂補・附言談輯要》）。需要指出的是，戴氏雖然尊漢抑宋，但對漢學也非全盤接受，而是有所棄取，他也看到了“漢儒故訓有師承，亦有時傅會”的缺失，並能從思想與方法上不斷完善自己的治學實踐，可稱難能可貴。

第四，主張“志存聞道，必空所依傍”⑤，要“不以人蔽己，不以己自蔽”⑥。這既是戴氏的經學思想，也是他的治經方法。他主張打破一切傳統的説法和偏見，意即要“明道”，就不要被一切傳統的舊説所束縛。戴氏雖然尊漢，但對漢儒治經之法並不是全盤接受，而是有所棄取。他不贊成漢儒之訓詁有時亦有傅會，更是極為反對宋人“恃胸臆為斷”，“語言文字實未之知，其於天下之事也，以己所謂理强斷行之，而事情原委隱曲實未誠得，是以大道失而行事乖”⑦。因而勸勉學者一定要“空所依榜”，“平心體會經文”⑧，這是説的破“人蔽”方面。他又是如何去破“己蔽”的呢？他在《與姚孝廉姬傳書》中有詳細的論述。他説：“凡僕所以尋求於遺經，懼聖人之緒言闇没於世也。然尋求獲，有十分之見。”何謂十分之見？就是“必徵之古而靡不條貫，合諸道而不留餘議，鉅細畢究，本末兼察”。又何謂“未至十分之見”呢？其一，“依於傳聞以擬其是，擇於衆説以裁其優，出於空言

① 《題惠定宇先生授經圖》。
② 同上。
③ 《六書音均表序》。
④ 《戴震全書》。
⑤ 同上。
⑥ 《答鄭丈用牧書》。
⑦ 《戴震全書》。
⑧ 同上。

以定其論，據於孤證以信其通"；其二，"雖溯流可以知源，不同睹淵泉所導，循根可以達杪，不手被枝肄所歧"。就是説對客觀事物還没有深入的瞭解，還未曾達到仔細分析的程度，還缺乏充足的材料不可信為定論，否則就會失去"不知為不知之意，而徒增一惑，以滋識者之辨之也"。然後，纔能清楚地看到什麼是"十分之見"，什麼是"未至十分之見"。如此，就會"如繩繩木，昔以為直者，其曲於是可見也；如水準地，若以為平者，其坳於是可見也"，然後再"傳其信，不傳其疑，疑則闕"，於是就可消除一切成見，而達到"求真"的地步。戴氏還進而主張，信古與疑古，二者不可執於一偏，而應有所折衷。"信古而愚"固然錯誤，"輕疑前古"也是不對的①。

戴氏還能進而認識到治學的大患在於"私"和"蔽"（《沈處士戴笠圖題咏序》），"私生於欲之失，而蔽生於知之失"（洪榜《戴先生行狀》）。怎樣解"蔽"，上文已有論述，下面再談談去"私"的問題。戴氏認為，"私"除了産生於對"欲"的錯誤理解，就是學者"自失其心"（《鄭學齋記》）。他還進一步認為，"世之欣於禄位，從乎鄙心生者，不必掛語。若所謂事業顯當世，及文學藝術垂千古，慕而企之，從乎私己之心生者"則不可。而去"私"，就要明白心，"全天德，制百行"的道理，因為"不見天地之心者，不得己之心；不見聖人之心者，不得天地之心；不求諸古賢聖之言與事，則無從操其心於千載下"，所以"由六書、九數、制度、名物，能通乎其詞，然後以心相遇"②。他又在《孟子字義疏證》卷上中進而指出："凡人行一事，有當於理義，其心氣必暢然自得；悖乎理義，心氣必沮喪自失，以此見心之於理義，一同氣血之於嗜慾，皆性使然耳。"這就説明人之行事如符合古聖賢之"理義"，就會心氣暢通而無"私"，反之，則失於"私"。然而，"欲，其物；理，其則也。孟子言'養心英善於寡欲'，明乎欲不可無也，寡之而已"。因此，"欲"和"理"不是水火不相容的，其中有辯證統一的關係，"欲"是物的存在，而"理"則是"欲"的準則。他又進而指出："夫事至而應者，心也；心有所蔽，則於事情未之能得，又安能理乎？"因而去"私"的關鍵在於能否正確理解"理"和"欲"之間的辯證關係。

戴氏認為："凡出於欲，無非以生以養之事，欲之失為私，不為蔽。自以為得理，而所執之實繆，乃蔽而不明。天下古今之人，其大患，私與蔽二端而已。"所以，衹有完全消除了"私"和"蔽"，纔能在治學中不株守舊聞，"平心體會經文"，真正做到"空所依傍"。這就不僅是戴氏經學思想中一個重要力面，也應是他哲學思想中的一項重要內容。

第五，治經要進行綜合研究，即不但要具備文字訓詁、名物制度等方面的深切知識，就是對天文、地理、曆法、測算等等也要有相當的研究。他指出："至若經之難明，尚有若干事：誦《堯典》數行至'乃命羲和'，不知恒星七政所以運行，則掩卷不能卒業。誦

① 《與王內翰鳳喈書》。

② 《鄭學齋記》。

《周南》《召南》，自《關雎》而往，不知古音，徒强以協韵，則齟齬失讀。誦《古禮經》，先《士冠禮》，不知古者宫室、衣服等事，則迷於其方，莫辨其用。不知古今地名沿革，則《禹貢》職方失其處所。不知少廣、旁要，則《考工》之器不能因文而推其制。不知鳥獸蟲魚草木之狀類名號，則比興之意乖。……"[①] 戴氏自身就是一位知識淵博的大學者，於學無所不窺。他不但精於故訓，邃於哲理，而且還從事過自然科學的研究，有很深的造詣，撰有《續天文略》《水地記》《厚象》《記夏小正星象》《勾股割圜記》《考工記圖》等多種著作。洪榜在《戴先生行狀》中説："先生日夜孳孳，蒐集比勘，凡天文、曆算、推步之法，測望之方，宫室衣服之制，鳥獸、蟲魚、草木之名狀，音和、聲限古今之殊，山川、疆域、州鎮、郡縣相沿改革之由，少廣、旁要之率，鐘實、管律之術，靡不悉心討索，知不可雷同勦説，瞻涉皮傅。因悟聖人之道，如繩之縣，如臬之樹，苟差之毫厘，則謬以千里。其學彌博而探旨彌約，其資愈敏而持力愈堅，年二十餘而五經立矣。"

由此可見，戴氏之學實是博大精深，他能够進行跨學科、多學科的綜合研究，而且取得了極高的學術成就。雖然戴氏主張"學貴精，不貴博"[②]，"貴其化，不貴其不化"[③]，但實際上戴氏的學嚮已經達到博大精深的程度與境界。他還進而指出，治經必須經過三個階段，即"三難"。他説："僕聞事於經學，蓋有三難：淹博難，識斷難，精審難。僕誠不足與於其間，其私自持，暨為書之大概，端在乎是。前人之博聞强識，如鄭漁仲、楊用修諸君子著書滿家，淹博有之，精審未也。"[④] 用今天的話説，"淹博"，就是博覽群書，廣泛地佔有資料；"識斷"，則是分析與判斷資料的能力。具備了這兩個條件，纔能臻達"精審"的境界。這説明戴氏在某種程度上對於觀點、理論的重要性，還是有一定認識的。因此，他批評宋代的鄭樵和明代的楊慎，認為他們僅僅做到"淹博"，還遠未達"精審"的地步。由此可見，戴氏治經之主張綜合研究以及"貴精""貴化"之旨和"三難"之説，既是他的經學思想，又是他的經學方法論。思想與方法，本來關係密切，互為因果；思想決定方法，方法得體，從而又使思想益加彰顯，兩者相輔相成，相得益彰。

以上所論，是戴震經學思想及其方法論的主要内容。戴氏治學既廣且深，每立一説必參驗互稽，曲證旁通，無徵不信，見解多精當，常發前人所未發。錢大昕稱贊他"實事求是，不偏主一家"[⑤]，劉師培謂其"好學深思""厚積薄發"[⑥]，章太炎説他"分析條理，皆

① 《與是仲明論學書》。
② 段玉裁撰楊應芹訂補《東原年譜訂補・附言談輯要》之先生言。
③ 《緒言卷下》。
④ 《與是仲明論學書》。
⑤ 《潛揅堂集・戴東原傳》。
⑥ 《左盦外集・戴震傳》。

今密嚴瑮，上溯古義，而斷以己之律令”[①]。梁任公說：“先生之學，體大思精，《原善》、《孟子字義疏證》兩書，語極簡而義極豐，殆於一字一金。”[②]“吾謂東原即此二書，自足千古，餘皆荃蹄耳，不著不足為輕重。”[③] 他並且指出，《孟子學義疏證》一書，“蓋軼出考證學範圍以外，欲建一戴氏哲學矣”[④]。值得指出的是，任公先生在《戴東原生日二百年紀念會緣起》一文中還把戴學與歐洲近代思潮作比較研究，肯定戴學具有近代科學精神，認為“東原在學術史上所以很佔特別重要位置者，專在研究法之發明，他所主張‘去弊’‘求是’兩大主義，和近世科學精神一致……東原可以說是我們‘科學界的先驅者’”。

這些評論並非過譽之辭。戴震一生始終遵循他自己的經學思想及其方法論，身體力行，恪守不渝。他早年從事文字訓詁之學，所著之書亦以小學為先，撰有《六書論》《轉語》《爾雅文字考》等著作。繼之又潛心典章制度和天文、地理、律法、測算的研究。晚歲，戴氏在根究故訓、熟精典章制度和自然科學的基礎上又進而撰述“明道”之作，探究哲理。《原善》和《孟子字義疏證》就是他的精心傑作，特別是後者，通過對《孟子》字義的詮釋與探究，尖銳地抨擊了“以理殺人”的宋學。他指出，所謂“理”是存在於“欲”當中的，因為“理也者，情之不爽失也，未有情不得而理得者也”[⑤]。他進而主張“苟捨情求理，其所謂理無非意見也，未有任其意見，而不禍斯民者”[⑥]。戴震於是主張理欲一元論，認為合乎人欲就是天理，以反對宋學的理欲二元論，從而建立了自己的哲學思想體系，在清代學術中起了很大的啓蒙作用。由此亦可見，戴氏治學實是由小學而經學，最終纔進而探究哲理。他的經學思想及其方法論可以從他自身的治學實踐中得到最實際的驗證。

二

戴震的經學思想及其方法論，如果追溯學術淵源，主要出於東漢的古文經學，而又益以清初顧炎武、閻若璩治學方法的滋育。

東漢古文經學家的經學思想是以孔子為史學家，以六經為孔子所整理的史料，所以，他們的治經方法是專研於經籍中的名物訓詁，究聲音文字之原，孜孜於文字章句的詮釋，其特色為考證。至清初顧炎武，為了反抗清朝壓迫，反對八股和宋學，主張根據經書和歷

① 《檢論·清儒》。
② 梁啓超：《戴東原先生傳》，收入《戴震全書》第7卷。
③ 梁啓超：《戴東原著述纂校書目考》，收入《戴震全書》第7卷。
④ 梁啓超：《清代學術概論》，1954年10月，第28頁。
⑤ 《孟子字義疏證卷上》。
⑥ 同上。

史立論，以達到“明道救世”的目的，因而主張恢復東漢古文經學，大聲疾呼“捨經學無理學”之説。至於顧氏治經的力法則是從文字、音韻開始，所謂“讀九經自考文始，考文自知音始”①。他主張：“君子之為學也，以明道也，以救世也。徒以詩文而已，所謂雕蟲篆刻，亦何益者。”“某自五十以後，篤志經史，其於音學，深有所得，今為《五書》，以續三百篇以來久絶之傳。而别著《日知録》，上篇經術，中篇治道，下篇博聞，共三十餘卷。有王者起，將以見諸行事，以躋斯世於治古之隆，而未敢為今人道也。”② 十分清楚，顧氏治學的目的，首先是為了“明道救世”，主張“經世致用”“用古籌今”。因此，“凡文不失六經之旨當世之務者”“一切不為”③。其次，他很重視音韻學，主張讀經從文字開始，而文字則需從音韻入手。顧氏的後學閻若璩也有類似的意見，認為如果“昧於聲音訓詁，則不識古人之語言文字，而無以得聖人之真意”④。另外，戴震經學及其方法論的形成也受到黄宗羲、王夫之的間接影響，他們强調治學應經世致用，藉經書和歷史立論，從而達到“明道救世”的目的。

基於上述，可知東漢古文經學源於經藉重名物訓詁的特點，實為戴震的經學思想及其方法論所自出，而顧、閻二氏和黄、王二家的治學方法和思想也給予他以較大的影響，及至戴震又予以理論化、系統化，從而建立了自己一整套完整的經學思想及其方法論，並且已經進入到“明道”的哲學研究領域。

三

戴震為什麽要提出這種由文字訓詁入手的經學思想與方法論，其中的“明道”理論又是為什麽緣由而發呢？這是我們今天應該予以正確評價的問題。我認為這與戴氏所處的時代、地域以及他個人的生活經歷有着密切的關係。

戴震生於漢學盛行、宋學（理學）仍被統治者奉為學術正宗的時代（1723—1777，清雍正元年至乾隆四十二年）。所謂漢學是講究訓詁考據的經學流派，導源於明末清初的顧炎武，也間接受黄宗羲、王夫之等人的影響，治學的宗旨在於經世致用，藉經書和歷史立論，以達到“明道救世”的目的。隨着清廷統治的逐步穩固，對學術思想的控制也漸趨嚴苛，文字之獄大興，使得許多研究社會政治歷史的學者都獲罪遭禍。康熙初年有“莊氏史”案，

① 《顧亭林文集·與李子德書》。

② 《顧亭林文集·與人書二十五》。

③ 《顧亭林文集·與人書三》。

④ 臧琳：《經義雜記序》。

後又有《南山集》案，初雍、乾間尤夥，如查嗣庭、吕留良、胡中藻、王錫侯、徐述夔等案，不可勝數①。學者、臣僚動輒獲咎。因此，康、雍以後，學術研究便逐漸脱離經世致用的政治實踐，學者群趨於與文網無關的古籍整理和語言文字、典章制度的研究，拘拘於古文經學的訓詁方法，加以條理發揮，形成了盛極一時的所謂“樸學”，這些學者後來被統稱為“乾嘉學派”。而空談義理的宋學，由於最早統治者的利用，在官僚士大夫中仍然佔有優勢。“多忌，故歌詩文史楛；愚民，故經世先王之志衰。家有智慧，大湊於説經，亦以紓死，其術近工眇踔善矣。”章太炎在《檢論·清儒》中的這一段話，點明了當時學術演變的原因。“多忌”與“愚民”，説明了當時政治空氣的嚴酷；“大湊於説經，亦以紓死”，則正反映了乾嘉學者被迫“規規矩矩局限於古字古句”②的真實情景。

然而，在這段時期裏，戴震是一個例外，他不但是個經學家、考據學家，而且是一個思想家、哲學家。戴氏的卓異之處在於：他强調文字訓詁，目的並不限於故訓；他研究經學，宗旨也不在於經學本身。他明確地説：“僕生平著述之大，以《孟子字義疏證》為第一。”又説：“六書九數等事，如轎夫然，所以舁轎中人也。以六書九數盡我，是誤認轎夫為轎人也。”③ 凌廷堪在《校禮堂集·東原先生事略狀》中也説：“先生之學，無所不通，而其所以至道者，則有三：曰小學，曰測算，曰典章制度。”可見，戴氏把故訓、經學僅僅視作一種手段，而“明道”纔是他的真正目的。祇是因為清朝統治者的壓迫，文網的嚴密，他不能明顯地提出自己的主張，而祇能以訓詁學作為掩護。他是用訓詁學的形式，通過研究經學，探求六經本義，以建立自己的哲學，以痛斥當時佔統治地位的宋學，遂使他的哲學思想披上了一層“經言”的外衣。

戴震為什麽在清代漢學家中有如此深邃的思想和傑出的成就呢？除了時代因素以外，他的家世、學養、學術生涯、所處的地域及其生活經歷有很大的關係。據段玉裁《東原年譜》及諸家年譜記載，戴震先世雖很顯貴，但至其父祖時代已衰微。戴氏一生中大都為人家教課子弟，有時甚至窮得家無隔宿糧，但他一生又頗有非凡與奇特之處。戴氏年十歲始能説話，而就師讀書後，不僅過目成誦，日數千言不肯休，而且自幼即好尋根問底，獨立思考。塾師授《大學章句》，至“右經一章”以下，問塾師：“此何以知為孔子之言而曾子述之？又何以知為曾子之意而門人記之？”師應之曰：“此朱文公所説。”即又以宋之朱子何以能知幾二千年前孔子、曾子之事詰師，致使師無以應對。後戴氏也曾對段玉裁説：“余於疏不能盡記，經、注則無不能背誦也。”其弟子汪灼在《四先生合傳》中説：“先生與東方日俱起，所讀之書，五色燦然，終朝握管，考核《禮經》，為古文辭，不作一行草字。夜

① 詳可參看柳詒徵《中國文化史》第八章《康乾諸帝之於文化》。

② 侯外廬《中國早期啓蒙思想史》。

③ 《戴東原集·段玉裁序》引。

則起視星斗，佔人事得失。所著《勾股割圜記》，集《天官書》、梅氏、利瑪竇之大成。尤精《水經》、律品、音韻。"這些都充分説明戴氏聰明藴蓄與刻苦用功之深，獨立思考與追根尋源精神之强，與博聞强志之非凡記憶力。這是一。其二，戴震二十歲曾與鄭牧、汪肇瀧、程瑶田、方矩、金榜諸人一齊問學江永於汪梧鳳之不疏園中，時戴氏學已初成，其學識已非諸人可比，江永長戴氏四十三歲，戴禮敬江氏，"曆律、聲韻之學亦江先生有以發之也"，而江氏亦盛贊戴震對於自己的"累歲之疑，一日而釋，其敏不可及也"[①]，因而戴震在不疏園中的學術地位也與衆不同，汪梧鳳亦以客禮待戴氏。魏建功《戴東原年譜》中亦有類似記載[②]。其三，戴氏家鄉地處皖南徽州，徽人居於群山之中，勤苦善治生計，多走四方經商為活，又得山林鍾靈毓秀之氣，治學多求直核深邃，其中不少人賈而好儒、亦賈亦儒、亦儒亦賈，遂有徽商乃儒商之説。汪梧鳳之不疏園就是一個典型案例。注家為歙縣西溪之名紳，數代經商，富甲一方，且樂善好施，建園助學。經過數代經營，至汪梧鳳時已頗具規模，彙集了前面提及的衆多學術名家，在此講經論學，對於清代樸學的發展，起了倡導、組織和推動的作用。章太炎在《釋戴》中説："震自幼為商販，轉運千里，復具知民生隱曲；而上無一言之惠，故發奮著《原善》《孟子字義疏證》，專務平恕，為臣民訴上天，明死於法可救，死於理即不可救。"這段話言簡意賅，説明戴氏的《原善》《孟子字義疏證》實是有為而發的"明道"之作，不僅在於斥責"以理殺人"的宋學，其真正用意在某種程度上是藉"聖人之言"來激勵人民反抗壓迫者。

需要指出的是，戴震的"明道"理論，不但主旨明確，即主張民性本善，希望統治者以民為本，實行仁政；而且圍遶着性善論和行仁政的政治思想，對於自然觀、認識論以及倫理觀等方面都有論述。戴氏除了最重要的《原善》《孟子字義疏證》兩部著作之外，其間還著有《孟子私淑録》和《緒言》二書，這四部書實際是戴震在哲學方面的系列著作，從中可以看出他在思想方面進化與發展的脈絡。《原善》以孟子性善為論，就《盡心章句下》之"仁""義""禮""智"四端予以闡發。其在卷上中指出："是故生生者仁，條理者禮，斷決者義，藏主者智，仁智中和為聖人；智通禮義，以遂天下之情，備人倫之懿。"在卷下中又明確指出："《孟子》論'民無恒産，因無恒心'；論'施政於民，省刑罰，薄税斂……'；論'死徙無出鄉，鄉田同井，出入相友，守望相助，疾病相扶持，則百姓親睦'，明乎懷土懷惠，則為政必有道矣。"又於卷下在引《詩》後論述由於在位者之"多涼德""行暴虐""肆其貪，不異寇取"，從而導致"民亦相欺""巧為避而回遹""愁苦而動摇不定"，然後，肯定地尖鋭地指明："凡此，非民性然也，職由於貪暴以賊其民所致。亂

① 洪榜：《戴先生行狀》。

② "先生此時實客於汪梧鳳家，與鄭用牧、金榜、汪肇瀧、程瑶田、方矩等從江（慎）、方（婺如）二先生質疑問難，而同學諸人多問業於先生。"

之本，鮮不成於上，然後民受轉移於下，莫之或覺也，乃曰‘民之所為不善”，用是而讎民，亦大惑矣！”在清廷大興文字獄，殘酷迫害士人的政治背景下，戴震敢於如此直白地道出自己的心聲，斥責統治者的貪暴纔是社會動亂的根本原因，使人不得不對他的膽氣魄力和思想深度產生無限敬佩之情！《孟子私淑録》是戴氏繼《原善》後的又一部“明道”之作，從書名即可看出他對孟子敬仰與企慕的心情，從書中可以看出他由唯心主義理本論變唯物主義氣本論轉嚮過渡的痕迹與標志。其理論價值主要在於公然直接批判宋儒“理在氣先”的唯心立主義觀點，闡述了“一陰一陽，流行不已，生生不息”，是世界生存的本原，而“理”衹不過是事物的“條理”與“不易之則”的唯物主義氣本論觀點。因為“氣之流行既為生氣，則生氣之靈乃其主宰，如人之一身，心君乎耳目百體是也，豈特別求一物為陰陽五行之主宰、樞紐！下而就男女、萬物言之，則陰陽五行乃其根柢，乃其生生之本，亦豈待別求一物為之根柢，而陰陽五行不足生生哉！”（《卷上》）另外，在《卷中》戴氏又闡述了“人物分於陰陽五行以成性，捨氣類更無性之名”的人性一元論觀點，批判了程朱理學的理義之性與氣質之性的性二元論。《緒言》寫於《孟子私淑録》之後。“緒言”一詞，出自《莊子·漁父》，意為不盡之言、餘音，也即是對《孟子私淑録》的補正與進一步發揮。在語言文字上雖有些重複，但確有新意出現，最要者，有兩點。

一是在前書氣化流行、生生不已的唯物主義觀基礎上，在《緒言卷上》中又進而提出“人道本於性，而性原於天道；在天道為陰陽五行，在人物分而有之以成性；由成性各殊，故材質亦殊。材質者，性之所呈也，離材質惡睹所謂性哉”，“耳目百體之所欲，血氣之資於養者，所謂性之欲也，原於天地之化者也”。這裏已經初步建立了戴氏哲學思想的總體框架：它說明人的道德倫理觀念源於人的自然本性，而人的自然本性則源於外部的大自然；人的“材”與“性”是相統一的，人的所有欲望都是自然界賦予的，是人的自然本性的呈現；自然界是物質性的，人的欲望當然也是物質性的，這就初步唯物主義地梳理了天與人、性與材的辯證統一關係。

二是戴氏在《孟子私淑録卷上》中說：“古人言道，恒賅理。”而在《緒言卷上》中則說：“古人言道恒賅理氣。”這兩處雖則一字之差，卻使思想内容發生了非常重要的變化。前者說“道”兼有“理”，後者說“道”兼有“理”與“氣”；前者使人對“道”的性質不甚清晰，而後者則說明“道”不但是由陰陽二氣構成，而且有其運動變化的法則。這就使《緒言》對“道”與“理”的詮釋具有較為明顯的唯物主義色彩。

戴氏的絶筆之作《孟子字義疏證》，則對“理”“天道”“性”“才”“道”“仁義理智”“誠”“權”等《孟子》書中最重要的“字義”作了系統的梳理、論證與闡釋、發揮，不但從本體論、認識論和道德倫理觀等方面對宋學展開了全面深入的批判，而且也較為系統地闡發了他的氣本論的唯物主義思想和進步的倫理觀。其中頗多精義，如《卷上》在引證疏解《孟子》《樂記》以及鄭注與《説文解字序》後説："理也者，情之不爽失也，未有情不得而理先得也。""好惡既形，遂己之好惡，忘人之好惡，往往賊人以逞欲。反躬者，以人之逞其欲，思身受之之情也。情得其平，是為好惡之節，是為依乎天理。古人所謂天理，未有如後儒之所謂天理矣。""苟捨情求理，其所謂理，無非意見也。未有任其意見而不禍斯民者。""今以情之不爽失為理，是理者存乎欲者也，然則無欲亦非歟？"尤其他説："聖人治天下，體民之情，遂民之欲，而王道備。""人死於法，猶有憐之者；死於理，其誰憐之！"這都是戴震"為臣民訴上天"，發自心靈深處的呼喊，讀之令人震撼不已！再者，卷中"天道"説："道，猶行也；氣化流行，生生不息，是故謂之道。"卷中"性"説："凡有生，即不隔於天地之氣化。陰陽五行之運而不已，天地之氣化也，人物之生生本乎是，是以成性各殊。"這些較前所論，唯物論因素也更為明確和瞭然。

基於上論，我認為戴震的經學思想及其方法論有以下幾點可貴之處：

1. 强調了語言文字作為基本功的重要性，批判了宋學的"鑿空""輕憑胸臆"空洞説教的虛妄。

2. "道本藝末"和"三難"的提法，對於觀點、理論的重要性有相當的認識，而且自己也是付諸實踐的。

3. 指出綜合研究的重要性，在某種程度上説明了博與專的關係。

4. "實事求是"，敢於打破傳統的見解和徹底去"私"與"蔽"的提法是難能可貴的。

5. 必須强調指出的是，戴震不但在經學方面取得卓越成就，經學著作碩果豐盈，博大精深，而且他的學術已經進入哲學領域，"明道"之作也有四部之多，且已初步形成體系，其中已顯現出一定的唯物主義因素，自為清代樸學家之第一人，影響極為深遠。

這裏指出了戴震經學思想及其方法論的積極因素與其"明道"思想的價值與意義，並不意味着其中没有不足之處。戴氏有時過分强調了故訓的重要，而忽略了思想的闡發。他的著作中雖然有很多進步的成分，然而他的學説還是以經學為主，"明道"之作在其全部著作中所佔的比例還不够重。他一生的大部分精力，多用在訓詁考據方面，從而影響了他在思想理論上取得更高的成就，當然這也與他治學過於刻苦、年壽不高有關。並且，他的考據方法還是煩瑣的，基本上用的是形式邏輯的歸納法，衹能枝節地説明一個一個孤立的具體事實，還不能進一步作出歷史的闡述和理論的概括。另外，在《緒言・卷中》就認識論的角度，以"火光照物"遠近為例，以"精爽"和"神明"階段為説，用以比喻認識的深淺，雖然指明了理性之光的重要性，具有一定的積極方面，但也還存有機械論的傾嚮。

不過，儘管戴震的經學思想、經學方法論及其"明道"理論有其局限性，但他在學者大都脱離當時社會政治實際的歷史時代中，能够跳出時俗的牢圍，以"故訓"為手段，借"經言"來表達他的哲學思想和社會政治思想，發揮他的"明道"理論，提出"實事求是"

的見解，指斥“以理殺人”的實質，確實難能可貴，不但在中國經學史上值得大書特書，就是在中國哲學史和中國思想史上也是有相當地位的。

作者單位：安徽大學中文系

《聊齋志異》棄逐母題變異簡論

王承丹

《聊齋志異》作為中國古代文言短篇小説的集大成者，不論思想内容還是藝術特色，都可視為這一領域内最高成就的代表。棄逐母題在古代文學作品中屢屢出現，《聊齋志異》也把它引入其中。因此，通過對《聊齋志異》具體作品的分析、探討，可以發現棄逐母題在傳統社會晚近時代的實際樣態。從文化及文學的源流嬗變視角來考察，《聊齋志異》觸及了許多重要的傳統文化母題，比如俠義、復仇、鬼狐，等等，而棄逐更是其中之一。作者化用這些母題，給我們描述了一個個精美絶倫的故事。同時由於他匠心獨具，再加之時代思潮的推助，這些原初的文化母題多有拓展、變化，無論是原型體系，還是結構角色，都發生了一系列較為深刻的變異。本文擬從幾個方面闡述棄逐母題及其變化情況，以見教於方家學者。

一、仙妖狐怪世界的棄子

當代學者尚永亮在研究棄逐—貶謫文學時，發掘整理了棄逐母題。他認為，棄逐母題是一組母與子的矛盾，矛盾的基本情節圍繞抛棄和回歸展開。其外在形式各有不同，但抽絲剥繭，都可以得到“抛棄—救助—回歸”這一基本情節模式。“正是這一情節模式，不僅在上古乃至中古多種神話傳説中一再呈現，而且在此後的貶謫文學中也反復呈現，並由此構成中國棄逐文化的一個根本性的母題。”①

以上述棄逐母題為參照，《聊齋志異》的諸多篇目都可納入這個框架之中。但是，蒲松齡筆下的棄逐故事，與早期那種英雄棄子關涉甚少，同文化史上的棄子逐臣亦少有聯繫。更多的時候，故事主角是後期傳統專制社會的讀書人；與此同時，作者又在這一框架中加入“聊齋”元素，把棄子與仙妖狐魅的世界關聯起來。如《鴉頭》，鴉頭是狐女，因不願委身風塵，與書生王文乘夜出逃，但一段時間後還是落入了自己母親同時也是鴇母的手中。“生一男，棄諸曲巷。”對此，作為父親的王生並不知情，但巧合的是，三年後王偶然入都，經過當地的育嬰堂，見一小兒長得與自己非常相似，“自念乏嗣，因其肖己，愛而贖之”。在這個事件中，棄逐由同樣是狐仙的外婆來實施，過程省略了，救助者是作為社會福利機構的育嬰堂，而其回歸則充滿了戲劇性。

與此情節相似的還有《樂仲》，其中的男主人公樂仲婚娶僅三日，即以“男女居室，天下之至穢”的荒誕理由把妻子趕回了娘家。後來他在旅途中發現一個小男孩阿辛，“丐食肆中，貌不類乞兒。細詰之，則被逐於繼母”。樂仲在同情心的驅使下，帶着他一起回到了自己的家。而後他看到自己當年寫的休書，纔知道這個小男孩就是自己的親生兒子。阿辛回歸家庭後，家族的質疑依然存在，以至於後來對簿公堂，纔完成了這次回歸之後的再回歸。值得注意的是，《樂仲》不僅寫了棄子，還寫了棄婦。“棄子、棄婦和逐臣是構成中國棄逐文化的關鍵要素，其中融貫着家與國、宗親倫理與政治道德的全部內涵。同時，從棄子、棄婦到逐臣，展示了從家到國、從宗親倫理到政治道德的發展、轉換綫索，而婦、子、臣與夫、父、君的異體同構，則是此一發展、轉換的邏輯原因和文化內核。”②《聊齋志異》對上述棄逐文化的觸及，更多的時候雖不盡深入全面，但顯然也是其歷經千百年演變後的真實遺存，為人們研討《聊齋志異》及其相關內容提供了參照。

《雲蘿公主》值得注意，它在情節安排上又是另一種做法。雲蘿公主出身仙界，不僅可以測算吉凶，還能預知人的未來。當她與安大業的第二個兒子出生時，“女舉之曰：‘豺狼也！’立命棄之。生不忍而止，名曰可棄”。可棄長成後，遂有諸多無良之行，直到娶妻生子，方纔被動地走上人生正軌。在這裏，因為母親具有仙界預知能力，因而拋棄兒子的理由便前所未有地明確有據，但又因為棄子父親的惻隱之心而戛然作罷。至於其回歸，如果這能算得上某種意義上的回歸的話，則一波三折，跌宕起伏，而問題的最終解決，還是依靠神仙母親迥異常人的智慧。最後，“可棄”這個名字值得注意，它不僅與上古棄子后稷之名“棄”頗有一脈相承的意味，而且就整個故事內容、角色安排來看，也是名副其實。另可參照者是《左傳》中的類似事件，其中有云：“初，宋芮司徒生女子，赤而毛，棄諸堤

① 尚永亮：《后稷之棄與棄逐文化的母題構成》，《華中師範大學學報》2011 年第 4 期。

② 尚永亮：《上古棄逐文學與文化導論》，《學術研究》2014 年第 4 期。

下。共姬之妾取而以人，名之曰棄。"① 顯然，這正是《聊齋志異》批評者“有所本”的原因所在②。

同樣地，《吕無病》也頗具特色，其中的阿堅一出生即受到親生母親與鬼庶母的雙重喜愛，其命運似乎與遭棄被拋根本没有關聯。但是，當母親去世後，他的境況急轉直下。由於繼母殘毒不仁，父親不堪淫威一走了之，於是，他一度陷入瀕臨死亡、慘遭拋棄的艱難困境。當此之時，庶母的關愛成了他僅有的庇護，而更是這位庶母使他的回歸得以實現。除了演繹棄逐—回歸之外，這篇故事同樣也寫及棄婦主題，衹不過被棄的理由與傳統的棄婦題材相較存在着本質的差别。不難看出，作者不僅對棄子的回歸大加渲染，同時還通過王氏的悔悟與自我救贖為棄婦的回歸畫上圓滿的句號。這種雙重“拋棄—救助—回歸”的情節模式，正是蒲松齡對棄逐母題的獨特理解與化用。

以上諸篇，作者着意描寫的是書生與仙妖狐魅的婚戀故事，棄逐、回歸等情節衹是其中的一個組成部分而已。《蘇仙》卻大異其趣，全篇内容緊緊圍繞棄子展開。“有民女蘇氏，浣衣於河。河中有巨石，女踞其上。有苔一縷，緑滑可愛，浮水漾動，繞石三匝。女視之心動。既歸而娠，腹漸大。……數月，竟舉一子”。這種奇特的受孕方式，與《史記》中后稷故事的描寫相差無幾：“姜嫄出野，見巨人迹，心忻然説，欲踐之，踐之而身動如孕者，居期而生子。”③ 蘇女生子後，“欲置隘巷”，因不忍心而放棄，於是“藏諸櫝而養之”，“兒至七歲，未嘗出以見人”。實際上，這仍是遺棄行為的延續，衹不過换了一種較為温和的方式罷了。與此相對應，其救助與回歸也顯得與衆不同。先是七歲小兒忽然對母親直言“我非人種，行將騰霄昂壑”，然後拜母而去。這可以説是第一層意義上的回歸——小兒回歸仙界。對蘇女來説，兒子雖然杳如黄鶴，但留下來的“藏兒櫝”卻有求必應，意為他雖離母而去，卻仍某種程度上盡到了作為人子的哺報義務。故事最後，蘇女去世，有“少年出金葬母，植二桃於墓，乃别而去”，這無疑又是蘇女之子再一次嚮現實的回歸。

從《搜神後記》卷十所涉獵的内容來看，蒲松齡所寫淵源有自：“有女子渚次浣衣，覺身中有異，後不以為患，遂妊身。生三物，皆如鮧魚。女以己所生，甚憐異之。乃著澡盤水中養之。經三月，此物遂大，乃是蛟子。……天暴雨水，三蛟一時俱去，遂失所在。……經年後，女亡，三蛟子一時俱至墓所哭之，經日乃去。"④ 由此可以看出，蒲松齡在魏晉志怪小説的基礎上，移植了上古的棄逐母題，又在其中糅入了“聊齋”特色。特别是蘇女的結局更值得玩味，她在人間氣絶身死，但實際上卻是成仙而去。那麼，她究竟屬於仙

① 《十三經注疏》(下)《春秋左傳正義》卷三十七“襄公二十六年”，上海：上海古籍出版社，1997年，第1990頁。

② 任篤行：《全校會注集評〈聊齋志異〉》，濟南：齊魯書社，2000年，第1855頁。

③ ［漢］司馬遷：《史記》卷四《周本紀》，北京：中華書局，1959年，第111頁。

④ ［晉］陶潛：《搜神後記》，北京：中華書局，1985年，第117頁。

界還是俗世？如果答案是前者的話，那麽，她來到人間生子，最後又回歸洞天福地，這或許又是一個“棄逐—救助—回歸”模式的演繹吧。

若説《蘇仙》尚有早期棄子的影子，《葛巾》對同類題材的處理則完全納入了《聊齋志異》的敘事模式。洛人常大用因癖愛牡丹而與花仙葛巾結成連理，其胞弟亦因此與花仙玉版喜結良緣，姊妹二人各生一子。但喜中悲來，因常生對葛巾的身世生出疑竇，便設法試探。葛巾回應説：“三年前，感君見思，遂呈身相報；今見猜疑，何可復聚！”“因與玉版皆舉兒遥擲之，兒墮地並没。”這裏棄子的理由與方式都完全仙人化了，不僅缺乏俗世的關懷，而且毫無挽救的餘地。更為奇特的是，“後數日，墮兒處生牡丹二株，一夜徑尺，當年而花，一紫一白，朵大如盤，較尋常之葛巾、玉版，瓣尤繁碎”。在這個充滿浪漫色彩的悲劇結局裏，回歸與否已不重要，或者説，這就是回歸——回歸花仙世界的本原。

二、“聊齋”式棄逐的變異與新創

考察文獻載録的上古棄逐人物，諸如宜臼、申生、孝己，以及他們遭遇逐棄乃至受到傷害，施動與受動雙方往往具有父子君臣的雙重關係。發展到後來，血緣關係漸漸抽離，從而代之以唯一的君臣關係紐帶。研究者對此有精確的論述：“這樣一些變化，伴隨着中國宗法政治嚮專制政治轉化的進程而完成，但就其本質而言，卻與早期棄逐文化一脈相承，並藉助大量的貶謫文學作品，將‘棄逐—救助—回歸’的主題予以更突出的展現。”①《聊齋志異》作為傳統專制社會後期的優秀文學作品，雖不以逐貶事件、人物為其主旨大端，卻在有意無意之間涉及上面提及的變化。但是，區别也十分明顯，比如，蒲松齡將貶謫搬演到神仙題材中，以上帝為施動者，以各路神仙為受動對象，以謫降人間為棄逐過程和手段，這或多或少影射出棄逐母題在後世文學作品中的異化趨勢。結合具體作品加以分析，大致能够看出這種異變的趨嚮與理路。

第一，在棄逐動因方面，受動者多是有罪受罰，且誠心受罰，讒毁者隱身或者乾脆缺位。如錦瑟，“乃仙姬，以罪被謫。自願居地下收養冤魂，以贖帝譴”（《錦瑟》）。再如雷曹（《雷曹》），“前行誤雨，罰謫三年”。值得提及的是《甄后》一篇，因其涉及衆多的歷史人物，格外引人注目。甄氏在史籍中是一個悲劇人物，因為年老色衰而被丈夫無情抛棄。但在作者蒲松齡的筆下，她卻變成了“以罪過謫人間”，“偶從遊嬉富貴者數載”的神仙式人物。這方面的例子並不少見，如蕙芳（《蕙芳》）、嫦娥（《嫦娥》）、八大王（《八大

① 《尚永亮棄逐視野下的驪姬之難及其文化意義——以申生之死、重耳出亡為中心》，《江漢論壇》2013年第7期。

王》），等等，皆屬此類。顯而易見，這與傳統貶謫母題中的受動者，尤其是他們“忠而被謗，信而見疑”的悲情故事相比較，二者之間存在着明顯的差別，首當其衝者是貶謫文學的文化內涵在聊齋故事敘事中被大大壓縮。

第二，在棄逐的發生、實施及結束的全過程中，聊齋故事大多是重複演繹着由仙界謫降人間的格式化套路。雖然在這一過程中，各路神仙也曾有失路無依的悽惶，如嫦娥即曾蒙西山老尼收恤，而雷曹因為食量太大，三年來一直無法飽餐一頓。但所有這些並不妨礙他們依然擁有非凡的能力與多姿多彩的生活，有的甚至可以利用這段時間了結姻緣、報答恩主、拯救陷於困境的書生，等等。如蕙芳，謫降人間十餘載，即與馬二度過了四五年美滿豐裕的婚姻生活。洮水八大王謫歸島嶼期間，與朋友宴飲往還，招搖過市，還以鱉寶饋贈恩主馮生，使馮生在奇珍異寶之外，再獲絶色三公主為妻。《雲蘿公主》中的一個細節尤其值得注意，雲蘿公主九姊的侍兒“屢以輕佻獲罪，怒謫人間”，但到遭罰後卻進入了皇宮，成為西漢成帝的第二任皇后，受到無以復加的優寵。凡此種種，不禁讓人遐想聯翩。然而，若回到棄逐母題上，這顯然與貶謫文學所要表達影射的人生困境相去甚遠，於是，在很大程度上失去了棄逐—貶謫文化的原初要意。

第三，在棄逐結局這點上，《聊齋志異》自有其處理方式。首先，被棄者基本都有一個謫逐時限，期限到則被貶者回歸仙界。其次，前定的期限在貶謫之初即已明確，少則數年，多則數十年。復次，棄逐者的回歸是必然的，衹不過時間長短而已，而且總是回到遭逐的原點。這種聊齋模式顯然與現實版的貶謫頗有差異，回歸之於後者中的放逐者，更多時候可能衹是一種伴着苦痛的期盼，有時甚至終成泡影，魂歸憾恨。不可否認，少數的幸運者得以回歸朝廷，進而加官晉爵再沐榮華。但是，一貶再貶，或暫得回歸原鄉卻又斥逐荒蠻瘴癘之地者豈可一二數；至於終老貶所，終其餘生都在牽掛“故園先隴癡兒女”者，亦代不乏人。從這點上説，形同休假旅遊式的貶謫，實在是蒲松齡的一種全新創制，而與原初的模式卻有些風馬牛不相及了。

為什麼會出現這樣的情況呢？細究其中原因，首先，這並非《聊齋志異》的首創，《搜神後記》中已有類似記述。如《張令求情》中即寫仙官劉綱因罪被貶蓮花峰下，但卻仍可通達天庭，並為犯下貪財好殺的前縣令張某求情消災①。到唐傳奇中，這類故事已有一定規模，如《湘中苑解》寫太學進士鄭生與仙女汜人結緣，後來汜人謫限到期返回天庭，二人不得不忍痛別離。《文蕭》中亦有仙女吴彩鸞“泄露天機，謫為民妻一紀”，最後與其丈夫跨虎而去。更有甚者，管理上元夫人衣庫的仙官，監守自盜，被流放人間，結果卻幸運地成為下界的國君②。這大致可以説明，早在唐傳奇中，仙人貶謫的規制已基本形成，

① ［晉］干寶、［晉］陶潛：《搜神記搜神後記》，杭州：浙江古籍出版社，1985 年。

② 王度等著，石海陽等編：《唐宋傳奇》，北京：華夏出版社，1995 年，第 93、223、128 頁。

即：因罪受罰謫降人間，繼而翩然而歸，重回仙境。《聊齋志異》“用傳奇法，而以志怪”[①]，自然對此多所藉鑒。但情節如此迂回曲折，與俗世生活打成一片，卻是聊齋故事所獨有。

其次，這又與題材有着不可分割的關係。衆所周知，作為本土宗教，道教對中國人和中國文化都産生了深遠影響，而道教的核心即是神仙信仰。“古代的中國人對神仙思想一直情有獨鍾，從帝王將相、王公貴族到平民布衣，乃至於販夫走卒，莫不視得道成仙為人生的最高理想境界。”[②] 莊子《逍遥遊》中的一段話，可以讓我們領略早期神仙的風采：“藐姑射之山，有神人居焉。肌膚若冰雪，綽約若處子。不食五穀，餐風飲露，乘雲氣，御飛龍，而遊乎四海之外。”[③] 如此悠遊瀟灑，自然與貶謫生涯的艱澀與困窘無法産生交集，正像《封陟》借仙女上元夫人之口宣稱的那樣：“某籍本上仙，謫居下界，或遊人間五岳，或上海面三峰。”這就需要一種與人間截然有異的模式，以使人間信仰體系中的仙人形象有所附麗。

最後，作者自身的原因也不可小覷。從某種程度上説，這可以看作蒲松齡對已有貶謫文化模式創造性理解運用的一種表現。從過往的歷史看，貶謫本是對有罪官員的一種懲罰，自古有之，據《尚書·舜典》記載，堯、舜統治時期，“流共工於幽州，放驩兜於崇山，竄三苗於三危，殛鯀於羽山，四罪而天下威服”[④]。但其後的實際情況卻是，頻繁發生於傳統專制社會體系内的貶謫、流放事件已經將懲罰初衷扭曲變形，從屈原到賈誼，再從韓愈、柳宗元、劉禹錫，到蘇軾、黄庭堅，一批又一批忠臣名士先後含冤負屈走上漫漫貶謫路。這足以説明，貶謫已失去了原初懲治犯罪的功能，甚而翻轉成為忠信者的魔咒。蒲松齡運用其高超的藝術想象力，為人們繪製了一幅幅絶妙圖畫，上述《甄后》即是一個有力的證明。葉舒憲在《文學與治療》中説：“藝術本質上是肯定，是祝福，是生存的神話，是人們的自我救治、自我保健。”[⑤] 但蒲松齡卻並非僅僅炮製“生存的神話”，他用小説的形式，從根本上“改造”了與棄逐相關聯的仙凡世界。

---

① 魯迅：《魯迅全集》，北京：人民文學，2005 年，第 216 頁。

② 田桂民：《早期中國神仙信仰的形成及演化》，《南開學報》2003 年第 6 期。

③ 王先謙：《莊子集解》，北京：中華書局，1987 年，第 5 頁。

④ 張馨編：《尚書》，北京：中國文史出版社，2003 年，第 13 頁。

⑤ 葉舒憲主編：《文學與治療》（文學人類學叢書），北京：社會科學出版社，1992 年，第 31 頁。

三、懷才不遇與自我放逐

如前所述，蒲松齡在《聊齋志異》中描寫了衆多的神仙貶謫故事，但如夢似幻的仙界畢竟可望而不可即。於是，蒲氏把目光投嚮凡俗世界，他在《聊齋志異》塑造了許多懷才不遇的士子形象。這些科舉棄兒在生命升降沉浮的過程中，看重並追求自我，或以死明志，或仙去，或從商，大都作出了有異於前人的人生選擇。在這裏，同樣與棄逐貶謫産生了關聯。

首先來看《葉生》。葉生“文章詞賦，冠絶當時；而所如不偶，困於名場”。雖然受到邑令提攜，但他依然無法擺脱鎩羽而歸的命運。這樣的形象，可以説是作者本人的翻版，亦可看作《聊齋志異》懷才不遇士人的典型代表。葉生病亡後，魂魄追隨邑令東歸，成為邑令之子的私塾先生，不僅“借福澤為文章吐氣，使天下人知半生淪落，非戰之罪”，而且自己也考中了舉人，衣錦還鄉。但回到家後纔知道，自己已死去數年，遂扑地而滅。在《聊齋志異》中，這樣的科舉棄兒比比皆是，諸如宋生（《司文郎》）、于去惡（《于去惡》）、俞忱（《素秋》），等等。“天孫老矣，顛倒了，天下幾多傑士。蕊宫榜放，直教那抱玉卞和哭死!”[①]（《大江東去・寄王如水》）這種入骨及髓的憂憤，幾乎填充了整部中國文學史。從屈原到賈誼，直至蒲松齡本人，被棄置的命運始終如影隨形，無法逃避。“三古以來，放逐之臣，黄馘牖下之士，不知其凡幾；其托詩以舒哀怨者，亦不知其凡幾。”[②] 而蒲松齡除了托詩抒情，還選擇了小説這種形式。衹是由於題材的原因，葉生的“回歸”理想化了，“聊齋”化了，“以孝廉之禮葬之”的結局更不過是作者一廂情願的安排，與人間世界的普遍現實相去甚遠。

再看《賈奉雉》。賈奉雉稟賦出衆，一心求取功名，但卻屢試屢敗。後來在仙人的幫助下，他終於通過了鄉試，卻又因為無法承受内心的煎熬而放棄了來之不易的舉人頭銜，從仙而去。但由於賈奉雉没有獲得仙界的認可，衹能怏怏返回人間。重回故地，物是人非，可是為了生計，他衹能重理舊業，再赴科場。這次賈奉雉竟然得中進士，並以御史身份巡察兩浙，一時聲名顯赫。然而，春風得意的時光轉瞬即逝。賈奉雉生性耿直，行事不避權貴，因此引起朝中大僚的不滿，致使他先遭牢獄之災，而後被流放異地他鄉。與其他被貶謫的大臣一樣，賈奉雉與妻子拋家捨業，踏上漫漫貶謫之路。有所不同的是，賈奉雉此時

① 盛偉編：《蒲松齡全集》，上海：學林出版社，1998 年，第 1986 頁。

② 《續修四庫全書》編委會：《續修四庫全書・集部・别集類》1435，《紀文達公遺集》卷九《月山詩集續》，上海：上海古籍出版社，2002 年，第 366 頁。

已不再汲汲於回歸朝廷甚至故園，“十餘年富貴，曾不如一夢之久，今始知榮華之場，皆地獄境界，悔比劉晨、阮肇，多造一重孽案耳”，最終歸嚮仙界。

顯而易見，這是一個傳統的悟道成仙故事，早在《莊子·在宥》中即已見到[①]。“悟道成仙故事及其所承載的意蘊反覆出現於不同時代的文學中，正説明這一故事類型的内在意蘊已經成為一種集體無意識深深地積澱在漢民族的心理中了。而不同時代的創作主體在運用這一故事類型進行創作時，又融入了創作者的主體意識，把創作者自己對社會人生的理解感悟投射其中，因此使得這一故事類型亦能體現不同時代的社會特徵。”[②] 那麼蒲松齡的主體意識在哪里呢？從文中可以看出，賈奉雉是一個比較典型的中國古代士人形象。蒲松齡設計這樣一個形象，一方面喻示了作者自己的人生困境，另一方面更説明，科舉制度發展到後期，積弊已久，使得讀書人在應試之初就已經面臨“仰而跂之”還是“俯而就之”的兩難選擇。作者認為，這種兩難選擇導致了懷才不遇士子的大量出現。更深一層的寓意則是，即使像賈奉雉那樣選擇了後者，依然逃脱不了被貶黜的命運。從這個意義上説，《賈奉雉》比之前的悟道成仙故事更具有社會内涵。如果我們剥去悟道成仙故事的外殼，賈最後的歸仙結局更可以看作是心靈上所達到的一種境界，或一種無欲無求的狀態。古代文學史上，這樣的例子並不罕見，蘇東坡、黄庭堅即是其中的傑出代表。“九死南荒吾不恨，兹遊奇絶冠平生！”[③]（《六月二十日夜渡海》）“蘇黄實乃結合儒、釋、道的智者、達者，其超越之灑脱，胸懷之高遠，心性之澄澈，處世之隨意，則無疑表現了人性對歷史殘暴的深厚承受力及其可塑性。”[④]

與賈奉雉相比，更多的士子在沉淪之初即選擇了退守。《白秋練》中的慕生，《雷曹》中的樂雲鶴，《羅刹海市》中的馬驥，皆聰慧知名，前程可期，但他們一一“去讀而賈”。如果説“數卷書，饑不可煮，寒不可衣”的理由尚且有些功利與短視的話，那麼“人生富貴須及時，戚戚終歲，恐先狗馬填溝壑，負此生矣”的宣言則與晚明文人的自適一脈相承。蒲松齡崇尚魏晉，亦多受晚明新思潮濡染，這從他所塑造的真毓生（《陳雲棲》）身上更能體現出來。真毓生“弱冠知名”，兩次科舉考試名落孫山後，在老母親“率兩婦與老身共樂”的建議下，直接回歸了家庭。顯然，這種“自我放逐”，從根本上突破了棄逐母題的既有模式。“衡量某一作家作品在主題史、母題歷史長河中的價值品位，主要看的就是其新創，是否在舊有母題中注入了新思想。”[⑤] 蒲松齡無疑正是這樣的作家。從蒲氏自身的經歷

---

① 例如，其中有寫廣成子點化黄帝悟道的故事。

② 黄洽：《人生如夢悟道成仙——談古代文言小説中悟道成仙故事的發展流變》，《社會科學家》2004 年第 6 期。

③ 蘇軾：《蘇軾全集》，上海：上海古籍出版社，2000 年，第 541 頁。

④ 尚永亮：《貶謫文化與貶謫文學——以中唐元和五大詩人之貶及其創作為中心》，蘭州：蘭州大學出版社，2004 年，第 11 頁。

⑤ 王立：《聊齋經濟思想新論——小説母題與作者思想新創性的關係》，《山西大學學報》2002 年第 2 期。

看，這種選擇未必不是作者本人内心深處隱秘的想法，畢竟蒲松齡出生在一個棄儒從商的家庭，更不用説他的科舉之路艱辛備嘗了。為了最起碼的生計，更為了著書明志，蒲松齡終其一生舌耘筆耕，但這並不妨礙他對陶淵明式田園生活的嚮往。“百畝山田，買芳鄰，移居白雲鄉里。播種看星，耕壟聞禽，夜夜讀聲盈耳。……開三徑，菊籬護葉，豆棚纏藟畜一須奴老婢，遇題鳳人來，新篘浮蟻。”[①] 由此可見，此即作者塑造真毓生的心理基礎。但從另一方面説，這種“自我放逐”消解了棄逐母題中的對立關係，無論是忠奸鬥争，還是感士不遇，都失去了存在的基礎。士人們因為多元化的選擇而擁有更加自主適意的人生，棄逐母題卻由於主角的一再缺失而趨於異化。總之，棄逐母題引入《聊齋志異》中，並且出現了異變現象，蒲松齡是背後的推手。

綜上所述，《聊齋志異》通過一個個情節奇特的故事，對棄逐母題進行了聊齋式的展示。在這些故事中，英雄棄子不見了，歷史人物不見了，取而代之的是異彩紛呈的聊齋藝術形象。花妖狐魅的特殊題材，時代思潮的潛移默化，讓作者一方面遵循着“拋棄—救助—回歸”的棄逐模式，一方面又不乏創新與突破；那些謫降人間的神仙群體，瀟灑自適，而那些懷才不遇的士子們，或仙去，或從商，或乾脆回歸家庭，擁有了前輩難以做到的選擇。凡此種種，不僅可視為傳統社會文化心理發展變化的必然產物，同時更可看作《聊齋志異》化用棄逐母題的全新變化。

作者單位：廈門大學中文系

① 盛偉编：《蒲松齡全集》，上海：學林出版社，1998 年，第 2022 頁。

轉型期的同光體詩派

胡迎建*

一、同光體詩派的形成與發展

“同光體”因清同治、光緒年號而得名，此一説法始於鄭孝胥與陳衍。陳衍《沈乙庵詩序》中説：“吾於癸未、丙戌間，聞可莊、蘇戡誦君（沈曾植）詩，相與嘆賞，以為同光體之魁傑也。同光體者，蘇戡與余戲稱同光以來詩人不墨守盛唐者。”① 又《冬述四首視子培》云：“往余在京華，鄭君過我邸。告言子沈子，詩亦同光體。”在其詩話中也有類似説法：“丙戌在都門，蘇戡告余，有嘉興沈子培者，能為同光體。同光體者，余與蘇戡戲目同光以來詩人不專宗盛唐者也。”②

作為這一詩體的特徵是，既尊唐也宗宋，尊唐不僅尊盛唐，還要尊中晚唐，重在以宋詩為門徑進入。上繼宋詩運動以來至同治、光緒間的傳統，同光體由體到派有一發展過程。後來陳三立、鄭孝胥成為光緒詩壇的領軍人物，有了大量的跟隨者與崇拜者，“同光體”便成了這一派的標籤。這一説法在當時已流行於詩壇。沈曾植為沈瑜慶所作《濤園詩集序》中説：“近人言同光派閩才獨盛，假有張為圖者，太夷為清奇僻苦主，君（沈瑜慶）為博

---

* 胡迎建，1953年1月26日出生於江西星子縣，祖籍都昌縣。歷任江西省古籍整理辦公室副主任、江西省社科院贛鄱文化研究所所長，二級研究員，兼江西詩詞學會常務副會長，《江西詩詞》主編，首都師大中國詩歌研究中心特約研究員、中華詩詞學會常務理事、中國近代文學學會理事。享受國務院特殊津貼。著有《近代江西詩話》《一代宗師陳三立》《昭琴館詩文集箋注》《滕王閣詩詞選釋》《朱熹詩詞研究》《獨上高樓·陳寅恪》《民國舊體詩史稿》（國家社科項目），《陳三立與同光體詩派研究》（2006年國家社科專案）著有詩集《帆影集》《湖星集》《雁鳴集》《輕舟集》。

① 錢仲聯：《沈曾植集校注》，北京：中華書局，2001年，第12頁。

② 陳衍：《石遺室詩話》卷一，《民國詩話叢編》第1册，上海：上海書店，2002年，第18頁。

解宏拔主乎？入室誰，及門幾人？"[①]"同光派"的説法，標明同光體已被目為詩派而非僅詩體。

道光、咸豐時期國力漸衰，士大夫有以天下為己任之志，扭轉世運，其詩亦力求新闢途徑。其時大學士祁雋藻與侍郎程恩澤宣導學杜韓，身為重臣的曾國藩更號召學黄山谷，以糾詩壇甜熟淺滑之弊。何紹基、鄭珍、莫友芝等紛紛響應，蔚然成風，一時稱為宋詩運動。

同光體之興稍晚於宋詩運動，大抵五十年後。陳衍將道光以來的詩學依照詩風的不同，分為二大派："前清詩學，道光以來一大關捩，略别兩派。"其"清蒼幽峭"一派，特徵是"洗練而熔鑄之，體會淵微，出以精思健筆。以陳沆為標志、魏源為羽翼，此派"近日以鄭海藏為魁壘"；其"生澀奧衍"一派，力求"語必驚人，字忌習見"，以鄭珍為"弁冕"，以莫友芝為"羽翼"，"近日沈乙庵、陳散原實其流派"[②]。將同光體作家從鄭孝胥追溯到陳沆、魏源，將陳三立、沈曾植一派追溯到宋詩運動的代表人物鄭珍、莫友芝。後來黄曾樾整理陳衍的説法，作為其説的補充：

> 同光而還，鄭海藏、陳聽水（陳寶琛）、陳木庵（陳書）三先生出，以宛陵、半山、東坡、放翁、誠齋諸大家為宗；同時江右陳散原先生力祖山谷，於是數百年來之為詩者，始一變其窠臼，大抵以清新真摯為主，海内推為同光派[③]。

曾克耑詩云："晚清詩壇述流别，變風變雅聲鏗鏘。"（《答檝庵次元韻》）光緒、宣統詩壇活躍，開始形成各種流派，詩派之多，為詩史所少見，其局面恰如黄遵憲詩云："世變群龍見首時"（《酬曾重伯編修》）。錢仲聯認為這一時期的成就"達到了唐宋、清初以來的一個新的高度，成為中國古典詩歌在它發展後期矗起的又一座高峰"[④]。同光體詩派在衆多流派中脱穎而出，影響最大。

同光體詩派人物主要活動於武昌、江寧。張之洞幕府是促成同光體形成的契機。光緒十五年（1889）十一月，張之洞任湖廣總督，次年創辦兩湖書院，招邀四方人才廣集武昌。陳三立曾記述當時盛況：

> 當是時，張文襄方督湖廣，競興學建兩湖書院，選録南北高才數百人，設科造士，

① 轉引自錢仲聯主編：《歷代别集序跋綜録·清代卷》，南京：江蘇教育出版社，2005年，第1749頁。
② 陳衍：《石遺室詩話》卷三則四，《民國詩話叢編》第1册，第47—48頁
③ 陳衍：《陳石遺先生談藝録序》，《民國詩話叢編》第1册，第700頁。
④ 錢仲聯：《近代詩壇鳥瞰》，載《社會科學戰綫》1988年第1期，第276頁。

海内名儒名哲就所專長，延為列科都講，特置提調員，拔君重院事，余以都講式闕，謬承乏備其一人焉。院中前後鑿大池，長廊環之，穹樓複閣臨其上，歲時佳日，輒偕君要遮群彥，聯文酒之會，考道評藝，續以歌吟。文襄亦常率賓僚臨宴雜坐，至午夜乃罷，最稱一時之盛①。

光緒二十年（1894），張之洞署理兩江總督，在江甯宣導風雅："光緒乙未……時南皮張文襄公總制兩江，崇尚風雅，以詩相鳴。"② 其時鄭孝胥在張之洞幕府，沈瑜慶主持籌防局事。

次年底，張之洞回任湖廣總督，聘陳衍、沈曾植在兩湖書院主持教席，邀鄭孝胥前來辦理蘆漢鐵路新政。陳、鄭、沈是促成同光體詩派形成的重要人物，三人均有詩學卓識，有共同愛好與旨趣，在武昌的機緣湊合，激發詩興，切磋詩藝，熱烈探討，明確認識，共同提出同光體的詩學觀。然此年初陳三立往長沙，侍其父陳寶箴推行新法，與此三人未同時居武昌。

同光體詩派的形成與張之洞有莫大關係。曾克耑説："散原、海藏、石遺三先生則是張孝達的幕客，憑着他們的政治後臺關係，所以也就等於卿相的居高一呼，便開出一種新風氣，成了一種新派系了。他們不衹呼了一下便了事，他們有論詩的宗旨，對於古人的詩有新發現和新評價，而他們的作品又能够實踐所言。各人有各人的面目，各人有各人的意態，同歸殊途，總結一句，是要用最好方法做出最好的詩歌，所以他們便佔了清代詩壇最重要的位置了。"③

同光體領軍人物為陳三立、鄭孝胥。楊聲昭説："光宣詩壇，首稱陳、鄭。海藏嚮稱簡淡勁峭，自是高手。若論奥博精深，偉大結實，要以散原為最也。"④ 李漁叔認為："自散原出，與海藏雁行，乃各攜爐韝，成一代之作矣。"⑤

陳三立，字伯嚴，號散原，江西義寧人，中進士後棄吏部主事職，在長沙依其父參與推行新法。戊戌政變後退居江寧，鋭意為詩。有《散原精舍詩集》。鄭孝胥，字太夷，别號海藏，閩侯人。曾到日本作神户、大阪總領事，後為京漢鐵路南段總辦，曾為龍州邊防督辦；參與維新與立憲活動。"九一八事變"後，挾溥儀出關，在偽滿洲國任國務總理，成為大漢奸，後去職而病死。有《海藏樓詩集》。

同光體重要人物還有：陳衍，字叔伊，號石遺，侯官人。光緒八年九月中舉。後任學

① 陳三立：《余堯衢詩集序》，《散原精舍詩文集》卷十，上海：上海古籍出版社，2003 年，第 956 頁。
② 李宣龔：《濤園詩集跋》，《李宣龔詩文集》"碩果亭文集"，上海：華東師大出版社，2009 年，第 331—332 頁。
③ 曾克耑：《論同光體》，載《頌橘廬叢稿》第四册，香港：新華印刷公司，1961 年。
④ 楊聲昭：《讀散原詩漫記》，《散原精舍詩文集》附録（中），第 1237 頁。
⑤ 李漁叔：《魚千里齋隨筆》，《散原精舍詩文集》附録（中），第 1247 頁。

部主事。清亡後任無錫國學專修館教授。著有《石遺室詩話》《石遺室詩話續編》，編《近代詩鈔》。大詩論家、大選家。有三大功勞：一是與鄭孝胥共同舉旗，提出同光體概念與內涵，對同光體進行初步分派；二是編詩鈔，著詩話，保存一代文獻，記載近代詩壇諸多交遊活動；三是選評詩標準主要看他是否"有感於詩與時世相關切"①，並指出其人詩學淵源。

沈曾植（1851—1922），字子培，號乙庵，嘉興人。光緒間進士，任刑部主事時，贊助康有為等維新變法，後歷任江西、安徽按察使。清亡後居上海。著有《海日樓詩集》。

陳寶琛（1848—1935），字伯潛，號弢庵，福建閩縣人。光緒元年（1868）進士，授翰林院編修。後為江西主考官，擢內閣學士兼禮部侍郎。被革職，歸故里二十年。宣統元年復原職。清帝遜位後，他侍奉溥儀為師。

沈瑜慶（1858—1918），字志雨，號愛蒼，別號濤園，侯官人。曾在江寧委辦水師學堂，後歷任山西按察使、江西布政使，官至貴州巡撫。

陳曾壽（1878—1949），字仁先，湖北蘄水人。清末進士，官廣東道監察御史。民國初，隱居不出，後往偽滿洲國任文書吏。

范當世（1854—1904），字肯堂，號伯子，江蘇通州（今南通）人。光緒十一年（1885）任武邑信都觀津書院山長。

俞明震（1860—1918），字恪士，號觚庵，浙江紹興人。光緒十六年（1890）進士，授刑部主事，後任江南陸師學堂兼附設礦務鐵路學堂總辦。

民國初年，流寓上海的遺民、遺老，褉集賦詩，結超社、逸社，切磋詩藝，唱和編刊，期待着詩運的中興。其中大多為同光體詩人，再次迸發創作高潮。他們的傳統文化素養較高，有充裕時間從事詩歌創作與研究活動，能將詩藝提高到新的水準。但其詩或惋惜或哀嘆，懷舊氣息相當濃重，也有不少是檢討清末政治的腐敗。同光體詩派繼續發揮領袖舊體詩壇的巨大作用，其他派別則影響式微，有的改宗宋詩，受同光體影響，或者可以說，同光體猶如一塊磁石，吸引其他派的詩人改變了詩學門徑。所以林庚白從反的方面也説出了同光體詩派在當時的廣泛影響："民國詩濫觴所謂同光體，變本加厲。"②

民國以來，在南京創辦的南京高師、東南大學、金陵大學等高校，重視傳統文化的繼承，網羅不少江南名彥以及海外歸來學有所成者。一批同光體詩派後學如王瀣、胡小石、胡翔冬、胡先驌、邵潭秋、汪辟疆等進入高校或文化界，他們中的不少人，會通中西文化，並創作舊體詩，培養學生，潛承同光體之傳統，出現學者詩人群體。大約在抗日戰爭全面爆發前夕，詩派之畛域漸歸泯滅，同光體詩派也走完其歷程。

---

① 錢仲聯：《陳衍詩論合集》，福州：福建人民出版社。

② 林庚白：《今詩選自序》，《今詩選》1940年出版，轉引自郭延禮：《中國近代文學發展史》第2册，第1403頁。

二、同光體詩為變風變雅

汪辟疆認為："有清一代詩學，至道（光）咸（豐）始極其變，至同（治）光（緒）乃極其盛。"① "詩至道咸而遽變，其變也與時代為因緣。然同光之初，海宇初平，而西陲之功未竟，大局粗定，而外侮之患方殷，文士詩人，痛定思痛，播諸聲詩，非惟難返乾嘉，抑且逾於道咸……在此五十年中，士之懷才遇與不遇者，發諸歌詠，憫時念亂，旨遠辭文。"② 同光體接續道、咸時期宋詩運動之後再放異彩，詩歌與時代共嚮發展。龔鵬程認為，同光以前詩作多為"一己之哀感"，至同光時代則發生改變，"詩非一己之哀戚，乃時代之寫照。國家不幸，賦到滄桑，亦非某氏之窮通，抒懷感憤，實有理想與辦法指寓其間，更非空為大言者。詩至同光為一大變，猶時自唐代中葉至道咸，道咸以後亦為一大變也"③。這裏説的是整個同治光緒年間詩風，然用於同光體詩派最為恰當。此詩風之大變，乃為一時代風氣所釀成，故以同光體命名此詩體，有其相當之理由，或可代表一時期詩壇之主流，也説明同光體領軍人物有總攬一代詩風的雄心。

同光體的興起，與社會亟變、人心思變、思潮競起的晚清世運相關。此派與宋詩運動一脈相承，均産生於變風變雅時代，但外患更亟，國運更衰。變法失敗，更使詩人心靈蒙上了陰影，他們看到改良無望，清廷也難以維持，但害怕清廷垮臺，有惶惶不可終日之感。但後來社會劇變發生，帝制被推翻，他們最擔心的是傳統文化也隨之斷絶，所以其詩作最能反映這一轉軌時期的現實與内心的痛苦。陳衍多次談到時代與詩創作的關係，在《祭陳後山先生文》中説："惟言者心之聲，而聲音之道與政通，盛則為雅頌，衰則為變雅變風。"④ 在《山與樓詩敘》中説到變雅特徵："余生丁末造，論詩主變風變雅，以為詩者人心哀樂所由寫宣，有真性情者哀樂必過人，時而齎諮涕洟，若創巨痛深之在體也。時而忘憂忘食，履決踵，襟見肘，而歌聲出金石、動天地也。其在文字，無以名之，名之曰摯曰録，知此可與言今日之為詩。"⑤ 在《小草堂詩集敘》中更進而説到同光體詩風形成的原因與特徵："詩至晚清同光以來，承道（光）咸（豐）諸老蘄嚮杜、韓，為變風變雅之後，益復變本加厲。言情感事，往往以突兀淩厲之筆，抒哀痛逼切之辭，甚且嬉笑怒罵，無所

---

① 汪辟疆：《近代詩派與地域》，《汪辟疆文集》，上海：上海古籍出版社，1988 年，第 275 頁。
② 同上，第 283—284 頁。
③ 龔鵬程：《説晚清詩》，《近代思想散論》，臺北：東大圖書股份有限公司，1981 年，第 202 頁。
④ 錢仲聯編校：《陳衍詩論合集》下册，福州：福建人民出版社，1999 年，第 1077 頁。
⑤ 同上，第 1089 頁。

於恤。"① 在皇權統治發生危機時，詩不僅嬉笑怒罵，甚至敢於指斥時政，以"突兀淩厲"之筆法，抒"哀痛逼切"之情感，這就是陳衍對同光體詩風總的認識，並認為這與道光、咸豐以前模山範水、吟風弄月的詩風大不相同。這正是《詩大序》中所説："亂世之音怨以怒，其政乖；亡國之音哀以思，其民困。"

同光體詩人對詩之變雅變風可説是達成了共識。石銘吾詩云："諸公丁世亂，雅廢詩將亡。所以命辭意，迥異沈（德潛）與王（士禎）。"②（《讀石遺室詩集呈石遺老人八十八韻》）鄭孝胥對清朝廷的腐敗無能有所不滿，認為這是一個衰世，"世衰士益放"（《答沈子培比部見訪夜談之作》）。同光體詩人大都經歷過戊戌變法時的變故，他們看到專制王朝難以為繼的總趨勢，卻對現實無可奈何，故詩作往往哀婉過人，真摯沉痛。陳三立詩云："國憂家難正迷茫，激蕩騷雅思荒淫"；"陸沉共有神州痛，休問柴桑漉酒巾"（《次韻黄知縣苦雨二首》）；"滔天禍水誰能遏，繞夢冰山各自傾"（《建昌兵備道蔡伯浩重來白下》）。似已預感到天翻地覆的劇變，所以潘若海説陳三立"掩淚題詩續變風"（《贈伯嚴吏部》）。沈曾植詩云："長嘯宇宙間，斯懷吾誰與"（《長嘯》）；"浩劫微生聚散看，空江老眼對辛酸"（《答石遺》）。痛定思痛，詩風哀婉淒切，不難看出清末行將崩潰的社會在同光體詩人身上留下的陰影。慘佛議論鄭孝胥詩，也覺察到了時代與詩的關係："鄭詩境界尤狹，無復雄博氣象，則亦時代為之乎！"③

民國初年政局不穩，更成亂世。清遺老、遺民紛紛僑寓上海、天津、青島等地，或退歸故里，衹有極少數人轉入民國政權中任職。政治制度大轉軌給他們帶來不安與焦慮，空前的文化震盪與急劇轉變更使他們精神極為痛苦。陳三立詩云："滿意魂翻變徵聲，彌天哀憤坐中傾"（《訪楊子琴同年不遇》）；"復傾肝膈疊吟詠，寄痛略依變雅説"（《次答蒿叟疊用東坡聚星堂詠雪韻寄懷》）；"醉魂併入淩雲氣，世患收為變徵歌"（《和答閑止翁見贈同屚韻》）；"爬抉物象寫離亂，自然變徵音酸楚"（《八月廿八日為漁洋山人生辰補松主社集樊園分韻得魯字》）。多首詩中寫到"變徵""變雅"，正是"亡國之音哀以思"。

清遺老們的傳統文化素養較高，又有充裕時間從事詩歌創作與研究活動，能將詩藝提高到新的水準。但他們的詩或惋惜或哀嘆，懷舊氣息相當濃重，也有不少是檢討清末政治的腐敗。他們結社禊集，切磋詩藝，唱和編刊，期待着詩運的中興。此期間，無論是同光體還是湖湘派還是詩界革命派諸子，他們都不同程度地表現出對清王朝的懷念和對袁世凱政權的抵觸，曾有的政治隔閡不再是溝通的障礙，他們會聚到一起抒寫着荆棘銅馬的異代之悲。康有為於民國二年（1913）回國後與陳三立、俞明震、沈曾植詩歌交往密切。梁啓

① 錢仲聯編校：《陳衍詩論合集》下册，福州：福建人民出版社，1999 年，第 1074—1075 頁。
② 石銘吾著，曾楚楠編校：《慵石室詩鈔》，潮州市饒宗頤學術館，1997 年。
③ 慘佛：《醉餘隨筆》，轉引自錢仲聯主編：《清詩紀事·光宣朝卷》第 18 册，第 12937 頁。

超此時在他主辦的《庸言報》上刊登陳衍的《石遺室詩話》，傳播了同光體詩派在民初的聲望。王闓運赴滬，與沈曾植、陳三立、樊增祥等交遊，促成了超社的成立。一種情緒的融通再塑了民國的詩壇。

民國時期，同光體繼續發揮領袖舊體詩壇的巨大作用。其他派别則影響式微，有的改宗宋詩，受同光體影響，或者可以説，同光體猶如一塊磁石，吸引其他派的詩人改變了詩學門徑。

三、同光體詩派學古求變以創新

在詩派衆多之時，“同光體”衹有翻新求變，找到自己的出路，纔能獨具風貌。宋詩刻意精深的内容與講求句法的特質，為“同光體”學古而求變提供了通道與藉鑒。同光體諸大家識見高明，以學宋詩為途徑，這與他們認同當時乃為變風變雅時期有關。他們偏重於悲壯美、瘦峭風格，與詩多苦語相應的是，詩多硬語。無論“生澀”還是“幽峭”，其詩句都傾嚮於拗峭而不平直，勁健而不疲軟。這些内質都與宋詩靠近，然而並非局限於宋，而是力求走出宋詩光環，上溯唐詩，超唐軼宋。

就詩家個人而言，大多同光體詩人都經歷過學古途徑的多次選擇。他們在變古創新的道路上作過多種嘗試，纔確定以何者為主，何者為輔。如陳衍標榜他“於詩不主張專學某家”①，應取法多人，如果“但專學一家之詩，利在易肖，弊在太肖。不肖不成，太肖無以自成也”②。其詩先後學過白居易、梅堯臣、楊萬里、陸游諸家，“新穎清切，晚近頗喜用俗語俚字攙入”③，則為學白居易所致。這也就是王鎮遠之所以要從閩派中析出元白派的原因。

陳三立早年學漢魏南朝詩，中年以後學韓昌黎、黄山谷，“辛亥亂後，詩體一變，參錯于杜、梅、黄、陳間矣”④。沈曾植初喜張籍、李商隱、黄庭堅，繼學梅堯臣、王令，晚出入杜、韓、梅、王、蘇、黄間⑤。也更提出過三關，效法至劉宋元嘉間，然“不取一法，不壞一法”。鄭孝胥“三十以前，專攻五古，規杭大謝，浸淫柳州，又洗練於東野。沉摯之思、廉悍之筆，一時殆無與抗手。三十以後，乃肆力於七言，自謂為吴融、韓偓、唐彦謙、梅聖俞、王荆公，而多與荆公相近，亦懷抱使然”⑥。同光體詩人從個體到群體幾乎都存在

① 陳衍：《石遺室詩話續編》卷三，《民國詩話叢編》第1册，第579頁。
② 陳衍：《石遺室詩話》卷十四則六，《民國詩話叢編》，第200頁。
③ 由雲龍：《定庵詩話》卷下，《民國詩話叢編》第5册，第585頁。
④ 陳衍：《石遺室詩話》卷十四則十，《民國詩話叢編》第204頁。
⑤ 見陳衍：《沈乙庵詩序》，《沈曾植集》，北京：中華書局，2001年，第12頁。
⑥ 陳衍：《石遺室詩話》卷一則五，《民國詩話叢編》，第21頁。

前後詩風不一的現象。他們在幾十年的創作道路上，努力尋求新的最能表現自己的道路，其創作道路有變化的軌迹可尋，這也正是同光體與宋詩運動諸大家不同之處。

同光體詩人既固守傳統樣式，同時在藝術上乃至用語措辭方面力求創新。如梁啓超説陳三立“不用新異之語，而境界自與時流異”①。此説未必對，與詩界革命派相似，陳三立也採用新異之語，吸收白話、新詞彙入詩。這類詞多半是隨着社會發展而出現的詞彙，但與詩界革命派連篇滿紙的羅列不同，衹是選擇適當，務求妥帖融化。如：“家庭教育談何善，頓喜萌芽到女權”（《題寄南昌二女士・周衍巽》）；“安得神州興女學，文明世紀汝先聲”（《視女嬰入塾戲為二絶句》）；“要知天機燦宇宙，海底星辰搜一網”“希臘竺乾應和多”“世健者知誰何”（《次韻答王義門内翰枉贈一首》）；“主義侈帝國，人權擬天賦”（《次韻答黄小魯見贈三首》）；“人權公例可灌輸”（《雪晴放舟題寄樂群學舍諸子》）；“憲法頓輸灌，合彼海裔轍”（《除日祭詩和劍丞》）；“地方自治營前模”（《除夕被酒奮筆書所感》）；“莫從報紙話兵戈”（《曉暾、公約相過》）；“等為玩具誇留存”“飛車潛艇難勝原”（《和東坡詠雪浪石》）；“救亡苦語雪燈前”（《挽嚴幾道》）等。這些詩句中的詞語，為古代所無，令人感到親切，表明陳三立對新思潮、新觀念、法制以及科技新産品的瞭解。當然，僅用若干口語、新名詞，並不足以言新，要開拓詩境，還是要着力於煉字，善於取象，推陳出新。如梁啓超評陳三立詩所云：“每翻陳語逾清新。”（《廣詩中八賢歌》）務求新奇，融注主觀情感，擴大並豐富了詞彙量與表現力，有的形成了奇詭意象，但詩中確實有過於艱澀處。李漁叔論陳三立：“惟其姿禀英邁，又以讀書之博，導其思力，回入篇章，乃或過矜，貪於字句精新，惟饒奇致。”②“貪”字包含有陳三立致力於創新出奇的努力，又有因此而造成的過於艱澀之意。

就陳三立所代表的同光體來説，如同唐代元和體，是新變之體，其成就啓後人以無數法門。就二千年詩史來説，它總結屈原以至鄭珍之經驗，為古典詩之殿軍，同時又為舊體詩的嬗變開了先聲。即便對“五四”以後新詩而言，它為之作了先導，提供了參照系，李金發的“朗月卧江底”與陳三立詩“一痕山卧煙”，聞一多的“好容易孕了一個苞子”與他的“千山孕緑待啼鵑”（《次韻季祠齋居即事》）等詩句頗為相似。

如何看待陳三立，究竟是古典詩歌的最後結束者，還是開風氣者，有待重新認識。二十年前，有人將陳三立稱為“古典詩歌的末路英雄”③，十多年前出版的《中國文學史》中，也認為他是“中國古典詩歌傳統中最後一位重要的詩人……他的創作也表明在一定範

---

① 梁啓超：《飲冰室詩話》，轉引自《散原精舍詩文集》附録（中），第1225頁。

② 李漁叔：《魚千里齋隨筆》，轉引自《散原精舍詩文集》附録（中），第1247頁。

③ 馬衛中等：《中國古典詩歌的末路英雄——陳三立詩壇地位重新評價》，《社會科學戰綫》1989年第1期。

圍内古典詩歌形式仍有活力”①。

之所以持此説，乃是有見於古典詩歌在詩壇上讓位於白話新詩，既然古典的、傳統的詩被打倒了，没落了，退出歷史舞臺，那麽“同光體詩”也就失去了價值，陳三立也就理所當然成了最後一位重要詩人，“末路英雄”，推論大抵如此。甚至有人認為陳三立衹不過是“為古典詩歌作了一個悲酸而又不失體面的收束”，即使對前人有所超越，“也很容易被熟爛的形式所銷熔，被豐厚的前人遺産所淹没”②。其立論基礎是，古典詩早已形成完整嚴密的詩歌系統，音節與情感韻律已經定型，詞語方式與意義的穩固契合造成意型的老化、硬化，語言的衰象、形式的熟爛，使得詩的創意無比艱難，所以古典詩不過是迴光返照。這一論斷否定了舊形式的可繼承性、可利用性、可改造性。形式有相對穩定性，但其情感、詞義相對而言是活躍的、可變的，而韻律衹是一種通用規則，按照規則仍可如魔方般千變萬化。可惜持論者仍沿襲五四時期“一班新人物”以形式主義看事物的眼光。

近十年來，一些年輕學者的觀點與前者已有很大不同，他們看到陳三立與同光體詩人及其後學努力創新的一面，認為其詩作顯現出舊體詩的活力。他們將其詩的求新求變看作是“現代轉型”。如楊劍鋒對劉納等人的觀點作出針鋒相對的評判：“陳三立對舊體詩歌的現代轉型所做的貢獻是多方面的”“應被視為用舊體詩歌創作的現代詩人”③。筆者基本同意此説。

作為同光體詩派的領軍人物，陳三立“用詩古文辭主東南壇坫者幾三十年”④。沈其光説：“自散原老人提倡江西詩派，海内宗之。”⑤ 羅敷庵詩云：“散原品節匡山峻，老主詩盟一世雄。”（《呈伯嚴丈》）以他和以他代表的同光體詩，成為同時代或後學一大批詩人的典範。受同光體影響，民國詩壇，多宗宋詩。吴宓説：“近世中國舊詩人多為宋詩，宗唐者寡。”⑥“多為宋詩”並非某一人有此能力，這也是由於時代、社會變化諸種因素所形成局面，但與陳三立為代表的同光體成就與影響是分不開的。

然而同光體詩以及舊體詩還有拓展之前途。著名學者胡先驌指出，詩應富孕理致。胡先驌（1894—1968）字步曾，號懺庵，江西新建人。早年留學美國加利福尼亞大學，獲林學碩士歸國。先後任南京高師、東南大學教授。在北平創辦静生生物研究所。他是舊體詩的守望者，針對胡適《文學改良芻議》之論而作《中國文學改良論》（載《南京高等師範日刊》，1919 年《東方雜志》轉載），認為文學革命之説偏激，是將中國文學不惜盡情推翻。但他又從時代的發展、中西對比的角度來看待舊體詩的前途。他在《評嘗試集》一文

① 章培恒、駱玉明主編：《中國文學史》下册，上海：復旦大學出版社，1997 年，第 590 頁。
② 劉納：《陳三立：最後的古典詩人》，《文學遺産》1999 年第 6 期，第 84—92 頁。
③ 楊劍鋒：《從散原詩歌的意象變革看舊體詩的現代轉型》，《近代文學學會第十四屆年會論文集》下册。
④ 袁思亮：《跋義甯師手寫詩册》，轉引自《散原精舍詩文集》附録（中），第 1219 頁。
⑤ 沈其光：《瓶粟齋詩話》第 4 編上卷，見《民國詩話叢編》第 6 册，第 706 頁。
⑥ 吴宓：《空軒詩話》22 則，《民國詩話叢編》第 6 册，第 43 頁。

中說："清末之鄭子尹、陳伯嚴、鄭蘇堪不得不謂為詩中射雕手也，然以曾受西方教育、深知西方文化之内容者觀之，終覺其詩理致不足，此時代使然，初非此數詩人思力薄弱也。"① 可見他對近代以來在中西文化交流的背景下舊體詩應如何發展有更高的視野，認為詩應表現理致。錢鍾書有《胡丈步曾遠函論詩卻寄》詩云："汲古斟今妙寡雙，袖攜西海激西江。中州無外皆同壤，舊命維新豈陋邦。" 論其所作貫通古今中外，傳承創新。這也印證了早些時候范罕所說："比歸，語故弟彥矧曰：'胡君新詩人也。' 予弟曰：'然亦舊詩人，今之同學輩殆無與匹者。"② 新在新思理、新境界，舊在仍用舊詩形式。

四、同光體詩人作品的傳播

與當時文化界主流重在革新，倡新詩、白話文不同，他們重在傳統文化的傳承與維繫，通過《東方雜志》《庸言》《學衡》等現代媒介，繼續傳播他們的詩作，傾訴心聲，施展影響。所以林庚白從反的方面也說出了同光體詩派在民國時的廣泛影響："民國詩濫觴所謂同光體，變本加厲。"③

楊萌芽博士認為："1912 年後，陳衍在梁啓超主編的《庸言》雜志上發表《石遺室詩話》，是近代宋詩運動進入到一個新的時期的標志。1915—1920 年宋詩派以《東方雜志》為陣地，發表了大量作品，同光體成為席捲民國時期古典詩壇的一種文學思潮。在《東方雜志》詩文欄内發表的 1700 首詩中，其中百分之七十屬於宋詩派詩人的創作。學衡派是一個精神淵源上和宋詩派很相似的團體，人事上也有諸多糾葛。通過宋詩派與這些文學群體的研究，我們發現這是一個凝聚力很强、對民初其他文學力量有較大影響的團體。清末民初宋詩派是一個介於傳統文學流派到現代文學社團之間的過渡性文人群體，體現了中國文學從古典到現代過渡的複雜性。"④ 這是同光體在民國時期影響極大的實證，但楊氏及一些學者每以宋詩派作同光體之代稱，似不妥當，宗宋詩人極多，但不能簡單說成是宋詩派。此之前還有翁同龢，瓣香蘇、黄，力倡宋調；嚴復心儀王荆公，多有和作；張蔭桓接武蘇東坡，歌行尤肖。但這些人通常也不能看作同光體或宋詩派。

20 年代，吴宓、梅光迪、胡先驌創辦《學衡》刊物。胡先驌負責詩選，後交由邵潭秋負責，發表了不少同光體詩派詩作。沈衛威說：

---

① 張大為等編：《胡先驌文存》，南昌：江西高教出版社，1995 年，第 58—59 頁。

② 范罕：《懺庵詩稿序》，臺灣中正大學校友會編：《胡先驌先生詩集》，1992 年臺北刊本，第 2 頁。

③ 林庚白：《今詩選自序》，《今詩選》1940 年出版，轉引自郭延禮《中國近代文學發展史》第 2 册，第 1403 頁。

④ 楊萌芽：《清末民初宋詩派文人群體研究——以 1895—1921 年為中心》，復旦大學博士論文。

由於胡先驌的關係，《學衡》雜志上大量刊登江西人的詩，且作者大都宗法宋詩（江西詩派），使得《學衡》雜志的“文苑”成了“江西詩派”之絶響，南社社員之餘音……同時宗法“宋詩”，崇尚“江西詩派”的同光體的許多詩人成為《學衡》的作者，也有非《學衡》作者的黃侃、胡小石等，和非江西籍的《學衡》作者汪東、王伯沆（瀣）、胡翔冬等宗法“宋詩”。而胡小石、胡翔冬本是李瑞清門人。20世紀30年代，在中央大學、金陵大學，這批宗法“宋詩”的詩人，還結為“上巳社”和禊社，同時吸引了文學新人如沈祖棻、程千帆等隨他們學習舊體詩詞①。

自1927年起，由曹纕衡接辦舊體詩園地《采風録》，附載於天津的《國聞周報》中。至1937年停刊為止，共出刊近五百期。“自同光諸老、並世名宿以至南北學校青年學子之作，惟善是求，無不登載。”（王仲鏞《借槐廬詩集後記》）同光體詩人是其中的主要作者。當時遠在貴州的李獨清，在《潔園剩稿》自敘中就説道：“晚清之際，詩風丕變。讀《采風録》，時有伯嚴、乙庵、肯堂諸老之作，心竊好之，復沉潛於《散原精舍詩》《海日樓集》《石遺室詩話》諸書，更知有所謂同光體者。”② 藉助現代傳媒而瞭解名人詩作。在南京還有《國風》半月刊刊登舊體詩。1935年《民族詩壇》創刊於漢口，盧前主編。其宗旨是建設民族詩歌，主張詩在内容上寫民族精神、愛國之志，形式上溝通新舊詩體。

1940年中正大學在泰和縣成立，校長胡先驌、文史系主任王易都好吟詩，由此調動校内教授的吟興，創辦的《文史季刊》，以刊登贛派詩人作品為主。同時江西省參議會創辦《江西文物》，開闢“贛風録”欄目、“紀念陳三立”專欄。這一類報紙雜志，前後相繼興起，不僅維持詩學傳統於不墜，且對傳統文化的繼承也發揮了極大的影響。

五、同光體贛派、閩派、浙派

同光體詩派由於隊伍龐大，學古途徑、創作手法各異，早有人進行再分支派的研究。陳衍在《石遺室詩話》中，將道光以來至同光間的詩，按詩學淵源、風格分為清蒼幽峭、生澀奥衍二派。兩派即汪辟疆在《近代詩派與地域》一文中所説“閩贛派”。細分則為贛派與閩派，分别以陳三立、鄭孝胥為領軍人物。龍榆生説：“晚清詩壇，鮮不受陳、鄭影響，儼然江西、福建二派；江西主山谷、宛陵，福建主後山、簡齋、放翁諸家。”③ 錢仲聯

① 見《作為文化保守主義批評家的胡先驌》，載《江西社會科學》2005年第3期。

② 李獨清：《潔園剩稿選》，貴陽：貴州人民出版社，1982年，第1頁。

③ 龍榆生：《中國韻文史》，上海：上海古籍出版社，2002年，第68頁。

承汪辟疆“閩贛派”之説：“百年以來，禹域吟壇大都不越閩、贛二宗之樊，力斬咳唾，與之相肖。金陵一隅，尤為贛派詩流所萃。”①

贛 派

贛派詩人的活動地域主要在南京與南昌兩地。陳三立長期居南京，推崇者衆，不少前輩詩人、在位或退隱的詩人交遊。新生代學者詩人，也奉其為一代宗師。還有皖、粵、浙、閩等地，均有宗宋詩人受其影響。誠如吕貞白詩云：“縱録大海掣長鯨，詩陣宏開擁主盟。高座記曾親謦欬，得沾餘溉到鯫生。”（《追憶陳散原丈》）

從詩歌淵源來看，贛派可定名為韓黄派，即師法韓愈、黄庭堅，近代則效法陳三立。贛派與宋代江西派相比，並非冥搜枯索，刻畫雕琢，而是熔情采於理趣之中，去枯澀而存奥瑩，去生硬而取嫵媚，學古而不泥於古。詩人各就性之所近，趣味之所投，既有緊隨陳三立學詩者，也有出入江西派而能自張一軍者。

贛派由四部分人組成：（一）江西籍贛派詩人，他們近步陳三立，遠宗宋詩，以黄山谷、陳後山為主，上窺杜、韓，如程學恂、華焯、胡梓方等。胡先驌説：“自陳散原先生出，始重振西江緒餘，夏吷庵、華瀾石、黄百我、楊昀谷諸前輩亦能各樹一幟。”② 夏敬觀主要學梅堯臣，與鄭孝胥相近。錢仲聯説：“近代江西詩家，陳散原後最負盛名者推夏劍丞。其詩並不學山谷，而為宛陵之清苦。”③

後起之秀有王浩、吴天聲等。陳三立説：“過南昌，所遭鄉里英俊少年六七輩，類多偏嗜山谷，效其體，竭其才思，角出新穎，竊退而稱異，殆西江派中興復振之時乎？”④ 又説：“吾鄉英異少年則多依山谷，懸其鵠而争自立。王君簡庵、然甫兄弟才俊而學勤，號尤能窺藩籬而振墜緒者也。”⑤ 他滿腔熱忱推許王氏兄弟、胡詩廬等年輕江西詩人，寄托重振江西詩風的希望。

抗戰期間，贛北淪陷，贛省政治、文化重心移至泰和縣。詩人輾轉流離，至此稍得安定，遂多憂憤之作。當時以舊省府職員為主成立“澄江詩社”。抗戰勝利後，在南昌成立“宛社”。儘管時世亂離，生活維艱，仍能活躍詩壇，正如涂世恩詩句云：“西江宗派今當盛”（《送四弟之浦城》），維繫了江西半個世紀以來的舊體詩傳統。

（二）贛派學者詩人，能在傳承中蜕變，風格由生澀奥峭轉為崛健。部分為江西籍人，

① 錢仲聯：《唐音閣吟稿序》，霍松林：《唐音閣吟稿》，西安：陝西人民出版社，1988 年，第 2 頁。
② 以上見《胡先驌文存》，第 313 頁。
③ 錢仲聯：《夢苕庵詩話》則四十，《民國詩話叢編》第 6 册，第 178 頁。
④ 陳三立：《培風樓詩存序》，《散原精舍詩文集補編》，南昌：江西人民出版社，2007 年，第 306 頁.
⑤ 陳三立：《思齋詩序》王浩《思齋詩》，1924 年王易刊本，第 2 頁。

如辛際周，萬載人。畢業於京師大學堂，歷任《民報》主筆，廈門大學教授，江西省志館總纂。發揚贛派傳統，有詩云："詩派衍吾鄉，千載資溉灌。屹屹義甯叟（陳三立），殿砥波流濫。繼明仗後起，西江燈未暗。"有《灰木詩存》。其詩採山谷之瘦峭，融後山之深婉，近法陳散原，其莽蒼沉雄自成一格。

汪辟疆，彭澤縣人。京師大學堂畢業後，歷任心遠大學、中央大學教授。他期待詩的理想境界是："能於旖旎存風骨，且學婀娜見雪肌。"（《學詩一首示浚南》）遠受韓昌黎、黄山谷、陳後山等人影響，近受陳三立影響，是贛派後學中既能創作又擅長研究的中堅。

王易（1889—1956），字曉湘，號簡庵。京師大學堂畢業後，歷任中央大學、中正大學教授。詩有黄山谷之錯綜句法，陳後山之堅蒼骨力。弟子涂世恩，豐城人。中正大學副教授。著《彊學齋詩存》。自言"及事簡庵（王易），導以李杜蘇黄之途，旁及後山、簡齋二家。"（《與懺庵論詩書》）

邵祖平（1898—1969），字潭秋，南昌人。在東南大學任教時結識陳三立。爾後到之江大學任教時，又與適來杭州寓居的陳三立切磋詩文。著有《培風樓詩存》《續存》。陳三立序其詩集云："冥搜孤造，簸崛奥衍，意斂而力録，雖取途不盡依山谷，而句法所出頗本之，即謂之仍張西江派之幟可也。"陳衍在詩話中舉其《自祖堂登牛首》等五首之後説："以上古近數篇，皆酷似散原者，'峰尖'一聯尤神似……《後湖三絶句》亦神似散原。"①

還有涂公遂（1904—1991），修水人。曾在開封河南師院任院，後往香港任珠海書院中文系主任，其詩效法陳三立，形神俱肖，風格蒼秀。有《浮海集》。

還有部分是在南京高校中任教的贛派詩人，但並非江西籍。如中央大學教授王瀣，字伯沆，江蘇溧水人。金陵大學教授胡翔冬，安徽和州人。苦心吟詩，避俗避熟，力求新怪。還有胡光煒，字小石，嘉興人。歷任東南大學、中央大學、金陵大學教授。兩人壯年均從陳三立遊。

（三）陳三立五子，衡恪、隆恪、寅恪、方恪、登恪均能詩。陳衍説："散原諸子多能文辭，余贈陳師曾詩，所謂'詩是吾家事，因君父子吟'者也。"②

（四）其他贛派詩人，如詩風逼肖陳三立的有貴池人劉詒慎。金天羽在《龍慧堂詩集序》中論其詩："堅蒼藴藉，中涵禪理，句法時學散原。"③ 合肥人李彌庵，煉字造法學陳三立，龍潤老人論其詩云："幽深瘦勁，其秀在骨，精光外溢，直繼散原、海藏，了無愧色。"當塗人奚侗，民國初年官江浦縣知事。陳衍説他"詩語奇崛，余嘗敘其詩，以為近於

① 陳衍：《石遺室詩話續编》卷三則七十二，《民國詩話叢编》第1册，第579—580頁。

② 陳衍：《石遺室詩話》卷二十一則五，《民國詩話叢编》第1册，第285頁。

③ 轉引自汪辟疆：《光宣以來詩壇旁記》，《汪辟疆文集》，上海：上海古籍出版社，1988年，第581頁。

散原一派者”[①]。

羅惇㬊，羅敷庵兄弟，廣東順德人。其詩力追黄山谷、陳後山，刻意求新，風格簡遠。錢基博認為：“其在散原，亦猶蘇門之有晁張也。”[②]

香港傅子餘説：“辛亥而後，革命党詩人之最著名者為胡漢民。胡氏寖饋於荆公之詩甚深，加以記憶力最强，有過目不忘之譽。其詩喜用人名為對，用事準確不移，又無一首不與家國有關。故言民國之詩，莫不首推漢民，陳融翼而助之。……顧陳氏致力後山，與其高弟熊英沆瀣一氣，若其門下諸子，則多趨嚮於兼葭樓詩。此外，與胡陳同輩而聲氣相孚者，又有廖仲愷、朱執信、陳樹人及胡氏之弟毅生。但胡、陳二氏及其同輩，仍步同光後塵，未能自闢一途，以津逮來者。”[③] 將胡、陳兩人歸於同光體後學。還有陳寂（1900—1976），廣州人，陳永正認為其詩“大體上都是清末同光體詩人學宋一路”[④]。

閩 派

以鄭孝胥為首的閩派，以陳衍為理論家。在香港傅子餘説：“此派以鄭孝胥為主，而鼓吹之力，則出自陳衍石遺，其《近代詩鈔》及《石遺室詩話》早已風行全國，影響至六七十年代。當日閩中詩壇，名位最高者為陳寶琛，次為沈瑜慶，而何振岱、周達、林旭、李宣龔為其羽翼。”[⑤] 閩派宗宋詩，又有宗嚮宋某家或幾家傾嚮的不同，謂之支派亦可，與贛派陳三立獨居尊座的情況不同。不過，閩派群雄並起，而後學既尊其師，又受其他名師的影響，兼取他派之所長。既有門户，又不拘門户之約束，這其實是詩壇分化衍派的興盛表現。

繼鄭孝胥而起者李宣龔，字拔可，號墨巢，閩縣人，為近代一大作手。章士釗《論近代詩家絶句》中云：“閩嶠詩家鄭與陳，君來應是第三人。”肯定他在閩派中的地位為鄭孝胥、陳寶琛之後第三人。楊鍾羲説：“余謂閩人詩，滄趣典遠，其緒密；海藏清剛，其氣爽；拔可出稍後，深粹堅栗，境界日辟，亦不以千里畏人者。”[⑥]

閩派中的陳書、陳衍一支，詩宗白居易、陸少游。陳書，號木庵，是陳衍伯兄，近代學者並未將他看作同光體的重要人物，但他詩風清新，變革了閩詩的宗唐風氣。陳衍詩弟子，著名的有黄濬、黄曾樾，後者師從陳衍時，記其説詩語而有《陳石遺先生談藝録》。還

① 陳衍：《石遺室詩話》卷二十九則十七，《民國詩話叢編》第 1 册，第 395 頁。

② 錢基博：《現代中國文學史》上編“古文學”，上海：上海書店，2004 年，第 191 頁。

③ 傅子餘：《二十世紀名家詩選序》，毛谷風編：《二十世紀名家詩選》，上海：華東師範大學出版社，1993 年，第 4—5 頁。

④ 陳永正：《枕秋閣詩詞略論》，《當代詩詞》2011 年第 1 期，第 103 頁。

⑤ 傅子餘：《二十世紀名家詩選序》，毛谷風編：《二十世紀名家詩選》，第 4 頁。

⑥ 楊鍾羲：《碩果亭詩序》，《海藏樓詩集》“附録三”，第 548 頁。

有梁鴻志，錢基博説他“足以張西江之壁壘，而殿同光之後勁者也”①。

閩派中還有何振岱、王允晳、林旭、郭曾炘、郭則壽等人，初受鄭孝胥影響，宗法韋應物、柳宗元，又受陳寶琛影響，以王安石、黄庭堅、陳師道為門徑，上溯韓愈。

還有曾克耑，閩侯人，為同光體之後勁。錢仲聯説他：“其祈嚮所在，似不外肯堂、散原二家。古體全學肯堂，差能具體，近體則以范、陳樹骨，參以異派之長，與近代閩派詩人取徑絶異。”② 胡先驌評其詩云：“健筆雄篇，上逼杜韓，高格超出閩詩範圍甚遠，洵一代之大手筆，五十年來所稀見也。”③

浙 派

錢仲聯在《論同光體》④ 一文中，從贛派中析出浙派，乃因沈曾植同時有袁昶，後有金兆蕃宗法相同，還因沈曾植主張過三關，將陳衍三元説（開元、元和、元祐）通到元嘉(劉宋年號)，廣泛吸收自南朝以來的詩歌之長，詩學觀與贛派稍有異。

袁昶，字爽秋，號浙西村人，浙江桐廬人。官太常寺卿時，八國聯軍進犯大沽，他反對圍攻使館與對外宣戰，被清廷處死。由雲龍説：“漸西村人袁爽秋，亦學宋體者而好用僻典，與嘉興沈乙庵有同調焉。”⑤ 其詩清健近黄山谷。

沈曾植的傳人金蓉鏡（1856—1930)，字甸丞，號香嚴，浙江秀水人。清末官兵部主事，民國後歸故里。從沈曾植學詩，改變詩風。還有王蘧常，嘉興人，任教於無錫國專。陳衍説：“嘉興王瑗仲蘧常，沈乙庵高足也，與常熟錢仲聯萼孫為文字骨肉，刊有《江南二仲詩》，大略瑗仲祈嚮乙庵，喜鍛煉字句。然乙庵詩雖多佶屈聱牙，而俊爽邁往處正復不少。”⑥

同光體詩派陣營中，浙派人數最少，影響也小，曲高和寡，是此派影響小的重要原因。但這一派具有學人之詩的特徵，從傳統詩的發展來看，詩言理趣，也許是未來最有價值的詩。

作者單位：江西省社會科學院贛鄱文化研究所

① 錢基博：《現代中國文學史》上編“古文學”，第192頁。
② 錢仲聯：《夢苕庵詩話》複九，《民國詩話叢編》第6册，第350頁。
③ 見胡宗剛編：《胡先驌先生資料長編》，南昌：百花洲文藝出版社，2008年，第643頁。
④ 錢仲聯：《論同光體》，載《夢苕庵清代文學論集》，濟南：齊魯書社，1983年，第115—118頁。
⑤ 由雲龍：《定庵詩話》，《民國詩話叢編》第五册，第583頁。
⑥ 陳衍：《石遺室詩話續編》卷一則二十五，《民國詩話叢編》第1册，第488頁。

從地理分佈看廣府古文明與百越同源

劉介民

廣府是百越民族的主要分佈地區。廣府地區就是“嶺南”或被稱為“嶺表”“嶺外”的五嶺以南地區，主要是指今廣東、廣西、海南島及越南北部等地。百越是古代越族，分佈很廣，支系衆多，主要是東南地區的蘇、浙、閩、贛、臺灣、嶺南地區的粵、桂和西南地區的滇、黔等地。古代文獻和新發現的考古資料證實：古代民族間出現文化特徵的相同，如居處、飲食、習慣、喪葬和宗教等，其根本原因乃是民族的親緣關係，或曰血緣關係，説明廣府越人和百越駱越人的民族情緣是親密而同源的。

一、從地理分佈看廣府與百越

司馬遷《史記·南越列傳》：“秦時已併天下，略定楊越，置桂林、南海、象郡，以謫徙民，與越雜處十三歲。”① 西漢賈誼《過秦論》“南取百越之地，以為桂林、象郡；百越之君，俛首繫頸，委命下吏。”② 班固《漢書·地理志》：“粵（越）地……今之蒼梧、郁林、合浦、交趾、九真、南海、日南、皆粵分也。”③ 這就是古越人的分佈地區。揚越和百越是古代越族的泛稱，根據文獻記載和考古文化特點，廣府越人可分為三支：一是分佈在廣東北部、東部及中部以廣州為中心的南越；二是分佈在廣西的大部分地區及廣東西部的

① ［漢］司馬遷：《史記·南越列傳》，西安：三秦出版社，2008 年。

② ［漢］賈誼：《賈誼集》，上海：上海人民出版社，1976 年。

③ ［漢］班固：《漢書·地理志》，西安：三秦出版社，2008 年。

西越；三是分佈在廣西西部、南部、越北以及海南島的駱越。應該説廣府越人地區介於東南越人和西南越人之間。考古資料表明廣府越人早在遠古就有來往，與雲貴高原上的越人有着相互聯繫和相互影響。我們所指的廣府地區的越人主要是五嶺以南的兩廣地區的南越、西甌、駱越、揚越。

春秋戰國的浙閩地區，有一個名叫"越國"的土方王國①，這個王國統屬兩個大部落，後來稱為東甌與閩越②。與此同時，在嶺南西部和越南北部地方，也有兩個大部落，東邊的叫西歐，西邊的叫駱越，又稱西越③。越人各部雜居共處，支系不同，各有各的種姓。中國古代名著《尚書·禹貢》是先秦最富於科學性的地理記載，囊括了對各地山川、地形、土壤、物產等情況。據書中記載：長江以南五嶺東、西地區，古代隸屬"揚州"④，這裏的居民主要是越人，也稱為"揚越"⑤，由於越人部落很多，因而又稱為"百越"。

五嶺地區廣府的越人居住所在地，多在稱謂之前，借用"東""西"方位詞來説明，如"東甌""西甌""東越""西越"。新石器時代，越人定居在五嶺時，東西部越人來往頻繁，在這一地區我們發現具有共同特徵的石器工具——有段石錛，説明越人定居時間較早，與之關係密切。他們開始建立政權應該是原始時代末期，相當於夏商年代。據袁康《越絶書》⑥記載的是古代吴越地方史的雜史，又名《越絶記》。《越絶書》不僅是浙江最早的地方志，也是國内現存最古的地方志，被尊為中國地方志之鼻祖。東漢趙曄《吴越春秋》是一部記述春秋戰國時期吴、越兩國史事為主的史學著作。民族史學家石鍾健《論武夷山懸棺葬的有關問題》，談到第一個建立政權的越開國王"無餘君"，後來也稱為"武夷君"⑦，開始了越王室部落首領的世系。嶺西越人初唐稱"武仙"⑧，謂象州武仙縣，多有神仙聚集高山，羽鶴時見，如建州武夷山，皆有仙人换骨函櫬之迹。這個名稱的意義同定居在越北的越人含義應是一樣的，在民族源流上兩者的關係是非常密切的。後來唐初嶺西建縣，用"武仙"這個名稱，其中也包括他們原來是越人的含義在内，可見兩越人出自同源。

駱越是秦漢時期活動於今廣西沿海地區的古代民族。廣府越人自稱是古駱越人的後裔。《越史叢考》載："西甌駱裸國亦稱王……"⑨《漢書·賈捐之傳》載："駱越主人，父子同川

---

① 淩純聲：《古代閩越人與臺灣土著族》，《臺灣文化論集》，臺北：中華文化出版事業委員會，1954年，第466頁。

② ［漢］司馬遷：《史記·東越列傳》。

③ ［明］歐大任：《百越先賢志》，北京：商務印書館，1959年。

④ 據《尚書·禹貢》《爾雅·釋地》《史記·楚世家》記載：揚州是古代九州之一。

⑤ ［漢］司馬遷：《史記·楚世家》。《史記》稱揚越為楊粵。

⑥ ［東漢］袁康著，吴平輯録：《越絶書》，上海：上海古籍出版社，1985年。

⑦ 石鐘健：《論武夷山懸棺葬的有關問題》，《思想戰綫》1981年第2期。

⑧ 唐·莫休符所著《桂林風土記·仙人山》是現存較早的桂林地情專著，也是一部有關桂林歷史地理和風俗人情最早的風物志。

⑨ 蒙文通：《越史叢考》，北京：人民出版社，1983年。

而浴，相習以鼻飲。"① 駱越人也許過着原始古樸的生活，但在日常的諸多細節上，已經呈現出了驚人的創造力。例如，他們的生産工具別具一格，除石斧、石錛外，他們製作的大石鏟呈束腰長舌形，邊沿加工精細圓潤，束把處有邊牙，以便綁牢，可見製作者思維的縝密和心思的細膩。這把大石鏟既是生産工具，也是藝術品，在祭祀稻作神靈時又可作為神器使用，設計獨具匠心，閃耀着智慧的光芒。駱越人或許離我們很遥遠，但他們的後代——散居於中國乃至世界各地的壯族同胞卻離我們很近。他們的一個發音或微笑，都有可能帶着駱越人的遠古氣息，傳遞着祖輩們的精神光芒。

二、從越人姓氏看同源

廣府越人和百越族的東西姓氏相同。《史記·東越列傳》說："閩越王無諸及越東海王摇者，其先皆越王勾踐之後也，性騶氏。"此"騶"即為"駱"，"騶""駱"兩字形相近，於是把"駱"誤稱為"騶"，廣府越人稱為"駱越"，因此"駱"字冠在越人部落之前。可見，嶺西越人原也姓"駱"，東西越人姓氏相同，證明其出自同源。廣府越人，是百越地區古越人的簡稱，百越之地諸部落常統稱為越人。《漢書·地理志》注引臣瓚曰："自交趾至會稽七八千里，百越雜處，各有種姓。"② 即從漢族會稽郡至京族交趾郡。越楚同源說，如童書業《中國古代地理考證論文集》中認為越、楚同源，楚芊姓，是帝高陽之苗裔，祝融之後，越王勾踐也是祝融之後，允常子，芊姓。《世本》亦云："越，芊姓也。"③《國語·鄭語》說："祝融之興者，其在芊姓乎，芊姓夔越，不足命也。"④ 因而他認為"春秋時的越王即是越章王之後，所以本為芊姓"。《史記·越王勾踐世家》稱越王勾踐為"禹之苗裔"，曰："越王勾踐，其先禹之苗裔，而夏後帝少康之庶子也。封於會稽，以奉守禹之祀。文身斷髪，披草萊而邑焉。"⑤ 談到越人姓"駱"說法可以接受。但在先秦典籍上的越人姓氏另有說法，如《本紀·氏姓篇》稱為"越，芈姓也，與楚同祖"⑥，這種越楚同祖之説與先秦記載不合。《史記·楚世家》有"不祀祝融與鬻熊"，如此疑議是歷史動盪、戰亂文獻失散，一些記載失實造成的越楚同源說。

百越時代的越南北部也屬於廣府，越南姓氏大多來自中國，例如阮、范、陳、吴、黎、鄭、李、丁，等等。越南幾個王朝的開國國王本人或其始祖全為華裔，例如吴朝的吴權（冀

---

① ［漢］班固：《漢書·賈捐之傳》。

② ［漢］班固：《漢書·地理志》。

③ ［漢］宋衷注：《世本》，上海：商務印書館，1937 年。

④ ［春秋］左丘明：《國語·鄭語》，上海：上海古籍出版社，1998 年。

⑤ ［漢］司馬遷：《史記·越王勾踐世家》卷四十一。

⑥ ［漢］司馬遷：《史記·本紀》。

人)、丁朝的丁部領（粵人)、前黎朝的黎桓（蜀人)、李朝的李公蘊（閩人)、陳朝的陳日煚（閩人)（煚讀 jiǒng 炯)、莫朝的莫登庸（粵人)、後黎朝的黎利（閩人)，等等。同時也有古代安南征服南方佔婆族、真臘族國家後引入的姓氏，數量比較少。但大禹死後是藏在越南國，所以他們尊稱大禹為禹帝，尊無餘為越南的先祖，夏越同源也是事實。大禹可説是越國的祖先，也可説是夏朝的祖先，是我們共同的祖先。

三、從物質文化的相同看

普通石錛是一種特殊的石器，是中國東南區新石器文化的重要特徵。有段石錛發現在廣府東南區最多，在華北東部還略有少數發現。在中原的石器時代考古學中這種石器幾乎没有地位，可在中國東南一帶數省中這種石器卻很常見。這説明這種器物和這些地區的特定人群及其遷徙活動有着特定的聯繫①。蘇聯考古學家佛爾莫佐夫在他發表的《石器時代的工具可否作為族别的標志》一文中以石器工具作為民族起源的標志，稱為一個考古學派的觀點②。廣府東西越人與百越駱越主要在石器上，其次在銅器上，出現不少相同的器物。相同的生產工具和他們共同的生活傳統有關，也就是説他們有共同的民族淵源。

（一）有形狀相同的石器工具

石鏟，是原始農具之一，用於墾荒、翻地。據史料記載，石鏟還是最早的治療工具，如鏟筋療法。石鏟療法更多地運用於少數民族特别是土家族當中。常常在筋骨疼痛後，用加熱的石鏟鏟筋熱敷以減輕疼痛。在廣府南部地區，新石器時代出現了一種以大石鏟為特徵的地方文化遺存。這種文化遺存，其代表遺物是形體碩大、棱角對稱、打磨光潔的石鏟。這種石鏟主要發現於廣府南部地區，出土這些石鏟的文化遺址被稱為桂南大石鏟。

石斧和石犁。石犁器呈三角形，器體薄而扁平；器身上端有一凹形柄，中部施一單嚮鑽孔，由背面鑽嚮正面，正面孔徑約 2.0 厘米；單面刃，刃部鋒利。除刃部磨光外，其餘部分較粗糙。新石器時代的犁與現代的犁有所不同，不僅製作材料上屬石製品，而且在名稱和使用方法上有時與石耜、石鏟等工具也難分清。近年來對新石器時代的石犁已出現了一批富有新意和啓發性的研究成果。

---

① 林惠祥：《中國東南區新石器文化特徵之一——有段石錛》，《考古學報》1958 年第 3 期，第 10 頁，第 4 條。

② A. A. 佛爾莫佐夫：《蘇聯細石器文化研究》，《考古學報》1955 年第 2 期。

獨木舟和有段石錛。新石器時代良渚文化有段石錛，長24.5厘米、寬4.8厘米。黛緑色，扁平長條形。器形規整，單面平刃，背面上端減地成段，通體琢磨光滑精緻。石錛是磨製石器的一種，是新石器時代生産工具。石錛上端有“段”，即磨去一塊，稱“有段石錛”。

（二）兩地均有銅製武器

有關古籍文獻對春秋前後廣府越國的青銅冶鑄技術也給予了很高的評價。《越絶書》對越國的青銅冶鑄活動記載猶多，對其採礦、冶煉、鑄劍等都有較詳細的記述，如“赤堇之山，破而出錫；若耶之谷，涸而出銅”① 等。晉王嘉《拾遺記》説范蠡相越時，“銅鐵之類，積如山阜”②。越國著名的鑄劍工匠歐冶子鑄造的各種名劍，更為時人矚目而倍受讚譽。

銅兵器是古代用銅鑄造的武器，是冷兵器的一種，盛行於商、周、春秋時期。青銅兵器的製造工藝精巧，外表雕飾、鑲嵌着各種美麗的花紋，有的兵器上還鑄有銘文。據古籍記載和考古出土文物證明，進攻性銅兵器如銅戈、銅矛、銅刀、銅戟等，防護兵器如銅盔甲等，形制和工藝水準也不斷發展完善。直到鐵兵器出現並發展後，銅兵器被鐵兵器所取代。

（三）銅農具、銅釜、銅鼓

廣府南越地約為今廣東及與廣西部分交界處，商周以來，廣府越人在中原及楚文化的直接、間接影響下，青銅冶鑄業始有起步，至春秋戰國秦漢間，達到很高水準。歷史上因越滅吴，而越又為楚所滅，所以吴越青銅器在楚國境内甚至更遠的地方亦時有出土。吴越青銅器可分為中原系統和本地系統兩大系。

目前已知廣府地區年代最早的青銅器當為饒平出土的一件銅戈，其鑄作粗糙，造型風格不同於中原内地。商末周初的青銅器産品、廣府地區的青銅冶鑄業開始有了長足的發展，此時的青銅器無論在品質、數量方面，都達到新的高度。廣府清遠馬頭崗曾連續發現兩座春秋晚期至戰國早期墓葬，都以青銅器為主要隨葬品。銅釜，炊器。斂口、圜底，或有兩耳。其用如鬲，置於灶口，上置甑以蒸煮。盛行於廣府漢代，古代的釜，有銅製的，也有鐵和陶製的。

---

① 今赤堇之山已合，若耶溪深而不測。http：//baijiahao. baidu. com/s? id = 1572273257738684&wfr = spider&for = pc 2017—07—07

② ［清］張澍《十三州志·闞駰》，清道光十六年（1890）複印本。

（四）兩地均有印紋陶

印紋陶始見於廣府地區新石器時代晚期，器物表面拍印有方格紋、漩渦紋等紋飾，廣府石峽文化下層及江西山背文化跑馬嶺遺址、福建曇石山文化下層均有發現。紋飾是用印模在做好的胚胎上捺印出來的，最初衹是出於防止器物變形、加固陶坯的目的，故早期的印紋陶上多留有布紋、席紋和繩紋的痕迹，後來隨着技術的提高和人們審美能力的增强，紋樣逐漸趨於豐富、精美。

印紋陶的產生可能是一種巧合。廣府與百越先民多住木構建干欄式房屋内，家裹盛糧、盛食、打水的器物，均是竹、繩編織的筐子，筐裹抹上一層泥，用於防蟲或儲存，偶爾一場大火，木構建完全燒毀，火滅後，竹繩編織的筐子燒了，裹面抹的泥，就成了一件件外帶編織紋的陶罐。商代晚期至春秋時期，印紋陶繁榮發展，數量空前增長，紋飾種類繁多，大多為浮雕式陽紋，生動鮮明有立體感。到了戰國時期，隨着廣府製瓷業的發展，印紋陶生產驟減，直至被青瓷取代。

四、從相同經濟生產方式看

廣府越人和百越駱越人從事農業和紡織的同時，也在採集和漁獵方面佔有相當比重。廣府越人和百越駱越史前先住民的採集漁獵活動，是在豐厚富足的生態環境中進行的，水陸並進，豐富多彩，故而漁獵經濟相當發達。經濟生產包括採集、漁獵、農業和紡織四項，屬於日常生活的吃飯、穿衣活動。最為主要的工具是石頭工具和草繩木叉等。他們群居生活，圍捕漁獵。舊石器時代、新石器時代歸根結底都屬於漁獵時代。魚鈎是一種帶尖的彎鈎，鈎尖上掛上魚餌，魚咬餌時鈎住魚嘴，將其釣起。廣府地區採集狩獵經濟更多地偏重於植物性食物的採集。廣府地區的石器類型十分簡單，屬於典型的粗大礫石石器工業，包括砍砸器、尖狀器和原手斧，這種文化傳統在廣府地區整個舊石器時代一直十分穩定而鮮有變化。古代的越人乃至廣府地區都很少有關於古代人類生計的直接證據。

（一）從事農業生產

在新石器時代之後採集和漁獵經濟佔有重要比例，以大量石製農業工具——釜、鋅、杵、磨棒等可證明。廣府越人從事採集、漁獵和農業的時期比東部略晚些，因此在經濟生活中表現就不大相同。當時氏族先民記録了從事農業生產的生活狀況十分艱苦。“在甯紹平原河姆渡發現重要農業工具，稻穀、穀殼、稻秆和稻葉。”① 濱海地區採集和漁獵較突出，而河谷、平原地帶，農業經濟較為發達②，表現為大量農業工具和穀物加工工具的出現。農業經濟的發展情況概括起來有以下幾個特點：

1. 農業生產很原始，採集和狩獵、捕撈活動在經濟生活中佔有特別重要的地位，有的地區漁獵經濟尚居主導地位，大部分地區還沒有十分穩定的定居生活和一定規模的農業。

2. 經濟生產活動受到自然條件的强大制約，人們還缺乏改造自然的能力。由於自然條件的不同，各個地區的經濟發展水準表現出一定差異，存在着不平衡性，並且預示着不同的經濟形態發展方嚮。

3. 廣府不同地區、不同文化的氏族部落彼此交流，是促進經濟發展的極其重要的因素。

新石器時代廣府早期農業經濟的上述特點，是在人類不斷戰勝自然條件的種種限制，為自身的生存和發展而表現出來的。隨着廣府越人對自然界征服力量的加强，這些特點也在發生變化，比如漁獵經濟形態的減弱等。隨着經濟的發展，不同文化的同一性也日趨發展了。

（二）同以紡織絲綢著稱

廣府越人的紡織業有比較良好的基礎。早在八九千年以前，廣府部分地區的越人先民已有原始的紡織活動，越人已有簡單原始的踞織機。廣府地區越人先民這種織機可能是一種水準式的簡單織機，一端用以固定經綫，另一端則繫於人腰之間，來回穿梭編織織物。

紡織工具如紡紗撚綫的紡輪，在新石器時代遺址和墓葬中大量出土。年代較早的實物，是四件陶紡輪。陶紡輪是新石器時代紡織生產工具，絲綢生產不僅推動了新石器時代紡織技術的飛速進步，也可能促進了絲綢服飾的發展，同時還對後世高級多彩提花織物的出現準備了條件，為高級服飾提供了優等材料。

在古代文獻上，《尚書》《淮南子》《越絶書》及《史記》《漢書》等古籍對此多有記載。各地考古發現衆多的墓葬、遺址中出土的有關文物也充分反映了這一事實。

蠶絲。《淮南子・原道訓》説禹會諸侯於塗山，“執玉帛者萬國”，帛為古代絲綢的總稱，可見當時蠶絲生產已較多。

苧、麻。苧、麻也是廣府越人重要的紡織原料。福建崇安武夷山船棺、江西貴溪越人崖洞墓、廣西貴縣等地都出土有苧、麻織品，貴縣羅泊灣一號墓還出有大麻種實。《越絶書》卷八載：“麻林山，一名多山，勾踐欲伐吴，種麻以為弓弦。”

---

① 《太平廣記》卷四八三，北京：中華書局，1986 年，第 3982 頁。

② ［宋］周去非：《嶺外代答》卷十《獠俗》，上海：上海遠東出版社，1996 年。

葛。葛是廣府越人常用的紡織原料之一。《尚書・禹貢》載："揚州之貢，鳥夷卉服……"顔師古注："卉服，絺葛之屬。"《淮南子・原道訓》載："幹越生葛絺。"《越絶書》卷八載："葛山者，勾踐罷吴種葛，使越女織治葛布。"

樹皮。以樹皮為紡織原料，在少數廣府越人中仍有應用。顧征《廣州記》説廣西阿林縣"有勾芒，俚人砍其大樹，新條更新，取其纖以為布，軟滑甚好"。

芭蕉。或稱甘蕉。《太平御覽》卷九七五引漢《異物志》説："芭蕉，葉大如筵席，其莖如芋，取鑊煮之，為絲，可紡績。女功以為絺綌，今交趾葛也。"

竹。漢楊孚《異物志》説："篔簹（竹），生水邊，長數丈，圍一尺五六寸，一節相去六七尺，或相去一丈。廬陵界有之，始興以南，又多小桂，夷人績以為布葛。"

木棉。木棉分佈於廣府的廣西南夷及閩越等地。《尚書・禹貢》説揚州之貢，"厥篚織貝"。所謂的貝，有解析為吉貝即木棉的。漢晉以後，有關交廣等地木棉的記載增多。

古文獻中還有梧桐木。東漢楊孚《異物志》説："木棉，樹高大，其實如酒杯，皮薄，中有絲棉者，色正白，破一實得數斤，廣州、日南、交趾、合浦皆有之。"①

五、民俗信仰和宗教觀念相同

廣府越人與百越駱越有相同的民俗信仰和風俗習慣，有共同的意識形態和宗教觀念，有産翁之俗、懸棺葬、雞骨卜、鳥田傳説、仙掌崇拜等共同文化特徵。

（一）共同的文化特徵

産翁之俗。廣府越人的産翁之俗係指母系社會嚮父系社會轉變階段的遺俗。婦女生孩子三天要下地勞作，嬰兒交其夫"擁衾抱雛，坐於寢榻，稱為産翁"②。不少民族仍有此習俗，如五嶺東西的越與駱越都有此習俗，駱越之後的"山獠"也是這樣③。蕭子開《建安記》："武夷山高五百仞，岩石悉紅紫二色，望之若朝霞，有石壁峭拔數百仞於煙嵐之中。"④ 時有北方士人莊綽曾在廣州參加一富商之女與一市井僧的婚禮，後來他在所著《雞肋編》中寫詩記

---

① ［東漢］楊孚：《異物志》。楊孚，廣東南海人。其書主要記載交州一帶（包括今廣東、廣西和越南北部地方）的物産和民族風俗，如錦鳥、麏狼、鮫魚、桔、稻、猩猩、孔雀，以及狼朧之民等。

② ［南朝梁］蕭子開：《建安記》，見《太平御覽》卷四十七《武夷山》，上海：商務印書館，1936 年。

③ ［漢］司馬遷：《史記・封禪書》。

④ ［南朝梁］蕭子開：《建安記》，見《太平御覽》卷四十七《武夷山》。

曰："行盡人間四百州，衹應此地最風流。夜來花燭開新燕，迎得王郎不裹頭。"這種"迎郎"現象自唐末開始，兩宋盛行，相沿不絶。

在我國，這種風俗盛行於古代廣府。《太平廣記》卷四八三引尉遲樞的《南楚新聞》曰："南方有僚，婦生子便起，其夫卧床褥，飲食皆如乳婦。稍不衛護，生疾亦如孕婦，妻反無所苦。"又云："越俗：婦人誕子經三日，便澡身於溪河，返具糜以餉婿，婿則擁衾抱雛坐於寢榻，稱為産翁。"百越貴州也有此俗。可見"産翁"風俗，並非某一民族某一地區的特有現象，而是原始社會母系氏族對偶婚制時期普遍流行的一種習俗。不僅在我國各民族普遍有這種習俗，國外許多土著居民都存在這一遺俗，以壯族古代有産翁之俗來證明壯族與"越族"同源，是不當的[①]。

懸棺葬。古代越和駱越上層統治階級的葬法。人死殮入棺木或船棺之内，安置在臨河高崖的洞穴或罅縫之中。這種葬法中古時期有記載，叫"懸棺"葬[②]，在廣西和浙閩都有這樣的記載。即人死後，親屬殮遺體入棺，或置於崖洞中、崖縫内，或半懸於崖外。其俗流行於南方少數民族地區，懸置越高，表示對死者越是尊敬。

雞骨卜。利用未交尾的雄雞腿骨，佔卜吉凶，越人稱為"雞卜"[③]。廣府在祭祀越國先王以及"天神""百鬼"之時，越巫就用雞佔卜。廣府駱越之後"柳州峒氓"則用雞骨佔卜[④]。

雞骨卜發源於殷商時期，漢代的史書中也有所記載，至明清仍然流行。由於各地風俗不同，雞骨卜互不相同。常見的有史記卜法和桂海卜法。

鳥田傳説。廣府越人有鳥田傳説，《越絶書》《吴越春秋》等古籍中均有記載。但"鳥田"未説明是何種禽鳥，有的學者詮釋為"以鳥助耕"，這純屬誤解。後魏闞駰在他纂輯的《十三州志》書中，則指鳥為"雁"[⑤]。廣府東部粵東人對於耕田助耕的雁鳥有特殊的愛戴情感，所以後來很早就稱為他們的氏族圖騰為"雒"，把"雒"字作為氏族的姓氏。從百越民族穀物起源神話的分析，得出"鳥田"、"雒田"研究的結論是廣府越與百越駱越有相同的民俗信仰和風俗習慣，有共同的意識形態和宗教觀念。它們來源於古代百越民族的鳥、狗取稻種神話，原意是指水稻、浮稻和水田。運用文獻學、訓詁學和民俗學證據，通過分析古代水田的耕作方式，進而指出，"鳥田"與"人田""麋田""象田"一樣，不過是藉助鳥足、人足、麋足、象足踐踏淤泥，以"耕"其田，而種稻穀罷了。

從以上四個方面的風俗信仰看，這些風俗在古代廣府越人和百越族人的生活中受到非常的重視，從這些共同的特徵中可以看出，廣府越人和百越駱越之間的關係是特殊且密切的。

---

① 黄現璠：《壯族通史》，桂林：廣西人民出版社，1957年。

② ［南朝梁］蕭子開：《建安記》，見《太平御覽》卷四十七《武夷山》。

③ ［漢］司馬遷：《史記・封禪書》。

④ ［唐］柳宗元：《柳河東集》卷四十二《柳州峒氓》，上海：上海古籍出版社，2008年。

⑤ ［清］張澍《十三州志・闞駰》，清道光十六年（1890）複印本。

(二) 相似的風俗習慣

在先秦古籍中，對於東南地區的土著民族，常統稱之為“越”。壯族的前身是百越，《過秦論》:“南取百越之地，以為桂林、象郡；百越之君，俛首繫頸，委命下吏。”① 史學家吕思勉指出，“自江以南則曰越”②。在此廣大區域内，實際上存在衆多的部、族，各有種姓，故不同地區的土著又各有異名，或稱“南越”（廣東一帶），或稱“西甌”（廣西一帶），或稱“駱越”（越南北部和廣西南部一帶），等等。

越即粵，古代粵、越通用。越是“人”的意思。百越是對南方諸族的泛稱。《漢書・嚴朱吾丘主父徐嚴終王賈傳》記載淮南王安諫伐閩越書説，“越非有城郭邑里也，處溪谷之間，篁竹之中”“③，《周禮・冬官・考工記》又出現“吴、粵”名稱④，《逸周書・王會解》又有“東越”“歐人”“于越”，這些都是廣府的前身。

鑿齒和文身是百越壯族先民在發展服飾與銀飾之前就在自身軀體上表現美的方法。這種風俗至今在一些地區的壯族人中仍然存在。神話《布伯》曾講到鑿牙（齒）的事，它給了人們兩個資訊，一是鑿齒的風俗很古老，二是此俗和生男育女有關。凡鑿齒的男女就表示自己已成熟，並且享有性生活的資格，鑿齒成了一種習俗。至今廣西龍州等地的壯族男女青年，仍以鑲牙為美。這種風俗産生於血緣婚末期和族外婚初期。通過這則神話可知，古代壯族的祖先曾把鑿齒當成成丁禮。久而久之，便以此為美。後來生産條件改善了，鑿齒又和鑲牙結合起來。逢人一笑，露出一兩顆金牙來，金黄黄的甚為得意。紅水流域一些地區的男子也有鑲牙之俗。

文身之俗，壯民不僅由來之久，而且相當普遍。壯族先民文身的原因，在《説苑・秦使篇》中説是為避蛇龍（即鱷魚）之害。原來有一部分從事漁業的壯族先民常受到江海中鱷魚的襲擊，引起人們恐懼。人們敬畏它，便把自己打扮成“龍”（鱷）子，祈求不要被傷害。至今一些壯族地區仍然有文身的習慣，文身慢慢成為一種裝飾，變成了服飾的補充和延伸。

壯族人文身的部位，以面額最為重要，因為這是先入人眼的部位。其次是前胸，再次為兩臂及背部，最後是雙膝以上至小腹。所用顏色全為青黑色，與服裝一致，表現了壯族祖先以黑為美的審美觀。文身的内容和壯族不同部落的習俗有關，也就是和不同氏族的標志——圖騰有關，再後來則與人們的某種觀念有關，例如不同的審美觀念等。壯族文身有鱷魚、鱷

---

① ［漢］賈誼:《賈誼集》，上海：上海人民出版社，1976 年。

② 《壯族的前身：百越》，中國網 china. com. cn2008—12—05

③ 《史家争鳴：百越是何時出現的?》轉載中華傳統文化研究 http：//blog. sina. com. cn/s/blog_ 496a041901015iqq. html 2012—11—18

④ 《周禮・冬官考工記》總敘原文及譯文，見 https：//www. liuxue86. com/a/3194732. html 2017—06—03

鱗、虎紋、蛇、雲雷紋、蛾、蝴蝶、花草、鳥、蜻蜓等形狀。有些地方的男子渾身虎紋，表現了一種威武的男子氣概。

現在居住在中國南方屬於壯侗語系和苗瑤語系的各個民族，不論是在語言上，或者是在文化習俗上，都與古代的百越族有一定程度的淵源關係。此外，也有某些學者認為，在現今中南半島的一些民族，比如説泰國的泰族、老撾的佬族、緬甸的擇族、越南的京族和芒族，甚至屬於南島民族的臺灣原住民，也都和百越族有相當程度的密切關聯。

（三）獨特的宗教信仰

百越壯族的宗教多為自然崇拜和祖先崇拜。壯族是全民信教的民族，而且信的都是佛教中的南傳上座部教，亦稱小乘佛教。壯族稱宗教為“沙煞納”，把他們信仰的佛教叫作“沙煞納帕召達麻”。帕召達麻指的就是佛祖喬答摩·悉達多——釋迦牟尼。唐宋以後，佛教、道教先後傳入當地，建立了寺廟。各家都有神龕，敬奉祖先。壯族干欄廳堂正中板壁跟前，立着一個高約五尺的長條形神臺，神臺下為八仙桌，是放祭祖供品的地方。神臺往上是神龕，稍往裏凹，有遮簷，壁上寫“×門歷代宗親考妣之神位座”，下方擺一溜白瓷香爐。一年的很多節日，祖先都可以優先享受香火，其中春節和中元節是兩次大祭。在人們的觀念裏，祖宗在天之靈是很神聖的，切忌褻瀆。

而在早期是人神不分的。地上的鬼神就更多了，山中花草樹木無不有靈。特别是奇花異草，怪藤怪樹。長得異乎尋常的，莫不以為神。有的樹被奉為神樹，不讓砍伐，逢年過節還要祭它。因此，在壯族地區的自然崇拜有日、月、雷、山（洞穴、山脈）、河水、火、樹、草、禾等的崇拜。壯族也跟世界上各民族一樣，曾普遍存在過圖騰崇拜。圖騰觀念是從萬物有靈演化而來的。壯族人覺得周圍一切都有神靈，與氏族生産生活關係特别密切，可以佑護氏族繁榮的，被尊之為“圖滕”。壯族人曾崇敬過的圖騰天象方面有太陽、月亮、星星、雲彩、雷電，其他如森林、榕樹、竹、木棉等，而這些圖騰又以蛙圖騰最著名。蛙大約開始是甌部落的圖騰。甌是中原漢族人記的壯語蛙的近音，故甌部落即蛙部落。

壯族本民族宗教以摩教（MOZ）為主要的信仰，摩教（MOZ）帶有濃重的佛、道二教特徵，特别是與道教相融合為其特點。此外，他們民間崇拜的神靈多而雜，有自然神、社會神、守護神等等，崇拜儀式也隨諸神的功能而不同。布洛陀是壯族先民口頭文學中的神話人物，是創世神、始祖神和道德神，其功績主要是開創天地、創造萬物、安排秩序、制定倫理等。“布洛陀”是壯語的譯音，布洛陀的“布”是很有威望的老人的尊稱，“洛”是知道、知曉的意思，“陀”是很多、很會創造的意思，“布洛陀”就是指“山裏的頭人”“山裏的老人”或“無事不知曉的老人”等意思。布洛陀是中國非物質文化遺産名録之一。《布洛陀經詩》貫穿着自然崇拜、祖先崇拜的原始宗教意識。各篇都可以獨立成篇。因其相當多的內容是創造天地萬物的，可以説是壯族的創世史詩；因其唱詞是民歌，又是在祭祀時喃唱的，故又可以説是壯族宗教文學。

大約從明代起，在口頭傳唱的同時，《布洛陀》也以古壯字書寫的形式保存下來，其中有一部分變成壯族民間麽教的經文。《布洛陀經詩》原手抄本全部是用古壯字書寫，詩是壯族民歌五言體，且押韻。在內容上，融壯族的神話、宗教、倫理、民俗為一體，思想深奥、字義艱澀；在形式上，由於千百年來的傳唱加工，語言精練工整，有韻律，朗朗上口，其中保留了好多古壯語、宗教語。貝葉文化，是因為它保存於貝葉製作而成的貝葉經本裏而得名，包括貝葉經、用棉紙書寫傳抄的經書、唱本和廣泛存活於民間的壯傣族傳統文化。《越人歌》是一首古代聞名的越人詩歌，通過這首歌的對比，我們找到了古越語和駱越之後的壯語的語源關係，從而找到廣府越語和百越駱越出自同源的依據。

（四）體質形態的相同論證

這裏説的體質形態不是人類體質的自然形態，而是由於社會的原因形成的。人體外形如剪髮、文身、鑿齒等不屬於體質形態的名稱。體質形態的外形變化可以看作構成一個民族、部落體質上的共同特徵，曾經起過重要的社會作用。造成人類體質外部形態變形的是社會賦予的社會因素。越和駱越身體外部形態變形的意義從剪髮、文身、鑿齒的過程可以看出來。

剪髮之意義就是剪去頭髮，文身之意是黥文於身，剪髮、文身是嶺南、西南或域外廣大地區氏族部落的習俗。廣府越和百越駱越人表現完全相同。按“剪”字文獻上作“劗”、作“斷”即剪斷之意。據説，“剪髮”是為了入水，“文身”取其形似蛟龍，以避水中鱷魚的傷害。鑿齒之俗，俗稱“打牙”。一般是剛剛成年的男女，鑿去上頜兩側的門齒，鑿齒的意義無從考證，有的説法謂“人中毒後，鑿齒的則便於飲藥”①，這種説法不能使人信服。廣府越人鑿齒不見有文獻記載，但在福建閩侯曇石山發掘的屬於閩越人的頭骨上，看到頜骨缺少兩側門齒，其原因是鑿齒，可以作為證據。

本文就廣府越人與百越駱越人的民族源流問題進行論證，在越與駱越的共同文化特徵方面作出對比，包括地理歷史、物質文明、經濟生産、體質形態等，用這些共同文化特徵來證明廣府越人與百越駱越同是越人，系出同源。

作者單位：廣州大學人文學院

① 《新唐書·南蠻傳》卷二二二下《烏武獠》，北京：中國社會科學出版社，1985年。

哈佛大學燕京圖書館中國古籍

吴文津

哈佛大學蒐集中文圖書始於1879年（光緒五年）。初由哈佛大學大學部圖書館管理。1928年（民國十七年）哈佛燕京學社漢和圖書館成立後（後改名為哈佛燕京圖書館），凡東亞語文圖書資料之收集、管理及服務工作，均轉由其負責，迄今已56年。其間對中國古籍之蒐集，不遺餘力，成海外收藏重點之一。

哈佛燕京圖書館古籍收藏可分為三個時期：(1）創始時期（1928—1937)。此期收集工作多與燕京大學圖書館合作進行，同時亦積極自美國逕嚮上海、杭州、漢口、成都及廣西各地採購。(2）中期（1937—1945)。自“盧溝橋事件”至“珍珠港事件”四年間，華北名望隱居不願與僞政府合作者，大批出讓私藏古籍。其時北平琉璃廠、隆福寺書肆善本充溢，在華日人多購之。前哈佛燕京圖書館館長裘開明先生時亦在北平監督哈佛燕京圖書館目録出版事，亦大量選購。現館藏中文善本之大部均在此時購來。珍珠港事件爆發後，日軍佔領燕大，本館與燕大之合作採購工作遂告結束，旋乃轉嚮西南各省自美國直接採購。現館藏多種西南方志，即在此時所購進者。(3）後期（1945年至今)。第二次世界大戰後十餘年間，中國古籍在日本書肆出現者甚夥，本館遂開始在日本收購，所獲頗多。後又由齊耀琳、齊耀珊兄弟處購進鈔本500餘種，復由齊如山哲嗣處購來齊氏收藏明清戲曲小説，計72種。內多當時禁書，且多有齊氏跋尾者①。近年內地禁止古籍出口，間有出没於日本書肆者，或索價昂貴，或被日本圖書館爭先搶購，本館收進者無幾，雖古籍微卷之採購有大量之增加，然已非原版之善本矣。

---

① 見吴曉鈴輯《哈佛大學所藏高陽齊氏百舍齋善本小説跋尾》，載《明清小説論叢》第一輯，瀋陽：春風文藝出版社，1984年，第289—320頁。

現館藏中國古籍善本計：（1）宋版15種，66册；（2）元版25種，576册；（3）明版1328種，19527册；（4）清版（至乾隆朝止）1964種，20904册。此外尚有鈔本1215種，分訂4560册；拓片500餘張；法帖36種，301册。兹就館藏古籍有代表性者，分别列舉於後，以供參考及指正。

宋 版

宋代刻書，極一時之盛。初僅許官刻，由國子監及地方官署執行之。監本刊刻謹嚴，每刻必經校印、詳校、再校。神宗熙寧書刻解禁後，私刻、坊刻大興。私刻亦大都精校慎刻，而坊刻則以牟利為目的，品質較劣。其時坊刻以福建建陽之麻沙及崇化兩地為最盛。其書不及浙蜀刻本之精確，但其快速印量多，遂有"建本遍天下"之説。北宋所刻之書較南宋者流傳較少，本館僅藏少數佛經如北宋梵夾本。今就所藏南宋本略舉數種如下。

1.《名臣碑傳琬琰之集》一百零七卷，32册4函，宋杜大珪編，南宋紹熙五年（1194）刊本，15行25字。是書字體恭端，紙色蒼橙。白口，單邊，順魚尾。書中有元明遞修之滲入。商務印書館《四部叢刊》有收此書但非全本，臺北有據"國立中央"圖書館藏鈔本之影印本。

2.《西山先生真文忠公讀書記》存卷甲之二十一。宋真德秀撰，南宋開慶元年（1259）湯漢等福州刊本。大字9行16字，小雙行24字。是書書法端正，大字如錢。且刀法秀勁，紙墨亦精良。為蝴蝶裝。

3.《纂圖互注揚子法言》十卷，2册1函。漢揚雄撰，南宋末建安刊本。11行20字。是書為黑口，左右雙邊，順魚尾。有景祐三年（1036）序文，序後有題記稱："本宅今將監本四子纂圖互注附入重言重意，精加校正，並無訛謬，謄作大字刊行，務令學者得以參考，互相發明，誠為益之大也，建安謹咨。"有"雙劍樓收藏宋本""鐵琴銅劍樓""傅沅叔藏書記"等印記，並傅增湘1930年手跋。

4.《漢書》存卷五十三。漢班固撰，唐顔師古注，南宋嘉定間建安蔡琪一経堂刊本。8行16字，小字雙行21字。此書原一百二十卷。仿官刻大字，行格疏朗，墨如點漆。卷未題刻："右將監本、杭本、越本及三劉宋祁諸本參校其有同異並附於古注之下。"繼有大字"景十三王傳第二十三"，末行刻"正文伍仟捌佰三拾玖字注文三仟肆佰柒拾陸字"，有"寒雲秘笈珍藏之印"，"與身共存亡""後北宋一廛""克文"等印記。寒雲手題稱此卷係乙卯年（1915）以宋黄善夫刻《史記河渠書》殘册與傅沅叔换得者。

5.《廣韻》五卷，5册1函。不著編者姓名，南宋建陽坊刻，明修巾箱本12行，字數不等，小字雙行約30字。是書或為宋陳彭年等編。有陳州司法孫愐唐韻序，每卷首有子目，分刻三排，細黑口，雙邊，順魚尾。

元 版

元初設興文署於京師，繼中書省主掌刊刻事宜，地方刻書則多由書院主其成，私刻、坊刻亦盛。元代書院群立，刻書標準甚高。顧亭林曾謂書院刻書有三善："山長無所事，而勤於校讎，一也；不惜費，而工精，二也；板不儲官，而易印行，三也。"元刻多黑口，字亦多仿趙體，紙墨遠不如宋刻，然亦有不在此例者。宋刻多用諱字，元刻則無諱字，元刻牌記有助於版本之鑑定，而因此後世翻刻偽裝者，亦復不少。今檢出館藏元版較佳者數種如後。

1.《通志》二百卷，320 册 40 函。宋鄭樵撰，元至治二年（1322）福州三山郡庠刊本。9 行 21 字，此書紙張寬大，字大而秀美，墨迹清朗，為元刊中之上乘，白口，單邊，雙魚尾。書口頂端有字數，下端有刻工姓名。有"楊氏家藏書畫印""王印士禎"等印章。

2.《末史》存卷一百七十至一百七十二，一百八十七至一百八十八，共 3 册 2 函。元托克托等修，元至正間刊本。10 行 20 字。是書為《宋史志》職官卷一百二十三至一百二十五，兵卷一百四十至一百四十一。卷一百七十缺頁 16 至 17；卷一百七十一 18 係抄補，黑口，四周雙邊，順魚尾。下魚尾下有刻工姓名。紙質粗黃，但刻工極佳。

3.《圖繪寶鑑》五卷，補遺一卷，4 册 1 函。元夏文彥輯，元至正二十六年（1366）刊本。12 行 20 字。此書為黑口巾箱本。左右雙欄，對魚尾。"補遺"末有"至正丙午新刊"牌記，紙質粗糙，然版刻頗精，字體及刀法亦極嚴整，卷四第 17、第 25 頁，及卷五第 1 至第 2、第 6 至第 7 頁抄補。

4.《增廣事聯詩學大成》三十卷，10 册 2 函。宋毛直方編，元至正十四年（1354）浙江鄞江書院刊本，14 行字數不等，小字雙行 32 字。是本黑口，四周雙邊，牌記云："至正甲午中秋鄞江書院重刊。"

5.《新編事文類聚翰墨大全》一百三十四卷，60 册 8 函。宋劉應李編，元大德十一年（1307）序，刊本。12 行 26 字，小字 14 行 28 字。此書黑口，四周雙邊，順魚尾。總目後 14 頁為"混一諸道之圖"。趙體字迹秀潤，板刻刀法極靈活。

明 版

明内府刻書由司禮監領其事。監中設漢經廠、番經廠及道經廠，所刻世稱經廠本。多黑口，白紙，趙字，然多校讎不精。南北國子監亦有刊刻，但遠不及司禮監之夥。其時宋元版多藏南監，有補刻印行者，皆善本也。藩府及地方官刻亦盛。藩府多精刻，地方官刻書帕本則不如之。私刻、坊刻亦至多。初多精校，尤以吴中刻本為著。明中葉後，書坊蔚起，但刻本妄作臆改，割補屢見。然亦有佼佼者如毛晉汲古閣刻書，至今為世人所推崇。以下列舉本館所藏明本，以供參考指正。

1.《十三經注疏》173 册 21 函。明嘉靖間李元陽，福建刊本。行 21 字。是書為明代私刻之上乘。白口，右雙邊。無魚尾。書口有刻工姓名“余伯環、余清、陸榮、陸文、張元隆等”。有“鵝湖亭藏書”印記。

2.《十三經注疏》160 册 20 函。明崇禎元年（1628）至十二年（1639）海虞毛氏汲古閣刊本。9 行 21 字。此書為汲古閣之精刻本。白口，四周單邊，無魚尾。書口下端刻“汲古閣”。

3.《書傳大全》十卷，卷首一卷，10 册 20 函。明胡廣等撰，明永樂間經廠刊本。10 行 22 字。此書大字本，黑口，四周雙邊，對魚尾。紙質瑩潔，書法雕刻精美，為經廠本中之上乘。

4.《詩傳大全》二十卷，綱領一卷，圖一卷，詩序辯説一卷。明胡廣等撰，明永樂十三年（1415）内府刻本。10 行 22 字。是書板式如《書傳大全》。書法、紙質及刀法精美，為内府刻本之典型。

5.《六子全書》38 册 3 函。明顧春輯，明嘉靖十二年（1533）吴郡顧氏世德堂刊本。8 行 17 字。此書大字本。字體端方，紙墨優良。白口，四周雙欄，白魚尾。缺扉頁及序跋。書口上端題“世德堂刊”。有“御書樓印”“橄欖軒”印記。

6.《重修宣和博古圖録》三十卷，7 册 1 函。宋王黼等撰，明萬曆間于承祖刊本。8 行 17 字。是書有崇禎九年（1636）于道南跋。白口，單欄，無魚尾。紙色淡黄，字用顔體。圖繪雕刻亦甚工。本館藏本每册書沿均有一仿明名畫家之山水彩色圖，秀麗奪人，當係後人所作。本館尚有此書明萬曆三十一年（1603）吴公弘刊本，三十卷，30 册 4 函，8 行 17 字。首卷卷端題東書堂重修，餘卷均題泊如齋重修。疑為吴氏據萬曆十六年（1588）泊如齋本重刻。

7.《史記鈔》九十一卷，22 册 3 函。明茅坤選閔振業輯評，明泰昌元年（1620）吴興閔振業校刊朱墨套印本。9 行 19 字。此書為明閔氏朱墨套印本，且刊於泰昌元年，頗具文物價值。蓋神宗崩於萬曆四十八年（1620）七月，光宗八月即位，改元泰昌，然九月即崩，故僅在位一月。是本刻於此年，或為稀書也，缺卷四十四至四十七及卷六十一至六十六，有“白石樵”“麇公”“鹿門山中人”“司訊小勛之章”等印記。

8.《大明仁孝皇后勸善書》二十卷，10 册 2 函，明仁孝皇后撰，明永樂五年（1407）内府刻本。14 行 28 字。是書紙韌墨精，字體雋秀。黑口，四周雙欄，對魚尾，有“出經堂印”“厚載之記”等印記，缺第一、二卷。

9.《大明仁孝皇后内訓》二十卷，2 册，與《明章聖慈仁皇太后女訓》同函。明仁孝皇后撰，明嘉靖九年（1530）内府刊本。8行17字。此書精刻大字，格式與前書同。同函《章聖慈仁皇太后女訓》，為嘉靖九年原刊，日本昭和六年（1931）復刻本，十二卷，3冊，1函，8行16字。有“中宮之寶”“欽文之璽”等印記。

10.《歷代名臣奏議》三百五十卷，320冊40函。明楊士奇等編，明永樂十四年（1416）内府刊本。12行26字。是書黑口，左右雙欄，對魚尾。紙白墨黑，字體秀勁。有“夢翔珍秘”“五橋珍藏”“慈谿馮氏醉經閣圖籍”等印記。本館尚有另一刻，乃崇禎八年（1635）太倉張溥刪正本，三百二十卷，80冊8函。9行18字。

11.《元史》二百十卷，36冊4函。明宋濂等撰，明洪武三年（1370）原刊，嘉靖萬曆天啓南監修補刊本。10行20字。明洪武二年開局修元史，次年七月書成，十月刻工完竣，為元史之祖本。館藏本為嘉靖九年（1530）至十年（1531），萬曆二十八年（1600）、三十七年（1609）、四十四年（1616）及天啓三年（1623）南監修補刊本。黑口，對魚尾，有上下雙欄，亦有四周雙欄者。綿紙精字。卷六十至六十五為鈔配。有“島原秘藏”“對藏靚樓”印記。

12.《大明一統志》九十卷，64冊8函。明李賢等撰，明天順五年（1461）内府刊本。10行22字，此書為内府精刻，有“廣運之寶”御印。大字，黑口，四周雙邊，對魚尾。紙質綿韌，墨色均勻，字體亦雋秀。缺第1冊。館藏尚有明弘治十八年（1505）建陽慎獨齋刻本，48冊8函，10行22字，及明萬曆十六年（1588）建陽書林楊氏歸仁齋原刻本，16冊2函，10行22字。扉頁題劉雙松重梓。

13.《廣西通志》六十卷，30冊3函。明黃佐、林富撰，明嘉靖十年（1531）至十五年（1536）劉士奇刻藍色印本。10行20字。小字雙行。是書為現存廣西全省最早之通志。白口，四周雙邊。白紙藍印。行格頗為疏朗。

14.《汾州府志》十六卷，10冊2函。明王景符等撰，王道一等修，明萬曆三十七年（1609）修刊本。9行18字。

15.《武功縣志》三卷，3冊1函。明康海撰，明正德十四年（1519）刊本。10行24字。

16.《百川學海》100種，20冊3函。南宋左圭輯，明弘治十四年（1501）無錫華成埕刊本。12行20字。

17.《寶顏堂秘笈》正集20種，續集50種，廣集51種，普集49種，彙集42種，秘集（眉公雜著）15種，100冊20函，明陳繼儒輯，明萬曆泰昌間繡水沈氏尚白齋亦政堂刊本。8行18字。是書正集、續集及秘集為萬曆三十四年（1606）刊；廣集萬曆四十三年（1615）刊；普集泰昌元年（1620）刊。

18.《津逮秘書》存70種，69冊10函。明毛晉輯，明末葉虞山毛氏汲古閣刊本。9行19字。是書有崇禎三年（1630）毛晉序。原140種，館藏僅70種。内有刊於胡震亨《秘冊彙函》者。有“毛氏正本”“汲古閣”“秋廚齋藏書記”等印記。館藏《秘冊彙函》存17種

(原22種)，明海監胡氏原刊，海虞毛氏補刊本。9行18字。32冊4函。

19.《集千家注批點杜工部詩集》二十卷，年譜一卷，10冊2函。唐杜甫撰，宋劉辰翁評點，明嘉靖八年（1529）靖江懋德堂刊本。8行18字。此書為靖江藩刊本。黑口大字。注小字。四周雙欄，對魚口。有“靖江王章”印。首尾缺頁。

20.《分類補注李太白詩》二十五卷，年譜一卷。唐李白撰，宋楊齊賢注，元蕭士贇補注，明萬曆間刻本。9行20字。本書扉頁有“合刻李杜詩集序”，並太史劍華道人吴廣霈光緒三十四年及民國二年校讀朱墨批注。並有“字余白軾澄”“振軻”“軾澂”“劍華藏書印章”“吴印廣霈”等印記。館藏另部有“佐藤文庫”章。

21.《朱文公校昌黎先生文集》四十卷，外集十卷，集傳一卷，遺詩文一卷，12冊2函。唐韓愈撰，宋朱熹校異，王伯大音釋，明嘉靖十三年（1534）建陽縣校刊本。10行24字。是書為建陽坊刻。白口，四周變欄，順魚尾。有“葉德輝焕彬甫藏閲書”印記。

22.《歐陽文忠公全集》一百五十三卷，附録六卷，24冊4函。宋歐陽修撰，附録宋何柯編，明嘉靖三十九年（1560）吉州郡學何遷刊本。10行20字。是書為歐集舊刻，後刻均無一百五十三卷者。白口，四周雙欄，白魚尾。字體仿趙。有“永清朱檉之字淹頌號玖聃滂喜堂經籍金石書畫記”“華陽高氏蒼茫齋收藏金石書籍記”等印記。

23.《苑洛集》二十一卷，16冊2函。明韓邦奇撰，明嘉靖間刊本。10行20字。是本有嘉靖三十一年（1552）序。為四庫《苑洛集》之底本。卷首有翰林院關防。卷中有四庫編修注。

24.《第五才子書施耐庵水滸傳》七十五卷七十回，24冊3函。元施耐庵撰，明金人瑞改定，明崇禎十四年（1641）貫華堂刊本。8行19字。此書為金氏貫華堂刻本。傳世極少，或為海外孤本，聞中國内地亦僅私藏一部。白口，白魚尾。板心上端刻“第五才子書”，下端刻“貫華堂”，牌記有“本府藏板翻刻必究”字樣。

25.《重廣補注黄帝内經素問》二十四卷，10冊2函。唐王冰注，間翻刻宋本。10行20字，小30字。是書有明嘉靖二十九年（1550）顧從德序。有“抱經樓”印記。

26.《古今醫統一正脈全書》44種，62冊8函。明王肯堂輯明萬曆二十九年（1601）新安吴勉學刊本。10行20字。

27.《方氏墨譜》十六卷，8冊1函。明方于魯撰，明萬曆十一年（1583）汪道昆序，十七年（1589）王樨登序。又李維禎序，不著年月。方氏美蔭堂刊本。白口，四周單欄，白魚尾。有“李氏藏書印”。

28.《樂律全書》14種，19冊4函。明朱載堉撰，明萬曆間藩刊本。12行25字。黑口，四周雙欄，對魚尾。

29.《玄玄碁經集》前卷，2冊1函。宋晏天章一嚴德甫編，明嘉靖七年（1528）歙縣汪氏堂重刊本。13行24字。敦煌石室出現北周寫本《棋經》，宋有《忌憂清樂集》，元有《玄玄碁經》，但均傳世不多，今通行者多萬曆間翻刻本，似此嘉靖刻本，極不多見。原前後卷，館藏缺後卷。

活字本

中國自北宋畢升製膠泥活字印書，較西方發明印刷先400年。其後又有錫活字、木活字、銅活字、鉛活字、瓷活字，雖不及板刻之盛，然其對印刷術之貢獻，自不待言。朝鮮日本後均仿中國活字印書，朝鮮尤有過之而無不及處。本館藏朝鮮活字本中最早者為朝鮮太宗四年（1403）之《十七史纂古今通要》銅活字殘葉，及《朱文公校昌黎先生集》存卷三十四至三十七，朝鮮正統三年（1438）銅活字本。館藏日本古籍中有杜預注《春秋經傳集解》三十卷，日本慶長間（1596—1615）木活字本。以下再列館藏中國活字本數種，以供佐正。

1.《宋李忠定公奏議選》十五卷，6冊1函。宋李剛撰，明崇禎十二年（1639）序，朝宗書局木活字本，9行24字。此書白口，四周單欄，無魚尾。紙色淡黃，似顏體字，有"好古堂圖書記"章。

2.《會通館校正宋諸臣奏議》一百五十卷，120冊16函。趙次愚輯，明弘治三年（1490）錫山華氏會通館銅活字本。9行17字。是書黑口，四周變邊，單魚尾。字體仿宋，唯墨汁不均，小字有顯晦處，開卷有大字印史記温，孫希瀞淳祐十年（1250），淳熙十三年（1186）"乞進皇朝名臣奏議札"及趙汝愚進"皇朝名臣奏議序"，有"當湖邃江珍藏""毗陵陳康審定""董康暨侍姬亞奴珍藏書籍記"等印記。

3.（孫可之文集）二卷，4冊1函，唐孫樵撰，明末木活字本。7行15字。是書白口，單魚尾。紙白，字似顏體。活字雕刻頗工。

本館藏清代活字本計117種。今僅列二巨帙如後。

1.《古今圖書集成》一萬卷，目錄四十卷，5020冊503函。清陳夢雷修，蔣廷錫等重修，清雍正四年（1726）武英殿銅活字本。9行20字。此帙為中國類書巨著，亦為銅活字之最佳代表品。白口，四周雙欄，單魚尾。紙淡黃而堅韌，用墨均勻，活字尤工。夢雷稿成後於康熙四十四年（1705）繕寫成清本，名《古今圖書彙編》，帝命改稱《古今圖書集成》，但未印行。雍正即位後，夢雷發遣邊外，帝命蔣廷錫等重修，彙為曆象、方輿、明倫、博物、理學、經濟六編，分三十二典，6109部。每部首彙考，次總論，有圖表、列傳、藝文、選句、紀事、雜錄、外編等項。雍正四年（1726）始印，一共出64部，館藏即其中之一。光緒十年（1884）上海有鉛印本，印1500部；光緒二十一年（1895）上海同文書局復有石印本，印100部。本館藏本每册扉頁有"重華宮寶"及"五福五代堂古稀天子寶"御印。每册末頁有"重華宮寶”及“八徵耄念之寶”御印。

2.《武英殿聚珍版書》138 種，602 册 74 函。清乾隆三十八年（1773）至四十八年（1783）武英殿木活字本。10 行 21 字，清乾隆三十八年，帝詔儒臣輯《永樂大典》散見之書及世所罕見秘帙刻印通行。時朝鮮人金簡管武英殿刻書事（後升工部侍郎），奏以木活字排印，帝賜名聚珍版。十年書成，並頒發於東南各省，准於重刊通行。但除光緒二十五年廣雅書局添印為 148 種外，餘所重刊者均非全本。

套印本

今日所見套印本，以明萬曆及崇禎間吴興閔凌二氏所印者為多，且為世人所最推崇者。杜信孚輯《明代版刻綜録》（揚州江蘇陵古籍刻印社 1983 年 5 月出版）據舊存及現存藏書目録（後者屬北京圖書館、南京圖書館、上海圖書館、北大、北師大及南京大學等圖書館）列閔凌二氏套印書籍共 107 種。其中本館藏 55 種。今檢出閔凌印行及其他套印本，列舉如後：

（一）朱墨套印

1.《四書參》十九卷，6 册 1 函。明李贄評，楊起元批點，張明憲參訂，明末吴興閔氏朱墨套印本。8 行 16 字。是書朱色眉批圈點，刻工精研。

2.《文選》六十卷，16 册 2 函。梁蕭統編，唐李善注，清何卓評，清乾隆三十七年（1772）羊城翰墨園重刊，朱墨套印本。12 行 25 字。此書朱色眉批，極為鮮明。

3.《楚辭集注》八卷，卷首一卷，8 册 1 函。宋朱熹撰，清初曹氏聽雨齋朱墨套印活字本。8 行 22 字。書名頁題“朱文公楚辭集注八十四家評點聽雨齋開雕”。有聽雨齋主人曹溶刊朱熹序，84 家姓名，名人評語，司馬遷撰《屈原列傳》，唐沈亞之撰《屈原外傳》。白口，無魚尾。字體恭端，墨色均勻。套印而兼活字，是其出色處。

（二）三色套印

1.《文選尤》八卷，8 册 1 函。梁蕭統編，明周思明評，周德延校，明天啓二年（1622）吴興閔氏刊朱墨緑三色套印本。8 行 18 字。是書韓敬序，未署年月。有“韓敬之印”“求仲氏”及“庚戌會狀兩元”等印記。

2.《孟子》二卷，2 册 1 函。宋蘇洵評點，明萬曆三十三年（1605）吴興閔齊汲刊朱墨藍三色套印本。8 行 18 字。是書眉批圈點為朱藍色。朱得之嘉靖元年（1522）序。本館藏另部為嘉慶元年（1796）慎詒堂重刊康熙朱墨套印本。9 行 20 字，4 册 1 函。

3.《廣金石韻府》五卷，字略一卷，10 册 1 函。明朱雲輯，林尚葵補，李根校，明崇禎九年（1636）序。閩侯蓮庵藏板朱墨藍三色套印本。6 行 12 字。館藏本缺卷五第 24 葉後各葉。另部為康熙九年（1670）大業堂刊周氏賴古堂重訂朱墨藍套印本，6 行 12 字，10 册 1 函。

（三）四色套印

1.《世説新語》八卷，4册1函。南朝劉義慶撰，齊劉孝標注，明萬曆間吴興淩氏刊朱墨藍黄四色套印本。8行18字。是書有劉應登“耘廬”劉會孟（須溪）王世懋（敬美）批。淩瀛初跋云：“……余復合三先生手澤，耘廬綴於黄，須溪綴以藍，敬美綴以朱，分次井然，庶覽者便於識別云。”“館藏書沿有仿明四名家彩繪山水：第一册明仇英秋江待渡圖；第二册明王紱秋江泛艇；第三册明唐寅山路松聲；第四册明文徵明雪景。館藏另二部，同本，無書沿彩繪。一部16册2函，一部8册1函。

2.《南華經》存十四卷，8册1函。明萬曆三十三年（1605）吴興淩以棟刊朱墨藍紫四色套印本。8行18字。是書原十六卷，館藏缺十五、十六兩卷。扉頁書名下題：“晉子玄郭象注，輯諸名家評釋，宋林虞齋口義，劉須溪點校，明王鳳洲評點，附陳明卿批注。”用四色以為分別。諸名家用深墨，王鳳洲用朱紅，林虞齋用紫色，劉須溪用藍色。

（四）五色套印

1.《劉子文心雕龍》上下卷，注上下卷，6册1函。梁劉勰撰，明梅慶生注，楊慎、曹學佺評，明萬曆四十年（1612）吴與淩雲校刊。朱墨紫藍黄五色套印本。9行19字。是本首有曹學佺序及朱印。眉端刻楊慎及梅氏等評語，多用墨色。餘四色以評文之意而別，不以人分。有“慎宣軒”及“舒桐鄉民”等印記。

2.《古文淵鑑》六十四卷，24册2函。清徐乾學編，康熙二十四年（1685）五香齋朱墨紫藍黄五色套印本。9行20字。本書為清聖祖御選。所録上起春秋下迄於宋。眉批評注以意分，用朱藍紫黄四色，墨色用為正文。有“合肥親多堂郭氏珍藏印”章。

3.《勸善金科》二十卷，卷首一卷，二百四十齣，21册4函，清張照等撰，清乾隆間内府刻朱墨緑藍黄五色套印本。8行2字。此書與衆套印本不同，無圈點眉批，然正文全用五色套印，色彩較閔淩二氏套印本更為鮮明。墨色為説唱文，藍色為押韻或重唱（疊）處，緑色為合曲，朱色示動作，黄色為曲調名稱。字體極為端莊，紙色淺橙，易脆。是本為世所罕見，或為海外孤本。

（五）套印畫譜

明清套印畫譜，用“銅版”及“拱花”方式印刷。其中以《十竹齋書畫譜》及《芥子園畫傳》為代表作。以下列本館藏此二書之各種版本。

1.《十竹齋書畫譜》8種，8册1函。明胡正言摹，明崇禎十六年（1643）刊包背裝彩色套印本。是譜凡畫傳、墨華、果、翎毛、蘭、竹、梅、石八種。館藏另五部：清康熙五十四年（1715）包背裝本；清嘉慶二十二年（1817）張學畊重校李氏芥子園重刊套印摺裝本，有“芥子園珍藏”“李氏圖章”等印記；日本明治十一年（1878）文榮堂翻刻清嘉慶二十二年（1817）原刊包背裝套印本；清光緒五年（1879）重刊包背裝套印本；日本明治十五年

(1882）覆明崇禎六年（1633）原刊包背裝套印本。

2.《芥子園畫傳》初集五卷，二集八卷，三集四卷。清王槩等輯，清康熙十八年（1679）至四十年（1701）芥子園刊彩色套印本。此書初集王槩輯，清康熙十八年芥子園初印。二集三集與二弟王蓍王臬合輯，康熙四十年芥子園甥館藏套印。館藏初集共三部。全書另七種：清乾隆四十七年（1782）金閶書業堂重刊套印本；清嘉慶二十二年（1817）金陵芥子園煥記重刊套印本（共四集，第四集清丁臬輯）；另部清嘉慶二十三年（1818）本，亦為金陵芥子園重刊套印；清光緒十三年（1887）至二十三年（1897）上海鴻文書局石印本，四集；民國十年（1921）上海十頃堂書局放大鴻文書局本；日本寬延元年（1748）平安書肆河南櫻翻刻彩色套印本；另部為日本寶曆三年（1753）同刊印者彩色套印。

法　帖

哈佛燕京圖書館藏明版法帖 12 種，105 册，清初版 7 種，150 册，民國複製精印 8 種，74 册。今僅列三種，以供參考。

1.《絳帖》十二帖 4 函。據《古今碑傳考》云："潘師旦以淳化帖增入别帖，重摹刻於山西絳州。"然《集古求真》有云："按十二絳帖，雖為僞作，然刊刻頗精。紙墨亦有佳者。且發現甚早，大約明初人或元人所為。有以為金人者，亦未可知。"

2.《戲鴻堂帖》十六帖 4 函。明董其昌審定。《集古求真》云："原刻於諸帖中字，有以為未善者，另改單字於卷末。亦有改至一二行者，原以備裱裝時割換，用心亦可謂勤且密矣。翻刻本無之。欲求原刻，以此為驗。"

3.《三希堂石渠寶笈法帖》三十二卷，11 函。清高宗敕編，梁詩正校刊。此帖始刻於乾隆十二年（1747），三十年（1765）刻峻。《集古求真》謂："自鍾、王以至明人，俱以内府所藏真迹上石。自淳化閣帖以下，官私法帖，無此巨麗，摹刻榻三手，俱天下之良工。紙墨亦極精良，固非民間寒儉所可比擬。"

鈔　本

館藏鈔本計 1215 種，分訂 4560 册。其中除《永樂大典》3 册外（卷之 2610—2611；7756—7757；8841—8842），餘大都為清鈔本，亦有民國者。清鈔本中以文瀾閣《四庫全書》之《駱丞集注》四卷及《熬波圖》上下卷為最珍貴。兹在其他鈔本中檢出下列三種，略為介紹。

1.《詩經世本古義》不分卷，35 册 3 函。明何楷學撰，清鈔本。10 行 20 字。是書傳鈔清禮部原版。本館尚藏此書另部，為嘉慶二十四年（1819）閩謝漳氏文林堂活字本，二十八卷，首末各一卷。

2.《宋名賢五百家播芳大全文粹》一百二十六卷，40 冊 8 函。明魏齊賢、葉芬等編，清道光二十八年（1848）東武劉氏據宋本校鈔。14 行 25 字。書間有“燕庭士傑珍藏”“東武劉喜海燕庭所藏”等印章。

3.《鑲黃旗滿洲鈕古禄氏弘毅公家譜》15 冊 1 函。清嘉慶三年（1798）修。10 行字數不等。是本為朱絲欄精鈔本。大號紙裝訂，書口題：“鈕古禄氏家譜。”

4.《八旗叢書》35 種，28 冊 3 函。清恩豐輯鈔。此書為清光緒間鈔本。為恩豐本人私藏。中有愛新覺羅敦敏撰《懋齋詩鈔》。敦敏為曹雪芹摯友，此卷多收其與雪芹唱和詩，為研究雪芹生平少見之資料。恩豐字希臣，光緒十八年（1892）進士。書內有“富察恩豐希臣藏書印”。

注釋

本文為 1984 年 11 月於臺北圖書館學會主辦的“古籍鑑定與維護研習會”發表的報告，載《古籍鑑定與維護研習會專集》，臺北：圖書館學會，1985 年，第 341—151 頁。

作者單位：臺北圖書館

饒宗頤學術年表

施志詠

饒宗頤字伯濂，又字伯子、固庵，號選堂，廣東潮安人。香港中文大學偉倫榮譽藝術講座教授及中國語言及文學榮休講座教授，香港大學中文系榮譽講座教授，臺北“中央”研究院文哲研究所咨詢委員，國務院古籍整理出版規劃小組顧問，中央文史研究館館員，香港大學“桂冠學人”，香港特別行政區大紫荊勳賢。

父鍔，字純鈎，工詩文，擅考據。著有《佛國記疏證》《漢儒學案》《清儒學案》《王右軍年譜》諸稿，並有《潮州西湖山志》《慈禧宮詞百首》及《天嘯樓文集》行世。天嘯樓藏書數萬卷。

1917 年 **一歲**

8 月 9 日（農曆六月二十二日）出生於廣東省潮安縣城（今潮州市湘橋區）。

1922 年 **六歲**

是年起在自家畫館跟隨伯父學畫山水並臨帖學書。

1923 年 **七歲**

是年，入讀潮安城南小學。

1924 年 **八歲**

初從師作人物畫，繼習山水。

1928 年 **十二歲**

拜金陵楊栻為師。習書畫，攻山水及宋人行草。並開始執筆創作大幅書畫。

1929 年 **十三歲**

饒家別墅蓴園建成。為園中一處景點“畫中遊”撰寫對聯並書寫刻石。其曰：山不在高，洞宜深、石宜怪；園須脱俗，樹欲古、竹欲疏。

1930 年 **十四歲**

城南小學畢業。入讀省立金山中學。一年輟學。以為：“文科不同於理科，過分强調專家、專門，可能就是不通的意思，我自己就‘無家可歸’。”

是年，練習因是子静坐法。饒宗頤：“自十四歲起，我學因是子静坐法，我早上會沐浴和静坐，然後散步，晚上九時必寬衣就寢。”

1932 年 **十六歲**

是年，作詠優曇花詩古詩二首，一時驚諸老宿，競相唱和。優曇花詩序曰：優曇花，錫蘭産。余家植兩株。月夜開放，及晨而萎，家人傷之。因取榮悴無定之理，為詩以釋其意焉。

其一詩云：

> 異域有奇卉，植兹園池旁。夜來孤月明，吐蕊白如霜。香氣生寒水，素影含虚光。如何一夕凋，殂謝亦可傷。豈伊冰玉質，無意狎群芳。遂爾離塵垢，冥然返太蒼。太蒼安可窮，天道邈無極。衰榮理則常，幻化終難測。千載未足修，轉瞬詎為逼。達人解其會，保此恒安息。濁醪且自陶，聊以永兹夕。

詩作發表於中山大學中文系《文學雜志》第十一期。

是年，父鍔病逝。承父志，旁搜博采，拾佚鉤沉，續成《潮州藝文志》，刊於《嶺南學報》1935 年第四卷及 1936 年第五及第六卷。

1935 年 **十九歲**

是年，受詹安泰委托，代授國文課於廣東省立韓山師範學校。

受聘為國立中山大學廣東通志館纂修。撰寫《潮州叢著》。加入禹貢學會。其間著《廣東易學考》《尚書地理辨正》《説文古文考》《金文平議》《古史新證補》《西漢節義傳》，編撰《古史辨》第八册（僅存目）。

1936 年 **二十歲**

是年，輯成《廣濟橋志》。並於中山大學文科研究所語言文學專刊《史學專刊》第四期發表。

1937 年 **二十一歲**

是年，《潮州藝文志》於嶺南大學《嶺南學報》專號第五、六合卷（1935—1937）刊佈。

1938 年 二十二歲

10 月，廣州淪陷，暫返故里。研究古代潮汕土著畲民問題。

是年，受聘為中山大學研究院研究員。中山大學遷雲南澂江，以病滯留香港。佐王雲五編《中山大辭典》。撰《古籍篇名提要》稿；又佐葉恭綽編定《全清詞鈔》初稿。

是年，《潮州叢著初編》由廣州市立中山圖書館出版。

1939 年 二十三歲

6 月，潮州淪陷。滯留香港。

協助葉恭綽編輯《全清詞鈔》。饒宗頤："記一九三九年，余在香港，曾繼楊鐵夫後，佐丈考證清代詞人仕履，是余留心清詞之始。時楊翁年逾八旬，居大嶼山曰雙樹居，舟車出入為艱，不久物化，余遂以全力襄其事。"

1940 年 二十四歲

是年，作《楚辭地名考》。童書業序："考據之學，愈近愈精，讀宗頤饒君之書，而益信也。君治史地學，深入堂奧，精思所及，往往能發前人所未發。"

1941 年 二十五歲

是年，《全清詞鈔》全編竣工。離港歸里。有《眼兒媚》依葉恭綽贈別詞韻。

1943 年 二十七歲

是年，赴廣西桂林任無錫國學專修學校教授。

1944 年 二十八歲

夏，自桂林疏散，避蒙山。冬，蒙山陷，轉奔大瑤山。

1945 年 二十九歲

1 月，無錫國專二十四周年校慶，蔣石渠置醴瑤山精舍，賦詩呈座上諸公。

7 月，與諸生步入瑤山。造天堂之嶺，詩以彰之。據《天堂山》小序。

9 月，集竄迹荒村所作詩，成《瑤山詩草》一卷。

是年，編纂《潮州志》。

1946 年 三十歲

是年，由桂返穗，任廣東文理學院教授。年中，由穗返潮汕，主持潮州修志館，任民國《潮州志》總纂。兼任汕頭華南大學文史系教授、系主任。

是年，《楚辭地理考》三卷附録一卷由上海商務印書館出版。

1947 年 三十一歲

是年，任民國《潮州志》總纂並被推選為廣東省文獻委員會委員。

是年，民國《潮州志》纂成。

1948 年 **三十二歲**

是年，入臺考察高雄縣潮州鎮。

1949 年 **三十三歲**

8 月，民國《潮州志》由潮州市地方志辦公室補編重刊。計十五門二十册。葉恭綽為撰寫序文。

汕頭修志館作詩述志。詩云：

擁鼻微吟祇自嗟，茶煙裊裊淡生涯。心憂四野民無告，目盡平蕪雨半遮。
近海飛鳶爭出没，過橋老樹自欹斜。閑中觀物寧非學，何必長安看遍花。

10 月，移居香港。自是年至 1962 年，歷任香港大學中文系講師、高級講師及教授等職。

1950 年 **三十四歲**

是年，《韓江流域史前遺址及其文化》在香港出版。

1951 年 **三十五歲**

1 月，《海南島之石器》國泰印刷所稿。新加坡大學圖書館藏。

1952 年 **三十六歲**

是年，任教於香港大學。《明器圖録》（中國明器略説）附英譯，香港大學東方文化研究院印。

1954 年 **三十八歲**

夏，首度訪日。《羈旅集》所録《東海行》題稱："甲午夏東渡扶桑海上作。"

於日本東京大學教養學部講甲骨文。在廣島會斯波六郎、小尾效一教授，與池田末利教授偕遊宫島。有《廣島夜弔和平塚》《池田末利教授偕遊宫島，歸舟中作》《初抵廣島贈小尾郊一》諸篇什，載《羈旅集》。

是年，出席劍橋召開第二十三届東方學家國際會議並發表論文。結識法國漢學名家戴密微。

1955 年 **三十九歲**

是年，再赴日本，於京都大學人文科學研究所從事甲骨學研究。

是年，著《日本所見甲骨録》《長沙出土戰國楚簡初釋》《潮瓷説略》《〈人間詞話〉平議》。

1956 年 **四十歲**

1 月，《楚辭書録》（選堂叢書）於香港出版。

8 月，四十初度。有詩酬答諸詩侣。載《羈旅集》。

出席巴黎國際漢學會。以詩記之。詩題:《沙維爾尼宫（Chateau de Chevemy）晚宴》。自注:“一九五六年巴黎漢學會議既閉幕，午後全體驅車至羅亞河之行宫區（Châteaux de la Loue），遂至 Château de chevemy，晚宴於狩獵館（The Hunt Museum）。”

12 月，《巴黎所見甲骨録》於香港出版。

是年，在日本嚮神田喜一郎詢日本填詞史，與吉川幸次郎談詩，與斯波六郎説談“文選學”，與水原琴窗、水原江湄父子談詞，到京都大原山聽梵唄，聆賞多紀穎信演奏日本雅樂。

賦《八聲甘州》贈吉川幸次郎。序云:“日本吉川幸次郎博士遊美歸，招飲其家。喜有魏晉人風味。清言忘倦，未知日之將夕也。賦此奉贈。”詞載《聊復集》。

是年，出版《敦煌本老子想爾注校箋》。

1957 年　**四十一歲**

是年，遊西德。讀尼采薩天師語録。有詩載《西海集》。

《戰國楚簡箋證》（長沙仰天湖武國楚簡摹本）香港上海出版社出版。

1958 年　**四十二歲**

是年，遊意大利，在貝魯特晤高羅佩。賦《貝魯特喜晤荷蘭高羅佩有贈》（用白石待千岩老人韻二首）。詩載《西海集》。

是年，《楚辭與詞典音樂》（選堂叢書）於香港出版。

是年，《長沙出土戰國繒書新釋》（選堂叢書）於香港出版。

1959 年　**四十三歲**

11 月，《殷代貞卜人物通考》二册二十卷。香港大學出版社出版。

是年，作《敦煌寫卷之書法》附《敦煌書譜》。為研究敦煌寫卷書法藝術之第一人。

1960 年　**四十四歲**

是年，寓長洲島上。盡和阮公（籍）詩八十二首。載《長洲集》。

1961 年　**四十五歲**

是年，清水茂到訪，同宿大嶼山寶蓮寺。

是年，撰著《敦煌寫卷之書法》一文，並附《敦煌書譜》，於香港大學《東方文化》1961 年第五卷發表。

1962 年　**四十六歲**

是年，經戴密微推薦，以甲骨學著作《殷代貞卜人物通考》獲法國漢學儒蓮（Stanisles Julien）獎（漢學界諾貝爾獎）。

是年，主編《文心雕龍研究》專號，首次將敦煌本《文心雕龍》印刊。

1963 年　**四十七歲**

2 月，《詞籍考》由香港大學出版社出版。

秋，應印度班達伽（Bhandarkar）東方研究所之邀，與汪德曼同赴天竺作學術研究。復從春暉尊人白老教授（Professor V. G. Paranjpe）遊，研習《梨俱吠陀》。

考察印度南北，歸途訪錫蘭、緬甸、泰國、柬埔寨諸國佛教史迹，兼作寫生，有詩集《佛國集》，以記遊蹤。

10月，《星暹日报》國風吟苑王誠邀請詩友四十餘人，舉行雅集，歡迎饒宗頤莅泰。

1964年 **四十八歲**

是年，再赴日本訪學。結識林謙之，與水原琴窗、水原渭江父子論詞。

1965年 **四十九歲**

7月，《潮州志彙編》由香港龍門書店出版。

秋，居京都。悉郭階有擬詠懷詩六十一首。據《長洲集》小引。

冬，訪學巴黎。出席第九屆國際漢學大會。於法國國立科學中心研究巴黎及倫敦所藏敦煌畫稿及法京所藏敦煌寫卷。

《景宋乾道高郵軍學本淮海居士長短句》由香港龍門書店出版。

是年，《敦煌白畫》定稿。

1966年 **五十歲**

3月，《白山集》（綫裝）出版。

8月，與戴密微教授偕游瑞士，有詩《黑湖集》紀遊，後由戴密微先生譯為法文。

冬，補撰《長洲集》小引。時客巴黎。

是年，在法國國立科學中心研究敦煌寫卷。

1968年 **五十二歲**

離港。自是年至1973年受聘為新加坡大學中文系首任教授兼系主任。

出版《固庵詞》。

《黑湖集》於瑞士《亞洲研究》（Asiatische Studien）第二十二期刊行。

1969年 **五十三歲**

12月，刊行《清詞年表》（稿）。據《新社學報》第4期。

1970年 **五十四歲**

12月，《香港大學馮平山圖書館善本書録》由香港龍門書店出版。

是年，應傅漢思（Hans Hermannt Frankel）之邀赴美，擔任耶魯大學研究院客座教授。集所得詞為《榆城樂章》，並遍和清真，成《晞周集》。其間至美國、加拿大各地寫生。

是年，《歐美亞所見甲骨録存》在新加坡出版。

1971年 **五十五歲**

3月，《晞周集》（綫裝本）在香港出版。

秋，在星洲。録存題畫詩三十許首，成《題畫雜詩》一卷。

是年，與法國戴密微教授合著《敦煌曲》，分中、法兩種文字在巴黎刊行。全稱 Airs de Touen—houang（Touen—houang k'iu），textes à chanter des VIIIe—Xe siècles. Manuscrits reproduits en facsimile avec une Introduction en chinois par Jao Tsong—yi, adaptée en français avec la traduction de quelques textes d'Airs, par Paul Demiéville, Paris 1971。

1972 年 五十六歲

8 月，在星洲。與潘受宴飲，有詩唱和。

是年，任臺灣“中央”研究院歷史語言研究所研究教授、法國遠東學院院士。榮獲香港大學及法國高等研究院榮譽文學博士、敦煌研究所榮譽研究教授。

是年，發表《詩與畫》論文。

1973 年 五十七歲

擔任香港中文大學中文系講座教授及系主任。

1974 年 五十八歲

首次提出“海上絲綢之路”概念。

1975 年 五十九歲

5 月，《選堂賦話》由香港萬有圖書公司出版。

9 月，《黄公望及富春山居圖臨本》（香港中文大學文物館專刊之一）出版。

1976 年 六十歲

是年，在巴黎從博特羅習楔形文字及西亞文獻，首次譯出《西亞開闢史詩》。

1977 年 六十一歲

8 月，第二次蒞泰出席第七届亞洲歷史會議。

9 月，《中國史學上之正統論》由香港龍門書店出版。

1978 年 六十二歲

自香港中文大學中文系教授退休。應聘為法國高等研究院宗教部客座教授，主講“中國古代宗教”。

1 月，香港中文大學藝術系於香港大會堂主辦“饒宗頤書畫展”。

《選堂詩詞集》由選堂教授詩文編校委員會刊行。

《選堂書畫集》香雪齋刊行。

8 月，第三次蒞泰。旅暹潮安同鄉會、泰華詩學社和南國詩社於泰國曼谷為舉辦個人書畫展。

是年，《敦煌白畫》由法國遠東學院考古學專刊印行。

1979 年 六十三歲

4 月，遊瑞士，過阿爾卑斯山入意大利，有《古村詞》紀遊。

秋，撰《苞俊集》小引。謂存諸篇，為紀周流之所歷。時客巴黎。

自是年至一九八六年擔任香港中文大學中國文化研究所榮譽高級研究員。

是年，應中山大學之邀，首次回內地參加中國古文字學會議，會後赴湖南考察馬王堆出土文物。

1980 年 六十四歲

4 月，應邀赴日。於京都大學、九州大學、北海道大學舉行學術講演。

5 月，賦《京畿稿》。題稱：初至京都，5 月 10 日夕，即席和清水茂教授枉贈之什。詩載《總喈集》。

東方學會講《易》。有詩題稱：庚申 5 月 17 日，醍醐寺東方學會講殷易卦。貝塚教授主其事，三疊前韻。詩載《總喈集》。

8 月，自京都陟高野山，參與萬燈會。有詩題稱：8 月 13 夕盂蘭盆節。序曰：自京都陟高野山，參與萬燈會，步至奥之院。此事行之千載，雖暴風疾雨弗替。不計東西，無論敵我，咸可營塚於是。五輪共轉，四海一家。彌見法海無量，涵負天地，非他教可比也。詩載《總喈集》。

回港前北遊東京。日本書畫出版機構二玄社於東京主辦"饒宗頤教授個人書畫展"。於東京新宿區"朝日生命畫廊"作《關於中國書法的二三問題》講演。與二玄社達成協議，饒撰《敦煌書法叢刊》二十九卷將由二玄社刊行。

10 月，應邀到武昌參加全國語言學討論會。會後於十四省市進行學術考察並參觀博物館，歷時三個月。

11 月，青山杉雨主編《書道俱樂部》月刊出版《饒宗頤教授個展作品》特輯。

是年，獲選為巴黎亞洲學會榮譽會員。

1981 年 六十五歲

秋，訪古敦煌。有《莫高窟題壁》，載《苞俊集》。

津門觀八大山人荷上花長卷。賦詩題稱：辛酉中秋過津門，於博物館得觀八大山人荷上花長卷。後有水竹村人跋。驚心動魄。把玩無斁。圓月既升，赴陳國符之招，與其家人歡敘。酒後賦此。

山西大同華嚴寺見金光明經序文。賦詩為紀。詩題：大同華嚴寺展出秘笈有雍正本金光明經前為宋慈覺大師宗頤序文。記宋史藝文志著録僧宗頤勸孝文，深喜名與之同，或有宿緣，因而賦之。詩云：同名失喜得名僧，代馬秋風事遠征。托鉢華嚴竇寺畔，何如安化説無生。

是年，任職澳門東亞大學（後改名澳門大學）文學院客座教授至 1988 年止。

是年，參加太原古文字學討論會。

是年，於新加坡舉行個人書畫展。

1982 年 六十六歲

1 月，《選堂集林 · 史林》，香港中華書局初版。

《唐宋墓志：遠東學院所藏拓片圖録》（中國文化研究所史料叢刊之一）由香港中文大學出版社出版。

9 月，赴夏威夷出席國際殷文化討論會，提交論文，題為：《殷代易卦及有關佔卜諸問題》。

是年，任香港中文大學藝術系榮譽講座教授。獲香港大學頒授榮譽文學博士學位。被聘為國務院古籍整理小組顧問。

是年，《雲夢秦簡日書研究》（與曾憲通合作）出版。香港中文大學中國文化研究所中國考古藝術研究中心專刊之三。

1983 年 六十七歲

是年，出席於蘭州召開的首次全國敦煌吐魯番學會會議，被聘為顧問。

是年，編纂《敦煌書法叢刊》，由日本東京二玄社出版，全書二十九册。日本二玄社為其出版《虛白齋書畫録》。

1984 年 六十八歲

2 月，《選堂選集》由臺北彌勒出版社出版。

是年，創辦澳門東亞大學研究院中國文史部，並出任該學部主任。

是年，應聘為敦煌研究院榮譽研究員、臺灣“中央”研究院文哲研究所諮詢委員。浙江温州師範學院名譽教授。

是年，於馬來西亞太平舉行個人書畫展。

1985 年 六十九歲

春，梁鍥齋（耀明）赴鄧蔚、超山賞梅之約，得詩一卷。載《江南春集》。

3 月，《古村詞》由香港《明報》月刊刊行。

是年，任香港中文大學中國文化研究所榮譽講座教授。創作 32 呎巨幅荷花。

是年，香港三聯書店主辦“饒宗頤書畫展”。香港芥子居出版《選堂扇面册》。韓國東方研究會於漢城利馬美術館主辦“選堂韓國書畫展覽”。馬來西亞吉隆坡舉辦個人書畫展。

是年，《楚帛書》由香港中華書局出版。

是年，《隨縣曾侯乙墓鐘磬銘辭研究》（與曾憲通合作）出版。

1986 年 七十歲

9 月，出席法國高等研究院宗教部一百周年紀念暨世界禮學研討會，宣讀論文：《〈春秋左傳〉中之禮經及重要禮論》。最早在國際學術會議上提出“禮經”問題。

11月，參加南昌舉辦八大山人書畫藝術學術討論會，親手摩挲真迹。

赴汕頭出席汕頭大學、韓山師專、潮州韓愈研究會聯辦的“首届國際愈學術討論會”，作《宋代潮州之韓學》主題演講。

是年，任香港藝術館名譽顧問。香港中華文化促進中心主辦“饒宗頤教授從事藝術、學術活動五十周年紀念——七十大壽書畫展”。

是年，為澳門東亞大學書羅忼烈撰《東亞大學創建記》。

1987年 七十一歲

6月，在香港主持國際敦煌吐魯番學術會議。提交論文題為《敦煌曲譜研究》。

是年，任香港大學中文系榮譽講座教授。任中國敦煌研究院名譽研究員。

是年，香港《書譜》雜志出版《館宗頤專輯》。

是年，梓行《總彎集——日本紀行詩稿》。

1988年 七十二歲

9月，賦《霓裳中序第一》一詞題贈滬上“唐樂傳聲”之會。題下附小序云：1988年9月11日，滬上音樂團有唐樂傳聲之會，倚此解題贈，依白石韻。

1989年 七十三歲

9月，《固庵文録》由臺北新文豐出版公司出版。

11月，第五届國際潮團聯誼年會在澳門舉行，作專題講座：《潮人文化的傳統和發揚》。

是年，香港中文大學出版社出版《饒宗頤書畫集》。

是年，出版《甲骨文通檢》（一）。

1990年 七十四歲

4月，《中印文化關係史論集——悉曇學緒論》由香港中文大學中國文化研究所、香港三聯書店聯合出版。

發表《書法藝術的形象性與韻律性》（香港《明報月刊》1990年4月號）及《敦煌琵琶譜寫卷原本之考察》（上海《音樂藝術》1990年第4期）。

11月，“中國歷史文獻研究會第十一届年會暨潮汕歷史文獻與文化學術研究會”在汕頭大學舉行，應邀出席並作專題演講。

12月，《敦煌琵琶譜》（香港敦煌吐魯番研究中心叢刊之一）由臺北新文豐出版公司出版。

是年，任香港博物館名譽顧問。

是年，《詞學秘笈之一——李衛公望江南》由臺北新文豐出版公司出版。

1991 年 **七十五歲**

1 月,《近東開闢史詩》(編譯)由臺北新文豐出版公司出版。

8 月,《敦煌琵琶譜論文集》(香港敦煌吐魯番研究中心叢刊之二)由臺北新文豐出版公司出版。

9 月,第六屆國際潮團聯誼年會在巴黎舉行,作專題演講。

10 月,應香港中華文化促進中心和中文大學中國文化研究所之邀,作《廣州南越王墓的發現及其重要價值》和《香港與廣東大陸的歷史關係》演講。

11 月,參加温州市舉辦的"謝靈運與山水文學國際研討會"。

《〈老子想爾注〉校證》由上海古籍出版社出版。

《文轍——文學史論集》("中國精神史研究之一")由臺灣學生書局出版。

12 月,到河内參加遠東學院九十周年的慶典,介紹牙璋在國内外的分佈,引起越南考古界的興趣。

是年,香港大學馮平山博物館主辦"饒宗頤書畫展"。

1992 年 **七十六歲**

6 月,《選堂書楹聯初集》由香港藝苑出版社出版。

8 月,《饒宗頤翰墨》由香港藝苑出版社出版。

10 月,《詞集考——唐五代宋金元編》由北京中華書局出版。

11 月,出席汕頭舉行"潮汕頭歷史文化座談會"和"翁萬達國際學術研討會"。

是年,赴越南出席法國遠東學院九十周年國際學術會議。

是年,獲聘為上海復旦大學顧問教授。

是年,於新加坡國家博物館舉辦個人書畫展。於香港大會堂舉辦個人書畫展。

1993 年 **七十七歲**

1 月,《新加坡古事記》由香港中文大學出版社出版。

3 月,赴澳門出席"東西方文化交流——國際學術研討會"。宣讀論文:《栯林在海外交通史上的地位》。

6 月,《畫𩑈——國畫史論集》由臺北時報文化出版企業有限公司出版初版。

7 月,《梵學集》由上海古籍出版社出版。

8 月,《楚地出土文獻三種研究》(與曾憲通合作)由北京中華書局出版。

10 月,《饒宗頤書畫》由廣州嶺南美術出版社出版。

11 月,潮州古城饒宗頤學術館奠基。為第一個潮籍名人學術館。該館佔地面積四百五十多平方米,建築面積七百平方米。學術館坐北朝南,有啓功題書"饒宗頤學術館"録匾。

《潮學研究》創刊號正式出版。

《法藏敦煌書苑精華》全八册，由廣東人民出版社出版。

《饒宗頤史學論著選》由上海古籍出版社出版。

12 月，第一屆“國際潮州學研討會”在香港中文大學舉行。

獲法國索邦高等實用研究院（EPHE）頒授人文科學博士學銜及法國文化部頒授之藝文榮譽勳章。

是年，受聘為中山大學中華文化研究中心名譽教授、名譽主任。

是年，受聘為廣州美術學院客座教授，泰國華僑崇聖大學顧問暨中華文化研究院院長。

是年，應邀擔任“臺灣故宫博物院”主辦“張大千、溥心畬詩書畫國際學術討論會”主席。

是年，廣東美術家協會、廣州美術學院、嶺南美術出版社、廣東書法家協會、廣東畫院及廣東《畫廊》雜志社於廣東畫院聯合主辦“93 廣州饒宗頤書畫展”。

1994 年 **七十八歲**

2 月，參加香港中文大學中國文化研究所舉辦的“南中國及鄰近地區古文化研究”第二次國際學術會議，作《由牙璋分布論古史地國擴張問題》專題演講。首次從牙璋提示古代中國通往東南亞之路問題。

3 月，參加在香港大學馮平山博物館舉辦的“東南亞考古學術研討會”。

7 月，《敦煌邈真贊校録並研究（香港敦煌吐魯番研究中心叢刊之三）》，由臺北新文豐出版公司出版。

8 月，出席汕頭大學和南澳聯合舉辦“海上絲綢之路與潮汕文化”國際學術研討會。發表論文《南澳：臺海與大陸間的跳板》。

12 月，《甲骨文通檢》（二）由香港中文大學出版社出版。

是年，任北京廣播學院名譽教授。

是年，中國美術家協會、中國書法家協會、中央美術學院、中國藝研究院、中國畫研究院於北京中國畫研究院展覽館聯合舉辦“饒宗頤書畫展”。

是年，獲潮汕歷史文化研究中心頒授之“潮學研究奬”。

1995 年 **七十九歲**

3 月，出席香港大學馮平山博物館舉辦“東南亞考古學術研討會”。

11 月，潮州市“饒宗頤學術館”落成。

是年，泰國華僑崇聖大學、泰國潮州會館聯合舉辦“饒宗頤書畫展”。

是年，創辦以中文為媒介的大型國際性學報《華學》。自任主編。主張：外國人研究中國東西，一定要用中文發表。由香港大學饒宗頤學術館、清華大學國際漢學研究所、中山大學中華文化研究中心及泰國華僑崇聖大學中華文化研究院聯合主辦。

是年，獲香港嶺南大學頒授榮譽博士學位。任深圳大學名譽教授。

是年，獲北京《續修四庫全書》、上海《全明文》編委會聘為顧問。

1996 年 **八十歲**

1 月，參加由港穗澳三家博物館聯合舉辦之“南海貿易二千年展覽”暨學術研討會。

7 月，《澄心論萃》（胡曉明編）由上海人民出版社出版。

8 月，潮州市政府及韓山師範學院舉辦“饒宗頤學術研討會”。來自內地和美、法、日、泰、荷蘭、新加坡等國以及港、澳、臺八十多位學者出席會議。會上施議對建議將“饒學”納入研討議題。施議對所提交論文《落想、設色、定型——饒宗頤“形而上”詞法試解》云：“近年來，內地學界興講各種‘學’，有關某學者之評介、研究，也被稱為‘某學’，並已有‘某學’之專書、專刊出版，而對於饒教授之評介、研究，卻有所忽略。這大概由於缺乏了解所致。因此，我建議：潮州今次舉辦‘饒宗頤學術研討會’，不妨也講講‘饒學’，以互相推進。”

（文載香港《鏡報》1996 年 11 月、12 月號及 1997 年 1 至 4 月號。又載《饒宗頤學術研討會論文集》。翰墨軒出版有限公司，1997 年 11 月香港第一版。又載饒宗頤《清暉集》。海天出版社，1999 年 12 月深圳第一版）。

廣東韓山師範學院主辦，潮州市教育局、文化局協辦“饒宗頤八十回顧展”同時出版《選堂書畫》。

《中國史學上之正統論》由上海古籍出版社出版。

12 月，出席廈門大學頒贈名譽教授典禮。

香港大學美術博物館主辦“饒宗頤八十回顧展”，展品有三十二呎寬巨幅荷花；同時，出版《選堂書畫》。

是年，《饒宗頤學記》（胡曉明編）由香港教育圖書公司出版。

是年，《饒宗頤潮學論文集》（黃挺編）由上海再版。

1997 年 **八十一歲**

2 月，大型學術刊物《華學》（第一輯），由廣東中山大學出版。發刊詞稱：“從洋務運動以來，國人對自己的傳統文化已失去信心，外來的衝擊，使得許多知識分子不惜放棄本位文化，嚮外追逐馳騖，久已深深動搖了國本。‘知彼’的工作還沒有做好，‘知己’的功夫卻甘自拋擲。現在，應該是返求諸己、回頭是岸的時候了。”

是年，獲香港藝術發展局頒授第一屆終身藝術成就獎。

1998 年 **八十二歲**

7 月，《符號·初文與字母——漢字樹》由香港商務印書館出版。

是年，獲聘為中國社會科學院歷史研究所客座研究員、香港中文大學崇基學院榮譽院務委員、中文大學偉倫榮譽講座教授及臺北華梵大學榮譽講座教授。續任香港大學中文系榮譽教授。

獲香港（海外）文學藝術家協會頒授中華文學藝術家金龍獎“當代國學大師”。

1999 年 八十三歲

8 月，《澄心選萃——饒宗頤的藝術》由香港中國健康工程引發基金會刊行。

9 月，香港美術館舉辦“澄心選萃——饒宗頤的藝術”展覽，同時出版《澄心選萃》畫集。展覽介紹饒宗頤近期傑作，為“香港藝術家系列三”之首項獻禮。

10 月，赴湖北武漢大學出席“郭店楚簡國際學術研討會”。提交論文:《涓子〈琴心〉考——由郭店雅琴談老子門人的琴學》。

11 月，由澳門教科文中心主辦“清涼世界——饒宗頤書畫”展覽，展品以荷花為主。同時出版《清涼世界——饒宗頤書畫》。

應邀出席澳門大學中文學院舉辦學術講座，以“關於經學意義”為題，為諸生作演講。

是年，獲香港公開大學頒授榮譽博士學位。獲聘為南京大學名譽教授、北京大學中國文明研究中心顧問、首都師範大學名譽教授。

是年，繪寫十二呎巨幅荷花。

2000 年 八十四歲

11 月，《饒宗頤書法叢帖》（一至五）及《饒宗頤五體書法》（篆隸楷行草）由商務印書館（香港）有限公司出版。

是年，獲香港特別行政區頒授大紫荆勳章。國家文物局及甘肅人民政府頒發“敦煌文物保證研究特殊貢獻獎”。受聘為北京大學古代文明研究中心顧問及北京大學客座教授。商務印書館（香港）有限公司主辦“饒宗頤書畫欣賞”展覽。

2001 年 八十五歲

1 月，中國社會科學院古代文明研究中心成立，被聘為學術顧問。

4 月，出席香港中文大學藝術系、文物館主辦“中國碑帖與書法國際研討會”，作主題演講“泛論三國碑刻書法”。

5 月，在上海華寶樓集古畫廊舉辦個人書畫展。

7 月，臨時澳門市政局轄下澳門藝術博物館舉辦“選堂雅聚——饒宗頤書畫藝術展”，展出書畫作品、海內外名畫家合作畫及文房清玩共一百零三件（套）。

8 月，香港著名書畫家、國際漢學大師饒宗頤書畫潮汕巡迴展開幕。

汕頭慶賀潮籍著名學者饒宗頤教授從事潮學研究六十六周年暨八五華誕。

香港作聯為饒宗頤教授賀壽。賀壽實況，由施議對撰為《國學於今第一人——饒宗頤教授八秩晉五華誕志慶》一文，於香港《明報月刊》2001 年 11 月號發表。2001 年 11 月 13 日北京《参考消息》於"港澳之窗"轉載此文。題為:《國學於今第一人——饒宗頤其人其學》。

10月,饒宗頤教授書畫作品展在北京中國歷史博物館展出。全國政協副主席羅豪才、全國人大常委會副秘書長王宋大、原司法部部長蔡誠、國家文物局局長張文彬、中央政府駐香港聯絡辦副主任鄒哲開及香港知名人士李嘉誠、莊世平、唐學元、陳偉南為書畫展剪綵。饒宗頤遴選出得意之作——十八尺巨幅《水墨荷花》捐贈中國歷史博物館。

11月,出席北京大學百年紀念論壇並作題為《新經學的提出——預期的文藝復興工作》的專題演講。

12月,應邀為臺灣歷史語言研究所傅斯年漢學講座作三場上古史研究學術講座。

獲汕頭市政府授予汕頭市榮譽市民。

是年,獲得俄羅斯國際歐亞科學院院士。

2002年 **八十六歲**

5月,哈佛大學為紀念已逝著名漢學教授楊聯陞,特別邀請饒宗頤舉行"楚簡"學術講座。

6月,香港特別行政區獲饒宗頤惠贈佛教經典《般若波羅蜜多心經》墨寶。

經文以漢隸結合北碑風格寫成。全文260字,每字20吋×20吋,將由特區政府鐫刻於大嶼山石壁之上,供遊人觀賞。

為慶祝香港大學創校九十周年,捐贈私人藏書及個人藝術品給香港大學,成立饒宗頤學術館。

7月,"學藝雙攜——饒宗頤書畫展"假香港國際創價學會池田紀念講堂閉幕,9日展覽,共13288人次進場參觀。

香港特區政府宣布落實饒宗頤《般若波羅蜜多心經》墨寶轉化為大型户外木刻"心經簡林"計劃細節。

9月,《饒宗頤的文學與藝術》在香港問世。

11月,出席北京大學百年紀念論壇,發表講話,題為:《新經學的提出——預期的文藝復興工作》。

12月,出席中華炎黄文化研究會、香港浸會大學、香港中華文化促進中心主辦"二十一世紀中華文化世界論壇"。作《新文獻的壓力與智識開拓》專題演講。

2003年 **八十七歲**

3月,以"《詩》與古史:從出土楚簡談玄鳥傳説與早期殷史"為題作公開講座,為香港中文大學四十周年傑出學人學術講座揭開序幕。

獲聘為中國人民大學孔子研究院學術委員會顧問。

5月,《符號·初文與字母——漢字樹》日文版(小早川三郎譯:副題名為《古代文明與漢字之起源》）出版；《古史之斷代與編年》出版；“通會之際——饒宗頤書法全集”出版。

6月，為香港大學馮平山圖書館建館七十周年擔任主禮嘉賓。

10月，《饒宗頤二十世紀學術文集》十四卷二十册出版（新文豐出版股份有限公司，2003年10月臺北初版）。

11月，《古意今情——饒宗頤畫路歷程》由香港大學饒宗頤學術館出版。本册為慶祝香港大學饒宗頤學術館開幕而編印。全册劃分為六類，用以追溯各個類型創作之演變與面貌。

饒宗頤學術館（Jao Tsung—I Petite Ecole）在香港大學揭幕。學術館收藏饒宗頤教授捐贈給香港大學的兩萬多册珍貴圖書和一批價值連城的書畫作品。

香港科技大學授予榮譽文學博士學位。

香港大學於大學本部王賡武講堂舉行“饒宗頤學術館開幕典禮暨《饒宗頤二十世紀學術文集》”出版儀式。國學大師饒宗頤、長實集團主席李嘉誠、麗新集團主席林百欣、香港潮屬社團總會主席陳偉南、民政事務局局長何志平、港大校長徐立之、副校長兼饒宗頤學術館館長李焯芬主持開幕儀式。

12月，香港中文大學授予榮譽文學博士學位。

2004年 **八十八歲**

1月，饒宗頤初纂、張璋總纂《全明詞》由北京中華書局出版。

3月，香港商務印書館舉辦《饒宗頤二十世紀學術文集》介紹會。香港大學副校長兼饒宗頤學術館館長李焯芬教授、香港大學中文系主任單周堯教授和香港聯合出版集團有限公司副董事長兼總裁陳萬雄博士，擔任主講嘉賓。

4月，廣州藝術博物館、廣東及廣州炎黄文化研究會以及香港大學饒宗頤學術館合作舉辦“造化心源——饒宗頤書畫展”。

7月，饒宗頤學術館之友成立典禮，香港特區政府民政事務局局長何志平致辭。

由佛山電視臺等單位聯合舉辦饒宗頤書畫作品展在佛山市石景宜文化藝術館開幕。

11月，獲香港科技大學及香港中文大學頒授榮譽文學博士學位。

香港大學饒宗頤學術館開館一周年兼饒宗頤教授米壽之慶，出版《象外環中——饒宗頤甲申書畫集》圖册；並於館内舉辦“象外環中——饒宗頤教授甲申年作品選展”。

12月，榮獲澳門大學頒授榮譽人文科學榮譽博士學位。

2005年 **八十九歲**

春，作對聯鏡心（水墨紙本）。聯曰：白石清泉從所好，和風時雨與人同。

5月，世界最大户外木刻佛經群——位於香港大嶼山天壇大佛東鄰之“心經簡林”揭幕。“心經簡林”（饒宗頤書寫，唐積聖鐫刻）樹立於香港大嶼山昂平一址。署理行政長官曾蔭權主持開幕式。鐫刻木柱全數38條，每條高達8至10米，據山形地勢安放，並依經文順序排列成"∞"字陣勢，象徵"無限""無量"，以表示宇宙人生變化無定之理。而於山坡最高位置之一木柱，則未有刻字，象徵《心經》"空"之要義。

6月，撰寫《重刊〈潮州志〉序》。

2006年 **九十歲**

2月，香港大學饒宗頤學術館舉辦"選堂書範系列展"。

3月，獲日本創價大學頒授榮譽博士學位，儀式在香港舉行。

5月，《選堂書法叢刊》（一至四册）由香港大學饒宗頤學術館出版。收録饒宗頤自20世紀60年代以來各體書法作品共435件。

9月，鑪峰雅聚於五日晚假灣仔皇朝會，舉行千歲宴，學術、教育和工商界超過二百位精英，祝賀當代漢學大師饒宗頤九十華誕。

11月，"普荷天地——饒宗頤九十華誕荷花特展"在澳門文化中心開幕。展出國際知名漢學家、書畫家饒宗頤教授四十餘年來以荷花為創作主題之繪畫作品近百件套。《普荷天地——饒宗頤九十華誕荷花特集》由澳門藝術博物館出版。

12月，由香港九所大學合辦"學藝兼修——饒宗頤教授九十華誕國際學術研討會"於香港大學舉行。内地、港澳臺及海外學者二百多人參加。

《饒宗頤藝術創作彙集》（珍藏版）全套十二册，由香港大學饒宗頤學術館出版。收録饒宗頤二十世紀四十年代初以來藝術創作成果。

潮州市委市政府主辦"饒宗頤學術研討會"，在韓山師範學院偉南國際會議中心舉行。饒宗頤獲頒授"潮州文化研究卓越貢獻獎"。

2007年 **九十一歲**

4月，香港大學饒宗頤學術館與廣州圖書館、廣州藝術博物院、潮州饒宗頤學術館合辦"萬古不磨意·中流自在心——饒宗頤教授學藝兼修展"，並出版展品圖録。

9月，《長流不息——饒宗頤教授之藝術天地》由香港大學饒宗頤藝術館出版。本册為香港大學饒宗頤學術館與創價學會饒宗頤籌備委員會合作主辦之"長流不息——饒宗頤教授之藝術天地"展覽圖録，收録近一百件作品，其中不少為巨屏書畫，尤以二十尺巨畫"設色荷花"最為矚目。

10月，在日本神户舉辦個人書畫展，展出近二十餘年來創作兩百餘幅書畫作品。日本創價學會名譽會長池田大作特賦長詩以資慶賀。

是年，《心經簡林》（原稿）由香港天地圖書公司出版。

2008年 **九十二歲**

7月，國内首間個人書籍專藏室——"選堂書室"，在廣東東莞長安鎮圖書館揭牌。由長安鎮人民政府和香港大學饒宗頤學術館聯合主辦"長樂安寧·饒宗頤東莞長安書畫展"同時在長安圖書館拉開帷幕。展出饒宗頤書畫作品六十餘件。

8月,《學藝兼修・漢學大師饒宗頤教授九十華誕國際學術研討會論文集》(《華學》第九、十合輯)六册,由上海古籍出版社出版。

10月1日,廣州鼎宏美術館舉辦“翰逸神飛——饒宗頤書法展”。

14日,總理温家寶來信稱:先生學貫中西,集學術與藝術於一身,雖已是耄耋之年,仍心繫國家、民族和世界,讓人感佩不已。

28日,至北京解放軍總醫院看望北京大學季羨林教授。

29日,故宫博物院與香港大學饒宗頤學術館舉辦“陶鑄古今——饒宗頤學術・藝術展”在故宫博物院修神武門展廳開幕。這是故宫博物院所舉辦第一個香港藝術家個展,亦是故宫博物院為當代畫人舉辦僅有幾個個展之一。

10月,《饒宗頤書畫集及著述録》由北京紫禁城出版社出版。

《香港大學饒宗頤學術館五周年特刊》由香港大學饒宗頤學術館出版。

11月,潮州市饒宗頤學術館饒宗頤先生銅像隆重揭幕。

獲廣東畫院聘為藝術顧問。

2009年 **九十三歲**

1月,温家寶總理主持中央文史館新館員聘任儀式,饒宗頤與另五位博學之士被聘為中央文史研究館館員。

香港藝術發展局(藝發局)、深圳市文化局及香港大學饒宗頤學術館合辦“我與敦煌——饒宗頤敦煌學藝展”已於深圳美術館隆重揭幕,展出逾八十幅敦煌藝術作品。

《我與敦煌——饒宗頤敦煌學藝集》由深圳海天出版社出版。

5月,《得其崇倪——饒宗頤雲林筆意書畫集韻》由香港大學饒宗頤學術館出版。

7月,《文化藝術之旅——池田大作、饒宗頤、孫立川鼎談集》由香港天地圖書有限公司出版。

8月,香港大學饒宗頤學術館與澳洲塔斯曼尼亞博物美術館合辦“心通造化——一個學者畫家的寰宇景象”展覽,展出饒宗頤自20世紀60年代以來作品。

9月,饒宗頤親自校訂《饒宗頤二十世紀學術文集》由中國人民大學出版社出版。全集十四卷二十册,近一千二百萬言,涉及經學、史學、敦煌學、甲骨學、簡帛學、目録學、考古學、金石學、楚辭學、詞學、宗教學以及中國藝術史研究等多個方面著作。

11月,國學大師饒宗頤雕像揭幕儀式在香港中文大學圖書館内舉行。吴為山為塑像揭幕。香港中文大學校長劉遵義教授在揭幕典禮上致辭,楊振寧和夫人翁帆等嘉賓出席開幕儀式。

香港大學饒宗頤學術館、第十五屆國際潮團聯誼年會、廣東潮人海外聯誼會、廣東畫院和廣東美術館合辦“丹青不老——饒宗頤藝術特展”,並由廣東美術館出版展品圖録。

12 月 6 日，中共中央政治局委員、國務委員兼中央港澳協調小組副組長劉延東到訪香港大學，代表國務院總理温家寶傳話，嚮饒宗頤這位“國寶級”學術界名人問好。饒宗頤嚮劉延東贈送荷花國畫。

12 月 6 日上午，訪港的中共中央政治局委員、國務委員劉延東到饒宗頤學術館探望國學大師饒宗頤教授。

12 月 14 日，港府宣佈將百年建築物舊荔枝角醫院命名為“饒宗頤文化館”。饒宗頤文化館活化項目啓動禮在香港舉行。

深圳國際文化産業博覽交易會有限公司主辦“鸞翔鳳翥——饒宗頤書法展”在深圳商報四樓展覽廳開展，展出歷年書法力作七十餘幅。

2010 年 **九十四歲**

1 月，香港大學饒宗頤學術館舉辦“普荷世界——饒宗頤教授荷花展”。

中華文化促進會、鳳凰衛視、南京市人民政府主辦“智慧東方——2009 中華文化人物頒授典禮”，獲頒“2009 中華文化人物”稱號。

國務院總理温家寶親手書寫新春賀卡，為一代國學泰斗饒宗頤送上新春祝福。國務院參事室主任陳進玉從北京抵港，表達温總理的關懷惦念，説：“總理過去一年三次親自過問您的健康和生活，可見您在他心中很有地位。”

5 月，施議對編纂《文學與神明——饒宗頤訪談録》（繁體字版）由三聯書店（香港）有限公司出版。

7 月，《莫高餘馥——饒宗頤敦煌書畫藝術》由香港大學饒宗頤學術館出版。本册為香港大學饒宗頤學術館舉辦“莫高餘馥”展覽圖録，集饒宗頤自 20 世紀 70 年代起至 2010 年所創作有關敦煌風格的書法及繪畫，包括白畫、彩繪、寫經體書法、敦煌簡體書法及與敦煌文物的描繪和書寫。

《敦煌白畫》由香港大學饒宗頤學術館出版。

8 月 6 日，國務院總理温家寶在中央文史研究館會見饒宗頤先生。温家寶嚮這位享有盛譽的學者表示敬意，並祝他九十五歲生日快樂、身體健康。8 日，以“莫高餘馥”為名的“饒宗頤敦煌書畫藝術特展”開幕。9 日，慶賀饒宗頤先生九五華誕敦煌學國際學術研討會，在莫高窟敦煌研究院學術報告廳啓動。

得知舟曲發生特大泥石流災害，决定將 160 萬壽禮捐贈災區。

9 月 30 日，香港大學圖書館、香港三聯書店聯合舉辦題為“文學與神明——從詩歌到哲學的提升”講座，邀請《文學與神明——饒宗頤訪談録》作者、澳門大學社會科學及人文學院中文系教授施議對主講。

11 月 18 日，敦煌晚會籌款 1316 萬元用於維修及保育敦煌石窟經費。

2011 年 **九十五歲**

4 月，廣東韓山師範學院舉行饒宗頤研究所成立大會暨饒宗頤學術研討會。

5 月，深圳第七屆文博會。深圳海天出版社舉行《國學大師饒宗頤書畫册頁叢刊》首發式。

施議對編纂《文學與神明——饒宗頤訪談録》（簡體字版）由北京三聯書店出版。

7 月，經國際天文聯合會小行星命名委員會批准，紫金山天文臺於 1978 年 10 月 30 日發現編號 10017 小行星被命名為“饒宗頤星”。

《饒宗頤書畫册頁叢刊》（臨碑、臨帖、遊履寫生、神州勝境）各十二册，由深圳海天出版社出版。

8 月 18 日，國務院副總理李克强在香港大學看望饒宗頤。

11 月，“意會中西——饒宗頤捐贈澳門藝博館書畫作品展”在澳門回歸賀禮陳列館揭幕。《意會中西——饒宗頤捐贈藝博館書畫作品集》由澳門藝術博物館出版。本册展覽圖録。其中，三十件套書畫作品交予藝博館作永久收藏。創作年份由 20 世紀 70 年代至本年新作。《嶺海風韻——嶺南四君子與饒宗頤教授合作作品集》一濤居考藏書畫叢刊（一），由弘揚有限公司出版。本册收録一濤居藏饒宗頤與巔南四君子——趙少昂、黎雄才、關山月、楊善深合作之繪畫作品。

12 月，被推選為西泠印社第七任社長。

由香港大學饒宗頤學術館與内地華僑大學合辦首屆“饒宗頤與華學”國際學術研討會在泉州召開。法國、美國、日本、韓國等國家以及我國香港、臺灣等地區近百名專家學者參加會議。

是年，《饒宗頤研究》由饒宗頤研究所主辦，每年下半年出版一輯，於 2011 年出版第一期。主編林倫倫。

是年，獲澳洲塔斯曼尼亞大學名譽文學博士。

2012 年 **九十六歲**

1 月，《書法六問——饒宗頤談中國書法馥》由香港天地圖書有限公司出版。

本册以答問形式解答有關書法問題，並對《論書十要》逐條作了解釋。答問内容經饒宗頤親自審閱。

4 月，東莞市長安鎮長安圖書館舉行饒宗頤美術館落户長安授權儀式。饒宗頤贈送親筆題字。授權該鎮建設饒宗頤美術館，還將在美術館建成後嚮該鎮贈送一批作品。

6 月，上海美術館舉辦“海上因緣——饒宗頤教授上海書畫展”。作品種類包括：江南山水、西北風情、香港寫生、海外風情、大寫意加勾勒新畫作、敦煌繪畫、骨法用筆人物畫、禪畫、花鳥畫、荷花畫、“樂石吉金”的花卉畫、意彙中西的畫作、對聯、金石書法。

饒宗頤文化館落成開幕，展出饒宗頤九十六歲為該館開筆創作的《荷花四屏》圖。

《選堂豪翰——饒宗頤書畫選集》由香港集古齋有限公司出版。畫册收集饒宗頤不同時期書畫作品，包括繪畫、書法、文玩三大類，共計136件。

10月，《藝聚西泠——饒宗頤社長書畫藝術特集》由西泠印社出版社出版。

12月，《饒宗頤書道創作匯集》（一套十二册）由香港大學饒宗頤學術館出版，計收録作品1680件。

是年，《選堂集林·史林》新編（全三册），由中華書局（香港）有限公司出版。

2013年 **九十七歲**

1月，香港浸會大學成立“饒宗頤國學院”。

3月，《藝匯齊魯——饒宗頤教授山東書畫集》由香港大學饒宗頤學術館出版。

受聘為華僑大學名譽教授。聘書頒授儀式25日上午在香港大學饒宗頤學術館舉行。

第五屆世界中國學論壇在上海展覽中心舉行，饒宗頤被授予世界中國學貢獻獎。

4月，妻陳若儂逝世。享年九十八歲。

香港大學美術博物館舉辦“學藝互益：香港大學饒宗頤學術館館藏選展”。

5月，香港佛光道場、佛光緣美術館與香港大學饒宗頤學術館合辦“佛光普照——饒宗頤佛教美術展”開幕典禮假九龍灣佛光緣美術館舉行。香港大學饒宗頤學術館館長李焯芬、藝術統籌主任鄧偉雄、佛光山中港澳地區總住持、香港佛光緣美術館館長滿蓮法師、國際佛光會香港協會陳漢斌督導、企業家陳强等出席典禮。美術展展出31幅與佛有關作品，主要是80年代創作，其中部分首次公開展覽。

6月，在廣州增城出席饒宗頤學藝研究中心奠基儀式。饒宗頤學術研究中心佔地面積10000平方米，建築面積5000平方米，將在三至五年内建成。中心内將有藝文展示廳、書畫展覽廳、選堂文庫館、學術交流樓、多功能國際會議廳等。

7月，澳門行政長官崔世安11日代表特區政府接收饒宗頤捐贈一批藝術及學術作品。經商議，澳門特區政府與饒教授及其家人同意在澳門選址設館，將饒教授捐贈作品作永久收藏和展示。

鄧偉雄主編《饒宗頤書畫大系》由深圳出版發行集團海天出版社深圳出版發行集團海天出版社出版。

韓山師範學院舉行饒學國際學術研討會。世界各地一百多位專家學者出席會議。

9月，香港中文大學偉倫榮譽藝術講座教授饒宗頤於9月19日中大舉行的一個典禮上，榮任法蘭西學院（Institut de France）銘文與美文學院（文學院）外籍院士。銘文與美文學院是法蘭西學院屬下五所研究院之一，創立於1663年。外籍院士是法蘭西學院海外院士中的最高級别。饒宗頤是亞洲首位獲此榮銜的漢學家。

10月，獲杭州市十二屆人大常委會第十四次會議授予“杭州市榮譽市民”稱號。

11 月，《饒宗頤書畫大系》首發儀式暨第十七届國際潮團聯誼年會書畫展開幕式在湖北武漢國博會議中心楚雅廳隆重舉行。逾五百名嘉賓出席首發儀式。

中國内地首個饒宗頤美術館展覽廳今天在東莞長安鎮揭牌。饒宗頤美術館展覽廳位於長安鎮圖書館三樓，總面積達一千七百多平方米，設有饒宗頤書畫陳列廳、綜合展覽廳、饒學研究室、《南雅》書畫雜志編輯部等部門。

12 月，第二届“饒宗頤與華學”暨香港大學饒宗頤學術館十周年館慶國際學術研討會。

2014 年　　九十八歲

1 月，香港大學嘉譽傑出漢學家饒宗頤教授為首位桂冠學人。

鄧偉雄著《饒荷盛放・饒荷的形成與發展》一書。由香港大學饒宗頤學術館出版。

2 月，保利香港拍賣有限公司保利藝術空間與香港集古齋畫廊攜手呈獻“遷想妙得——饒宗頤書畫欣賞”展覽。

3 月，山東大學在香港大學王賡武講堂舉辦儀式，授予饒宗頤名譽博士學位。

4 月，香港浸會大學饒宗頤國學院主辦學術刊物《饒宗頤國學院院刊》正式出版。院刊採用香港刊號，由中華書局（香港）出版發行，英文刊名為 Bulletin of the Jao Tsung—I Academy of Sinology（BJAS）。每年出版一輯，大 16 開本。刊載有關國學及漢學研究的中英文學術論文、研究動態、評述及書評。

香港國際創價學會和香港大學饒宗頤學術館舉辦“饒荷盛放”饒宗頤畫展。

5 月，廣州文理一堂舉辦“饒宗頤書畫作品展”。

6 月，饒宗頤文化館慶祝第二期工程竣工，饒宗頤親自到場主持開幕典禮。

饒宗頤文化館、香港大學饒宗頤學術館主辦“文海微瀾——饒宗頤教授與香港文化人士展”，展出饒宗頤自 20 世紀 40 年代以來近五十件詩詞書畫作品。

7 月，香港大學饒宗頤學術館舉辦“明韻清情——饒宗頤教授明清諸家筆意書畫展”。

由潮人在綫傳媒集團主辦、香港潮屬社團總會協辦《饒宗頤書畫大系》藝術品鑑會，在香港會議展覽中心舉行。《饒宗頤書畫大系》由香港饒宗頤學術館藝術部主任鄧偉雄主編。全套 24 卷，每卷卷名均由饒宗頤親自題寫，並在扉頁加蓋印章。編集截至 2012 年 7 月底饒宗頤繪畫與書法精品近四千幅。全球發行 2000 套珍藏版。

9 月，四川博物院、香港大學饒宗頤學術館於成都四川博物院舉辦“詩心禪意——國學大師饒宗頤書畫展”。展出饒宗頤繪畫作品五十五件，書法作品 22 件，並通過文字、實物、影像，展示饒宗頤人生履歷和學術、藝術成就。

由鳳凰網、鳳凰衛視聯合岳麓書院主辦的“致敬國學——2014 首届全球華人國學大典”，9 月 29 日在長沙岳麓書院舉行頒獎盛典。饒宗頤李學勤獲終身成就獎。

10 月，10 月 31 日至 11 月 1 日香港浸會大學饒宗頤國學院與孫少文伉儷人文中國研究所舉辦饒宗頤教授學術研究論壇。饒宗頤出席開幕儀式。

11 月，獲廣州中山大學頒贈陳寅恪獎。

温州美術館（書畫院）舉辦“永嘉藝情——饒宗頤温州書畫展”，展出饒宗頤所寫温州及附近景色畫作以及近年新作。為期十天。

12 月，香港大學饒宗頤學術館舉辦“永嘉藝情——饒宗頤温州書畫（香港）展”開幕茶聚。

2015 年 九十九歲

4 月 2 日，廣州增城仙村鎮舉行廣州市饒宗頤學術藝術館暨中山大學饒宗頤研究院揭幕式，並慶賀饒宗頤教授百歲華誕。百歲饒公親臨現場。

獲“影響世界華人終身成就獎”。“世界因你而美麗——影響世界華人盛典 2014—2015”頒獎禮於 4 月 3 日晚在清華大學新清華學堂華美登場。鳳凰衛視及鳳凰網會通過衛星和網絡嚮全球播出。

4 月 28 日，“學藝融通——饒宗頤百歲藝術大展”於中國國家博物館南一、南四展廳展出。這是歷年來饒宗頤衆多展覽之中最具規模及展品種類最為齊全的一次，作品涵蓋其超過八十年的學術及藝術成果。

5 月 9 日，由香港大學饒宗頤學術館主辦“第四届饒宗頤講座——高王鎮安南及唐末藩鎮割據之興起”。法國遠東學院道教史講座教授傅飛嵐主講。

7 月，香港大學饒宗頤學術館主辦“別具風華——選堂七十以前作品選展”。

施議對编纂《饒宗頤，志學游藝人生》由澳門特別行政區政府文化局出版。

8 月，澳门饒宗頤學藝館 9 日下午五時舉行開幕儀式。饒宗頤親臨出席，主辦單位安排打手印及切蛋糕儀式，慶賀饒宗頤教授百歲生辰。11 日正式嚮公衆開放。館内設有展覽廳、圖書室、講堂及内外庭院，常年展出“中流自在心——饒宗頤教授捐贈書畫展”，圖書室藏有與饒宗頤相關的著作及圖録。

12 月，香港民政事務局主辦康樂及文化事務署及香港大學籌劃“香江藝韻——饒宗頤教授百歲學藝展”，2 日至 8 日於香港中央圖書館展覽館，展出饒宗頤書畫墨寶、學術著作、手稿及信劄，展示其超過八十年的學術和藝術成果。

由恒生管理學院、香港大學、香港中文大學、香港公開大學、香港城市大學、香港科技大學、香港能仁專上學院、香港浸會大學、香港理工大學、香港教育學院、香港樹仁大學、珠海學院、新亞研究所、嶺南大學等高等学府合辦“饒宗頤先生百歲華誕國際學術研討會”，5 日至 7 日於香港大學黄麗松講堂舉行。6 日，以“壽而康”為主題，饒宗頤“百歲華誕晚宴”在香港會議展覽中心舉行。

5 日至 20 日，中華書局等出版社舉辦“學藝融通”經典著作聯展。

2016 年 **一百歲**

6 月，饒宗頤荷花書畫巡迴展”在黑龍江大學博物館開始於潮州市饒宗頤學術館、天一閣博物館、西泠印社、湖北美術館、山東大學博物館、深圳美術館等多處巡展。

12 月 10 日，“選堂文翰——饒宗頤教授學術藝術著作展”在廣州市增城區仙村鎮廣州市饒宗頤學術藝術館揭幕。

2017 年 **一百零一歲**

5 月，香港文化博物館舉行“敦煌韻致——饒宗頤教授之敦煌學術藝術展”。展出 115 組饒宗頤敦煌學著作以及創作靈感源自敦煌典籍和文物的藝術品。包括書畫作品《大慈念一切慧光照十方》《茅龍書敦煌絶句》《散花飛天》《佛手獻花》《樹下觀音》《敦煌寫生卷》《鳳鳥》等。

6 月 27 日，“蓮蓮吉慶——饒宗頤教授荷花書畫展”在巴黎彤閣開幕。饒宗頤及中國駐法國大使翟雋、法蘭西學院下設法蘭西文學院終身秘書米歇爾・冉克、法國遠東學院院長伊夫・古蒂諾、海航集團董事局主席陳峰等中法各界人士出席開幕式。

7 月 12 日，深圳大學饒宗頤文化研究院舉行揭牌儀式。

2018 年 **一百零二歲**

2 月 6 日凌晨在跑馬地家中去世。28 日，以佛教儀式在香港殯儀館舉行追思送別，政商界、學術界人士陸續到場悼念。行政長官林鄭月娥致悼詞。大殮儀式後，靈柩送往寶蓮寺火化，骨灰將安放於寶蓮寺内。

作者單位：香港大學附屬學院

薪火傳承，奮力創進

——六十二年治學述略

胡昭曦

我從事歷史專業的學習，是從1956年7月23歲時考入四川大學歷史系（五年制）開始的，1961年7月畢業留校任教，2003年4月70歲離休，至今（2018年）在四川大學已經生活、工作了62年。畢業後，先後承擔了歷史專業本科生、碩士生、博士生、博士後的教學，開出過基礎課、專業基礎課、專業課、專題研究課等，指導了碩士生14名（中國古代史、中國地方史兩個專業），中國古代史博士生8名、博士後3名。科學研究一直以宋史、巴蜀歷史文化為方嚮，截至2018年1月，出版專著16種（内主編2種、合作2種），主持或參與古籍整理、工具書編纂13種，發表論文145篇（其中10篇合作）、短文19篇。參加過《中國大百科全書》《中國歷史大辭典》一些條目的撰寫以及《簡明宋史》《四川通史》《成都通史》《重慶通史》《巴蜀全書》《巴蜀文化通史》《四川大學史稿》《成都精覽》等史志著作的審讀。1985年被評為“成都市先進教師”，1989年被評為全國優秀教育工作者，1992年享受國務院“政府特殊津貼”（終身），1993年被批准為博士生導師（國務院學位委員會審批），1998年被批准為四川省首批人文與社會科學學術帶頭人。獲四川省人民政府哲學社會科學優秀成果獎5次。

回眸歷經一輪甲子的專業學習和學術活動深深感受到，我們這一代，生在舊社會，長在新中國，所受教育和學術環境兼有傳統與革新，我們的老師不少是傳統社會的賢哲又是新社會的名師，而今又和我們一起在為國家美好未來教書育人。認真學習是我們的基本要求，薪火相傳是我們的學術位置，承前啓後是我們的歷史使命，推陳出新、奮力創進、發展學術、服務社會是我們的專業擔當。

本文以科研工作為重點，簡要談談我的治學歷程和學術活動。

師長教誨，引嚮殿堂

我於1949年在自貢市的旭川中學高中三年級時參加革命，1950年後在共青團自貢市委機關工作。1956年1月，中央發出了“嚮科學進軍”的偉大號召，規定當年全國高校招生時，在職幹部凡符條件均可自願報考。我響應號召申請報考，單位領導給予大力支持，還給了近一個月的脱産複習時間。1956年7月被録取入讀四川大學歷史系①。

歷史專業是我報考的第一志願。為什麼我要學歷史？當時是懵懵懂懂的，現在看來這是偶然也是必然。作為一個基層幹部，在讀完高中經過六年工作之後的我，這是一個圓大學夢的機遇，選什麼專業已不重要，這是偶然。也有一定的必然，即家庭教育對我的影響，祖父、父親都重視名教，喜好詩書，潛移默化，還給我們弟兄補習國文。我所就讀的旭川中學，延續了旭川書院的文脈，謝奉琦烈士、吴玉章先生都曾在該書院學習，具有書院傳統和革命傳統，還有幸遇到一批好老師。到高中二年級分文、理組時，我選文組就讀，喜歡國文、歷史、英語、音樂等科。在老師中，我最佩服的是教歷史課的、畢業於武漢大學歷史系的王道隆先生，因而考大學選報專業時首先想到的是歷史。加之我已在基層工作六年多，經歷過土改試點、復查，農村、城市建團等工作，這些使我較為廣泛而深入地接觸社會和各種人，培養觀察社會、思考歷史的習慣，後來又有兩年團市委的鹽廠青工基點工作，試驗了一些新的舉措，寫過一些工作簡報或總結，在創新意識、資料搜集、分析綜合、文字表達上都有一些鍛煉。報考大學時，視自然學科為難學、對人文學科感興趣又有一定基礎的我，就選了歷史專業，衹覺得這個專業我可能考得上讀得走。

在四川大學，是師長的教誨把我引嚮歷史科學的殿堂，學校的培養教育和老師的指導幫助起了決定性作用。要求我們：一是要走又紅又專的道路，在為什麼學和做什麼人上多下功夫，提出了做人民教師和掌握“三基”（基本理論、基本知識、基本技能）；二是要端正學風，要扎實、嚴謹；三要立志傳承創新，繼承老師們的學問，加以發揚光大，有所創新。

當時，四川大學歷史系是全國高校中師資陣容很强的系之一，有一級教授，有蜚聲國内外的歷史學家、人類學家和考古學家，有居於本學科前沿的學術帶頭人。我有機會聆聽

① 從我們這届起，川大歷史系改為五年制，當時頒發的“四川大學學生證及記分册”封三“説明”第四條云：“學生經國家考試通過後，以本册换取專家資格的文憑。”1961年畢業時未實行。本届之後不久，學制恢復為四年制。

這些老師的講授非常幸運。先後給我們授課的有徐中舒（中國科學院歷史所學術委員、系主任、授先秦史專題）、蒙文通（中國科學院歷史所兼職研究員、授宋史專題）、繆鉞（中國古代史教研室主任、授秦漢魏晉南北朝史）、馮漢驥（四川省博物館館長、系考古學教研室主任、授考古學）、胡鑒民（授原始社會史）、蒙思明（校教務長、授元史專題）、盧劍波（授世界古代史專題）、趙衛邦（校圖書館館長、授亞洲史專題）、譚英華（授世界中世紀史專題）、孫次舟（授歷史文選）、黃少荃（授明清史）、王介平（授中國近代史）、李世平（授中國現代史）等教授及其他青壯年先生。五年級時分為中國近代史和考古學兩個專門化，我選讀中國近代史專門化。

1961 年秋至 1965 年初的三年多的經歷，是我一生事業的關鍵。大學畢業分配時，系裏要我再讀研究生，因當時家庭經濟的原因（已有兩個孩子，衹有妻子一人工作），我要求工作，旋即被留校，在中國古代史教研室任助教。當時，學校對青年教師實行指導教師制，確定蒙文通教授為我的導師（重點在宋史），準備開出基礎課，並協助他的部分教學科研工作。本科期間，我衹聽過先生的專題課，很少請教，現在能够直面受誨，決心認真學習。跟隨蒙先生學習進修，自 1961 年 9 月到 1965 年上半年（我被派下鄉參加“四清”運動）共三年多。1966 年上半年返校時先生已被打入“牛棚”，從此師生相隔，直至 1968 年 8 月先生逝世。

蒙文通先生（1894—1968）是我國現代著名的歷史學家和經學家，被學界稱為“20 世紀中國卓立不苟的儒學大師、國史專家”。他是一位愛國的、正直的學者，也是一位盡心盡力培育後學的率範師長。他教導我們：“不管做哪門學問，都要堂堂正正做個人”，“一個心術不正的人，做學問不可能有什麼大成就”。又說：“學生總得超過先生，如不能超過先生，縱學得和先生一樣，還要你這學生作何用！”① 這既是中國優秀傳統教育的彰顯，也符合當時又紅又專的基本要求。先生是這樣要求學生的，也是這樣身體力行的。

蒙先生讓我和他新招的宋史研究生朱瑞熙、賈大泉二同志一起學習，一樣要求，實際上是在職全過程地經過了研究生學習。先生對我很關心，要求很嚴格，佈置先讀《御批通鑒輯覽》，以明通史之概緒。繼而逐字細讀《續資治通鑒長編》，瞭解北宋編年史，培養系統讀書和細緻咀嚼的精神，鍛煉深入鑽研和發現問題的能力。同時閱讀《文獻通考》《宋文鑒》等書。第一年内每周必寫讀書筆記，寫心得劄記或提出問題。先生審閱得很細，連錯別字也改正，還具體講評。這種高度重視基礎知識、能力鍛煉、因人施教的教學思想和方法，使我受益很深。

蒙先生在培養方式上的突出特點是，課外講授，直面交流；安排寫作，培養能力。開

① 蒙文通：《治學雜語》，《蒙文通全集》第六册《甄微别集》，成都：巴蜀書社，2015 年。

始學習的頭一年，先生要求我們每周至少一次去他住的水井街 73 號川大教師宿舍，大多是晚上 7 點到 10 點鐘。每次約二三小時，主要是先生講論，內容廣泛，豐富精彩，先生研究之灼見，為學之甘苦，治史之經驗，教學之往事，無所不談。我雖不能全懂，但潛移默化，逐漸消化，啓迪尤多。對我們提的問題，先生總是悉心解答。此外的時間去請教，先生總是放下手邊事情熱心接談。有時還帶我去隔壁茶館，邊飲茶邊講解，往往坐上兩三個鐘頭。這種講授方法，比課堂得到的知識更多、更深、更具有針對性，我也對老師的治學經驗、研究方法瞭解更具體、更切實。先生對培養我們的研究能力非常重視，主要通過安排寫作進行，要求寫讀書筆記，還帶我旁聽學術會，要我把他在學術會上的發言綱要整理為文稿，為他的研究再查些資料，或者對他指導的本科學生畢業論文提些問題①。同時，擬訂課題，佈置參考書目，指導我撰寫了通史性的專題論文《論漢晉的氐羌和隋唐以後的羌族》（刊載於《歷史研究》1963 年第 2 期）。對我寫的稿子，均嚴審細改。通過這些措施，使我增加了知識，更為重要的是在名師耳提面命的悉心指導下，我第一次進行了正規撰寫科學研究論文的實際鍛煉，為今後的研究工作打下了扎實基礎。

先生在做人操守方面也是言傳身教。我們每次去先生住所求教完畢，縱使是冬天晚上 10 點過，先生總要親自送到宿舍大門。一次，先生看到一條新資料，為了及時告訴我，竟然同師母自水井街坐三輪到我住處鹽市口附近交通路，在宿舍門口説完材料就離開了。可見先生對學生的熱忱關愛，悉心扶植。先生是大學問家，但從不將己見强加於人。對不同的學術意見，先生從不責難，亦不視為不恭，還鼓勵講出來、寫出來。如我對熙豐變法同先生根本否定的評價有異議，先生鼓勵我試講時堅持自己觀點。後來我寫成一篇稿子，請先生審閲，先生又同意投稿（刊載於《光明日報》1965 年 3 月 1 日）。先生這種高風美德對我教育尤深。

在講論學問時，先生强調：要自己認真讀書，獨立思索，把一本書打得粉碎，使書為己用，而不是跟書走；要目光四射，廣泛涉獵，縱貫古今，環顧學界，要有創進的史觀；選題如觀水看瀾，要在讀書中產生問題，置疑存問，在研究中逐步解決；要勤於寫作，完稿後要多次復讀修訂，然後定稿。先生無論在科學研究上、教書育人上都是好老師，道德文章，言傳身教，垂範後學。

繆鉞先生（1904—1995）是我國著名的文學家、史學家和教育家，是我國高等學校突出的名師。我受到繆先生的單獨的直面教誨時間長達 34 年（1961 年 9 月—1995 年 1 月），對我影響很大。他講課特別精彩，1957 年上學期，給我們講授基礎課《秦漢魏晉南北朝

---

① 例如：1961 年 12 月我第一次為先生記録並整理學術會議發言提要稿《孔子思想中進步面的探討》，先生將此稿加以審改一直保存下來。50 年以後，蒙默教授编辑《蒙文通全集》時，原文收入該書第一册《儒學甄微》第 17—25 頁。協助蒙先生進行指導數位本科生同學畢業論文的具體工作。

史》（整整一個學期，每周6學時）。他那全面系統而又詳略得當的內容，嚴密有序的層次佈局和邏輯結構，重點難點的突出講解，明晰簡潔的論析，標準的普通話，以及課外的細緻答疑，不僅使我能够詳細筆録講授内容①，比較順利地初學了最為紛繁的魏晉南北朝史，更領會到教學的藝術，聽繆先生講課真是一種美的享受。繆先生的教學給我們樹立了很好的典範，也指導我幾十年來努力做好教學工作。

繆先生是我所在教研室的主任，非常重視培養青年學人的基本功。他説："一個人要想做學問，先練基本功是必要的。"要求我填好學校統一製訂的《教師個人進修計劃（1962—1967）》表②，反覆强調"三基"的重要性，並經常督促檢查。比如，安排我注釋《宋史·食貨志》選段的習作，教我要從嚴從難，適當多立條目，廣查史籍與工具書，包括字義詞義、今古讀音、年號廟號、時間地點，特别要注意人物、地理沿革、紀時换算、事件、典章制度的詮考並親自審評。繆先生還具體指導和幫助青年教師備課開課。我的試講即經過在教研室預講、課堂試講、教研室講評。這次試講，為我進行教學打下很堅實的基礎。

徐中舒先生（1898—1991）是我國著名的先秦史與古文字學家，長期擔任我校歷史系主任，並兼任中國科學院歷史所學術委員、研究員。由於徐先生連年忙於主持《甲骨文字典》《漢語大字典》的編纂、舉辦"先秦史進修班"、撰寫學術論文、培養先秦史研究生等，加以系裏一些行政及教學管理事務，没有給我們開過基礎課，我祇聽過先生開出的《先秦史專題》課和學術報告。每年有一兩次到先生家拜謁，先生的精博學問、嚴謹學風、儉樸平易、諄諄教誨，給了我很大教育。先生還對我的專業進修作過具體點評，更給了我很大鞭策。

馮漢驥先生（1899—1977）是我國著名的考古學家，我校歷史系考古教研室主任，兼任四川省博物館館長，給我們講授《考古學通論》和專題報告。由於我未選考古學專門化，加以先生不幸逝世過早，我很少直面請教。但是，先生畢生從事民族調查、考古發掘的艱苦創業精神和豐碩貢獻，以及克己寬人、氣節自勵、嚴謹治學、誨人不倦的風範，給予我很深影響。

五年大學生活，我由基層幹部進入大學教師行列。靠着校系組織的教育、以上老師以及許多任課和輔導老師的指導幫助，我完成了《四川大學青年教師業務進修計劃》的基本

---

① 這份課堂筆記我完整地保存下來，於2012年6月18日捐贈學校，校史辦公室作為教案進行陳列。2016年四川大學120周年校慶，學校將吴天墀先生聽徐中舒先生課、趙振鐸先生聽楊明照先生課、我聽繆鉞先生《秦漢魏晉南北朝史》課的課堂筆記合編為《由精逮博，積知為用——名師聽名家課堂筆記》，收入《四川大學館藏精品集萃叢書》，由四川大學出版社2016年9月影印出版。

② 此表有"教學工作"（含教學任務、教學能力）、"業務基礎"（含專業基礎、外文、基本技能訓練）、"科學研究"（含基本文獻、專題研究）、"培養和指導工作"四項，並分項列出"本人目前情況"，然後分5個學年（前三年分上下學期）共8欄列出"主要措施"，要求逐項填寫。

要求，走進了教學科研兩個中心，登上了全國高校著名歷史系之一的川大歷史系的講臺，是他們把我導引嚮人生大道和知識殿堂。

傳承跬行，務求創進

我們的科學研究同社會的發展一樣，要前進就必須傳承創新，即踏在前人包括師長、前賢先哲、學友和有關研究者研究成果的“肩上”，没有傳承就没有基礎，没有創新就没有發展，傳承創新是科學研究的基本功能和研究者的基本任務。一個合格的研究型大學的教師，要搞好教學必須搞好科研，也應該成為不斷取得成果的科學工作者。這就是蒙文通先生所要求的“學生總得超過先生，如不能超過先生，縱學得和先生一樣，還要你這學生作何用!”我决不可能超過蒙文通等先生，但我可以争取在前人的基礎上，經過獨立探索有所創新有所前進。

創新性科研，尤其是進行原創性的研究，是披荆斬棘、深山採礦的歷程，需要鍥而不捨、艱苦奮鬥、埋頭實幹、做出奉獻。

我的科研方嚮是宋史、巴蜀歷史文化，幾十年來未變。巴蜀是宋朝社會經濟文化最發達的兩個地區之一，相對而言對宋代巴蜀的研究薄弱，我是四川高校教師，有條件也有責任擔當這方面研究。我選擇的宋史課題大多是在巴蜀地區研究薄弱處，選擇巴蜀課題又大多是關乎宋史全域的。下面主要列舉五個課題。

一、用两分法評價熙豐變法

宋神宗時期（1069—1085）的變法是我國歷史上最著名的變法之一，一般稱“王安石變法”，清人王夫之在《宋論》中稱為“熙豐變法”，蒙文通先生也主此稱，但他們對這種稱謂均未闡釋，我沿此認為稱“熙豐變法”更全面確切，並作了具體論述。

幾百年來，論者對這次變法褒貶不一，長時間内否定者多，清乾隆、嘉慶間蔡上翔作《王荆公年譜考略》一書着力為之“辯誣”，20 世紀 30 年代柯昌頤、梁啓超又著專書予以全面肯定評價，50 年代以後持肯定評價之説成為主流。蒙文通先生於 30 年代起對這次變法持否定評價看法，自 1954 至 1958 年間斷續撰寫出《北宋變法批判七件》（手稿）①。我在備課試講時，對評價熙豐變法的意見做過較為系統的清理，基本肯定和基本否定我都不贊同。認為，新法部分措施間接或直接地對當時社會經濟的發展起到一定積極作用，應當加以肯定。但巧立名目，斂取民財，大量鑄錢，徵錢儲錢，用不恰當的“通貨管理”斂財，對農村中的下户、客户和城鎮平民增加了新的負擔等，都是應予否定的。我在 1963 年試講時即持此看法，寫成《關於評價王安石變法的幾個問題》（刊於《光明日报》），1984 年又將這種評價集中寫成《熙豐變法經濟措施之再評價》發表②。

對於我的這種評價，《中國歷史學年鑒》作了專項介紹③。後又在其《建國以來中國古代史討論簡介》的載文中説：“對王安石變法的研究……綜而述之，大致主要有三種意見：一是基本肯定。……二是基本否定。……三是主張一分為二。”並列出拙文為第三種意見的兩篇代表作之一④。

二、考訂北宋青城縣的今址

北宋太宗時期川峽地區的王小波李順農民起義，是一個重要歷史事件，也是講授中國古代通史和研治宋史不可忽略的。但有一些重要問題尚未弄清，如這次起義的發祥地在哪裏？王小波、李順是哪裏人？北宋青城縣的今址何在？“文化大革命”後期，我帶着歷史專業 74 級幾位同學，協同成都市文物管理處、灌縣文物管理所開展了研究與實地考察。至 80 年代初先後出版了《王小波李順起義資料彙編》《王小波李順起義考述》（集體署名，我執筆通纂）和《王小波李順起義》三本書和一些論文⑤，對這次起義進行了較為系統深入的研究。

宋代史籍載，王小波、李順是永康軍青城縣味江人，明成化間商輅等著《續資治通鑒綱目》卷二説為“青神縣民王小波”，《宋史紀事本末》亦持此説，清代以來許多地方志和

---

① 這部手稿，蒙先生曾交給他指導的研究生和我傳看學習，歷時近一個學期。蒙默教授將手稿整理後編入《蒙文通全集》第三册《古史甄微》，題為《北宋變法論稿》。

② 載錢偉長主編：《王寬誠教育基金會學術講座彙編》第二集，1990 年上海版。收入胡昭曦：《胡昭曦宋史論集》，重慶：西南師範大學出版社，1998 年。本文縮寫稿原載《西南師範學院學報》1984 年第 4 期。

③ 中國史學會《中國歷史學年鑒》編輯部編：《中國歷史學年鑒 1985》，北京：人民出版社，1985 年，第 43—44 頁。

④ 謝保成、賴長揚編：《建國以來中國古代史問題討論簡介（上）》，《中國歷史學年鑒 1986・附録》，北京：人民出版社，第 498 頁。

⑤《王小波李順起義資料彙編》《王小波李順起義考述》為四川人民出版社 1978 年出版，《王小波李順起義》為四川人民出版社 1985 年出版。論文如《關於王小波李順起義幾個問題的調查》（執筆第 1、3 部分），載《四川大學學報》1975 年第 4 期。

20 世紀以來一些學術著作沿襲之。也有把青城縣説成是今四川省青神縣的。經過我們考證和實地調查，認為王小波李順的家鄉，即在灌縣（今都江堰市）青城山金鞭岩下的味江河一帶，永康軍（治今都江堰市）轄導江、青城二縣，導江縣治在今灌縣聚源公社，青城縣的縣治可能在今灌縣徐渡公社徐家渡一帶，縣轄範圍大體相當於灌縣河西一帶 13 個公社和石羊鎮。從而廓清了王小波李順是青神縣人、青神縣即青城縣之誤載，確認了王小波、李順的里籍和這次起義的發祥地，為學界大多認同並採用。

三、充實晚宋歷史的研究

長期以來，學界對宋朝歷史的研究，於北宋多些强些，於南宋少些弱些；而於南宋，則又於前期多些，於後期（寧宗嘉定年間以後）很少，已有著作多集中在記述南宋滅亡之際。晚宋史（宋朝晚期歷史）是很豐富的，具有重要的歷史地位和歷史藉鑒。弄清晚宋史，將改變宋史研究中頭重腳輕的薄弱狀況，有助於全面認識宋朝歷史和中國古代史。

（一）加强晚宋史系統性研究

這項研究緣起於 1978 年，當時中國科學院正在準備出版《郭沫若全集》，我系部分老師承擔“歷史篇”一些著述的整理校核。我在分擔整理《釣魚城訪古》一文時，專程去合川釣魚城，實地逐字核對該文所録幾通碑碣文字的原刻，開始較為具體地瞭解釣魚城歷時 36 年的嬰城抗戰史，也進一步瞭解到學界對晚宋時期歷史研究很薄弱，着手在前人研究基礎上作些系統研究。1980 年 10 月，我赴上海參加中國宋史研究會成立大會，提交了《略論南宋末年四川軍民抗擊蒙古貴族的鬥争》①，得到了鄧廣銘、陳樂素、徐規、程應鏐、漆俠（未到會，會後表示）等先生的支持鼓勵。此後到世紀之交，晚宋史研究一直是我的主要課題之一。

前人的研究，在個案事件、人物上比較深入，但數量不多，尚需加强全面性、系統性、連續性。而“南宋後期”“宋末”等時段劃分，亦需明確、具體。我撰寫了《略論晚宋史的分期》②，認為按政治發展狀況劃分，晚宋史大體從寧宗嘉定元年（1208）至帝昺祥興二年（1279 年，元世祖至元十六年），共約 72 年，是宋朝統治集團愈益腐朽直至滅亡的時

① 載《宋史研究論文集》，上海：上海古籍出版社，1982 年。

② 載《四川大學學報》1995 年第 1 期，《胡昭曦宋史論集》。又有學術講座稿《晚宋史研究中的幾個問題》，收入胡昭曦：《旭水齋存稿》，成都：四川大學出版社，2012 年。

期。其明顯特點是：（1）權相專政達於頂峰。史彌遠、賈似道先後長期獨相，控馭帝王，擅權柄國。（2）民族關係以宋蒙（元）關係為主。（3）理學統治地位的確立。

這72年中，理宗在位40年（1225—1264年，在宋朝18位皇帝中在位時間僅次於在位41年的宋仁宗），是南宋晚期最重要階段，應予重點研究。先是針對有論者全盤否定宋理宗的看法，同碩士生段玉明同學合作撰寫了《宋理宗“端平——淳祐更化”芻論》①，以後我又撰寫了《論宋理宗的“能”與“庸”》②，主張分階段分方面具體評價。我認為宋理宗在位40年，大體可分為三個時期，第一個時期約十年，史彌遠獨相擅權，理宗“淵默”韜晦，很少作為；第二個時期約二十年，理宗親政，圖謀振興，進行“更化”；第三個時期約十年，嗜欲享樂，荒逸昏怠，委政權相賈似道，甚至選擇低能兒趙禥即度宗嗣其皇位。以後又撰寫了《晚宋名相鄭清之考論》③，對學界很少論到的理宗心腹名相鄭清之作了清理。期間應約同我指導畢業的蔡東洲碩士合作撰寫了《宋理宗宋度宗》一書④。

（二）初步系統研究宋蒙（元）關係史

充實晚宋史研究的另一項重要內容，即開展宋蒙（元）關係的系統研究。這方面資料少而零散（如理宗以降《宋會要》缺），許多遺址遺迹待考，民族關係複雜，前人（包括海外學者）對此探究（如姚從吾先生、西南師範學院歷史系等）雖有較深入者，但多限於個案，且受文獻資料或遠隔實地之局限，而我們當時對海外有關研究長期茫然，可藉鑒的成果很少，這也是類似深山採礦的學術創進。

宋蒙（元）在四川地區爭鬥近半個世紀，自1978年起我即集中搜集文獻資料，開展了晚宋四川境內的山城考察，於1980年同合川縣歷史學會唐唯目會長（我大學同窗）合作，編輯出版了《宋末四川戰爭史料選編》⑤，包括歷史文獻、歷史文物、調查材料和圖片等。同時，我又重點學習和探索了如何對待歷史上的民族關係，撰寫了《論正確對待我國古代史上的民族關係》⑥。

從1983年我開始招收的碩士研究生起，又把這一研究從四川地區擴大到南宋全境，從宋蒙（元）之間的戰爭擴大到全面關係（原計劃限戰爭史，經漆俠先生建議擴充為關係史）。我指導的14位碩士生中有7位都圍繞這一課題進行研究，先後發表了一些論文（含

---

① 載《宋史研究論文集》，石家莊：河北教育出版社，1989年。
② 載《中國史研究》1998年第1期，收入《胡昭曦宋史論集》。
③ 載《鄧廣銘教授百年誕辰紀念論文集》，北京：中華書局，2008年。
④《宋帝列傳》之一，長春：吉林文史出版社，1996年7月初版，2004年11月再版。
⑤《宋末四川戰爭史料選編》，成都：四川人民出版社，1984年。
⑥ 載《宋蒙（元）關係研究》，成都：四川大學出版社，1989年。

學位論文)，我把其中10篇編入《宋蒙（元）關係研究》一書，並提交1989年10月在重慶市舉行的“中國釣魚城暨南宋後期歷史國際學術討論會”，受到與會國內和海外學者的關注。與此同時，繼續進行文獻搜集（如到北京圖書館今國家圖書館、上海圖書館、湖北圖書館等查閱）和到一些山城遺址考察並搜集文物。期間，我受邀為《中國大百科全書》撰寫了“釣魚城之戰”“余玠”“張玨”“王堅”“襄樊之戰”“王小波、李順起義”等條目[①]。在這個基礎上，申報並獲准為國家教委博士點基金重點科研項目，同我指導畢業的鄒重華、屈超立、段玉明三位碩士分工撰稿，由我擬訂提綱、章節篇目並通纂統稿，合作編寫出版了《宋蒙（元）關係史》一書[②]。

晚宋史的研究，得到了海內外有關學者的關注和鼓勵。《中國社會科學》載文評價《宋理宗宋度宗》說：該書“具有較高的史料價值”，“廣泛收集資料並認真考訂分析”，“堅持‘論從史出’，經過科學地、全面地分析史實，提出了自己的新見”[③]。1993年1月，我校社會科學處將《宋蒙（元）關係史》寄送國內一些著名宋、元史學者徵求意見，先後有徐規（杭州大學今浙江大學）、李埏（雲南大學）、陳得芝（南京大學）、王雲海、周寶珠（河南大學）、王曾瑜（中國社會科學院）、朱瑞熙（上海師大）等教授寄來評語，社科處將其摘抄歸納：“一、研究全面、系統。……‘填補了這一方面的空白’，‘讀者手此一編，即可睹宋蒙關係全豹’。二、取材廣博，考訂精審。……‘以豐富史料為依據，詳加辨析，具有說服力’。三、見解精闢，研究深入，學術性强。……‘對不少問題的研究達到了前所未有的水準’，‘是一部很有價值的史學專著’。四，堅持馬克思主義的民族觀，富有現實意義。”鄧廣銘教授（北京大學）“也來信說：‘參加撰寫的諸同志奮進不已，日有新獲，至極欽佩。’並表示‘完全同意’該書中的有關論斷。”[④] 臺灣地區《新史學》載文寫道：該書“全面探討宋蒙關係”，“立論較周延”，“態度較客觀”，“史事錯誤，細密考訂”，“是一本值得學習及研究宋元歷史的學者參考的專書”[⑤]。蕭啓慶院士（新加坡國立大學，臺灣地區清華大學）曾針對這一情況指出：“四川大學歷史系是中國大陸宋史研究的一個重點，特別着重南宋後期歷史——尤其是宋朝與蒙元關係之研究。”[⑥]《中國史研究動態》載文寫道：“該書從整體上把握並系統研究了歷史上宋蒙（元）之間的關係……觀點新穎，考訂精

① 《中國大百科全書·中國歷史·遼宋西夏金史》，北京：中國大百科全書出版社，1988年。

② 《宋蒙（元）關係史》，成都：四川大學出版社，1992年。

③ 康邁倫：《獨具特色的列傳專著》，《中國社會科學》1997年第3期。

④ 《四川大學社會科學研究動態》第38期《〈宋蒙（元）關係史〉出版獲得國內專家學者好評》，1993年4月22日編印。鄧廣銘教授來函日期是1992年12月27日。

⑤ 黃寬重：《胡昭曦主編〈宋蒙（元）關係史〉四川大學出版社，1992》，《新史學》第四卷第二期，1993年6月。

⑥ 蕭啓慶：《宋元戰史研究的新豐收——評介海峽兩岸的三部新著》，原載日本《中國史學》第一卷，1991年。後收入其著《蒙元史新研》，臺北：允晨文化出版公司，1994年。

審，史料翔實，反映了宋蒙（元）關係研究的最新成果。”①

四、振興蜀學研究，系統探究宋代蜀學發展

長期以來，許多論著（包括教材、講義）有關宋代學術思想上重要學派都衹講濂、洛、關、閩、陸、浙東等，而宋代學術文化發達的四川地區學術即蜀學卻未被列入。中華民族歷史悠久，地域遼闊，民族衆多，文化燦爛，特點各異，就文明形態而言，是一個多元文化集合融會的國家文明形態。所謂多元文化，主要是指地域文化（地區文化、地方文化）和民族文化，它們是中華民族文化和中國國家文明形態不可或缺的重要組成部分。今日我國的文化，深深植根於我國的傳統文化，巴蜀地區是中華文明的重要發源地之一，蜀學是具有全國性影響的地域學術文化，其發展自古至今連綿不斷。蜀學研究，在很大程度上是對我國西部開發史和西部文明演進的研究，其成果將為西部大開發提供有價值的歷史經驗，為四川、為全國經濟文化建設發展服務，具有重要的理論價值和現實意義。研究蜀學、振興蜀學，是發展中華文化和國家文明形態的需要，是學科發展的需要，是今日建設的需要，作為四川的學人當有義不容辭的責任。早在 1930 年蒙文通先生在所撰《議蜀學》一文中，談到廖平先生的經學成就“欲集多士之力，述十八經注疏，以成蜀學”時，就提出了繼承先賢，振興“蜀學”的呼籲：“則蜀中之士，獨不思闡其鄉老之術，以濟道術之窮乎！”②而今“道術”（學術）已有很大發展，然“鄉老之術”還未得到應有的傳承創新和充分發揮其服務社會的功能，我要在以往研究蜀學的基礎上，努力推進蜀學研究。

1982 年，我有幸被程應鏐先生邀約，在上海師大集中編寫《中國歷史大辭典·宋史卷》條目，分配給我撰寫的 47 條絶大部分是理學名人（從周敦頤到陸九淵等），歷時一個多月，從全面查閱資料到撰寫包括生平、著述、評價的條文，使我對宋代理學人物的資料有了一次較系統的接觸和較多認識，有助於我對宋代四川學術的探究。自 20 世紀 80 年代起，我開始關注蜀學研究，1991 年申報並獲准省級社科規劃重點課題《蜀學與中國傳統文化》，開始以較多精力探討蜀學。

我對蜀學的研究是有局限的，一是我没有專門研究過古代學術文化，因而所發表的意見是探索性的。二是我對哲學素乏研究，因而對蜀學的哲學内容很少涉及，衹是從蜀學發展史的角度進行探索。三是我對宋史相對接觸較多，宋代蜀學甚為發展，因而我以宋代蜀

① 魏志江：《〈宋蒙（元）關係史〉——一部宏觀研究宋蒙（元）關係的力作》，《中國史研究動態》1995 年第 8 期。

② 蒙文通：《蒙文通全集》第一册《儒學甄微》。

學為研究重點。自80年代以來，圍繞蜀學研究撰寫了一些著述，於1997年同劉復生教授、粟品孝博士①合著出版了《宋代蜀學研究》一書，並對蜀學問題開展進一步研究。2004年有關方面將其結集為《宋代蜀學論集》收入《巴蜀文化研究叢書》出版②。現將有關拙著列表於下。

本人歷年較集中論述有關蜀學的拙著一覽

篇　名（書名）	發　表（出版）	備　注
司馬光誕生地考	《四川大學學報》1985年第1期	
大足寶頂山石刻淺論	《大足石刻研究》，四川省社科院出版社1985年4月版	
陳摶里籍考	《四川文物》1986年第3期	
論張栻的學術源流	《國際宋史研討會論文集》，河北大學出版社1992年8月版	
譙定張栻與朱熹的學術聯繫	《中國哲學》第十六輯，嶽麓書院1993年9月版	
析"易學在蜀"	《宋史研究論文集》，河南大學出版社1993年12月版	
宋代蜀學芻論	《四川大學學報》1993年第4期	同張茂澤教授合作
大足寶頂石刻與"孝"的教化	《中華文化論壇》1995年第3期	
宋代蜀學的轉型	《慶祝鄧廣銘教授九十華誕論文集》，河北教育出版社1997年2月版	
宋代蜀學研究	巴蜀書社1997年3月版	同劉復生、粟品孝教授合作
着力開掘拓展，堅持批判繼承	《中華文化論壇》1998年第1期	
宋代"世顯以儒"的成都范氏家族	《胡昭曦宋史論集》西南師範大學出版社1998年4月版	
詩書持家，理學名門——宋代蒲江魏氏家族研究	《中國近世家族與社會學術研討會論文集》，臺北市1998年6月出版	

① 粟品孝先生曾是我指導畢業的博士，對蜀學有較多研究，其博士學位論文《朱熹與宋代蜀學》，被評選入高校文科博士文庫，由高教出版社於1998年出版。

② 《宋代蜀學論集》，成都：四川人民出版社，2004年。

宋代蜀學的轉移與衰落	《宋代歷史文化研究》，人民出版社 2000 年 6 月版	
宋代書院與蜀學	《四川大學學報》2001 年第 1 期	
大足石刻銘文與宋史研究	《漆俠先生紀念文集》，河北大學出版社 2002 年 10 月版	
馮楫的著述及其史料價值	《李埏教授九十華誕紀念文集》，雲南大學出版社 2003 年 11 月版	
蜀學與蜀學研究芻議	《天府新論》2004 年第 3 期	
宋代蜀學論集	四川人民出版社 2004 年 6 月版	
蒙文通先生對宋史研究的貢獻——讀《蒙文通文集》	《蒙文通學記（增訂本）》，生活・讀書・新知三聯書店 2006 年 11 月版	
尊經書院與近代蜀學	《儒藏論壇》第 2 輯，四川大學出版社 2007 年 12 月版	
振興近代蜀學的尊經書院	《蜀學》第 3 輯，巴蜀書社 2008 年 12 月版	
巴蜀文脈之傳承發展——宋代雙流蜀學名人概略	《中華文化論壇》2009 年 11 月增刊	
近代蜀學學者黃英及其《籌蜀篇》	《鹽文化研究論叢》第 5 輯，巴蜀書社 2011 年 7 月版	
蕭萐父先生與蜀學研究——兼談推進蜀學研究之我見	《西華大學學報》2011 年第 3 期	
蜀學與中華學術文化	《社會科學報》2011 年 7 月 14 日；摘録稿載《光明日報》2011 年 7 月 18 日第 5 版	
我對蜀學與蜀學研究的認識	中國社會科學網於 2011 年 9 月 6 日發佈；光明網於 9 月 8 日轉載。收入《社科之聲——中國社會科學網訪談録（二）》，中國社會科學出版社 2013 年 7 月版	
深入發掘資料，推進蜀學研究——文守仁先生《蜀風集》讀後	《蜀學與中國哲學——“蜀學與中國哲學”學術研討會文集》，四川文藝出版社 2013 年 7 月版	
一通罕見的晚清書院碑石——新出土《四川尊經書院舉貢題名碑》初探	《四川尊經書院舉貢題名碑》，四川大學出版社 2013 年 9 月版	
南宋二江諸儒與南軒之學返傳回蜀	《張栻與理學》，人民出版社 2015 年 2 月版	
直探堂奧，慧見卓識——讀蒙文通師《巴蜀史的問題》	《蜀學》第 9 輯，巴蜀書社 2015 年 4 月版	
宋代蜀學轉型的再探討	《湖南大學學報》2015 年第 6 期	

宋代蜀學研究新識	《中國社會科學報》2016年8月19日第5版	
蒙文通先生國學研究的卓越貢獻——祝賀《蒙文通全集》出版	《國學》第3集，四川人民出版社2016年版	

（一）關於“蜀學”的界定

“蜀學”一詞，據所見至遲《三國志·蜀書》卷八《秦宓傳》已有，存在1700年以上了，作為“學派”的稱呼始於宋代，也至少有800年以上了。可謂源遠流長，燦爛輝煌。

古人謂“蜀學”者包羅甚廣，大體有：（1）官學、學官、蜀中儒學；（2）蜀地學術名人或蜀籍官員，蜀地赴京學者；（3）某方面的學術或學派；（4）泛指蜀地學術文化。而作為學術，主要指經學或儒學，或泛指全部學術文化。主張經學者，如元人揭傒斯說：“夫蜀學有揚雄，文有相如，治有文翁、諸葛。”① 蒙文通先生《議蜀學》所指“蜀學”，主要是指經學。主張學派者，如朱熹說：“蜀學之弊，誠如所喻，《唐論》卻未暇細看也。”② 宋人員興宗寫道：“昔者國家右文之盛，蜀學如蘇氏，洛學如程氏，臨川如王氏，皆以所長經緯吾道。”③《宋元學案》有《蘇氏蜀學略》。《中國歷史大辭典·思想史卷》有“蜀學”條。侯外廬主編的《中國思想史綱》中有專節“蜀學的唯心主義”論蘇氏蜀學。主張泛指四川地區的學術文化者，如清末方守道等人纂彙的《蜀學編》。傅增湘為“表彰蜀學”，特纂輯《宋代蜀文輯存》④。謝无量撰《蜀學原始論》，指出“蜀有學先於中國”，並分從儒、道、釋、文章四個方面進行梳理歸納⑤。劉咸炘著《蜀學論》，對古代四川文、史、哲、醫學進行概略論述，並指出：“統觀蜀學，大在文史。”⑥ 19世紀70年代中葉以後，張之洞提出的“振興蜀學”，是指振興四川地區的儒家文化傳統。

我贊成夏君虞的論說，他指出：“既謂之蜀學，當然以四川一省的學問為對象。蘇氏一支固然是蜀學，蘇氏一支以外也不可略去不說。凡是四川人創造的，或者是別人創造而為四川人奉行的，可謂之蜀學。”⑦ 我認為所謂蜀學，是指自古以來四川地區（含重慶直轄前的地區）包涵於巴蜀文化之中的學術，其重點在文、史、哲，其核心是思想、理論，它是中國重要的地域學術文化，是一種具有系統性、綜合性、科學性的專門學問，是具有明顯

① 《揭文安公全集》卷十一《彭州學記》，《四部叢刊初編》本。
② 《晦庵先生朱文公文集》卷四十六《答潘叔昌》，《四部叢刊初編》本。
③ 《九華集》卷九《蘇氏王氏程氏三家之學是非策》，影印文淵閣《四庫全書》本。
④ 《宋代蜀文輯存》第5頁，香港：龍門書店1957年影印本。
⑤ 載《四川國學雜志》第六號，1913年。
⑥ 《推十書·推十文集》卷一，成都：成都古籍書店1996年影印本。
⑦ 夏君虞：《宋學概要》，上海：商務印書館，1937年，第93頁。

的巴蜀地方特色的學派。

（二）古代和近代蜀學發展的時段及特點

為了相對集中和更加深入地研究蜀學，試提出了以下發展時段和特點。

1. 先秦時期，蜀學的溯源與醖釀。主要是古蜀文化和巴文化。
2. 兩漢三國時期，蜀學形成和較快發展。第一次高峰。
3. 魏晉隋唐時期，蜀學緩慢發展。
4. 兩宋時期，古代蜀學的繁榮鼎盛。第二次高峰。
5. 元明清時期，蜀學發展跌入低谷。自明中後期始，蜀學逐步恢復和發展。
6. 清末民初時期，蜀學復興及傳統蜀學在近代社會的變化。第三次高峰。

（三）宋代蜀學的鼎盛發展及其特點

宋代蜀學的淵源既遠且廣，先秦時巴蜀即有學術文化，自漢嚴遵、揚雄以後，儒學特別是《易》學、玄學，在四川的傳播不絕如縷。唐末五代四川社會相對穩定，北方士大夫大量遷移入蜀，宋代四川是全國學術文化最發達兩地區之一，這就為宋代蜀學的崛起提供了必要條件。初步劃分其發展階段如下。

第一階段：北宋初期（太祖、太宗、真宗年間，960—1022 年），宋代蜀學的萌芽時期。一是具有文獻典制與學道相結合的樂安之學，一是明具三教合一的陳摶之學。陳摶之學在四川有四條傳播路綫，即濂溪之傳、邵雍之傳、閬中陳氏之傳、張詠之傳。

第二階段：北宋中期（仁宗到哲宗元祐年間，1023—1094 年），宋代蜀學的形成時期。這是宋代蜀學發展的第一個高潮。宋興近百年，文教勃興，“學統四起”，蜀中形成兩個較大學派，即范學（創始於范鎮，成熟於范祖禹）、蘇學（創始於蘇洵，成熟於蘇軾、蘇轍）。其他一些著名學者，有被《宋元學案》列為“蜀學之先”的綿竹人宇文之邵，稱為“蜀學之魁”的成都人吕陶，後來入“元祐黨籍”的閬中人鮮于侁等。蘇學大顯於神、哲兩朝，與王安石“新學”相反對，同二程“洛學”相角立，是元祐年間的主要學派，是宋代蜀學形成的標志。

第三階段：兩宋之際（哲宗到南宋高宗年間，1094—1162 年），宋代蜀學的轉型時期。徽宗、欽宗、高宗三朝王安石學術與“元祐學術”繼續對立和鬥争。宋室南渡，王安石及其學術被指負亡國之責，“元祐學術”特別是二程洛學，乘機大力發展。高宗時雖曾重禁二程洛學，但自秦檜死，洛學又獲發展自由。於是洛學的傳播逐漸南移，入四川、湖南等地。

而蘇氏蜀學則因缺乏儒學的純正，學派門户結構鬆散，不重視師承嬗傳與學統維護，且偏重在文學方面，加上後來朱熹的猛烈批評，雖在文學方面仍具優勢，但作為學術流派則逐漸衰隱。而范學則持“不立黨”的兩無偏袒態度，於蜀學流派的獨立發展乏力。

這一時期的四川，學術交流頻繁，既有論争又有融合，著名學派有三：一是以譙定為代表的涪陵學派，二是以李燾為代表的丹棱學派，三是以李石為代表的資中學派。譙定之學傳張行成、馮時行、張浚、胡憲、劉勉之。胡憲、劉勉之再傳朱熹、吕祖謙；馮時行再傳李舜臣，三傳李心傳、李道傳；張浚再傳張栻。李燾之學，傳其子壁、埴及謝疇、虞淵。李石之學傳其弟佔、子開及范仲黼、劉伯熊、王令德等，遍及全川。譙定曾至中原從程頤學，“得聞精義”，後程頤貶涪，又與之“游泳其中”①。譙定之學所傳甚衆，影響甚大，《宋元學案》列其門人和二、三、四傳人不下 260 餘人，稱“先生固程門一大宗”②，表明宋代蜀學邁出了以蘇學為主嚮洛學轉型，從洛蜀之争走嚮“洛蜀會同”。

第四階段，南宋中晚期（孝宗至理宗年間，1163—1264 年），宋代蜀學的定型時期。這一過程被稱為“洛蜀會同”，即蜀學的洛學化或義理化。這一過程從譙定的涪陵學派開始，中經以張栻及其南軒學派的努力及南軒之學自湖湘返回蜀、朱熹之學傳蜀，直到魏了翁的鶴山學派纔基本定型。南軒之學，在四川以宇文紹節、陳概、范仲黼、李埴為門人，而得黄裳、趙昱、虞剛簡、魏了翁為私淑，其中聚集在成都滄江書院的蜀學學者范蓀、范子長、范子該、范仲黼、薛紱、鄧諫從、虞剛簡、程遇孫、宋德之等“二江九先生”，則是傳播南軒之學的主力學者群③。而宣揚程學則以魏了翁為最著，他重視官學，創辦書院，開門授徒，融會巴蜀本土學術與洛學，基本確立了程朱學説在四川佔據學術統治地位的定局，“由是蜀人盡知義理之學”，實現了蜀學轉變定型的“洛蜀會同”。朱熹的川籍門人度正、虞淵及其門人陽枋、吴昌裔等，也起了很大作用，以至於他們所在的涪陵、奉節一帶一度成為晚宋四川的學術中心。

第五階段：南宋末年（度宗到宋亡，1265—1279 年），宋代蜀學的衰落時期。由於宋與蒙（元）在四川的長期争戰，社會動盪，經濟凋敝，學術的基本條件喪失。蜀學也隨之迅速衰落，學術人才大量東移，著名學者如魏了翁、牟子才、吴泳、高斯得、吴昌裔、張翌、王申子，以及隨父寓居的黄澤、虞集等都移居東南，而學術預備人才東移更多。入元

① 《宋史》卷四百五十九《譙定傳》，北京：中華書局，1977 年。

② 《宋元學案》卷三十《劉李諸儒學案》，北京：中華書局，1989 年。

③ 《宋元學案》作者將這九位蜀學學者稱為二江之“九先生”，於卷七十二專立《二江諸儒學案》，我認為很可能是藉鑒“永嘉九先生”之稱。葉適對“永嘉九先生”傳洛學入浙非常看重，把它視作為伊洛之學入浙“開道”，使浙學大盛。（參見陸敏珍：《“違志開道”：洛學與永嘉元豐九先生》，《中山大學學報》（哲社版）2009 年第 6 期。）巴蜀“二江九先生”返傳南軒之學回蜀，推進了“洛蜀會同”，使蜀學大盛。二者都起到學術開道和傳承作用，接續孔、孟、二程學統，傳播並發展洛學，大力弘揚理學。因此，《宋元學案》作者亦稱“九先生”，示尊崇表彰、激勵後學之旨。

後，蜀中學術衰落，但促進“江南文風大盛”①。

總的來看，北宋時期的蜀學主要是本土學術蘇學、范學。北宋末年，譙定受程頤學，二程洛學傳蜀。南宋時期，張栻之學返傳回蜀，蜀中南軒之學大盛。隨之，朱熹閩學全面傳蜀。魏了翁集本土蜀學與程、張、朱學術的大成，於是轉變定型，實現“洛蜀會同”，程朱理學佔據主導地位。

（四）對近代蜀學發展幾個問題的探究

清末民初是蜀學發展的又一高峰，初步接觸後，對幾個問題談一點看法。

1. 尊經書院“紹先哲，起蜀學”的宗旨與《蜀學編》

在《振興近代蜀學的尊經書院》一文中，我談了尊經書院振興蜀學的一些狀況，包括“紹先哲，起蜀學”的辦學宗旨、培養蜀學之秀的教學、“振興蜀學”“昌明蜀學”的“蜀學會”和《蜀學報》、“保存國粹”傳播蜀學的尊經書局、大批蜀學名家名著的出現特別是《蜀學編》。《蜀學編》是四川學使高賡恩和尊經書院山長伍肇齡共同組織的一次大規模的書院教學與學術研究的成果，由方守道纂輯，光緒十四年（1888）尊經書局刊印。該書貫徹“紹先哲，起蜀學”的宗旨，較集中梳理歷代著名蜀學人物與學術，自漢代張寬至清代范泰衡共117人（内漢代17人、宋代62人；巴蜀人氏112人）。“搜集先哲言行，考訂學術”，用學案體裁，皆撰寫小傳。編者意在維護“正學”（儒學，主要是經學、理學）傳統，今天看來，雖不全面、失之簡略，但系統探求蜀學源流、體系，構建蜀學架構，在中國學術史上還是第一次。

2. 黄英及其《籌蜀篇》

本世紀之初，我在四川省圖書館發現一本《籌蜀篇》，光緒二十七年（1901）榮縣旭川書院刻本。黄英（1867—1928），四川榮縣（今屬自貢市）人，舉人，留學日本（學測繪），曾任成都中西學堂華人教習、榮縣旭川書院山長、江津等縣縣長等。黄英精於國學，又涉獵西學、東洋學；諳悉人文科學，又瞭解自然科學和工程技術；掌教書院，又接觸社會；立足四川，又放眼全國和世界。所著《籌蜀篇》共22篇，七萬餘字，内容廣泛，資料豐富，見解清新，籌劃務實。有民智、邊防、議院、保教、論策、水利、礦務、農學、水機、鹽務、醫藥、蠶桑、救旱、蒙學、女學、民教、西文、東文、風水、西學、體操、新舊學、代數、中西學、中西文言等共25個論題，以四川地區為重點，提出了作者的改革設想乃至實施方案，主要特點在突出救國圖存的激情和維新變法主張，儒家傳統的經世致用

① 《推十書·史學述林》卷五《重修宋史述意》。

經邦治國思想有了很大發展和轉變，反映出“中學為體，西學為用”。《籌蜀篇》在傳統蜀學嚮近代蜀學轉型時期具有代表性。

3.《蜀風集》的啓迪

2010年承旅京四川學者鍾永新先生告知，臺灣學者文守仁先生（1908—1987）的《蜀風集》，有助於蜀學研究，乃注意尋求。2011年3月承蒙四川省社科院彭東煥先生饋贈此書。文守仁先生，四川新津人，在中國大陸生活逾40年，後在臺灣地區生活30餘年。1960年臺灣出版《四川文獻》月刊，“擔任‘蜀風集’一欄”，月選鄉賢一人之作“而繫之以小傳，累計達數十百人，編為《蜀風集》”。在臺逝世後，其子文丕衡先生將遺稿輯成《文守仁先生遺著·蜀風集》，於1998年1月在新津縣政協支持下印行。該書詳略不一地選載近代四川100多位文化名人事迹，考證文字多篇，還附有5篇日本著述譯文；還有一些罕見資料，如伍肇齡軼事、《四川高等學堂校歌》、晚清成都流行歌曲等。迄今在巴蜀歷史文化和蜀學的研究中，對海外學者特別是旅臺四川籍學者的有關著述，還瞭解不多，需要加强搜集和利用，《蜀風集》是一個重要啓迪。

4.《四川尊經書院舉貢題名碑》與歷史文物的發掘利用

此碑於2013年4月在四川大學東區出土[①]，碑文由王闓運撰、吴之英書，光緒十一年九月二十一日（1885年10月28日）上石。碑文包括題款、序、舉貢題名，大部可讀，共878字。王闓運序文舉出尊經書院這個振興蜀學基地前期的一些辦學狀況，院生題名列出了50位赴京舉貢院生員里籍、姓名、字號和年齡（少數人缺項）。這是一件已有中國書院史著述中罕見的歷史文物，也是近代復興蜀學和尊經書院部分蜀學學者的實證。在蜀學研究中，歷史文物的發掘利用還很薄弱，需要充分重視和大力加强。

對於我從事的宋代蜀學研究，蔡方鹿教授（四川師範大學）評價説：《宋代蜀學研究》“對宋代四川地區以儒學為主的學術及科技成就作了全面、系統的研究，彌補了以往研究的不足。”“提綱挈領，鉤沉索隱，新見迭出，是宋學和巴蜀文化研究的力作。”[②] 林文勳教授（雲南大學）寫道：“宋代蜀學是作者率先進行的新課題”，“勾勒了宋代蜀學的淵源、興起、發展、轉型、衰落的全過程。其中，既有宏觀的綜合研究，又有微觀的個案解剖，二者相得益彰，使這方面的研究既全面又深刻。”[③] 喬幼梅教授（山東大學）評價《宋代蜀學研究》説：“今人研究蜀學者極少，似尊著如此詳備、系統地研究蜀學者當屬首創，對於研究中國古代學術思想史特別是宋代學術史無疑是極大的貢獻。”[④]

---

① 參見党躍武主編：《四川尊經書院舉貢題名碑》，成都：四川大學出版社，2013年。

② 蔡方鹿：《提綱挈領，鉤沉索隱——評〈宋代蜀學研究〉》，《天府新論》1998年第4期。

③ 林文勳：《〈胡昭曦宋史論集〉讀後》，中國宋史研究會編：《宋史研究通訊》1998年第2期。

④ 喬幼梅教授1997年6月9日致作者的信函。

五、初步梳理並撰寫《四川書院史》

隨着教學與行政管理經驗的積累，我更加認為蘇式或歐美式教育方法中，雖有不少值得藉鑒的，但其中也有不少是我國書院教育中早已有之且行之有效的，應當繼承發展，使我們的教育更適合中國國情，更具中國特色。

興起於唐代並在宋代形成制度的書院，是我國歷史上一種特殊而重要的教育組織。在上千年的發展歷程中，於文化傳承、學術探討和人才培養等方面起到了積極的促進作用，具有中國特色的書院教育的歷史經驗值得總結和藉鑒。近二十年學術界對其已有較多的研究，但四川書院的研究顯得薄弱，既無專著，亦少專門論文。這不但與四川書院在全國書院中的應有地位很不相稱，也直接影響到全國書院史的整體性、深入性研究。於是在1997年蜀學研究基本告一段落後，我申請“四川書院史”課題，並被批准為省“九五”重點研究項目。

四川書院史的研究空間範圍包括四川和直轄前的重慶市地區，時段下限及於清末書院改制，即書院制度史。我撰著了《四川書院史》，2000年2月由巴蜀書社出版。經過重要修訂，2006年4月被收入《四川大學“儒藏”學術叢書》，由四川大學出版社出版。我查閱了有關四川書院的方志（共214種）、地志、文集、筆記、政書、類書等史籍，並儘量參考所見今人論著，對有些書院遺址遺迹（如蒲江鶴山書院、綿竹紫岩書院等）還進行過實地考察，共收四川境内636所書院（其中唐代4所，宋代27所，元代11所，明代90所，清代504所）。這些資料雖不完善，但比之已有論著統計的487所，更較充實準確。在此基礎上，根據四川書院的發展軌迹分為四個階段，即：興起與形成制度（唐至宋代），衰落與緩慢發展（元代），發展（明代），普遍發展與改制（清代）。書中簡介了每所書院的名稱、地址（含今址）、設置時間、設置人、官辦或民辦等項並列表；對各時代書院發展的特點、書院的管理、書院的活動（主要是教學、藏書和供祀三大事業）以及書院的地位作用、清末書院的改制等，作了敘述分析；提出了值得總結和藉鑒的寶貴歷史經驗。此外，撰寫論文對張九宗書院、鶴山書院、滄江書院、北巖書院、錦江書院、尊經書院等的一些問題作了考訂，提出了新的認識①。

《中國史研究動態》載文對《四川書院史》評論道：“該書選取了一個前人研究甚少的

① 如《唐代張九宗書院建立時間探究》，《中國書院》第8輯，長沙：湖南大學出版社，2013年；《魏了翁的書院教育及其助手李肩吾》，《國際社會科學雜志》中文版第28卷第4期，北京：中國社會科學雜志社，2011年；等等。

課題，無論是在資料的搜集整理，還是在對歷代衆多書院情況的介紹及相關問題的敘述分析上，都做了前所未有的開拓。全書資料扎實，内容豐富，學風嚴謹，創新顯著，是第一部較為全面系統地論述四川書院的力作，也是全國少見的省區書院史專著，在書院研究史上具有重要的學術意義；對我們今天正確藉鑒傳統教育經驗，更好地推進教育改革，也有着多方面的啓發。”① 此書於2010年為四川大學古籍整理研究所收入所編《儒藏》②。

綜合研究，冀於信達

我國素有“讀萬卷書，行萬里路”的傳統。明人陳第説：“讀萬卷書，不行萬里道，不足以知山川。”③ 清人潘天成寫道：“大丈夫不讀萬卷書不走萬里路，安能做好文章明聖賢之道乎！”④ 這一傳統對於做學問來説，就是講究綜合研究。近世又有二重證據法、三重證據法、多重證據法的運用，這些也都是講綜合研究的方法。綜合研究是歷史研究的基本方法，要求史學家將文獻記載與考古成果、社會調查和實地考察等相結合，將史學與其他相關學科相結合，走出書齋，拓展視野，擴充資料，進行多學科多方位多層次的綜合研究，用多種證據弄清歷史的真面目，力求成為通達的信史⑤。

（一）文獻資料是基礎

大量佔有文獻資料是研究歷史的必備條件、基本依據和基礎，運用歷史文獻一定要考究其版本，力争是第一手的或現存最原始的。蒙文通先生指出：“最直接的原始資料，這就是宋人叫的史底，是最可寶貴的東西。”“史料是構成歷史的基石，而史料的來源則是多方面的……矛盾的材料，總須等到解決纔可用。……總之，時代稍後的歷史記載可信的成分就減少了一些，最初的史底是值得我們重視的。”⑥ 他還舉例説：“《文獻通考》一書有許多史料，用材料應查原書。查《通典》《通考》，要以正史、有關史籍來核對、補充。”⑦ 在研究中，我特別注意文獻資料的原始狀況和版本佳好。例如，1978年在整理《郭沫若全集·

① 粟品孝：《〈四川書院史〉讀後》，《中國史研究動態》2001年第3期。
② 《儒藏·史部·學校史志》第181册，成都：四川大學出版社，2010年。
③ 陳第：《尚書疏訂》卷三，影印文淵閣《四庫全書》本。
④ 潘天成：《鐵廬集·外集》卷一，影印文淵閣《四庫全書》本。
⑤ 參見胡昭曦：《綜合研究是歷史研究的基本方法》，《人民日報》2015年5月4日學術版。
⑥ 蒙文通：《從〈采石瓜洲斃亮記〉看宋代野史中的新聞報導》，《蒙文通全集》第二册《史學甄微》。
⑦ 蒙文通：《治學雜語》，《蒙文通全集》第六册《甄微别集》。

釣魚城訪古》一文中所録幾通長篇碑文時，我專程去合川，同縣圖書館朱全文館長一道，在釣魚城忠義祠内原碑處，用了近一天時間逐字校核；還圍繞課題在研究前期編纂了有關資料選編；發掘並整理提供了稀見資料《錦江書院紀略》《五馬先生紀年》；參與了主編《中國野史集成》，等等。

（二）充分利用考古文物資料

歷史文物中，有許多是第一手資料或較原始的資料，然而治史學者顧及甚少。我在大學階段受到過考古學基礎知識教育，如聽馮漢驥先生講授《考古學通論》，參觀博物館或文物遺址，以及有關老師的教育和同年級“考古學專門化”同學的影響，遂重視文物資料。在我的科研工作中，很注意努力掌握有關文物資料，並運用其分析和解決研究中的問題。我撰寫一些有關碑碣摩崖文字、石刻銘文乃至造像、器物題記的記述，補充或挖掘出新資料，豐富和充實了我論證問題的根據和基礎，校核辨析了文獻記載的準確性。比如：南宋末年余玠在四川組織軍民抗擊蒙古軍隊的山城戰術，我運用了親自勘察過的現存的釣魚城等遺址資料，提供了一些新見原始資料，如山城形勢、設施、功能，以及金堂雲頂山城現存宋代城門拱石題記、钓魚城王堅記功摩崖文字①、萬县楊文安攻取萬州之記摩崖、奉節白帝城鎖江鐵柱和守將徐宗武鑄字等。又比如：從大足石刻現存宋代造像和銘文，更多地提供了宋代思想文化的資料（儒釋道結合、政教結合與佛教中國化、孝的教化等）和人物資料（如馮楫、僧希晝）。2007 年，筆者得見成都文物考古研究所現存成都出土的三方宋代成都范氏墓志（分别由其族人范鎮、范淑、范仲圭撰文），對已見蜀學名族范氏世系有重要訂補，也為全面系統清理其家族世系提供了更多資料②。有一通 1979 年仍立於邛崍縣東安公社九大隊境内的咸豐元年《徐氏宗坊碑》，碑文云徐氏先祖明時由湖廣入川，住於邛崍，明末闔家逃亡，“亂息後，先祖母攜三子以歸原業”。所列徐姓祖宗共 10 代，其中在明 4 代在清 6 代，再次證實入清以後，此地仍有明代土著人户。又如，印證了在三臺縣牛頭山上可以看到城内人員在街道流動狀態的宋代記載；糾正了《讀史方輿紀要》關於夔州西津口位置的記載。當然，對歷史文物要有綜合考訂和科學辨識，務求準確可靠。有的文物或並非原始資料，或所載不實，或文字有誤，不能作為稽據。如 1982 年考察時，郫縣舊縣署内有一通立於民國二十三年（1934）的石碑，碑文説司馬光出生於郫縣，故字曰岷。考之史

---

① 數次登上合川釣魚城，陸續發現一佛龕上被鑿摩崖刻字，可辨識的有“逆醜元主”“王公堅以魚臺一柱支半壁”“詩紀厥功被之金石”等文字，經考訂，是宋末為抗戰將領王堅紀功的文字。王堅，《宋史》無傳，亦未見他書詳其生平，此摩崖文字當是實物之證。

② 胡昭曦：《蜀學研究與文物資料——宋代成都范氏墓志新見》，《西華大學學報》2000 年第 5 期。

籍，此為附會之説，不足憑信。

（三）走出學校，開展社會調查與田野考察

一次偶然的機會，增加了我對綜合研究的認識，促進了我接觸歷史地理和實地考察的要求。1973 年上半年，四川省有關部門要求川大為復旦大學編繪的《中國歷史地圖》（四川部分）様張提意見，學校在歷史系組織了一個班子（我是負責人之一），在圖書館一間房裏工作了一個月左右，翻查了許多地理書和地方志，對該圖提出了一些意見和建議①。對我來説，這段經歷無異於進了一期學習歷史地理的短訓班。工作中，我對該圖認真學習，頗有收益，也對一些地方的方位和里程提出了意見或疑問，如唐宋青城縣、味江河、南宋神臂城等位置，是據文獻而論，缺乏實地考察，乃萌發田野考察之意。作為在四川的歷史工作者，有責任也有條件儘可能弄清這些問題，這還關乎全國通史的準確性。

1973 年學校已復課，我帶幾位同學，與成都市文管所（處）合作，在灌縣、崇慶、新津、大邑、青神等縣，對宋初王小波李順起義發祥地及宋青城縣今址進行田野調查。十餘年間，我秉承“讀萬卷書，行萬里路”的傳統，積極實踐徐中舒等先生所倡行的二重證據法，或單獨進行，或帶本科生同行，或帶研究生實習，圍繞宋蒙（元）在四川之争、重要農民起義、四川地方古代歷史文化等，在查閲文獻的基礎上，先後到省内約 50 個縣市進行社會調查與田野考察②。（1984 年我被派任學校研究生部門負責，自此以後這種活動很快減少乃至中斷。）

為了有助於解決問題，有的地方我多次前往甚至住在現場。如對北宋青城縣和味江河進行考察，先後 10 餘次去灌縣，足迹到過青城内外山、味江河、泰安寺、沙坪、太平場、街子場、王婆巖、徐渡公社、馬祖寺、巨源場、江源公社等。又如圍繞宋蒙（元）争戰，先後考察了釣魚城、神臂城、白帝城、大良城、小良城、雲頂城、多功城、虎頭城、登高山城、天生城、禮義城、青居城、紫雲城、三江磧等 20 餘座山城遺址（迹）。曾 6 次登上

① 見四川大學歷史系：《對復旦大學〈中國歷史地圖〉（様張）的意見》，1973 年 6 月 21 日打印稿。

② 這些縣市有：成都、温江、彭縣、灌縣、郫縣、新都、金堂、新津、大邑、蒲江、邛崍、崇慶、眉山、青神、樂山、彭山、夾江、峨眉、犍為、榮縣、自貢、富順、内江、隆昌、宜賓、瀘州、江安、合江、廣漢、綿竹、德陽、中江、綿陽、什邡、江油、三臺、廣安、遂甯、渠縣、南充、安岳、潼南、合川、大足、榮昌、重慶、巴縣、江北、萬縣、開縣、奉節、巫山等。

合川釣魚城，其中1980年10月還自帶卧具、請了炊事師傅，住在釣魚城裏考察了三天①。文獻載，釣魚城能供應約10萬軍民堅守36年，我不甚理解。實地考察，該山被嘉陵江、渠江三面圍成半島（周圍約20公里），山城突兀於半島臺地（大部分可種農作物）之上，相對高度約300公尺，城牆周長約6公里。考察時，城内有堰塘10多口（其中一口約40畝）、水井10多眼、山泉一處；水田400餘畝、旱地150餘畝；5個生産隊，近200户約700人，這就釋惑了。又如20世紀80年代初，為了考察大足石刻造像、銘文的藝術價值與宋代學術文化的關係，我先後5次去大足，有一次還在寶頂山石刻現場住了兩個晚上②。1981年，我在《中國地方史志通訊》撰文，談了實地考察的必要之認識③。1986年，我將考察所見所聞所得，結集出版了《四川古史考察劄記》④，選載了經過整理的包括27縣市共135條。2007年增加了一些有關内容，如考察大足石刻、交子誕生地等，擴展為《巴蜀歷史考察研究》⑤。學者評論《四川古史考察劄記》説："《劄記》是一本别開生面、與衆不同研究四川古代歷史的新成果。"全書"依據豐富的文獻資料，加上實地考察的資料，分析比較，辨别真偽，考證補充，其所作出的研究結論，就比單憑文獻資料所作出的研究結論更為扎實可靠。……對所考察的問題頗多新的看法，新的結論，也更正了一些文獻資料的傳統結論"。"這種研究方法無疑是正確的、重要的，其深入細微、吃苦耐勞的嚴肅的科學作風更是值得學習的。"⑥

我的科研選題大多是服務於教學需要、學科建設需要，也服務於社會需要，這在探求歷史真相、發掘和弘揚中華民族優秀文化傳統上尤為密切，隨着走出學校社會調查和實地考察的開展，又明顯地加强了這種密切性。我走了許多地方，大大開闊了視野；結識了許多師友，學到了不少東西；探索了一些問題，獲得了新的認識；瞭解了地方的需要，奉獻過一孔之見。我不僅認真參加地方邀約的徵求意見會，還就一些專題嚮當地有關部門提過建議，多少有助於當地的文物保護維修、地方史志介紹、歷史資源開發、優秀文化傳承和

---

① 1980年9月28日至10月3日，在中共合川縣縣委宣傳部的支持下，縣歷史學會邀約一些學者考察釣魚城，用三天時間住到釣魚山上。當時山上的小學（在護國寺内）國慶日放假，學者們就在縣城租賃卧具，攜帶上山，晚上以小學課桌墊上穀草做床；還請了師傅，自開伙食。住在山上的有龔廷萬（重慶市博物館）、唐昌朴（西師博物館）、陳德富（川大博物館）、王東元、胡昭曦（川大歷史系）、張師千（音，合川縣文化館）等先生，還有幾位不住山上，如劉道平（合川縣文教局、釣魚城管理處籌備處）、唐唯目（合川縣歷史學會）、朱全文（合川縣圖書館）、池開智（釣魚城管理處籌備處）等先生。在三天裏，學者們踏勘了釣魚城内外，考察了古戰場遺址，訪問了城中公社社員，對忠義祠内幾通石碑的長篇碑文全部拓片（一式數份，其中留合川縣一份）。

② 承大足縣文管所陳明光所長接待安排。記得在文管所寶頂山廚房搭伙，每頓飯交一角錢三兩糧票，免費住宿文管所工作用房。

③ 胡昭曦：《研究地方史要重視必要的實地考察》，《中國地方史志通訊》1981年第3期。

④ 重慶出版社1986年9月出版。

⑤ 巴蜀書社2007年6月出版。

⑥ 張華、賈大泉：《〈四川古史考察劄記〉評介》，《四川文物》1987年第4期。

旅遊事業文化功能的發揮。

62年來，我在所學專業上注意傳承，着意出新，蹣跚攀登，跬步而行，説不上有什麽創造，更無驚人的創新成果，衹有一些實踐和體會。總的來看，我的專業研究是不斷學習的事業，我的治學是認真傳承努力創新的過程，一類是前人已進行過探究，但尚乏完善，我在其基礎上促其更臻完善或有所發展；一類是前人未進行過研究，或未進行過系統研究，我的工作具有一定的肇始性。無論是哪一類，都存在局限，具有探索性、粗淺性、不成熟性，有待深入和有待討論，甚至有片面或錯訛之處。希望在我有生之年，争取再獲師友和達識者幫助，繼續做些清理，留下一個較好的專業“接力棒”。(2018年4月22日)

作者單位：四川大學歷史文化學院

國學“運動”主流意義的闡釋

——謝桃坊國學史研究述評

郭一丹

自20世紀90年代初國學熱潮再度興起以來，關於國學的理解可謂言人人殊，例如以為它是關於中國傳統文化的研究，或將它等同於中國學術，或認為它以研究儒學為主，將琴棋書畫等技藝也作為國學研究的內容，等等。面臨此種紛繁複雜，實有必要認真考察國學運動的歷史經驗，進行正本清源的工作，回歸一份純粹與精深。謝桃坊先生少年時代曾從劉杲新先生學習傳統文化，20世紀50年代在西南師範學院中國語文系學習時，自學中國思想史，泛觀博覽中國古代典籍，廣泛涉略，從《周易》到《宋元學案》、從《四書》到《諸子集成》、從《廣韻》到《新訂六驛館叢書》，以及地方志與筆記雜書等國學基本典籍。他在多年從事古代文學的研究工作中，接觸了更多歷史文獻，也從來沒有停止過對國學相關問題的思考。先生自1981年以來從事中國古代文學研究工作，以詞學研究為主，尤其在當代詞學理論建設方面取得了突出成就。先生自2006年因詞學研究可以告一段落，遂轉入國學研究，他以理論的、歷史的方法，認真考察了20世紀初年以來國學“運動”的歷史，對重要國學家的學術理論進行總結，對國學研究的性質、對象與方法等有了自己的論斷。先生經過多年的黽勉努力與艱苦探索，近十餘年來已出版《國學論集》《國學史研究》和《四川國學小史》等專著，發表了系列國學研究論文，近年還負責四川省社會科學院與四川省人民政府文史館所主辦《國學》集刊的審定工作。先生對國學性質的理解，或尚難獲一致認可，但亦有學者充分肯定，先生的主要貢獻在於對國學運動主流意義的闡釋。拜讀先生有關論述，我對國學運動衆多學術意見有了一定瞭解，理解純學術的治學原則，也理解他們明知可能“淺表或褊狹”而仍然堅持己見、卓爾自立的初心不改。國學研究者對於真理王國探賾索隱、鉤深致遠的追求和純粹獨立、找尋真知的沉潛精神，令人肅然起敬，故不揣冒昧，對先生國學相關論著，謹作述評。

一、什麽是國學

長期以來，學界談論國學，各執一詞，令人困惑，國學的普及以及通俗化，又引發一些新的争議。謝桃坊以國學“運動”為考察物件，從中梳理對國學認識的發展過程，發現“國學”的共性在於對傳統文化中許多狹小的學術問題或者文史批評公案的考證，認為我們之所以對“國學”言人人殊，難以確定内涵，原因在於學科觀念的缺失，在無形中習慣於將學術研究、研究基礎和國學普及工作混為一談。謝桃坊旗幟鮮明地為國學正名，為國學研究物件界定一定的研究區間，對國學的性質、研究物件、研究方法、研究意義作了必要厘清與説明。

國學的性質是什麽？謝桃坊認真考察了始於20世紀初中國學術界的國學“運動”，仔細檢討這段學術思想的歷史過程，總結出國學“運動”中的幾種學術意見：一、國學即儒學。“以儒術為主，取讀經而會隸之”，以“四經”（《孝經》《大學》《儒行》《喪服》）為“統宗”。謝桃坊指出，這種意見並不是從學術觀念出發來理解國學，而是藉由它來推行儒家倫理道德，畢竟時過境遷，以儒家價值觀念强加今之國人是緣木求魚，煎水作冰。這樣的定位超出了國學應該承擔的學術責任，他認為國學的研究物件遠比儒學更為廣博。二、國學是用歷史的眼光來整理中國過去的文化史。謝桃坊認為，這種看法擴大了國學的研究物件，關涉諸多學科，如果“以國學統一中國學術，其發展的結果是對國學的消解”①，他强調，國學衹能專精於中國傳統文化中某些值得探究的學術問題，而非不加鑒别，照單全收。三、國學為史料學。謝桃坊認為，儘管國學研究特别重視材料和證據，必須在佔有大量史料的基礎上研究某一學術問題，但史料學僅僅是研究的基礎或前期準備，它不是國學本身。四、國學為中國學術思想史。謝桃坊認為，學術思想等“流轉變遷之大勢”是哲學的研究物件，國學所關注的不僅僅是學術思想本身，更專注於文史考證。五、國學即“中國學術”。總之，義理之學、考據之學、辭章之學、經世之學，無所不包，無所不能。在謝桃坊看來，“中國學術”是不具學科意義的，如果包羅萬象、過於龐雜，就意味着無法開展具體的、專業的研究工作，國學應當成為一門獨立學科。他説：“我們考察國學運動期間發表的重要論著的傾嚮，便可見到它們具有一種共同的學術性質……這些論著所探討的是中

① 謝桃坊：《國學辯證》，《學術界》2007年第6期。

國學術的頗為細小的問題，它們涉及中國的經部、史部、子部和集部的典籍，採用傳統的考據方法以作極深入的專門問題的研究。"[①] 在謝桃坊看來，國學是中國學術系統的一個組成部分，中國學術需要有"以考據見長的國學家""涉及文獻與歷史的狹小學術問題"的考證。國學作為一門關於中國傳統文化的學問，具有綜合性的特點，而國學新傾嚮最能體現國學"運動"的本質特徵，我們認識國學的性質應當以國學新傾嚮為依據。儘管他也意識到，這難免會被質疑褊狹或者淺表，但他仍然堅持這纔是最接近國學本質的。在謝桃坊看來，國學的特徵是"以科學考證方法研究中國文獻與歷史上存在的狹小而困難的學術問題"[②]。因此，國學其實是近世新興的一門關於中國傳統文化研究的綜合性邊緣學科。而作為一門學科，它"從國學思潮的產生，整理國故的進行，文史研究的開展，考據方法的提倡，到近年國學熱潮的再度出現，經歷百年的努力，國學作為學科的條件已經完全成熟了"[③]。在謝桃坊眼中，國學作為一門專業學科的條件已經具備。

國學研究的主要物件是什麼？謝桃坊認為，一方面，國學研究物件涉及廣泛學術領域，學術結構層次複雜；另一方面，國學研究的物件是中國傳統文化的學術問題，以及中國文獻與歷史中狹小的學術問題，其本體是關於中國古代文獻與歷史上存在的問題，或中國學術史上存在的狹小問題，例如典籍真偽、版本源流、文本校勘、文字考釋，等等。還有中國傳統文化中存在的許多重大的學術問題和文史批評公案，如中國上古史的斷代、中華民族的起源、儒家學説與政治的關係、天人合一説的本義與演變、新儒學的學術特徵，等等。國學也將中國古代實用技術作為研究物件之一，但切入點是它們在歷史文獻與歷史上存在的狹小的學術問題，如《詩經》農事詩考釋、茶引的起源、《黄帝内經》的作者，等等。這些複雜而困難的學術問題，都屬於國學的研究物件。謝桃坊强調國學研究物件是狹小的、特定的，認為涉及宏觀的、理論的研究是應歸屬其他各學科來解決的。一言以蔽之，謝桃坊眼中的國學即新中國建立以來的"文史研究"，具有較强的綜合性、邊緣性、學術層次的複雜性。

二、國學"運動"的兩種基本傾嚮

謝桃坊總結國學"運動"的兩種基本傾嚮的特徵，着力探討以章太炎為代表的國粹派，

---

① 謝桃坊：《國學辯證》，《學術界》2007 年第 6 期。

② 謝桃坊：《關於國學的特質與價值的認識——回顧對國學運動新傾嚮的批評》，徐鼎一主編：《藝衡》第七集，北京：中國文聯出版社，2012 年。謝桃坊：《國學辯證》，《學術界》2007 年第 6 期。

③ 謝桃坊：《國學辯證》，《學術界》2007 年第 6 期。

以胡適為代表的新潮派的學術思想，對其濫觴、發展、主要特徵、學術價值，一一考察，總結國學思潮的經驗或教訓，説明我們認識國學的主要性質。

在20世紀初，崇尚中國傳統文化的學人對西學東漸的飆發電舉、沉醉西風而憂心忡忡，擔憂在言必稱希臘、滿腦子歐風美雨中潛藏着中華文明或將失落的風險。他們堅決反對凡是言治興學皆取法西方，擔憂如此這般終將喪失中國的民族文化傳統，最後招致“化附於人”。他們堅信，衹有古典經籍纔是立國的根基與道德的源泉。他們宣導保存國粹，樹立文化自信。他們成立國學保存會、國故社，創辦國粹學報，刊行《國粹學報》《國故月刊》，極力弘揚傳統經典，這“是由一些民族主義的學者們為保存中華傳統文化而湧現的學術思潮”[①]，主要學人有鄧實、吴之英、劉師培、黄侃、陳漢章、唐文治等，章太炎是“國粹”陣營的代表人物。

謝桃坊對章太炎的國學思想詳加考察，對其治學成就予以充分肯定，也對他脱離學術軌道的治學之路進行歷史反思。章太炎在國學“運動”之始，適應了文化思潮之需，他講經學、史學、玄學、文學，對顧頡剛等後輩學人的學術素養與追求均有積極啓發與帶動；章太炎對《春秋》見解深刻，對揚雄“善惡混”人性學説、對於《莊子·齊物論》的主旨，對法家與政治之關係等的見解，堪稱精湛卓識，獨具隻眼；他系統講述國學基本知識，涉及國學概論、派别、國學本體的認識，如“經史非神話”“經典諸子非宗教”“歷史非小説傳奇”，均眼光獨到，見地深刻。謝桃坊在肯定章太炎學術成就時也指出他的不足之處：缺乏對經史與神話、諸子與宗教、歷史與小説關係的嚴格界定、區分，顯得混沌無序；精治小學，旨在解釋經典，通過文字進入古人的思想，指責新學“以今文疑群經，以贋器校正史，以甲骨黜許書，以臆説誣諸子”；既忽略古代經典或者文本背後的具體歷史場景，又罔顧新的時代語境。而之所以存在這些不足，皆因章太炎胸懷“修己治人”理想，欲脱離純粹學術軌道，去試圖承擔重大的社會使命，這就註定他的學術研究衹能是他自己心目中的“理想國”而已。儘管“章太炎對每種學問的源流概括而深刻，但‘國學’是晚清時期的一個新的學術概念，特指研究中國傳統文化之專門學問，而中國傳統學術本身卻非‘國學’”[②]。在謝桃坊看來，章太炎贊同章學誠“六經皆史”説，視“六經”為史，這與以董仲舒、何休為代表的今文經學家視“六經”為孔子政治學一樣，都並不符合“六經”性質，衹能算是兩種不同的學術價值觀念。章太炎精研儒家經學，經世致用觀念根深蒂固，他治學總是在“求是”“致用”之間猶豫不決，摇擺不定，最終混合成了“今日切要之學”，意圖藉此樹立儒家的政治理想，實現“讀書保國”的政治理想（鄧實，1904）。謝桃坊認為，這種治學其實“遠離了清代乾嘉學派的治學旨趣，也遠離了真正的學術，在某種

① 謝桃坊：《胡適開啓國學研究的新方嚮》，《國學論集》，北京：社會科學文獻出版社，2011年。

② 謝桃坊：《章太炎與國學普及工作》，《古典文學知識》2012年第3期。

意義上是以文化保守主義的態度對中國新文化運動的抵制……國學如果按照章太炎的‘統宗’發展下去必然會走到國粹主義的絶路的。”① 他意在説明，這種治學實為國粹派的根本病竈所在。總之，誠如傅斯年1935年《大公報》發表的《論學校讀經》一文中所指出的“皇帝的新裝”一樣，中國歷史上偉大的朝代都不是靠經術而得天下、造國家的，經學在新的時代語境中畢竟有些力不能勝，迂腐不堪了。

在治學方法上，章太炎通過辨書籍真僞，通小學、明地理，知古今人情之變，辨文學之應用。章太炎所講國學並非國學研究意義上的國學，例如《國學概論》中國學的派别，“將國學分為經學、哲學和文學三大派别，它們實為儒學演變的歷史、諸子之學和宋明理學、古文和韻的知識”②。章太炎衹相信經史記載，而總是懷疑、否定新材料、新方法，他好奇惡新，最終走入困境。謝桃坊認為，小學、經學、史學、諸子學和文學等構成一個系統整體，是治國學者必須具備的基本知識。章太炎對國學的理解從國粹主義觀念出發，已經不合時宜，“國學運動若按照保存國粹、志於復古的方嚮發展下去必然是中國學術的倒退，從而阻礙中國學術現代化的進程”③。總之，在謝桃坊看來，廖平代表今文經學派的尾聲，章太炎代表古文經學派的終結，今後“國學運動的新發展不再重複他們的道路了”④。謝桃坊意在告訴我們，傳統治學固然有積極意義，但是我們絶不能泥古拘方，而應該具有足够的學術理性，應合理利用傳統優秀思想資源，在新時代條件下去作適當的變通與創新。他啓發我們，學術發展本身就是一個文化繼替的過程，學術研究就是一個在繼承中創新，在替換中繼承，逐漸完成現代化轉型，並且始終行走“在路上”的過程。

國學新傾嚮的出現是國學“運動”發展的轉捩點，謝桃坊對它的形成與發展，新的學術特徵，學術價值進行考察。以章太炎為代表的國粹派可謂一時大張旗鼓，轟轟烈烈，這引起宣導新文化的學人們警醒與反思，他們也在苦苦思索傳統文化的賡續利用與民族學術的應時發展問題。1922年，蔡元培主導成立了以胡適為主任的北大季刊國學組，他們致力於“打倒一切成見，為中國學術謀解放”，擺脱“儒術一尊”的桎梏，警惕培養出過猶不及的“復古的種子”（周啓明）。他們對中國學術的新方嚮心嚮往之，上下求索。隨後，《國學季刊》刊出，國學“運動”中新思潮嶄露頭角。胡適首先引入實用主義方法，繼而，傅斯年引入德國歷史語言學派，他們皆以中西結合的方法研究中國文獻與歷史上狹小的、困難的學術問題。他們重事實、重證據，取用自然科學的方法，與中國傳統考據方法相結合，成為國學研究的基本方法。河南安陽殷商甲骨文、甘肅敦煌藏經洞敦煌文書、清代内

① 謝桃坊：《評章太炎的學術思想與方法》，《國學論集》。
② 謝桃坊：《章太炎與國學普及工作》，《古典文學知識》2012年第3期。
③ 謝桃坊：《胡適開啓國學運動新方嚮》，《國學論集》。
④ 謝桃坊：《雲夢學刊》2009年第1期。

閣大庫檔案等發現與研究不斷開闢學術領域，刷新學術視野，二十餘年間，實可謂俊才輩出，成果豐厚。

胡適是為中國學術謀求解放的先行者，他從新文學轉入國學研究，從學理上批評並否定國粹觀念，提出新的國學理論，促進國學“運動”走嚮新的發展道路。他主張“輸入學理”“再造文化”，提倡以批判態度、以科學方法來“整理國故”。在1923年《北京大學國學季刊發刊宣言》中，他說：“國學的使命是要大家懂得過去的中國文化史，國學的方法是要用歷史的眼光來整理一切過去文化的歷史，國學的目的是要做成中國文化史。”在具體研究中，胡適採用中國傳統考據學，貫通“四部”，並運用中西結合的研究方法，這種研究屬於純學術性質，是在更高的學術境界中探尋真知，為許多學科提供基礎的、事實的判斷依據。胡適以小說考證樹立了國學研究的新典範。他以新文化批判態度看待傳統文化，希望在研究“一切過去的歷史文化”中去辨析“國粹”與“國渣”，掙脱儒家經學的束縛，將國學作為純學術加以研究。胡適提出“整理國故”的治學路徑，就是條理系統地整理出中國古代學術思想的頭緒，尋求每一種學術思想源流與路徑綫索，用科學方法對有關文獻作盡可能的精確考證，盡力去洞悉奧義。他提出索引式整理、結賬式整理、專史式整理，讀本式整理等幾種方法。胡適認定整理國故的重點是在中國的學術思想方面，治國學要從文本的解讀，歷史的考察，辨僞存真，做出實事求是的學術評價，這樣便兼顧到了經典文本與具體的時代語境。這種治學路徑運用科學的程式，運用反思批判的眼光，具有現代學術研究的特點。在胡適看來，治國學的原則，就是尋求“無數細小問題的細密解答”，“文化史的寫定終自依靠這一點一滴的努力”。他形象地比喻說，整理國故的目的就是在“爛紙堆”裏“打鬼”、“捉妖”，以圖“解放人心”；國學研究的價值在於“為真理而求真理”，因為尋求真知本身就是人類的一種天性。學術研究不應該先存狹義的功利觀念，治國學就應有精神的自由，應持堅定的學術信念。謝桃坊也指出，胡適的“整理國故”其實衹是整個國學研究系統的一個部分，如果將整理國故與國學研究等同起來，這便混淆了兩個不同的學術層面。此外，國學研究還具有與西方學界進行學術競争的意義。西學東漸以及西學擴張，正是國學應時而起的歷史背景，西方漢學成果衆多，成績斐然。國學研究的真諦，正如一位外國漢學家所感慨的，中國的學術問題還得由中國人自己論定，“非異邦人所能為”。的確，國學研究正如郭沫若所說，是“鼓睛暴眼的文字實在比穿山甲、比蝟毛還要難於接近的逆鱗”，很多問題衹有中國學人纔能更為貼切地去接近，通過傳統、科學、細密的考證去探尋其古奧冷僻的歷史的“真影”。國學承繼了自宋代以來，特別是近三百年形成的傳統考據學的深厚淵源，“實係地道的國貨”（胡適）。上千年的學術與思想傳承，衹有中國學人纔能堪當此任。當然，胡適也面臨過諸多質疑，胡適回應說，“應時勢之需”、古人“通經而致治平”的夢想這些狹義的觀念是治學者應當與之保持距離的。謝桃坊評論說，在這次針對胡適的批評中，主要問題在於國粹派"將儒家政治倫理所代表的傳統文化精神與對這種文化的學術研究混為一談，因而從對傳統文化的批判的視角而否定學術研究的意義。國學研究是不關心傳統文化價值的，它通過對傳統文化中若干狹小的學術問題進行考證而作出的結論，可能成為新的事實依據，創造了新知，由此可以掃除歷史上存在的謬妄或迷信，求得一種真知"①。當然，胡適對國學的理解也有偏頗，謝桃坊說："儘管他主張輸入新的學理，並將整理國故作為再造文明的一個條件，而實際上關於中國傳統文化的價值和國學研究的意義在認識上仍是不够清楚的。"② 然而，瑕不掩瑜，大醇小疵，胡適的貢獻在於導引國學從社會政治、倫理道德和儒學相分離，使中國學術走嚮現代學術的道路；胡適的"疑古"精神對國學"運動"的進一步發展起到了重大指導作用，直接影響到顧頡剛為代表的古史辨派、以傅斯年為代表的歷史語言學派，這兩個學派勃然興起，鬱鬱蔥蔥地發展壯大，成為國學"運動"中的兩大主流學術派别。

三、國學"運動"新傾嚮的兩大流派

謝桃坊總結國學新傾嚮的兩大流派是以顧頡剛為代表的古史辨派，以傅斯年為代表的歷史語言學派。1926年起，《古史辨》的刊行標志着古史辨派的誕生，1928年起，《歷史語言研究所集刊》的刊行標志着歷史語言學派的興起，它們都是在新的國學觀念下採用科學考證方法研究國學的先進典範。

顧頡剛早年聽過章太炎的國學講座，開闊了學術視野。1921年，他請胡適搜集資料，助其完成《紅樓夢考證改定稿》。他從胡適那裏讀到晚清崔述的《東壁遺書》，深受震撼，深得啓發。他任北京大學研究所國學門沈兼士、馬裕藻的助教，從事整理國故工作，編輯《國學季刊》，《北京大學國學門周刊》等，接觸到羅振玉、王國維的相關著作，立志"要使古書僅為古書而不為現代的知識，要使古史僅為古史而不為現代的政治與倫理，要使古人僅為古人而不為現代思想的權威者"，堅決不讓"舊思想再在新時代裏延續下去"。1927年，他任教於廈門大學，又編《廈門大學國學研究院周刊》，成長為古史辨派的代表人物。1921年到1941年，《古史辨》共出版七册，顧頡剛、羅根澤、吕思勉、童書業分别擔任各册主編，作者有胡適、顧頡剛、錢玄同、吕思勉、傅斯年、郭沫若、楊嚮奎、蒙文通……在他們當中，有史學家、有考古學家、有經學家、有文學家、有哲學家、有文獻學家以及

① 謝桃坊：《關於國學的特質與價值的認識——回顧對國學運動新傾嚮的批評》，《國學史研究》，臺北：花木蘭文化出版社，2017年，第38頁。

② 謝桃坊：《為中國學術謀解放———胡適開啓國學研究的新方嚮》，《天府新論》2008年第6期。

文字學家，他們大都是以疑經、疑古的精神來探討中國古史的，這就是人才輩出、疑古辨偽的古史辨派。

一直以來，中國學術界將古史辨一派納入史學範疇，謝桃坊並不認同這種看法，認為其研究成果多為關於先秦古籍辯偽、諸子考辨，以及秦漢學術史問題，並非盡屬史學的研究範疇。他們的治學方法基本上屬於中國傳統的考據方法，因此從學科歸屬劃分，應將古史辨學派歸入國學，而不應歸於史學。謝桃坊的判斷並不是為了標新立異所做的任意妄斷，而是將這種判斷建立在對學術成果全面分析的基礎之上的。他認為，古史辨派對三皇五帝考鏡源流，固然要採用史學方法，但此外仍需要訓詁考證等方法。例如，《説文解字》中關於"禹""堯""舜""夏""姬""姜"等字本義的訓釋，與"古帝"的關係等，更需要大量古籍辯偽工作纔能開展研究；而討論古史所依典籍是否可信，則需要用文獻學的而非史學的方法去解決；此外，還需要用社會學的方法對傳説、歷史進行理解與解釋。《詩經》是文學研究的物件，而古史辨派通過考據，證實孔子並未删述六經，未曾删訂《詩經》，進而否定了漢代經師的"美刺"説，他們辯證《詩序》的附會，揭示《詩序》附會史事的錯誤。古史辨派考證《商頌》年代，重新考釋《國風》若干詩篇，等等，這些探索與討論，採用的是研究古書的方法，但都不屬於純粹的史學研究。針對學術界"所用的材料不是古史的材料，所用的方法不是研究古史的方法"的質疑，顧頡剛回應説："我誠然是專研究古書，誠然是衹打倒偽史而不是建設真史。但是，我豈不知道古書之外的種類正多着，範圍正大着，又豈不知道建設真史的事比打倒偽史為重要。我何嘗不想研究人類學、社會學、唯物史觀等等，走在建設的路上……我不但自己衹能束身在一個小範圍裏做深入的工作，而且希望許多人也都能束身在一個小範圍裏做深入的工作。"① 這一回應，正説明他們就是以考據方法研究中國文獻與歷史上細小的學術問題，承認相關研究並非盡為史學研究，而是屬於國學研究。顧頡剛在《北京大學國學門周刊發刊詞》中説國學"是中國的歷史，是歷史科學中的中國的一部分。研究國學，就是研究歷史科學中中國的一部分，也就是用了科學方法去研究中國歷史的材料"。謝桃坊認為這種説法使國學概念的界定趨於確切，這裏所理解的國學，就是用科學的考證方法研究中國的歷史文獻。

顧頡剛理解的國學研究物件是"中國歷史的材料"，即歷史文獻，研究方法是科學的方法。胡適認為清代考據學是與西方的科學實證方法的精神一致，但國學研究方法是在以西方實證主義為方法論，以中國傳統考據學為具體方法的，它比傳統考據學更為進步。在顧頡剛眼中，清代學者辛苦集聚很多材料，為後輩學者們"取精用宏"創造了基礎條件；清代學者大都是信古的，卻給了後輩學者"做疑古之用"；清代考據學"校勘訓詁是第一

① 顧頡剛：《古史辨》，上海：上海古籍出版社，1982 年，第三册《自序》，第 6 頁。

級”，古史辨派“考證事實是第二級”。國學不等於簡單的名物訓詁與校勘，而是對文獻與歷史事實進行細密的、科學的考證，它超越了清代考據學，但也繼承了清代樸學“凡立一義必憑證據”“孤證不為定説”，表述樸實簡潔的學術品格。謝桃坊在肯定古史辨派高潔獨立的學術品格之時，也指出顧頡剛對於國學的論述存在一定缺陷。他對國學理解過於狹隘，考據學儘管是一種符合科學精神的中國傳統治學方法，但在具體應用中，是需要研究者的沉潛精神與嚴謹態度的，否則容易造成失誤，造成以訛傳訛。他説：“綜觀古史討論和國學研究中的許多學術問題，它們仍處在争論之中，而這些研究仍需不斷地進行，因為舊的‘因襲和謬妄’被掃除了，又滋生了新的‘因襲和謬妄’。國學研究的意義就在於以細密的考證方式澄清中國學術史上諸多‘因襲和謬妄’的事實。”① 但無論如何，國學新傾嚮和國學研究的新方法在古史辨派的研究成果中得到集中體現，他們既藉鑒西方近代實證主義方法論，又繼承了中國傳統考據學，研究中國歷史與文獻上的狹小學術問題，始終堅持純學術的道路。古史辨派的基本特徵與歷史語言學派可謂不約而和，不期而遇。

中國歷史語言學派的創始人是民國時期“國立中央”研究院歷史語言研究所所長傅斯年，這位十一歲時就已經讀完《十三經》的才子在北京大學讀書時，在1918年的《新青年》第四卷第四號發表《中國學術思想界之基本誤謬》一文，歷陳“東方思想界病中根本”。他説：“中國學人，不認時間之存在，不察形勢之轉移。每立一説，必謂行於百世，通於古今。持論不同，望空而談，思想不宜放之無涯之域。欲言之有當，思之由軌，理宜深察四周之情形，詳審時代之關係。”他又説：“中國學人，好談致用，其結果乃至一無所用，學術之用，非必施於有政，然後謂之用，凡所以博物廣聞，利用成器，啓迪智慧，熔陶德性，學術之真用存焉。”總之，中國學人大都喜歡“大言炎炎，憑空發抒”，然則其實往往以龐大之詞，空發議論，真正的切時之論則乏善可陳，或者是“真理或為往古所囿”……這些病痾、基本誤謬、不良之特質是應該掃而除之，除之後快的，是應該在學習西方先進學術思想之前就需要克服的。傅斯年主持歷史語言研究所長達二十三年，周圍凝聚了大批學術菁英群體，如岑仲勉、王明、楊志玖、芮逸夫、董同龢等等，刊行專書七十多種，相關研究論文發表五百多篇，為中國的學術事業作出了卓越貢獻，至今他們所創辦的《歷史語言研究所集刊》在臺灣地區仍在刊行。

歷史語言學派也主張用自然科學實證方法，認為這種方法與中國傳統考據學精神有異曲相通之妙，他們這一派衹是在組織機構、擴充材料、擴充工具、研究範圍、治學精神等方面與古史辨派略有差異。受德國蘭克學派影響，傅斯年對蘭克學派“史學即史料學”的治學途徑極力闡釋與推崇。他將“歷史與語言”熔鑄一體，賦予特定内容，創立“中國歷

① 謝桃坊：《古史辨派在國學運動中的意義》，《學術界》2009年第4期。

史語言之學”。歷史語言學派既具有國際學術視野，又主張“不以空論為學問”“不以史觀為急圖”“就史料以探史實”，不妄自臆測，或者比附成式了事。記録語言的是文字，文字用以記載史事，“歷史”即中國傳統文化，是廣義的歷史概念；“語言的材料”即文獻資料，屬於史料。謝桃坊理解“歷史語言學”就是“歷史文獻學”。傅斯年的《歷史語言研究所工作之旨趣》是歷史語言學派的宣言，它追溯中國歷史語言學淵源，探尋奥義，用科學方法整理史料。謝桃坊認為這並非傳統意義上的史學，也非傳統意義上的語言學，而是同其他學科甚至自然科學研究方法有了一定的可通約性，它仍是屬於國學研究。

在具體的研究工作中，歷史、語言、考古、人類學都是歷史語言學的“幾個不陳的工具”。歷史語言學派歷史組主要搜集史料、進行文籍考訂；語言組主要作方言調查，語言學研究，考證文字、語音、語義等問題；考古組主要作考古發掘工作；人類學組搜集人類學資料，考辨少數民族族源。這足以證明，歷史語言學派的研究已經形成一個新的綜合性學科。他們的部分理論方法來自西方，但面對西方漢學家的學術成就與競争壓力，他們不盲從自卑，具有應有的文化自信。他們認為，西方學者畢竟“讀中國書不能親切，認中國事實不能嚴辨”，尤其文字審定、文籍考訂、史事辨别等工作，往往還是本土學者最可勝任。因此，中國歷史語言學趕超西方漢學，致力於與之争勝，這種勇氣、鋭氣與底氣值得敬重。他們致力於改變陳陳相因的傳統研究範式，提倡採用西方近代的地質學、地理學、考古學、生物學、氣象學、天文學等自然科學的方法為工具來整理史料，重視資料搜集、考察、實驗，並按合理科學的程式進行。因為，歷史上的某問題、某事件，當在比較各種性質的文獻記載之後，纔有可能發現矛盾、疑難、真偽，再加以科學考證，纔有可能去尋得歷史的真實。傅斯年《性命古訓辯證》就是通過細緻考辨，而不是通過哲學或思想史方法進行研究的。他針對清代阮元《性命古訓》進行考辨，得出不同結論，證實宋明理學有關“性命”之説在學理上成立，並使用新的甲骨文和金文資料，也採用西方語言學音素分析等新方法。謝桃坊認為，這種研究並不屬於哲學研究，它們衹是為哲學提出新的事實依據的基礎性研究，是屬於國學研究的。傅斯年的《夷夏東西説》採用歷史地理學方法，對亳、殷、商、帝丘、窮石、東夏、華夏、塗山、戎夏等古地名進行考證，引用大量先秦史料及域外金石文獻資料，提出中華民族起源的新見解。這裏所探討的是中國古代某個具體問題，採用自然科學與考據學結合的方法，力圖去解決一個狹小的學術問題，為古史研究提供事實依據。此外，陳寅恪、徐中舒、朱希祖、李濟等一大批學者的研究成果無不體現了這種鑽研精神和科學方法的結合。國學與歷史語言學都採用西方近代的自然科學方法，但在具體研究中國歷史與文獻存在的若干狹小問題時，還得回到傳統考據學上去，以圖整合，再次出發，衹有"雙流匯合"，方成真正意義上的科學考證①。

歷史語言學派的成果主要發佈平臺《歷史語言研究所集刊》是具有國際學術影響的大型學術集刊，集中體現歷史語言研究學派的宗旨和學術特色。論文多是考證性的，以新資料、新工具、新問題見長，以自然科學與中國考據學相結合的科學考證方法，對中國歷史與文獻狹小的學術問題做一些窄而深的研究。在謝桃坊看來，它們實即國學研究論文。衆多繁豐、細密的考證成果，如涓涓細流匯成湯湯流水，引領人們去深入探勘歷史長河的真實面目，亦如無數細小視窗的次第開啓，拼接成真切觀察中國歷史文化的落地窗扇。

專崇尚科學考證的國學，包括古史辨派和歷史語言學派，在中國現代學術系統中是應有合理地位的，但它們的學術價值和作用又的確是有限的。胡適、顧頡剛和傅斯年他們都從未刻意放大這種研究的意義，説他們的研究衹不過是"專崇技術工作"，"不見得即是什麽經國大業不朽之盛事"，甚至或許衹是"點綴國家之崇尚學術"罷了。這種專業、精深、清醒與自謙的認識，其實也遮蔽不了中華民族求真求實、追求真理的光華。

四、國學研究的科學方法

自新文化運動以來，中國知識分子嚮西方尋求真理的過程中，就純學術而言特别看重西方的科學方法，介紹西方科學方法遂成為一種學術風尚。科學方法本是西方近代研究自然科學的方法，當其被介紹入中國後，廣為社會科學研究所採用，尤其為國學家們所採用，這亦源自西方近代的實證主義哲學思潮。近代實證主義者將觀察、實驗、比較、歸納等自然科學方法引入社會科學，强調對客觀現象的研究，認為自然科學方法是社會科學新的研究方法。中國新文化運動以來，國學新潮學者所提倡的科學方法主要來源於美國的實用主義，以及德國的歷史語言考證學派。這裏需要説明的是，胡適、顧頡剛、傅斯年等認為，乾嘉時代的考據學方法的實證精神，與科學實證精神是有相通之處的。嚴復為中國學術界引進了西方邏輯的實測内籀之學，對國學研究同樣具有方法論的意義。梁啓超認為科學方法就是善懷疑，善尋問，不妄徇成説，不囿於一己之臆見，旨在極力求真；原始要終，縱説録説，盡其條理，備其佐證；善能增高繼長，前人之發明者，啓其端緒，即使一時或有未盡，而能使後來者因其所啓者而競其業，等等。謝桃坊認為梁啓超的概括是較為全面深刻的，這種客觀求真態度正是科學精神的體現，專門的、系統的、重證的、比較的研究，

① 謝桃坊：《致中國歷史語言之學於自然科學之境界中——論傅斯年與歷史語言學派在國學運動中的意義》，《社會科學戰綫》2014 年第 9 期。

就是科學的國學研究方法。

胡適提倡用評判的態度、科學的精神去做一番清理國故的功夫，“大膽地假設，小心地求證”，主張一分材料説一分話，三分材料説三分話，“用科學的方法，作精確的考證”，把幾千年來支離破碎的古學用科學方法作一番系統的整理。胡適在國學“運動”中提出的以科學方法整理國故和在國學研究中採用的科學方法，即是他將美國實用主義引入中國的方法。在他的國學研究中，取得的最大的成就，是中國古代白話小説考證，以新文化思想在學術界確立了新的國學觀念，以整理國故來切實開展國學研究。他關於中國古代長篇白話小説的系列考證，成為聯繫新文化運動和整理國故的紐帶，有助於白話文學語言的建設，為中國學術開拓新方嚮，打開新通路。顧頡剛等發起的古史討論是整理國故工作的一個組成部分，對古籍的辨偽與古史的考辨，沿用發展胡適提倡的科學方法，將衆多散亂零碎的材料用科學方法分析、分類、比較、試驗，尋求因果，歸納，假設，搜集證成假設的證據，發表新主張。儘管他們深知這不可能包打天下，解決全部古史問題，但至少能推翻自古將神話傳説作為信史的成説。謝桃坊指出，考證這些問題，不僅大量引用先秦兩漢典籍，辨析材料，考證相關注疏，考證清人研究成果。當然，這些問題並不一定是最終定論，但這種研究是必要的。傅斯年主張用自然科學方法，研究中國文獻與歷史的學術問題，“致中國歷史語言研究之學於自然科學之境界中”是他的學術理想，認為這種學術工作註定不能好高騖遠，貪大求全。國學研究的物件涉及經學、史學、文學、哲學、地理學、社會學、人類學等學科中的文獻與歷史上若干細小的學術問題，為各學科的建設提供新的事實依據，它所探討的問題卻又非經學、史學、文學、哲學等學科按自己的研究方法所能解決的。總之，“國學成為以科學方法研究中國傳統文化——文獻與歷史中存在的狹小學術問題的新的綜合性學科。國學研究的性質和物件決定了它不可能採用思辨的、演繹的、經學的、玄學的和神學的研究方法，而衹能採用實證的科學方法”①。國學既以中國傳統文化的學術問題為研究對象，而且直接繼承和使用清代考據學方法，但在方法論上則吸收了西方近代自然科學方法——實驗主義和實證主義史學方法，成為國學研究的科學考證方法。西方近代實證科學方法與傳統考據學的結合，科學的、細密的、煩瑣的考證方法，這種科學方法在國學研究中具有方法論意義，也是20世紀初以來國學新傾嚮的顯著特徵。在對胡適、顧頡剛和傅斯年等大批學者研究方法進行梳理總結之後，謝桃坊認為，國學研究的基本方法是國學“運動”新傾嚮的學者們所創造的科學考證方法，是在對中國傳統考據學的繼承超越的基礎之上，引入了西方近代的實證主義方法，使二者結合為一種新的方法，以西方實證主義為方法論，以中國傳統考據學為具體方法的。在面對中國文獻與歷史的具體問題時又須

① 謝桃坊：《國學研究與科學方法》，《國學史研究》，第85—86頁。

採用中國傳統考據學，需要貫通“四部”對經、史、子、集“不可劃疆而治”的傳統考據方法。因此，國學的研究方法比傳統考據學更加進步科學，國學研究客觀、冷静地看待歷史與文化，而且對歷史事實的論斷符合學理。他們研究某一問題，固然不可能真正做到“上窮碧落下黄泉”，但至少憑理性、直覺與專業視角去鑒別、選擇材料。國學研究採用實證的科學方法是與其研究物件適應的，但這種方法也具有專業性與局限性的。

五、國學研究的意義

國學研究的成果是為諸種學科提供新的事實證據，這在中國學術研究中是較為基本的研究。國學新潮學派將傳統考據學與西方近代科學方法結合，注重專門問題研究，致力於掃除中國傳統文化中的因襲、謬妄或迷信，“可與史傳正其闕繆”，這樣方能體現出中國社會的文明進程，這便是國學研究的價值與意義所在。誠然，學術和科學一樣，都有基礎性研究和實用性研究。國家的學術結構中固然需要經世致用的應用研究，但從國家與民族長遠利益計，發展純學術同樣不可或缺，甚至更為根本。對純學術研究給予必要的重視與支持，纔能獲得國家和民族文化生命“相對獨立的意義”，以及“表示自己歷史的存在”。國學研究的物件和價值是有限的，它看似無用，實則無用乃大用。縱觀新文化運動以來的新哲學、新史學、新文學等學科的建立與發展，其理論大廈大都是建立在國學研究的基礎之上的。例如新史學，不再以“三皇”“五帝”為中國歷史的起點，新紅學不再走索隱派的老路。在謝桃坊看來，考證衹是一種方法，並不是最終的目的。他一再强調，國學是以中國文獻與歷史上存在的若干細小而困難的學術問題為研究物件，用傳統的考據學方法作細密的考證的基礎性研究。建立崇高宏大的學術信仰是治國學的重要前提，“未將所學的知識及所治的學問轉化為學術信仰，從而建立人生的信念，這樣的國學家缺乏思想之光，必然影響其學術成就，也不能去發現具有重大意義的學術課題”①。崇尚科學考證的國學，在中國現代學術譜系中是應有合理地位的，但它的學術價值和作用的確是有限的甚至“褊狹”的，或者是郭沫若所説的“殊屬微末”，胡適、顧頡剛和傅斯年等學人，他們也從未刻意誇大其作用。誠如史學家蒙思明曾反思“在科學方法整理國故的金字招牌之下，有如打了一劑强心劑，使垂滅的爝火，又將絶而復燃，竟成了學術界唯一的支配勢力。……評文章以考據文章為優，倡學風的以考證風氣為貴，斥理解為空談，尊考據謂實學”②。或者如葉青

① 謝桃坊：《回顧梁啓超與胡適在東南大學的國學講演》，《古典文學知識》2011 年第 3 期。

② 蒙思明：《考據在史學上的地位》，《責善半月刊》第 2 卷第 18 期，1941 年 12 月。

所批評的“是機械的物質論的，没有運用過優於科學的辯證法”①，有牽强附會、割裂斷取之嫌；或者如有些學者所説的“整理國故”讓人失去幻想，徒留虚無，無涉“人情厚薄”的一些思考，因為，在“真”之外，還有“善”、“美”等價值。因此，我們對國學“運動”中的幾番辯論不能視而不見，聽而不聞，而應吸收批評意見的合理因素，兼顧情感與理性。我們對國學研究的意義或作用不宜刻意放大，也不宜過度崇尚，而陷於另一種迷信。但無論如何，國學研究對我們民族“重證”“求是”的心習養成是具有重大意義的。此外，謝桃坊也力圖避開産生新的謬妄，提醒我們對同一課題的考證可能出現不同的結論，一時難有定論，如關於古帝的世系的討論、關於《老子》的討論等問題長久争論，這些都屬正常的學術現象，這也正反映了人們探尋真知的曲折過程。但他堅信，堅持國學研究的方法，終能“以科學實證的方法去無限逼近真理”的。

六、四川國學運動述評

四川國學運動是20世紀初年以來國學運動的一個縮影。謝桃坊介紹四川國學的歷史發展過程，揭示國學的性質，幫助我們進行歷史反思，探尋意義。他認真考察四川國學運動的發展過程，追溯四川國學運動在20世紀初年興起的情形，並提出個人創見。他在其《四川國學小史》一書中，對四川國學院、國學學校、國學會、國學研究會，各種國學雜志及刊物、代表人物的學術思想與國學觀念，抗戰爆發後四川國學界的盛況，從宋育仁、吴之英、謝无量、廖平、劉師培、劉沅、劉咸炘、侯外廬、郭沫若、傅斯年、岑仲勉、王明、楊志玖、陳寅恪、王伊同、金景芳、顧頡剛、錢穆、蒙思明、趙少咸、徐中舒、一直到蒙文通，他都進行了精到研究與精煉總結。例如對於經學大師廖平，謝桃坊表達了自己不同的看法，指出“廖平的治學方法卻擺脱不了今文經學家的局限，他在發掘微言大義時不重視事實的客觀性、隨意曲解或推測經典之義，並與神話、緯書、醫典、文學作品等聯繫，大肆穿鑿附會，構成種種荒誕的怪説。……這使他偏離了純正的學術軌道，嚴重有損四川國學的學術性”②。對帶來“蜀學丕變”的、與廖平進行學術交鋒的劉師培，謝桃坊以為其“學術思想的成熟，展示了深邃的理性光輝”③。認為蒙文通等弟子在師長們紛紜分歧、互有抵牾的學術思想中，雖左右為難、無所適從，但還是激發了他們在比較中去探尋真諦的精神。私立國學學校的代表人物劉咸炘，他所理解的“史”是廣義的，包含“六經”，即

① 葉青：《從方法上評老子考》，顧頡剛：《古史辨》，第六册，第418頁。
② 謝桃坊：《四川國學小史》，成都：巴蜀書社，2009年，第26頁。
③ 同上，第31頁。

歷史、政治、經濟、社會學；他的“學”是歷史與文獻的結合，以探討事理為目的，不同於儒家以政治為目的之學。因着這樣的認識，他纔可以超然於今文經學、古文經學的偏見，“對四川今文經學思想的特盛作出客觀的評價”①。

謝桃坊不僅梳理學術史，也間或表達自己的學術觀點。例如，他對今文經學作了反思與評價：“今文經學家所宣導的發明儒家聖人的微言大義，多屬穿鑿附會，還不如宋代理學家對儒學義理的闡釋。今文經學家所發明的屬於遠古荒誕的東西，他們的經世致用則流為粗俗的政論。這是廖平等今文經學家的根本痼疾。”② 總之，謝桃坊對蜀中學者或抗戰時期流寓巴蜀學者們的國學研究成果進行挖掘整理，總結出幾條歷史經驗：其一，四川學術是中華學術的一部分，在國粹主義思潮影響下首創國學院、研究者大都是經師，且以儒學為國粹的核心，以今文經學思想特甚，國粹觀念强固。其二，同全國國學運動的發展軌迹一樣，四川國學也經歷了從國粹到國學新思潮的發展，因抗戰時期高校和學術機構内遷最終匯入國學新思潮主流，民族學術工作不但没有停滯或沉寂，反而益愈得到發展。其三，從四川國學運動發展過程，梳理國學家對於國學認識的發展過程。如：廖平將國學等同於儒學；劉師培從學術的視角，將國學理解為學術流變史；劉咸炘提出國學是四部書相連，不可劃疆而治；葉楚傖認為文史研究的物件是文史的批評案；郭沫若將國學研究等同於考據，提倡科學的考證；蒙思明指出國學考據是一個時代的學術風尚；蒙文通則以哲學和史學的理論為指導進行考據。在相關論文中，謝桃坊對四川國學運動中代表人物的國學思想進行檢討與反思，贊成什麼，反對什麼，合理在哪，不合理在哪，他都態度鮮明，敢於論斷。他也絶無門户之見，無模棱兩可、含混不清，體現了老一輩學者的學術自信與純粹追求。

七、餘　論

自 1905 年《國粹學報》創刊，標志着國學“運動”興起，迄於 1949 年，國學“運動”存在共四十五年。當我們回顧國學“運動”的歷史時，明顯地見到胡適於 1923 年發表《〈國學季刊〉發刊宣言》發出以科學方法整理國故的號召後，所得到的熱烈響應，遂在國學運動中形成一種新傾嚮，它取代了國粹派，逐漸發展為國學“運動”的主流。我們現在應對國學“運動”主流進行歷史經驗的總結，纔可能認識國學的性質、研究對象及方法。謝桃坊對國學史研究所作的貢獻，即在於以充實的歷史事實，闡明國學“運動”新傾嚮的

① 謝桃坊：《四川國學小史》，成都：巴蜀書社，2009 年，第 49 頁。

② 同上，第 50 頁。

意義。這可引起反思，啓發我們以學術理性審視近年再度興起的國學熱潮，推進當代國學研究。謝桃坊對國學的定義、研究物件、學術特徵、研究方法、不同流派的學説都進行認真梳理與總結，在開放姿態中有集中，勇於質疑、批判，敢於闡釋、論斷，為謀求學術的獨立與解放而殫精竭慮，焚膏繼晷。他冷静客觀地看待國學熱潮，强調要區分國學基礎與國學研究。他勇於學習、善於學習，絶不食洋不化，食古不化。他的寫作風格與國學研究一様，不求宏大敘事，富麗堂皇，衹求專業精深、繁豐細密。他對國學“運動”的總結與闡釋，實則在學術信仰滋養下對真理、真知、真影、真相最真誠的追求。這種衹追求專業精深的學術信仰，謀求學術的獨立自由的精神，與當年國學家們“專崇技術工作”，與當代弘揚的執著專注、作風嚴謹、精益求精、敬業守信的精神可謂殊途同歸。經由他的梳理與闡釋，上個世紀國學“運動”的主流意義，對純學術風尚追求的意義，已然呈現於我們面前。

但是，“和實生物，同則不繼”，謝桃坊先生也提到文、史、哲貫通，不可劃疆而治。而且，國學“運動”主流之外還有幹流、支流，地下徑流，它們也是海納百川，有容乃大的中華歷史文化長河的活水源頭。“國學”最初是由章太炎由日本“國粹運動”藉鑒而來，後來再到胡適提出“國故學”，是當時語境下對西方文化和價值體系、生産方式衝擊下的一種“權宜之計”，是民國初期學界用於對傳統“君學”的一種反撥。“民族國家”始終是建設“國家”之“學術”的一個邏輯起點。因此，“國學”終究是要承載着現代民族國家的精神和價值支撑的，通經致用、利用厚生同樣值得尊敬。我們的確需要“從武斷迷信裏面尋求出一個真價值來”（胡適，1919），但“真價值”並非唯一的價值追求，有時候美麗動人的神話傳説，文學、藝術、宗教等帶給人類情感與價值的意義，有時或許是比純粹、精深更讓人樂於接受的美好。總之，格物致知與崇善尚美都是我們的文化中所需要的價值。此外，從王國維“二重證據法”到當代“四重證據法”的學術實踐，當代學者對過度求“真”、“為學術而學術”而過度解構、消解的一些反思，對當年國學家們對衹專崇技術工作或將走嚮狹窄與僵化的擔憂，這些同樣應該引起我們冷静與思考。總之，國學應該是一個更具開放性、包容性的概念。或許，我們重回梁啓超所説的“古典考釋學”，自宋代考證學、至清代樸學直至國學“運動”主流的這種追求純粹學術空間的合理訴求更易讓人接受，這種合理訴求自然是學術譜系中的重要一環。但我們不能忽視的是，當年“國學”運動的時代語境與當今時代語境不可同日而語，在經濟全球化、文化多樣化、社會資訊化深入發展的今天，“我們已然無法在習慣性的思維裏閉合‘國學’的研究，必須超越‘國故學’的研究模式，面嚮西學作開放式的、生長型的發展。與此同時，還得積極吸納西學，以新的眼光、新的方法和問題意識拓寬傳統學術的研究視野，以恢復學術的生命力和延展性。”[①]作者還想要囉嗦的是，在“國家”語義下的“國學”不應該衹是少數學者的專利，啓蒙派的學者認為，“中國的精神不在經典之中，而是存在於民衆的生活世界中”[②]。“思想與學術，有時是一種少數精英知識分子操練的場地，它常常是懸浮在社會與生活的上面的，真正的思想，也許要説是真正在生活與社會支配人們對宇宙的解釋的那些知識與思想，它並不全在精英和經典中。”[③] 國學是不可能真正“懸浮”於“斯土、斯民、斯邦”的人間煙火之外的，國學不應該僅僅衹屬於“學術共同體”。關於“學”與“術”的關係，梁啓超在1911年的《國風報》的《學與術》上已經講得很透徹了。因此，文化的選擇與理解終究是由不同的文化主體來判斷選擇的。對國學這一“文化共業”的討論還將繼續，没有“標準”答案，但正是紛繁複雜成就了中華文化的複異豐富，海納百川，這也正是我們民族文化的生機與活力所在。

作者單位：四川省社會科學院哲學與文化研究所

① 文韜：《“國故學”與“中國學術”的糾結——民國時期兩種“國學”概念的争執及其語境》，《中山大學學報》（社會科學版）2013 年第 5 期。

② 幹春松：《“國學”：國家認同與學科反思》，《中國社會科學》2009 年第 3 期。

③ 葛兆光：《中國思想史導論：思想史的寫法》，上海：復旦大學出版社，2001 年，第 11—12 頁。

跟隨方國瑜先生學習古籍整理與研究

鄭志惠

方國瑜（1903—1983），字瑞臣，雲南麗江人，納西族。著名歷史學家、教育家、雲南大學教授、雲南省文史研究館館員、全國人大民委委員等。1923 至 1936 年初在北京師範大學、北京大學求學和工作期間，完成了《廣韻聲匯》《困學齋雜著五種》（包括《隋唐聲韻考》《廣韵聲讀表》《慎子考》《慎子疏證》《論學存稿》）《説文聲彙考》《釋名聲彙》等傳統文字音韻學著作的寫作以及《納西象形文字譜》初稿。從 1933 年到麗江調查麽些文字，1934 到南京"輯録雲南地方史資料"，開始專攻科目傾嚮雲南史地之學起，至 20 世紀 80 年代，他寫下了《滇西邊區考察記》《抗日戰争滇西戰事篇》《雲南民族輯録》《雲南民族史講義》《中國西南歷史地理考釋》《雲南史料目録概説》《彝族史稿》《滇史論叢》《方國瑜文集》，主編《雲南史料叢刊》《雲南地方史講義》，與歷史系其他教師合作編繪《中國歷史地圖集》西南部分、編寫《中國少數民族史講義》等傳世之作。著名史學家徐中舒稱他是"南中泰斗，滇史巨擘"。

方國瑜先生不僅是雲南地方史、中國民族史的學科巨擘，更重要的是一位獨具魅力的老師，學術研究的無私奉獻者。他在雲南大學執教近 50 年，謙虚謹慎，平易近人；獎掖後生，扶持青年，誨人不倦，為後學師表。回想 1980 年 3 月我大學畢業留校，至 1983 年 12 月 24 日先生去世，短短近三年，先生對我的耳提面命，記憶猶新，其後伴着先生著作繼續學習古籍整理與研究，是他將我引進了古籍整理與研究的隊伍；是他為雲南歷史研究建造一座"磚瓦廠"的宏願，影響着我一直堅守在古籍整理這條"冷板凳"上，踏實工作，無怨無悔；是他"不淹没前人，要超過前人"的精神，激勵着我認真思考學術研究問題，明白古籍整理與歷史研究的意義。總之，我的成長離不開方先生對我的培養與影響。

一、注重培養從事古籍整理堅定信念

1. 資料員工作的重要與意義

記得1980年3月4日，是我第一次到方先生家，第一次近距離聆聽他的談話。先生的一席談話，影響了我一生，成為鞭策我前進的動力。那天是歷史系總支副書記劉西芳老師帶我到方先生家，徵求是否願意接受我到地方史研究室作資料員。方先生說培養年輕人他很高興，問我："你喜歡資料工作嗎？學過目録學嗎？資料工作很重要，也很艱苦，要抄書，但不要怕。抄書對於打基礎很好，抄一遍，頂讀十遍。要學習顧炎武一天抄書一萬字，樹大、根深、葉茂。今年學校衹准留資料員，但我要把你當助教培養，今後要在資料、教學、科研上做出成績來。不要怕，無論做什麽工作，衹要有信心、耐心、細心、恒心、雄心這'五心'，就會做出成績來。現在徐文德、木芹二位老師與我正在編纂的《雲南史料叢刊》，就是為雲南歷史研究提供資料的磚瓦廠，你今後就好好跟着木芹、徐文德二位老師學習，參加這項工作。"那一刻，對於十分惶恐的我，還没弄明白資料員該幹什麽、自己該怎麽做，面對名師的指點，真不知説什麽好，但他的一席話給我信心和決心，"樹大、根深、葉茂"成為我後來學習、工作的動力與座右銘。

2. 樹立知識公有、為雲南歷史研究建"磚瓦廠"的資料公有思想

方先生認為史料對於歷史研究十分重要，它猶如建築高樓大廈的磚瓦，猶如工農業生產的基礎建設一樣重要，"工業基礎是勘探地質，農業是治山水，如果没有高質量的基本建設，就不可能奪得高産"①，而資料工作是一項十分繁重的農田基本建設基礎工作。中國是人類歷史發展文脈唯一没有中斷的國家，所保存的古籍也是全世界任何一個國家都無法比擬的，據2009年統計，中國現存漢文古籍近20萬種②。如何從浩瀚的書海中將有關雲南歷史資料發掘出來，並運用目録、版本、校勘等學科知識選録、整理，按一定的科學方式編排起來，供讀者研究使用，這在一般人的眼裏是費力不討好，"智者不為"的事，是一種為他人作嫁衣的工作。人的生命是有限的，如果每一位學者都花很多的時間去從浩瀚的書海中收集自己所需的文獻資料，勢必延緩他最閃光的學術思想的形成，尤其是"舊社會個人觀念重，每個人都做基礎工作，問題研究好了，把基礎的稿子毀掉，拿出來的成果，衹要'綉罷鴛鴦從君看，不把金針度與人'，成瞭風氣"③。方先生指出這一問題的嚴重性："這

① 方國瑜：《雲南史料目録概説》，北京：中華書局，1984年。

② 中國古籍總目編纂委員會編：《中國古籍總目》，北京：中華書局，上海：上海古籍出版社，2009年。

③ 方國瑜：《雲南史料目録了概説》，北京：中華書局，1984年。

是造成中國學術所以發展緩慢的一大原因。"[①] 因此方先生要打破知識私有的惡習。他説："社會主義時代，要徹底批判這種惡劣作風，要多搞基礎工作，為大家用。"[②] 他認為"所有知識都是屬於社會的，來自社會，歸於社會，非個人所得而私有。"[③] 在整理雲南歷史資料方面，前人也做出過一些成績。如師範《滇系》、王崧《雲南備征志》、秦光玉《續雲南備征志》、趙藩等《雲南叢書》等，可惜收録有關雲南歷史資料未為完備，或未完工。"像這様網羅史料，匯編成書，少數人出力，多數人應用，對於研究雲南歷史是有益的，也是必要的。"[④] 他要為雲南歷史研究建造一個磚瓦廠，因此他主編了《雲南史料叢刊》。也正是他的這種"少數人出力，多數人應用"知識公有思想，深深地影響着我，成為我在這浮躁的社會氛圍中安於清平、不計得失、默默奉獻、做好工作的静心丸，培養了我甘於坐"冷板凳"的工作作風。

3. 古籍整理者必須具備嚴謹的學風

古籍整理最需要的是嚴謹的學風，稍不留意，就會出錯。方先生在他生命旅途的最後時間裏對《雲南史料叢刊》編纂傾注了大量的精力，我也從中獲益匪淺。方先生每周都會到雲大老圖書館 306 雲南地方史研究室來檢查我們的工作，我和徐文德、木芹老師都要將自己一周的工作嚮他匯報，尤其是我，必須將所寫的閲後記讀給他聽，有讀錯或評價不當的地方，方先生憑着驚人的記憶，都一一指出。如我寫整理董慶善撰《雲龍記》一書後記時，認為《章實齋叢書・節鈔王知州雲龍記略》本更好，方先生批評我："不是這様説，不是這様説。書没讀遍，不要隨便下結論。"經考證，王鳳文在雲龍做知州，得到此書，對董氏之書稍加文字修改，讀起來文從字順而已，就改作"王鳳文《雲龍紀往》"，而章學誠又將王本收入他自己的叢書中，加"節鈔"二字，並改"往"為"略"，就變成了章氏的整理本，其實他並没有删除王書的内容，二人都是鈔襲，怎麽能説章本好呢？

方先生的每一個學術觀點都是在詳盡佔有資料，認真考證分析史料的基礎上提出來的，對學生的不同觀點，不是强制打壓，而是與之探討，幫助分析，以期形成最佳觀點。如關於南詔的社會性質，方先生的觀點與學術界相同，認為是奴隸制。當木芹老師最初提出"南詔前期（8 世紀南詔統一洱海地區）其社會最基礎為農村公社"[⑤]，"同時還保留着原始社會的痕迹（最為明顯的是平時為民，戰時為軍的鄉兵制等）"[⑥]，即使是後期也不是奴隸

---

① 方國瑜：《雲南史料目録概説》，北京：中華書局，1984 年。

② 同上。

③ 方國瑜：《雲南史料目録概説・弁言》，北京：中華書局，1984 年。

④ 方國瑜主編：《雲南史料叢刊》卷 1《前言》，昆明：雲南大學出版社，1998 年。

⑤（唐）樊綽撰，嚮達原校，木芹補注：《雲南志補注》，昆明：雲南人民出版社，1995 年。

⑥ 同上。

制，而是“封建領主制在南詔社會中逐漸居於主導地位”① 時，方先生不贊成，兩人差不多用了大半年的時間討論，最終方先生終於同意了木芹老師的觀點。

從以上兩件事中，可看出方先生嚴謹的學風，而這種嚴謹的學風也在潛移默化中影響着他的每一位學生。

4. 古籍整理者必須堅持“不淹没前人，要超過前人”的精神

古籍整理是一項傳承、弘揚優秀傳統文化、溝通歷史與現實的文獻整理工作，是“一項十分重要的關係子孫後代的工作”。我們今天看到歷史文獻整理成果不外乎匯編、校注、注釋等形式，這是一種在儘量保持古籍原貌的基礎上，重新加以編撰、翻譯注釋，形成一種適合於今人利用、閱讀的新版本，是很難超越前人的。在古籍整理中如何把握學術繼承與創新的關係，實在是一門高深的學問，而方先生提出“不淹没前人，要超過前人”的思想，將繼承與創新有機地融為一體，為古籍整理工作作出了榜樣。他説：“我們一方面不淹没前人，另方面又要勝過前人；衹有不淹没前人，纔能勝過前人。”② 要勝過前人，必須對前人的成果作實事求是的評價，須在收集研究史料中注意“三不”，即“前人不對的，你改過來；前人不够的，你作補充；前人不曾説到的，你提出來，使之更上一層樓”③。他為《雲南史料叢刊》製定的編纂原則是“搜集資料，求其完備”“得此一部，衆本咸在”“信得過，用得上”④。從收録史料的數量來説，《從刊》也是最多的，全書所收史籍 400 餘種（篇、部），文物資料考説 200 餘篇，其中收録碑文、墓志銘近 60 篇，包括校勘記、注釋和方先生所作解題及徐文德、木芹等先生所作的後記，總字數達 1300 萬字。這是以前任何一部有關雲南史料的書籍未曾達到的數字，遠超被譽為“滇中掌故之尤著者”的清代王崧《雲南備征志》收録史籍（64 種，60 萬字）的數量。《雲南史料叢刊》不僅是對前人彙編史料的一種補充和完善，同時也是一種超越。他開創前有概説，後有後記的新體例：“概説”是方國瑜教授對該篇史料源流、價值、真僞等考辨，“結合史事，發抒意見”；“後記”則是纂録整理者對各史籍的版本流傳、鑒別和選擇作出説明，也補充了些“概説”中未提到的意見，評論長短得失，既為研究者提供參考，又為初學者指引門徑。兩者互有照應，相得益彰，起到“辨章學術，考鏡源流”的作用。對史料所進行的全面、系統的考證，使《雲南史料叢刊》成了融資料性、學術性、思想性為一體的巨著，真正成為“不淹没前人，但要超過前人”的雲南古籍整理成果。

---

① （唐）樊綽撰，嚮達原校，木芹補注：《雲南志補注》，昆明：雲南人民出版社，1995 年。

② 方國瑜：《雲南史料目録概説・弁言》，北京：中華書局，1984 年。

③ 《雲南史料叢刊編纂緣起》，昆明：雲南大學歷史系地方史研究編印，1965 年。

④ 方國瑜主編：《雲南史料叢刊》卷 1《前言》，昆明：雲南大學出版社，1998 年。

二、古籍整理與研究必須具備的基本專業知識與能力

整理歷史文獻的傳統方法，可用“類、考、釋、纂”四個字來概括，具體來説，就是對歷史文獻進行分類、考證、注釋、編纂四大系統的工作。所謂分類，即對歷史文獻進行“辨章學術，考鏡源流”的目録分類與檢索利用；所謂考證，即對歷史文獻的實證，包括版本、校勘、考據、辨僞、輯佚、補遺等文獻工作的内容與方法；所謂注釋，包括對歷史文獻的斷句、音韵、訓詁、注疏等；所謂編纂，也就是今天所説的匯編，包括叢書、類書、資料匯編、長編等。衹有掌握這四大系統的基礎理論知識，纔能較好地完成古籍文獻的整理研究工作。

從西漢劉嚮劉歆父子第一次大規模整理中國圖書開始，目録、版本、校勘等内容皆統一在校讎學之中，也稱之為傳統的目録學，是從事文獻整理和研究的最基本、最重要的方法。

1. 具有目録學專業知識

目録學是讀書治學的門徑。清代歷史學、經學、文獻學大家王鳴盛在《十七史商榷》卷一説：“目録之學，學中第一緊要事，必由此問途，方能得其門而入。”在卷二説：“不通《漢書藝文志》，不可以讀天下書，藝文志者，學問之眉目，著述之門户也。”有了眉目，即有了頭緒，有了條理，纔有進入門户的條件。張之洞《書目答問》第一條又説：“讀書不知要領，勞而無功；知某書宜讀而不得精校精注本，事倍功半。”為什麼學者們如此强調目録呢？就因為它是打開知識、提供史料寶庫的鑰匙。因此，在我第一次見方先生時，他就問我學過目録學没有，我回答説没學過，他説，目録學對歷史研究很重要，是讀書治學的門徑，一定要補上。在我後來的學習工作中纔領會方先生要我補目録學的重要性。

學習雲南文獻整理，首先必須瞭解雲南有些什麼歷史書籍，如何在浩如烟海的群書中找出雲南史料，這些史料之間的關係如何，真僞如何，都需要有人指點。木芹教授給我找了一位最好的老師，就是讓我學習方先生的《雲南史料目録概説》。

《雲南史料目録概説》是“以讀書要求為主，結合各家，求其完備”[①] 的雲南史地專科目録，是方國瑜先生留心“記載滇事之書”近50年的結晶，為治雲南史地之學提供了讀書門徑。全書十卷，分文獻資料和文物資料兩大類。前五卷著録漢代至清代記載雲南史事之書或專篇專節581條，後五卷充分吸收和利用了考古發掘與民族調查的成果，著録漢至清

① 方國瑜：《雲南史料目録概説·略例》，北京：中華書局，1984年。

時期雲南文物240通。如你想知道漢晋時期雲南有些什麽書，翻開《概説》第一卷，收録傳記之屬有《史記·西南夷列傳》等10餘種書，地理志之屬有《漢書·地理志》《水經注》西南諸水等11種（篇）書，地方志之屬有楊終《哀牢傳》《華陽國志·南中志》等6種（篇），辭章及雜載之屬有《喻巴蜀檄》《廣志》（摘專條）等6種（篇、條），漢晋之作共計30餘種（篇、條）。

目録學是"辨章學術，考鏡源流"的學問。如何將雜亂無序的群書編制成便於檢索的目録書，核心是分類。鄭樵《通志·校讎略》卷七十一"編次必謹類例"説："學之不專者，為書之不明也。書之不明者，為類例之不分也"；又説"類例既分，學術自明，以其先後本末具在"。方先生認為："所謂'書'即史料，'類例'即目録"①。在目録編排中，他根據史料的多寡立目分類，通過類例來反映雲南的學術情况。如文獻部分，漢晋、唐宋、元時期各類僅立二級目録，明、清時期史料内容豐富，增設三級乃至四級目録。以地理志的著録為例，漢晋、唐宋僅有"地方史志""地方風土志"二級目録，地方志書是保存地方歷史文獻的主要資料庫，明清兩代地方志書的編撰迅速發展，明代九次修省志，流傳至今五部；清代有康熙、乾隆、道光、光緒、續光緒五部官修通志，明清兩代所修地方志流傳至今者有200餘種，明代二級"地理志之屬"下設有"總志""省志""郡邑志""專志"四個三級目録。至清代，除有與明代相同的四個三級目録外，在"省志"下細分"官修省志""私人修省志"兩個四級目録。又在"專志"下設"賦役志""山川志""礦産志""民族志""武備志""學校志"六個四級目録。從漢晋時期的"地方史志之屬"二級目録到清代"地理志之屬"二級目録下有三級、四級目録的設立，清楚地反映了雲南方志學的發展綫索，説明方志學在清代的迅速發展與成熟。"如此條分縷析，將史料按不同層次有機地組織起來，不僅具有綱舉目張、執簡御繁的作用，而且能收到'辨章學術、考鏡源流'的效果。"②

2. 版本的知識

"版本"一詞，出現於雕版印刷盛行的宋代，主要是為了區分手鈔本與雕版刊印的書籍的不同，將雕版刊印的書籍稱為版本，後泛指同一書籍在不同歷史時期所流傳下來的不同樣式的各種本子。版本學是研究各種版本的用紙、墨色、字體、刀法、藏章印記、款式題跋、行款版式、封面裝幀、文字内容等，以辨明版本的真僞，分清版本精粗優劣的學問。掌握版本學知識，可避免誤讀古書，鑒别判定古籍的文物價值和使用價值，為校勘、輯佚、辨僞等學科的理論研究和具體實踐提供可信的底本。如我在前面提到的董慶善作的《雲龍

---

① 方國瑜：《雲南史料目録概説·弁言》，北京：中華書局，1984年。

② 張振利：《試論方國瑜對中國目録學的貢就》，載《雲南大學本科優秀畢業論文》，昆明：雲南大學出版社，2009年。

記》一書，經方先生考證王鳳文《雲龍紀往》、章學誠《節鈔王知州雲龍記略》是僞書，雲龍縣教育科 1957 年油印的董本，纔是最接近原書的本子。

3. 校勘的知識

所謂校勘，是糾正古籍在流傳的過程中產生訛、脱、衍、倒的字、句錯誤。所謂訛，即誤。誤是指文字字形失真，即古諺所説："書三寫，魚成魯，虚成虎。"形近、音近引起字訛的現象比較普遍。如師—帥、穴—內、比—北、確—榷、舅—舊等。脱，是指古書在傳鈔、傳刻過程中漏字或漏句。衍，指古書在傳鈔、傳刻過程中多寫了字句。倒，又稱錯簡，指古書在傳鈔、傳刻過程中，字句、篇章順序顛倒錯亂。

校勘的方法，一般先廣泛搜集各種本子和相關資料，並辨析他們之間的淵源關係；對校各本，列出異文，發現疑誤；分别疑誤的類型，進行分析，舉出根據，説明理由，校改謬誤；撰寫叙例，寫出校記，清楚準確表達校勘成果。校勘的目的是"擇善而從，版式歸一"，形成最接近歷史文獻原貌的最佳版本。方先生主編的《雲南史料叢刊》，就充分運用了校勘的方法。

4. 綜合研究分析史料能力

方先生針對漢文文獻中有關雲南歷史文獻"一少、二不確、三多歪曲"的實際情況，提出了用馬列主義辯證法和唯物主義歷史觀分析研究邊疆民族地區歷史文獻的理論和方法，將傳統的考據學、辨僞學提高到一個嶄新的階段。方先生精闢的闡述："……批判地研究史料，要從説明史料來源入手，明確史事之時間、空間、環境與撰人之活動，而後確定史料之歷史意義，闡明歷史實際。其來源過程，有在史料本身已説明，亦有未具，則當多作考究。"① 因此，方國瑜先生研究雲南歷史文獻主要從以下四方面入手。

第一，通過考訂作者的生平事迹、作者的時代、作者的學術等問題，考證史料來源，以確定一書的價值。如考訂《史記·西南夷列傳》，依據《史記》中司馬遷的《自序》《河渠書》《南越尉佗傳》《漢書·武帝紀》等資料肯定元鼎六年司馬遷為中郎將，並為經略西南，親至西南調查研究寫成的《史記·西南夷列傳》是一部"信而有徵，非尋常可比"的重要資料。對於樊綽《雲南志》的史料價值，前人有不同意見：胡渭《禹貢錐指》以樊綽没有親自到過雲南而貶低其書的價值。馬長壽《南詔國內的部族組成和奴隸制度·前言》認為樊綽親自到過雲南，對南詔的軍事、政治上的報導，是他親耳所聞，親目所見"真是第一手的可靠資料"。方先生以其嚴密有據的考證指出："樊綽《雲南志》十卷中之大部分材料，為親歷目睹之記録。"② 樊綽主要採録袁滋的《雲南記》，而《雲南記》又採用了南詔文臣編纂之地方志與檔案資料。所以這部書大體保有第一手的記録，但樊綽並没有親自

① 方國瑜：《雲南史料目録概説·略例》，北京：中華書局，1984 年。
② 方國瑜：《雲南史料目録概説》，北京：中華書局，1984 年。

到過雲南。

第二，通過版本和它書記載，考證史料來源，鑒別史料的真僞。方先生認為古籍流傳“在長時期中，輾轉傳鈔、翻刻，以及注解、評論，見於各家著録之傳本，知其大概。”①如明代學者楊慎自述《滇載記》是自譯白文《白古通》《玄峰年運志》，“稍為删正，令其可讀”。萬曆《雲南通志》也説是楊慎翻譯《白古通》等書而著《滇載記》。實際上《白古通》《玄峰年運志》諸書早有漢文譯本，衹是語言不够流暢通達，經楊慎修改潤色而已，就謊稱是他翻譯的。所以方先生批評楊慎有“喜歡造假”的惡習，戳穿其“自述史料來源及其所作僞説以欺世人”的騙局。

第三，用“洞察史料之社會性、階級性”的方法，分析研究歷史文獻，以闡明歷史真相。雲南地處西南邊陲，社會經濟基礎發展不平衡，且少數民族雜居，長期遭受反動階級“内王外霸”的大民族主義政策統治，以及各部族統治者之地方民族主義，時有争端，造成雲南歷史現象錯綜複雜，而“所得歷史資料既奇缺，且大都誣蠛”。為闡明歷史真相，方先生强調研究史料“更重要者，則為洞察史料之社會性、階級性”，“結合歷史事實，作適當分析，提出問題，纔有助於研究歷史”②。因而對封建文臣儒士把雲南説成是“别種殊域”的“化外”之地的記載，方先生持批判態度，一一指出；對企圖分裂中國，分割雲南的外國漢學家，則給予有力駁斥。如《宋史》把大理列入“外國傳”，南宋儒生臆造“宋揮玉斧”的典故，方先生依據吕愨《議買大理馬》、楊佐《買馬記》、郭松年《大理行記》及《建炎以來繫年要録》《朝野雜記》《玉海》《文獻通考》諸書言大理馬事，從分析南宋所處的形勢、經濟狀況入手，闡明南宋時西南與内地加强聯繫，是歷史發展之必然，以販賣大理馬一事可以知之，宋太祖劃大渡河為界並非事實。且强調指出，宋王朝勢力微弱，不能致力經營雲南，但宋王朝不等於中國，不能把大理排斥在中國之外。大理三百年的歷史，與全國歷史緊密聯繫，為中國整體一部分。再如出版於1904年法國伯希和所作《交廣印度兩道考》，把雲南劃為“中國官廳勢力所不及”③的地區，以南詔為專用之地名，置於中國之外，把南詔、大理説成是中國之外的獨立國家。方國瑜先生據1958年中國科學院考古所發掘唐代長安城大明宫故址出土之“雲南安撫使印”封泥④以及《舊唐書》《新唐書》《唐會要》等文獻記載貞元年間唐朝設雲南安撫使統領南詔的歷史事實駁斥説：“漢朝以益州郡為政區名號，唐朝以雲南安撫使司為政區名號，而滇王與南詔則為世襲世職，不得為地名也。”⑤“‘雲南王’為地方官職，與其他地方官職之政權在形式上有差别，而同為國家版圖

① 方國瑜：《雲南史料目録概説・略例》，北京：中華書局，1984年。

② 同上。

③ 方國瑜：《中國西南歷史地理考釋》，北京：中華書局，1987年。

④ 方國瑜：《雲南史料目録概説》，北京：中華書局，1984年。

⑤ 同上。

之内。"①“伯希和自負熟悉雲南歷史，其書為帝國主義所賞識，我國學人亦有推崇者。其惡劣影響至今未完全揭穿，其謬論之基點即‘以南詔之名，名其全國’之謬説，毫無根據，且違反歷史實際，不可不辨明之。"② 從這些論述中，説明方先生並非僅僅着眼於著録雲南史料目録，而更通過著録研究，進而揭示歷史的真相，回答歷史和現實提出的問題，維護祖國統一與民族團結。

第四，説書與論史的結合，確定歷史文獻的史料價值。方國瑜先生在著録雲南史料目録時，不僅注意對史料的來源、流傳認真考核，去粗取精，去僞存真，而且確定史料的歷史價值，注重結合歷史事實進行評述，以求闡明歷史真相及發展規律。如概説《元史·賽典赤傳》，不僅歷叙賽典赤個人身世，而且考校有關建立雲南行省的大事，諸如“建立統治機構”“建立社會制度與發展生產”“傳授儒學開科取士”，指出元代在雲南按田畝、人丁徵賦税，為前代所未有，説明雲南部分地區已是地主所有制，或由大土地所有制嚮地主所有制過渡，清查田畝，定賦税，保證私人佔有土地為生產資料所有制一大變革。書中幾乎每一篇“概説”都結合歷史事實進行評述，使《雲南史料目録概説》成為既是一部有關雲南史料的專題著録，又是一部對雲南歷史發展的若干問題進行論述的學術專著。在雲南歷史文獻學和歷史學上都做出了開創性的貢獻。提供了整理邊疆民族地區古籍的原則與方法。

綜合分析史料的能力，就是通過各種古籍整理研究的方法，對古籍進行一種綜合性的全方位考證，對歷史文獻的去僞存真，這就是古籍整理研究的重要原則，即恢復或保持古籍的原貌，不能隨意篡改。

三、古籍整理與歷史研究重在闡述“中國歷史發展整體性”

1. “中國歷史發展整體性”理論的提出

方國瑜“‘中國歷史發展整體性’理論來源於他長期研究祖國西南邊疆及中國少數民族史的‘邊疆視角’。"③ 對封建史家“異内外”的“春秋大意”“夷夏大防”思想的深刻認識，對居心叵測外國漢學家企圖分割雲南、分裂中國野心的高度警惕，醞釀了他“中國歷史發展整體性”理論。1944 年他在《雲南政治發展之大勢》一文中首次指出：“今日之雲南，為中國之一部分，自有歷史以來之雲南，即為中國之一部分，故雲南之歷史為中國

---

① 方國瑜：《雲南史料目録概説》，北京：中華書局，1984 年。

② 同上。

③ 潘先林：《家國情懷書生本色方國瑜先生的中國邊疆學研究》，載《西南古籍研究》，昆明：雲南大學出版社，2016 年。

歷史之一部分。”① 1963年4月，在雲南大學校慶40周年之際作了《論中國歷史發展的整體性》的學術報告②，全面系統地闡述了這一思想，整體思想的核心，一是“歷代王朝史與中國史應當有所區别”③“王朝的疆域，並不等於中國的疆域；王朝的興亡，並不等於中國的興亡。”④“中國歷史，既是生活在這塊土地上各民族人民的歷史，就應該包括他們的全體歷史，不能‘變更伸縮’。中國歷史是有其整體性的，在整體之内，不管出現幾個政權，不管政權如何不統一，並没有破裂了整體，應當以中國整體為歷史的範圍，不能以歷代王朝疆域為歷史的範圍。”⑤“統一的概念，主要就政權而言。……政權的統一與不統一，衹能是整體之内的問題，而不是整體割裂的問題。”⑥ 二是“中國歷史上不在王朝版圖之内的民族關係，應該放在中國歷史之内來處理，不能以異國的關係來處理。”⑦ 因為“秦漢以來中國形成比較穩定的多民族國家，以漢族為主幹，漢族與其他各族聯繫為一個整體”⑧“中國歷史之所以形成整體發展，是由於有它的核心起着主幹作用。這個核心就是早在中原地區形成的諸夏族，後來發展成為漢族的人們共同體。……以漢族為主流的文化的發展和傳播，形成中國體系的文化，在中國整體之内，起着主幹作用”⑨“這種以漢族為主幹的與全國各地各族的聯繫，由點而綫而面，成為中國整體的社會經濟結構。這一聯繫的面，就是中國的領域，也就是中國歷史的範圍。”⑩

2. 西南歷史發展是中國歷史發展整體的一部分

方先生在考釋西南歷史地理時，將西南歷史地理看作中國整體的一部分，主張研究西南史地：“必須把它提到全國範圍之内來考慮，因為自古以來，這個地區是偉大祖國版圖不可分割的一部分，其政區設置的地名以及幾次大的改變，都是與全國整體性是息息相關的；如果離開全國形勢，孤立地談論這個問題，必然談不清楚，也不會得出正確的結論。”⑪“西南地區，為統一多民族的偉大祖國組成部分，自有歷史以來，生息在這地區的各族人民，……共同創造了偉大祖國的歷史。西南地區之所以成為祖國歷史不可分割的一部分，並不是由於歷代帝王的好勤遠略，乃是各族勞動人民緊密聯結共同發展的結果。”⑫ 那些視

① 方國瑜：《雲南政治發展之大勢》，載《邊政公論》，1944年第3卷第2期。

② 方國瑜著、林超民編：《方國瑜文集》第1輯，昆明：雲南教育出版社，2001年。

③ 同上。

④ 同上。

⑤ 同上。

⑥ 同上。

⑦ 同上。

⑧ 同上。

⑨ 同上。

⑩ 同上。

⑪ 方國瑜：《雲南史料目録概説・弁言》，北京：中華書局，1984年。

⑫ 方國瑜：《中國西南歷史地理考釋・略例》，北京：中華書局，1987年。

南詔、大理為“獨立發展”的國家，或“忽必烈滅大理，雲南開始成為內域”①，乃至1956年編印的中國歷史地圖，違反歷史事實地將“元代以前各圖幅，把西南地區的全部或局部劃出國界外，即明清圖也不免有這種情況”② 等等，都是“所謂春秋大義形成王朝本位的概念，以王朝政治活動來限制中國疆域，為王朝服務的歷史資料，不符合歷史事實”③。“這是遵循反動統治者之衹有王朝，不知有中國的謬論”④，必須“嚴格批判”。

方先生對西南歷史研究不局限於文獻的字面解釋，更多的是從歷史的角度分析其深層含義。他説：“歷史上的地名，是歷史活動的空間符號，離開歷史則地名沒有意義，不從歷史活動來考釋地名，則未必能準確。”⑤ “秦統一中國，經略此諸地，開道置吏，並非偶然也。”⑥ “南朝雖未能切實統治其地，仍不斷任命寧州刺史……至唐天寶初年之爨守隅，王朝任命爨氏為刺史、為都督，亦凡二百年。”⑦ 南詔、大理“雖衹加封號，為西川節度兼雲南安撫司，不設直接統治的州、縣政權機構，仍是邊州性質的一部分”⑧，屬中國版圖，為中國史的一部分。元明清的“土司政權的存在，並不以民族特徵為基礎，而是以社會特徵為基礎的。並改土歸流也不是以帝王的主觀願望所決定，而是以社會發展階段決定的”。“在社會發展不平衡的地區，建立政權有不同的形式（土官或流官），而國家的完全主權的沒有差別的，在統一的國家之內，並沒有‘半獨立性’的政權存在。又在多民族的國家之內，並不以政權的改變而否定民族區別。這些歷史事實，是不容歪曲的。”⑨ 方先生以確鑿的歷史事實，令人信服地證明：西南各民族人民自秦漢以來，就是統一多民族國家的一個組成部分，西南歷史的發展，統一在中國歷史發展的整體之中。

3. 古籍整理與歷史研究中的家國情懷

為什麼當西南邊疆危機時，方先生毅然轉入西南史地研究，並提出“中國歷史發展整體性”的理論？這與他從小接受中國傳統文化的熏陶密不可分。鄉土文化中“人死留名、豹死留皮”“有名不負此生”的思想與儒家經典著作中“修身、齊家、治國、平天下”“達則兼濟天下，窮則獨善其身”等儒家文化精髓已深深融入了他的生命之中，報效國家、回饋鄉梓的使命在他的人生旅程中愈來愈清晰。同時，方國瑜先生醉心於雲南歷史文獻的分析研究，從中獲得千百年地方文化根脈的涵養，獲得“睹喬木而思故家，考文獻而愛鄉邦”

---

① 方國瑜：《中國西南歷史地理考釋·略例》，北京：中華書局，1987年。

② 同上。

③ 同上。

④ 同上。

⑤ 方國瑜：《雲南史料目録概説·弁言》，北京：中華書局，1984年。

⑥ 方國瑜：《中國西南歷史地理考釋》，北京：中華書局，1987年。

⑦ 同上。

⑧ 方國瑜著、林超民編：《方國瑜文集》第1輯，昆明：雲南教育出版社，2001年。

⑨ 方國瑜：《中國西南歷史地理考釋》，北京：中華書局，1987年。

的知識補充與思想源泉。當國家、民族遇到危機時，知識分子以天下為己任的責任意識直接上升為國家意識。正如林超民教授所説："中國歷史發展的整體性學説的提出，體現了一個學者真摯、赤誠、廣闊的愛國主義情懷，體現了他不是為學術而學術，而是為國家的統一、民族的進步、社會的發展、為政府解決祖國邊疆民族問題孜孜不倦工作的精神。"① 納西族木芹教授認為："先生的史地之學源於極强的國家情結……納西族從來就有維護國家統一之心。"② 潘先林教授認為："國家情結是方國瑜先生西南邊疆研究的基石，他的論著始終以濃烈的家國情懷著稱於世。我們衹有對此有深刻的認識與體察，纔能與方國瑜先生產生共鳴，纔能更好地學習和閱讀他的論著，從而在更高的起點上推動中國邊疆學搆築的嚮前發展。"③ 我們可以説衹有熱愛家鄉、熱愛祖國，纔可能產生以天下為己任的責任意識，纔可以在歷史研究與整理古籍工作中體現自己的家國情懷，而家國情懷正是整理古籍與歷史研究工作者所追求的最高學術價值與思想境界。

結語

回想跟隨方先生學習古籍整理與研究的里程，我的每個成長都離不開方先生對我的培養與影響，離不開木芹、徐文德、林超民老師對我的幫助與指導。今天在這裏無論講從事古籍整理的堅定信念，古籍整理與研究必備專業能力，還是講"中國歷史發展整體性"理論，都不能把方先生文獻學及歷史研究的治學理論説清楚、講透徹、説完全，但方先生的一切都深深地影響着我，我一直是這樣想的，先生們甘於坐冷板凳，從不計較自己得失，在古籍整理崗位上無私奉獻，我有幸成為他們中的一員，也就照着他們這樣做，我雖沒有創新，但也從來沒有覺得喫虧，衹覺得自己在古籍整理這個崗位，就應該這樣做。正是積極努力安心做自己的工作，把工作做好了，工作也就成就了我的今天。

作者單位：雲南省文史研究館

① 林超民：《整體性：方國瑜的理論貢獻》，載《雲南民族大學學報》（哲學社會科學版）30卷第5期，2013年9月。

② 木芹口述，張昌山、木霽弘撰文：《回憶方國瑜先生（上）》，《雲南日報》（文史哲），2012年2月24日。

③ 潘先林：《家國情懷書生本色方國瑜先生的中國邊疆學研究》，載《西南古籍研究》，昆明：雲南大學出版社，2016年。

稿　約

一、本刊由四川師範大學中華傳統文化學院與四川省人民政府文史研究館聯合主辦。

二、本刊為國學研究之大型學術集刊，刊載有關中國傳統文化學術問題考證、文史公案評議、歷史文獻研究、國學運動史及國學家研究等研究論文，亦刊載國學運動重要史料及國學新著評論，由巴蜀書社出版。

三、本刊倡導以歷史唯物主義為指導的探求真知的學術態度、科學嚴謹的研究方法、遠大廣博的學術視野。鼓勵學術創新，要求來稿務必以審慎的態度對待持論及觀點，做到持之有故，言之有據。

四、來稿請嚴格遵守學術規範，杜絶抄襲與敷衍。文章篇幅長短不限，以不超過兩萬字為宜；行文風格亦不拘泥，文言與白話均可；文章標題要求平實準確地概括正文内容，一般不要另加副標題；引文除較為珍稀的資料外，力避二手轉引。注釋引文請作者在投稿前逐條核對明確。稿件中涉及版權部分（如圖片及較長之引文），請事先徵得原作者或出版者同意，本刊不負版權責任。

五、本刊注釋採用頁下注形式，每頁重新編號。具體參考格式如下：①×××（作者）：《×××》（書名），×××（出版社）××××（年份）×××（版次），第×頁。②×××（作者）：《×××》（文章名），《×××》（期刊名）××年第×期。③×××（作者）：《×××》（文章名），《×××》（報紙名）×年×月×日第×版。④［國籍］×××（作者）：《×××》（書名），×××譯，×××（出版社）×××（年份）×××（版次），第×頁。⑤×××（作者）：《×××》（書名）卷×（漢字），×××版。（徵引綫裝書）⑥×××（作者）：

《×××》(文章名),《×××》(書、刊名),×××出版社××××(年份)×××(版次)。徵引文獻,首次引用時標明版權即可。調查、訪談之類資料,可採取夾注、隨文注、圖表來源注等方式處理。

六、本刊為繁體橫排本。請將稿件的繁體電子文本(尤請注意繁簡轉換之間容易產生的誤字)發往指定電子郵箱,並請注明作者姓名、單位、電話、電子郵箱、通訊地址等資料,以便聯絡;同時提供該稿件的紙質繁體文檔,並將電腦無法打印出來的文字在紙質文檔上標明,寄往我處。如來稿為手寫稿,請提供規範的繁體文本,以稿紙繕寫清楚,寄往我處,同時提供該稿件的繁體電子文本。

七、本刊對來稿有刪改權,如不願刪改,請於來稿中注明。

八、來稿刊出後,一律贈送樣刊兩本,並參照國家新稿酬標準,酌付稿酬(含相關網絡著作權使用費)。

九、歡迎海內外同仁賜稿。

投稿郵箱:guoxuejikan@126. com

聯 繫 人:張芷萱

電　　話:13438324674

通訊地址:成都市静安路5號四川師範大學文學院